南京大学经济学院教授文选

组织与发展

皮建才自选集

皮建才 著

南京大学出版社

自 序

从 2000 年我正式读经济学研究生开始,到现在我学习经济学已经有十九年的时间了。十九年,岁月如歌去,弹指一挥间,到了该总结一下自己的经济学研究的时候了。

我想用我发表在《经济学家茶座》上的一段话做一个简单的自我介绍,让大家了解一下我个人成长的基本情况。这段话取自《经济学家茶座》2012 年第 2 辑(总第 56 辑)封二上的"茶客"风采,"当我在山东大学读化学专业本科的时候,一个偶然的机会接触到了现代经济学,当时就被她的'内在美'深深吸引住了。她思,我所思,她想,我所想。所以我决定今生今世非她不'从'。虽然我为她吃了很多苦头,但我是幸运的,复旦大学经济学院给我提供了硕博连续培养的机会,北京大学中国经济研究中心给我提供了做博士后的机会,南京大学经济学院给我提供了教书的机会。"

该文集是我这些年来围绕组织与发展这一主题的研究汇编而成。该丛书的创意来自南京大学原党委书记洪银兴教授,他希望通过该丛书的出版来展示南京大学经济学院教授的学术风采。经济学院院长安同良教授多次督促我尽快完成文集的编选。能够跟洪银兴教授和安同良教授这样的名家大腕同在经济学系工作,是我人生道路上的一大幸事,他们总是给周围的同事带来满满的正能量,正所谓"君子成人之美"。该丛书中,洪银兴教授和安同良教授的文集都已经正式出版。虽然忝列在该丛书之中,但是我知道我跟洪银兴教授和安同良教授等名家大腕的差距还是很大的。我之所以敢鼓起勇气出版自己的文集,是因为我觉得做学问要有"野人献曝"的精神。

在复旦大学读硕博连读研究生的时候,我选择了组织经济学做自己的研究主题,博士论文也是围绕这一主题展开的。在北京大学做博士后的时候,我选择了发展经济学做自己的研究主题,博士后出站报告也是围绕这一主题展开的。后面,我在南京大学教书,一直围绕组织经济学和发展经济学开展研究。我带着自己的硕士研究生和博士研究生成立了一个研讨组——"组织与发展研讨组",名字就是从组织经济学中抽取了"组织",从发展经济学中抽取了"发展",然后再把它们组合在一起。学术研究讲究组合创新,我是真心希望这种组合能够产生一些新东西。研讨组定时召开讨论会,讨论组织经济学和发展经济学方面的前沿文献。本文集的名字起为《组织与发展》,跟研讨组的名字有很大的关系。

我深爱着我的祖国。我亲身经历了"中国奇迹",看着祖国从贫穷到富强,看着神州大地经历种种制度变迁。这注定是一个伟大的时代。我围绕"组织与发展"做经济学研究,是因为"组织与发展"是这个时代的题中应有之义。我个人觉得,围绕"组织与发展"做经济学研究,才能让我不辜负这个伟大的时代。

本文集只是将我自己觉得比较重要和相关的中文论文按照主题进行了选择和汇编,英文论文并未收入。截至目前,我已经发表中文 CSSCI 收录论文 70 余篇,发表英文 SSCI 收录论文 40 余篇。我前期的研究成果基本上是靠自己"单干",后期成为硕士生导师和博士生导师之后,我开始带着自己的学生进行合作研究。"得天下英才而教育之",为师之乐也。学术研究越来越讲究合作创新,非常感谢与我合作的学生,"教学相长",合作者的名字在每章末一一标出。本文集共收入我独立和合作发表的论文 28 篇,其中《经济研究》4 篇、《经济学》(季刊)1 篇、《世界经济》1 篇、《中国工业经济》1 篇、《财贸经济》1 篇、《经济学动态》1 篇、《经济社会体制比较》2 篇、《经济管理》1 篇、《经济理论与经济管理》2 篇、《经济学家》2 篇、《中国经济问题》5 篇、《经济评论》2 篇、《财经研究》1 篇、《财经科学》1 篇、《国际贸易问题》1 篇、《国际经贸探索》1 篇、《社会科学战线》1 篇,排名不分先后。为了保持论文发表时的原貌,论文的参考文献的格式没有进行统一的调整。

回首成长、学习、研究和教学的过程,在生活的重要节点,总是会得到很多人的帮助、点拨、栽培和合作。在这里,按照时间顺序,我要特别感谢我的硕士生导师朱永副教授(已经去世)、博士生导师俞忠英教授、把我领进现代经济学殿堂的韦森教授、博士后合作导师林毅夫教授、把我引进到南京大学的安同良教授。没有他们，就没有我的今天，大恩永记心中。按照时间顺序，我还要感谢张军教授、张晖明教授、陈诗一教授、高小勇总编辑、詹小洪研究员、张卫国研究员、李刚教授、陈志广教授、姚洋教授、杨其静教授、聂辉华教授、洪银兴教授、张二震教授、刘志彪教授、范从来教授、沈坤荣教授、于津平教授、葛扬教授、杨德才教、孙宁华教授、张谊浩教授、魏守华教授、赵华副教授、王宇伟副教授、武志伟副教授、路瑶副教授、张雨副教授和王涓秘书等。帮助过我的人实在太多太多，恕我无法一一列出他们的姓名，在这里让我为他们补上一句，"衷心感谢您！希望您能理解！"

我还要感谢我的家人，我的父母、弟弟、妻子和孩子。因为阅读、教学和研究占用了我太多的时间，我可能不是一个合格的儿子，一个合格的兄长，一个合格的丈夫，一个合格的父亲，但是他们并没有因此而抱怨我和嫌弃我。家的温暖和温馨是我快乐的本源和前进的助力，"家和万事兴"。在这里，我要特别感谢我的妻子。因为妻子"后勤保障"做得非常好，所以我一个人拥有了近乎两个人的时间。"我不是一个人在战斗"，妻子是我的"最佳拍档"。

我觉得出书是一件非常严肃的事情，所以虽然之前有好多次机会，但我还是迟迟没有出书。这将是我正式出版的第一本书。由于本文集所收入的论文的时间跨度比较大，所以一些术语的使用可能前后并不一致或者跟流行的翻译方式不一致。比如，对于 contract，我早期倾向于把它翻译成契约，但是我后期倾向于把它翻译成合约。再比如，对于 holdup，我一直把它翻译成投资阻塞，但在学术界更流行的译法是把它翻译为敲竹杠。本文集肯定会存在这样或者那样的问题，不足之处望大家批评指正。

皮建才

2019 年 10 月 10 日写于南京大学安中楼 1726 室

目 录

第一篇　企业理论与企业发展

第一章　企业理论的进展……………………………………………………003

第二章　投资阻塞问题的解决方案…………………………………………017

第三章　中国民营企业的成长：逆向并购还是自主研发？………………032

第四章　中国民营企业如何"走出去"：逆向并购还是绿地投资？………048

第五章　市场制度环境、地方政府行为与外资进入模式…………………063

第六章　我国企业在全球价值链中不同攀升路径的比较分析……………080

第二篇　组织形式选择、政府作用与经济发展

第七章　政府在经济发展中的作用…………………………………………103

第八章　政府与市场的权衡：一个比较分析………………………………115

第九章　中国大部制改革的组织经济学考察………………………………125

第十章　垂直管理与属地管理的比较制度分析……………………………141

第十一章　省管县与市管县的比较制度分析………………………………154

第十二章　中国工业反哺农业的政府作用机制及其福利效果……………177

第三篇 地方政府行为、地方官员治理与经济发展

第十三章 中国地方政府间竞争的收益与成本分析…… 199

第十四章 所有权结构、自私性努力与投资阻塞问题…… 210

第十五章 "中国模式"的激励理论考察：基于地方政府的视角…… 228

第十六章 地方政府公共物品供给机制分析…… 241

第十七章 中国地方政府间竞争下的区域市场整合…… 251

第十八章 地方政府行为取向及其调控策略研究…… 268

第十九章 中国式分权下的地方官员治理研究…… 283

第二十章 新形势下中国地方官员的治理效应研究…… 304

第四篇 组织理论与区域经济发展

第二十一章 中国区域经济协调发展的组织经济学考察…… 331

第二十二章 中国区域经济协调发展的内在机制研究…… 350

第二十三章 长三角与珠三角发展模式的比较制度分析…… 363

第二十四章 京津冀协同发展中的功能疏解和产业转移研究…… 384

第二十五章 京津冀区域经济协同发展中产业转移的区位选择…… 406

第二十六章 京津冀协同发展中的环境治理…… 433

第五篇 投资阻塞与李约瑟之谜

第二十七章 李约瑟之谜的解释…… 451

第二十八章 权威委托机制与李约瑟之谜…… 470

第一篇

企业理论与企业发展

第一章　企业理论的进展

内容提要:本章在交易成本/自生能力的视角下评述了企业理论的最新进展。交易成本经济学是企业理论的思想框架,是企业理论的前期工作;财产权利理论抓住了物质资产所有权这一要点,着重于解决投资阻塞或曰套牢问题;关键资源理论抓住了关键资源控制权这一要点,着重于解决进入权分配问题;采购契约理论抓住了规定或曰设计不完全这一要点,着重于解决事后适应问题;自生能力理论抓住了要素禀赋结构这一要点,着重于解决生产成本最小化问题。约束条件的改变是企业演化的重要压力,而把国内的"默会知识"和国外的"编码知识"结合起来则是企业理论前进的重要动力。

关键词:企业理论;交易成本;自生能力;文献综述

企业理论的进展情况(尤其是基本框架和主要方向)是研究企业理论时必须了解和把握的"编码知识"(codified knowledge)。只有在当代经济学前沿(包括思想和模型两个方面)的基础上继续前进,才有可能防止学术上的"低水平重复建设"。与陈志俊和丁利(2002)的不完全契约视角以及杨其静(2002)的契约视角不同,本章主要是沿着交易成本/自生能力思想这条"主干道"前进的,所以在这个过程中有可能一笔带过甚至完全忽视了一些在思想方面和模型方面与交易成本/自生能力框架相关度不是很大的经典文献。本章的基本结构如下:第一部分评介了交易成本经济学(TCE);第二部分评介了财产权利理论(PRT);第三部分评介了关键资源理论(CRT);第四部分评介了采购契约理论(PCT);第五部分评介了企业自生能力理论(EVT);第六部分评论了 TCE、PRT、CRT、PCT 和 EVT 之间的联系和区别。沿着文献综述的路径前进,本章认为,交易成本最小化和生产成本最小化都是企业具有自生能力的必要条件,但交易成本最小化是一阶条件,生产成本最小化是二阶条件。

一、交易成本经济学(TCE)

罗纳德·科斯的经典文献(Coase,1937)开启了传统厂商理论把企业视为生产函数的"黑箱",打开了现代企业理论把企业视为内部组织的"大门"。科斯认为,企业是对市场的替代,这种替代之所以能够发生是因为企业组织交易的成本小于市场组织交易的成本,企业的扩大必须达到这一点,即在企业内部组织一笔额外交易的成本等于在公开市场上完成这笔交易所需的成本,或者等于由另一个企业家来组织这笔交易的成本(Coase,1937:394)。这实际上给出了企业的逻辑起点——回答了为什么会有企业,企业和市场都不是刚开始就以预先设定的形态产生出来的,而是彼此间以齐头并进的方式演化而来的。

奥利弗·威廉姆森把科斯的交易成本思想发扬光大,形成了交易成本经济学(transaction-cost economics,TCE)。TCE的基本观点是,一项交易要选择可供选择的交易成本最小的"治理结构"来完成,要把属性各不相同的交易与成本和效能各不相同的治理结构"匹配"起来,经济组织的核心问题在于节省成本(Williamson,1985;Williamson,1996;Williamson,1998)。企业和市场都是治理结构,这一结构主要起源于节省交易成本,自动适应和合作适应的效果随治理结构的不同而不同(Williamson,1996,中译本:280;Williamson,2002b:181)。无疑,上述学者和张五常(Cheung,1983,中译本:364)的下列观点是基本一致的:企业是什么或者不是什么并不重要,重要的是在不同的交易成本下组织经济活动的各种不同方式。

TCE为了描述或刻画交易的目的而倚重的主要维度是:(1)交易重复发生的频率;(2)它们受影响的不确定性程度与种类;(3)资产专用性条件,其中TCE的许多可辩驳的含义取决于资产专用性这一最重要的维度(Williamson,1985,中译本:78;Williamson,1996,中译本:51)。资产专用性是指资产能够被重新配置于其他备择用途并由其使用者重新配置而不牺牲其生产性价值的程度,它是和可挤占准租金联系在一起的(Klein,Crawford and Alchian,1978,中译本:203)。TCE的基本行为假设就是有限理性和机会主义,有限理性和机会主义有助于把注意力重新集中起来,还有助于区分可行的缔约模式与不可行的缔约模式(Williamson, 1985,中译本:67; Williamson, 1996,中译本:46-48)。只要对经济组织问题进行认真的研究,最终势必把以下三个概念综合起来:一是有限理性,二是机会主义,三是资产专用性的条件(Williamson, 1985,中译本:64)。

TCE 是如何对交易进行治理的呢？当只考虑交易频率和资产专用性时,有效的治理可以分为三种情况。对于非专用的交易,包括偶然性的契约与经常性的契约,主要使用市场治理结构(古典契约)。对于混合式的偶然交易和高度专用式的偶然交易,需要实行三方治理(新古典契约)。对于中间产品市场的交易行为,可以采用两类专用交易治理结构(关系契约):一是双方结构,其中双方都自主行事;二是统一结构,即在纵向一体化的企业内部进行交易。至于第三种因素即不确定性,已被假定为其严重程度足以要求人们做出关于适应它的连续性决策问题。对于标准化的交易,无论不确定性的程度有多大,都能用市场治理来解决;对于具有资产专用性的交易,不确定性程度和资产专用性程度使得缔约问题变得困难重重(Williamson, 1985,中译本:104-115)。

TCE 据以运作的范式问题是纵向一体化(Williamson, 1996,中译本前言:19)。TCE 关于纵向一体化(内部化)的理论在整个体系中占有非常重要的位置。在简单的实用模型中,威廉姆森把科斯意义上的组织成本称为治理成本,不同的治理结构对应不同的治理成本,比较结构分析认为:(1)当资产专用性的最佳水平极低时,无论从规模经济还是从治理成本上看,都是市场采购更为有利;(2)当资产专用性的最佳水平极高时,则内部组织更为有利;(3)对于中间状态的资产专用性来说,这两种成本只有很小的差别,这时很容易出现混合治理;(4)在更一般的情况下,如果从生产成本的比较上看企业处处皆不如市场,那么企业决不会仅为了生产成本上的考虑就实行纵向一体化,只有当契约方式遇到困难时,企业与市场的比较才会支持纵向一体化;(5)在其他条件不变的情况下,大企业比小企业更容易实行纵向一体化;(6)在其他条件不变的情况下,M 型企业的纵向一体化倾向要比 U 型企业更为强烈(Williamson, 1985,中译本:126-133)。实际上,上述所有问题都可以归结为"效率边界"问题(Williamson, 1985,中译本:136)。

交易成本经济学(TCE)是财产权利理论(PRT)、关键资源理论(CRT)和采购契约理论(PCT)的直接或间接的思想源泉,科斯以来的企业理论的主流方向正是在模型化交易成本经济学(TCE)的过程中不断向纵深发展的。

二、财产权利理论(PRT)

格鲁斯曼和哈特(Grossman and Hart, 1986)以及哈特和莫尔(Hart and Moore, 1990)的经典文献被合称为 GHM 模型,构成了财产权利理论(property-rights theory, PRT)原始意义上的基本框架,后来经过哈特(Hart, 1995)的进一步工作而使该理论在体系上趋于完善。财产权利理论(PRT)是企业理论中在模型化方面最为完美的,这是因为该分支逐渐发展成为不完全契约理论,在形式的一般化方面和应用的扩展化方面都得到了空前的完善,所以该理论有时也被称为财产权利不完全契约框架(property-rights-incomplete contract framework)(Masten, 2002:429)。

沿着交易成本思想这一脉络出发,PRT 把着眼点放在财产权利上,而财产权利又主要表现为所有权(ownership)结构,所以该理论认为企业之所以能够成为企业的"黏合剂"就是物质资产的所有权。PRT 把企业定义为拥有的资产或者是拥有控制权的资产,也就是说该理论并没有对所有权和控制权进行区分,实际上是把所有权定义成了实施控制权的权力(power)。PRT 认为,一体化本身并没有改变写出特定契约条款的成本,它改变的只是谁拥有把这些条款排除在外的控制权,资产的所有者有权控制契约没有明确给定的资产的所有方面的用途。PRT 还认为,让参与人 1 (party 1)拥有企业(一体化)与让参与人 1 通过和另一个拥有企业的参与人 2(party 2)签约购买(非一体化)的关键不同之处在于,在一体化的情形下,参与人 1 可以有选择地解雇企业的工人(包括参与人 2),然而在非一体化条件下,他只能"解雇"(比如停止交易)"整个企业"——既包括参与人 2 以及工人也包括企业的资产。

PRT 得到的一些重要命题如下:(1) 在任何一种所有权结构下,都存在关系专用性投资的投资不足(Hart and Moore, 1990:1130; Hart, 1995,中译本:46);(2) 如果一方的投资决策是无弹性的(投资决策对激励不敏感),那么最好就是把所有的控制权都给予另一方(Hart, 1995,中译本:51-52);(3) 如果一方投资是相对缺乏生产力的,那么另一方就应该拥有全部控制权(Hart,1995,中译本:51-52);(4)如果两种资产是互为独立的,那么非合并型就是最佳的(Hart,1995,中译本:52-53);(5)如果两种资产是严格互补的,那么某一种形式的合并就是最佳的(Hart,1995,中译本:52-53;Hart and Moore,1990:1135);(6)如果一方的人力资本是必要的,那么该方拥有全部控制权是最佳的(Hart,1995,中译本:52-53);(7)如果双方的人力资本都是必要的,那么所有的所有权结构就都是同样好的(组织形式不再重要)(Hart,1995,中译本:52-53),但是,如果一组参与人都对一项资产关键,那么资产的控制权应该由在他们之间进行投票的简单多数决定(Hart and Moore,1990:1135)。

PRT在模型化TCE的过程中抓住了资产所有权这一要点,集中讨论了投资阻塞问题或曰套牢问题(hold up problem)。Whinston认为,PRT和TCE的不同主要表现为三个方面:首先,PRT是方法论意义上的而不是实在意义上的;其次,PRT聚焦于事前投资扭曲而不是事后讨价还价成本;最后,PRT假设在所有的所有权结构中,效率损失都具有同样的性质(Whinston,2001:184)。威廉姆森认为,PRT在处理三个主要问题(有限理性、机会主义和资产专用性)方面与TCE是相似的,但是相当大的有价值的部分却被GHM遗漏掉了;GHM通过假设收益的共同知识以及无成本的事后谈判"蒸发"掉了事后不适应,结果是GHM的所有的非效率都集中在人力资产的事前投资上(这种投资依赖于物质资产所有权);GHM把纵向一体化看成了一种定向(directional)方式,这是因为GHM下的共同所有权并不意味着共同(协调)的管理,共同所有权只是被当成了一种影响合作的方式而已;GHM假定激励强度、行政控制以及非正式组织并不因所有权而改变,并且假定法院是不相关的(Williamson,2000:605-606;Williamson,2002a:442)。总之,威廉姆森认为,GHM框架的错误并不是因为它太过机械,而是因为它并不完全适合于它所服务的问题,它模糊了而不是明确了关键的相互作用(Williamson,2002a:442),它甚至对转型国家的私有化有严重的误导作用(Williamson,2000:610)。

三、关键资源理论(CRT)

关键资源理论(critical resource theory, CRT)是由 Rajan and Zingales(1998, 2001a)提出的,它是在 PRT 基础上的前进和发展,也有许多学者把它看成是 PRT 的扩展。这一扩展主要表现在权威(authority)分配和组织设计方面,虽然与此类似的扩展有很多(Aghion and Tirole, 1997; Baker, Gibbons and Murphy, 2002; etc.),其中不乏将引领企业理论研究方向的经典之作(比如形式—真实权威理论、关系契约理论),但是笔者还是把 CRT 单独列了出来,因为它沿着交易成本的框架前进并且对企业理论的贡献有着显著的独到之处。

PRT 的许多结论不符合实际情况主要是由于它采用的是一种静态的方法。CRT 正是对 PRT 的过于局限的观点的放松。PRT 把权力或权威的来源诉诸物质资产的控制,而 CRT 则认为对关键资源的控制是权力的来源,拥有这种权力的一方可以赋予另一方"进入权"(access)。获得对关键资源进入权的人并没有获得新的剩余控制权,他获得的仅仅是把他的人力资本专业化于关键资源从而使得他自身具有价值。CRT 把企业定义为既包括关键资产(物质资产或人力资产)也包括对这些资产拥有进入权的人,这和 PRT 的定义有着非常显著的区别,并且 CRT 认为不安全有可能鼓励而不是阻碍专用投资。和 PRT 理论一样,CRT 也把参与人看成是经理(即雇员就是经理),这一假设在处理问题时会比较方便。CRT 认为,企业家给予雇员对关键资源的进入权以进行更有效的生产,但是进入权也会给雇员夺取关键资源所有权以与企业家进行竞争的机会。一个雇员的进入权越大,他可以夺取的所有权就越多,在和原来的企业家进行竞争时就越有效。CRT 把层级制分为水平层级制(horizontal hierarchy)和垂直层级制(vertical hierarchy),在水平层级制下所有的雇员只和企业家进行接触,而在垂直层级制下参与人形成了一条企业家位于最顶端的长链。有了进入权的雇员可以选择进行专业化,也可以选择进行竞争。垂直层级制的主要问题是所有权可夺取性(expropriability),这在很大程度上限制了层级的大小。垂直层级制的本质是让雇员拥有位置权力(positional power),所以雇员的租金是安全的,他们有激励地进行专业化。水平层级制与垂直层级制不同,雇员的位置权力很弱,因此他们进行专业化的激励也就很弱,但是他们更容易和企业家进行竞争,这一点在很大程度上弥补了他们的弱势。水平层级制的大小受制于个人理性约束,而垂直层级制的大小则受制于激励相容约束。

　　CRT 得到的一些重要命题如下:(1) 如果专用投资是替代的,那么把进入权赋予唯一的熟练经理(expert manager)与赋予两个熟练经理相比,得到的总产出水平至少一样大,而得到的扣除投资成本的净产出水平则严格更大(Rajan and Zingales, 1998:396-397);(2) 如果投资是可加的,那么把进入权赋予两个经理比只赋予一个经理得到的投资总量更大,而把进入权赋予三个经理在生产收益的二阶导数弱单调(weakly monotonic)时比赋予两个经理得到的投资总量更大(Rajan and Zingales, 1998:398);(3) 如果两个经理被赋予进入权,那么与只有一个经理被赋予进入权相比,得到的对每项任务的专用投资水平更低(Rajan and Zingales, 1998:402);(4) 竞争成本的增加,可夺取所有权程度的降低,或者生存概率的减小,会提高层级制的稳定状态的长度(Rajan and Zingales, 2001:830-831);(5) 垂直层级制在物质资本密集的产业占优,将采用论资排辈的晋升政策,而水平层级制在人力资本密集的产业占优,将采用要么升要么走(up-or-out)的晋升制度(Rajan and Zingales, 2001a:805)。

　　CRT 从实际生活中寻找约束条件,而现实约束条件的变化本身就意味着交易成本的变化,比如,金融革命的影响(融资约束的放松)使得融资作为其他资源的"粘合剂"的作用"挥发"掉了(Rajan and Zingales, 2001b:207)。从某种程度上说,CRT 是为正在出现的新型企业寻找新的基础,当企业的约束条件改变时公司金融和企业治理的相互作用会导致成本折中的改变(Zingales, 2000)。笔者认为,在许多方面和 PRT 一样,CRT 也没有在模型上进一步逼近 TCE 的思想精髓,因为它的着眼点主要放在了基于进入权的交易成本上,只是拓展了物质资产所有权的含义而已,终究没有逃脱企业理论的权威视角。

四、采购契约理论(PCT)

　　关于采购问题的经济学文献有很多,但是把采购问题和 TCE 联系起来的当推 Bajari 和 Tadelis(1999,2001)的经典文献,其中前一篇是后一篇的早期版本。采购契约理论(procurement contracts theory, PCT)的框架被称为 BT 模型,它得到了威廉姆森的高度赞扬。因为 PRT 仅仅把焦点对准了"制造或购买"(make-or-buy)中的投资阻塞问题或曰套牢问题,所以大大局限了自身的视野。而 BT 则把注意力集中于另一种不同类型的交易成本,即由契约的不完全导致的对事后改变和适应的杀价和摩擦。交易的复杂性水平是和契约不完全性联系在一起的,这个易变的参数将决定激励机制和一体化决策(Tadelis, 2002: 433),这样一来就在很少形式化的 TCE 和已经形式化很好的代理理论之间架起了一座桥梁。

采购契约理论(PCT)是从实际情况(特别是建筑行业的实际情况)出发的,所以并不像 PRT 那样难以验证。BT 把采购契约分为两种,一种是成本加成契约(cost-plus contract, C+ contract),另一种是固定价格契约(fixed-price contract, FP contract),前者相当于"制造",而后者则相当于"购买"。在成本加成契约中,完工时间可以被降低,但是会使所有者(买者)对成本更加不确定。在固定价格契约中,所有者(买者)可以被保证一个确定的价格,但是要以规定(或曰设计)非常完全为条件。成本加成契约可以最小化完工时间,而固定价格契约则可以最小化总成本。一方面,买者要减少提供全面规定而导致的成本;另一方面,买者要节约激励并减少由事后再谈判引起的交易成本,关键是如何在这两者之间进行折中。采购问题主要是一个事后的适应问题,而不仅仅是一个事前的甄别问题。虽然在契约签订以前有可能存在关于成本的非对称信息,但是契约的选择可能并不是对付这种非对称的机制,因为其他机制(比如竞标和声誉)在解决逆向选择问题方面显得很重要。BT 忽略了事前的隐藏信息,而把注意力集中在了初始规定(或曰设计)内生不完全时的适应问题上。买者向卖者提供一件产品的事前的规定。事前规定得越完全,事后双方需要对变化进行再谈判的可能性就越小,但是事前规定得越完全对买者施加的成本就会越大。当再谈判发生时,卖者对原始规定改变的成本拥有私人信息。高激励(FP)虽然可以减少成本,但是这些激励却会因再谈判而引起事后剩余的耗散。低激励(C+)虽然不会侵蚀事后剩余,但是会阻碍节约成本的努力。BT 的创新之处在于它把采购问题中激励的选择以及规定不完全的选择都处理成了内生变量,这实际上为 TCE 的基本思想提供了一个微观基础。

PCT 得到了如下的一些重要命题:(1) 产品越复杂,规定的完全性就越小且在采购的过程中使用成本加利润契约(制造)的可能性越大;(2) 随着再谈判摩擦的增加,由固定价格契约的非效率再谈判而导致的损失就会增加,从而使用固定价格契约(购买)更不可取。

"制造或购买"(make-or-buy)问题是决定企业边界问题的"心脏",很明显,制造决策(make decision)会使买者承担所有的生产部件(component)的成本,买者(企业)和生产物品的单位之间的关系就像一个成本加成契约;购买决策(buy decision)会使卖者(不同的企业)承担生产部件的全部成本。BT 模型的分析表明部件的复杂性会决定买者的选择,简单的部件将会从外部购买,而复杂的部件将会从内部采购(制造)。这和威廉姆森强调的在生产成本和治理成本的两难冲突之间进行折中的思想高度一致。BT 框架的缺点在于模型在设计方面过于简单,所以它在 TCE 和代理理论之间架起的桥梁并不牢固和通畅,有待进一步的完善和突破。

五、企业自生能力理论(EVT)

企业自生能力理论(enterprise-viability theory)是林毅夫教授及其合作者提出的(Lin and Tan, 1999;林毅夫和刘培林,2001;林毅夫,2002)。自生能力概念是根据一个正常经营的企业的预期获利能力来定义的。在自由竞争的市场经济中,一个正常经营的企业在没有外部扶持的条件下,如果能够获得不低于社会可接受的正常利润水平,那么这个企业就是有自生能力的;反之,如果一个正常经营的企业的预期利润低于社会可接受的水平,那么就不会有人投资于这个企业,这样的企业也就没有自生能力,只有靠政府的扶持才能够生存下去。

企业的技术和产业选择取决于资本、劳动和自然资源的相对价格。因此,只有当国民经济的价格结构能够反映资本、劳动和自然资源的相对丰裕度的时候,企业才能根据自己的比较优势来选择自己的技术和产业。在给定正常经营管理的条件下,一个企业的获利能力取决于其产业和技术的选择是否得当。一方面,当一个经济中的劳动价格相对低而资本价格相对高时,选择以劳动较密集的技术来生产产品比选择以资本较密集的技术来生产的成本更低;反之,当劳动价格相对高而资本价格相对低时,选择以资本较密集的技术来生产比选择以劳动较密集的技术来生产的成本更低。另一方面,如果一个经济的要素禀赋结构水平较低,那么一个企业选择进入劳动最密集或劳动中等密集的产业并采用与之匹配的技术进行生产时将具有自生能力;当这个经济的要素禀赋结构水平提高时,这个经济就会出现技术和产业结构水平的逐步升级。企业自生能力理论把注意力集中在了生产成本(劳动成本和资本成本)的节约上。换句话说,一个企业具有自生能力的必要条件是生产成本最小化。

因为新古典经济学体系把企业具有自生能力当成了一个暗含的前提,所以转型国家的企业不具有自生能力这一重要的约束条件非常容易被忽视。企业自生能力这一约束条件对于转型国家的国企改革和民企成长都具有十分重要的现实意义,这实际上就要求我们摒弃对以非市场的形式超前地追求先进技术和扩大企业规模的赶超思想。除非提高了要素禀赋结构水平(不管是通过内部积累还是通过外部引资),否则难以提高一个国家的技术结构水平。要素禀赋结构赶上发达国家以后,中国才能在总体的技术上和产业结构上赶上发达国家。同样的道理,企业规模的扩大是市场竞争的结果,而不是参与市场竞争的前提条件。

但是,自生能力是企业在竞争中成功的必要条件,而不是国家在竞争中成功的充分条件。具有钱德勒企业史知识背景的人很容易了解这一点,这就是路径依赖导致的自生能力的囚徒困境问题,也就是所谓的"企业家失灵"问题或"组织聚焦"问题。从生产成本的视角来分析自生能力问题,虽然有助于抽象出转型国家的企业要适应要素禀赋结构这一本质,但却在很大程度上忽视了自生能力的交易成本维度,为了弥补这一缺憾林毅夫教授及其合作者引入了"发展战略"这一概念,试图用"发展战略"来构造出假定企业未存在时的一阶选择,这就决定了林毅夫教授及其合作者提出的企业自生能力理论必定和发展经济学联系在一起。

六、交易成本与自生能力

企业理论的问题说到底是两个层面的问题,相对于企业有没有形成而言,一个层面是事前机制,另一个层面是事后机制。把事前机制和事后机制综合起来进行分析是交易成本/自生能力视角下的企业理论,而把问题集中于事后机制则是代理理论视角下的企业理论。

TCE表明,企业的存在要适应一个国家的制度环境,企业本身就是制度环境的一个组成部分,制度环境是分立结构(政府、市场、企业和中间组织等功能上互补边际上替代的组织)借以发挥治理作用的外在约束条件。PRT表明,企业的存在要适应物质资产所有权的事前激励,要不然就会造成投资不足或投资阻塞,物质资产所有权是企业借以存在的黏合剂。CRT表明,企业的存在要适应关键资源控制权的事前激励,进入权合理分配是企业借以存在的内部约束条件。PCT表明,企业的存在是为了适应契约的复杂性程度,企业就是要在事前规定的成本和事后适应的成本之间进行折中。EVT表明,企业的存在要考虑其所在国家的国情,而这个所谓的"国情"主要抽象为要素禀赋结构,企业首先是国家的企业,然后才是世界的企业。EVT与TCE、PRT、CRT、PCT之间的区别是很明显的,但它们之间的联系也是很明显的,它们都可以统一在交易成本视角的企业自生能力理论上。企业的存在和发展既要注意外部的约束条件(比如要素禀赋结构和宏观制度环境),也要注意内部的约束条件(比如物质资产所有权和关键资源控制权),企业的外部约束决定了企业的外部边界,企业的内部约束决定了企业的内部边界,企业的外部边界和企业的内部边界相互作用。说到底,自生能力问题的本质是受约束的企业的边界问题。

中国经济改革和发展的成就为企业理论提供了丰富的素材,这些素材使中国学者拥有的重要的"默会知识",EVT正是建立在这类"默会知识"的基础之上的。中国渐进式改革的进程表明,企业的自生能力逐渐得到了加强。中国经济转型的过程就是正确界定企业范围和边界的过程,就是正确界定市场范围和边界的过程,就是正确界定政府范围和边界的过程,就是正确界定中间组织范围和边界的过程。在这个过程中,中国所特有的约束条件将会为企业理论的进展做出自身所特有的贡献,国外的企业理论也将会为如何有效解决这些约束条件做出自身所特有的贡献。

从交易成本的视角来理解企业自生能力使得我们可以跳出原来的视野局限,从一阶关系和二阶关系的角度对问题进行全局性的把握。一阶关系属于"分立结构"的问题,二阶关系属于"操作层面"的问题。更通俗地说,一阶关系属于假设企业不存在时如何组织交易的问题,二阶关系属于假设企业已经存在时如何管理交易的问题。

如果我们在一阶关系中就做出了错误的选择，那么即使正确处理好了二阶关系也不会得到全局最优的结果。如果企业的要素禀赋结构水平被人为提升得过快，企业的资本深化速度被人为提升得过快，那么企业的资产专用性程度就会提高得过快，这样就会导致过多的纵向一体化，市场的功能就会被人为地内部化，交易成本就会被人为地加大。这种一阶关系选择上的失误会阻碍市场化的进程，从而由过大的交易成本引起过大的试错成本，不管这种试错成本是由道德风险引起的还是由逆向选择引起的。如果选择了错误的治理机制，那么生产成本的节约就不可能是一种没有扭曲的节约，生产成本的最小化也就不可能是一种真正意义上的最小化，因为它是建立在一种错误的基础之上的，结果可能是越是想要节约成本越是扭曲资源配置。生产成本的节约属于边际上的节约，属于二阶节约，因为生产成本最小化是给定组织制度约束下的成本最小化。交易成本的节约属于结构上的节约，属于一阶节约，因为交易成本最小化决定了选择最有效的组织制度安排。企业具备自生能力需要的是生产成本和交易成本的联合动态最小化。但是，交易成本最小化的经济组织一般来说会自动选择生产成本最小化，而反过来却未必是这样。交易成本最小化是企业具有自生能力的一阶条件，而生产成本最小化则是企业具有自生能力的二阶条件，这就是我们得到的最后的结论。

参考文献

［1］陈志俊，丁利. 不完全契约理论：另一种视角[J]. 中国社会科学评论，2002，1(1).

［2］林毅夫. 发展战略、自生能力与经济收敛[J]. 经济学(季刊)，2002，1(2).

［3］林毅夫，刘培林. 自生能力与国企改革[J]. 经济研究，2001，9：60-70.

［4］杨其静. 合同与企业理论前沿综述[J]. 经济研究，2002，1：80-88.

［5］Aghion, Philippe and Jean Tirole, 1997. Formal and Real Authority in Organization. *Journal of Political Economy*. 105：1-29.

［6］Bajari, Patrick and Steven Tadelis, 1999. Procurement Contracts：Fixed Price vs. Cost Plus. http：//ssrn.com.abstract=156470.

［7］Bajari, Patrick and Steven Tadelis, 2001. Incentives versus Transaction Costs：A

Theory of Procurement Contracts. *Rand Journal of Economics*. 32(2): 387 - 407.

[8] Baker, George; Robert Gibbons and Kevin Murphy, 2002. Relational Contracts and the Theory of the Firm. *Quarterly Journal of Economics*. 117(1): 39 - 84.

[9] Cheung, Steven, 1983. The Contractual Nature of the Firm. *Journal of Law and Economics*. 26(1): 1 - 22. 中译本:载《经济解释》,易宪容等译,pp. 351 - 379,商务印书馆 2002 年版。

[10] Coase, Ronald, 1937. The Nature of the Firm. *Economica*. 4(16): 386 - 405.

[11] Grossman, Sanford and Oliver Hart, 1986. The Cost and Benefits of Ownership: A Theory of Vertical and Lateral Integration. *Journal of Political Economy*. 94(4): 691 - 719.

[12] Hart, Oliver, 1995. *Firms, Contracts and Financial Structure*. Oxford: Clarendon Press. 中译本:哈特,《企业、合同与财务结构》,费方域译,上海三联书店和上海人民出版社 1998 年版。

[13] Hart, Oliver and John Moore, 1990. Property Rights and the Nature of the Firm. *Journal of Political Economy*. 98(6): 1119 - 1158.

[14] Klein, Benjamin; Robert Crawford and Armen Alchian, 1978. Vertical Integration, Appropriable Rents, and the Competitive Contracting Process. *Journal of Law and Economics*. 21(2): 297 - 326. 中译本:载《现代制度经济学[上卷]》,盛洪主编,pp. 202 - 219,北京大学出版社 2003 年版。

[15] Lin, Justin Yifu and Guofu Tan, 1999. Policy Burdens, Accountability and Soft Budget Constraint. *American Economic Review, Papers and Proceedings*. 89(2): 426 - 431.

[16] Masten, Scott E. 2002. Modern Evidence on the Firm. *American Economic Review, Papers and Proceedings*. 92(2): 428 - 432.

[17] Rajan, Raghuram and Luigi Zingales, 1998. Power in a Theory of the Firm. *Quarterly Journal of Economics*. 113(2): 387 - 432.

[18] Rajan, Raghuram and Luigi Zingales, 2001a. The Firm as a Dedicated Hierarchy: A Theory of the Origins and Growth of Firms. *Quarterly Journal of Economics*. 116

(3): 805-851.

[19] Rajan, Raghuram and Luigi Zingales, 2001b. The Influence of the Financial Revolution on the Nature of Firms. *American Economic Review, Papers and Proceedings*. 91(2): 206-211.

[20] Tadelis, Steven, 2002. Complexity, Flexibility, and the Make-or-Buy Decision. *American Economic Review, Papers and Proceedings*. 92(2): 433-437.

[21] Whinston, Michael, 2001. Assessing the Property Rights and Transaction-Cost Theories of Firm Scope. *American Economic Review, Papers and Proceedings*. 91(2): 184-188.

[22] Williamson, Oliver, 1985. *The Economic Institutions of Capitalism*. NY: Free Press. 中译本:威廉姆森,《资本主义经济制度:论企业签约与市场签约》,段毅才等译,商务印书馆 2002 年版。

[23] Williamson, Oliver, 1996. *The mechanisms of Governance*. NY: Oxford U. Press. 中译本:威廉森,《治理机制》,王健等译,中国社会科学出版社 2001 年版。

[24] Williamson, Oliver, 1998. The Institutions of Governance. *American Economic Review, Papers and Proceedings*. 88(2): 75-79.

[25] Williamson, Oliver, 2000. The New Institutional Economics: Taking Stock, Looking Ahead. *Journal of Economic Literature*. 38(3): 595-613.

[26] Williamson, Oliver, 2002a. The Lens of Contracts: Private Ordering. *American Economic Review, Papers and Proceedings*. 92(2): 438-443.

[27] Williamson, Oliver, 2002b. The Theory of the Firm as Governance Structure: From Choice to Contract. *Journal of Economic Perspectives*. 16(3): 171-195.

[28] Zingales, Luigi, 2000. In Search of New Foundations. *Journal of Finance*. 55(4): 1623-1653.

(原文载于:皮建才,《企业理论的进展:交易成本与自生能力》,《经济社会体制比较》2005 年第 2 期。)

第二章 投资阻塞问题的解决方案

内容提要：本章主要对投资阻塞问题（holdup problem）的解决方案（solutions）进行了一个国外前沿文献的综述，并在本章的最后部分简单地讨论了其对中国经济问题的启示。

关键词：投资阻塞；解决方案；契约；文献综述

一、引 言

关系专用投资（relationship specific investments）是相对一般投资（general investments）而言的，它是和可挤占准租金联系在一起的，可挤占准租金是指关系专用价值与其次优用途价值之间的差额的一部分（Klein, Crawford and Alchian, 1978）。经济行为主体在进行关系专用投资时，就会面临着投资阻塞问题（holdup problem）（也有人译为套牢问题或敲竹杠问题）[1]。由于关系专用投资是一种沉淀成本类型的投资，所以很容易产生投资方不能获得自身投资的全部边际回报的低效率现象，进而引起投资不足（underinvestment）问题。这也就是通常所谓的科斯定理失灵的情形（Schmitz, 2001）。关系专用投资可以分为不同的类型：双方都进行关系专用投资的被称为双边专用投资；只有一方进行关系专用投资的被称为单边专用投资；卖者为降低其成本或买者为提高其收益而进行的关系专用投资被称为自利投资（selfish investments）；而一方进行的对另一方产生直接收益的关系专用投资则被称为合作投资（cooperative investments）（Che and Hausch, 1999）。

投资阻塞问题本质上是一种不完全契约，如果交易双方能够签订状态依存的完全契约的话，那么投资阻塞问题根本就不会存在。所以，处理投资阻塞问题一般采用的是不完全契约理论的方法。当然,也有的采用的是激励理论或机制设计理论的方法。Hart and Moore(1988)的经典文献为处理投资阻塞问题提供了一个很好的基准(benchmark),因为许多随后的文献在处理方法上从某种程度上来说只是对这个基准的假设做了适当的修改,所以很有必要对这个基准进行介绍。

Hart and Moore(1988)把投资阻塞问题抽象为风险中性的买者和卖者之间的一种不完全契约关系。他们在第 0 期(date 0)签订契约并规定了在将来进行交易的条件,假定所有的交易都发生在第 2 期(date 2)。买者对每一单位商品的估值是随机变量 v,卖者的成本是随机变量 c,v 和 c 的值在第 0 期之后和第 2 期之前(比如第 1 期)实现。在第 0 期签约之后且在第 1 期之前,买者和卖者分别进行关系专用投资,专用投资影响 v 和 c 的分布,v 和 c 的实现由各方的关系专用投资以及第 1 期的自然状态决定。他们的结果表明,在存在专用投资的情况下,通常不可能实施最优或第一优(first-best),但可以得到第二优(second-best);在进行风险分担且不存在专用投资时,只要双方的信息发送能够被证实,实施第一优就是可能的。投资阻塞问题是根据设定的变量和假设的条件进行解决的,不同的假设条件往往会得到不同的结果。

投资阻塞问题的处理是企业理论和组织理论的核心内容,尽管它的扩展形式在劳动经济学等诸多领域也有很好的应用。不同的学者从不同的角度对如何解决投资阻塞问题提出了自己的方案。这些解决方案有的是从现实生活的角度出发,有的是从纯粹理论的角度出发,所以给出启示也就具有相当重要的现实意义和理论意义。"传统智慧"给出的处理投资阻塞问题的解决方案包括纵向一体化(vertical integration)、财产权利配置(property rights allocation)、再谈判权利缔约(contracting on renegotiation rights)、选择权契约(option contracts)、生产契约(production contracts)、关系契约(relational contracts)、金融权利配置(financial rights allocation)、科层权威(hierarchical authority)以及注入市场竞争(injecting market competition)等(Che and Sakovics,2004),而"非传统智慧"给出的方案则是通过投资和议价之间的动态相互作用(dynamic interaction)来处理和解决投资阻塞问题(Che and Sakovics,2004)。因为纵向一体化和财产权利配置在聂辉华(2004)、杨其静(2005)以及皮建才(2005)的交易成本经济学(Williamson 框架)部分和财产权利理论

(GHM框架)部分已经作了相关的综述,所以通过纵向一体化解决投资阻塞问题以及通过财产权利配置解决投资阻塞问题没有在本章中逐层展开。

二、通过再谈判权利缔约解决投资阻塞问题

再谈判权利缔约(contracting on renegotiation rights)过程本质是属于再谈判设计类型的最优契约设计。通过再谈判权利缔约解决投资阻塞问题的经典文献包括Chung(1991)和Aghion, Dewatripont and Rey(1994)。

Chung(1991)认为无成本的受约束修正(constrained revisions)可以减轻契约不完全性引致的低效率。当契约被用来方便风险中性的双方之间的交易时,通过简单契约(simple contracts)来实施第一优是可能的。当一个契约被用来分担风险时,实施第一优通常是不可能的。然而,当一方是风险中性时,通过把所有的事后决策权分配给该方来实施第一优是可能的。他假定初始契约(the initial contract)是由两部分条款组成的,一部分是关于配置的(规定数量和转移支付),另一部分是关于修正机制的。可行的修正机制是"要么接受要么走开"(take-it-or-leave-it),双方中一方给出的提议,也就是说这是一种单边议价。由于初始配置决定了事后议价过程的现状点(the status quo point)[也称为威胁点或不同意点,可参见Chiu(1998), p.882],所以双方可以通过适当选择初始配置来约束修正博弈。只要初始配置让没有关系剩余索取权(the residual claimant of the relationship)的一方拥有投资的正确激励(尤其是规定正水平的交易以至于让该方投资不足的成本非常高),第一优就会被实施,原因是有关系的剩余索取权的一方自然会进行有效率的投资。不管事后决策结构或治理结构如何,再谈判或初始协议的修正可以有效对付投资阻塞问题,这一点与Williamson框架和GHM框架有很大的不同。

Aghion et al.(1994)考察了进行可观察(observable)但不可证实(unverifiable)投资的买者和卖者之间的关系(a buyer-seller relationship)。传统的观点认为契约的再谈判可能阻碍最优结果的实施,但是他们却认为,只要初始契约能够监督事后再谈判过程,有效率的投资和最优的风险分担就能够实现。再谈判设计(通过设定规则来治理再谈判过程)有两个特征,其一是再谈判停止情形下的违约选择权(default options),其二是把所有的议价力量分配给任何一个缔约方的配置。这两个特征可以在标准的鲁宾斯坦(Rubinstein)议价博弈中通过契约条款(contractual provisions)得到[比如特定绩效条款(specific-performance clauses)和拖延罚金(penalties for delay)]。一般情况下,违约选择权和议价力量的选择和分配要有条件依存于双方发送的关于自然状态的信号。只要双方是风险中性的,通过简单地选出非状态依存的价格—数量对(price-quantity pair)作为违约选择权以及通过把所有的议价力量都分派给某一方就可以实现经济效率从而解决投资阻塞问题。

三、通过选择权契约来解决投资阻塞问题

通过选择权契约(option contracts)来解决投资阻塞问题的经典文献包括Noldeke and Schmidt(1995,1998)。

Noldeke and Schmidt(1995)认为实现第一优并不需要更进一步的再谈判设计,简单选择权契约就可以实现有效率的投资决策和有效率的交易。选择权契约规定了物品的规格和支付的价格,如果卖者正好愿意交付这种规格的话(卖者有以预先决定的价格交付的权利而不是交付的义务)。简单选择权契约让卖者拥有交付(delivery)的决策权并规定支付依赖于交付是否发生。如果一方引致了初始契约条款规定的无效率结果,那么偏好初始契约中给定的有效率交易决策的另一方就可以获得全部的再谈判剩余。选择权契约的关键性特征是,参与者中的一方可以单边决定是否发生交易,而这也正是我们把这种契约称为选择权契约的原因。选择权契约虽然在处理单边直接外部性(一方进行的投资对另一方的成本或估值有外在影响)方面更加成功,但在处理双边直接外部性方面并不能实现第一优,而且它还不能有效地配置风险。这篇文章的关键性假设是法院可以证实卖者的物品交付,这与Hart and Moore(1988)的假设刚好相反。

Noldeke and Schmidt(1998)为状态依存的所有权结构在合资企业(joint ventures)中的盛行提供了一个解释框架。这一解释框架建立在此种所有权安排可以提供的投资激励的基础之上。如下的所有权结构可以解决投资阻塞问题以实现第一优投资:一方在初始时拥有企业,然而另一方在随后期(a later date)拥有以预先决

定的价格(a predetermined price)买下企业的选择权。一方(比如A)在初始时的投资越多,另一方(比如B)在随后期对企业的估值就越高,B当且仅当A的投资充分高时才会行使自己的选择权。如果选择权价格(option price)选得合适,当且仅当A进行了最低数量的效率投资时B才会购买企业。这反过来会诱使A进行有效率的投资,如果A投资太少,B将不会行使其选择权,这会使B的投资激励变弱或稀释,从而使企业对A的价值也不高;如果A投资过度,因为B将在随后期成为所有者,所以B将获得A的过多的投资的大部分边际收益,这会使A没有激励这么做;这样一来,有权选择拥有的契约(option-to-own contracts)就实施了第一优解决了投资阻塞问题。这篇文章的主要假设是:双方进行序贯投资,通过给予第二方资产所有权可以诱导各方进行有效率的投资。

Noldeke and Schmidt(1995)与Noldeke and Schmidt(1998)在主要区别是前者的选择权与交易有关,而后者的选择权则与资产所有权(asset ownership)有关。换句话说,前者选择的是是否交易,而后者选择的则是是否拥有资产所有权。

四、通过生产契约来解决投资阻塞问题

通过生产契约(production contracts)来解决投资阻塞问题的经典文献是Edlin and Reichelstein(1996)的论文。

Edlin and Reichelstein(1996)主张各方在投资之前可以签订非状态依存的契约(noncontingent contracts),并且可以在关于交易合意性的信息显示之后对契约进行自由地谈判。他们发现,当法院把特定绩效违约补偿(a breach remedy of specific performance)或预期赔偿费(expectation damages)补偿强加于两方之一时,这样的契约就能够诱导一方进行有效率的投资,而且,当可分离性条件(a separability condition)成立时,特定绩效违约补偿就可以诱导双方进行有效率的投资。另一方面,预期赔偿费补偿在解决双方投资问题方面并不很适用。在预期赔偿费补偿的规则下,买者或卖者中的一方可以单边决定违约,如果他支付的足够让另一方(受害方)获得事后绩效测度时的利润(契约履行时的回报);特定绩效违约补偿经常不被承认,但是法院有时承认它(如果其认为赔偿费"不充分"的话)。在这种情形下,单边违约

是不可能的,因为任何一方都会坚持契约按照其条款履行。

他们考虑的是固定价格契约(fixed-price contracts)类型的生产契约,卖者的关系专用投资属于自利投资。不管是在特定绩效违约补偿还是在预期赔偿费补偿的法律体制下,简单的非状态依存契约都能够在违约补助金(a breach subsidy)和投资阻塞税(a holdup tax)之间进行权衡,以对单个投资者提供有效率的激励。这就表明,特定绩效违约补偿和预期赔偿费补偿都能够为一方的投资提供很好的保护。在预期赔偿费补偿体制下,契约为一方提供了很好的激励,但却为另一方提供了很差的激励。相反,在特定绩效违约补偿体制下,契约为双方提供了平衡的激励。因此,特定绩效违约补偿相对而言更具优势。补偿体制决定了企业行为,也就是说,非状态依存的价格契约会通过在补偿不足(undercompensated)的投资阻塞偶然性(holdup contingencies)与补偿过度(overcompensated)的违约偶然性(breach contingencies)之间进行权衡以实现有效率的投资。

五、通过关系契约解决投资阻塞问题

通过关系契约(relational contracts)解决投资阻塞问题的经典文献是 Baker, Gibbons and Murphy(2002)的论文。

Baker etal.(2002)试图为关系契约(非正式协议)在企业内和企业间的盛行提供一个解释框架,他们运用重复博弈模型来表明企业内(纵向一体化)和企业间(非一体化)的关系契约为何和如何不同,一体化影响双方对既定的关系契约的毁约诱惑(reneging temptations),因而会对双方维持最佳的关系契约产生影响。在这个意义上,一体化决策可以成为服务于双方关系的一种工具。

他们把所有权环境分成了非一体化的资产所有权和一体化的资产所有权,把治理环境分成了现场(spot)治理和关系治理。这样一来,组织形式就有四种:现场外包(spot outsourcing)、现场雇用(spot employment)、关系外包(relational outsourcing)、关系雇用(relational employment)。结果表明,纵向一体化是对广泛变动的供给价格(即使各方都是风险中性的)的有效回应,因为一体化减少了此种环境下的毁约诱惑;一体化下的高能激励比非一体化下的高能激励(high-powered incentives)创造了更大的毁约诱惑;在所有其他参数不变的情况下,最优的一体化决策依赖于折现率(discount rate);在所有的边际激励不变的情况下,最优的一体化决策依赖于支付水平;一个把交易放在其内部进行组织的企业不能够模仿现货市场(spot market)。不同的组织形式可以治理不同的上游方(the upstream party)和下游方(the downstream party)之间的投资阻塞问题。

六、通过金融权利配置解决投资阻塞问题

通过金融权利配置(financial rights allocation)解决投资阻塞问题的经典文献是Aghion and Bolton(1992)以及Dewatripont and Tirole(1994)的论文。

Aghion and Bolton(1992)分析了没有初始财富的企业家和富有的投资者之间的不完全长期金融契约。两个经济行为主体有潜在冲突的目标,因为企业家既关心项目的金钱回报,也关心项目的非金钱回报,而投资者只关心项目的金钱回报。不同的控制权安排或治理结构对金钱回报值和私人收益值会有不同的影响。结果表明,当把所有的控制权都给予投资者最佳时,企业应该通过发行有投票权的普通股来筹资;当把所有的控制权都给予企业家最好时,企业应该发行没有投票权的股份(issue nonvoting shares)来筹资;如果联合所有权是最有效率的安排,企业家和投资者应该通过设计合伙企业或企业联合(通过一致同意采取决策)的形式来筹集必要的资金;如果按条件依存于信号的实现来配置控制权是有效率的,那么必须考虑用别的金融工具(比如普通债券、可转换债券等)来筹资。

Dewatripont and Tirole(1994)分析了企业的最佳金融结构如何跟激励机制相互补充来使管理者遵守纪律,以及证券回报流(return streams)如何决定索取权持有人(claim-holder)干预管理层的激励。他们的理论可以合理地解释证券的多重性、证券的回报流和控制权之间观察到的关联以及管理者和普通股持有者偏好(对政策选择、金钱报酬、低水平干预)的部分一致性。结果表明,对不可缔约的行动而言,企业的资本结构是一种使管理者守纪律的工具,也是一种针对外部人(outsiders)的激励机制,有效的外部干预需要金融证券的控制权和收入流之间存在特定关联;为了绕开"团队生产中的道德风险"问题,对管理者和外部人建立合适的激励使多重证券成为必要;

恰当的管理者激励要求外部人只有在管理者可能从事次优的行动时才去违背管理者的意愿,差的绩效伴随着高概率的外部干预,而好的绩效则伴随着低概率的外部干预。

七、通过科层权威解决投资阻塞问题

通过科层权威(hierarchical authority)解决投资阻塞问题的经典文献是 Aghion and Tirole(1997)的论文,这篇论文的基本框架就是著名的真实/形式权威(formal/real authority)理论。

Aghion and Tirole(1997)发展了一个组织内的形式权威(决策权)和真实权威(对决策的有效控制权)的配置理论。真实权威是由信息结构决定的,它反过来也依赖于形式权威的配置。代理人的真实权威的增加会提升其首创精神或主动权(initiative),但是也会导致委托人的控制权损失。问题的关键是如何在控制权和主动权之间进行折中。结果表明,在以下情况下形式权威有可能被委托:对委托人相对不重要的决策或活动、委托人能够信任代理人、对代理人相对很重要(或者因为私人收益高或者因为委托人不能阻止自己伤害代理人)、足够"创新"以至于委托人没有对付代理人的经验或能力。集权化(形式权威的非委托)可能因代理人担心被压制而危及交流(communication),虽然当代理人信任他的上级时集权化也能够支持交流。可能提高下属的真实权威的因素包括:控制权的大跨距(large span)、紧迫性、适度干预主义的声誉、绩效测度以及多重委托人。

他们假定委托人的利润和代理人的私人收益之间存在着所谓的一致性参数(congruence parameters)(考虑到到底是委托人偏好的项目还是代理人偏好的项目被选中的话)。委托人和代理人付出某种私人成本后会存在一个获取有用信息的概率。信息分为软信息(关于工程的收益通过交流不能被证实)和硬信息(关于工程的收益通过交流能够被随时无成本地证实)。在 P 型形式权威(P-formal authority)下,拥有形式权威的委托人成为上级,成为上级的委托人可能经常压制作为下级的代理人;在 A 型形式权威(A-formal authority)下,代理人拥有形式权威,他可以选择自己偏好的工程并且不会被委托人压制。初始契约规定把形式权威配置给双方中的某一方,接着各方自己收集关于项目收益的信息,随后双方进行交流,最后时序中的控制方(the controlling party)根据自己的信息和交流的信息选择工程的进行或不进行任何选择。

权威及其委托理论从内部组织的角度分析如何克服投资阻塞问题,这对于正确处理中央政府与地方政府的关系和政府与市场的关系以及正确解决它们之间存在的投资阻塞问题有很好的启发意义。

八、通过注入市场竞争解决投资阻塞问题

通过注入市场竞争解决投资阻塞问题的经典文献包括 MacLeod and Malcomson (1993)、Acemoglu and Shimer(1999)、Chatterjee and Chiu(1999)和 Felli and Roberts (2000)等。

MacLeod and Malcomson(1993)认为,当存在外生的转换成本(switching costs)时,固定价格契约是有效率的,产生了某种程度的价格刚性;对于双边专用投资,效率要求价格有充分的升级条款(escalator clauses)以避免再谈判;对于单边专用投资,可以产生"接受或支付"契约或曰必付契约(take or pay contracts)。转换成本和专用投资为彼此继续交易(而不是在别处交易)的双方创造了收益(准租金)。对双方来讲总共存在四种可能的结果:交易、没有交易、外部选择(outside options)和再谈判。他们的结果依赖于博弈均衡的三个性质:第一个是关于再谈判的,当且仅当在契约条款和违约罚金的约束下一方偏好没有交易(或外部选择)甚于交易时再谈判才会发生;第二个是关于剩余分享的,当契约条款使一方偏好没有交易甚于交易时,如果再谈判发生了,那么每一方从交易(相对于没有交易)中获得联合收益的一份(剩余分享解),只要这个份额对每一方而言不比外部选择时少;第三个是关于外部选择的作用的,如果契约条款使双方偏好交易甚于没有交易但使一方偏好外部选择甚于交易,或者如果使一方偏好外部选择甚于剩余分享(当剩余分享适用时),那么再谈判给予那一方的收益等于外部选择时的收益。威胁不交易和威胁中断关系的关键不同之处在于前者为纳什议价意义上的威胁点(a threat point),而后者则为外部选择。在上面三个性质的作用下,市场条件的改变会引起契约路径的改变从而有效地对付投资阻塞问题。

Acemoglu and Shimer(1999)对企业和雇员之间的传统观点做了突破性的改进。传统的观点认为,投资阻塞起因于市场的搜寻摩擦,企业不得不在找到它们的雇员之前进行大范围的投资,更大的投资对应着更高的工资,特别是当工资由事后的议价决定时,均衡经常是无效率的。一旦意识到资本密集型生产关系不得不支付更高的工资,企业就会减少它们的投资,这只能通过把所有的议价力量从工人一方移走来阻止,但这反过来会压低工资至社会产品以下从而造成了企业的过度进入。与此相反,Acemoglu and Shimer(1999)认为,当企业公布工资且工人把他们的搜寻定位于更有吸引力的出价时,效率可以实现。这种效率结果可以概括和归纳为工人仅仅观察到少数均衡工资出价的不完美的信息环境。效率的原因不是工资公布,而是工人把他们的搜寻定位于资本更密集型工作的能力。从这个意义上来说,企业的信息公布以及工人的有定位搜寻能力的市场竞争可以有效解决投资阻塞问题。

Chatterjee and Chiu(1999)的文章是一篇尚未正式发表的工作论文。这篇论文考虑的是薄(thin)且分权型的市场(每个代理人的决策主要通过间接的市场联系影响别的代理人的决策和福利)中存在的投资阻塞问题。他们认为,在每个均衡中,不管资产所有权如何,投资者之间的过度竞争(excess competition among investors)(卖者比买者多)可以导致有效率的投资。在没有这种过度竞争(卖者比买者少)的均衡中,将产生无效率的投资,除非进行特殊的资产所有权安排。所有权除了影响投资选择以外,还会影响交易的概率。总之,投资者之间的竞争可以在很大程度上解决投资阻塞问题。

Felli and Roberts(2000)的文章也是一篇尚未正式发表的工作论文。他们认为,投资阻塞问题是和双边匹配(bilateral matching)的协调失灵(coordination failures)联系在一起的。当买者和卖者进行关系专用投资的匹配时,匹配上的伯川德竞争(Bertrand competition)可以帮助解决由于缺乏完全状态依存契约而导致的投资阻塞问题和协调失灵问题。当买者在伯川德竞争之前选择投资时,买者的投资是受约束有效率的(constrained efficient)。但是,协调失灵非效率可能以多重均衡的形式存在。当卖者在伯川德竞争之前选择投资时,会引起不同的非效率,若买者在降低内在能力的次序(order of innate ability)方面跟别的对手竞争,则伯川德竞争博弈的均衡是唯一的且不包含协调失灵。然而,给定卖者涉及的均衡匹配,卖者会选择一种投资的非效率水平。买者的事前投资(ex-ante investments)是受约束有效率的,而卖者的事前投资尽管无效率但却接近有效率(near efficient)。但是,如果买者和卖者都进行事前投资,那么非效率就可能以多重均衡的形式存在。

九、通过动态相互作用解决投资阻塞问题

通过动态相互作用解决投资阻塞问题的经典文献是 Che and Sakovics(2004)的论文。

Che and Sakovics(2004)发展的模型引入了投资和议价之间的动态相互作用,允许双方继续进行投资直到他们对如何分配交易剩余达成一致。扩展的结构如下:在每一期,双方选择投资多少,接着随机选出的一方对交易的条款给出提议;如果提议被接受,那么交易根据达成的条款进行并且博弈结束;如果提议被拒绝,那么博弈以无交易的结果进入下一期,并且双方可以进一步投资以增加现存的投资存量,相同形式的议价回合接着进行,重复同样的过程直到达成一致。

在他们的动态模型中,当双方的折现因子趋向于1时,马尔科夫完美均衡的存在是充分的,均衡的结果接近第一优。在这个均衡中,投资阻塞起源于均衡路径上的一方仅仅获得了与他的议价力量相对称的总剩余的一部分,但是这并不能阻止该方进行有效率的投资。关键的原因在于投资动力学使得投资低的一方有更差的议价位置,因而会对该方提高投资创造更强的激励。当双方的投资是弱替代时,个人理性约束条件对于上面的渐近效率(asymptotic efficiency)也同样是必要的。如果个人理性约束不满足,不管折现因子怎么样,在任何子博弈完美均衡中可支持的累积投资对(pair)会从第一优对中跳跃开。当投资是互补的时,即使个人理性约束不满足,双方仍可以利用投资动力学来调整他们的议价份额进而实现渐近效率。结果表明,只需简单而合理的投资动力学就可以在事实上消除低效率,只要投资阻塞问题不是太严重以至于使得某种个人理性条件不再满足,这提醒我们投资阻塞问题可能并不是低效率的源泉(投资阻塞问题被假设条件"蒸发掉了")。这解释了为什么双方在实现效率时可以不需要契约保护,这也解释了为什么商业交易很少依赖于显性契约,这实际

上为契约不完全提供了一个新的基础。即使低效率源自投资阻塞问题，正当的组织回应也和"传统智慧"不同，不是由剩余分享引起的，而是由某种个人理性约束不满足引起的。从渐近效率的视角来看，个人理性可以成为治理投资阻塞问题的有效工具。

十、结　语

上面给出的投资阻塞问题的解决方案主要是沿着 Che and Sakovics(2004) 给出的分析思路进行梳理的，一些与这个思路的框架相关度不是很大的文献并没有进入本章的视野。另外，与被选取的进行综述的文献相关的一些文献(比如补偿方面的文献)也没有进入本章的视野。这样做虽然可以使重点显得更加突出，但也可能使信息含量减少很多，但我相信对这个领域感兴趣的读者会阅读参考文献的参考文献，这样就可以在很大程度上弥补以上的缺憾。我在这里尤其要提到的是 Rogerson(1992) 的重要文献，因为这篇论文是用机制设计理论的方法来处理投资阻塞问题的，所以它的引用率并不高，但是其逻辑思想值得重视。作者证明，在自利投资的情形下，如果某些环境特征满足并且如果"强力"(powerful)契约能够被写出，那么第一优的契约解决方案就会存在。环境特征是：风险中性；没有外部性(每个代理人的投资仅仅直接影响它自己的类型)；只有一个投资者属于部分私人信息(Partially Private Information, PPI)(投资选择是公共信息但类型实现是私人信息)。"强力"契约包含：复杂性；参与的承诺；没有再谈判。当然，作者给出的只是投资阻塞的契约解决方案存在的充分条件而不是必要条件。

投资阻塞问题是一个多层次多维度的问题。经济系统的任何一个层次或维度出了毛病都会引起不同程度的投资阻塞问题，对于不同病因的投资阻塞问题应该从不同的视角寻找解决方案，所谓"对症下药"。通过静态方案解决不了的问题要考虑通过动态方案来解决；通过一种权利配置解决不了的问题考虑通过另一种权利配置来解决；通过一种契约安排解决不了的问题要考虑通过另一种契约安排来解决；仅仅通过一种治理工具解决不了的问题要考虑通过多种治理工具来解决，既要有互替思维也要有互补思维。投资问题的解决方案既与事情本身的性质有关，也与事情外部的环境有关。说到底，投资阻塞问题的解决方案是由内部约束条件和外部约束条件共同决定的。

对中国的现实问题而言,中小企业融资难的问题属于投资阻塞问题。银行系统高储蓄率的问题属于投资阻塞问题,股票市场积重难返的问题属于投资阻塞问题,地方政府和中央政府博弈的问题属于投资阻塞问题,民工荒和技工荒的问题也属于投资阻塞问题,如此等等。实际上,中国经济中存在的许多问题在本质上都是投资阻塞问题,可以用一个统一的框架来分析和处理,这样的话就可以在很大程度上防止所谓的"头疼医头、脚疼医脚"。从投资阻塞的视角来分析国内问题无疑可以得到许多重要的启示和答案。产权可以解决某些投资阻塞问题,竞争可以解决某些投资阻塞问题,有效的制度安排可以解决某些投资阻塞问题,诸如此类,不一而足。但国内学者在理论结合实际方面显然做得不够,所以总体上有待进一步的深入研究,希望这篇综述能够起到一点抛砖引玉的作用。中国经济改革需要的是既懂国内约束条件又能使用国外理论工具的经济学人,如果偏废一方的话,就有可能出现"知道问题是什么但不知道怎么求解"或者"知道怎么求解但不知道问题是什么"的"匹配失灵"现象。

注释

1. 对于 holdup problem 的翻译问题可以参见皮建才(2006a)的注释3、皮建才(2006b)的注释16以及皮建才(2007)的注释1。

参考文献

[1] 聂辉华. 交易成本经济学:过去、现在和未来[J]. 管理世界,2004(12).

[2] 皮建才. 企业理论的进展:交易成本与自生能力[J]. 经济社会体制比较,2005(2).

[3] 皮建才. 形式权威、投资阻塞与企业自生能力[J]. 财经科学,2006a(7).

[4] 皮建才. 李约瑟之谜的解释:我们到底站在哪里?[J]. 经济学(季刊),2006b(1).

[5] 皮建才. 所有权结构、自私性努力与投资阻塞问题[J]. 经济研究,2007(5).

[6] 杨其静. 企业与合同理论的新阶段:不完全合同理论[J]. 管理世界,2005(2).

[7] Acemoglu, D. and R. Shimer, 1999. Holdups and Efficiency with Search Frictions. *International Economic Review*. 40(4):827-849.

[8] Aghion, P. and P. Bolton, 1992. An Incomplete Contracting Approach to Financial Contracting. *Review of Economic Studies*. 59(3): 473 – 493.

[9] Aghion, P., M. Dewatripont and P. Rey, 1994. Renegotiation Design with Unverifiable Information. *Econometrica*. 62(2): 257 – 282.

[10] Aghion, P. and J. Tirole, 1997. Formal and Real Authority in Organizations. *Journal of Political Economy*. 105(1): 1 – 29.

[11] Baker, J., R. Gibbons, and K. J. Murphy, 2002. Relational Contracts and the Theory of the Firm. *Quarterly Journal of Economics*. 117(1): 39 – 84.

[12] Chatterjee, K. and Y. S. Chiu, 1999. When Does Competition Lead to Efficient Investments? mimeo.

[13] Che, Y.-K. and D. B. Hausch, 1999. Cooperative Investments and the Value of Contracting. *American Economic Review*. 89(1): 125 – 147.

[14] Che, Y.-K. and J. Sakovics, 2004. A Dynamic Theory of Holdup. *Econometrica*. 72(4): 1063 – 1103.

[15] Chiu, Y. S., 1998. Noncooperative Bargaining, Hostages, and Optimal Asset Ownership. *American Economic Review*. 88(4): 882 – 901.

[16] Chung, T.-Y., 1991. Incomplete Contracts, Specific Investments, and Risk Sharing. *Review of Economic Studies*. 58(5): 1031 – 1042.

[17] Dewatripont, M. and J. Tirole, 1994. Theory of Debt and Equity: Diversity of Securities and Manager-Shareholder Congruence. *Quarterly Journal of Economics*. 109(4): 1027 – 1054.

[18] Edlin, A. S. and S. Reichelstein, 1996. Holdups, Standard Breach Remedies and Optimal Investments. *American Economic Review*. 86(3): 478 – 501.

[19] Felli, L. and K. Roberts, 2002. Does Competition Solve the Hold-up Problem? mimeo.

[20] Hart, O. D. and J. Moore, 1988. Incomplete Contracts and Renegotiation. *Econometrica*. 56(4): 755 – 85.

[21] Klein, B., R. Crawford and A. Alchian, 1978. Vertical Integration, Appropriable

Rents, and the Competitive Contracting Process. *Journal of Law and Economics*. 21(2): 297-326.

[22] MacLeod, W. B. and J. Malcomson, 1993. Investments, Holdup, and the Form of Market Contracts. *American Economic Review*. 83: 811-837.

[23] Noldeke, G. and K. M. Schmidt, 1995. Option Contracts and Renegotiation: A Solution to the Hold-Up Problem. *Rand Journal of Economics*. 26(2): 163-179.

[24] Noldeke, G. and K. M. Schmidt, 1998. Sequential Investment Options to Own. *Rand Journal of Economics*. 29(4): 633-653.

[25] Rogerson, W. P., 1992. Contractual Solutions to the Hold-Up Problem. *Review of Economic Studies*. 59(4): 777-794.

[26] Schmitz, P. W., 2001. The Hold-Up Problem and Incomplete Contracts: A Survey of Recent Topics in Contract Theory. *Bulletin of Economic Research*. 53(1): 1-17.

（原文载于：皮建才，《投资阻塞问题的解决方案：一个文献综述》，《社会科学战线》2007年第5期。）

第三章　中国民营企业的成长：
逆向并购还是自主研发？

内容提要：本章构建了基于混合寡头的企业跨国并购博弈模型以及企业自主研发的博弈模型。通过求解动态博弈模型对中国民营企业的成长方式选择进行了比较分析，弄清了在何种情况下逆向并购更占优势，在何种情况下自主研发更占优势。国内外市场的大小、国外市场企业数目、两国间技术差距、国企与民企边际成本差额均为影响民企选择逆向并购和自主研发的重要因素。具体来说，国内市场规模越大，国外市场规模越大，国外市场企业数目越少，两国间的技术差距越大，国内民企越倾向于选择逆向外包；当国企与民企的边际成本差距比较小的时候，国企与民企的边际成本差距越大，国内民企越倾向于选择逆向外包；当国企与民企的边际成本差距比较大的时候，国企与民企的边际成本差距越大，国内民企越倾向于选择自主研发。

关键词：混合寡头；民营企业；逆向并购；自主研发

一、引　言

随着国际分工的日益深化，发展中国家不断利用自身的禀赋优势嵌入全球价值链之中。但是，发展中国家一般是利用自身的劳动力资源优势承接全球价值链中处于低端的环节，在其向上攀升战略环节的过程中会受到发达国家的阻挠，发达国家"希望维持在现有的资本积累、技术知识水平及收入差异之上的国际分工格局"(冼国明、杨锐，1998，第1页)。因此，对于发展中国家的企业而言，如何进行技术积累并改变自身在全球价值链中的定位是一个相当关键且棘手的问题。从以往的研究来看，发展中国家主要有两种方式进行技术获取，一是自主研发，这需要投入一定的研发费用；二是通过技术转移，这需要支付一定的购买费用。在这两种方式之外，最近的许多研究表明发展中国家还可以通过对发达国家 OFDI 的方式（比如，设立研发中心、合资、独资、并购等）取得技术，OFDI 能促进发展中国家企业成长。我国是一个发展中国家，随着我国经济社会不断深化发展，OFDI 正在成为一个长期趋势。最近的《直接对外投资公报（2012）》指出："2012 年，在全球外国直接投资流出流量较上年下降 17％的背景下，中国对外直接投资创下流量 878 亿美元的历史新高，同比增长 17.6％，首次成为世界三大对外投资国之一"。同时，民营企业已经逐渐取代国有企业成为我国对外投资的主力军，而在这当中逆向并购是 OFDI 的主要形式。企业进行这种类型的并购能更好地整合消化发达国家被并购的技术。[①] 因此，研究中国民营企业的跨国并购特别是针对发达国家的逆向并购对于企业成长的影响是一个十分紧要的问题。

就国外文献看来，现有的研究主要集中在进入模式的比较上。比如，Brainard(1993)、Markusen and Venables(1998)、Grünfeld and Sanna-Randaccio(2005)等学者将着眼点放在了并购与绿地投资的比较上。再比如，Kogut and Chang(1991)、Teece(1992)、Cantwell and Janne(1999)的实证分析表明，存在技术寻求型的 FDI。总体上来看，国外文献很少关注逆向并购与自主研发之间的比较，本章正是要填补这方面的学术空白。

就国内文献看来，对于中国民营企业的技术进步方式而言，当前的学术界主要关注的是 FDI 对于我国企业成长的促进作用，而本章研究的跨国并购是一种 OFDI。我们面对两个问题：逆向并购对我国企业的技术进步是否有促进作用？与自主研发相比究竟孰优孰劣？第一个问题是国内学者研究的热点问题，第二个问题则是本章想要解决的问题。针对第一个问题，现有文献们从理论与实证两个方面进行了有力

---

① 本章所讲的逆向并购是指发展中国家或地区的企业并购发达国家或地区的企业，这与通常情况下发达国家或地区的企业并购发展中国家或地区的企业的方向是相反的。

论证。冼国明和杨锐(1998)从理论方面构建了发展中国家的对外投资模型。他们认为,发展中国家对于发达国家的逆向投资是发展中国家基于竞争压力而自发产生的一种"学习型FDI"。吴彬等(2011)从"弱势企业"的角度分析了发展中国家进行对外投资的动因和条件,并给出了"弱势企业"发展的规模与路径。从实证的结果来看,蔡冬青和周经(2012)、蔡冬青和刘厚俊(2012)以及姚利民和孙春媛(2007)都验证了我国的OFDI显著促进技术创新,即我国的OFDI属于"学习型FDI",能够更好地促进企业成长。在明确了OFDI确实能够促进我国技术进步之后,我们接下来的问题是:逆向并购在其中扮演了什么样的角色?逆向并购作为OFDI的一种形式是怎样促进中国企业的成长的?针对上述问题,李晓华(2011)认为知识寻求是我国企业开展逆向并购的重要动机。从实证的结果来看,顾露露和Reed(2011)通过对1994—2009年间逆向并购企业绩效进行评估,发现中国的逆向并购总体成果是令人满意的,并且民营企业绩效更高,这说明了逆向并购促进了企业成长。于开乐和王铁民(2008)通过案例(南汽并购罗孚)分析的形式证明了逆向并购能够促进企业获取知识,使得企业自主创新能力变强。

本章在上述文献的基础上,为了弥补现有缺陷,构建了一个两阶段的动态博弈模型,首先基于混合寡头理论区分了国内市场与国外市场,接着利用Grünfeld and Sanna-Randaccio(2005)的模型区分了发展中国家的企业与发达国家的企业,之后将比较的着眼点放在了我国民营企业的逆向并购与自主研发的比较上,分析哪一种方式更能促进民营企业的成长。逆向并购需要支付的并购成本包括购买以及整合的成本。自主研发需要研发投入,并且一般情况下自主研发的困难程度比较高。

本章剩余部分安排如下。在第二部分,我们构建了民营企业进行逆向并购的两阶段动态模型。在第三部分,我们构建了基于自主研发的两阶段动态模型。在第四部分,我们对逆向并购和自主研发进行了比较分析。在第五部分,也就是在最后一部分,我们给出了结语。

二、逆向并购

为了简化分析,我们考虑经济中包含两个市场,即国内市场与国外市场。国内市场中仅有国企与民企两个企业,国外市场中含有 n 个私企。① 实际上,民企与私企均是最大化自身利润的私有企业,为了区分国内市场的私企与国外市场的私企,这里将国内市场的私企称为民企。所有企业生产同质产品,并且生产过程中不存在固定成本。两个市场间不考虑进出口贸易,并且假设国外企业不会将其核心技术进行授权或者出卖,故我们考虑企业可以通过并购国外企业的方式进入对方的产品市场。② 本章只研究国内市场的并购行为。

国内市场和国外市场的厂商面临的反需求函数分别为:

$$p_1 = a - Q_1 \tag{1}$$

$$p_2 = as - Q_2 \tag{2}$$

其中,$Q_1 = q_{g,1} + q_{p,1}$,$q_{g,1}$ 为国内市场上国企的产量,$q_{p,1}$ 为国内市场上民企的产量;Q_2 包含来自国内市场民营企业进行并购之后位于国外市场的部分生产的产量以及其他剩下的国外私企生产的产量两部分组成,$s>0$ 衡量了国外市场相对于国内市场的规模,当 $0<s<1$ 时,国外市场小于国内市场;当 $s>1$ 时,国外市场大于国内市场。a 是一个代表市场规模的常数,为了使本章的分析有意义,我们假定 a 非常大。

我们认为国企的边际成本高于民企,借鉴 Grünfeld and Sanna-Randaccio(2005) 的做法,国企与民企的边际成本分别为:

$$c_g = c_0 + \varepsilon - \sigma \tag{3}$$

$$c_p = c_0 - \sigma \tag{4}$$

国外市场上企业的边际成本为:

$$c_f = c_0 - (1 - \sigma) \tag{5}$$

---

① 我们之所以在国内市场中考虑了国企与民企两个企业,而不是考虑两个民企,是为了更好地刻画我国经济的实际情况。从模型结构来看,民营企业逆向并购和自主研发的选择主要还是取决于成本与收益的比较,民营企业倾向于选择能够产生更高利润的技术进步途径,这种比较并不依赖于特定的市场结构,尽管市场结构会改变其中的参数条件。即使我们在国内市场考虑两个民企,也不是影响本章的主要结论,但是我们认为考虑国企与民企两个企业会更加逼近我国经济的现实背景。本章的分析可以为将来进一步的研究奠定基础。

② 这意味着存在两种可能性。第一种可能性就是,两个产品市场是互相隔开的,这样的市场可以是服务业部门所对应的市场或者是某些设置了高关税的产品市场。第二种可能性就是,不管是国内的企业还是国外的企业都是针对内需进行生产,也就是说,生产是国内需求导向型的。

其中，c_0是一个比较大的常数，代表国企与民企的初始成本。ε是一个比较小的常数，代表国企与民企之间的成本差距。经济中整个技术池总量为1，国内企业的技术水平用σ来衡量，所以国外的技术水平用$1-\sigma$来衡量，其中$0\leqslant\sigma\leqslant1$。[①] 不管是国内企业还是国外企业，它们的边际成本都是随技术水平的提高而递减的。当$\sigma>\frac{1}{2}$时，国内的市场技术水平高于国外市场的技术水平；当$\sigma<\frac{1}{2}$时，国内市场的技术水平低于国外市场的技术水平；当$\sigma=\frac{1}{2}$时，国内的市场技术水平和国外市场的技术水平一样。本章主要研究发展中国家（对应国内）向发达国家（对应国外）的逆向并购问题，因此在本章中我们假定$\sigma<\frac{1}{2}$。在上述设定的基础上我们可以得到国内外的技术差距的表达式，我们用δ来表示这个值：

$$\delta=1-2\sigma \tag{6}$$

我们假设并购之后企业在国外市场上所获利润可以回流到国内，这样一来，国企的目标函数设为国内社会福利：

$$W_1=\pi_g+\pi_p+CS_1 \tag{7}$$

其中，π_g表示国企在国内市场所获利润，π_p表示国内民企的利润，π_p包括两部分，一部分是民企在国内市场所获利润$\pi_{p,1}$，另一部分是民企通过并购国外的私企在国外市场所获利润$\pi_{p,2}$（若没有发生并购则这部分为零），CS_1代表国内市场上的消费者剩余。

国内市场上民企的目标函数为自身利润π_p，并购之前π_p仅包含国内市场上所获得的利润，并购之后的π_p则包含两部分，一部分是国内市场上的利润$\pi_{p,1}$，一部分是国外市场上的利润$\pi_{p,2}$。

国外市场上私企的目标函数为自身利润π_{f_i}：

[①] 我们用技术池来衡量整个经济所拥有的技术水平，设定整个经济的技术池为1，国内市场技术水平设定为σ，则国外市场的技术水平为$1-\sigma$，更具体的设定请参见Grünfeld and Sanna-Randaccio（2005）。

$$\pi_{f_i} = p_2 q_{f_i} - c_f q_{f_i} \tag{8}$$

现在,我们考虑如下两阶段博弈:第一阶段,国内市场上的民企决定是否进行逆向并购;第二阶段,两个市场上的企业同时行动,根据自己的目标函数决定各自的产量。我们采用逆向归纳法来分析这个问题。

首先,假设民企不进行并购,则两个市场相互独立,企业在各自的市场中根据各自的目标函数进行生产,国内市场上民企的利润函数为:

$$\pi_p = p_1 q_p - c_p q_p \tag{9}$$

因为国外市场上企业所生产的产品均是同质的,所以,在一个对称的纳什均衡中,所有企业的产量均为 $q_{f_i} = q_f$。

此时,国企、国内民企与国外私企的均衡产量分别为:$q_g = a - c_0 - 2\varepsilon + \sigma$,$q_p = \varepsilon$,$q_f = \dfrac{as - c_0 + 1 - \sigma}{n+1}$。

把相关的均衡产量代入(9)式,我们可以得到均衡时的国内民企利润:

$$\pi_p = \varepsilon^2 \tag{10}$$

其次,假定国内市场上的民企决意进行并购,此时国内市场上 $p_1^m = a - Q_1^m = a - q_g^m - q_{p,1}^m$;国外市场上因为加入了并购企业参与竞争,相应地减少了一个国外企业,所以在国外市场的需求函数是 $p_2^m = as - Q_2^m = as - q_{p,2}^m - \sum_{i=1}^{n-1} q_{f_i}^m$。其中,上标 m 表示存在民企逆向并购时的情形。

跨国并购的影响主要体现在两方面:一方面,并购国外私企需要支付一个固定成本 F(考虑到购买成本、整合成本等因素);另一方面,并购之后国内民企学习到国外私企先进的技术及管理经验,能以更低的边际成本进行生产,本章考虑国内民企边际成本并购后与国外私企一致。考虑到 $\sigma < \dfrac{1}{2}$,国内市场企业技术弱于国外企业,并购之后,民企边际成本变为 $c_p^m = c_f = c_0 - (1-\sigma)$。

因此,不失一般性,假设第 n 个国外私企被国内民企所并购,此时民企的目标利润函数变为:

$$\pi_p^m = \pi_{p,1}^m + \pi_{p,2}^m - F \tag{11}$$

利用一阶条件,对(11)式求偏导,我们可以得到下面两个式子: $\frac{\partial \pi_p^m}{\partial q_{p,1}^m} = a - q_g^m - 2q_{p,1}^m - c_0 + 1 - \sigma = 0$, $\frac{\partial \pi_p^m}{\partial q_{p,2}^m} = as - 2q_{p,2}^m - \sum_{i=1}^{n-1} q_{f_i}^m - c_0 + 1 - \sigma = 0$。

之后我们再利用对称性,国外市场中原有的 $n-1$ 个私企产量均为 $q_{f_i}^m = q_f^m$,将其代入上面的式子进行求解。另外,再利用一阶条件,对(7)和(8)式分别求偏导。

联立上述四个一阶条件中的式子,我们可以得到国企与民企国内外市场上的均衡产量: $q_g^m = a - c_0 - 2\varepsilon + 3\sigma - 1$, $q_{p,1}^m = \varepsilon - 2\sigma + 1$, $q_{p,2}^m = q_f^m = \frac{1}{n+1}[as - c_0 + 1 - \sigma]$。

由上述均衡产量,我们可以得到并购之后的国内民企利润:

$$\pi_p^m = (\varepsilon - 2\sigma + 1)^2 + \frac{1}{(n+1)^2}(as - c_0 + 1 - \sigma)^2 - F \tag{12}$$

比较(10)式和(12)式,我们可以得到命题1。

命题1:当 $F < \overline{F}$ 时,$\pi_p^m > \pi_p$,国内民企选择进行逆向并购;当 $F = \overline{F}$ 时,$\pi_p^m = \pi_p$,国内民企选择在进行逆向并购和不进行逆向并购之间无差异;当 $F > \overline{F}$ 时,$\pi_p^m < \pi_p$,国内民企不会选择进行逆向并购。

证明:直接利用(12)式减去(10)式,我们可以得到: $\pi_p^m - \pi_p = (1-2\sigma)(2\varepsilon - 2\sigma + 1) + \frac{1}{(n+1)^2}(as - c_0 + 1 - \sigma)^2 - F$。定义 $\overline{F} = (1-2\sigma)(2\varepsilon - 2\sigma + 1) + \frac{1}{(n+1)^2}(as - c_0 + 1 - \sigma)^2$,我们很容易发现:当 $F < \overline{F}$ 时,$\pi_p^m > \pi_p$;当 $F = \overline{F}$ 时,$\pi_p^m = \pi_p$;当 $F > \overline{F}$ 时,$\pi_p^m < \pi_p$。

我们对上述命题进行经济学分析,就国内市场而言,通过逆向并购,国内民企得到了国外先进技术,能够降低成本进行生产更多的产品。同时,国企需要保证的是社会福利最大化,不会与民企进行激烈的竞争,因此我们可以判断国内市场上的社会福利是增大的。所以,这里的关键在于国内民企在国外市场上的并购花费。由于国内民企利润来源包括两个部分,并且因国外市场利润可以回流到国内,因此我们认为这也是国内社会福利的一部分。事实上,在并购与否的比较上,我们可以从两个市场的角度出发来分析并购是否会发生。

$\overline{F}$代表F的临界值,$\overline{F}$的经济意义代表了企业进行并购的倾向性,$\overline{F}$越小代表$F>\overline{F}$越容易,也就是国内民企越倾向于不进行逆向并购;$\overline{F}$越大代表$F<\overline{F}$越容易,也就是国内民企越倾向于进行逆向并购。为了更精确地分析$\overline{F}$是如何代表F的临界值,我们将$\overline{F}$拆解为两部分。从国内市场的角度来看,国内民企在技术因并购得到提升之后其利润与之前的差额即为$(1-2\sigma)(2\varepsilon-2\sigma+1)$这一部分,因此这一部分可以认为是逆向并购所带来的利润增长。从国外市场的角度来看,$\frac{1}{(n+1)^2}(as-c_0+1-\sigma)^2$为国内民企在国外市场所获利润,那么并购的净花费为$F-\frac{1}{(n+1)^2}(as-c_0+1-\sigma)^2$,若此项为负,则意味着国内民企在国外市场上所获利润完全抵消并购花费后还有剩余,并购肯定划算;若此项为正,则意味着国内民企在国外市场上所获利润不能抵消并购花费,并购可能划算也可能不划算。一般情况下,国内民企并购时面临的是后一种情形,此时国内民企进行逆向并购的战略动机是用国内市场赚得的利润弥补国外市场上的损失,提高生产效率以期获得较高的企业绩效。进行逆向并购可以使国内民企获得更多的利润;否则,国内民企不会选择进行逆向并购。实际上,正如刘丹鹭和岳中刚(2011,第48-49页)所描述的那样,逆向外包是一种"技术换市场"的行为,发展中国家的企业主动寻求并购发达国家的企业,学习先进技术以及管理经验进行消化、吸收和创新,只要并购的固定成本控制在一定水平之下,这对于发展中国家的企业而言是一条获取完整技术、提升自身竞争力的新出路。

推论1:并购临界值$\overline{F}$随国企与民企的边际成本差额ε的增加而增加,随国内市场规模a的增加而增加,随国外相对市场大小s的增加而增加,随国外私企数量n的增加而下降,随国内外技术差距δ的增加而增加。

证明:由$\overline{F}$的表达式,我们可以很容易得到:$\frac{\partial \overline{F}}{\partial \varepsilon}=2(1-2\sigma)>0$,$\frac{\partial \overline{F}}{\partial a}=\frac{2s(as-c_0+1-\sigma)}{(n+1)^2}>0$,$\frac{\partial \overline{F}}{\partial s}=\frac{2a(as-c_0+1-\sigma)}{(n+1)^2}>0$,$\frac{\partial \overline{F}}{\partial n}=-\frac{2}{(n+1)^3}(as-c_0+1-\sigma)^2$$<0$。根据(6)式,我们可以将$\overline{F}$改写为以下形式:$\overline{F}=\delta(2\varepsilon+\delta)+\frac{1}{4(n+1)^2}(2as-2c_0$

$+1+\delta)^2$,由上式对 δ 求偏导,我们可以得到:$\frac{\partial \overline{F}}{\partial \delta}=2\varepsilon+2\delta+\frac{2(2as-c_0+1+\delta)}{4(n+1)^2}>0$。

推论 1 实质上分析了国内民企逆向并购的影响因素。首先,我们来看国内国企与民企之间的边际成本差额。这个差额越大,意味着在国内市场上民企的相对成本优势越强,所获利润越大,这使得其在考虑并购成本时更加从容,也就更有可能发生并购。其次,我们来看国内外市场规模。对于发展中国家企业而言,国内民企和国外被并购企业所在不同市场的市场规模也是一个需要考虑的因素,在市场中企业数目相同的情况下,市场规模越大,国内民企和国外被并购企业获得利润的能力越强,并购越容易发生。再次,我们来看国外民企的数量。企业的数量代表了市场的竞争程度,数目越多,企业所得利润将越少,从而使得并购越不容易发生。最后,我们来看国内外的技术差距。直观上看来,这个技术差距越大,技术落后国企业并购之后所获得的技术进步越大,其应该越有并购的动机,而这也是许多学者实证证明的结果(比如,姚利民与孙春媛,2007)。较大的技术差距意味着民企在进行逆向并购之后能获得一个较大的利润,这会刺激民企进行逆向并购。

三、自主研发

企业进行逆向并购的过程,实质是发展中国家对发达国家的一种 OFDI。FDI 理论的核心在于解释 FDI 的动机与发生条件,冼国明和杨锐(1998)将发展中国家的 FDI 分为学习型 FDI 以及竞争策略型 FDI,本章采用的是学习型 FDI 的分析思路。我们将考虑一个企业的自主研发的过程,然后跟企业进行逆向并购的结果进行比较分析。参考 D'Aspremont and Jacquemin(1988)以及 Ishiba and Matsumura(2011)的做法,我们考虑的研发为降低企业边际成本的研发。国内民企对于自主研发的投入水平为 x,并且假设研发投入增加一单位,民企边际成本降低一单位,即在进行自主研发之后,民企的边际成本变为 $c_p^b=c_p-x$,民企总的成本就变为 $(c_p-x)q_p^b$,其中 q_p^b 为民企在进行中自主研发之后的产量,上标 b 表示考虑民企自主研发时的情形。与此同时,我们用 γx^2 来衡量私企进行自主研发的总支出,其中 $\gamma>0$,γ 的大小显然决定了民企的研发困难程度,γ 取值越大,企业的研发困难程度越高;γ 取值越小,企业的研发困难程度越高。我们假定 $\gamma>1$，这个假定意味着国内民企的研发困难程度比较高。另外，跟 D'Aspremont and Jacquemin(1998)不同的是，在这里我们没有考虑企业间研发的外溢效应，即国内民企的研发不会影响国企的成本。

我们考虑的是一个两阶段的博弈。在第一阶段，国内市场上的民企决定研发投入水平；在第二阶段，国内市场与国外市场上的企业同时根据自身目标决定自己的产量。由于此处国内市场与国外市场是分隔开来的两个市场，同基本模型相比只是国内市场发生了变化，国外市场并没有任何改变，因此我们只需要研究国内民企的自主创新行为对国内市场造成的影响就足够了。我们采用逆向归纳法来解决这个问题。

首先在企业给定的研发投入水平之下，民企的利润函数变为：

$$\pi_p^b = p_1^b q_p^b - c_p^b q_p^b - \gamma x^2 \tag{13}$$

(13)式的一阶条件为：$\dfrac{\partial \pi_p^b}{\partial q_p^b} = a - q_g^b - 2q_p^b - c_p + x = 0$。

同时，国企的目标函数仍然是社会福利：

$$W_1^b = PS_g^b + PS_p^b + CS_1^b \tag{14}$$

(14)式的一阶条件为：$\dfrac{\partial W_1^b}{\partial q_g^b} = a - q_g^b - q_p^b - c_g = 0$。

因此，我们可以解出国内民企的均衡产量为：$q_p^b = \varepsilon + x$，将其代入(13)式，我们可以得到民企利润关于 x 的表达式：

$$\pi_p^b = (\varepsilon + x)^2 - \gamma x^2 \tag{15}$$

此时回到第一阶段，企业决定研发投入水平，由(15)式对 x 求偏导，我们可以得到其一阶条件：$\dfrac{\partial \pi_p^b}{\partial x} = 2\varepsilon + 2x(1-\gamma) = 0$。

所以，企业的最佳研发投入水平为：

$$x = \dfrac{\varepsilon}{\gamma - 1} \tag{16}$$

将(16)式代入(13)式，我们可以得到国内民企利润为：

$$\pi_p^b = \dfrac{\gamma}{\gamma - 1}\varepsilon^2 \tag{17}$$

命题 2：国内民企利润随研发困难程度的增加而减小。

证明：由(17)式对 γ 求偏导可知，$\dfrac{\partial \pi_p^b}{\partial \gamma} = -\dfrac{\varepsilon^2}{(\gamma-1)^2} < 0$。

该命题的经济学意义十分明显，自主研发的困难程度越大，国内民企越不可能选择自主研发。

四、比较分析

接下来，我们将进行进一步的比较分析，弄清楚中国民营企业在成长的过程中到底是选择逆向并购还是选择自主研发。

命题 3：当 $F < \overline{\overline{F}}$ 时，国内民企选择进行逆向并购；当 $F = \overline{\overline{F}}$ 时，国内民企对逆向并购和自主研发的选择无差异；当 $F > \overline{\overline{F}}$ 时，国内民企选择进行自主研发。

证明：用(12)式减去(17)式，我们可以得到：$\pi_p^m - \pi_p^b = (\varepsilon - 2\sigma + 1)^2 - \dfrac{\gamma}{\gamma-1}\varepsilon^2 + \dfrac{1}{(n+1)^2}(as - c_0 + 1 - \sigma)^2 - F$。令 $\overline{\overline{F}} = \left[\left(1 - \sqrt{\dfrac{\gamma}{\gamma-1}}\right)\varepsilon + 1 - 2\sigma\right]\left[\left(1 + \sqrt{\dfrac{\gamma}{\gamma-1}}\right)\varepsilon + 1 - 2\sigma\right] + \dfrac{1}{(n+1)^2}(as - c_0 + 1 - \sigma)^2$，我们很容易发现：当 $F < \overline{\overline{F}}$ 时，$\pi_p^m - \pi_p^b > 0$；当 $F = \overline{\overline{F}}$ 时，$\pi_p^m - \pi_p^b = 0$；当 $F > \overline{\overline{F}}$ 时，$\pi_p^m - \pi_p^b < 0$。

问题的关键在于国内民企并购的固定成本 F。$\overline{\overline{F}}$ 代表了 F 的临界值，下面我们将拆为两部分进行分析，$\left[\left(1 - \sqrt{\dfrac{\gamma}{\gamma-1}}\right)\varepsilon + 1 - 2\sigma\right]\left[\left(1 + \sqrt{\dfrac{\gamma}{\gamma-1}}\right)\varepsilon + 1 - 2\sigma\right]$ 部分代表了研发之后的民企利润与并购之后的民企国内市场上的利润的差值，$\dfrac{1}{(n+1)^2}(as - c_0 + 1 - \sigma)^2$ 部分则是逆向并购后民企在国外市场上所取得利润。我们很容易知道，$F - \dfrac{1}{(n+1)^2}(as - c_0 + 1 - \sigma)^2$ 是并购之后民企于国外市场上的净花费。事实上正如吴彬等(2011)提到的，发展中国家的企业并购发达国家的企业是处于"弱势状态"的企业对于处于"优势状态"的企业一种追赶效应，其目的是使得自己在激烈的国际国内竞争中不会掉队。[①] 根据吴彬等(2011)的看法，在"弱势企业"进行并购之后，由于存在"企业制度学习效应""竞争效应""资源转移效应"，[②]使得国内市场民企在国内市场上的企业竞争力增强，兼顾两个市场使得民企在国外市场的损失可能从国内市场上得到弥补，并且还能获得更多的利润；当然，如果逆向并购与自主研发在盈利方面持平甚至不如自主研发带来的利润多，那么逆向并购就不会发生。

下面，我们对临界值分析$\overline{\overline{F}}$进行比较静态分析，看一下哪些因素会影响国内民企对逆向选择和自主研发的选择。

推论2：$\overline{\overline{F}}$随着国内市场规模a的增加而增大，随着国外相对市场大小s的增加而增大，随着国外企业n的数目的增加而降低，随国企与民企的边际成本差距ε的增加而增大或减小，随着两国间的技术差距δ的增加而增大。

证明：由$\overline{\overline{F}}$的表达式，我们可以得到：$\frac{\partial \overline{\overline{F}}}{\partial a} = \frac{2s(as-c_0+1-\sigma)}{(n+1)^2} > 0$；$\frac{\partial \overline{\overline{F}}}{\partial s} = \frac{2a(as-c_0+1-\sigma)}{(n+1)^2} > 0$；$\frac{\partial \overline{\overline{F}}}{\partial n} = -\frac{2}{(n+1)^3}(as-c_0+1-\sigma)^2 < 0$；$\frac{\partial \overline{\overline{F}}}{\partial \varepsilon} = 2(1-2\sigma) - \frac{2}{\gamma-1}\varepsilon$，当$0<\varepsilon<(\gamma-1)\delta$时$\frac{\partial \overline{\overline{F}}}{\partial \varepsilon}>0$，当$\varepsilon>(\gamma-1)\delta$时$\frac{\partial \overline{\overline{F}}}{\partial \varepsilon}<0$。

由(6)式，我们可以得到：$\overline{\overline{F}} = \delta^2 + 2\delta\varepsilon - \frac{1}{\gamma-1}\varepsilon + \frac{1}{4(n+1)^2}(2as-2c_0+1+\delta)^2$，进一步可知$\frac{\partial \overline{\overline{F}}}{\partial \delta} = 2\varepsilon + 2\delta + \frac{2(2as-c_0+1+\delta)}{4(n+1)^2} > 0$。

推论2的经济学含义如下：国内外市场的大小、国外市场企业数目、两国间技术差距、国企与民企边际成本差额均为影响民企选择逆向并购和自主研发的重要因素。具体来说，国内市场规模越大，国外市场规模越大，国外市场企业数目越少，两国间的

[①] 与吴彬等(2011)不同的是，本章并未将着眼点放在国际市场的竞争上，而是将着眼点放在逆向并购带来的技术进步与企业成长上。
[②] "企业制度学习效应"是指企业对先进组织制度的学习；"资源转移效应"是指"弱势企业"获得了技术管理知识、能源供给、基础设施等，同时"优势企业"也获得了稀缺原材料等；"竞争效应"是指由企业核心竞争力的提高带来的国际国内竞争(吴彬等，2011，第53-54页)。

技术差距越大,国内民企越倾向于选择逆向外包;当国企与民企的边际成本差距比较小的时候,国企与民企的边际成本差距越大,国内民企越倾向于选择逆向外包;当国企与民企的边际成本差距比较大的时候,国企与民企的边际成本差距越大,国内民企越倾向于选择自主研发。第一,国内市场的规模越大,民企获得的利润越高,相对于自主研发而言越有走出去的动机,越倾向于通过逆向并购来实现自身的成长。第二,国外市场规模越大,国外市场的单个企业所得利润越大。那么相对于自主研发而言,逆向并购通过获得国外市场份额而获得的该部分利润就会越大,民企就越倾向于采用逆向并购。第三,国外市场另外一个影响该市场中单个企业利润的因素便是企业数目的多少。企业数目越多,竞争越激烈,所获利润越少,民企越不愿意采用逆向并购。第四,单纯就国企与民企的边际成本差额的影响而言是分阶段的。在初始阶段国企与民企成本相差并不太大时,民企进行逆向并购不仅可以获得技术,而且可以开辟一个市场,所得的利润大于自主研发带来的利润。这种情况与两国技术差距和国内市场企业初始技术水平是相关的。具体而言,若是在一个相对不发达的国家,企业初始技术水平较低,两国间技术差距较大,那么国企与民企边际成本差距越大,民企在获得了国内利润之后越有激励进行逆向并购,直到差距达到了一个比较大的值以后,民企发现相对于逆向并购而言进行自主研发可以获得一个更高水平的利润,即随着国企与民企边际成本差距的增加自主研发带来的利润会大于逆向并购带来的利润。第五,两国间的技术差距越大,国内民企通过逆向并购所获得的技术进步水平越高,在国内市场上获得的利润也就越高,同时还可以获得国外市场被并购企业所产生的利润,所以国内民企越倾向于采用逆向并购。

五、结 语

逆向并购的最终目的不仅仅是为了获取技术,而且是为了整合企业的国内与国外市场,促使企业更好地成长。当前学术界在研究跨国并购时往往集中于研究其影响因素或者企业成长的跨国路径,而忽视了不同的促进企业成长方式的比较和选择。另外,考虑企业成长方式选择的文献(比如,杨其静,2011;安同良、皮建才,2014;徐宁等,2014),往往忽视了逆向并购和自主研发之间的选择。为了填补这一学术空白,本章构建了动态博弈模型,比较分析了逆向并购和自主研发在促进企业成长方面的优劣。我们发现,逆向并购需要在并购成本低于某个临界值的情况下才能发生。具体来说,国内市场规模越大,国外市场规模越大,国外市场企业数目越少,两国间的技术差距越大,国内民企越倾向于选择逆向外包;当国企与民企的边际成本差距比较小的时候,国企与民企的边际成本差距越大,国内民企越倾向于选择逆向外包;当国企与民企的边际成本差距比较大的时候,国企与民企的边际成本差距越大,国内民企越倾向于选择自主研发。

本章的未来拓展方向主要包括在以下两个方面。第一,本章并没有考虑一个动态最优化的分析框架。从动态路径的角度进行分析不仅可以使本章的结论更加深化,而且符合企业技术进步路径的基本特征。一般来说,对于我国的技术后进企业来说,存在一个创新能力的累积过程。因此,从动态角度来说,逆向并购和自主研发的选择不仅是一个短期利润的比较问题,而且涉及一个企业创新能力的动态演进问题,这会进一步影响到企业未来的技术进步选择。从动态角度进行分析不仅内涵上更为丰富,而且还能够反映出本章现有框架所忽视的能力培养问题。第二,逆向并购和技术引进存在着根本性的差异,因此,本章在考虑企业技术进步路径时,其实并未涵盖企业所有的选择集合。从本章现有的分析框架来说,可以考虑在以后加入技术引进这一选择,这样做会使我们的研究内容和结论进一步丰富。

参考文献

[1] 安同良,皮建才. 中国企业技术创新的方向选择研究[J]. 当代财经,2014(3).

[2] 蔡冬青,刘厚俊. 中国反向技术溢出影响因素研究——基于东道国制度环境的视角[J]. 财经研究,2012(5).

[3] 蔡冬青,周经. 东道国人力资本、研发投入与我国OFDI的反响技术溢出[J]. 世界经济研究,2012(4).

[4] 顾露露,Robert Reed. 中国企业逆向并购失败了吗?[J]. 经济研究,2011(7).

[5] 李晓华. 中国企业的跨境并购、国际竞争力与知识寻求[J]. 财贸经济,2011(8).

[6] 刘丹鹭,岳中刚. 逆向研发外包与中国企业成长——基于长江三角洲地区自主汽车品牌

的案例研究[J]. 产业经济研究,2011(4).

[7] 吴彬,宋斐然,常宏建. 规模、路径与动因:发展中国家企业的 FDI 行为探析[J]. 经济管理,2011(1).

[8] 冼国明,杨锐. 技术累积、竞争策略与发展中国家对外直接投资[J]. 经济研究,1998(11).

[9] 徐宁,皮建才,刘志彪. 全球价值链还是国内价值链——中国代工企业的链条选择机制研究[J]. 经济理论与经济管理,2014(1).

[10] 杨其静. 企业成长:政治关联还是能力建设?[J]. 经济研究,2011(10).

[11] 姚利民,孙春媛. 中国逆向型 FDI 决定因素的实证分析[J]. 国际贸易问题,2007(4).

[12] 于开乐,王铁民. 基于并购的开放式创新对企业自主创新的影响——南汽并购罗孚经验及一般启示[J]. 管理世界,2008(4).

[13] Brainard, S. L., 1993. A Simple Theory of Multinational Corporations and Trade with a Trade-off between Proximity and Concentration. *NBER Working Paper*, No. 4269.

[14] Cantwell, J., and Janne, O., 1999. Technological Globalization and Innovation Centres: The Role of Corporate Technological Leadership and Locational Hierarchy. *Research Policy*, 28 (2~3): 119-44.

[15] D'Aspremont, C., and Jacquemin, A., 1988. Cooperative and Noncooperative R&D in Duopoly with Spillovers. *American Economic Review*, 78 (5): 1133-1137.

[16] Grünfeld, L., and Sanna-Randaccio, F., 2005. Greenfield Investment or Acquisition? Optimal Foreign Entry Mode with Knowledge Spillovers in a Cournot Game. *Working Paper*.

[17] Ishibashi, I., and Matsumura, T., 2006. R&D Competition between Public and Private Sectors. *European Economic Review*, 50 (6): 1347-1366.

[18] Kogut, B., and Chang, S. J., 1991. Technological Capability and Japanese Foreign Direct Investment in the United States. *Review of Economics and Statistics*, 73 (3): 401-413.

[19] Markusen, J. R., and Venables, A. J., 1998. Multinational Firms and the New

Trade Theory. *Journal of International Economics*, 46 (2): 183-203.

[20] Teece, D. J., 1992. Competition, Cooperation, and Innovation: Organizational Arrangements for Regimes of Rapid Technological Progress. *Journal of Economic Behavior & Organization*, 18 (1): 1-25.

(原文载于:皮建才、杨霁,《中国民营企业的成长:逆向并购还是自主研发?》,《经济评论》2015年第1期。)

第四章　中国民营企业如何"走出去"：
逆向并购还是绿地投资？

内容提要：通过构建一个两阶段动态博弈模型，本章分析了逆向并购与绿地投资两种对外直接投资模式，探索了哪一种模式更能帮助民营企业"走出去"并获得更高的利润。我们发现：第一，当国内企业技术差距与国外企业较小时，国内企业倾向于进行绿地投资；当国内企业技术差距与国外企业较大时，国内企业倾向于进行逆向并购。第二，国内外市场规模越大，逆向并购占优于绿地投资的趋势会越强，国内企业越倾向于选择进行逆向并购；国内外市场规模越小，绿地投资占优于逆向并购的趋势会越强，国内企业越倾向于选择进行绿地投资。

关键词：逆向并购；绿地投资；走出去；民营企业

一、引　言

改革开放尤其是中国政府在实施"走出去"战略以来，作为世界上最大的发展中经济体，中国经济逐渐融入世界市场，国际贸易量不断增多，对外直接投资水平也迅猛提高。然而，随着改革开放的深入以及投资环境的多元化，越来越多的中国企业认识到，单凭国内市场和企业自身的技术可能无法成长为高水平的现代企业。在中国经济步入"新常态"后，依靠廉价劳动力的低成本发展模式已经无以为继，企业必须加强促进产业链的转型与升级，并积极开拓国际市场，培育新的增长点。

企业对外直接投资不仅可以获得国际市场以及全球资源，在"走出去"的过程中还可以接触到先进的研发成果、生产技术以及管理经验。当前，民营企业对外投资形式以跨国并购和绿地投资为主,其通常会根据所处的经济环境以及自身利益最大化原则进行不同的选择。中国企业2013年进行海外并购活动的金额达到502亿美元,比上年提升了近六成,几乎占到了中国企业对外直接投资总额的一半。和并购相比,企业绿地投资只有193亿美元,虽然较上年有略微的上涨,但同2008年470亿美元的绿地投资总额相比相去甚远,与同期发达经济体相比,中国对外绿地投资额仅仅是日本的45%、美国的16%以及欧盟的8%。为了中国企业更好地"走出去",我们需要对对外直接投资模式的选择进行深入探究。在本章中,我们将从模式选择的角度分析中国民营企业如何更好地走出去。

研究中国民营企业对外直接投资模式的选择具有多重意义。首先,进入模式的选择是企业对外投资战略的重要决策之一。企业进行跨国并购或绿地投资决定了国内企业与国外企业之间的关系。因为不同的模式对国内公司和国外公司有着不同的影响,决策方会考虑不同模式会给国内企业和国外企业带来怎样的收益和成本。其次,对外直接投资不仅可以扩大企业的海外市场,还可以接触到相关领域更高水平的生产技术和管理经验。民营企业不仅可以通过自主研发,更可以通过利用并购实现技术资源向国内的逆向转移。拥有了更高的技术水平和管理经验,企业可以有效提高其自身在国内外市场的竞争力。这对于寻求生产方式转变的国内企业以及谋求经济转型的中国经济的重要性日渐突起。总体上来说,对外直接投资进入模式选择是企业进入全球市场的一个十分重要步骤,对于企业来说选择合适的进入模式可以提高自身利润。

关于对外直接投资模式的研究吸引了国内外学者的广泛关注。早在学者对投资进入模式展开广泛研究之前,国际投资领域已经建立起了很多重要的理论框架。根据Coase(1937)的分析框架,进入模式的选择其实就是选择交易成本最小的方案,但是这种方法只着眼于交易成本最小化,完全忽视了生产中可能产生的利益。Hymer(1960)提出的垄断优势论认为,在发达国家在对外投时,发达国家的国内企业相对于国外企业在生产技术、管理经验、资源运用等方面都具备相对优势。Dunning(1977)的折衷理论分别从企业的所有权优势、区位优势和内部化优势入手对不同的企业进行分类,认为需要针对不同的企业类型选择相应的对外直接投资模式。

在不同的理论框架基础上，国外学者深入研究了并购和绿地投资两种进入模式的选择问题。Brouthers(2000)发现，跨国并购可以短时间进入国外市场，相比之下，绿地投资建厂在初期可能比较难以打入当地市场。他认为，当两国文化差异显著时，国内公司会采取跨国并购的形式。Kim(2009)认为，尽管绿地投资对国外福利水平更有益，但技术的获得使得跨国企业更倾向进行跨国并购。如果东道国发现国内企业具有更高的技术水平，便会对跨国公司进行绿地投资提供政策激励，因为这会促进东道国福利的增加。Tarola(2013)也认为，创新的技术通过并购可以实现所有权转换的目的。Pelzman(2015)分析了中国近年对美国和欧洲的并购案，他认为，经济改革后的中国无法在短时间内摆脱依靠廉价劳动力的生产技术。为了生产科技创新的产品，中国企业会倾向于通过并购来获得技术，而且跨国企业通过并购可以不用费力地获取国外市场并建立品牌。

国内学者也对中国企业进行海外直接投资展开了深入研究。姚利民等(2007)通过实证研究发现中国逆向型 FDI 主要目标是促进出口以及获取先进的生产技术。李晓华(2011)也得到了跟姚利民等(2007)相似的结论。他认为，除了寻找满足经济发展所需的矿产资源以及为了外汇储备开拓投资途径之外，其更多地体现了"知识寻求"的导向。商务部的数据表明，中国海外并购成功率只有 40% 左右。杨长湧(2011)将跨国并购成功率低归结于中国企业的国家色彩使得西方国家充满疑虑和排斥。在探讨绿地投资和跨国并购绩效时，顾露露等(2011)利用实证模型评估了 1994—2009 年间 157 家中国企业海外并购短期和中长期的绩效，发现海外并购的市场绩效都显著为正。汝毅等(2014)采集了中国在欧洲进行的绿地投资与跨国并购的绩效状况，发现并购成立的子公司在初期表现较好，但是随着企业的发展，绿地投资新建企业的绩效不断提升，两种进入模式的差距不断减少。林莎等(2014)通过对国内 223 家企业进行实证研究也认为，随着时间的推移，两种进入模式的差异逐渐变小，而且投资经验丰富的企业倾向于进行并购，但处在成长初期的企业则会选择绿地投资。

国外学者关于企业对外直接投资是进行跨国并购或者绿地投资的研究已经比较成熟，不过这方面的研究大多针对发达国家向欠发达国家进行投资的情况，鲜有对发展中国家向发达国家进行投资的研究。国内学者近年来针对中国对外直接投资的研究,主要以跨国并购的选择和绩效的实证为主,鲜有对绿地投资的理论分析,更缺乏对绿地投资和跨国并购进行比较分析的文献。我们的研究在一定程度上填补了这方面的学术空白。

在模型上,跟本章最为接近的是皮建才和杨雱(2015),他们在 Grünfeld and Sanna-Randaccio(2005)的基础上使用了动态博弈模型进行了分析,其中在国内市场上国有企业和民营企业之间有一个互动过程[①]。本章跟皮建才和杨雱(2015)的区别主要在于以下几个方面。第一,本章没有考虑国内市场中国有企业的作用,我们聚焦的点是国内民营企业如何更好地"走出去"。第二,本章没有考虑经济中整个技术池总量的作用,如果考虑这一作用,国内技术水平和国外技术水平加起来应该是一个常量(比如说,可以标准化为1);但是如果不考虑这一作用,那么国内外的技术差距可以很大。第三,本章的分析对象是逆向并购和绿地投资,侧重点是"走出去"模式选择;而皮建才和杨雱(2015)的分析对象是逆向并购和自主研发,侧重点是创新模式选择。在现有文献的基础上,本章构建了一个两阶段动态博弈模型,并区分了国内与国外两个市场,比较了逆向并购与绿地投资两种对外直接投资模式,判断哪一种模式更能帮助中国民营企业"走出去"并获得更高的利润。

本章剩余部分的安排如下,第二部分我们构建了基于逆向并购的两阶段动态模型,第三部分构建了绿地投资的两阶段动态模型,第四部分我们对两种对外直接投资模式进行比较分析,第五部分也就是最后一部分进行了总结。

二、逆向并购

本章探讨了发展中国家的企业进入发达市场的模式选择问题,在这里,我们以中国民营企业为例。为了简化分析,我们假设存在国内与国外两个市场,分别有 n(用下标 $d_1,\cdots,d_n$ 来表示)与 k(用下标 $f_1,\cdots,f_k$ 来表示)个企业,其中国内某民营企业

[①] 在现有主流经济学文献中,国有企业和民营企业的区别是国有企业的目标函数是国内社会福利,而民营企业的目标函数则是自身利润。本章关注的是国内民营企业,民营企业的目标是最大化自身利润而不是最大化社会福利。

d_i 想通过对外直接投资"走出去",通常的对外直接投资方式包括逆向并购、绿地投资、合资、入股等,本章只研究逆向并购和绿地投资这两种最常见的模式,中国民营企业在这两种模式当中进行选择。所有企业生产着同质的产品,且假设企业无法通过出口贸易获得利润,即企业无法通过出口进入国外市场。

国内市场与国外市场面临的反需求函数分别是:

$$p_1 = a - Q_1 \tag{1}$$

$$p_2 = b - Q_2 \tag{2}$$

其中 $Q_1 = q_{d_1} + q_{d_2} + \cdots + q_{d_n}$ 代表国内市场的总产量,p_1 代表国内市场价格,$Q_2 = q_{f_1} + q_{f_2} + \cdots + q_{f_k}$ 代表国外市场上的总产量,p_2 代表国外市场价格,a 用来衡量国内市场规模,b 来衡量国外市场规模。为了使我们的分析有意义,我们假定 $a > c$,$b > c_0$。

我们用 c 表示国内企业的边际成本,用 c_0 表示国外企业的边际成本,它们之间的关系如下:

$$c = \gamma c_0 \tag{3}$$

其中 $\gamma \neq 1$ 表示国内企业与国外企业之间存在一定的技术差距。当 $0 < \gamma < 1$ 时,$c < c_0$,国内企业的边际成本小于国外企业的边际成本,这表明国内企业有着较高的生产技术水平。当 $\gamma > 1$ 时,$c > c_0$,国内企业的边际成本比国外企业的大,这说明国内企业的生产技术相对国外企业较低。一般地,我们认为发展中国家对发达国家进行并购活动时,发展中国家企业的技术较发达国家企业更低。因此,在本章中我们分析的是 $\gamma > 1$ 的情形。在 $\gamma > 1$ 的情形下,国内外的技术差距实际上是 $\gamma - 1$,该值越大表示技术差距越大,该值越小表示技术差距越小。

这时国内企业与国外企业利润分别为:

$$\pi_{d_i} = p_1 q_{d_i} - c q_{d_i} \quad (i = 1, 2, \cdots, n) \tag{4}$$

$$\pi_{f_j} = p_2 q_{f_j} - c_0 q_{f_j} \quad (j = 1, 2, \cdots, k) \tag{5}$$

考虑一个两阶段的博弈:第一阶段,国内的民营企业决定是否进行逆向并购;第二阶段两个市场上的企业根据自己的目标函数同时决定各自的产量。我们采用逆向归纳法对问题进行求解。

如果国内企业不进行逆向并购，则两个市场的企业相互独立的决定自己的产量，由于生产的产品都是同质的，因此这时国内企业和国外企业均衡产量分别为：

$$q_{d_1}=q_{d_2}=\cdots=q_{d_n}=\frac{a-c}{n+1} \tag{6}$$

$$q_{f_1}=q_{f_2}=\cdots=q_{f_n}=\frac{b-c_0}{k+1} \tag{7}$$

通过计算，我们可以得到均衡之时国内企业利润：

$$\pi_{d_1}=\left(\frac{a-c}{n+1}\right)^2 \tag{8}$$

这时，当国内企业 d_1 准备并购海外企业 f_1 时，国内市场 $p_1^m=a-q_{d_1}^m-\sum_{j=2}^{n}q_{d_j}^m$，因为企业 f_1 被并购后依然在国外市场进行生产活动，因此国外市场企业数量并未有所减少，原有的生产条件并未发生改变。需要说明的是，在本章中，我们用上标 m 表示逆向并购。

此时国内企业 d_1 的目标函数变为：

$$\pi_{d_1}^m=p_1^m q_{d_1}^m-c_0 q_{d_1}^m+\pi_{f_1}^m-F \tag{9}$$

考虑到发展中国家对发达国家进行并购活动时，获得海外企业的先进技术和管理经验也是其逆向并购的目的之一，因为国内企业的技术相对被并购企业低。国内企业 d_1 在并购后可以将先进的生产技术应用到国内的生产当中，所以其边际成本从 c 变为 c_0。$F>0$ 表示国内企业在逆向并购中的并购成本。$\pi_{f_1}^m$ 是被并购的海外企业获得的利润，假设并购行为对国外市场没有产生影响，我们认为利润 $\pi_{f_1}^m=\pi_{f_1}=\left(\frac{b-c_0}{k+1}\right)^2$ 完全回到国内母公司。

因为国内其他企业的边际成本仍然是 c，无法使用对称性进行求导。设 $x=q_{d_i}^m$（$i=2,3,\cdots,n$）与 $y=q_{d_1}^m$，分别求得国内参与并购的企业 d_1 与其他企业的均衡产量：

$$x=q_{d_i}^m=\frac{a+c_0-2c}{n+1} \quad (j=2,3,\cdots,n) \tag{10}$$

$$y=q_{d_1}^m=\frac{a-nc_0+(n-1)c}{n+1} \tag{11}$$

由上述均衡产量，我们可以得到并购后的国内企业的利润：

$$\pi_{d_1}^m = \left[\frac{a-nc_0+(n-1)c}{n+1}\right]^2 + \left(\frac{b-c_0}{k+1}\right)^2 - F \tag{12}$$

比较 $\pi_{d_1}^m$ 与 π_{d_1}，我们可以得到：

$$\pi_{d_1}^m - \pi_{d_1} = \overline{F} - F \tag{13}$$

其中 $\overline{F} = \frac{[a-nc_0+(n-1)c]^2-(a-c)^2}{(n+1)^2} + \left(\frac{b-c_0}{k+1}\right)^2$。

这样一来，我们可以得到命题1。

命题1：当 $F \leqslant \overline{F}$ 时，$\pi_{d_1}^m \geqslant \pi_{d_1}$，国内企业会选择逆向并购；当 $F > \overline{F}$ 时，国内企业不会进行逆向并购。

这里 $\overline{F}$ 可以被认为是 F 的临界值，表示国内企业对进行逆向并购的倾向性（皮建才和杨雾，2015）。当 $\overline{F}$ 大于 F 时，国内企业进行逆向并购有利可图；反之，当 $\overline{F}$ 小于 F 时，国内企业进行逆向并购就变得无利可图。

通过对 $\overline{F}$ 的观察容易发现，式子由两个部分构成，前半部分 $\frac{[a-nc_0+(n-1)c]^2-(a-c)^2}{(n+1)^2}$ 是并购后国内企业 d_1 在国内所获得的利润与并购前可以获得的利润的差额，这一部分可以看为通过逆向并购得到的先进技术所带来的利润增长。后半部分 $\left(\frac{b-c_0}{k+1}\right)^2$ 是企业通过并购获得的国外企业的利润，这部分利润减去并购成本 F，如果得到的差值大于零，表明进行逆向并购是本身就是有利可图的；如果得到的差值为负，那么还需要通过 $\overline{F}$ 式的前半部分进行判断。在现实的并购案中，发展中国家的企业在逆向并购中并不是单纯从 $\overline{F}$ 式的后半项来判断此次并购行为是否可行。在短期内无法通过自主研发达到一定的技术水平时，企业就会通过并购或收购的手段获取国外相关技术和管理经验。被收购企业通常在公司财务上或经营上具有一定困难，这时国内企业只要支付 F 就能获得相应的技术、经验和一部分国外市场。就算被收购后的国外企业所获利润无法抵消先前支付的并购成本，但是通过生产技术的提升，国内企业可以利用国内利润的增长来弥补并购行为带来的损失。因此，当国内企业进行逆向并购时，并购后企业在国内市场的利润是投资决策者所看重的，这是进行逆向并购的更为重要的动机。

推论 1：国内外技术差距越大，国内外市场规模越大，国内企业越能通过逆向并购获得更多的利润。

证明：因为 $c=\gamma c_0$，所以 $\overline{F}$ 可以表示为：

$$\overline{F}=\frac{[a-nc_0+(n-1)\gamma c_0]^2-(a-c_0)^2}{(n+1)^2}+\left(\frac{b-c_0}{k+1}\right)^2。$$

上式分别对 $\gamma-1$、a 和 b 求偏导，我们可以得到：

$$\frac{\partial \overline{F}}{\partial(\gamma-1)}=\frac{2(n-1)c_0[(a-nc_0)+c_0(n-1)\gamma]}{(n+1)^2}>0,$$

$$\frac{\partial \overline{F}}{\partial a}=\frac{2(n\gamma c_0-nc_0)}{(n+1)^2}>0, \frac{\partial \overline{F}}{\partial b}=\frac{2(b-c_0)}{(k+1)^2}>0。$$

通过推论 1，我们可以知道影响国内企业逆向并购的主要因素。第一，国内企业通过逆向并购获得了国外企业先进的生产技术和管理经验并应用在本国市场的生产中，使得国内企业的边际成本降低，使其产品在国内市场上具有很强的竞争力，进而使得国内企业获得比并购前更多的利润。第二，国内企业在进行并购活动时会考虑到国内外市场规模，在市场企业数量给定的情况下，市场规模的扩张意味着进行并购的企业可以获得更多的利润。

三、绿地投资

除了逆向并购，国内企业还可以在国外兴建新的企业，这种绿地投资是企业实行对外直接投资的主要手段之一。根据所有权比例的不同，绿地投资还可以被划分为独资与合资，但在学术研究中合资常常被单独拿出来与其他对外直接投资方式相比较，因此本章所提到的绿地投资仅指独资形式。

考虑一个两阶段的博弈：第一阶段，国内的民营企业决定是否在海外进行绿地投资；第二阶段国内外两个市场上的企业根据自己的目标函数同时决定各自的产量。我们采用逆向归纳法求解问题的均衡解。

当国内企业 d_1 准备进行海外绿地投资时，国外市场因为国内企业 d_1 在国外新建了一个企业 f_0，因此，国外市场的反需求函数应当是 $p_2^g=b-q_{f_0}^g-\sum_{j=1}^{k}q_{f_j}^g$，此时国外市场上的企业数量为 $k+1$ 个。国内市场反需求函数依旧是 $p_1^g=a-Q_1^g$，原有的生产条件并未发生改变。需要说明的是，在本章中，我们用上标 g 表示绿地投资。

此时，国内企业 d_1 的目标函数变为：

$$\pi_{d_1}^g = p_1^g q_{d_1}^g - c q_{d_1}^g + \pi_{f_0}^g - \Gamma \tag{14}$$

Γ 表示国内企业在海外新建企业的成本。由于海外新建投资使用的国内企业原有的生产技术，所以国外的新建企业 f_0 的边际成本仍为 c。

此时，国外市场上新建企业的利润函数是 $\pi_{f_0}^g = p_2^g q_{f_0}^g - c q_{f_0}^g$，其他企业的利润函数是 $\pi_{f_j}^g = p_2^g q_{f_j}^g - c_0 q_{f_j}^g$ ($j=1,2,\cdots,k$)。分别对产量进行求导，因为这里无法使用对称性，所以我们让 $x=q_{f_j}^g$ ($j=1,2,\cdots,k$)，$y=q_{f_0}^g$，可以求得：

$$x = q_{f_j}^g = \frac{b+c-2c_0}{2+k} \quad (j=1,2,\cdots,k) \tag{15}$$

$$y = q_{f_0}^g = \frac{b-(1+k)c+kc_0}{2+k} \tag{16}$$

由上述均衡产量，我们可以求出新建企业 f_0 的利润：

$$\pi_{f_0}^g = \left[\frac{b-(1+k)c+kc_0}{2+k}\right]^2 \tag{17}$$

所以，国内企业 d_1 在海外进行绿地投资后的净利润为：

$$\pi_{d_1}^g = \left(\frac{a-c}{n+1}\right)^2 + \left[\frac{b-(1+k)c+kc_0}{2+k}\right]^2 - \Gamma \tag{18}$$

通过比较 $\pi_{d_1}^g$ 与 π_{d_1}，我们可以得到：

$$\pi_{d_1}^g - \pi_{d_1} = \overline{\Gamma} - \Gamma \tag{19}$$

其中 $\overline{\Gamma} = \left[\frac{b-(1+k)c+kc_0}{2+k}\right]^2$。

这样一来，我们可以得到命题 2。

命题 2：当 $\Gamma \leqslant \overline{\Gamma}$ 时，$\pi_{d_1}^g \geqslant \pi_{d_1}$，国内企业会选择进行绿地投资；当 $\Gamma > \overline{\Gamma}$ 时，$\pi_{d_1}^g < \pi_{d_1}$，国内企业不会选择进行绿地投资。

$\overline{\Gamma}$ 在这里可以被表示为 Γ 的临界值，表示国内企业在海外进行绿地投资的倾向性。当 $\overline{\Gamma}$ 大于 Γ 时，进行绿地投资可以获得更多的利润，这时国内企业对于在海外新建投资就具有一定的意愿和倾向;反之,如果$\overline{\Gamma}$小于Γ,国内企业通过新建投资反而没有获得更多的利润,此时企业不会有海外设厂的意愿和倾向。

我们可以看出,临界值$\overline{\Gamma}$实际上就是海外新建企业的利润$\pi_{f_0}^g$,于是,$\overline{\Gamma}$与Γ的比较可以被看作是新建投资的利润是否可以弥补母公司投入的新建成本。当国内企业选择逆向并购时,虽然也重视并购后被并购企业的利润,但是因为国内母公司秉持"技术换市场"(刘丹鹭和岳中刚,2011)的方针,发展中国家的企业主动并购发达国家的企业,是为了学习其先进的生产技术和管理经验。因此,只要并购成本被控制在一定范围之内,尽管可能多于海外被并购企业的利润,但国内企业有通过技术升级以及国内市场上的竞争力的提高带来的超额利润,就可以将这部分亏损冲抵。然而与并购不同的是,国内企业进行绿地投资是为了开拓国际市场,获得国外市场上的利润。因此,国内企业在进行绿地投资时,国外新建企业的利润多少是投资决策者最为看重的。

推论2:当国外市场规模大于某个临界值时,国外市场规模越大,技术差距越小,国内企业越可以通过绿地投资获得更多的利润。

证明:因为$c=\gamma c_0$,所以$\overline{\Gamma}$可以表示为:

$$\overline{\Gamma}=\left[\frac{b-(1+k)\gamma c_0+kc_0}{2+k}\right]^2。$$

上式分别对b和$\gamma-1$求偏导,我们可以得到:

$$\frac{\partial \overline{\Gamma}}{\partial b}=\frac{2[b-c_0(\gamma-k+k\gamma)]}{(2+k)^2}>0,\frac{\partial \overline{\Gamma}}{\partial (\gamma-1)}=\frac{2(1+k)c_0^2[(1+k^2)\gamma-bk]}{(2+k)^2}<0。$$

因为我们设b足够大,所以有$\frac{\partial \overline{\Gamma}}{\partial b}$大于零,$\frac{\partial \overline{\Gamma}}{\partial (\gamma-1)}$小于零。因此,第一,国外市场规模越大,绿地投资越有可能获得更多的利润;第二,国内外技术差距越小,绿地投资可以获得的利润就越大。国内民营企业在海外新建投资,如果面对的海外市场规模大,那么母公司可以获得更多的利润。与此同时,由于新建企业依然使用国内企业的生产技术,其边际成本要大于国外企业的成本水平,因此如果国内外企业之间的技术差距越小,新建企业的产品在国外市场上就可以有更强的竞争力。

四、比较分析

这一部分,我们将对两种海外直接投资模式进行比较分析,弄清楚国内企业需要采取哪种形式进行海外直接投资。很明显,要进行海外直接投资模式的选择,最直接的方法就是将两种投资模式产生的利润进行比较。

命题3:在逆向外包和绿地投资都有利可图的情况下,当 $F-\Gamma<\overline{E}$ 时,国内企业应当选择逆向并购;当 $F-\Gamma>\overline{E}$ 时,国内企业应当选择绿地投资;当 $F-\Gamma=\overline{E}$ 时,国内企业选择绿地投资和逆向并购无差异。

证明:用(9)式减去(14)式,我们可以得到:

$$\pi_{d_1}^m - \pi_{d_1}^g = (p_1^m q_{d_1}^m - c_0 q_{d_1}^m - p_1^g q_{d_1}^g + c q_{d_1}^g) + (\pi_{f_1}^m - \pi_{f_0}^g) - (F-\Gamma)$$

令 $\overline{E}=(p_1^m q_{d_1}^m - c_0 q_{d_1}^m - p_1^g q_{d_1}^g + c q_{d_1}^g)+(\pi_{f_1}^m - \pi_{f_0}^g)$。我们可以发现,$\overline{E}$ 可以分为两部分来看,前半部分表示企业分别进行逆向并购与绿地投资之后在国内市场可以获得的利润的差值,后半部分表示民营企业分别进行逆向并购与绿地投资之后在国外市场上可以获得的利润的差值。于是,$\overline{E}$ 是国内民营企业分别进行逆向并购与绿地投资后可以获得的总利润的差值。

当 $F-\Gamma<\overline{E}$ 时,$\pi_{d_1}^m - \pi_{d_1}^g >0$,国内企业会选择逆向并购。第一,当不等式 $F-\Gamma<\overline{E}$ 两边皆为正时,虽然并购成本高于新建成本,但逆向并购令民营企业获得的利润多于绿地投资获得的利润,所以企业会选择逆向并购作为对外直接投资的模式;第二,当不等式 $F-\Gamma<\overline{E}$ 左边为负,右边为正时,并购成本低于新建成本且并购后可以获得更多的利润,这时决策者一定会选择逆向并购。同样的道理,当 $F-\Gamma>\overline{E}$ 时,$\pi_{d_1}^m - \pi_{d_1}^g<0$,国内企业会选择绿地投资。

根据(12)式和(18)式,我们可以发现 $\overline{E}=\left[\dfrac{a-nc_0+(n-1)c}{n+1}\right]^2+\left(\dfrac{b-c_0}{k+1}\right)^2-\left(\dfrac{a-c}{n+1}\right)^2-\left[\dfrac{b-(1+k)c+kc_0}{2+k}\right]^2$。通过对 $\overline{E}$ 进行比较静态分析,我们可以知道哪些因素会影响国内企业对逆向并购或绿地投资的选择。

推论3:$\overline{E}$ 随着国内外技术差距增大而增加,随着国内市场规模的增大而增加。

证明：因为 $c=\gamma c_0$，所以 $\overline{E}$ 可以表示为：

$$\overline{E}=\left[\frac{a-nc_0+(n-1)\gamma c_0}{n+1}\right]^2+\left(\frac{b-c_0}{k+1}\right)^2-\left(\frac{a-\gamma c_0}{n+1}\right)^2-\left[\frac{b-(1+k)\gamma c_0+kc_0}{2+k}\right]^2 。$$

上式分别对 $\gamma-1$、a 和 b 求偏导，我们可以得到：

$$\frac{\partial \overline{E}}{\partial(\gamma-1)}=\frac{2(n-1)c_0[(a-nc_0)+c_0(n-1)\gamma]}{(n+1)^2}-\frac{2(1+k)c_0^2[(1+k^2)\gamma-bk]}{(2+k)^2}>0,$$

$$\frac{\partial \overline{E}}{\partial a}=\frac{2(n\gamma c_0-nc_0)}{(n+1)^2}>0,$$

$$\frac{\partial \overline{E}}{\partial b}=\frac{2[(b-c_0)(k+2)^2-(b-c)(k+1)^2+k(c-c_0)(k+1)^2]}{(k+1)^2(k+2)^2}>0 。$$

结合推论1和推论2，推论3的经济学含义如下。首先，国内市场规模越大，逆向并购可以赚取更多的利润，相对于绿地投资的优势就越明显。其次，虽然国外市场规模扩大对逆向并购和绿地投资的利润都具有积极的作用，但是由 $\frac{\partial \overline{E}}{\partial b}$ 大于零我们可以发现，国外市场规模的扩大对逆向并购的影响更大，国外市场规模增大会增加逆向并购的相对优势。最后，随着国内外企业技术差距的扩大，逆向并购可以在国内市场获得更多的利润，而绿地投资的相对优势会被削弱，国内外技术差距的扩大会使得国内企业更倾向于选择逆向并购。

五、总　结

本章构建了一个两阶段动态博弈模型来分析和比较逆向并购与绿地投资，探索哪一种对外直接投资模式更能帮助民营企业"走出去"并获得更高的利润。本章主要得出以下三点结论：首先，当国内企业技术差距与国外企业较小时，国内企业倾向于进行绿地投资；当国内企业技术差距与国外企业较大时，国内企业倾向于进行逆向并购。其次，国内外市场规模越大，逆向并购占优于绿地投资的趋势会越强；国内外市场规模越小，逆向并购占优于绿地投资的趋势会越弱。最后，相对而言，国内企业进行逆向并购时，并购后企业在国内市场的利润是投资决策者所看重的；国内企业在进行绿地投资时，国外新建企业的利润是投资决策者所看重的。

本章的聚焦点说到底是在逆向并购与绿地投资之间进行选择。有人可能会认为国内企业可以同时进行逆向并购与绿地投资。但是在当前现实状况下，国内企业的资金是一定的，同时支付收购成本与新建成本不太现实。而且，需要进行逆向并购的企业，其相对技术水平较低，如果同时利用绿地投资进入国外市场，较低的技术水平无法在国外获得足以抵消新建成本的利润，这是以利润最大化为目标的民营企业不会做的事情。尽管国内企业可以首先通过逆向并购获得技术，然后利用获得先进技术进行绿地投资，但是高水平技术的消化和管理经验的学习是需要一定的时间，况且在支付了一大笔并购成本后立马花钱进行绿地投资往往会使得企业深陷财务危机的泥淖。以比较成功的中国吉利控股集团为例，该集团在2010年和2013年先后并购沃尔沃轿车公司和英国锰铜控股（即伦敦出租车的生产商）后，于2015年3月投资2.5亿英镑，建设了一座高技术、现代化的生产基地，用于生产超低排放的伦敦出租车，而新型出租车的研发制造完全由吉利公司进行。吉利公司之所以可以在英国生产出租车，得益于其通过收购两大汽车厂商所获得的汽车生产技术，并通过五年的时间将一系列技术转化为企业自身的生产力，之后才通过绿地投资开拓更广阔的海外市场。所以，我们认为理性的国内企业不会同时进行逆向并购与绿地投资，但是会在逆向并购和绿地投资之间进行权衡和选择。

在中国产能过剩和产业转型升级的大背景下，国内企业如何"走出去"变得越来越重要。影响国内企业"走出去"的因素有很多，本章只是在逆向选择和绿地投资的框架下通过动态博弈模型进行了分析，尽管我们抽象出了国内外技术差距和国内外市场规模等重要因素，但是我们不可避免地忽视了其他一些潜在重要因素（比如，刘藏岩，2010；洪俊杰等，2012；姜宝等，2015）。本章只是一篇理论分析论文，我们的结论需要经验数据的支撑和验证。我们的分析只是提供了一个看待该问题的视角，希望本章能够起到抛砖引玉的作用。

参考文献

[1] 蔡冬青，刘厚俊. 中国OFDI反向技术溢出影响因素研究——基于国外制度环境的视角[J]. 财经研究，2012(5).

[2] 陈丽丽,林花.我国对外直接投资区位选择:制度因素重要吗?[J].经济经纬,2011(1).

[3] 付海燕.对外直接投资逆向技术溢出效应研究——基于发展中国家和地区的实证检验[J].世界经济研究,2014(9).

[4] 顾露露,Robert Reed.中国企业海外并购失败了吗?[J].经济研究,2011(7).

[5] 洪俊杰,黄薇,张蕙,陶攀.中国企业走出去的理论解读[J].国际经济评论,2012(4).

[6] 回素华,罗黎军.国际直接投资发展趋向、障碍与对策:2008—2012[J].财经科学,2012(7).

[7] 姜宝,邢晓丹,李剑."走出去"战略下中国对欧盟逆向投资的贸易效应研究——基于FGLS和PCSE修正的面板数据模型[J].国际贸易问题,2015(9).

[8] 李晓华.中国企业的跨境并购、国际竞争力与知识寻求[J].财贸经济,2011(8).

[9] 林莎,雷井生,杨航.中国企业绿地投资与跨国并购的差异性研究——来自223家国内企业的经验分析[J].管理评论,2014(9).

[10] 刘宏,张蕾.中国ODI逆向技术溢出对全要素生产率的影响程度研究[J].财贸经济,2012(1).

[11] 刘藏岩.我国企业跨国并购CSR公关战略探讨——以欧美市场为例[J].国际贸易问题,2010(2).

[12] 皮建才,杨雱.中国民营企业的成长:逆向并购还是自主研发?[J].经济评论,2015(1).

[13] 汝毅,吕萍.绿地投资和跨国并购的绩效动态比较——基于制度理论和组织学习双重视角[J].经济管理,2014(12).

[14] 沙文兵.对外直接投资、逆向技术溢出与国内创新能力——基于中国省际面板数据的实证研究[J].世界经济研究,2012(3).

[15] 杨长湧."十二五"时期我国对外直接投资方式研究[J].宏观经济研究,2011(2).

[16] 姚利民,孙春援.中国逆向型FDI决定因素的实证分析[J].国际贸易问题,2007(4).

[17] Brouthers, D., Brouthers, E., 2000, Acquisition or greenfield start-up? Institutional, cultural and transaction cost influences, *Strategic Management Journal*, 21(1): 89-97.

[18] Chun, B, G., 2012, Host country's strategic policies and multinational firm's choice of entry mode, *Economic Modelling*, 29(2): 435–443.

[19] Dikova, D., van Witteloostuijn, A, 2007, Foreign direct investment mode choice: entry and establishment modes in transition economies, *Journal of International Business Studies*, 38(6): 1013–1033.

[20] Grünfeld, L., Sanna-Randaccio, F., 2005, Greenfield investment or acquisition? Optimal foreign entry mode with knowledge spillovers in a Cournot game. Paper Presented at the ETSG Seventh Annual Conference, University College Dublin.

[21] Kim, Y, H., 2009, Cross-border M&A vs. Greenfield FDI: Economic integration and its welfare impact, *Journal of Policy Modeling*, 31(1): 87–101.

[22] Pelzman, J., 2015, PRC Outward Investment in the USA and Europe: A Model of R&D Acquisition, *Review of Development Economics*, 19(1): 1–14.

[23] Raff, H., Ryan, M. Horst, R., and Stähler, F., 2009, The choice of market entry mode: Greenfield investment, M&A and joint venture, *International Review of Economics & Finance*, 19(1): 3–10.

[24] Straub, S., 2008, Opportunism, corruption and the multinational firm's mode of entry, *Journal of International Economics*, 74(2): 245–263.

[25] Sviatoslav, A., Moskalev, R., Swensen, B., 2007, Joint ventures around the globe from 1990—2000: Forms, types, industries, countries and ownership patterns, *Review of Financial Economics*, 16(1): 29–67.

[26] Tarola, O., 2013, Acquisition versus de novo entry: A theoretical appraisal, *Research in Economics*, 67(2): 179–188.

（原文载于：皮建才、李童、陈旭阳，《中国民营企业如何"走出去"：逆向并购还是绿地投资》，《国际贸易问题》2016年第5期。）

第五章 市场制度环境、地方政府行为与外资进入模式

内容提要：本章从合约理论的视角分析了市场制度环境和地方政府行为对外资进入模式的影响。外国投资既可以采用独资形式进入中国市场，也可以采用非独资(合资或合作)形式进入中国市场。外资进入模式的选择是表现为独资形式的雇用合约和表现为非独资(合资或合作)形式的分成合约之间的权衡和折中。本章的模型分析表明，市场制度环境的完善和地方政府的"扶助之手"行为都会促使外资进入模式从非独资形式向独资形式转换。这就解释了跨国公司在华投资的独资化倾向。最后，我们在理论分析的基础上给出了相关的政策建议。

关键词：市场制度环境；地方政府行为；外资进入模式

一、引　言

改革开放以来,跨国公司在华投资取得了长足的发展,投资规模增长迅速。外资通过多种作用机制对我国经济发展产生了深刻影响(沈坤荣,1999;卢荻,2003)[1~2],不仅推动了我国经济的持续增长,而且改变了我国经济增长的方式,提高了我国经济增长的质量(江小涓,2002)[3]。许多文献(张军和郭为,2004;黄亚生,2005;王信,2007)[4~6]对我国经济的FDI(外商直接投资)偏好进行了深层次的理论分析,认为这跟我国金融发展滞后和金融制度存在缺陷有关。更为重要的是,自1997年以来外资进入我国市场的模式在结构上却发生了明显的变化,独资形式所占比例不断上升,而非独资(合资或合作)形式所占比例则不断下降。鉴于外资进入模式会对东道国的经

济发展产生重要的影响,所以为了更好地实现我国作为东道国的经济利益,我们有必要对跨国公司进入我国市场的独资化倾向的内在原因有一个清晰的把握和认识,并在此基础之上找出相应的应对措施。

国内许多学者对外资独资化倾向提出了解释性的分析框架。华民和蒋舒(2002)[7]认为在信息不对称下跨国公司可以通过转移价格操纵来制造公司亏损,中方为了避免过多的损失,就只能采取转让股权、退出合资或合作的做法,导致了跨国公司在华投资企业独资化的发展趋势。李维安和李宝权(2003)[8]从股权结构战略的视角进行了分析,认为跨国公司在华投资独资倾向增强的深层次原因是追求股权结构战略改进的预期收益,因为在我国投资环境发生明显改善的情况下,跨国公司母公司的经营思路和管理手段也会随之发生巨大的变化。闫立罡和吴贵生(2006)[9]认为跨国公司对当地的反应能力很高时,如果我国国内企业的联盟能力比较低,那么跨国公司采用独资形式就更加可取。沈磊等(2005)[10]从资产专用性的视角进行了分析,认为近年来跨国公司在华企业股权结构的变动是在我国开放程度不断扩大的环境下跨国公司资产专用性相对提高和中方企业资产专用性相对减弱的必然结果。王林昌等(2002)[11]以及聂名华和颜晓辉(2006)[12]从宏观和微观两个层面分析了跨国公司在华企业独资化发展的成因,认为宏观层面的投资环境改善和投资领域日益扩大分别为外商独资化提供了信心和空间,微观层面的独资企业相对于非独资(合资或合作)企业拥有适应变化了的外部环境的相对优势。这些文献的分析虽然从逻辑上来讲都能自圆其说,但是在现实解释力和政策含义上则有所不同。

国外有许多文献对跨国公司的进入模式或组织模式进行了理论分析。总体上来看,这些分析集中在两个方面,一个方面是从比较宏观层面的国际贸易的角度进行分析,另一个方面是从比较微观层面的FDI(外国直接投资)的角度进行分析。当然,这两个方面也有相互贯通的地方,一是它们在分析的过程中往往采用了博弈论或者合约理论的方法,二是它们都从不同侧面关注跨国公司的组织模式问题。从国际贸易的角度进行分析的文献主要包括 Antras(2003,2005)[13~14], Antras and Helpman (2004)[15]等,这些文献把 Helpman and Krugman(1985)[16]拓展的国际贸易理论和 Grossman and Hart(1986)[17]以及 Hart and Moore(1990)[18]开创的不完全合约理论有效结合起来,认为跨国公司的组织模式(外包与否和一体化与否)受到北方(代表发达国家)和南方(代表发展中国家)的要素禀赋结构、相对工资高低和中间产品技术成熟程度等诸多因素的影响。Spencer(2005)[19]对这个视角的文献进行了很好的综述,但是这个视角所关注的组织模式(外包与否和一体化与否)还是比较笼统。从 FDI 的角度进行分析的文献主要包括 Muttoo et al. (2004),Eicher and Kang(2005),Straub(2008),Che and Fachini(2009)等[20~23],这些文献认为跨国公司的最优进入模式是由技术转移的难度、进入时的固定投资成本、当地的市场规模、关税和运输成本、地方官员的腐败类型、产权保护程度和文化差异等诸多因素决定的。尽管这个视角所关注的组织模式(外包与否和一体化与否)已经比较具体化,但是它们所识别出的决定因素往往很难跟我国的实际情况相符合。

本章在构建模型的过程中高度关注了国外文献的第一个视角所使用的不完全合约理论方法和第二个视角所使用的比较组织制度分析方法,并且结合我国的实际情况特别是国内文献所强调的作用因素抽象出了市场制度环境和地方政府行为这两个在本章看来最为重要的变量。本章的核心观点是外资进入模式的选择是表现为独资形式的雇用合约(employment contract)和表现为非独资(合资或合作)形式的分成合约(sharecropping contract)之间的权衡和折中。我们的解释跟传统文献的解释在视角上存在根本性的不同。本章剩余部分的组织如下:第二部分是基本模型,分析了市场制度环境对外资进入模式的影响;第三部分是扩展模型,分析了地方政府行为对外资进入模式的影响;第四部分也就是最后一部分是结语,在第二部分和第三部分的理论分析的基础上提出了一些政策建议。

二、基本模型:市场制度环境与外资进入模式

在基本模型部分,我们将对外资进入我国市场的形式进行合约理论分析。一般来讲,跨国公司的进入模式可以分为两种,第一种是建立一个自己完全拥有的分支机构式的独资企业,第二种是建立一个分享控制权的非独资(合资或合作)企业。第一种模式可以通过两种方式来实现,或者是通过并购或者是通过新建。在本章中,我们并没有对通过并购形成的独资企业和通过新建形成的独资企业进行区分,因为不管

是并购还是新建都表现为跨国公司雇用了我国当地合作伙伴(local partner)。当然，我国的实际情况是引资方式以新建(所谓"绿地投资")方式为主，并购方式只占很少一部分(江小涓,2003)[24]。当跨国公司可以雇用我国当地合作伙伴(local partner)时，外资就会形成以雇用合约(employment contract)为特征的独资形式。跨国公司还可以直接跟我国当地合作伙伴通过分享控制权进行合伙，这样的话就会产生以分成合约(sharecropping contract)为特征的非独资(合资或合作)形式。不管是在独资形式下还是在非独资形式下，跨国公司和我国当地合作伙伴都需要付出自身的努力，他们之间只有通过相互合作才能产生和实现更大的收益，这是许多已有文献(Che and Facchini, 2009; Tao and Wang, 1998)[23][25]进行分析的出发点，也是本章进行分析的出发点。在独资形式下，我国当地合作伙伴是以雇员的身份加盟跨国公司。在非独资形式下，我国当地合作伙伴是以合伙人的身份跟跨国公司合作。跨国公司到底最终采用哪种模式进入中国市场取决于哪种模式(本质上是哪种合约形式)给跨国公司带来的利润更高。

在我们的模型中，生产函数是标准化了的 CES 型生产函数，其大小取决于跨国公司付出的努力 f 以及当地合作伙伴付出的努力 l，其中 $0 \leqslant f, l \leqslant 1$。

这样，我们得到的特定形式的生产函数为：

$$y=(f^{\frac{1}{2}}+l^{\frac{1}{2}})^{\frac{1}{2}} \tag{1}$$

在这里，我们需要对本章所采用的生产函数形式进行详细说明。根据 Hodges (1969)[26]并结合尼科尔森(2008)[27]的标准微观经济理论教材，CES 生产函数的一般形式应该为：$y=\gamma[\alpha f^\rho+(1-\alpha)l^\rho]^{\frac{\eta}{\rho}}$，其中 γ、α、ρ 和 η 分别为效率参数、分配参数、替代参数和规模参数。为了使得我们的分析有意义且能够得到显式解，我们规定替代参数 $\rho=\frac{1}{2}$，分配参数 $\alpha=\frac{1}{2}$，规模参数 $\eta=\frac{1}{4}$，效率参数 $\gamma=\sqrt{2}$。这样就可以得到我们在本章中的标准化以后的生产函数形式。问题的关键在于表明我们采用这种形式是具有一般性的。为了使 CES 生产函数形式下的利润函数提供关于企业行为的合理解释，规模参数 η 的取值范围应该是 $0<\eta<1$(对此的论证可以参见尼科尔森教材的第 9 章)，在 $0<\eta<1$ 的情况下我们取 $\eta=\frac{1}{4}$ 是不会失去一般性的。本章的目的

不是要分析生产函数的规模参数对跨国公司的进入模式会有什么影响,而是要分析在生产函数的规模参数既定的情况下,其他因素(比如市场制度环境)对跨国公司的进入模式会有什么影响。这种赋值函数形式的最大好处是不失一般性又可以让我们把精力集中在本章所要关注的核心问题上,所以本章没有使用不赋值的 η 然后进行数值模拟。

我们假定产品的价格是由市场给定的,也就是说,厂商是价格接受者而不是价格制定者。为了分析的方便,我们把产品的价格 p 标准化为1。

这样,我们就可以得到总收益函数:

$$R = py = (f^{\frac{1}{2}} + l^{\frac{1}{2}})^{\frac{1}{2}} \qquad (2)$$

跨国公司付出努力 f 的成本函数为:

$$C_f(f) = \frac{1}{4}f \qquad (3)$$

当地合作伙伴付出努力 l 的成本函数为:

$$C_l(l) = \frac{1}{4}l \qquad (4)$$

其中下标 f 和 l 分别表示跨国公司和当地合作伙伴,努力成本中前面的参数 $\frac{1}{4}$ 跟我们在进行 CES 生产函数标准化时把规模参数设定为 $\eta = \frac{1}{4}$ 有关。

在社会最优(完全合约)时,跨国公司和我国当地合作伙伴可以实现的总福利为 $W = (f^{\frac{1}{2}} + l^{\frac{1}{2}})^{\frac{1}{2}} - \frac{1}{4}f - \frac{1}{4}l$,通过求 W 的一阶条件,我们可以求得此时的跨国公司付出的最优努力水平为 $f^* = 2^{-\frac{2}{3}}$,我国当地合作伙伴付出的最优努力水平为 $l^* = 2^{-\frac{2}{3}}$。当跨国公司和我国当地合作伙伴可以签订完全合约时,双方都会按照完全合约要求付出社会最优水平努力,不存在投资阻塞问题。本章的分析是建立在不完全合约理论的基础之上,跨国公司和我国当地合作伙伴签订的合约是不完全合约。

2.1 雇用合约(独资形式)

当跨国公司雇用我国当地合作伙伴时,如果解雇这个当地合作伙伴,会使总收益 R 损失 $1-\delta$ 部分(其中 $0 \leqslant \delta \leqslant 1$)。这是由以下两个原因造成的。第一,当地合作伙伴所付出的努力是一种对冲市场制度环境不完善的关系专用性努力。这种努力在很大程度上是建立在当地合作伙伴跟地方政府官员的良好关系的基础之上的,跨国公司在雇用新的当地合作伙伴时并不能立刻跟地方政府官员建立起跟原先一样好的关系。第二,市场制度环境不完善使得跨国公司很难找到可以进行替代的一样好的当地合作伙伴。δ 表示市场制度环境的完善程度,δ 越大表示市场制度环境越完善,δ 越小表示市场制度环境越不完善。$\delta\to 0$ 表示市场制度环境很不完善,$\delta\to 1$ 表示市场制度环境非常完善。市场制度环境在本章的分析中具有重要意义,所以有必要再进行着重论述。有一些国外文献(比如,Straub, 2008; Che and Facchini, 2009)[22~23]是从官员腐败和产权不安全的角度来看待市场制度环境的,但更多的国外文献(比如 Tao and Wang, 1998; Acemoglu et al., 2007)[25][28]是从合约实施的角度来看待市场制度环境的。本章考虑的市场制度环境着眼于跨国公司能够雇用到我国当地什么样的合作伙伴,在市场制度不完善的时候雇用我国当地合作伙伴需要付出的代价比较高,在市场制度完善的时候雇用我国当地合作伙伴需要付出的代价比较低,我们选用 δ 来衡量市场制度环境的完善程度。

跨国公司和我国当地合作伙伴之间的关系租金为 $(1-\delta)R$,根据合约理论的文献,我们一般假定跨国公司和当地合作伙伴各获得关系租金的一半,也就是说他们具有相等的议价力量。

这样,我们就可以得到跨国公司和我国当地合作伙伴的收益函数分别为:

$$R_f^e = \frac{1}{2}(1-\delta)R + \delta R = \frac{1}{2}(1+\delta)R \tag{5}$$

$$R_l^e = \frac{1}{2}(1-\delta)R \tag{6}$$

其中上标 e 表示雇用合约,下标 f 和 l 分别表示跨国公司和我国当地合作伙伴。(6)式意味着我国当地合作伙伴的固定工资(w^0)的保留收入为 0,通过标准化我们很容易做到这一点。

由(3)式、(4)式、(5)式和(6)式,我们可以得到跨国公司和我国当地合作伙伴的利润(净收益)函数分别为:

$$\pi_f^e = \frac{1}{2}(1+\delta)R - \frac{1}{4}f = \frac{1}{2}(1+\delta)(f^{\frac{1}{2}}+l^{\frac{1}{2}})^{\frac{1}{2}} - \frac{1}{4}f \tag{7}$$

$$\pi_l^e = \frac{1}{2}(1-\delta)R - \frac{1}{4}l = \frac{1}{2}(1-\delta)(f^{\frac{1}{2}}+l^{\frac{1}{2}})^{\frac{1}{2}} - \frac{1}{4}l \tag{8}$$

由(7)式的一阶条件,我们可以得到:

$$f^{\frac{1}{2}}(f^{\frac{1}{2}}+l^{\frac{1}{2}})^{\frac{1}{2}} = \frac{1}{2}(1+\delta) \tag{9}$$

由(8)式的一阶条件,我们可以得到:

$$l^{\frac{1}{2}}(f^{\frac{1}{2}}+l^{\frac{1}{2}})^{\frac{1}{2}} = \frac{1}{2}(1-\delta) \tag{10}$$

联立(9)式和(10)式,我们可以求得均衡时的 f 和 l:

$$f^e = \frac{1}{4}(1+\delta)^2 \tag{11}$$

$$l^e = \frac{1}{4}(1-\delta)^2 \tag{12}$$

由(11)式和(12)式,我们可以得到命题1。

命题1:在雇用合约(独资形式)下,跨国公司的努力水平随着我国市场制度环境完善程度的增加而增加,我国当地合作伙伴的努力水平随着我国市场制度环境完善程度的增加而减少。

证明:注意到 $0 \leqslant \delta \leqslant 1$,由(11)式求导,我们可以得到: $\dfrac{\mathrm{d}f^e}{\mathrm{d}\delta} = \dfrac{1}{2}(1+\delta) > 0$;

由(12)式求导,我们可以得到: $\dfrac{\mathrm{d}l^e}{\mathrm{d}\delta} = -\dfrac{1}{2}(1-\delta) \leqslant 0$。

命题1的经济学含义就是:在雇用合约(独资形式)下,跨国公司的努力水平和我国当地合作伙伴的努力水平是此消彼长的,市场制度环境本质上是一把"双刃剑"。

把(11)式和(12)式代入(7)式,我们就可以求得均衡时的跨国公司的利润:

$$\pi_f^e = \frac{-\delta^2 + 6\delta + 7}{16} \tag{13}$$

由(13)式,我们可以得到命题2。

命题2:在雇用合约(独资形式)下,跨国公司的利润随着我国市场制度环境完善程度的增加而增加。

证明：注意到 $0 \leqslant \delta \leqslant 1$，由(13)式求导，我们可以得到：$\dfrac{d\pi_f^e}{d\delta} = \dfrac{-2\delta+6}{16} = \dfrac{-\delta+3}{8} > 0$。

2.2 分成合约（非独资形式）

当跨国公司直接跟我国当地合作伙伴进行合伙（包括合资或合作）时，二者之间便存在一个分成合约，跨国公司会得到总收益的 λ 比例，我国当地合作伙伴会得到总收益的 $1-\lambda$ 比例，其中 $0<\lambda<1$。

这样，跨国公司和我国当地合作伙伴的收益函数分别为：

$$R_f^s = \lambda R \tag{14}$$

$$R_l^s = (1-\lambda)R \tag{15}$$

其中上标 s 表示分成合约，下标 f 和 l 分别表示跨国公司和我国当地合作伙伴。

由(3)式、(4)式、(14)式和(15)式，我们可以得到跨国公司和我国当地合作伙伴的利润（净收益）函数分别为：

$$\pi_f^s = \lambda R - \frac{1}{4}f = \lambda (f^{\frac{1}{2}} + l^{\frac{1}{2}})^{\frac{1}{2}} - \frac{1}{4}f \tag{16}$$

$$\pi_l^s = (1-\lambda)R - \frac{1}{4}l = (1-\lambda)(f^{\frac{1}{2}} + l^{\frac{1}{2}})^{\frac{1}{2}} - \frac{1}{4}l \tag{17}$$

由(16)式的一阶条件，我们可以得到：

$$f^{\frac{1}{2}}(f^{\frac{1}{2}} + l^{\frac{1}{2}})^{\frac{1}{2}} = \lambda \tag{18}$$

由(17)式的一阶条件，我们可以得到：

$$l^{\frac{1}{2}}(f^{\frac{1}{2}} + l^{\frac{1}{2}})^{\frac{1}{2}} = 1-\lambda \tag{19}$$

联立(18)式和(19)式，我们可以求得均衡时的 f 和 l：

$$f^s = \lambda^2 \tag{20}$$

$$l^s = (1-\lambda)^2 \tag{21}$$

由(20)式和(21)式，我们可以得到命题3。

命题3：在分成合约（非独资形式）下，跨国公司的努力随着其分成比例的增加而增加，我国当地合作伙伴的努力随着跨国公司分成比例的增加而减少。

证明：注意到 $0<\lambda<1$，由(20)式求导，我们可以得到：$\frac{df^s}{d\lambda}=2\lambda>0$；

由(21)式求导，我们可以得到：$\frac{dl^s}{d\lambda}=-2(1-\lambda)<0$。

命题 3 的经济学含义就是：在分成合约(独资形式)下，跨国公司的努力水平和我国当地合作伙伴的努力水平是此消彼长的，这实际上是一个分蛋糕博弈。

把(20)式和(21)式代入(16)式，我们就可以求得均衡时的跨国公司的利润：

$$\pi_f^s = \frac{-\lambda^2+4\lambda}{4} \tag{22}$$

由(22)式，我们可以得到命题 4。

命题 4：在分成合约(非独资形式)下，跨国公司的利润随着其分成比例的增加而增加。

证明：注意到 $0<\lambda<1$，由(22)式求导，我们可以得到：$\frac{d\pi_f^s}{d\lambda}=\frac{-2\lambda+4}{4}=\frac{-\lambda+2}{2}>0$。

2.3 比较分析

在比较分析的过程，我们将对雇用合约和分成合约下跨国公司的利润进行比较，看一看到底在哪一种模式下跨国公司能获得更大的利润。当然，能使跨国公司获得更大的利润的模式就是在现实中占优和流行的模式。

首先，我们比较一下当市场制度环境很不完善($\delta\to 0$)时，跨国公司采用哪一种组织形式更加有利可图。当 $\delta\to 0$ 时，我们可以得到 $\pi_f^e=\frac{7}{16}$。当 $\pi_f^s=\pi_f^e=\frac{7}{16}$ 时，跨国公司采用雇用合约和分成合约是无差异的，此时我们可以得到，$\lambda=\bar{\lambda}=\frac{1}{2}$，其中 $\bar{\lambda}$ 是我们求得的门槛值。当 $\pi_f^s<\pi_f^e=\frac{7}{16}$ 时，跨国公司采用雇用合约优于采用分成合约，此时我们可以得到，$0<\lambda<\bar{\lambda}$。当 $\pi_f^s>\pi_f^e=\frac{7}{16}$ 时，跨国公司采用分成合约优于采用雇用合约，此时我们可以得到，$\bar{\lambda}<\lambda<1$。

综上所述，我们就可以得到命题 5。

命题5：当市场制度环境很不完善时，如果由当时的综合因素(比如政府规定和双方谈判等)决定的采用非独资形式时跨国公司的分成比例位于$(0,\bar{\lambda})$的区间，那么跨国公司将采用独资形式(雇用合约)；如果由当时的综合因素(比如政府规定和双方谈判等)决定的采用非独资形式时跨国公司的分成比例位于$(\bar{\lambda},1)$区间，那么跨国公司将采用非独资形式(分成合约)。

其次，我们比较一下当市场制度环境非常完善($\delta\to 1$)时，跨国公司采用哪一种组织形式更加有利可图。当$\delta\to 1$时，我们可以得到$\pi_f^e=\frac{3}{4}$。由于$\pi_f^s=\frac{-\lambda^2+4\lambda}{4}$在定义域区间(0,1)上的取值范围为$\left(0,\frac{3}{4}\right)$，所以无论如何我们都可以得到$\pi_f^e\geqslant\pi_f^s$，跨国公司采用独资形式(雇用合约)将至少不劣于(弱占优于)采用非独资形式(分成合约)。

综上所述，我们就可以得到命题6。

命题6：当市场制度环境非常完善时，跨国公司将采用独资形式(雇用合约)将至少不劣于(弱占优于)采用非独资形式(分成合约)。

命题6并不是说当市场制度环境非常完善时跨国公司一定会采用独资形式而不采用非独资形式进入我国市场，而是说跨国公司更有可能采用独资形式而不是采用非独资形式进入我国市场。

最后，我们比较一下当市场制度环境从不完善到逐渐改善的过程中，跨国公司进入模式将会有什么样的变化趋势。为了便于分析，我们令$F(\lambda)=\pi_f^s-\pi_f^e$。

这样一来，我们就可以得到：

$$F(\lambda)=\frac{-4\lambda^2+16\lambda-(-\delta^2+6\delta+7)}{16} \tag{23}$$

这是一个一元二次方程。考虑到$0<\lambda<1$，当$F(\lambda)=0$时，我们可以求得$\bar{\bar{\lambda}}=2-\frac{1}{2}\sqrt{\delta^2-6\delta+9}$，此时跨国公司采用雇用合约(独资形式)和分成合约(非独资形式)是无差异的。当$F(\lambda)>0$时，我们可以求得$\bar{\bar{\lambda}}<\lambda<1$，此时跨国公司采用分成合约(非独资形式)优于采用雇用合约(独资形式)。当$F(\lambda)<0$时，我们可以求得$0<\lambda<\bar{\bar{\lambda}}$，

此时跨国公司采用雇用合约(独资形式)优于采用分成合约(非独资形式)。

这样一来,我们就可以得到更具一般性的命题7。

命题7:在市场制度环境尚未达到完全完善以前,不管市场制度环境的完善程度究竟怎么样,只要由当时的综合因素(比如政府规定和双方谈判等)决定的采用非独资形式时跨国公司的分成比例位于$(0,\bar{\bar{\lambda}})$的区间,那么跨国公司就将采用独资形式(雇用合约);只要由当时的综合因素(比如政府规定和双方谈判等)决定的采用非独资形式时跨国公司的分成比例位于$(\bar{\bar{\lambda}},1)$区间,那么跨国公司就将采用非独资形式(分成合约)。

我们可以发现命题5只是命题7的一个极端情况($\delta\to 0$)下的特例。

进一步地,在命题7的基础上,我们可以得到命题8。

命题8:随着市场制度环境的完善程度的逐渐提高,会有更多的跨国公司采用独资形式(雇用合约)进入我国的市场。

证明:要想证明这个命题成立,我们只需要证明$\bar{\bar{\lambda}}$随着δ的增大而增大,因为我们已经知道,$\bar{\bar{\lambda}}$越大,适合采用独资形式(雇用合约)的区间$(0,\bar{\bar{\lambda}})$就会相应越大。注意到$0\leqslant\delta\leqslant 1$,由$\bar{\bar{\lambda}}=2-\frac{1}{2}\sqrt{\delta^2-6\delta+9}$,我们可以得到:$\frac{d\bar{\bar{\lambda}}}{d\delta}=\frac{1}{2}(3-\delta)(\delta^2-6\delta+9)^{-\frac{1}{2}}>0$。

这个命题清楚地表明了跨国公司进入我国市场的模式变化跟我国市场制度环境的完善程度不断提高有关。

在这一部分,我们分析了市场制度环境与外资进入模式之间的关系,得到了一些符合我国实际情况的重要命题。因为本章在进行分析时假定跨国公司和我国当地合作伙伴签订的合约只能是不完全合约,所以我们的基本模型还可以在假定上进行放松。如果像 Acemoglu et al. (2007)[28]那样,我们假定总分成合约中可以有μ(其中$0<\mu<1$)比例可以签成完全合约,有$1-\mu$比例只能签成不完全合约,那么我们得到的命题就在必须在μ的基础上进行修订。虽然我国的市场制度环境在逐渐完善,但是在这个过程中我国的社会合约实施机制并没有得到很大改善,从不完全合约向完全合约的转换仍然存在很大的障碍,所以我们可以认为假定$\mu\to 0$是合理的,实际上这

也是由我国采用先易后难的渐进式改革策略决定的。从这个角度来看,随着市场制度环境的完善程度的逐渐提高,跨国公司采用独资形式(雇用合约)进入我国的市场实质上跟我国的社会合约实施机制发展滞后存在很大的关系。

三、扩展模型:地方政府行为与外资进入模式

在上一部分,我们主要分析了市场制度环境和外资进入模式之间的关系。在这一部分,我们将分析地方政府行为和外资进入模式之间的关系。在这里,我们将把地方政府的扶助程度 h 对外资进入模式到底会产生什么样的影响在基本模型的基础上进行进一步的模型化处理。

我们可以知道,地方政府的扶助之手的本质是替代市场的部分功能,在市场不能发挥作用或者在市场作用不完善的地方,地方政府取而代之,所以扶助程度 h 实际上从另一个方面增加了市场制度环境的完善程度。我们已经知道 $0 \leqslant \delta \leqslant 1$,所以很显然应该有 $0 \leqslant h \leqslant 1$ 且 $0 \leqslant \delta + h \leqslant 1$。显而易见的是,当市场制度环境($\delta$)越来越完善时,地方政府施出扶助之手的潜在空间 $(1-\delta)$ 就会越来越小。

这样一来,(23)式就会变为:

$$F(\lambda) = \frac{-4\lambda^2 + 16\lambda - [-(\delta+h)^2 + 6(\delta+h) + 7]}{16} \tag{23'}$$

当 $F(\lambda) = 0$ 时,我们可以求得 $\bar{\bar{\lambda}} = 2 - \frac{1}{2}\sqrt{(\delta+h)^2 - 6(\delta+h) + 9}$,此时跨国公司采用雇用合约和分成合约是无差异的。跟命题 7 的推理过程类似,当 $F(\lambda) > 0$ 时,我们可以求得 $\bar{\bar{\lambda}} < \lambda < 1$,此时跨国公司采用分成合约(非独资形式)优于采用雇用合约(独资形式)。当 $F(\lambda) < 0$ 时,我们可以求得 $0 < \lambda < \bar{\bar{\lambda}}$,此时跨国公司采用雇用合约(独资形式)优于采用分成合约(非独资形式)。

这样一来,我们就可以得到命题 9。

命题 9:在市场制度环境逐步完善的过程中,地方政府的扶助程度越高,跨国公司就越有可能采用独资形式(雇用合约)进入我国的市场。

证明:要想证明这个命题成立,我们只需要证明 $\bar{\bar{\lambda}}$ 随着 h 的增大而增大,因为我们已经知道,$\bar{\bar{\lambda}}$ 越大,适合采用独资形式(雇用合约)的区间 $(0, \bar{\bar{\lambda}})$ 就会相应越大。注意

到 $0 \leqslant \delta+h \leqslant 1$,由 $\bar{\bar{\lambda}}=2-\frac{1}{2}\sqrt{(\delta+h)^2-6(\delta+h)+9}$,我们可以得到: $\frac{\partial \bar{\bar{\lambda}}}{\partial h}=\frac{1}{2}[3-(\delta+h)][(\delta+h)^2-6(\delta+h)+9]^{-\frac{1}{2}}>0$。

当然,随着市场制度环境的逐步完善,地方政府施出扶助之手的成本可能会越来越高,这是因为:第一,如前所述,施出扶助之手的空间在逐渐减小;第二,施出扶助之手的难度在逐渐增加。实际上,我们可以这样认为,δ 可能存在一个门槛值 $\bar{\delta}$,当 $\delta \geqslant \bar{\delta}$ 时 h 的真正作用就非常微弱了,温州模式下吸引外资的情况就很好地说明了这一点(罗长远和赵红军,2003)。[29]我们已经知道了地方政府的扶助程度的增加会促使跨国公司采用独资形式(雇用合约)进入我国的市场,接下来的问题就是地方政府的最优扶助程度是多少。我们假定 δ 尚未达到门槛值 $\bar{\delta}$,根据上面的分析,地方政府对跨国公司在华独资企业施出扶助之手的成本应该是二次型的,我们不妨设成本函数的形式为:

$$C_g(h)=\frac{c}{16}h^2 \tag{24}$$

其中下标 g 表示地方政府,$c>0$ 表示地方政府施出扶助之手的困难程度。

地方政府之所以热衷于招商引资,无非看重两点:一是招商引资可以提升当地的 GDP(符合政治晋升激励),二是招商引资可以实实在在地为当地政府带来更多的税收(符合财政激励)。我们假定地方政府对跨国公司在华独资企业的利润和产值的看重程度为 θ,其中 $\theta>0$。跨国公司在华独资企业的利润越多意味着地方政府可以得到的税收就会越多,跨国公司在华独资企业的产值越多意味着当地的 GDP 和就业机会就会越多,这其中的逻辑跟田伟(2007)[30]有些类似,尽管我们的分析对象有所不同。θ 的大小是由地方政府的财政激励和政治晋升激励决定的。

这样一来,地方政府从对独资企业施出扶助之手的努力中得到的效用为:

$$U_g=\theta(\pi_f^e+R)-C_g(h)=\frac{\theta[-(\delta+h)^2+6(\delta+h)+23]}{16}-\frac{c}{16}h^2 \tag{25}$$

由(25)式的一阶条件,我们可以求出地方政府的最优扶助程度。

$$h=\frac{\theta(3-\delta)}{\theta+c} \tag{26}$$

由(26)式,我们可以得到命题10。

命题10:地方政府的最优扶助程度随市场制度环境完善程度的增加而减小,随地方政府施出扶助之手的困难程度的增加而减小,随地方政府对独资企业的利润和产值的看重程度 θ 的增加而增大。

证明:由(26)式,注意到 $0 \leqslant \delta \leqslant 1, \theta > 0$ 和 $c > 0$,我们很容易得到 $\frac{\partial h}{\partial \delta} = -\frac{\theta}{\theta + c} < 0$;$\frac{\partial h}{\partial c} = -\frac{\theta(3-\delta)}{(\theta+c)^2} < 0$;$\frac{\partial h}{\partial \theta} = \frac{(3-\delta)c}{(\theta+c)^2} > 0$。

地方政府的扶助之手虽然很多时候起的是替代市场的作用,但是确实在很大程度上从另一个角度完善了市场制度环境,所以其最终作用效果跟市场制度环境自身完善的最终效果非常类似。地方政府之所以愿意施出扶助之手是跟它从中获得的经济利益和政治利益密切相关的。地方政府施出扶助之手的过程实际上是一个通过有效甄别工具进行甄别的过程(罗长远和赵红军,2003)[29]。当然,我们不排除地方政府施出扶助之手的过程存在 Straub(2008)[22] 所说的高水平政治腐败(high-level political corruption)的可能性,因为这种类型的腐败所产生的机会可以使双方都能从中获益,所以可以在某种程度上促进经济发展。

四、结 语

在本章中,我们主要从合约理论的视角分析了市场制度环境和地方政府行为对外资进入模式的影响。外国投资既可以采用独资形式进入中国市场,也可以采用非独资(合作或合作)形式进入中国市场。为了把握当地的实际情况,外资企业都必须跟我国当地合作伙伴(local partner)进行合作,这种合作或者采用雇用合约的形式(表现为独资形式),或者采用分成合约的形式(表现为非独资形式)。我们的模型分析表明,不管是市场制度环境的完善还是地方政府扶助之手的行为都会促使外资进入模式从非独资形式向独资形式转换。这就为解释跨国公司在华投资的独资化倾向找到了一个重要而清晰的作用机制。

在文章的最后,我们将结合本章的理论模型分析提出一些相关的政策建议。第一,我们要健全和完善对国内企业和跨国公司进行内部贸易的监管制度。国内企业和跨国公司通过对内部贸易的转移价格进行操纵可能会使得实际上的分成比例跟名义上的分成比例存在很大的差别,这种行为会导致双方进行合资或合作的选择集变小,最终引起中外合资或合作失败。尽管国内有很多学者(华民和蒋舒,2002;许陈生和夏洪胜,2005)[7][31]都把板子打在了跨国公司身上,但是本章的分析框架表明这样做有可能"冤枉好人",国内企业也有可能会通过进行内部交易来暗地里提高自己的分成比例,所以监管制度的建设需要"双管齐下",而不是"厚此薄彼"。第二,我们要对我国的市场制度环境的完善程度在广泛调研的基础上形成一个判断,以这个判断为依据通过适当降低我方分成比例的方式,寻找那些跟我方优势互补的跨国公司进行合资或合作,这样才能让我方(特别是我国企业)更好地获得跨国公司的溢出效应。第三,随着市场制度环境的逐渐完善,地方政府施出扶助之手的成本可能在不断加大,但是我国政治上中央集权经济上地方分权的体制决定了在招商引资竞争的背景下地方政府很难跳出"不识庐山真面目,只缘身在此山中"的圈子(张晏,2007;李永友和沈坤荣,2008)[32~33]。所以,这个时候需要中央政府出台一些措施,适时调整外资政策,从追求外资数量的政策导向改变为追求外资质量的政策导向,其实国内有很多学者(聂名华、颜晓辉,2006;许陈生和夏洪胜,2005)[12][31]已经注意到了这一点。第四,我们努力完善我国的社会合约实施机制,使合约形式能够从不完全合约向完全合约转换,使社会合约实施机制的改进跟市场制度环境的完善匹配起来。随着我国改革开放的不断深化,我国的市场制度环境和社会合约实施机制会从易到难逐渐完善,外资的进入模式也就会相应地发生变化,在内外互动的作用下我国也会更加均衡和更加合理地融入全球经济(江小涓,2006)[34]。

参考文献

[1] 沈坤荣.外国直接投资与中国经济增长[J].管理世界,1999(5).

[2] 卢荻.外商投资与中国经济发展——产业和区域分析证据[J].经济研究,2003(9).

[3] 江小涓.中国的外资经济对增长、结构升级和竞争力的贡献[J].中国社会科学,2002(6).

[4] 张军,郭为.外商为什么不以订单而以 FDI 的方式进入中国[J].财贸经济,2004(1).

[5] 黄亚生. 改革时期的外国直接投资[M]. 北京:新星出版社,2005.

[6] 王信. 对外负债结构与国内制度:中国引进外资为何以 FDI 为主[J]. 世界经济,2007(9).

[7] 华民,蒋舒. 开放资本市场:应对"三资企业""独资化"发展趋向的策略取向[J]. 管理世界,2002(12).

[8] 李维安,李宝权. 跨国公司在华独资倾向成因分析:基于股权结构战略的视角[J]. 管理世界,2003(1).

[9] 闫立罡,吴贵生. 在华跨国公司独资化倾向分析[J]. 科研管理,2006(4).

[10] 沈磊,蒋士成,颜光华. 跨国公司在华合资企业股权结构变动的成因——基于一个合作博弈模型的分析[J]. 财经研究,2005(1).

[11] 王林昌,宣海林,郑鸣. 外商独资企业数量增加及相关影响[J]. 改革,2002(1).

[12] 聂名华,颜晓辉. 外商在华投资的独资化倾向及对策研究[J]. 社会科学,2006(12).

[13] Antras, P. Firms, Contracts, and Trade Structure. *Quarterly Journal of Economics*, 2003, 118(4): 1375-1418.

[14] Antras, P. Incomplete Contracts and the Product Cycle. *American Economic Review, Papers and Proceedings*, 2005, 95(2): 25-32.

[15] Antras, P., and Helpman, E. Global Sourcing. *Journal of Political Economy*, 2004, 112(3): 552-580.

[16] Helpman, E., and Krugman P. *Market Structure and Foreign Trade*. Cambridge, MA: MIT Press, 1985.

[17] Grossman, S., and Hart O. The Costs and Benefits of Ownership: A Theory of Vertical and Lateral Integration. *Journal of Political Economy*, 1986, 94(4): 691-719.

[18] Hart, O. and Moore J. Property Rights and the Nature of the Firm. *Journal of Political Economy*, 1990, 98(6): 1119-1158.

[19] Spencer, B. International Outsourcing and Incomplete Contracts. *Canadian Journal of Economics*, 2005, 38(4): 1107-1135.

[20] Mattoo, A., Olarreaga, M., and Saggi, K. Mode of Foreign Entry, Technology Transfer, and FDI Policy. *Journal of Development Economics*, 2004, 75(1): 95-111.

[21] Eicher, T., and Kang, J. Trade, Foreign Direct Investment or Acquisition: Optimal Entry Modes for Multinationals. *Journal of Development Economics*, 2005, 77(1): 207-228.

[22] Straub, S. Opportunism, Corruption and the Multinational Firm's Mode of Entry. *Journal of International Economics*, 2008, 74(2): 245-263.

[23] Che, J., and Facchini, G. Cultural Differences, Insecure Property Rights and the Mode of Entry Decision. *Economic Theory*, 2009, 38(3): 465-484.

[24] 江小涓. 中国作为FDI东道国的国际地位:比较与展望[J]. 管理世界,2003(1).

[25] Tao, Z., and Wang S. Foreign Direct Investment and Contract Enforcement. *Journal of Comparative Economics*, 1998, 26(4): 761-782.

[26] Hodges, D. A Note on Estimation of Cobb-Douglas and CES Production Function Models. *Econometrica*, 1969, 37(4): 721-725.

[27] 尼科尔森. 微观经济理论:基本原理与扩展(第9版)[M]. 北京:北京大学出版社,2008.

[28] Acemoglu, D., Antras, P., and Helpman, E. Contracts and Technology Adoption. *American Economic Review*, 2007, 97(3): 916-943.

[29] 罗长远,赵红军. 外国直接投资、国内资本与投资者甄别机制[J]. 经济研究,2003(9).

[30] 田伟. 考虑地方政府因素的企业决策模型——基于企业微观视角的中国宏观经济现象解读[J]. 管理世界,2007(5).

[31] 许陈生,夏洪胜. 试论在华跨国公司进入模式的独资化倾向及我国的对策[J]. 国际贸易问题,2005(3).

[32] 张晏. 财政分权、FDI竞争与地方政府行为[J]. 世界经济文汇,2007(2).

[33] 李永友,沈坤荣. 辖区间竞争、策略性财政政策与FDI增长绩效的区域特征[J]. 经济研究,2008(5).

[34] 江小涓. 中国对外经济进入新阶段:更均衡合理地融入全球经济[J]. 经济研究,2006(3).

(原文载于:皮建才,《市场制度环境、地方政府行为与外资进入模式》,《经济学家》2009年第10期。)

第六章 我国企业在全球价值链中不同攀升路径的比较分析

内容提要:本章对我国企业在全球价值链中不同的攀升路径进行了比较分析。我们考虑了两种攀升路径,一种是渐进式攀升路径,一种是激进式攀升路径。在渐进式攀升路径中,我国企业在既有的全球价值链上通过创新向高端环节攀升。在激进式攀升路径中,我国企业在既有的全球价值链之外构造以国内链主为主导的全球价值链(以我为主的全球价值链)。我们发现,不同攀升路径的选择跟以我为主的全球价值链上创新的市场效应、两种不同全球价值链上不同的市场规模和竞争者数量以及既有的全球价值链上创新的效率参数有关,跟固定的创新成本以及创新投入资金的关系并不是很明确。

关键词:全球价值链;渐进式攀升;激进式攀升;比较分析

一、引 言

我国企业正逐步向全球价值链的高端攀升(樊茂清和黄薇,2014),绝大多数产业嵌入全球价值链的程度呈现出上升趋势(王玉燕等,2014)。但是,在全球价值链发展变化的背景下,国内企业如何应对是新形势下我国经济发展过程中的一个非常重要的问题。这既跟国内形势(比如,劳动力成本迅速上升和经济增长速度下滑)有关,也跟国际形势(比如,贸易障碍的提高)有关。从一定程度上来说,这个问题对我国来说是一个非常紧迫的问题。

在价值链攀升的过程中,我国企业有两条不同的攀升路径(洪银兴,2015)。第一条路径就是,在既有的全球价值链中谋求更高端的链条位置,通过高端化实现产业升级和链条升级,但是在升级的过程中容易受到链主的打压,控制既有全球价值链的链主就是想要我国企业"锁入"在某个低端位置上。在劳动力成本迅速上升的情况下,已经嵌入全球价值链的国内企业面临着很大的困境,如果不能进行有效的产业升级和链条升级,很有可能被劳动力成本更低的一些发展中国家(比如,东南亚的一些国家)的企业替代和淘汰。在第一条路径下,问题就转变为:如何才能在既有国外链主的阻挠和封堵下进行价值链的攀升?国内有很多学者围绕这个问题进行了研究。第二条路径就是,在既有的全球价值链之外,组织和创造出新的全球价值链,新的全球价值链的链主是我国企业,新的全球价值链是我国主导的全球价值链。我国企业想要成为新链主是需要付出成本的,这种成本不仅涉及如何才能让需求和供给有效对接,而且涉及通过什么样方式来组织价值链条和控制价值链条。在第二条路径下,问题就转变为:以我为主的全球价值链或者叫以国内链主为主导的全球价值链的形成受到哪些因素的影响?国内也有很多学者围绕第二条路径进行了研究。为了表述上的方便,我们把第一条路径下的攀升称为渐进式攀升,把第二条路径下的攀升称为激进式攀升。另外,不管是在第一条路径下还是在第二条路径下,既有的全球价值链都是国外链主主导的全球价值链,为了表述上的方便,我们后面会反复使用既有的全球价值链这个术语。尽管有很多文献分析对第一条路径和第二条路径进行了研究,但是这些文献在进行研究时要么聚焦于渐进式攀升,要么聚焦于激进式攀升,很少有文献把两种攀升路径放在一个统一的框架下进行分析,更缺乏对这两种攀升路径的比较分析。本章打算填补现有文献的缺漏之处。

我们先来看探索第一条攀升路径的相关文献。张小蒂和朱勤(2007)认为,为了打破在全球价值链上的不利局面,我国企业需要在"环""链""群"三个层次上构建"良性互动"。牛卫平(2012)认为发展中国家的企业容易陷入国际外包陷阱,需要鼓励有条件的企业进行逆向外包。刘维林(2012)认为,单纯基于功能视角的价值链延伸并不能跳出"低端锁定",我国企业在攀升时需要采用多样化和迂回式的策略,避免与链主形成正面竞争。简晓彬和周敏(2013)发现,企业规模的壮大对我国企业的价值链攀升是有利的。李强和郑江淮(2013)发现研发水平的提高、人力资本的增加以及制度环境的改善对我国企业的价值链攀升起促进作用。王海杰和李延朋(2013)基于产权经济学的角度认为,全球价值链中的弱势企业可以通过关键资源能力的重组和提升,借助实施策略性冲击实现价值链攀升。刘维林(2015)认为,我国企业在攀升时要瞄准利润空间更大的产品附加值,而不是瞄准利润空间更小的服务附加值,要立足于产品架构,掌控关键模块。王岚和李宏艳(2015)认为,我国企业需要以提升嵌入位置为抓手引导我国企业向高增值环节攀升。现有的文献并没有使用博弈论来构建相应的理论模型,本章打算在理论建模上有所突破。

我们再来看探索第二条攀升路径的相关文献。刘志彪和张杰(2007)认为,发展中国家要想摆脱在全球价值链中被俘获的困境,需要基于国内市场培育自己的国内价值链,然后由国内价值链向全球价值链进行转变。张杰和刘志彪(2007)认为,为了打破发达国家的俘获型"结构封锁"关系,我国企业需要利用本土市场需求结构的转换实施激进式攀升。刘志彪和张杰(2008)以及张少军和刘志彪(2009)认为,通过在东部地区已有的全球价值链的基础上构建国内价值链,并把链条延伸到中西部地区,可以缩小区域差距。刘志彪和张杰(2008)以及刘志彪(2011)认为专业化市场和领导型企业是我国构建国内价值链的主要机制和方式。易顺和韩江波(2013)认为,我国需要基于东部地区和中西部地区的"中心—外围"格局构建由本土大型企业作为链主的国内价值链。张少军和刘志彪(2013)发现,国内价值链并没有跟全球价值链成功对接,我国企业需要利用国家的大国优势和企业的在位优势,延长全球价值链在国内的环节,让延长出来的环节跟我国企业主导的国内价值链对接。刘志彪(2015)认为,构造国内价值链可以从嵌入全球创新链着手。洪银兴(2015)认为,可以通过建立以我国跨国企业为主导的全球价值链来攀升和突破,要实现这样的攀升和突破需要发挥自主创新的作用。现有的文献并没有使用博弈论进行正式的模型分析,本章打算在模型分析上有所突破。

从思想上来说,跟本章比较接近的是洪银兴(2015),他指出了驱动产业结构向中高端攀升的两种不同机制。本章可以看成是对洪银兴(2015)提出的两种不同机制的模型化。① 从模型上来说,跟本章比较接近的研究是徐宁等(2014)。徐宁等(2014)从全球价值链和国内价值链的角度以我国代工企业为例对我国代工企业的链条选择机制进行了比较深入的分析。我国的代工企业有两种选择:第一,我国的企业可以选择通过构造国内价值链来形成新链主,也就是选择激进式价值链攀升路径,这时它需要开拓国内市场,付出开拓国内市场的成本;第二,我们的企业可以选择继续留在既有的全球价值链中,这时它面对的是一个国外链主控制的国际市场,不需要付出市场开拓成本。本章跟徐宁等(2014)的不同体现在以下几点:第一,两篇论文的视角不同,徐宁等(2014)的着眼点是链条选择,而本章的着眼点是攀升路径选择;第二,两篇论文的模型不同,本章在构造模型时着眼于攀升路径,路径攀升是通过创新实现的,而徐宁等(2014)的模型并没有考虑路径攀升问题。

本章可能的贡献包括以下两个方面:(1)把基于两条攀升路径识别出来的变量囊括进我们的博弈模型中,形成一个统一的理论分析框架;(2)对不同攀升路径进行了比较分析,找到了影响最终选择的决定因素。我们的主要结论如下:不同攀升路径的选择跟以我为主的全球价值链上创新的市场效应、两种不同全球价值链上不同的市场规模和竞争者数量以及既有的全球价值链上创新的效率参数有关,跟固定的创新成本以及创新投入资金的关系不是很明确。

本章剩余部分组织如下。第二部分是模型,包括企业在渐进式攀升路径上的选择模型以及企业在激进式攀升路径上的选择模型。第三部分是比较分析,比较了渐进式攀升路径和激进式攀升路径。第四部分,也就是最后一部分,给出了结论性评语和政策建议。

二、模型

在本章中,我们沿用徐宁等(2014)的模型设定,假设某个国内企业既可以参加到某个发达国家主导的既有的全球价值链,也可以发起组织我国主导的全球价值链。

---

① 洪银兴教授认为,以我为主的全球价值链和国内价值链是有区别的,这种区别体现在以下两点。第一,国内价值链跟既有的全球价值链相比,大部分比较落后。第二,国内价值链很难体现全球布局的含义,而以我为主的全球价值链则能很好地体现全球布局的含义。

当这个企业参与到既有的全球价值链时,我们需要注意以下几点:(1)该企业需要面对是已经成熟的国外市场和国内市场(特别是国外市场),不需要花费市场开拓成本;(2)该企业的创新会受到国外链主的阻挠,这种阻碍主要体现为由于控制权分配不均导致研发后的收益大部分被国外链主攫取,这实际上就是不完全合同理论里面的"敲竹杠问题";(3)该企业不能有效利用国家创新政策在企业发展方面的扶持。当这个企业发起组织我国主导的全球价值链时,我们需要注意以下几点:(1)该企业需要面对是尚未成熟的国外市场和国内市场(特别是国内市场),比如国内市场存在由地方政府引致的市场分割问题,因此需要花费市场开拓成本;(2)该企业在创新方面不会遇到"敲竹杠问题",研发的收益全部归自己所有;(3)该企业可以有效利用国家创新政策在企业发展方面的扶持。虽然在这一部分(模型部分)囿于模型本身的局限,我们不会讨论国家创新政策的作用,但是我们在第四部分(结语和政策建议部分)会讨论国家创新政策的作用。

假定企业可以选择进行渐进式攀升,也可以选择进行激进式攀升,但不能同时选择两种攀升路径。

2.1　企业在渐进式攀升路径上的选择

我们假定既有的全球价值链上有多个环节,进入既有的全球价值链需要花费一定数量的固定成本 K。其中,我国企业在某个环节上生产产品 G_1,该产品面临的国际市场需求函数为 $P_{G_1}=a_1-Q_{G_1}$,该环节上有 n 个企业进行竞争,P_{G_1} 为产品 G_1 的价格,Q_{G_1} 为 n 个企业生产产品 G_1 的总产量,生产该产品的边际成本为 c_{G_1}。而既有的全球价值链上另有一个较高端的环节,生产产品 G_2,该产品面临的市场需求函数为 $P_{G_2}=a_2-Q_{G_2}$,该环节上有 $m(m<n)$ 个企业进行竞争,P_{G_2} 为产品 G_2 的价格,Q_{G_2} 为 m 个企业生产产品 G_2 的总产量,生产该产品的边际成本为 c_{G_2}。我国企业有两个选择:创新和不创新。企业选择创新不仅可以降低当前产品的生产成本,还可以使其进入既有的全球价值链更高端的环节,使得其生产产品 G_2。我国企业的创新需要投入的资金量为 F,可以用作两种用途。若要进入更高端的环节,还需要投入固定的资金 I_G ($I_G<F$),剩余的资金 $(F-I_G)$ 则用来降低产品 G_1 的生产成本,降低程度为 $\beta(F-$

I_G),即 $c'_{G1}=c_{G1}-\beta(F-I_G)$,其中 β 表示创新的效率参数,β 越大,创新的效率越高。这时该企业可以同时在既有的全球价值链上的两个环节进行生产,生产产品 G_2 的企业数量变为 $m+1$。如前所述,进入既有的全球价值链需要花费一定数量的固定成本 K。无论在既有的全球价值链中的哪个环节上生产,该企业在市场竞争阶段的收益要被抽走一定的比例,实际拿到的利润 $\tilde{\pi}_1=\alpha\pi_1-K(0<\alpha<1)$;如果该企业参与了创新,那么其实际利润为 $\tilde{\pi}_1=\alpha\pi_1-K-F$。其中,$\tilde{\pi}_1$ 表示该企业的实际利润,而 π_1 表示在被抽走利润前该企业在市场竞争阶段的利润。$1-\alpha$ 用来反映该企业的利益被既有的全球价值链上的国外链主攫取的程度。

在这里,我们假设国际市场足够大,即 a_1 和 a_2 比较大,具体地,我们做如下的假设:$a_1>\text{Max}\left\{(n+1)\sqrt{K/\alpha}+c_{G1},\frac{(n+1)^2}{2n\alpha\beta}+c_{G1}-n\beta(F-I_G),\frac{n\beta(F-I_G)}{n-1}+c_{G1}\right\}$。这个假设中大括号里面的三个式子是通过后面的计算得到的,这样的假设可以保证我们的分析具有经济学意义。

整个博弈分为两个阶段:在第一阶段,该企业选择是否创新;第二阶段,在创新(或者不创新)之后该企业与其他企业进行市场竞争。我们采用逆推归纳法来求该博弈的子博弈完美纳什均衡(SPNE)。

若该企业不进行创新,则该企业的利润函数为:

$$\pi_1=\left(a_1-q_1-\sum_{i=2}^{n}q_i-c_{G1}\right)q_1 \tag{1}$$

我们可以发现上式的一阶条件为 $\frac{\partial \pi_1}{\partial q_1}=a_1-c_{G1}-2q_1-\sum_{i=2}^{n}q_i=0$。因为每个企业都是同质的,利用对称性,我们可以得到 $q_1^*=\frac{a_1-c_{G1}}{n+1}$。根据(1)式,我们可以求得 $\pi_1^*=\left(\frac{a_1-c_{G1}}{n+1}\right)^2$。在既有的全球价值链的某个初始环节中,该企业获得的实际利润为:

$$\tilde{\pi}_{1G}^*=\alpha\pi_1^*-K=\alpha\left(\frac{a_1-c_{G1}}{n+1}\right)^2-K \tag{2}$$

由于 $a_1>(n+1)\sqrt{K/\alpha}+c_{G1}$,我们有 $\tilde{\pi}_{1G}^*>0$。也就是说,即使企业在既有的全球

价值链的某个初始环节中不进行创新,该企业也可以获得正利润,但是这个利润可能比较微薄。

若该企业进行创新,则该企业在市场竞争中的利润有两部分构成,第一部分为产品 G_1 上所取得的利润 π_{11},第二部分为产品 G_2 上取得的利润 π_{12}。

该企业生产产品 G_2 的利润函数为:

$$\pi_{12} = \left(a_1 - q_{12} - \sum_{i=2}^{m+1} q_{i2} - c_{G2}\right) q_{12} \tag{3}$$

我们可以发现上式的一阶条件为 $\frac{\partial \pi_{12}}{\partial q_{12}} = a_2 - c_{G2} - 2q_{12} - \sum_{i=2}^{m+1} q_{i2} = 0$,利用对称性我们可以得到 $q_{12}^{\#} = \frac{a - c_{G2}}{m+2}$。根据(3)式,我们可以得到:

$$\pi_{12}^{\#} = \left(\frac{a_2 - c_{G2}}{m+2}\right)^2 \tag{4}$$

该企业生产产品 G_1 的利润函数为:

$$\pi_{11} = \left(a_1 - q_{11} - \sum_{i=2}^{n} q_{i1} - c'_{G1}\right) q_{11} \tag{5}$$

上式的一阶条件为:

$$\frac{\partial \pi_{11}}{\partial q_{11}} = a_1 - c'_{G1} - 2q_{11} - \sum_{i=2}^{m} q_{i1} = 0 \tag{6}$$

其他企业 $i(i \geq 2)$ 的利润函数为 $\pi_{i1} = \left(a_1 - \sum_{j=1}^{n} q_{j1} - c_{G1}\right) q_{i1}$,其一阶条件为:

$$\frac{\partial \pi_{i1}}{\partial q_{i1}} = a_1 - c_{G1} - q_{i1} - \sum_{j=1}^{m} q_{j1} = 0 \tag{7}$$

由对称性,我们可以得到 $q_2 = \cdots = q_n$。根据(6)式和(7)式,当 $i \geq 2$ 时,我们可以得到:

$$q_{11}^{\#} = \frac{a_1 - c_{G1} + n(c_{G1} - c'_{G1})}{n+1} = \frac{a_1 - c_{G1} + n\beta(F - I_G)}{n+1} \tag{8}$$

$$q_{i1}^{\#} = \frac{a_1 - c_{G1} - n(c_{G1} - c'_{G1})}{n+1} = \frac{a_1 - c_{G1} - \beta(F - I_G)}{n+1} \tag{9}$$

将(8)式和(9)式代入(5)式,我们可以得到:

$$\pi_{11}^{\#} = \left[\frac{a_1 - c_{G1} + n\beta(F - I_G)}{n+1}\right]^2 \tag{10}$$

根据(4)式和(10)式,我们可以得到如果企业进行创新,那么其实际的利润为:

$$\tilde{\pi}_{1G}^{\#}=\alpha(\pi_{11}^{\#}+\pi_{12}^{\#})-K-F=\alpha\left\{\left[\frac{a_1-c_{G1}+n\beta(F-I_G)}{n+1}\right]^2+\left(\frac{a_2-c_{G2}}{m+2}\right)^2\right\}-K-F \tag{11}$$

对比(2)式和(11)式,当 $\tilde{\pi}_{1G}^{*}>\tilde{\pi}_{1G}^{\#}$ 时,处于既有的全球价值链上某个初始环节中的企业不会选择进行创新;当 $\tilde{\pi}_{1G}^{*}<\tilde{\pi}_{1G}^{\#}$ 时,处于既有的全球价值链上某个初始环节中的企业就会选择创新以获得更多的利润。令 $\Delta\pi_{1G}=\tilde{\pi}_{1G}^{\#}-\tilde{\pi}_{1G}^{*}$,易知 $\Delta\pi_{1G}$ 越大表示该企业越倾向于选择创新。将 $\Delta\pi_{1G}$ 对 F 求偏导,我们可以得到 $\frac{\partial\Delta\pi_{1G}}{\partial F}=\frac{2n\alpha\beta[a_1-c_{G1}+n\beta(F-I_G)]}{(n+1)^2}-1>0$;将 $\Delta\pi_{1G}$ 对 I_G 求偏导,我们可以得到 $\frac{\partial\Delta\pi_{1G}}{\partial I_G}=-\frac{2n\alpha\beta[a_1-c_{G1}+n\beta(F-I_G)]}{(1+n)^2}<0$;将 $\Delta\pi_{1G}$ 对 n 求偏导,我们可以得到 $\frac{\partial\Delta\pi_{1G}}{\partial n}=\frac{2(F-I_G)\alpha\beta[n\beta(F-I_G)-(n-1)(a_1-c_{G1})]}{(n+1)^3}<0$;将 $\Delta\pi_{1G}$ 对 m 求偏导,我们可以得到 $\frac{\partial\Delta\pi_{1G}}{\partial m}=-\frac{2\alpha(a_2-c_{G2})^2}{(m+2)^3}<0$;将 $\Delta\pi_{1G}$ 对 a_1 求偏导,我们可以得到 $\frac{\partial\Delta\pi_{1G}}{\partial a_1}=\frac{2n\alpha\beta(F-I_G)}{(n+1)^2}>0$;将 $\Delta\pi_{1G}$ 对 c_{G1} 求偏导,我们可以得到 $\frac{\partial\Delta\pi_{1G}}{\partial c_{G1}}=-\frac{2n\alpha\beta(F-I_G)}{(n+1)^2}<0$;将 $\Delta\pi_{1G}$ 对 a_2 求偏导,我们可以得到 $\frac{\partial\Delta\pi_{1G}}{\partial a_2}=\frac{2\alpha(a_2-c_{G2})}{(m+2)^2}>0$;将 $\Delta\pi_{1G}$ 对 c_{G2} 求偏导,我们可以得到 $\frac{\partial\Delta\pi_{1G}}{\partial c_{G2}}=-\frac{2\alpha(a_2-c_{G2})}{(m+2)^2}<0$。

根据上面的分析,我们可以得到命题1。

命题1:在渐进式攀升路径上,当产品 G_2 的价值链环节的进入成本越小,生产产品 G_2 的竞争者越少,产品 G_1 和 G_2 的市场规模越大,创新资金数量越多,生产产品 G_1 的竞争者数量越少,生产成本越小时,企业越倾向于进行创新。

令 $\Delta\pi_{1G}>0$,即 $\tilde{\pi}_{1G}^{\#}-\tilde{\pi}_{1G}>0$,此时该企业将会选择创新,该不等式等价于:

$$\alpha\left(\frac{a_2-c_{G2}}{m+2}\right)^2+\alpha\frac{n\beta(F-I_G)[n\beta(F-I_G)+2(a_1-c_{G1})]}{(n+1)^2}>F \tag{12}$$

其中，(12)式左边第一项为创新开拓新市场后所产生的新的利润，左边第二项为降低商品 G_1 的生产成本所带来的利润的增加额，而(12)式右边的项则表示创新所需的支出额。(12)式的经济学含义是，当创新带来的收益大于其成本的时候，企业会选择创新。

为了方便分析，我们不妨令：$f(a_1,a_2,c_{G1},c_{G2},\beta,n,m,F,I_G) = \left(\dfrac{a_2-c_{G2}}{m+2}\right)^2 +$ $\dfrac{n\beta(F-I_G)[n\beta(F-I_G)+2(a_1-c_{G1})]}{(n+1)^2}$。通过求偏导，我们可以得到：$\dfrac{\partial f}{\partial a_1}>0$，$\dfrac{\partial f}{\partial a_2}>0$，$\dfrac{\partial f}{\partial c_{G1}}<0$，$\dfrac{\partial f}{\partial c_{G2}}<0$，$\dfrac{\partial f}{\partial \beta}>0$，$\dfrac{\partial f}{\partial m}<0$。也就是说，产品 G_1 和 G_2 的市场规模越大，生产成本越小，创新的效率参数 β 越大，G_2 产品市场的竞争者越少，创新所带来的净效益也就越大，此时企业越倾向于创新。我还可以得到 $\dfrac{\partial f}{\partial F}>0$，即创新支出越多，其带来的净效益也就越大，但是我们要注意，创新支出本身也是一种成本，创新支出增加意味着成本也在增加。

2.2 企业在激进式攀升路径上的选择

类似地，我们假设企业在激进式攀升路径上也有两种选择，即创新与不创新，且进入的固定成本也是 K。激进式攀升路径意味着我国企业会成为全球价值链的链主。所谓的激进式价值链攀升并不是说我国的企业要和既有的全球价值链的链主"拼个你死我活"，而是说我国的企业基于我国的实际情况开拓出一条新的全球价值链并成为链主。该企业除了可以选择在渐进式攀升路径上在某个环节生产的产品 G_1，还可以在以我为主的全球价值链上的某个环节生产产品 N_1，该产品的国内市场需求函数为 $P_{N1}=b_1-Q_{N1}$，生产该产品的边际成本为 c_{N1}，有 k 个企业在该环节进行竞争。但是国内市场由于地方政府的市场分割等原因，有待进一步开拓，在未开拓前，产品 N_1 的市场规模为 b_{10}。若该企业进行创新，假设其创新资金数量与上面相同，仍然为 F，创新分为两部分。我们首先看第一部分，该企业投入固定的资金 I_N 以进入以我为主的全球价值链的顶端，成为垄断企业，生产产品 N_2，边际成本为 c_{N2}，该产品的市场需求函数为 $P_{N2}=b_2-Q_{N2}$。我们再来看第二部分，剩余的资金 $F-I_N$ 用

来开拓产品 N_1 的市场规模,开拓后的市场规模为 $b_1=b_{10}+\bar{b}(F-I_N)$。在以我为主的全球价值链中,我们假设:(1) N_1 的国内市场规模比较大,即 $b_{10}>(k+1)\sqrt{K}$;(2) 创新的市场效应比较大,即 $\bar{b}>\frac{1}{2(F-I_N)}[\sqrt{(b_{10}-c_{N1})^2+2(k+1)^2(F-I_N)}-2(b_{10}-c_{N1})]$;(3) 企业的利润不会像在渐进式路径中那样被价值链更高端的链主抽走,不存在"敲竹杠"问题。类似地,在以我为主的全球价值链中的博弈分为两个阶段:第一阶段,该企业选择是否进行创新;第二阶段,在该企业选择进行创新(或不创新)之后该企业与其他企业进行市场竞争。同样地,我们采用逆推归纳法来求出其子博弈完美纳什均衡(SPNE)。

若该企业不进行创新,那么它将与其他企业在生产产品 N_1 的市场中进行古诺博弈,且此时该产品的市场规模为 b_{10}。该企业的利润函数为:

$$\pi_1 = \left(b_{10} - \sum_{i=1}^{k} q_i - c_{N1}\right)q_1 \tag{13}$$

上式的一阶条件为 $\frac{\partial \pi_1}{\partial q_1} = b_{10} - \sum_{i=1}^{k} q_i - c_{N1} - q_1 = 0$,根据对称性我们可以得到 $q_1^* = \frac{b_{10}-c_{N1}}{k+1}$。进一步,我们可以得到:

$$\pi_{1N}^* = \left(\frac{b_{10}-c_{N1}}{k+1}\right)^2 - K \tag{14}$$

由于 $b_{10}>(k+1)\sqrt{K}$,所以我们有 $\pi_{1N}^*>0$,即若企业在以我为主的全球价值链中不创新,那么其也能获得正利润,但是这个利润可能很微薄。

若该企业进行创新,我们分为两个部分来讨论。我们首先看第一部分,该企业通过投入一定量的资金 I_N 使得其进入以我为主的全球价值链的顶端,生产产品 N_2,并在该产品市场具有垄断地位。该企业的市场需求函数为 $P_{N2}=b_2-Q_{N2}$,据此我们可以得出其最大化的利润为:

$$\pi_{12}^{\#} = \frac{(b_2-c_{N2})^2}{4} \tag{15}$$

我们再来看第二部分,该企业用剩余的资金 $F-I_N$ 用作开拓市场,那么市场规模变为 $b_1=b_{10}+\bar{b}(F-I_N)$,与上面类似,该企业在这一部分的利润为:

$$\pi_{11}^{\#} = \left[\frac{b_{10} + \bar{b}(F - I_N) - c_{N1}}{k+1}\right]^2 \qquad (16)$$

结合(15)式和(16)式，我们可以求出，在以我为主的全球价值链上该企业进行创新时获得的利润：

$$\pi_{1N}^{\#} = \left[\frac{b_{10} + \bar{b}(F - I_N) - c_{N1}}{k+1}\right]^2 + \frac{(b_2 - c_{N2})^2}{4} - K - F \qquad (17)$$

如果 $\pi_{1N}^* > \pi_{1N}^{\#}$，那么企业将不会进行创新；若 $\pi_{1N}^* < \pi_{1N}^{\#}$，企业将进行创新。令 $\Delta\pi_{1N} = \pi_{1N}^{\#} - \pi_{1N}^*$，$\Delta\pi_{1N}$ 越大表示在以我为主的全球价值链上该企业越倾向于创新。将 $\Delta\pi_{1N}$ 对 F 求偏，我们可以得到 $\frac{\partial \Delta\pi_{1N}}{\partial F} = \frac{2\bar{b}[b_{10} - c_{N1} + \bar{b}(F - I_N)]}{(k+1)^2} - 1 > 0$；将 $\Delta\pi_{1N}$ 对 I_N 求偏导，我们可以得到 $\frac{\partial \Delta\pi_{1N}}{\partial I_N} = -\frac{2\bar{b}[b_{10} - c_{N1} + \bar{b}(F - I_N)]}{(k+1)^2} < 0$；将 $\Delta\pi_{1N}$ 对 k 求偏导，我们可以得到 $\frac{\partial \Delta\pi_{1N}}{\partial k} = -\frac{2\bar{b}(F - I_N)[2(b_{10} - c_{N1}) + \bar{b}(F - I_N)]}{(k+1)^3} < 0$；将 $\Delta\pi_{1N}$ 对 b_{10} 求偏导，我们可以得到 $\frac{\partial \Delta\pi_{1N}}{\partial b_{10}} = \frac{2\bar{b}(F - I_N)}{(k+1)^2} > 0$；将 $\Delta\pi_{1N}$ 对 c_{N1} 求偏导，我们可以得到 $\frac{\partial \Delta\pi_{1N}}{\partial c_{N1}} = -\frac{2\bar{b}(F - I_N)}{(k+1)^2} < 0$；将 $\Delta\pi_{1N}$ 对 b_2 求偏导，我们可以得到 $\frac{\partial \Delta\pi_{1N}}{\partial b_2} = \frac{b_2 - c_{N2}}{2} > 0$；将 $\Delta\pi_{1N}$ 对 c_{N2} 求偏导，我们可以得到 $\frac{\partial \Delta\pi_{1N}}{\partial c_{N2}} = -\frac{b_2 - c_{N2}}{2} < 0$。

根据上面的分析，我们可以得到命题2。

命题 2：在激进式攀升路径上，进入以我为主的全球价值链的顶端所需要的资金越少，该企业的创新资金越多，生产产品 N_1 的竞争者越少，产品 N_1 和 N_2 的市场规模越大，生产成本越小，该企业越倾向于进行创新。

令 $\Delta\pi_{1N} > 0$，即 $\pi_{1N}^{\#} - \pi_{1N}^* > 0$（此时该企业会选择进行创新），该不等式等价于：

$$\frac{(b_2 - c_{N2})^2}{4} + \frac{\bar{b}(F - I_N)[2(b_{10} - c_{N1}) + \bar{b}(F - I_N)]}{(k+1)^2} > F \qquad (18)$$

(18)式的左边第一项为该企业进入垄断市场后所能带来的利润，左边第二项为开拓 N_1 的国内市场后所能带来利润的增加值。(18)式的右边表示创新所付出的成本。我们不妨设 $\varphi(b_{10}, b_2, \bar{b}, c_{N1}, c_{N2}, F, I_N, k) = \frac{(b_2 - c_{N2})^2}{4} + \frac{\bar{b}(F - I_N)[2(b_{10} - c_{N1}) + \bar{b}(F - I_N)]}{(k+1)^2}$。

通过求偏导,我们可以得到:$\frac{\partial \varphi}{\partial b_{10}}>0, \frac{\partial \varphi}{\partial b_2}>0, \frac{\partial \varphi}{\partial \bar{b}}>0, \frac{\partial \varphi}{\partial c_{N1}}<0, \frac{\partial \varphi}{\partial c_{N2}}<0, \frac{\partial \varphi}{\partial I_N}<0, \frac{\partial \varphi}{\partial k}<0$。也就是说,产品 N_1 和 N_2 的市场规模越大,生产成本越小,创新的市场效应越大,进入垄断市场所需的创新资金的数目越小,生产产品 N_1 的竞争者越少,创新所带来的净效益就越大。我们还可以得到:$\frac{\partial \varphi}{\partial F}=\frac{2\bar{b}[b_{10}-c_{N1}+\bar{b}(F-I_N)]}{(k+1)^2}$,因为 $\bar{b}>\frac{1}{2(F-I_N)}[\sqrt{(b_{10}-c_{N1})^2+2(k+1)^2(F-I_N)}-2(b_{10}-c_{N1})]$,所以 $\frac{\partial \varphi}{\partial F}>1$,这意味着一单位创新成本能够带来大于一单位的收益,这时创新资金投入的上升会增加企业的利润。

三、比较分析

首先,我们来看我国企业的选择:第一步,该企业选择进入既有的全球价值链还是进入以我为主的全球价值链;第二步,该企业在已选定的价值链上选择是否进行创新;第三步,该企业根据自己的选择与其他企业进行竞争。其步骤如图 6-1 所示,其中 GVC1 表示既有的全球价值链,GVC2 表示以我为主的全球价值链。

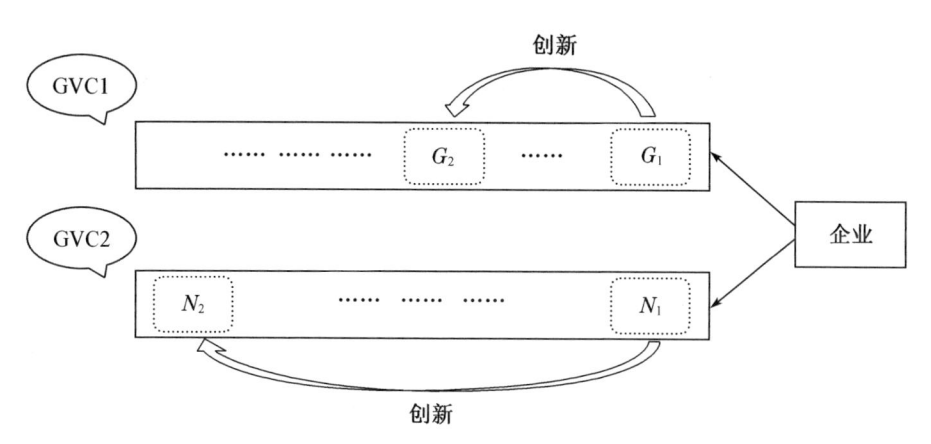

图 6-1 企业在两种全球价值链上的攀升路径

令 $\pi_{1G}=\text{Max}\{\tilde{\pi}_{1G}^*, \tilde{\pi}_{1G}^\#\}, \pi_{1N}=\text{Max}\{\pi_{1N}^*, \pi_{1N}^\#\}$。很显然,当 $\pi_{1G}>\pi_{1N}$ 时,该企业会选择在渐进式攀升路径中既有的全球价值链上的某个环节进行生产;当 $\pi_{1G}<\pi_{1N}$ 时,

该企业会选择在激进式攀升路径中的以我为主的全球价值链上的某个环节进行生产。令 $\Delta\pi=\pi_{1N}-\pi_{1G}$。当 $\Delta\pi<0$ 时，该企业会选择基于既有的全球价值链的渐进式路径，当 $\Delta\pi>0$ 时企业会选择基于以我为主的全球价值链的激进式路径。下面我们来讨论一下可能影响该企业的价值链攀升路径选择的一些因素。

3.1 以我为主的全球价值链上创新的市场效应 $\bar{b}$

从(17)式我们可以看出只有当下式成立时，$\pi_{1N}^{\#}$ 才会大于 π_{1N}^{*}：

$$\bar{b}>\frac{1}{F-I_N}\left[(k+1)\sqrt{\left(\frac{b_{10}-c_{N1}}{k+1}\right)^2+F-\frac{(b_2-c_{N2})^2}{4}}-(b_{10}-c_{N1})\right]=\underline{b} \quad (19)$$

当 $\bar{b}\leqslant \underline{b}$ 时，这时若企业选择在以我为主的全球价值链上进行生产，那么其不会选择创新，因为这时不创新的利润大于创新的利润。如果 $\bar{b}>\underline{b}$，那么我们有 $\pi_{1N}=\pi_{1N}^{\#}$，$\Delta\pi=\pi_{1N}^{\#}-\pi_{1G}$。因为 $\frac{\partial \pi_{1G}}{\partial \bar{b}}=0$，所以我们有 $\frac{\partial \Delta\pi}{\partial \bar{b}}=\frac{\partial \pi_{1N}^{\#}}{\partial \bar{b}}>0$，这表明在以我为主的全球价值链中创新的市场效应 $\bar{b}$ 越大，企业越倾向于选择以我为主的全球价值链。

3.2 市场规模 a_1、a_2、b_{10} 和 b_0

在这里，我们假定(19)式成立，即该企业在以我为主的全球价值链上可以获得正利润。我们知道，$\Delta\pi=\pi_{1N}^{\#}-\pi_{1G}$。由于 $\frac{\partial \pi_{1G}}{\partial b_{10}}=0$ 和 $\frac{\partial \pi_{1G}}{\partial b_2}=0$，所以我们有 $\frac{\partial \Delta\pi}{\partial b_{10}}=\frac{\partial \pi_{1N}^{\#}}{\partial b_{10}}>0$，$\frac{\partial \Delta\pi}{\partial b_2}=\frac{\partial \pi_{N}^{\#}}{\partial b_2}>0$，这意味着国内市场规模越大，该企业越倾向于在以我为主的全球价值链上进行生产。同样地，我们有 $\frac{\partial \pi_{1N}^{\#}}{\partial a_1}=0$，$\frac{\partial \tilde{\pi}_{1G}^{*}}{\partial a_1}>0$，$\frac{\partial \tilde{\pi}_{1G}^{\#}}{\partial a_1}>0$，这意味着产品 G_1 的市场规模越大，该企业越倾向于选择既有的全球价值链。由命题 1 我们知道，a_1 和 a_2 越大，该企业在既有的全球价值链上越倾向于创新，所以我们可以得到下面的结论：当 $a_1<(n+1)\sqrt{\frac{1}{\alpha}\left[\left(\frac{b_{10}-c_{N1}+b(F-I_N)}{k+1}\right)^2+\frac{(b_2-c_{N2})^2}{4}-F\right]}+c_{N1}=\underline{a}_1$ 时，该企业会选择在以我为主的全球价值链上进行生产；当 $\underline{a}_1<a_1<\frac{1}{2}\left\{\frac{(n+1)^2}{\alpha n\beta(F-I_G)}\left[F-\alpha\left(\frac{a_2-c_{G2}}{m+2}\right)^2\right]-n\beta(F-I_G)\right\}+c_{G1}=\bar{a}_1$ 时，该企业会选择在既有

的全球价值链上进行生产而且不进行创新,而当 $a_1 > \bar{a}_1$ 时,该企业会选择在既有的全球价值链上进行生产而且进行创新。

需要说明的是,上述结论考虑的是 $a_1 < \bar{a}_1$ 的情形。我们还需要考虑另外一种情况。当 $\underline{a}_1 > \bar{a}_1$ 时,根据上述结论,我们可以得到:当 $a_1 < \bar{a}_1$ 时,企业会选择在以我为主的全球价值链上进行生产;当 $a_1 > \underline{a}_1$,企业会选择在既有的全球价值链上生产且进行创新。在这种情况下,不存在企业在既有的全球价值链上生产且不进行创新的情形。

3.3 既有的全球价值链上创新的效率参数 β

由于 β 只与 $\tilde{\pi}_{1G}^{\#}$ 有关,且根据命题 1 我们知道 $\dfrac{\partial \tilde{\pi}_{1G}^{\#}}{\partial \beta} > 0$,所以我们可以得到既有的全球价值链上创新的效率参数越大,企业越倾向于在既有的全球价值链上生产且进行创新。

3.4 竞争者数量 n、m 和 k

我们仍然假定(19)式成立。由命题 2 可知,产品 N_1 的竞争者越少,该企业在以我为主的全球价值链上创新所获得的利润也就越大。由(2)式可知,产品 G_1 的竞争者越少,$\tilde{\pi}_{1G}^{*}$ 越大。由命题 1 可知,产品 G_1 和 G_2 的竞争者越少,该企业在既有的全球价值链上进行创新所获得的利润也就越大。因此我们可以得出,当 k 足够小时,企业会选择在以我为主的全球价值链上进行创新;当 m 足够小时,企业会选择在既有的全球价值链上进行创新;当 n 足够小时,企业会选择进入既有的全球价值链而非以我为主的全球价值链,且在既有的全球价值链上进行创新。比如,当 $n < \dfrac{a_1 - c_{N1}}{\sqrt{\dfrac{1}{\alpha}\left[\left(\dfrac{b_{10} - c_{N1} + \bar{b}(F - I_N)}{k+1}\right)^2 + \dfrac{(b_2 - c_{N2})^2}{4} - F\right]}} = -1 - \bar{n}$ 时, $\tilde{\pi}_{1G}^{*} > \pi_{1N}^{\#}$,该企业会选择在既有的全球价值链上进行生产,但是并不能确定该企业在既有的全球价值链上是否进行创新,然而当 n 小于某个值时(我们没有求出该值),该企业就会在既有的全球价值链上进行创新。若 $n > \bar{n}$,我们也不能确定企业在哪条价值链上进行生产,需要做进一步的讨论,而这里讨论太过复杂,因此就不再赘述。

3.5 固定的创新成本 I_G 和 I_N 以及创新投入资金 F

根据命题1,我们可以知道 $\frac{\partial \tilde{\pi}_{1G}^{\#}}{\partial I_G}<0$,即在既有的全球价值链上创新的固定成本越小,该企业越倾向于在既有的全球价值链上进行创新。同样地,根据命题2,我们可以知道,在以我为主的全球价值链上创新的固定成本 I_N 越小,该企业越倾向于在以我为主的全球价值链上进行创新。因此,当 I_N 足够小时,企业会选择在以我为主的全球价值链上进行创新,而当 I_G 足够小时,企业会在既有的全球价值链上进行创新。

根据命题2,我们可以知道 $\frac{\partial \pi_{1N}^{\#}}{\partial F}>0$,且 $\frac{\partial \tilde{\pi}_{1G}^{\#}}{\partial F}>0$,所以不能确定创新资金投入的增加对企业的价值链选择会有何种影响。但是有一点可以确定,当 F 足够大时,必定有 $\pi_{1N}^{\#}>\tilde{\pi}_{1G}^{*}$,且 $\tilde{\pi}_{1G}^{\#}>\tilde{\pi}_{1G}^{*}$,即创新的利润要大于在既有的全球价值链上不创新时所获得的利润,这时企业会选择进行创新。

3.6 趋势判断

在这一小节,我们将结合实际情况对两种路径选择的趋势进行判断。就3.1而言,随着我国互联网电商平台的日益崛起,以我为主的全球价值链上创新的市场效应会趋向于增大,这会让以我为主的全球价值链逐渐成为可行的路径选择。就3.2而言,随着国内市场分割程度的逐步降低和市场一体化程度的逐步提高,国内市场规模会倾向于扩大;另外,随着近期逆全球化趋势的增强,国际市场规模会倾向于缩小。这两种趋势都会促使企业倾向于选择以我为主的全球价值链。就3.3而言,随着我国经济实力和科技实力的大幅提升,既有的全球价值链上的国外链主会更加努力"阻击"该链条上我国企业的"攀升",极力通过规模"门槛效应"的限制和技术"外溢效应"的封锁等手段降低我国企业在既有的全球价值链上创新的效率,试图将我国企业"锁定"在全球价值链的低端。这会促使我国有雄心的企业选择以我为主的全球价值链。就3.4而言,根据前面的趋势判断,既有的全球价值链上我国企业的数量会倾向于减少,这对选择继续留在既有的全球价值链上的我国企业是有利的。另外,选择进入以我为主的全球价值链的我国企业的数量会增加,它们之间的竞争效应会增强。通过既有的全球价值链和以我为主的全球价值链之间的竞争,我国企业的攀升路径选择会达到一个动态均衡。就3.5而言,随着我国政府对"大众创业、万众创新"的推进,我国企业创新的固定成本应该会在一定程度上降低,创新投入资本应该会在一定程度上增加,总体上来看应该有利于我国企业选择进入以我为主的全球价值链。

四、结语和政策建议

本章对我国企业在全球价值链中不同的攀升路径进行了比较分析。我们考虑了两种攀升路径。在渐进式攀升路径中,我国企业在既有的全球价值链上通过创新向高端环节攀升。在激进式攀升路径中,我国企业在既有的全球价值链之外构造以我为主的全球价值链。我们发现,不同攀升路径的选择跟以我为主的全球价值链上创新的市场效应、两种不同全球价值链上不同的市场规模和竞争者数量以及既有的全球价值链上创新的效率参数有关,跟固定的创新成本以及创新投入资金的关系不是很明确。

本章只是提供了分析我国企业在价值链攀升路径的一个比较视角。实际上,价值链攀升的过程要比我们的分析复杂得多,这种复杂性可以体现在多个方面。第一,渐进式攀升路径和激进式攀升路径之间存在竞争关系和共生关系。比如,张少军(2009)发现,全球价值链和国内价值链之间的互动关系会影响我国产业升级的前景;柴斌锋和杨高举(2011)发现,国内价值链的高端化会在一定程度上促进我国企业在全球价值链地位的提升;赵放和曾国屏(2014)发现,在全球价值链与国内价值链并行时,我国高技术行业和低技术行业之间存在产业升级的联动效应。其次,价值链治理中的一些因素会影响攀升路径的选择,比如,程新章(2006)提到的质量惯例、张建忠和刘志彪(2011)以及杨珍增(2014)提到的知识产权保护。第三,社会资本对价值链攀升路径的选择会产生一定的影响。比如,陶锋(2011)发现,社会资本不仅会对技术创新起直接作用,而且还会通过隐性知识溢出起间接作用。

最后,我们结合我们的理论模型分析提出一些相关的政策建议。除了结合我们自己的分析结果之外,我们还结合了两块文献,第一块文献主要包括程新章(2015),第二块文献主要包括洪银兴(2010,2011,2012,2013a,2013b,2016a,2016b,2017)。

第一块文献重点强调政策体系的作用,第二块文献重点强调基于科技创新的机制发挥政府发展战略的作用。我们首先看第一块文献。程新章(2015)认为,发展中国家需要构建支持价值链攀升的政策体系,他把政策设计分成了提升企业能力、网络化、制度和基础设施四个领域。根据本章比较分析得到的结论,政府需要在以我为主的全球价值链上提升创新的市场效应并扩大市场规模,在这两点上做文章,围绕这两个点设计相应的政策,这些政策的设计需要围绕程新章(2015)所讲的提升企业能力、网络化、制度和基础设施四个领域展开,通过相应的政策促进我国企业主导的全球价值链的构建。我们再来看第二块文献。洪银兴(2013a)总结和提炼了创新驱动发展战略,他提出了加大创新投入、推动制度创新和创新环境建设三点。洪银兴(2010,2011,2012,2013b,2016a,2016b,2017)深入细致地阐明了科技创新的机制以及创新驱动中的政府推动作用。虽然我们的模型没有考虑政府的作用,但是我们模型中降低成本的创新就是科技创新,政府推动创新的发展战略适用于本章分析的创新。在论述我国企业在创建以我为主的全球价值链时,本章重点强调和分析了创新所需资金、生产某个低端环节的产品的竞争者的数量、低端环节的产品以及高端环节的产品的市场规模以及生产成本,这其中的很多量都可以发挥政府的作用。比如,就创新所需资金来说,政府可以在融资方面提供支持;就市场规模来说,政府可以在市场推广方面提供支持;就创新方式来说,政府在可以在产学研合作方面提供支持。国家创新政策和创新战略会对以我为主的全球价值链的形成产生一定的影响。为了有效促进以我为主的全球价值链的形成,国家创新政策和创新战略需要有条件率先形成的产业进行具体针对性的支持。国家需要在发展战略层面上高度重视以我为主的全球价值链的形成。虽然推动形成以我为主的全球价值链的主体是我国的企业,但是这绝不仅仅是一家企业所要解决的问题,而是整个国家需要协助企业解决的问题。

参考文献

[1] 柴斌锋,杨高举.高技术产业全球价值链与国内价值链的互动——基于非竞争型投入占用产出模型的分析[J].科学学研究,2011(4).

[2] 程新章.全球价值链治理中的质量惯例[J].中国工业经济,2006(5).

［3］程新章.发展中国家支持全球价值链升级的政策体系——基于演化经济学的视角[J].社会科学,2015(4).

［4］樊茂清,黄薇.基于全球价值链分解的中国贸易产业结构演进研究[J].世界经济,2014(2).

［5］洪银兴.科技创新路线图与创新型经济各个阶段的主体[J].南京大学学报(哲学·人文科学·社会科学版),2010(2).

［6］洪银兴.科技创新与创新型经济[J].管理世界,2011(7).

［7］洪银兴.科技创新中的企业家及其创新行为——兼论企业为主体的技术创新体系[J].中国工业经济,2012(6).

［8］洪银兴.论创新驱动经济发展战略[J].经济学家,2013a(1).

［9］洪银兴.关于创新驱动和协同创新的若干重要概念[J].经济理论与经济管理,2013b(5).

[10]洪银兴.产业化创新及其驱动产业结构转向中高端的机制研究[J].经济理论与经济管理,2015(11).

[11]洪银兴.科技创新体系的完善与协同发展探讨[J].经济学动态,2016a(2).

[12]洪银兴.再论产业化创新:科技创新和产业创新的衔接[J].经济理论与经济管理,2016b(9).

[13]洪银兴.科技创新阶段及其创新价值链分析[J].经济学家,2017(4).

[14]简晓彬,周敏.开放条件下制造业价值链攀升的影响——基于江苏制造业行业面板数据的分析[J].商业经济与管理,2013(1).

[15]李强,郑江淮.基于产品内分工的我国制造业价值链攀升:理论假设与实证分析[J].财贸经济,2013(9).

[16]刘维林.产品架构与功能架构的双重嵌入——本土造业突破GVC低端锁定的攀升途径[J].中国工业经济,2012(1).

[17]刘维林.中国式出口的价值创造之谜——基于全球价值链的解析[J].世界经济,2015(3).

[18]刘志彪.重构国家价值链:转变中国制造业发展方式的思考.世界经济与政治论坛,2011(4).

[19] 刘志彪.从全球价值链转向全球创新链:新常态下中国产业发展新动力[J].学术月刊,2015(2).

[20] 刘志彪,张杰.全球代工体系下发展中国家俘获型网络的形成、突破与对策——基于GVC与NVC的比较视角[J].中国工业经济,2007(5).

[21] 刘志彪,张杰.中国地区差距及其纠偏:全球价值链和国内价值链的视角[J].学术月刊,2008(5).

[22] 刘志彪,张杰.从融入全球价值链到构建国家价值链:中国产业升级的战略思考[J].学术月刊,2009(9).

[23] 牛卫平.国际外包陷阱产生机理及其跨越研究[J].中国工业经济,2012(5).

[24] 陶锋.国际知识溢出、社会资本与代工制造业技术创新——基于全球价值链外包体系的视角[J].财经科学,2011(7).

[25] 王海杰,李延朋.全球价值链分工中产业升级的微观机理:一个产权经济学的观点[J].中国工业经济,2013(4).

[26] 王岚,李宏艳.中国制造业融入全球价值链路径研究——嵌入位置和增值能力的视角[J].中国工业经济,2015(2).

[27] 王玉燕,林汉川,吕臣.全球价值链嵌入的技术进步效应——来自中国工业面板数据的经验研究[J].中国工业经济,2014(9).

[28] 徐宁,皮建才,刘志彪.全球价值链还是国内价值链——中国代工企业的链条选择机制研究[J].经济理论与经济管理,2014(1).

[29] 杨珍增.知识产权保护、国际生产分割与全球价值链分工[J].南开经济研究,2014(5).

[30] 易顺,韩江波.国内价值链构建的空间逻辑及其实现——基于"中心—外围"格局视角的探讨[J].学习与实践,2013(12).

[31] 张建忠,刘志彪.知识产权保护与"赶超陷阱"——基于GVC治理者控制的视角[J].中国工业经济,2011(6).

[32] 张杰,刘志彪.需求因素与全球价值链形成——兼论发展中国家的"结构封锁型"障碍与突破[J].财贸研究,2007(6).

[33] 张少军.全球价值链与国内价值链——基于投入产出表的新方法[J].国际贸易问题,2009(4).

[34] 张少军,刘志彪.全球价值链模式的产业转移——动力、影响与中国产业升级和区域协调发展的启示[J].中国工业经济,2009(11).

[35] 张少军,刘志彪.国内价值链是否对接了全球价值链——基于联立方程模型的经验分析[J].国际贸易问题,2013(2).

[36] 张小蒂,朱勤.论全球价值链中我国企业创新与市场势力构建的良性互动[J].中国工业经济,2007(5).

[37] 赵放,曾国屏.全球价值链与国内价值链并行条件下产业升级的联动效应——以深圳产业升级为案例[J].中国软科学,2004(11).

（原文载于：皮建才、赵润之,《我国企业在全球价值链中不同攀升路径的比较分析》,《国际经贸探索》2017年第12期。）

第二篇

组织形式选择、政府作用与经济发展

第七章 政府在经济发展中的作用

内容提要:本章基于产业政策的视角沿着两条路径论述了经济发展中的政府作用:一条是理论上的思想脉络,一条是现实中的约束条件,并在这两条思路的基础上进行了模型化。政府在经济发展中能不能尽可能发挥积极的作用既受当时占主流地位的经济发展理论的影响,也受该国自身的约束条件的影响。只有正确的经济理论指导和正确的约束条件识别相互结合,才能使政府的产业政策在经济发展中的积极作用达到最大化。发展中国家的约束条件不同于发达国家,这就决定了发展中国家政府跟发达国家政府的发挥相比,要发挥不同的作用,特别是在产业政策方面。

关键词:政府;政府失灵;经济发展;产业政策

一、引 言

关于政府在经济发展中的作用长期以来就是存在着经久不息的争论,是经济学中最富争议的一个话题(林毅夫等,1999;林毅夫和孙希芳,2003;史晋川和钱滔,2004)。坚持政府失灵的一方认为,应该尽可能地限制政府的作用,让政府成为相对意义上的"小政府"(有限政府),政府的作用就是担当维护市场的正常运转的"守夜人"。坚持市场失灵的一方认为,应该在市场失灵的领域尽可能地扩大政府的作用,让政府成为相对意义上的"大政府",政府的作用要远比"守夜人"角色更积极。政府在经济发展中的作用实际上就是一种悖论:在经济发展的某一阶段,人们可能会积极强调政府的作用;在经济发展的另一阶段,人们可能又会极力贬低政府的作用。这一悖论跟新制度经济学中的"诺思悖论"[①]非常相似:国家的存在是经济增长的关键,但是国家又是人为衰退的根源。正所谓:成也萧何,败也萧何。政府干预对经济发展的消极作用和积极作用往往是联系在一起的,这就要求我们必须对政府的作用进行全面的剖析,既不能只看重成本,也不能只看重收益,而是要从成本和收益权衡折中的角度看待问题,以认识清楚政府在不同的阶段应该发挥的不同作用。本章的主要目的是从产业政策[②]的视角考察政府在经济发展中的作用,在考察的过程中我们主要沿着两条路径前进。第一条路径就是从经济思想演进的角度进行考察,因为政府应该发挥什么样的作用往往受到当时占主流地位的经济理论和经济思想的深刻影响。第二条路径就是从具体问题具体分析的角度进行考察,因为不同时代不同发展阶段的不同国家面临着不同的外在约束和内在约束,忽略这些约束对政府的作用进行考察就不可能得到正确的结论。相对政府在经济发展中的作用而言,思想的影响和约束的影响是两个最重要的影响,对这两个影响进行深度的考察既可以抓住问题的本质和要害,也可以厘清问题背后的逻辑和思路。

本章剩余部分的基本结构如下:第二部分给出了政府作用的思想脉络,回答政府的产业政策为什么会失败。第三部分给出政府作用的约束条件,回答政府的产业政策为什么会成功。第四部分给出了模型分析,回答了产业政策是怎样发挥协调作用的。第五部分也就是最后一部分给出了结语。

二、政府作用的思想脉络:产业政策为什么会失败?

在经济发展的过程中,当时占主流地位的经济思想和经济理论发挥了非常重要的作用。凯恩斯在《就业、利息和货币通论》结尾处曾经对这种作用进行过这样的描述:"长久影响一个世界的其实还是思想,一个政治狂人自以为自己的一切行动都是

---

① "诺思悖论"包括"诺思第一悖论"和"诺思第二悖论",我们这里指的是"诺思第一悖论",即诺思意义上的国家悖论。"诺思第二悖论"的含义是短期内交易成本的下降和长期内交易成本的上升(李建标和曹利群,2003)。

② 学术界的观点认为,产业政策是一种政府干预,这种干预的目的是改变资源配置以支持某些特定的产业(Ito, 1998)。根据中国官方的定义,产业政策是一系列对产业发展有重大影响的政策和法规的总和(蔡昉和林毅夫,2003)。

自己个人意志的结果,其实全是受着一个很久之前的思想家的思想的左右和控制。"

第二次世界大战以后,许多刚刚独立的民族国家有着发展本国经济的强烈愿望和满腔热情,这一时期影响人们思想的主要经济理论把经济发展等同于工业化,把提升一个国家的产业结构和技术结构作为经济发展的同义语。因为工业化受到资本积累的影响,所以加快资本积累可以加速经济发展。但是由于发展中国家存在非常严重的市场失灵,所以自由放任可能导致工业投资中的协调失灵,从而使经济发展陷入所谓的"贫困陷阱"。而政府的以产业政策的方式进行干预正好可以使国家摆脱所谓的"贫困陷阱",进入经济发展的良性循环。通过政府产业政策的方式进行干预以达到经济快速发展的目的在当时甚为流行,可以说当时的主流发展理论都持有这种观点[1]。政府产业政策方式的干预措施包括实施计划经济、政府主导投资等。政府在经济发展中的作用必然表现为政府以产业政策的方式进行有效的干预。这一时期主流经济思潮的暗含的前提是:政府是一个仁慈的"道德人",并且在制定产业政策的信息方面具有一定的优势。这些暗含的前提都或多或少地存在一定的不合理性,所以根据这些暗含的前提得到的结论和提出的建议也就会存在这样或那样的问题。[2]

在1960年代末1970年代初,东亚经济的成功和拉美国家的失败的现实促成了主流经济理论的转变。这一时期的主流理论之一是政府失灵理论[3],该理论认为政府是由追求私人利益最大化的官员组成的,这些官员的目标并不跟社会福利最大化的目标相一致,这种目标不一致性会导致政府失灵,在政府失灵的情况下产业政策就很可能会流于形式甚至会成为一种被社会成员利用的工具。Tullock(1967) and Krueger(1974)发现和提出的寻租概念为政府失灵提供了理论依据,企业为了获取进口的特许权所创造的租金,不得不花费大量的人力和物力通过合法或非法的手段从

---

[1] Rosenstein-Rodan(1943)的均衡增长理论、Harrod(1939) and Domar(1946)的增长模型以及Leibenstein(1954) and Nelson(1956)的低水平均衡陷阱模型都支持通过政府的干预来实现工业化,缩短与发达国家的差距。这些传统经济发展理论在当时占据着主流地位。

[2] 当然,除了政府不是"道德人"会导致产业政策失败以外,政府所协调的产业是不符合比较优势的产业也会导致产业政策的失败(Lin,2007)。

[3] 当然还有其他流行的对政府作用进行反思的理论,比如影子价格理论和有效保护理论,我们在这里主要分析了具有代表性的政府失灵理论。

政府手中争取租金,这种竞争性的寻租活动所导致的无谓损失要远远大于直接的垄断所导致的福利损失。如果企业不是以生产性活动的方式来获取社会财富,而是以非生产性活动的方式来获取社会财富,那么经济发展就不可能达到政府原本意图所预期的目标,政府在经济发展中制定产业政策的积极作用就要大打折扣。但这仅仅是问题的一个方面,问题的另一个方面就是政府官员为了获得自身的私利,在制定产业政策时有可能故意"设租"和"创租",目的是为了在"设租"和"创租"以后进行"抽租"。"设租"和"创租"并不是从社会利益最大化的角度出发,这必然会导致资源配置的扭曲,而且还会破坏市场公平竞争的环境,从而在某种程度上阻碍经济的发展,产业政策的作用就要大打折扣。这一时期主流经济思潮的暗含的前提是:政府并不是一个仁慈的"道德人",而是一个拥有私心的"经济人",政府在制定产业政策时尤其如此。这个暗含的前提相对而言合理的成分更多一些。

1980年代和1990年代以后的主流经济理论在政府的作用的认识上开始回归到"华盛顿共识"[1]和"后华盛顿共识"[2],开始鼓吹自由放任的经济制度,开始重新反思政府在经济发展中的作用。发展中国家在1980年代后普遍按照华盛顿共识推行了改革,但是1960—1979年间的中位增长率为2.5%,在1980—1998年间,中位增长率则下降为0,这段经济停滞时期被Easterly称为迷失的二十年(Easterly,2001)。与此相反,在没有按照"华盛顿共识"进行改革的中国和印度,经济发展势头迅猛,人民生活水平迅速提高(林毅夫,2004;Lin,2007)。政府在经济发展中的作用并不仅仅包含政府替代市场的情形,而且包含着政府和市场互补的情形(青木昌彦等,2002;张勇和常云昆,2006),把政府和市场对立起来只会导致"好心做坏事"的非可欲结果。在这种情况下,许多学者对此进行了反思。Stiglitz(2004)认为"华盛顿共识"的失误在于其忽视了发展中国家的经济结构。我们基于产业政策的视角进行分析,就会发现"华盛顿共识"是一种"宏观第一"的方法,它认为发展中国家的产业政策应当跟发

---

[1] "华盛顿共识"意指"大爆炸"或"休克疗法"的观点,对"华盛顿共识"内容的描述可以参见罗兰(2002,第307-308页)。

[2] "后华盛顿共识"也称为"扩大的华盛顿共识",在"华盛顿共识"的基础上又加入了一些新的内容,具体可参见Rodrik(2002)。

达国家一样的产业政策一样,这样一来就会导致"华盛顿共识"提出的一揽子政策措施特别是产业政策在发展中国家"水土不服",因为它没有考虑到发展中国家的实际情况。

三、政府作用的约束条件：产业政策为什么会成功？

我们在考察政府在经济发展中的作用时不能仅仅进行抽象分析,还必须结合具体国家的具体情况进行分析。也就是说,我们必须考虑政府在发挥作用时的约束条件,不同的约束条件可能会导致同样的产业政策出现完全不同的结果。在经济发展的过程中,占主流地位的经济思潮所提出的理论和政策建议往往是抽象的和一般的,而不是实在的和具体的,这种抽象性和一般性对经济理论的形成和发展来说是必要的,但对于具体国家的经济发展来说则是不够全面的。如果不结合一国的约束条件对政府在经济发展中的作用进行分析,再好的或再正确的经济理论也可能被"歪嘴和尚念歪","歪"在对该国的主要约束条件或起主要作用的约束条件的不了解。

发展中国家的实际情况不同于发达国家的实际情况,因此,发展中国家的政府在经济发展中的作用特别是在制定产业政策时的作用必然跟发达国家的政府存在某种程度的差异,这种差异是由不同的国家面对不同的约束条件造成的。如果我们把发达国家的政府作用照搬照抄到发展中国家的政府上,必然会在实践上产生巨大的偏差,很有可能"好心做坏事"。

发展中国家的市场并不像发达国家的市场那样完善。这种不完善是由市场本身就没有发育好造成的,而不是由市场本身的功能性缺陷造成的,这个时候,政府的作用不是去校正通常意义上的市场失灵,而是去加强有效制度的供给,实现在一定程度上、一定阶段内政府功能对市场功能(主要是协调功能)的替代(青木昌彦等,1998;汪彤和李万峰,2007)。发展中国家的政府为克服"贫困陷阱"所做的工作,就必须考虑到本国的这种约束条件。发展中国家的政府不是要去完全替代市场(比如实行全面的计划),而是要去型构市场和发育市场,在市场还没有型构好和发育好时政府暂时"越俎代庖",当市场完善时,政府再把本来应该市场行使的功能交给市场。换句话说,发展中国家的政府在经济发展的过程中,要发挥双重作用:替代发育不良的市场组织经济以及逐渐培育和完善市场。但现实的情况往往是,发展中国家的许多政府在发挥自身的作用时(特别是在推行产业政策时),往往只注意到了第一条,而忽视了第二条,结果导致政府失灵和市场缺陷同时存在,从而在很大程度上阻碍了本国经济的发展。日本和韩国的经验表明,发展中国家的产业政策要想取得成功,必须一方面发挥政府的作用,另一方面发挥市场的作用,政府该退出的领域要及时退出以让位给市场,因为发展中国家的产业政策要随着经济的要素禀赋结构的提升而发生变化。

发展中国家在产业升级和技术创新上面临着跟发达国家不同的约束条件。这些不同的约束条件必然要求发展中国家的政府跟发达国家的政府在经济发展中发挥不同的作用(主要是不同的协调作用)。就技术创新而言,由于发展中国家相对发达国家而言存在技术差距和后发优势,所以发展中国家的技术进步可以通过技术模仿而不是技术发明的方式来进行,政府在这个过程中可以发挥的作用是为了企业引进技术创造便利的条件,降低技术引进过程中的成本。具体来讲就是,由于这时技术结构变化会比较快,需要政府在收集、处理关于符合本国比较优势及其变化的技术信息等方面发挥积极作用,可以把处理过的相关信息以产业政策的形式予以公布,为产业和企业的技术选择提供参考(林毅夫和孙希芳,2003;Lin,2007)。就产业升级而言,由于发展中国家的产业升级时面临的不确定性要远远小于发达国家,从而达成共识的可能性更大,进而容易产生产业升级中的一波又一波的"潮涌现象",这时就需要发展中国家的政府发挥更加积极的作用,因为政府对整个国家经济的总量(比如投资总量、信贷总量、市场需求总量)信息比单个的企业和金融机构拥有一定的优势,所以政府可以利用这种优势来形成产业政策,对市场准入条件和银行信贷标准进行限制和监督(林毅夫,2007)。发展中国家的政府可以根据本国的约束条件出台相应的产业政策,从而发挥相应的积极作用。日本政府在产业政策方面的经验非常值得中国借鉴,日本从发展中国家发展成为发达国家在很大程度上得益于其产业政策的成功。

我们上面主要分析的发展中国家相对发达国家而言的一般性的约束条件。也就是说,我们识别的是发展中国家通常具有的情况。具体到每个国家而言,又会有不同的具体的约束条件,这些约束条件往往是默示的约束条件,只有生活在那里的人才会有亲身的体会,只有有亲身体会的人才能正确地识别,即使是再精明的经济理论家也不能代替他们做出这种识别。但是,一旦这些默示的约束条件识别出成为明示的约束条件以后,政府就可以根据这些约束条件出台相应的产业政策,从而发挥更加积极的作用。成功的产业政策政策之所以成功是因为它考虑到了国家所面临的约束条件。①

四、政府作用的模型分析：产业政策怎样发挥相应作用？

在这一部分,我们将结合政府作用的思想脉络和政府作用的约束条件对政府作用进行正式的模型分析。在分析的过程中,我们主要集中于产业政策的视角,而产业政策又集中体现在技术选择上。我们的模型遵循了 Acemoglu and Verdier(2000)的框架,但在分析的问题上有所不同,而且我们在分析过程中引入了政府干预成本(r)和市场不完善成本(m)。我们假设一个经济中存在可以生产同一种产品(产值为 y)的两种技术,一种好技术,另一种是坏技术。采用好技术会产生正的外部性,采用坏技术不会产生正的外部性。我们假设生产这种产品的厂家的总数是 n,n 标准化为 1,采用好技术的厂家总数为 $x(0<x<1)$,采用坏技术的厂家总数为 $1-x$。厂家采用好技术需要比采用坏技术多付出一个成本 $c(c>0)$,但是好技术的正外部性为 β,并且 $\beta>c$。市场不完善成本 m 是由厂家自身负担的。政府干预成本 r 包括政府信息成本和官员寻租成本。

这样一来,不存在政府干预时采用好技术 g 和采用坏技术 b 时的净收益分别为:

$$\pi_g = y + \beta x - c - m \tag{1}$$

$$\pi_b = y + \beta x - m \tag{2}$$

在第一层意义上,当不存在政府干预时,由于 $\pi_b > \pi_g$,所以最终所有厂家都采用坏技术(所谓陷入"贫困陷阱"),也就是说 $x=0$。在第二层意义上,当 $x=0$ 时,只有 $\pi_b > 0$ 时,坏技术才会被真正选择,也就是说只有当 $m<y$ 时厂家才会选择坏技术,当 $m>y$ 时厂家根本就不会存在。为了使本章的分析有意义,我们假定 $m<y$,也就是

---

① 林毅夫(Lin,2007)认为这些约束条件中最重要的一个约束条件就是这个国家的要素禀赋结构。我们认为,除了这个最重要的约束以外,也要诊断性地考虑到其他约束。

说,市场不完善成本小于产品的产值。

所以不存在政府干预(M)时的净收益为:

$$\Pi_M = y - m \tag{3}$$

如果存在政府干预,政府虽然有意于增进市场,使得市场不完善成本从 m 降到 δm(其中 $0<\delta<1$),但是政府干预也带来了政府干预成本 r。我们假定政府干预可以迫使选用坏技术的厂家选用好技术。

这样一来,存在政府干预(G)时的净收益为:

$$\Pi_G = y + \beta - c - \delta m - r \tag{4}$$

政府干预得到了两项好处,第一项是实现了正外部性($\beta - c > 0$),第二项是增进了市场效率$[(1-\delta)m>0]$。但是政府干预也带来了政府干预成本 r。通过权衡政府干预的利弊,比较(3)式和(4)式,我们可以得到以下命题:

命题1:当 $r < (1-\delta)m + (\beta - c)$ 时,政府干预比政府不干预更有效率;当 $r > (1-\delta)m + (\beta - c)$ 时,政府不干预比政府干预更有效率;当 $r = (1-\delta)m + (\beta - c)$ 时,政府干预跟政府不干预有同样的效率。

命题2:随着政府干预成本 r 的减小,政府干预的空间就会增大。极端地,当 $r = 0$ 时,政府干预比政府不干预更有效率。发展中国家的政府干预比发达国家的政府干预更多的一个主要原因是发展中国家的政府在某些产业领域的正外部性的收益和增进市场效率的收益比发达国家的政府大很多。

命题3:随着政府干预成本 r 的增大,政府干预的空间就会减小。极端地,当 $r \to \infty$ 时,政府不干预比政府干预更有效率。发达国家的政府干预比发展中国家的政府干预更少的一个主要原因是发达国家在某些产业领域(主要是技术发明领域)的政府干预成本比发展中国家高很多,因为技术发明的不确定性太大,非政府产业政策所能左右。

命题4:在不存在正外部性($\beta \to 0$)的领域,当市场不完善成本 $m \to 0$ 时(发达国家的情形),政府干预是一种效率损失;当 $m > \dfrac{r+c}{1-\delta}$ 时(发展中国家的情形),政府干预是一种效率增进。

我们的模型分析表明,一些当时占主流地位的经济思想和经济理论可能因为考虑不周(比如只看到了收益而忽视了成本)而对经济发展产生消极的误导作用,也可能会因为考虑周全(比如既看到了收益而也看到了成本)而对经济发展产生积极的促进作用,当然,政府发挥作用的渠道往往是产业政策。政府作用的思想脉络演进的过程中逐渐向自由市场的思想回归是有其深刻的内在原因的,比如发展中国家的市场在不断完善(m 不断降低)和干预成本随着产业的升级而不断升高(r 不断增大)。政府作用的约束条件(比如 β、c、m、r)并不是一成不变的,约束条件的变化必然会导致政府的作用随之发生深刻的变化,政府的产业政策也要随之发生深刻的变化。

我们讨论政府作用时,不能忘记的一点就是:政府通过产业政策进行干预可能由于其强制力量,限制了多样化和多种实验,减少了社会不断发现一种更优协调的机会(Hayek,1945;松山公纪,1998)。这是一种没有体现在模型中的潜在效率损失,但是我们认为这种损失对发展中国家来说很小,但对发达国家来说很大。

五、结　语

在本章中我们主要基于产业政策的视角考察了政府在经济发展中的作用。政府在经济发展中的作用受到当时占据主流地位的经济思潮的影响,而且发展中国家的政府要经济发展中发挥正确的作用必须考虑本国的约束条件。对政府在经济发展中的作用而言,思想的影响和约束的影响是两个最为重要的影响。这些影响的组合可能出现四种情况:正确的理论加正确的约束条件、正确的理论加错误的约束条件、错误的理论加正确的约束条件、错误的理论加错误的约束条件。只有第一种情况才能正确发挥政府在经济发展中的作用。对于后三种情况,我们要本着"和尚念经"的精神从两个方面进行处理:对于"歪经"我们需要发展出正确的理论,对于"歪嘴"我们需要识别出正确的约束条件。发展中国家的政府要比发达国家的政府在经济发展的过程中发挥更大的作用,这是由发展中国家不同于发达国家的约束条件决定的:发展中国家的市场更不完善、发展中国家在技术创新上更需要模仿、发展中国家更容易形成"潮涌现象"。

政府在经济发展中的作用是由一个国家的发展战略①决定的。任何政府在制定其经济发展政策时,要素禀赋结构都是最重要的既定外生变量,发展战略是最重要的决策变量。如果政府的发展战略是错误的(比如政府采用了违背比较优势的发展战略,在我们的模型中相当于把 β 人为地看得远远超出其实际值),那么政府只能在错误的基础发挥上相应的作用,这种作用很可能会导致进一步的经济扭曲,政府的作用越积极导致的扭曲可能越严重。如果政府的发展战略是正确的(比如政府采用了遵循比较优势的发展战略,在我们的模型中相当于把 β 按照其实际值来看待),那么政府就可能在正确的基础上发挥相应的作用,所谓"顺势而为"。总体上而言,即使遵循比较优势发展战略,发展中国家的政府也要比发达国家的政府发挥更加积极的作用。这是由于发展中国家的约束条件决定的,虽然从长远来看发展中国家的政府作用要逐渐收敛于发达国家的政府作用,发展中国家的产业政策要逐渐收敛于发达国家的产业政策。正像林毅夫、蔡昉和李周(1999,第122页)所总结的,政府的产业政策要想取得成功必须同时满足两个条件:一个条件就是产业政策提供了关于一个经济的比较优势动态变化趋势的信息,另一个条件就是产业政策目标不能跟这个经济的现有的比较优势相距太远。

参考文献

［1］蔡昉,林毅夫.中国经济[M].北京:中国财政经济出版社,2003.

［2］李建标,曹利群."诺思第二悖论"及其破解——制度变迁中交易费用范式的反思[J].财经研究,2003(10).

［3］林毅夫.自生能力、经济发展与转型:理论与实证[M].北京:北京大学出版社,2004.

［4］林毅夫.潮涌现象与发展中国家宏观经济理论的重新构建[J].经济研究,2007(4).

［5］林毅夫,蔡昉,李周.中国的奇迹:发展战略与经济改革(增订版)[M].上海:上海三联书店和上海人民出版社,1999.

［6］林毅夫,孙希芳.经济发展的比较优势发展理论——兼评〈对中国外贸战略与贸易政

---

① 发展战略是由一系列的政策(包括产业政策)组成的。

策的评论〉[J].国际经济评论,2003(6).

[7] 青木昌彦,奥野正宽,冈崎哲二.市场的作用 国家的作用[M].北京:中国发展出版社,2002.

[8] 青木昌彦,穆尔多克,奥野正宽.东亚经济发展中政府作用的新诠释:市场增进论[M].载青木昌彦、金滢基和奥野正宽主编《政府在东亚经济发展中的作用》,北京:中国经济出版社,1998.

[9] 罗兰.转型与经济学(中译本)[M].北京:北京大学出版社,2002.

[10] 史晋川,钱滔.政府在区域经济发展中的作用——从市场增进论视角对浙江台州的历史考察,2004(2).

[11] 松山公纪.经济发展:协调问题[M].载青木昌彦、金滢基和奥野正宽主编《政府在东亚经济发展中的作用》,北京:中国经济出版社,1998.

[12] 汪彤,李万峰.中国体制转轨中的政府悖论——认识中国转轨进程的一个独特视角[J].山西财经大学学报,2007(1).

[13] 张勇,常云昆.从科斯的疏漏到政府的经济性质[J].经济评论,2006(2).

[14] Acemoglu, D., and T., Verdier, 2000, The Choice between Market Failures and Corruption, *American Economic Review*, 90(1): 194-211.

[15] Domar, E. D., 1946, Capital Expansion, Rate of Growth, and Employment, *Econometrica*, 14: 137-147.

[16] Easterly, W., The Lost Decades: Explaining Developing Countries' Stagnation in Spite of Policy Reform 1980—1998, *Journal of Economic Growth*, 2001, 6: 135-157.

[17] Harrod, R. F., 1939, An Essay in Dynamic Theory, *Economic Journal*, 49: 14-33.

[18] Hayek, F. A., 1945, The Use of Knowledge in Society, *American Economic Review*, 35(4): 519-530.

[19] Ito, T., 1998, *Japanese Economic Development: Idiosyncratic or Universal?*, in Lin, J. L., (ed.) Contemporary Economic Issues: Regional Experience and System Reform, New York: MacMillan Press.

[20] Krueger, A., 1974, The Political Economy of the Rent-seeking Society, *American*

Economic Review, 64: 291–303.

[21] Leibenstein, H., 1954, *A Theory of Economic-Demographic Development*, Princeton: Princeton University Press.

[22] Lin, J. Y., 2007, Development and Transition: Idea, Strategy, and Viability, Marshall Lectures at Cambridge University.

[23] Nelson, R. R., 1956, A Theory of Low-Level Equilibrium Trap, *American Economic Review*, 46: 894–908.

[24] Rodrik, D., 2002, *After Neoliberalism*, What?, WIDER Annual Lecture.

[25] Rosenstein-Rodan, P., 1943, Problems of Industrialization of Eastern and Southeastern Europe, *Economic Journal*, 53: 202–211.

[26] Stiglitz, J., 2004, Post Washington Consensus, Initiative for Policy Dialogue.

[27] Tullock, G., 1967, The Welfare Costs of Tariffs, Monopolies, and Theft, *Western Economic Journal*, 5: 224–232.

（原文载于：皮建才，《政府在经济发展中的作用——基于产业政策视角的考察》，《经济社会体制比较》2008年第2期。）

第八章 政府与市场的权衡：一个比较分析

内容提要：本章主要对政府和市场的权衡从一般原理和作用机制的视角进行了比较分析，并对相关分析进行了模型化。政府有政府的优势和长处，市场有市场的优势和长处，所以就需要在政府和市场之间进行权衡。政府和市场的作用跟一个国家所处的发展阶段有关，发展中国家的政府会比发达国家的政府发挥更大的作用。

关键词：政府；市场；信息成本

一、引　言

经济发展是有价格的，价格越低发展越快。但是，经济发展的价格是看不见的，就磁场是看不见的一样。经济发展的价格的影响就像马歇尔(2005)[1]所说的是累积性的，长期来看，价低者和价高者的发展差距会越来越大，就像累计性的小病会造成暴毙性的大病一样。不管是单独的政府的行政成本最小化还是单独的市场的交易成本最小化，都不能替代行政成本和交易成本的联合动态最小化。政府和市场从来就是联系在一起的，虽然政府和市场之间的关系有时候是互补的有时候是替代的，但是我们却不能把它们割裂开来。所以，问题的关键在于如何在政府和市场之间进行有效的综合或组合(Hayami,1997)[2]。政府和市场的作用最终都体现在商品价格的相对竞争力上，各种成本联合动态最小化才能最终使得商品看上去很便宜，这种便宜既提高了企业的竞争力，也提高了人民的福利水平。

政府有政府的优势和长处，市场有市场的优势和长处，所以就需要在政府和市场之间进行权衡。基于此，我们需要分清楚政府和市场的三个范围，这三个范围就是：

政府容易做到但市场很难做到;市场容易做到但政府很难做到;政府和市场都容易做到但是成本不同。在第一个范围内需要加强政府的作用;在第二个范围内需要加强市场的作用;在第三个范围内需要对政府和市场进行正确地权衡,也正是在这个范围内引起了无数的争议。这是本章的出发点。

对一个正常人而言,能用右手做的事情非得用左手去做可能就要付出很大的气力,能用双手做的事情非得用单手去做也同样会付出很大的成本。对一个社会来讲,也是这样的,它同样需要在政府和市场的"左手"和"右手"之间进行合理的权衡,需要在政府的"看得见的手"和市场的"看不见的手"之间进行合理的权衡。从互替的角度来看,政府的比较优势恰恰是市场的比较劣势,市场的比较优势恰恰是政府的比较劣势;而从互补的角度来看,政府的作用没有发挥好,市场的作用也跟着不能发挥好。总之,政府和市场是功能上互补边际上替代的组织,用新制度经济学的术语来说就是,它们属于"分立结构"(功能上互补边际上替代的组织)。任何企图以政府完全替代政府或者以市场完全替代政府的做法和想法都被历史实践证明是不妥的,这其中的道理就和汽车及其刹车装置之间的关系一样——既不能没有刹车也不能老是刹车。

二、一般原理上的比较分析

在这一部分我们主要对主张政府干预派(以斯蒂格利茨为代表)和主张市场自由派(以张五常为代表)关于政府和市场的观点进行一般原理上的比较分析。之所以把他们俩并列,一个原因是他们的理论和理念在中国有广泛传播和影响,另一个原因是他们生活在同一个时代并且都对现代经济学做出了突出贡献。

政府的优势和长处是什么呢? 诺贝尔经济学奖得主斯蒂格利茨(1998)[3]在《政府为什么干预经济:政府在市场经济中角色》一书中认为,政府在两个方面具有与众不同的显著特征:第一,政府是对全体成员具有普遍性的组织;第二,政府拥有其他经济组织所不具备的强制力。斯氏的非分散化基本定理表明,一般而言,如果没有政府干预,就不可能实现有效的市场配置。斯氏的私有化基本定理表明,在某些情况下,社会目标通过私人生产去实现(没有必要求助于公共生产),但在大多数情况下,私人生产不能实现政府所有的政策目标。同时,斯氏还认为政府在纠正市场失灵方面有四大优势,首先是征税权方面的优势,再次是禁止权方面的优势,其次是处罚权方面的优势,最后是交易成本方面的优势。斯氏极力想要表明的是用政府干预来改进市场的效率。

市场的优势和长处又是什么呢? 张五常(2002)[4]在其三卷本《经济解释》中认为,市场引导专业化生产的交易与政府领导专业化生产的分派的主要的交易成本的差别,是信息成本;信息成本的不同导致了试错成本的不同,以个人或商业机构为单位的市场,其决策的错误损失要远比政府的错误损失为小。简单地说就是:第一,市场容许专业化生产,而基于市价信息进行工作,远胜于政府分派工作;第二,市价是唯一没有租值耗散的浪费的竞争准则;第三,以市价决定优胜者,是鼓励产出最有效的制度。问题的关键在于,市场和政府都是因为交易成本而起,都是为了降低交易成本。张氏试图极力说明政府和企业没有什么两样,企业竞争可以通过倒逼机制改进政府的效率。

斯氏和张氏的相同之处和不同之处是显而易见的。他们的观点中统一的地方在于都认为政府具有直接和间接的"守夜人"角色,这可以说经济学界的一种普遍共识。用诺贝尔经济学奖得主米尔顿·弗里德曼(1999)[5]的话说就是,政府的必要性在于:它是"博弈规则"的制定者,又是解释和强制执行这些已被决定的规则的裁判者。用诺贝尔经济学奖得主乔治·斯蒂格勒(1990)[6]的话说就是,政府起着三种不同的作用:第一个作用是提供立法和法律制度的体系,在这个体系范围内,各种经济行为主体有效地从事经营活动;第二个作用处理不同个人之间的关系,私人协议不能很好地处理这些带有外部性或邻近效应的关系;第三个作用是在社会内部实行收入再分配。相同之处的共识并不是我们分析的重点,原因或许可以用具有调侃性质的"墨菲法则"来说明:经济学家在他们知道的最多、意见最一致的方面对政策的影响力最小;而在他们知道的最少、争议最大的地方对政策的影响力则最大(迪克西特,2004)[7]。所以重点在于分析他们的分歧之处,因为分歧之处可能造成贻害无穷的政策影响。

斯氏和张氏的观点中不一样的地方在于,前者主要认为政府可以并且要改进市场,而后者则主要认为市场竞争可以改进政府。这就好比力的相互作用,一个人认为是A作用于B,B反作用于A;而另一个则认为是B作用于A,A反作用于B。两者的出发点都是信息成本,斯氏认为市场的信息成本导致了市场的低效率,从而需要用政府干预来改善市场效率。张氏则认为政府的信息成本导致了政府的低效率,从而需要用市场竞争来改善政府效率。两个人拿了同一张标了"艾斯"但没有标花色的扑克,斯氏根据经验断定这张扑克是"红桃尖",而张氏则根据经验断定这张扑克是"黑桃尖",判断红和黑的理由与其说是一个理论问题倒不如说是一个理念问题。难道信息成本是一个悖论吗?"成也信息成本,败也信息成本"? 不是的,原因在于信息成本具有对象性,你的信息成本未必是我的信息成本,我的信息成本未必是你的信息成本,仅此而已。斯氏在分析时忽略了政府的信息成本(更准确地说斯氏假设了政府在信息获取方面的比较优势),张氏在分析时则忽略了市场的信息成本(更准确地说张氏假设了市场在信息获取方面的比较优势)。斯氏和张氏都有各自的暗含假设,而他们的暗含假设到底符不符合实际情况还是需要"具体问题具体分析",两者的观点是可以调和的。如果政府获取的改进市场的信息的成本比改进市场后的收益还要大的话,那么政府"改进"市场与其说是效率增进还不如说是效率损失;用Shepsle and Weingast(1984)[8]的话说就是,如果政府改进市场后的经济绩效反而比没有改进时更差的话,那么政府的改进只能算"画蛇添足"。斯氏要改变的不是哈耶克(2003)[9]意义上的市场——哈耶克意义上的市场乃是一种自发秩序,他要改变的乃是哈耶克意义上的组织(比如他所提的那些公司和机构)或者说是张五常意义上的企业。张氏从一阶意义上来看待政府与市场的权衡,换句话说,他是从外部看内部问题,所以他更注重整体的结构性效果(超边际上的改进);斯氏从二阶意义上来看待政府与市场的权衡,换句话说,他是从内部看内部问题,所以他更看重局部的连续性效果(边际上的改进)。从某种意义上说,斯氏之与张氏就像凯恩斯之与哈耶克,一个是干预式的提升,另一个是自发式的扩展,一个在很大程度上适用于"生了病"(处于非均衡状态)的经济,另一个在很大程度上适用于"没有生病"(处于均衡状态)的经济。问题的关键如何在政府的信息成本和市场的信息成本之间进行适当的权衡,无论如何,人的主观能动性只能基于信息成本的经济规律发挥作用。

三、作用机制上的比较分析

在这一部分我们将对政府和市场的权衡从作用机制的视角进行分析。到底什么约束条件引起的信息成本会改变政府和市场的相对比较优势,必须具体问题具体分析。我们不能因为看到发达国家的市场作用强政府作用弱就主张发展中国家也应该这样,我们也不能因为看到发展中国家政府作用强市场作用弱就主张发达国家也应该这样,问题的关键在于分析清楚其背后的作用机制。

笔者认为,政府和市场的效率都是可以改变的,到底是通过政府压力改造企业以增进市场效率还是通过市场压力改造政府以增进政府效率,要依当时当地的约束条件而定。发展中国家的实际情况和发达国家的实际情况不同,发展中国家内部的落后地区和先进地区的实际情况也不同,这些实际情况的不同决定了发展路径和政策取向的不同。但是,政府的作用的只是"扶持之手",经济发展的内生力量还是市场,还是市场里的企业和企业家。政府干预不能阻碍甚至扼杀市场的自发秩序,市场的自发秩序也不能对社会带来严重的负外部性,政府和市场的权衡就像大禹治水的道理一样。对于这一点,施莱弗(Shleifer,1998)[10]在一篇重要的文献综述中就认为,政府在以下情形中是重要的:第一,降低成本使得产品质量因不可缔约(non-contractible)而导致的降低相当显著;第二,创新是相对不重要的;第三,竞争很弱并且消费者选择是无效的;第四,声誉机制的作用很弱。当然,反过来的情形就是市场机制是重要的:第一,降低成本不会使产品质量因不可缔约而产生明显的降低;第二,创新是相对重要的;第三,竞争很强并且消费者选择有效;第四,声誉的作用机制比较强。

对发达国家而言,政府的治理结构已经比较完善,市场的治理机制也已经比较完善,它们需要应对的是既有约束下的创新以及由创新导致的约束的改变,这种变化既是一种熊彼特(1942)[11]意义上的创造性破坏的过程,也是一种诺思(North,1991)[12]意义上的制度演进过程。因为发达国家已经处于技术的前沿,所以它们必须自己进行创新才能维持经济的增长,创新的不确定性很大,这就造成它们在产业升级方面很难达成共识,从而也就很难形成投资过热和产能过剩。如何激励创新就成为发达国家发挥政府和市场作用的重头戏。在激励创新的过程中,政府的信息成本是相对而言比较高的,而市场的信息成本则是比较低的,所以这个时候需要的是在很大程度上发挥市场机制的作用。发达国家的市场作用强政府作用弱是由其背后的约束决定的。

对发展中国家而言,政府的治理结构不是很完善,市场的治理机制也不是很完善,它们需要应对的是很容易达成共识的产业结构升级。这种升级需要的是从发达国家引进的技术,成本低、不确定性小,所以形成了"聚点均衡",个体理性与集体理性发生了冲突,投资过热和产能过剩此起彼伏。这样一来,发展中国家很容易发生产业升级的"潮涌现象"(林毅夫,2007)[13]。在这个过程中,政府在获取总体信息上有比较优势,而市场在获取总体信息上没有比较优势,为了减轻"潮涌"的程度,政府就应该发挥比市场更大的作用。发展中国家政府作用强市场作用弱也是由其背后的约束决定的。通常的观点认为,发展中国家因为市场不完善所以需要政府发挥比较大的作用;而实际情况是,即使发展中国家的市场机制是完善的,也需要政府发挥比较大的作用。

中国的实际情况是"转型加发展"。所以,中国既需要注意发展中国家中政府应发挥的作用,也需要注意转型国家中政府应发挥的作用。中国在体制改革的过程中应该注意的是整体推进,让政府和市场通过有效的边际替代配合起来,厘清各自的边界。但是,需要注意的是,政府边界过大的部分里也有需要加强的地方,市场边界过小的部分里也有需要削弱的地方,关键在于能够让企业发挥更好的作用,最大限度地提高全社会的生产性努力,最大限度地降低全社会的寻租性努力。如果在位企业家通过寻租性努力获得的好处比通过生产性努力获得的好处还要大的话,那么在位企业家只会产生败德行为,此时需要政府出台政策堵塞漏洞,而不是一味地强调缩小政府的边界扩大市场的边界。并且,为了降低"潮涌"的程度,政府在宏观调控方面也要发挥比较大的作用。

四、一个简单的模型分析

在本部分我们将对政府和市场的权衡进行简单的模型化,这种模型化有利于我们认识清楚政府和市场的内在机制。我们的模型遵循了 Acemoglu and Verdier(2000)[14]的框架,但在分析的问题上有所不同,而且我们在分析过程中引入了信息成本。我们假设一个经济中存在可以生产同一种产品(y)的两种技术,一种好技术,另一种是坏技术。采用好技术会产生正的外部性,采用坏技术不会产生正的外部性。我们假设生产这种产品的厂家的总数是 n,n 标准化为1,采用好技术的厂家总数为 x($0<x<1$),采用坏技术的厂家总数为 $1-x$。采用好技术需要比采用坏技术多付出一个成本 c($c>0$),但是好技术的正外部性为 β,并且 $\beta>c$。

这样一来,采用好技术 g 和采用坏技术 b 时的净收益分别为:

$$\pi_g = y + \beta x - c \tag{1}$$

$$\pi_b = y + \beta x \tag{2}$$

在自由市场条件下,根据 Acemoglu and Verdier(2000)[14]的分析我们可以知道,由于 $\pi_b > \pi_g$,所以最终所有厂家都采用坏技术,也就是说 $x=0$。这在本质上是一个囚徒困境问题。

这样一来,我们可以得到自由市场(M)下的净收益为:

$$\Pi_M = y \tag{3}$$

下面我们考虑存在政府干预时的情形,假设政府干预时需要付出信息成本 i,政府在付出信息成本 i 后可以迫使选用坏技术的厂家选用好技术。我们在这里并没有讨论 Acemoglu and Verdier(2000)[14]主要分析的腐败问题,因为我们的主要着眼点是信息成本。当然,我们也可以把腐败包含在信息成本里面。

这样一来,我们可以得到政府干预(G)下的净收益为:

$$\Pi_G = y + \beta - c - i \tag{4}$$

通过比较(3)式和(4)式,我们可以得到以下命题:

命题1:当 $\beta<c+i$ 时,自由市场比政府干预更有效率;当 $\beta>c+i$ 时,政府干预比自由市场更有效率;当 $\beta=c+i$ 时,自由市场跟政府干预有同样的效率。

命题2:随着 i 的减小,政府干预的空间就会增大。极端地,当 $i=0$ 时,政府干预比自由市场更有效率。发展中国家的政府干预比发达国家的政府干预更多的一个主要原因是发展中国家的政府在某些领域(主要是技术模仿领域)的信息成本比发达国家的政府更低,而发展中国家的比较优势决定了它们主要进行技术模仿。

命题 3:随着 i 的增大,政府干预的空间就会减小。极端地,当 $i=\infty$ 时,自由市场比政府干预更有效率。发达国家的政府干预比发展中国家的政府干预更少的一个主要原因是发达国家的政府在某些领域(主要是技术发明领域)的信息成本比发展中国家的政府更高,而发达国家的比较优势决定了它们主要进行技术发明。

命题 4:在不存在正外部性 β 的领域,政府干预是完全没有必要的,自由市场能够出色地完成自身的任务。

五、结　语

在本章中,我们主要对政府和市场的权衡从一般原理和作用机制的视角进行了比较分析,并对相关分析进行了模型化。政府和市场是基于信息成本进行作用的。政府有政府的边界,政府就是要在自己的边界内发挥自己的作用;市场有市场的边界,市场就是要在自己的边界内发挥自己的作用。但是,政府和市场之间的边界到底不像"三八线"那样明确,到底具有动态意义上的模糊性质,正是这种模糊性为治理交易提供了可资"匹配"的空间。凡是想找到组织间的确切边界的努力都是哈耶克(2000)[15]意义上的"致命的自负",因为静态意义的最优化在动态意义上的最优化面前犹如"刻舟求剑"的故事一样"费力不讨好",毕竟 β、i 和 c 的值是不断发生变化的。政府和市场间的边界的模糊性也为学术争论和思想争斗留下了永恒的空间。"公说公有理,婆说婆有理",其实都有理,也都没有理,有理和没有理都只是"程度上"的问题而已。反对市场的人会说存在"市场失灵",反对政府的人会说存在"政府失灵",支持市场的人会说市场永远不会失灵(不是市场的功能市场当然发挥不了),支持政府的人会说市场的功能不能发挥的地方很大程度上恰恰是政府的功能可以发挥的地方。争来争去,还是因为谁也不能说出政府与市场的确切边界,最终的原因还是确切的边界根本就不存在。无疑,这个边界特别具有理论上的意义,就像魏克塞尔在货币理论抽象出来的"自然利率"一样。具有理论意义的东西可以为现实生活提供某种具有规律性的感觉,这种感觉相当于邓小平同志所讲的"摸着石头过河"里的"石头"。理论的作用就在于最大程度上减小试错成本。当然,前提条件是理论被行为主体(特别是政策制定者)掌握和理解。

学术上的争论永远不会停止,真正的理论的魅力就在于它是一个永恒的话题,与时俱进,与事俱进。但这并不是说,关于政府与市场的边界的讨论永远"清官难断家务事"下去,永远不存在一个公正的打分裁判。问题的答案还是邓小平同志说的那句话,"不管是黑猫还是白猫,抓到耗子就是好猫"。但是,这只好猫要既能在短期抓到耗子,也能在长期抓到耗子,说到底就是动态最优化。这就好比宽泛意义上的科斯定理,当政府的治理成本大的时候,治理成本小的市场就会起替代作用;当市场的治理成本大的时候,治理成本小的政府就会起替代作用;当政府和市场的边际治理成本都很大的时候,国家发展就可能原地打转停滞不前;当政府和市场的边际治理成本都很小的时候,国家发展就会一日千里日新月异。无论如何,不同的约束意味着不同的治理,不同的治理并不意味着不同的结果,关键在于找到使交易成本最小化的匹配机制(威廉姆森,2001)[16]。

参考文献

[1] 马歇尔. 经济学原理[M]. 北京:华夏出版社,2005.

[2] Hayami, Yujiro. *Development Economics: From the Poverty to the Wealth of Nations.* New York: Oxford University Press, 1997.

[3] 斯蒂格利茨. 政府为什么干预经济:政府在市场经济中角色[M]. 北京:中国物资出版社,1998.

[4] 张五常. 经济解释(三卷本)[M]. 香港:花千树出版有限公司,2002.

[5] 弗里德曼. 资本主义与自由[M]. 北京,商务印书馆,1999.

[6] 斯蒂格勒. 价格理论[M]. 北京:北京经济学院出版社,1990.

[7] 迪克西特. 经济政策的制定:交易成本政治学的视角[M]. 北京:中国人民大学出版社,2004.

[8] Shepsle, Kenneth, and Weingast, Barry. Political Solutions to Market Problems. *American Political Science Review*, 78(2): 417-434.

[9] 哈耶克. 法律、立法与自由(三卷本)[M]. 北京:中国大百科全书出版社,2000.

[10] Shleifer, Andrei. State versus Private Ownership. *Journal of Economic Perspectives*, 1998, 12(4): 133-150.

[11] Schumpeter, Joseph. *Capitalism, Socialism, and Democracy*. New York: Harper and Row, 1942.

[12] North, Douglass. Institutions. *Journal of Economic Perspectives*, 1991, 5(1): 97-112.

[13] 林毅夫.潮涌现象与发展中国家宏观经济理论的重新构建[J].经济研究,2007(1): 126-131.

[14] Acemoglu, Daron, and Verdier, Thierry. The Choice between Market Failures and Corruption. *American Economic Review*, 2000, 90(1): 194-211.

[15] 哈耶克.致命的自负[M].北京:中国社会科学出版社,2000.

[16] 威廉姆森.治理机制[M].北京:中国社会科学出版社,2001.

（原文载于:皮建才,《政府与市场的权衡:一个比较分析》,《财经科学》2008年第1期。）

第九章 中国大部制改革的组织经济学考察

内容提要:本章从组织经济学的工作设计(job design)视角对大部制改革进行了考察,弄清了在什么情况下宜推行大部制改革,在什么情况不宜推行大部制改革。具体地,就较为一般的情形而言,当不同部门的协调与重置成本太大时,大部制占优于非大部制。当不同部门的协调与重置成本不是太大时,如果风险合并系数小于某个由协调与重置成本以及任务关联程度共同决定的临界值,那么大部制占优于非大部制;如果风险合并系数等于这个临界值,那么大部制和非大部制无差异;如果风险合并系数大于这个临界值,那么非大部制占优于大部制。本章所得到的结论对中国如何推进大部制改革有一定的理论意义。

关键词:大部制改革;委托;工作设计;组织经济学

一、问题提出

十七大报告在涉及行政管理体制改革的部分中明确指出,要"加大机构整合力度,探索实行职能有机统一的大部门体制,健全部门间协调配合机制"。大部制的优点主要包括以下四个方面:一是有利于突出公共服务功能,二是有利于提高决策效能,三是有利于提高行政管理效率,四是有利于精简机构和人员(陈天祥,2008;戴昌桥,2008;董方军,王军,2008;石亚军,施正文,2008;王岩,王晓庆,2008;沈亚平,吕奥飞,2010)。当然,采用大部制也可能会产生以下四个问题:一是很难找到大部的确切边界,二是部门的整合可能会存在问题,三是大部门会增加内部管理上的困难,四是对大部门的监督可能会增加难度(龚常等,2008;竺乾威,2008;范广垠,2009;李丹阳,2010)。

在如何进行大部制改革上,马英娟(2008)围绕监管权配置、杨兴坤(2009)围绕治理机制、史明霞(2009)围绕建设大财政、郑曙村和王孝海(2009)围绕突破路径依赖进行了探讨。但是,总体上来看,国内关于大部制改革的文献基本上都是文字描述性的,缺乏数学模型的严格逻辑支撑,而且往往忽视了选择过程中所面临的基本权衡。

实际上,大部制改革所面临的问题正是组织经济学里所说的工作设计(job design)的问题。国外有很多关于组织经济学的文献(Holmstrom and Milgrom, 1991; Itoh, 1994, 2001; Meyer et al., 1996)从不同的角度对工作设计进行了比较深入的分析。这些国外文献可以为我们探索中国大部制改革有提供很好的建模工具和分析框架。本章所定义的大部制是指委托人把两项不同的任务完全委托给同一个部门来完成,这在组织经济学中被称为非专业化的完全委托。本章所定义的非大部制是指委托人把两项不同的任务完全委托给两个不同的部门来完成,这在组织经济学中被称为专业化的完全委托。在非大部制下,两个部门各自付出自己的努力来完成委托人委托的任务,但是这样会带来不同部门的协调与重置成本。在大部制下,只有一个部门付出不同的努力来完成委托人委托的两项任务,但是这样会带来努力互补的问题,而且还会产生任务合并过程中的风险到底怎么变化的问题。非大部制与大部制各有长短,正所谓"尺有所短,寸有所长"。

大部制改革可以分为中央政府层面和地方政府层面两种类型。中国特色的政府结构可以用图9-1来表示。根据图9-1,我们很容易知道大部制改革中的委托人是人民代表大会(包括全国人大和地方人大),代理人是政府(包括中央政府和地方政府)。

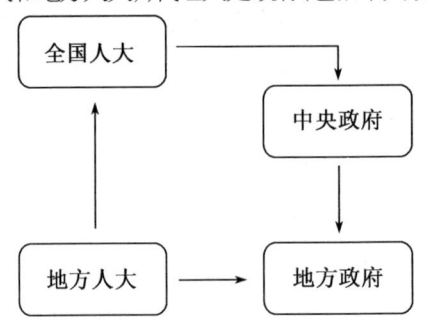

图9-1 中国政府结构示意图(改编自艾晓金2001)

二、非大部制：专业化的完全委托

在这一部分，我们将对传统的非大部制进行分析。委托人（可以理解为人民代表大会）把任务委托给代理人（可以理解为政府部门）来完成。在这里，为了分析的方便，我们假设有两项不同的任务（任务 1 和任务 2），这两项不同的任务分别由两个不同的部门来完成，部门 1 完成任务 1，部门 2 完成任务 2。实际上，这是一种专业化的完全委托。专业化的完全委托可以用图 9-2 来表示。

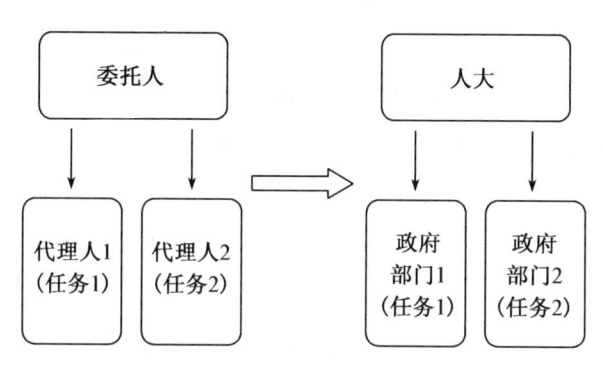

图 9-2 非大部制（专业化的完全委托）示意图

两个部门的效用函数都是常数绝对风险规避（CARA）型的，绝对风险规避系数是 η。两个任务的困难程度都是 c，其中 c 是一个大于 0 的常数。部门 1 付出的努力为 a_1，付出努力所带来的成本为 $C(a_1)=\frac{1}{2}ca_1^2$。部门 2 付出的努力为 a_2，付出努力所带来的成本为 $C(a_2)=\frac{1}{2}ca_2^2$。部门 1 付出努力 a_1 后，可以为委托人带来的收益为 $x_1=a_1+\varepsilon_1$，其中 ε_1 是一个符合正态分布的随机变量，其均值为 0，方差为 σ^2，即 $\varepsilon_1 \sim N(0,\sigma^2)$。部门 2 付出努力 a_2 后，可以为委托人带来的收益为 $x_2=a_2+\varepsilon_2$，其中 ε_2 是一个符合正态分布的随机变量，其均值为 0，方差为 σ^2，即 $\varepsilon_2 \sim N(0,\sigma^2)$。我们可以把 σ^2 看成是任务的风险程度。委托人付给部门 1 的支付为 $w_1=\alpha_1 x_1+r_1$，其中 α_1 为激励强度，r_1 为固定支付。委托人付给部门 2 的支付为 $w_2=\alpha_2 x_2+r_2$，其中 α_2 为激励强度，r_2 为固定支付。

根据上面的设定,我们可以得到部门 1 和部门 2 的确定性等价分别为:

$$CE_1 = \alpha_1 a_1 + r_1 - \frac{\eta}{2}\alpha_1^2 \sigma^2 - \frac{c}{2}a_1^2 \tag{1}$$

$$CE_2 = \alpha_2 a_2 + r_2 - \frac{\eta}{2}\alpha_2^2 \sigma^2 - \frac{c}{2}a_2^2 \tag{2}$$

委托人把两项不同的任务委托给两个不同的部门来完成时,两个部门之间会存在一个协调的成本并且两个部门之间可能会存在一个机构重复设置的成本(简称为协调与重置成本),这会给委托人带来 $T \geqslant 0$ 的总损失。委托人的目标是使自己的期望效用最大化,但是要受到部门 1 的参与约束(IR1)和激励相容约束(IC1)的约束,同时还要受到部门 2 的参与约束(IR2)和激励相容约束的约束(IC2)的约束。

委托人的问题为: $\max_{a_1, a_2} E(x_1 + x_2 - w_1 - w_2 - T)$

$$s.t. \quad CE_1 \geqslant 0 \qquad \text{(IR1)}$$
$$a_1 \in \arg\max_{a_1} CE_1 \qquad \text{(IC1)}$$
$$CE_2 \geqslant 0 \qquad \text{(IR2)}$$
$$a_2 \in \arg\max_{a_2} CE_2 \qquad \text{(IC2)}$$

根据标准的合约理论,我们可以知道,IR1 和 IR2 是紧的,需要取等号。由 IC1,我们可以得到 $a_1 = \frac{\alpha_1}{c}$。由 IC2,我们可以得到 $a_2 = \frac{\alpha_2}{c}$。这样一来,委托人的有约束的最大化问题就可以转化为无约束的最大化问题。

解这个最大化问题,我们可以得到均衡时的激励强度:

$$\alpha_1^n = \frac{1}{\eta c \sigma^2 + 1} \tag{3}$$

$$\alpha_2^n = \frac{1}{\eta c \sigma^2 + 1} \tag{4}$$

在(3)式和(4)式中,上标 n 代表非大部制的情形。

根据(3)式和(4)式,我们可以得到均衡时委托人的期望效用:

$$EU_P^n = \frac{1}{c(\eta c \sigma^2 + 1)} - T \tag{5}$$

在(5)式中,E 代表期望算子,上标 n 代表非大部制的情形,下标 P 代表委托人。

通过比较静态分析,我们可以得到命题 1。

命题 1:在非大部制的情形下,$\frac{\partial EU_P^n}{\partial c}<0,\frac{\partial EU_P^n}{\partial \sigma^2}<0,\frac{\partial EU_P^n}{\partial \eta}<0,\frac{\partial EU_P^n}{\partial T}<0$。

命题 1 意味着,在非大部制的情形下,均衡时委托人的期望效用分别随任务的困难程度、任务的风险程度、部门的绝对风险规避系数和不同部门的协调与重置成本的增大而减小。

三、大部制:非专业化的完全委托

在这一部分,我们将对大部制进行分析。大部制相当于一种非专业化的完全委托。委托人(可以理解为人民代表大会)把两项不同的任务委托给同一个代理人(可以理解为政府部门)来完成。这种非专业化的完全委托可以用图 9-3 来表示。

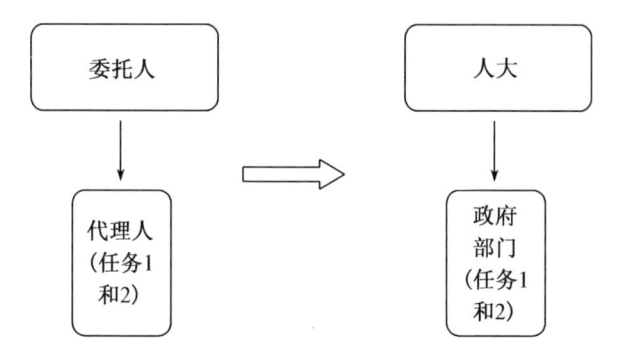

图 9-3 大部制(非专业化的完全委托)示意图

这个政府部门的效用函数都是常数绝对风险规避(CARA)型的,绝对风险规避系数是 η。在这里,我们同样假设有两项不同的任务(任务 1 和任务 2)。这个部门既要付出努力为 a_1 来完成任务 1,也要付出努力为 a_2 来完成任务 2,付出努力所带来的成本为 $C(a_1,a_2)=\frac{1}{2}ca_1^2+\frac{1}{2}ca_2^2+\delta c a_1 a_2$。在传统合约理论(比如,Bolton and Dewatripont, 2005)中,δ 一般用来表示两项任务在技术上的独立程度,并且通常假定 $\delta \geqslant 0$,$\delta = 0$ 表示两项任务在技术上完全独立的,$\delta > 0$ 表示提高在一项任务上的努力就会增加在另一项任务上努力的边际成本。在本章中,我们假定 $-1 < \delta \leqslant 0$,之所

以这样假定是因为,对相互关联的任务而言提高在一项任务上的努力就会降低在另一项任务上努力的边际成本,但这种降低是有一定限度的。$\delta=0$ 表示两项任务的关联程度为 0,δ 越负表示两项任务的关联程度越大。为了表述上的方便,我们把 δ 的绝对值 $-\delta$ 称为两项任务之间的关联程度。部门付出努力后,可以为委托人带来的收益为 $x=a_1+a_2+\varepsilon$,其中 ε 是一个符合正态分布的随机变量,其均值为 0,方差为 $(\sqrt{k}\sigma)^2$,即 $\varepsilon \sim N(0,(\sqrt{k}\sigma)^2)$,其中 k 为大于 0 的常数。很明显,$0<k<2$ 意味着把两项任务委托给同一个部门相对于把两项任务委托给不同的部门而言有更小的风险,$k=2$ 意味着把两项任务委托给同一个部门相对于把两项任务委托给不同的部门而言有相同的风险,$k>2$ 意味着把两项任务委托给同一个部门相对于把两项任务委托给不同的部门而言有更大的风险。为了表述的方便,我们把 k 称为风险合并系数。委托人付给这个部门的支付为 $w=\alpha x+r$,其中 α 为激励强度,r 为固定支付。

根据上面的设定,我们可以得到部门的确定性等价为:

$$CE=\alpha a_1+\alpha a_2+r-\frac{\eta}{2}a^2(\sqrt{k}\sigma)^2-\frac{c}{2}a_1^2-\frac{c}{2}a_2^2-\delta c a_1 a_2 \qquad (6)$$

委托人的目标是使自己的期望效用最大化,但是要受到部门的参与约束(IR)和激励相容约束(IC1 和 IC2)的约束。

委托人的问题为:$\max_{a} E(x-w)$

$$s.t. \quad CE \geqslant 0 \qquad (IR)$$
$$a_1 \in \arg\max_{a_1} CE \qquad (IC1)$$
$$a_2 \in \arg\max_{a_2} CE \qquad (IC2)$$

根据标准的合约理论,我们可以知道,IR 是紧的,需要取等号。由 IC1 和 IC2,我们可以得到 $a_1=a_2=\frac{\alpha}{c(1+\delta)}$。这样一来,委托人的有约束的最大化问题就可以转化为无约束的最大化问题。

解这个最大化问题,我们可以得到均衡时的激励强度:

$$\alpha^d=\frac{2}{\eta k\sigma^2(1+\delta)+2} \qquad (7)$$

在(7)式中,上标 d 代表大部制的情形。

根据(7)式，我们可以得到均衡时委托人的期望效用：

$$EU_P^d = \frac{2}{c(1+\delta)[\eta k\sigma^2(1+\delta)+2]} \tag{8}$$

在(8)式中，E 代表期望算子，上标 d 代表大部制的情形，下标 P 代表委托人。通过比较静态分析，我们可以得到命题 2。

命题 2： 在大部制的情形下，$\frac{\partial EU_P^d}{\partial c}<0, \frac{\partial EU_P^d}{\partial \sigma^2}<0, \frac{\partial EU_P^d}{\partial \eta}<0, \frac{\partial EU_P^d}{\partial k}<0, \frac{\partial EU_P^d}{\partial(-\delta)}>0$。

命题 2 意味着，在大部制的情形下，均衡时委托人的期望效用分别随任务的困难程度、任务的风险程度、部门的绝对风险规避系数、任务的风险合并系数的增大而减小，但是随任务的关联程度的增大而增大。

四、非大部制和大部制的比较分析

在这一部分，我们将对非大部制和大部制进行比较分析，弄清楚在什么情况下宜推行大部制改革，在什么情况不宜推行大部制改革。

根据命题 1 和命题 2，我们可以发现，不管是对非大部制还是对大部制来说，任务的困难程度、任务的风险程度、部门的绝对风险规避系数对委托人的期望效用的影响方向都是一样的，也就是说都是负向影响。最为关键的差异在于，非大部制下存在不同部门的协调与重置成本的负向影响，大部制下存在任务的关联程度的正向影响以及风险合并系数的负向影响。对到底是大部制还是非大部制占优来说，我们很容易推出以下三点。第一，在其他条件不变的情况下，随着不同部门的协调与重置成本变大，非大部制占优的可能性会越来越小，大部制占优的可能性会越来越大。第二，在其他条件不变的情况下，随着不同任务之间的关联程度变大，非大部制占优的可能性会越来越小，大部制占优的可能性会越来越大。第三，在其他条件不变的情况下，随着风险合并系数变大，非大部制占优的可能性会越来越大，大部制占优的可能性会越来越小。为了使我们抽象的表达更加形象化，我们把这其中的作用路径用图 9-4 来表示。

```
风险合并系数 ──┐
任务关联程度 ──┤ 委托代理关系权衡 ──┬── 大部制
协调与重置成本 ─┘                    └── 非大部制
```

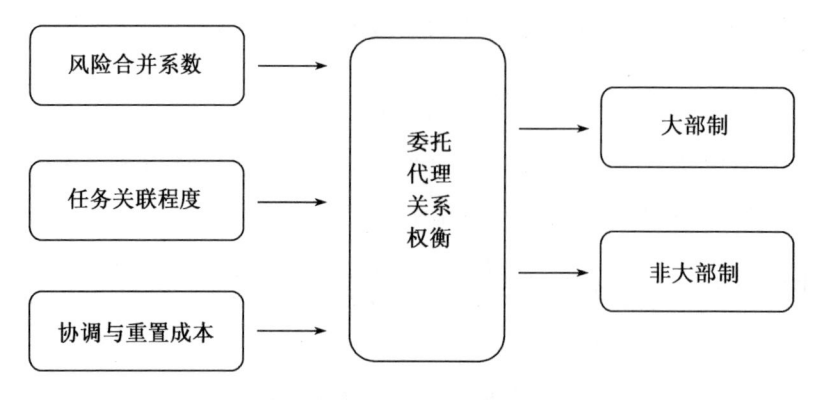

图 9-4　比较分析的作用路径示意图

根据第一部分和第二部分的分析，我们很容易得到，当 $EU_P^n > EU_P^d$ 时，委托人采用非大部制可以得到更大的期望效用；当 $EU_P^n < EU_P^d$ 时，委托人采用大部制可以得到更大的期望效用；当 $EU_P^n = EU_P^d$ 时，委托人采用大部制或采用非大部制都得到相同的期望效用。很显然，委托人倾向于采用能够带来更大期望效用的制度安排，这是我们从理论上处理大部制改革问题的一般性原则。

下面我们就三种较为特殊的情形和一种较为一般的情形进行讨论，以得到一些更加具有现实意义的命题。

首先,我们分析一下 $T=0$ 且 $\delta=0$ 时的极端情形。在这种情形下，不同部门的协调与重置成本为0，不同任务之间的关联程度为0。把上面相关的赋值代入(5)式，我们可以得到一个新的式子。同样，把上面相关的赋值代入(8)式，我们也可以得到一个新的式子。很显然，如果不考虑风险变化的因素(即，风险合并系数为 $k=2$)，那么大部制和非大部制是无差异的。如果考虑风险变化的因素，当风险合并系数为 $0<k<2$ 时，大部制占优于非大部制；当风险合并系数为 $k>2$ 时，非大部制占优于大部制。

其次,我们分析一下 $T=0$ 但 $\delta\neq 0$ 时的情形。在这种情形下，不同部门的协调与重置成本为0，不同任务之间的关联程度为 $0<-\delta<1$。把上面相关的赋值代入(5)式，我们可以得到一个新的式子。让这个新的式子跟(8)式进行比较，如果不考虑风险变化的因素(即，风险合并系数为 $k=2$)，我们很容易发现大部制占优于非大部

制。如果考虑风险变化的因素,当风险合并系数为 $0<k<2$ 时,大部制占优于非大部制;当风险合并系数为 $k>2$ 时,在某个范围内(比如,$2<k<\bar{k}$)大部制占优于非大部制,在另一个范围内(比如,$k>\bar{k}$)非大部制占优于大部制,而在临界点(比如,$k=\bar{k}$)上大部制和非大部制是无差异的。限于篇幅,我们就不在这里对 $\bar{k}$ 的具体值进行求解了。

再次,我们分析一下 $\delta=0$ 但 $T\neq 0$ 时的情形。在这种情形下,不同任务之间的关联程度为 0,不同部门的协调与重置成本为 $T>0$。把上面相关的赋值代入(8)式,我们可以得到一个新的式子。让这个新的式子跟(5)式进行比较,我们可以发现,如果不考虑风险变化的因素(即,风险合并系数为 $k=2$),大部制占优于非大部制。如果考虑风险变化的因素,当风险合并系数的大小为 $0<k<2$ 时,大部制占优于非大部制;当风险合并系数的大小为 $k>2$ 时,在某个范围内(比如,$2<k<\bar{k}$)大部制占优于非大部制,在另一个范围内(比如,$k>\bar{k}$)非大部制占优于大部制,而在临界点(比如,$k=\bar{k}$)上大部制和非大部制是无差异的。限于篇幅,我们就不在这里对 $\bar{k}$ 的具体值进行求解了。

最后,我们分析一下较为一般的情形,算是对上面三种较为特殊的情形做一个概括。当不同部门的协调与重置成本太大时,非大部制对委托人是不可取的,此时宜采取大部制。当不同部门的协调与重置成本不是太大时,情况比较复杂,我们需要分不同的情形进行讨论。通过简单的比较分析之后,我们可以发现,当 $k>\bar{k}$ 时,非大部制占优于大部制;当 $k<\bar{k}$ 时,大部制占优于非大部制;在临界点 $k=\bar{k}$ 上,大部制和非大部制是无差异的。限于篇幅,我们就不在这里对 $\bar{k}$ 的具体值进行求解了。

在以上分析的基础上,我们可以得到命题 3、命题 4 和命题 5。

命题 3:如果任务合并时风险没有发生变化($k=2$),那么就三种较为特殊的情形而言,当不同任务之间的关联程度和不同部门的协调与重置成本都为 0 时,大部制和非大部制是无差异的;当不同部门的协调与重置成本为 0 但不同任务之间的关联程度不为 0 时,大部制占优于非大部制;当不同任务之间的关联程度为 0 但不同部门的协调与重置成本不为 0 时,大部制占优于非大部制。

命题 4:如果任务合并时风险发生了变化,那么就三种较为特殊的情形而言,情况会变得更加复杂。当风险变小($k<2$)时,不管是哪一种情形,大部制都会占优于非大部制。当风险变大($k>2$)时,不管是哪一种情形,都会出现三个不同结果,当风险合并系数小于某个临界值时大部制占优于非大部制,当风险合并系数等于这个临界值时大部制和非大部制无差异,当风险合并系数大于这个临界值时非大部制占优于大部制。

命题 5:就较为一般的情形而言,当不同部门的协调与重置成本太大时,大部制占优于非大部制。当不同部门的协调与重置成本不是太大时,如果风险合并系数小于某个由不同部门的协调与重置成本以及不同任务之间的关联程度决定的临界值,那么大部制占优于非大部制;如果风险合并系数等于这个临界值,那么大部制和非大部制无差异;如果风险合并系数大于这个临界值,那么非大部制占优于大部制。

五、结论与政策建议

本章从组织经济学的工作设计视角对大部制改革进行了考察,弄清了在什么情况下宜推行大部制改革,在什么情况不宜推行大部制改革。我们基于激励理论模型的分析发现,对到底是大部制还是非大部制占优来说,不同部门的协调与重置成本、不同任务之间的关联程度和风险合并系数会对结果产生决定性的作用。具体地,就较为一般的情形而言,当不同部门的协调与重置成本太大时,大部制占优于非大部制。当不同部门的协调与重置成本不是太大时,如果风险合并系数小于某个由协调与重置成本以及任务关联程度共同决定的临界值,那么大部制占优于非大部制;如果风险合并系数等于这个临界值,那么大部制和非大部制无差异;如果风险合并系数大于这个临界值,那么非大部制占优于大部制。需要说明的是,本章分析的结论是建立在本章模型的基础之上的,而本章的模型又上建立在本章所抽象出的主要变量的基础之上的。如果真实世界中起主要作用的变量跟本章所抽象出的变量比较吻合,那么我们的结论就有很强的适用性。如果真实世界中起主要作用的变量跟本章所抽象出的变量不是很吻合,那么我们就可以在新变量的基础上按照本章的基本框架构造出新的模型,进行新的分析,得出新的结论。当然,鉴于现实的极端复杂性,本章的基本框架在一定条件下也可能需要进行一定的修正。

对中国大部制改革而言,本章的政策建议分成了两个层面。第一个层面是围绕三大变量协调与重置成本、任务关联程度和风险合并系数的合理估计所提出的一些政策建议;第二个层面是在三大变量合理估计的基础上进行拓展所提出的一些政策建议。当然,这两个层面的政策建议都是围绕着本章的理论模型以及模型分析所得到的命题进行的。

就第一个层面上的政策建议而言,我们主要集中在以下三点上。第一,在进行大部制改革时需要对现有的非大部制带来的协调成本和机构重置成本进行合理的估计。合理的估计对中国大部制改革中的委托—代理关系权衡非常重要。当然,就像我们在前面提到的,现实是极端复杂的。比如,大部制改革虽然可以在很大程度上降低机构重置成本,但是大部制改革过程中的人员分流本身也会带来一个新的成本,并且这个成本的存在会对大部制改革的最佳时机选择产生很大的影响(丁希,2008;孔凡河,袁胜育,2009)。再比如,大部制改革虽然可以把不同任务的执行从部门间协调改为部门内协调,从而可以在很大程度上降低协调成本,但是部门内部的协调也存在一定的复杂性。如果制度设计不当的话大部制的内部协调成本可能会非常高,而不是像我们模型中那样设定为零。这就要求我们在对协调与重置成本进行估计时要在理性预期和博弈思维的基础上进行多角度的全盘把握。

第二,在进行大部制改革时需要对现有的非大部制所执行的任务之间的关联程度进行合理的估计。现有的文献在进行分析时往往忽视了任务之间的关联程度所起的作用,但是本章在分析中强调了任务之间的关联程度对进行大部制改革的影响。很明显,不同的任务委托给不同的部门时,不同的部门出于自身利益往往不会考虑不同任务之间的关联程度,没有动力把外部性内部化。但是,不同的任务委托给同一个部门时,这个部门往往会考虑不同任务之间的关联程度,并且会有很高的积极性把外部性内部化。这一点在进行大部制改革时需要引起充分的注意。

第三,在进行大部制改革时需要对从非大部制到大部制过程中的风险变化进行合理的估计,最好估算出风险合并系数的大致区间。风险变小对于推进大部制改革是有利的,反之,风险变大对于推进大部制改革是不利的。在对风险变化进行估计的过程中,要充分注意到利益集团的作用。比如,在非大部制下利益集团对不同政府部门的影响平均来看可能是很小的,但在大部制下利益集团对这个大部门的影响可能就是很大的。换句话说,利益集团影响一个大部门的可能性要远大于同时影响多个政府部门的可能性,大部制可能导致政府部门更容易被某些利益集团"俘获"。当然,其他的外生冲击因素导致的合并风险的变化也需要考虑在内。

就第二个层面上的政策建议而言,我们主要集中在以下五条上。第一,在考虑采用大部制改革来降低协调成本和机构重置成本时,需要注意进行大部门内部的治理机制的建立和完善,大部门内部的机构要有决策权、执行权和监督权的分离。是否适宜进行大部制改革是事前的问题,大部门内部的治理机制是否完善是事后的问题,事前和事后两个层面的问题。即使从事前的角度来看大部制是可行的,但是由于事后大部制内部的治理制度安排不合理也可能导致最终的效果不理想。如果预期到事后很难建立和完善大部门内部的治理机制,也就是相当于预期到风险合并系数变大,那么即使是事前看起来可行的大部制改革也要慎重推行。在试点进行大部制改革的部门或地区,特别是那些试点比较成功的部门或地区,其大部门内部的治理制度安排需要进行很好的经验总结,这样可以对后面推行大部制改革的部门或地区提供有益的示范和借鉴。

第二,要走出传统观念所认为的只有职能类似的政府部门才能合并的认识误区。除了考虑职能类似以外,还要考虑更为关键的任务关联程度。以职能类似为中心的政府部门整合可以形成傅金鹏和陈晓原(2010)所说的职能统合型大部制,这实际上相当于组织经济学中不同企业之间的"横向一体化"。以任务关联程度为中心的政府部门整合可以形成傅金鹏和陈晓原(2010)所说的规划调整型大部制,这实际上相当于组织经济学中不同企业之间的"纵向一体化"。职能统合型大部制以成都的"大交通"部门、"大水务"部门等多项改革为例,把许多职能类似的部门整合在了一起(国家行政学院课题组,2009;课题组,2009)。规划调整型大部制以重庆的"四规叠合"大部制改革为例,在市内的四区两县内将产业发展规划、城乡总体规划、土地资源利用总体规划和生态环境保护规划进行叠合,整合成了经济和社会发展总体规划(陈建先,2009)。很明显,重庆的"四规叠合"在很大程度上考虑到了任务关联程度的重要作用。

第三,大部制改革既要有对付"公地悲剧"的思维,也要有对付"反公地悲剧"的思维。"公地悲剧"和"反公地悲剧"都跟协调与重置成本有关。政治上的"公地悲剧"是指,每一个政府部门都想对企业进行"攫取",而不考虑到攫取对别的政府部门造成的负外部性,最终导致对企业的"过度攫取"(Shleifer and Vishny,1993)。"反公地悲剧"是指,当一个职能被分割给多个平行的政府部门时,只要有一个部门行使否决权或者这些部门之间的协调程度不够,这个职能就很难被贯彻(高洁,张奋勤,2008)。为了降低"公地悲剧"型的协调与重置成本,可以考虑将那些形成政治"公地悲剧"的政府部门(比如,通常所说的"多头执法"的政府部门)形成一个大部。同样的道理,为了降低"反公地悲剧"型的协调与重置成本,可以考虑将那些形成"反公地悲剧"的政府部门(比如,通常所说的"多头审批"的政府部门)形成一个大部。这两种类型的大部门都属于傅金鹏和陈晓原(2010)所说的规划调整型大部制。

第四,大部制改革要寻求中央与地方的联动。傅广宛(2010)的分析表明,如果中央设立有相关的部委而地方没有设立相应的机构,那么进行大部制改革的地方在中央相关部委获取相应资源的能力就可能会受到一定的影响,这种现象在许多地方被戏称为"下动上不动,越动越被动"。这样一来,地方政府层面的大部制改革,可能会由于不存在中央与地方的联动机制而导致风险合并系数变大。根据我们的分析,当风险合并系数大到一定程度时,地方政府就不会有动力来推行大部制改革。当然,更进一步讲,大部制改革需要和政治体制改革形成联动。根据公共选择学派的观点,大部制改革和政治体制改革是两个层面的问题,大部制改革改变的是约束下的选择,而政治体制改革改变的是约束的选择,约束下的选择属于操作层面的选择,而约束的选择则属于立宪层面的选择。政治体制改革会对大部制改革产生非常重要的影响,特别是有可能在很大程度上降低风险合并系数。

第五,在大部制改革的过程中要注意发挥民间自治组织的作用。大部制改革的主要优点之一就是可以更好地突出公共服务功能,为了在经济发展的过程中顺势做到这一点政府可以把一些服务功能让渡给民间自治组织。随着我国民营经济和私人部门的迅速发展,许多经济和社会活动的自治空间不断增大,这个时候民间自治组织就可以发挥自身的作用(戴昌桥,2008;沈亚平,吕奥飞,2010)。当考虑到民间自治组织的作用时,大部制和非大部制之间的权衡可能会发生一定的变化。一方面,民间自治组织的存在会在一定程度上降低不同政府部门之间的协调与重置成本,根据我们的分析,这会使得非大部制占优于大部制的可能性变大。另一方面,对于另外一些领域而言,民间自治组织的存在会通过限制利益集团的作用等途径来降低风险合并系数,根据我们的分析,这会使得大部制占优于非大部制的可能性变大。总体而言,民间自治组织不管是通过协调与重置成本的渠道发挥作用,还是通过风险合并系数的渠道发挥作用,都会对大部制改革中的委托—代理关系权衡产生非常重要的优化作用。

参考文献

[1] Bolton, P., and M. Dewatripont. *Contract Theory*. Cambridge, Massachusetts: MIT Press, 2005.

[2] Holmstrom, B., and P. Milgrom. Multitask Principal-Agent Analyses: Incentive Contracts, Asset Ownership, and Job Design. *Journal of Law, Economics, and Organization*, 1991, 7(Special Issue).

[3] Itoh, H. Job Design, Delegation, and Cooperation: A Principal-Agent Analysis. *European Economic Review*, 1994, 38(3~4).

[4] Itoh, H. Job Design and Incentives in Hierarchies with Team Production. *Hitotsubashi Journal of Commerce and Management*, 2001, 36(1).

[5] Meyer, M., T. Olsen, and G. Torsvik. Limited Intertemporal Commitment and Job Design. *Journal of Economic Behavior & Organization*, 1996, 31(3).

[6] Shleifer, A., and R. Vishny. Corruption. *Quarterly Journal of Economics*, 1993, 108(3).

[7] 艾晓金.中央与地方关系的再思考——从国家权力看我国国家结构形式[J].浙江社会科学,2001(1).

[8] 陈建先.统筹城乡的大部门体制创新——从重庆"四规叠合"探索谈起[J].探索,2009(3).

[9] 陈天祥.大部门制:政府机构改革的新思路[J].学术研究,2008(2).

[10] 戴昌桥.论我国中央行政体制改革:大部制[J].经济体制改革,2008(2).

[11] 丁希.论大部制改革过程中人员分流的阻力及其清除[J].湖北社会科学,2008(10).

[12] 董方军,王军.大部门体制改革:背景、意义、难点及若干设想[J].中国工业经济,2008(2).

[13] 范广垠.大部制的理论基础与实践风险[J].同济大学学报(社会科学版),2009(2).

[14] 傅广宛.大部制改革后的完善路径探析——兼以重庆市大部制改革为研究个案[J].北京行政学院学报,2010(3).

[15] 傅金鹏,陈晓原."大部制"的形态与前景:一项比较研究[J].南京社会科学,2010(7).

[16] 高洁,张奋勤.政府公共管理中的"反公地悲剧"与"大部制"改革[J].经济社会体制比较,2008(6).

[17] 龚常,曾维和,凌峰.我国大部制改革述评[J].政治学研究,2008(3).

[18] 国家行政学院课题组.成都市大部门体制改革探索的个案分析[J].国家行政学院学报,2009(1).

[19] 课题组.成都市"大部门制"改革的调查与思考[J].成都行政学院学报,2009(1).

[20] 孔凡河,袁胜育.服务型政府视角下的大部制改革探微[J].河南师范大学学报(哲学社会科学版),2009(1).

[21] 李丹阳.关于"大部制"改革的几点思考[J].学术研究,2010(11).

[22] 马英娟.大部制改革与监管组织再造——以监管权配置为中心的探讨[J].中国行政管理,2008(6).

[23] 沈亚平,吕奥飞.以开放系统理论的视野推进大部制建设[J].江苏行政学院学报,2010(1).

[24] 史明霞.中国大部制行政管理体制改革的先导:建设大财政[J].中央财经大学学报,2009(11).

[25] 石亚军,施正文.推行大部制改革的几点思考[J].中国行政管理,2008(2).

[26] 王岩,王晓庆.大部制改革的实践诉求与目标指向[J].中国行政管理,2008(11).

[27] 杨兴坤.论大部制的治理结构与治理机制[J].武汉科技大学学报(社会科学版),2009(2).

[28] 郑曙村,王孝海.我国大部制改革的路径依赖及其破解[J].国家行政学院学报,2009(5).

[29] 竺乾威."大部制"刍议[J].中国行政管理,2008(3).

(原文载于:皮建才,《中国大部制改革的组织经济学考察》,《中国工业经济》2011年第5期。)

第十章 垂直管理与属地管理的比较制度分析

内容提要:本章对垂直管理和属地管理进行了比较制度分析,弄清了在什么情况下宜实行垂直管理,在什么情况宜采用属地管理。在垂直管理体制下,中央政府把两项不同的任务分别委托给垂直管理机构和地方政府来完成。在属地管理体制下,中央政府把两项不同的任务同时委托给地方政府来完成。对于那些分开后会使任务困难增加程度变得比较大但合并后会使任务合并的风险增加程度变得比较小的任务,中央政府可以采用属地管理体制;对于那些分开后会使任务困难增加程度变得比较小但合并后会使任务合并的风险增加程度变得比较大的任务,中央政府可以采用垂直管理体制;对于那些分开后会使任务困难增加程度变得比较小且合并后也会使任务合并的风险增加程度变得比较小的任务,中央政府可以采用属地管理体制;对于那些分开后会使任务困难增加程度变得比较大且合并后也会使任务合并的风险增加程度变得比较大的任务,中央政府可以采用垂直管理体制,但是此时需要注意防范垂直管理机构和地方政府之间的合谋。

关键词:中央政府;垂直管理;属地管理;多任务;比较制度分析

一、引　言

随着我国经济社会的发展和政府行政体制改革的深入,垂直管理出现了日趋增强的趋势。理顺垂直管理和属地管理的关系,并在此基础上加强垂直管理的制度化和规范化越来越受到重视。从垂直的层级来看,垂直管理可以分为中央垂直管理、省垂直管理和市垂直管理(李宜春,2012),我们在本章中考察的是更加具有一般性的中央垂直管理。在垂直管理体制下,中央政府部门对于其在地方设立的分支机构实行垂直领导,垂直管理机构不列入地方组织的序列,而是属于中央政府组织的范畴,只在遵守法律和政策方面受到地方政府的监督,在功能上执行中央政府的指令而不受地方政府的干预(董娟,2009,2011;沈荣华,2009)。在属地管理体制下,由地方政府来管理地方的职能部门,即使地方职能部门受到地方政府和上级部门的双重领导,地方政府也能够通过自己掌握的"人、财、物"等大权有效控制地方职能部门,使其在功能上执行地方政府的指令(尹振东,2011;尹振东等,2011)。总体上来看,垂直管理体制有垂直管理体制的优点和缺点,属地管理体制也有属地管理体制的优点和缺点。垂直管理体制的优点主要包括:① 有利于职能部门摆脱地方政府的干预,保持中央政令畅通;② 能够较为真实地反映基层的实际情况,使政府决策在制定时更为科学;③ 有利于整合行政执法资源,优化资源的配置(张朝华,2009;任进,2009;孙发锋,2010)。垂直管理体制的缺点主要包括:① 垂直管理部门与地方政府之间各自为政,地方政府职能的完整性由此受损,对地方政府的行政效能产生不利影响;② 垂直管理部门与地方政府之间出现权力摩擦和权责不清,容易引发利益冲突和激化条块矛盾;③ 垂直管理会使直管部门的激励和监督弱化,容易滋生腐败(龙太江和李娜,2007;董娟,2009;任进,2009;张朝华,2009;孙发锋,2010)。属地管理体制的优点是:① 容易调动和激发地方政府的积极性和主观能动性,有利于其推动经济增长;② 有利于地方政府根据当时实际情况进行全盘统筹考虑,并且根据自身的目标采取相应的政策(周黎安,2007,2008;尹振东等,2011)。属地管理体制的缺点是:① 容易导致地方保护主义;② 容易削弱中央对地方的宏观调控能力;③ 容易产生环境污染加重、民生型公共物品供给不足、食品安全问题恶化等诸多问题(杜万平,2006;王永钦等,2007;张朝华,2009;孙发锋,2010)。我们在对垂直管理体制和属地管理体制进行比较制度分析时需要找到合适的权衡点,看清楚不同体制所包含的成本和收益,抽象出合适的具有现实含义的变量,在科学分析的基础上寻求管理体制选择的内在机制。正如董娟(2011)[18]所说:"垂直管理中的问题纷繁复杂,只有找准问题的关键才能有的放矢、破解难题,才能最终实现垂直管理部门与地方政府关系的规范化。"

尽管国内使用新政治经济学方法研究中国政府行为与政策的文献越来越多(比

如,聂辉华和李金波,2006;徐现祥等,2007;杨瑞龙等,2010;皮建才,2008,2011),但通过正式的经济学模型对垂直管理体制和属地管理体制的选择进行分析的文献相对而言还比较少,其中比较经典的文献主要包括王赛德和潘娇瑞(2010)、尹振东(2011)和尹振东等(2011)。王赛德和潘娇瑞(2010)基于任务冲突的视角通过构建多任务委托—代理模型对垂直管理体制进行了分析。他们认为在存在道德风险且两种任务有内在冲突的情况下,如果让垂直管理机构承担社会发展任务,让地方政府承担经济增长任务,那么将会有效降低委托人促使代理人施加努力的激励成本。但是,他们的模型是以激励成本作为比较的基准,缺乏对委托人在不同管理体制下的均衡效用的比较。尹振东(2011)运用了合约理论模型比较了垂直管理体制和属地管理体制,他发现在否决坏项目方面垂直管理体制优于属地管理体制,但是当对监管任务的绩效难以考核时垂直管理体制不仅在审批方面劣于属地管理体制,而且还会在很大程度上挫伤地方政府推动经济发展的积极性。尹振东等(2011)进一步从政企关系的视角扩展了尹振东(2011)的分析。他们发现,就排除不合格企业的审批而言垂直管理体制优于属地管理体制,但就接受合格企业的审批而言属地管理体制优于垂直管理体制。尹振东及其合作者的两篇重要文献的主要缺点是忽视了垂直管理体制在审批以外的其他作用,实际上在现实生活中许多垂直管理机构并没有承担审批任务,而是承担了其他方面的任务(比如,国家税务局系统的收税任务)。总体上来看,现有的研究垂直管理体制和属地管理体制选择的经典文献在寻找基本的权衡点方面做得非常巧妙,但是却忽视了以下三个比较重要的方面:① 忽视了垂直管理体制给地方政府完成任务带来的额外成本;② 忽视了属地管理体制给中央政府带来的额外风险;③ 忽视了上述额外成本和额外风险之间的权衡。本章试图综合考虑以上三个被忽视的方面,对垂直管理体制和属地管理体制的选择进行相应的比较制度分析。就建模工具和分析框架而言,本章主要借鉴了组织经济学中的关于工作设计(job design)的相关文献(比如,Holmstrom and Milgrom, 1991; Itoh, 1994, 2001; Meyer et al., 1996;皮建才,2011)。就视角和结果而言,本章基于一个全新的视角抽象出了跟现有分析垂直管理和属地管理的文献不同的变量,得到了跟现有文献不同的结论。

　　本章剩余部分组织如下。第二部分使用激励理论模型分析了垂直管理体制,在这种体制下中央政府把两项不同的任务分别委托给垂直管理机构和地方政府来完成。第三部分使用组织经济学中的激励理论模型分析了属地管理体制，在这种体制下中央政府把两项不同的任务同时委托给地方政府来完成。第四部分对垂直管理体制和属地管理体制进行了比较分析，分析了在什么条件下垂直管理体制和属地管理体制是无差异的，在什么条件下垂直管理体制占优于属地管理体制，在什么条件下属地管理体制占优于垂直管理体制。第五部分也就是最后一部分是结语，给出了在面临垂直管理体制给地方政府完成任务带来的额外成本和属地管理体制给中央政府带来的额外风险的不同组合时中央政府如何进行合适的选择。

二、垂直管理体制

在这一部分，我们将对垂直管理体制进行分析。委托人（在本章中可以理解为中央政府）把任务委托给代理人（在本章中可以理解为垂直管理机构和地方政府）来完成。在这里，为了分析的方便，我们假设有两项不同的任务（任务 1 和任务 2），这两项不同的任务分别由垂直管理机构和地方政府来完成，垂直管理机构完成任务 1，地方政府完成任务 2。

不管是垂直管理机构还是地方政府的效用函数都是常数绝对风险规避（CARA）型的，绝对风险规避系数是 η。任务 1 的困难程度标准化为 1。任务 2 的困难程度是 $1+c$，其中 c 是一个大于或等于 0 的常数。为了表述上的方便，我们把 c 称为任务 2 的困难增加程度，简称为地方政府的任务困难增加程度，当然，我们可以把它看成是垂直管理机构给地方政府带来的负外部性。需要说明的是，在属地管理体制下，由于地方政府可以同时控制两项任务，所以任务 2 的困难增加程度为 0，因为这种情况下地方政府在完成任务时没有受到垂直管理机构的制约。垂直管理机构付出的努力为 a_1，付出努力所带来的成本为 $C(a_1)=\frac{1}{2}a_1^2$。地方政府付出的努力为 a_2，付出努力所带来的成本为 $C(a_2)=\frac{1+c}{2}a_2^2$。垂直管理机构付出努力 a_1 后，可以为中央政府带来的收益为 $x_1=a_1+\varepsilon_1$，其中 ε_1 是一个符合正态分布的随机变量，其均值为 0，方差为 σ^2，即 $\varepsilon_1 \sim N(0,\sigma^2)$。地方政府付出努力 a_2 后，可以为中央政府带来的收益为 $x_2=a_2$

$+\varepsilon_2$,其中 ε_2 是一个符合正态分布的随机变量,其均值为 0,方差为 σ^2,即 $\varepsilon_2 \sim N(0, \sigma^2)$。我们可以把 σ^2 看成是任务的风险程度。中央政府付给垂直管理机构的支付为 $w_1 = \alpha_1 x_1 + r_1$,其中 α_1 为激励强度,r_1 为固定支付。中央政府付给地方政府的支付为 $w_2 = \alpha_2 x_2 + r_2$,其中 α_2 为激励强度,r_2 为固定支付。

根据上面的设定,我们可以得到垂直管理机构和地方政府的确定性等价分别为:

$$CE_1 = \alpha_1 a_1 + r_1 - \frac{\eta}{2}\alpha_1^2\sigma^2 - \frac{1}{2}a_1^2 \tag{1}$$

$$CE_2 = \alpha_2 a_2 + r_2 - \frac{\eta}{2}\alpha_2^2\sigma^2 - \frac{1+c}{2}a_2^2 \tag{2}$$

中央政府的目标是使自己的期望效用最大化,但是要受到垂直管理机构的参与约束(IR1)和激励相容约束(IC1)的约束,同时还要受到地方政府的参与约束(IR2)和激励相容约束(IC2)的约束。

中央政府的问题为:$\max\limits_{\alpha_1,\alpha_2} E(x_1 + x_2 - w_1 - w_2)$

$$s.t. \quad \alpha_1 a_1 + r_1 - \frac{\eta}{2}\alpha_1^2\sigma^2 - \frac{1}{2}a_1^2 \geqslant 0 \quad \text{(IR1)}$$

$$a_1 \in \arg\max_{a_1}\left\{\alpha_1 a_1 + r_1 - \frac{\eta}{2}\alpha_1^2\sigma^2 - \frac{1}{2}a_1^2\right\} \quad \text{(IC1)}$$

$$\alpha_2 a_2 + r_2 - \frac{\eta}{2}\alpha_2^2\sigma^2 - \frac{1+c}{2}a_2^2 \geqslant 0 \quad \text{(IR2)}$$

$$a_2 \in \arg\max_{a_2}\left\{\alpha_2 a_2 + r_2 - \frac{\eta}{2}\alpha_2^2\sigma^2 - \frac{1+c}{2}a_2^2\right\} \quad \text{(IC2)}$$

其中,E 代表期望算子。

根据合约理论(比如,Bolton and Dewatripont, 2005),我们可以知道,IR1 和 IR2 是紧的,需要取等号。由 IC1,我们可以得到 $a_1 = \alpha_1$。由 IC2,我们可以得到 $a_2 = \frac{\alpha_2}{1+c}$。

这样一来,中央政府的有约束最大化问题就可以转化为无约束最大化问题:

$$\max_{\alpha_1,\alpha_2}\left[\alpha_1 + \frac{\alpha_2}{1+c} - \frac{\eta}{2}\alpha_1^2\sigma^2 - \frac{\alpha_1^2}{2} - \frac{\eta}{2}\alpha_2^2\sigma^2 - \frac{\alpha_2^2}{2(1+c)}\right]$$

解这个最大化问题,我们可以得到均衡时的激励强度:

$$\alpha_1^{VM} = \frac{1}{\eta\sigma^2+1} \tag{3}$$

$$\alpha_2^{VM} = \frac{1}{\eta(1+c)\sigma^2+1} \tag{4}$$

其中，上标 VM 代表垂直管理体制(the vertical management system)。

根据(3)式和(4)式，我们可以得到均衡时中央政府的期望效用：

$$EU_P^{VM} = \frac{(1+c)[\eta(1+c)\sigma^2+1]+\eta\sigma^2+1}{2(1+c)(\eta\sigma^2+1)[\eta(1+c)\sigma^2+1]} \tag{5}$$

其中，下标 P 代表委托人。

通过比较静态分析，我们可以得到命题1。

命题1：在垂直管理体制下，$\frac{\partial EU_P^{VM}}{\partial c}<0$。

证明：由(5)式，我们很容易得到：$\frac{\partial EU_P^{VM}}{\partial c} = -\frac{2\eta(1+c)\sigma^2+1}{2(1+c)^2[\eta(1+c)\sigma^2+1]^2}<0$。

命题1意味着，在垂直管理的情形下，均衡时中央政府的期望效用随地方政府的任务困难增加程度的增大而减小。垂直管理机构给地方政府带来的负外部性越大，均衡时中央政府的期望效用就会越低，中央政府在选择垂直管理体制时必须充分考虑到这一点。

三、属地管理体制

在这一部分，我们将对属地管理体制进行分析。委托人(在本章中可以理解为中央政府)把两项不同的任务委托给同一个代理人(在本章中可以理解为地方政府)来完成。

地方政府的效用函数都是常数绝对风险规避(CARA)型的，绝对风险规避系数是 η。在这里，我们同样假设有两项不同的任务(任务1和任务2)。地方政府既要付出努力为 a_1 来完成任务1，也要付出努力为 a_2 来完成任务2，付出努力所带来的成本为 $C(a_1,a_2) = \frac{1}{2}a_1^2 + \frac{1}{2}a_2^2$。任务1和任务2的困难程度都标准化为1。地方政府付出努力后，可以为中央政府带来的收益为 $x=a_1+a_2+\varepsilon$，其中 ε 是一个符合正态分布的随机变量,其均值为 0,方差为 $(\sqrt{2+k}\sigma)^2$,即 $\varepsilon \sim N(0,(\sqrt{2+k}\sigma)^2)$,其中 k 为大于或等于 0 的常数。k 等于 0 意味着地方政府同时完成两项任务时没有给中央政府带来额外的风险,k 大于 0 则意味着由地方政府同时完成两项任务给中央政府带来了额外的风险(比如,由于环境污染而带来的风险或由于耕地被大量占用滥用而带来的风险)。中央政府付给地方政府的支付为 $w=\alpha x+r$,其中 α 为激励强度,r 为固定支付。$k>0$ 表示属地管理体制相对于垂直管理体制而言拥有更高的风险,为了表述上的方便,我们把 $k+2$ 称为风险合并系数,把 k 称为任务合并的风险增加程度。

根据上面的设定,我们可以得到地方政府的确定性等价为:

$$CE=\alpha a_1+\alpha a_2+r-\frac{\eta}{2}\alpha^2(\sqrt{2+k}\sigma)^2-\frac{1}{2}a_1^2-\frac{1}{2}a_2^2 \qquad (6)$$

中央政府的目标是使自己的期望效用最大化,但是要受到地方政府的参与约束(IR)和激励相容约束(IC1 和 IC2)的约束。

中央政府的问题为: $\max_{\alpha} E(x-w)$

$$s.t. \quad \alpha a_1+\alpha a_2+r-\frac{\eta}{2}\alpha^2(\sqrt{2+k}\sigma)^2-\frac{1}{2}a_1^2-\frac{1}{2}a_2^2 \geqslant 0 \qquad (\text{IR})$$

$$a_1 \in \arg\max_{a_1}\left\{\alpha a_1+\alpha a_2+r-\frac{\eta}{2}\alpha^2(\sqrt{2+k}\sigma)^2-\frac{1}{2}a_1^2-\frac{1}{2}a_2^2\right\} \qquad (\text{IC1})$$

$$a_2 \in \arg\max_{a_2}\left\{\alpha a_1+\alpha a_2+r-\frac{\eta}{2}\alpha^2(\sqrt{2+k}\sigma)^2-\frac{1}{2}a_1^2-\frac{1}{2}a_2^2\right\} \qquad (\text{IC2})$$

根据合约理论(比如,Bolton and Dewatripont,2005),我们可以知道,IR 是紧的,需要取等号。由 IC1 和 IC2,我们可以得到 $a_1=a_2=\alpha$。

这样一来,中央政府的有约束最大化问题就可以转化为无约束最大化问题:

$$\max_{\alpha}\left[2\alpha-\frac{\eta}{2}\alpha^2(\sqrt{2+k}\sigma)^2-\alpha^2\right]$$

解这个最大化问题,我们可以得到均衡时的激励强度:

$$\alpha^{JM}=\frac{2}{\eta(2+k)\sigma^2+2} \qquad (7)$$

其中,上标 JM 代表属地管理体制(the jurisdictional management system)。

根据(7)式,我们可以得到均衡时中央政府的期望效用:

$$EU_P^{JM} = \frac{2}{\eta(2+k)\sigma^2+2} \tag{8}$$

通过比较静态分析,我们可以得到命题 2。

命题 2:在属地管理体制下,$\frac{\partial EU_P^{JM}}{\partial k}<0$。

证明:由(8)式,我们很容易得到:$\frac{\partial EU_P^{JM}}{\partial k} = -\frac{2\eta\sigma^2}{[\eta(2+k)\sigma^2+2]^2}<0$。

命题 2 意味着,在属地管理的情形下,均衡时中央政府的期望效用随任务合并的风险增加程度的增大而减小。地方政府同时完成两项任务时给中央政府带来的额外风险越大,均衡时中央政府的期望效用就会越低,中央政府在选择垂直管理体制时必须充分考虑到这一点。

四、比较分析

在这一部分,我们将通过对垂直管理体制和属地管理体制的比较分析来探寻管理体制选择的内在机制,弄清楚在什么情况下可以采用垂直管理体制,在什么情况可以采用属地管理体制。

根据命题 1,我们可以知道,在垂直管理下中央政府的均衡期望效用随任务困难增加程度的增大而减小。根据命题 2,我们可以知道,在属地管理下中央政府的均衡期望效用随任务合并的风险增加程度的增大而减小。中央政府到底是选择垂直管理还是选择属地管理,需要在任务困难增加程度和任务合并的风险增加程度之间进行权衡。当垂直管理体制给中央政府带来更大的均衡期望效用时,中央政府倾向于选择垂直管理体制;当属地管理体制给中央政府带来更大的均衡期望效用时,中央政府倾向于选择属地管理体制;当两种体制给中央政府带来一样的均衡期望效用时,中央政府在两者之间无差异。根据命题 1 和命题 2,我们很容易推知以下两点。第一,在其他条件不变的情况下,随着任务困难增加程度的增大,垂直管理体制占优的可能性会越来越小,属地管理体制占优的可能性会越来越大。第二,在其他条件不变的情况下,随着任务合并的风险增加程度的增大,垂直管理体制占优的可能性会越来越大,属地管理体制占优的可能性会越来越小。

第十章 垂直管理与属地管理的比较制度分析

根据前面的假定,我们可以知道任务 2 的困难增加程度 $c \geq 0$,任务合并的风险增加程度 $k \geq 0$。我们可以首先分析几种比较极端的情形,然后再分析比较一般的情形。比较极端的情形分成三种,第一种情形是 $c=0$ 且 $k=0$,第二种情形是 $c=0$ 且 $k>0$,第三种情形是 $c>0$ 且 $k=0$。比较一般的情形分成了两种,第一种情形是 $c=c_0>0$ 且 $k>0$,第二种情形是 $k=k_0>0$ 且 $c>0$。我们之所以把比较一般的情形分成两种是基于如下的考虑:不管是从属地管理体制转向垂直管理体制,还是从垂直管理体制转向属地管理体制,都只需要考虑新转向的体制所对应的任务困难增加程度或任务合并的风险增加程度的大小范围,因为原先的体制所对应的任务困难增加程度或任务合并的风险增加程度可以看成是既定的。换句话说,在进行管理体制的选择时,我们真正关心的是任务困难增加程度和任务合并的风险增加程度中有一个保持不变,而另一个发生变化时的情形。

在极端情形 1 下,根据 $c=0$ 和 $k=0$,由(5)式和(8)式,我们可以得到 $EU_P^{VM} = EU_P^{JM} = \dfrac{1}{\eta\sigma^2+1}$,此时中央政府在选择垂直管理体制和选择属地管理体制之间无差异。

在极端情形 2 下,根据 $c=0$ 和 $k>0$,我们可以得到 $EU_P^{VM} = \dfrac{1}{\eta\sigma^2+1} > EU_P^{JM} = \dfrac{2}{\eta(2+k)\sigma^2+2}$,此时中央政府的最佳选择是垂直管理体制。

在极端情形 3 下,根据 $c>0$ 和 $k=0$,我们可以得到 $EU_P^{VM} = \dfrac{(1+c)[\eta(1+c)\sigma^2+1]+\eta\sigma^2+1}{2(1+c)(\eta\sigma^2+1)[\eta(1+c)\sigma^2+1]} < EU_P^{JM} = \dfrac{1}{\eta\sigma^2+1}$,此时中央政府的最佳选择是属地管理体制。

在一般情形 1 下,如果 $c=c_0>0$,那么只要 k 能取到合适的门槛值 $\bar{k}$,就会存在:① 当 $k<\bar{k}$ 时,$EU_P^{VM}<EU_P^{JM}$,中央政府倾向于选择属地管理体制;② 当 $k=\bar{k}$ 时,$EU_P^{VM}=EU_P^{JM}$,中央政府在选择垂直管理体制和选择属地管理体制之间无差异;③ 当 $k>\bar{k}$ 时,$EU_P^{VM}>EU_P^{JM}$,中央政府倾向于选择垂直管理体制。

在一般情形 2 下,如果 $k=k_0>0$,那么只要 c 能取到合适的门槛值 $\bar{c}$,就会存在:

① 当 $c<\bar{c}$ 时，$EU_P^{VM}>EU_P^{JM}$，中央政府倾向于选择垂直管理体制；② 当 $c=\bar{c}$ 时，$EU_P^{VM}=EU_P^{JM}$，中央政府在选择垂直管理体制和选择属地管理体制之间无差异；③ 当 $c>\bar{c}$ 时，$EU_P^{VM}<EU_P^{JM}$，中央政府倾向于选择属地管理体制。

上述的讨论可以总结为命题 3、命题 4 和命题 5。

命题 3：当任务困难增加程度和任务合并的风险增加程度中至少有一个为 0 时，如果二者相等，那么垂直管理体制和属地管理体制是无差异的；如果前者大于后者，那么属地管理体制占优于垂直管理体制；如果后者大于前者，那么垂直管理体制占优于属地管理体制。

命题 4：如果任务困难增加程度保持不变，而且任务合并的风险增加程度能够取到合适的门槛值，那么当任务合并的风险增加程度等于该门槛值时，垂直管理体制和属地管理体制是无差异的；当任务合并的风险增加程度小于该门槛值时，属地管理体制占优于垂直管理体制；当任务合并的风险增加程度大于该门槛值时，垂直管理体制占优于属地管理体制。

命题 5：如果任务合并的风险增加程度保持不变，而且任务困难增加程度能够取到合适的门槛值，那么当任务困难增加程度等于该门槛值时，垂直管理体制和属地管理体制是无差异的；当任务困难增加程度小于该门槛值时，垂直管理体制占优于属地管理体制；当任务困难增加程度大于该门槛值时，属地管理体制占优于垂直管理体制。

五、结　语

本章对垂直管理和属地管理进行了比较制度分析，弄清楚在什么情况下宜采用垂直管理体制，在什么情况宜实行属地管理体制。我们的研究发现，在其他条件不变的情况下，随着任务困难增加程度的增大，垂直管理体制占优的可能性会变小，属地管理体制占优的可能性会变大；随着任务合并的风险增加程度的增大，垂直管理体制占优的可能性会变大，属地管理体制占优的可能性会变小。本着优先采用属地管理体制的分权精神，对于那些分开后会使任务困难增加程度变得比较大但合并后会使任务合并的风险增加程度变得比较小的任务，中央政府可以采用属地管理体制；对于那些分开后会使任务困难增加程度变得比较小但合并后会使任务合并的风险增加程度变得比较大的任务,中央政府可以采用垂直管理体制;对于那些分开后会使任务困难增加程度变得比较小且合并后也会使任务合并的风险增加程度变得比较小的任务,中央政府可以采用属地管理体制;对于那些分开后会使任务困难增加程度变得比较大且合并后也会使任务合并的风险增加程度变得比较大的任务,中央政府可以采用垂直管理体制,但是此时需要注意防范垂直管理机构和地方政府之间的合谋。

垂直管理体制和属地管理体制的选择目标在于找到中央政府与地方政府之间关系的平衡,既要防止中央政府的过度集权,又要防止地方政府权力的过度膨胀。从组织经济学的工作设计(job design)的角度来看,不同任务的不同性质会对中央政府与地方政府之间关系的平衡产生不同的影响,这就要求我们在进行垂直管理体制选择时需要对当前不同任务的性质进行合理的评估,在制度化和规范化的基础上推进垂直管理体制建设,而不是采取临时性的和应急性的"一垂到底"。

我们的模型在进行设定时进行了很大程度的简化,抽象掉了一些可能会在实际中发挥作用的因素。虽然这样的抽象有利于我们对问题进行处理,但是我们不能忽视问题本身的复杂性。垂直管理体制内部的运作并不像我们设定的那么简单,比如垂直管理体制在其"封闭的王国"内容易产生集体性腐败。如果考虑到这些抽象掉的因素,我们的基本权衡就会在某些方面发生一定的变化。

参考文献

[1] 董娟.我国政府垂直管理的现状、困境与思考[J].四川行政学院学报,2009(3):5-8.

[2] 董娟.垂直管理研究要科学严谨[J].中国国情国力,2011(5):17-19.

[3] 杜万平.对我国环境部门实行垂直管理的思考[J].中国行政管理,2006(3):99-102.

[4] 李宜春.论分权背景下的中国垂直管理体制——概况、评价及其完善建议[J].经济社会体制比较,2012(4):211-219.

[5] 龙太江,李娜.垂直管理模式下权力的配置与制约[J].云南行政学院学报,2007(6):54-57.

[6] 聂辉华,李金波.政企合谋与经济发展[J].经济学(季刊),2006,6(1):75-90.

[7] 皮建才.中国地方政府间竞争下的区域市场整合[J].经济研究,2008(3):115-124.

[8] 皮建才.中国大部制改革的组织经济学考察[J].中国工业经济,2011(5):90-98.

[9] 任进.规范垂直管理机构与地方政府的关系[J].国家行政学院学报,2009(3):21-24.

[10] 沈荣华.分权背景下的政府垂直管理、模式和思路[J].中国行政管理,2009(9):38-43.

[11] 孙发锋.垂直管理部门与地方政府关系中存在的问题及解决思路[J].河南师范大学学报(哲学社会科学版),2010(1):63-66.

[12] 王赛德,潘娇瑞.中国式分权与政府机构垂直化管理——一个基于任务冲突的多任务委托—代理框架[J].世界经济文汇,2010(1):92-101.

[13] 王永钦,张晏,章元,陈钊,陆铭.中国的大国发展道路:论分权式改革的得失[J].经济研究,2007(1):4-16.

[14] 徐现祥,李郇,王美今.区域一体化、经济增长与政治晋升[J].经济学(季刊),2007,6(4):1075-1096.

[15] 杨瑞龙,尹振东,桂林.上访与对地方官员问责:一个新政治经济学的视角[J].经济研究,2010(12):60-69.

[16] 尹振东.垂直管理与属地管理:行政管理体制的选择[J].经济研究,2011(4):41-54.

[17] 尹振东,聂辉华,桂林.垂直管理与属地管理的选择:政企关系的视角[J].世界经济文汇,2011(6):1-10.

[18] 张朝华.垂直管理扩大化下的地方政府变革[J].云南行政学院学报,2009(1):107-109.

[19] 周黎安.中国地方官员的晋升锦标赛模式研究[J].经济研究,2007(7):36-50.

[20] 周黎安.转型中的地方政府:官员激励和治理[M].上海:格致出版社和上海人民出版社,2008.

[21] Bolton P, Dewatripont M. 2005. *Contract Theory*. Cambridge, Massachusetts: MIT Press.

[22] Holmstrom B, Milgrom P. 1991. Multitask Principal-Agent Analyses: Incentive Contracts, Asset Ownership, and Job Design. *Journal of Law, Economics, and Organization*, 7: 24-52.

[23] Itoh H. 1994. Job Design, Delegation, and Cooperation: A Principal-Agent Analysis. *European Economic Review*, 38: 691-700.

[24] Itoh H. 2001. Job Design and Incentives in Hierarchies with Team Production. *Hitotsubashi Journal of Commerce and Management*, 36: 1-17.

[25] Meyer M, Olsen T, Torsvik G. 1996. Limited Intertemporal Commitment and Job Design. *Journal of Economic Behavior & Organization*, 31: 401-417.

（原文载于：皮建才，《垂直管理与属地管理的比较制度分析》，《中国经济问题》2014年第4期。）

第十一章　省管县与市管县的比较制度分析

内容提要:本章主要利用动态博弈考察了省管县与市管县的体制选择,从省级政府的角度分析了在什么条件下宜实行市管县,在什么条件下宜推进省管县。分析结果表明,当发展机会的期望得益小于某个临界值时,省级政府的最佳选择是采用省管县体制;当发展机会的期望得益大于某个临界值时,省级政府的最佳选择是采用市管县体制。在基本模型的基础上,我们进行了相关拓展和讨论。总而言之,从利用发展机会的角度而言,随着中国经济的持续发展,省管县体制占优于市管县体制的可能性越来越大。

关键词:地方政府;市管县;省管县;发展机会;比较制度分析

一、引　言

随着中国政治经济向纵深发展,政府间关系所面临的大环境发生了很大的改变,原先的市管县体制越来越不适应经济社会的发展,所以许多地区进行了从市管县体制到省管县体制的试验性改革,有些地区的改革是社会自发型的,有些地区的改革是行政权威主导型的(汤玉刚,2007)。当然,在当前的阶段尽管各省份省管县体制改革的模式或路径选择有所差别、各有侧重(袁建军、金太军,2010;张占斌,2013),但从总体上来讲省管县体制改革主要集中在财政体制改革上,并没有进行彻底的整体性体制改革。当然,即使在省管县财政体制改革上也存在很多体制性障碍,用周波和寇铁军(2012)的话说就是,"未实质触及政府间税权尤其是事权和支出责任划分这一政府间财政关系的核心问题"。所谓省管县财政体制是指县财政同地级市财政一样直接同省级财政在体制上挂钩,省级财政直接将预算拨付给县财政,并且将转移支付资金直接确定到县,地级市不再与所辖县在财政体制上产生结算关系(岳德军,2006;潘小娟,2012)。

现有的文献从不同的角度对省管县体制和市管县体制的各自优势和存在的问题进行了考察。市管县体制的主要长处是:① 在当时的历史条件下促进了区域统一市场的形成,遏制了所辖县之间的恶性竞争,在一定程度上发挥了中心城市对周边地带的辐射作用;② 精简了省县之间准层次的省级部门和机构,在一定程度上降低了省级政府的行政负担;③ 解决了新中国成立后省和县之间准层次长期虚实不定的问题(马斌,2009;叶敏,2012)。市管县体制存在的主要问题是:① 地级市政府为了追求政绩,往往将所辖县的资源投入到中心城市的发展上,损害了所辖县的利益;② 在财政资源配置上过多地向地级市倾斜,形成了所谓"市吃县""市压县""市刮县""市卡县""市挤县"的局面;③ 增加了行政管理层级和管理成本,不符合管理层级扁平化的大趋势;④ 很多地级市并没有对县产生辐射功能和效应,甚至在有些地方出现了"离心"趋势和"小马拉大车"的现象(马斌,2009;庞明礼,2007;张占斌,2009;叶敏,2012)。省管县体制的主要长处是:① 可以减少行政层级,提高政府管理效能;② 县可以拥有更大的自主权,有利于发展和壮大县域经济;③ 县可以绕过地级市的盘剥,有助于缓解县级财政困难(薄贵利,2006;庞明礼,2007;张占斌,2007)。省管县体制存在的主要问题是:① 对于一些人口众多的大省和自治区而言,会出现省级政府管理幅度过宽、管理难度加大的问题;② 地级市政府官员的精简会存在相当大的困难;③ 地级市由于利益关系会对改革进行一定的"干扰"和"阻挠";④ 相关配套政策措施不到位;⑤ 有可能加剧县级地方政府重复建设和无序开发(庞明礼,2007;于瀚尧、王乔,2014)。总体上来看,现有的基于语言描述的定性文献对省管县体制和市管县体制的选择中的权衡从提高行政效率的角度进行了比较透彻的分析,但是在某种程度上忽视了不同的管理体制对地级市政府和县级政府发现和利用经济发展机会所产生的影响。在不同的管理体制下,地级市政府和县级政府发展经济的主观能动性会很不一样,这会对当地经济发展产生一定的影响。比如,何显明(2009)就认为,浙江模式能够形成的一个很重要的原因就是浙江省一直以来采用了省管县体制;再比如,崔凤军和陈晓(2012)以浙江省为例的实证分析发现,浙江省的省管县体制有效提升了区际统筹发展能力和财政利用针对性,刺激了县级城市经济发展活力,带动了区域经济发展。

本章试图从发现和利用发展机会的角度为省管县与市管县的体制选择提供一个全新的权衡视角。具体来说,本章想从利用经济发展机会的角度来分析到底是市管县体制还是省管县体制对省政府来说更加有利。在经济发展的过程中,地级市政府和县级政府作为省级政府的代理人来推动当地的经济发展。在分析过程中,我们站在省级政府的角度,由省级政府来决定到底是采用市管县体制还是采用省管县体制。更加具体地说,我们是以省级政府基于税收收入带来的均衡效用的大小作为省级政府决策和选择的基准。我们之所以这样做的原因如下,中国的分税体制在中央政府和省级政府之间界定比较清晰,但是在省级政府以下的政府层级之间的界定比较模糊,各地在实际发展中采用了不同的税收制度安排,而且这些制度安排都是由省级政府来主导的。1994年分税制改革是一种政治妥协的产物,并没有在省、市、县、乡镇四级地方政府之间实行分税制,原因就在于地方财政层级过多而且地方可分的税种非常有限(陈庆海,2010)。尽管省级以下地方政府之间没有实行分税制,但是在实践中的税收制度安排比较多地类似于分成制。具体来说就是,在省级政府和地级市政府之间设共享收入,地级市政府具有相对独立的税收收入来源,共享收入按照比例共享或按照行业归属、企业隶属层级共享或两者兼而有之(吕冰洋,2011)。在这里,我们有两点需要说明。第一,从政治学或者行政管理学的视角来看,采用省管县体制还是市管县体制,关键是考虑如何提高行政效率和公共服务水平以及如何服务于经济发展,突出的是政府的服务功能。本章采用的是经济学的视角,跟传统的政治学或者行政管理学的视角有很大差异,我们的出发点是如何更好地促进经济发展。第二,不管是从历史的角度还是从现实的角度来看,就市管县体制的选择和省管县体制的选择而言,决定权不在省级政府手里,而在中央政府手里,但是因为本章在进行模型化时只考虑了省级政府、地级市政府和县级政府,并没有考虑中央政府,所以我们可以认为省级政府的利益实际上代表了中央政府的利益,省级政府的决策实际上代表了中央政府的决策,我们可以把省级政府看成是中央政府的忠实代理人。

关于省管县体制改革的实证经济学文献越来越多,主要包括才国伟和黄亮雄

(2010)、才国伟等(2011)、刘佳等(2011)、郑新业等(2011)、高军和王晓丹(2012)、李猛(2012)、毛捷和赵静(2012)、贾俊雪等(2013)以及叶兵等(2014)。才国伟和黄亮雄(2010)利用2000—2007年县域数据进行了定量分析,实证结果发现一个地区是否进行政府层级改革主要受到人口规模、经济水平、信息化水平、财政赤字、教育负担、金融发展水平等因素的影响。才国伟等(2011)利用1999—2008年地级市数据进行了定量分析,结果发现省管县确实降低了地级市财政收入和经济增长速度,引起了财政支出增长,抑制了城市规模的扩大,但与此同时也提高了第三产业比重,改善了城市的环境质量。刘佳等(2011)基于6省2004—2009年的面板数据发现省管县体制改革的财政效应明显,显著提高了县级政府的财政自给率,对县级市、富裕县和规模比较大的县的政策效应最为明显。郑新业等(2011)基于河南省的数据使用双重差分方法进行了研究,他们发现省管县体制改革提高了被直管县的经济增长率1.3个百分点,但是这个增长的源泉是经济分权而不是财政分权。高军和王晓丹(2012)利用江苏省的空间面板数据进行了分析,他们发现省管县体制改革对经济增长的促进作用主要是通过县(市)扩权产生的"政府竞争效应"实现的。李猛(2012)的经验研究表明,当县乡财政困境得到比较明显的缓解时,省管县体制改革有利于中国经济平稳较快增长;当县乡财政困境没有得到根本解决时,省管县体制改革不利于中国经济平稳较快增长。毛捷和赵静(2012)的实证分析发现,省管县体制改革对不同县级地区的经济增长和财力增长的促进程度是不一样的。贾俊雪等(2013)基于1997—2005年间的县级面板数据的经验分析表明,省管县体制改革有助于增强县级财政自给能力,从而实现县级财政解困,但同时也显著抑制了县域经济增长。叶兵等(2014)基于1997—2010年的省级面板数据发现,省管县对省经济增长有一定的负面影响,但是该影响并不显著。对省管县体制改革的系统而深入的正式理论模型研究在国内还比较少见,但是现有的基于计量的定量分析文献和基于语言描述的定性分析文献已经为我们建立系统的理论模型奠定了比较牢固的基础,亟须我们在理论建模上有所突破。从经济学思想的来源上看,本章主要沿承了奥地利学派的知识与发现(discovery)思想和新制度经济学派的授权与激励(delegation and incentives)思想。奥地利学派的知识与发现思想认为,每个代理人(在本章中是地级市政府和县级政府)都有自己的发散知识,使用这些发散知识能够发现和利用有利可图的机会(Hayek,1937,1945;Kirzner,1997)。新制度经济学派的授权激励(delegation and incentives)思想认为,不同的授权结构或者说更广义的组织结构(在本章中为省管县体制和市管县体制)会给代理人带来不同的激励,进而影响委托人(在本章中为省级政府)的得益(Aghion and Tirole,1995,1997;Athey and Roberts,2001;Maskin et al.,2000;蔡洪滨、刘青,2008)。

本章剩余部分的组织如下。第二部分分析了省管县体制,第三部分分析了市管县体制,第四部分对省管县体制和市管县体制进行了比较分析,第五部分进行了相关讨论,第六部分是结论。

二、省管县

在省管县体制下有三个行为主体,分别为省级政府、地级市政府和县级政府,地级市政府不能通过自身权力影响县级政府。我们用图 11-1 来示意省管县体制。

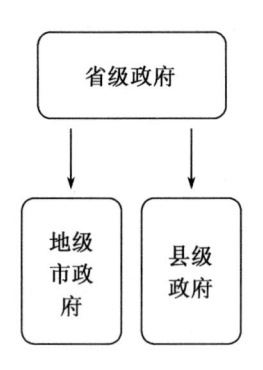

图 11-1 省管县体制示意图

我们分别用下标 P、A 和 B 来代表省级政府、地级市政府和县级政府。省级政府、地级市政府和县级政府进行的是完全且完美信息动态博弈。在第一阶段,省级政府先行动来设定合适的分成率,省级政府获得的分成率为 $1-t$,地级市政府和县级政府获得的分成率分别为 t,其中 $0<t<1$。在第二阶段,观察到省级政府设定的分成率以后,地级市政府和县级政府同时行动,分别选择自己的努力水平 e_A 和 e_B。地

级市政府和县级政府通过付出自身的努力来发现和利用发展机会,发展机会带来的期望得益为 r。当地级市政府付出努力 e_A 时,它以 e_A 的概率发现发展机会,但是要付出成本 $\frac{1}{2}e_A^2$。当县级政府付出努力 e_B 时,它以 e_B 的概率发现发展机会,但是要付出成本 $\frac{1}{2}e_B^2$。当地级市政府和县级政府同时发现发展机会时,地级市政府和县级政府各以 $\frac{1}{2}$ 的概率利用这个机会,这一点实际上体现了省管县体制下地级市政府和县级政府不再有高低之分,两者之间的关系属于同一级地方行政建制的横向关系(庞明礼、马晴,2012)。根据上面的表述,我们可以知道,发展机会被地级市政府发现而没有被县级政府发现的概率是 $e_A(1-e_B)$,发现机会被县级政府发现而没有被地级市政府发现的概率是 $e_B(1-e_A)$,发展机会被地级市政府和县级政府同时发现的概率是 $e_A e_B$,地级市政府和县级政府都没有发现发展机会的概率是 $(1-e_A)(1-e_B)$。

为了使我们的分析在数学上有意义且便于进行比较分析,我们假定 r 的取值范围为 $0<r<2$,这是一种基于本章分析的标准化。这样的标准化并不会使我们的分析失去一般性,$r\to 0$ 意味着发展机会的期望得益足够小,$r\to 2$ 意味着发展机会的期望得益足够大。r 模型化了发展机会的基本性质,不管是好机会还是坏机会,也不管是大机会还是小机会,最终都通过其期望得益来体现和刻画。所以,我们在这里需要注意的一个点就是发展机会的期望得益 r 到底处于什么样的变化趋势之中。中国经济的典型特征是转型加发展,在经济发展的一个很长的阶段内中国经济需要利用 Gerschenkron(1962)所讲的后发优势,这个时候把握的是 Lewis(1965)所说的外生机会,企业所要投资的是技术比较成熟、产品市场早已存在、处于世界产业链内部的产业,此时的企业很容易对哪一个产业是新的、有前景的产业形成共识(林毅夫,2007),进而发展机会的期望得益 r 就会比较大。但是在外生的发展机会利用的差不多以后,中国需要把握的是 Lewis(1965)所说的内生机会,此时新的、有前景的产业是难于预知和非常不确定的(林毅夫,2007),正所谓"一将功成万骨枯",进而发展机会的期望得益 r 就会比较小。我们实际上通过发展机会的期望得益 r 刻画了经济发展的不同阶段,随着经济不断发展,发展机会的期望得益 r 会变得越来越小。

在分析的过程中,我们用上标 * 代表省管县体制下的均衡。

地级市政府的效用函数 u_A 为:

$$u_A = e_A(1-e_B)tr + e_A e_B \frac{tr}{2} - \frac{1}{2}e_A^2 \tag{1}$$

(1)式意味着地级市政府的效用函数由三部分组成,第一部分是在县级政府没有发现发展机会的情况下地级市政府的收益,第二部分是在地级市政府和县级政府同时发现发展机会的情况下地级市政府的收益,第三部分是地级市政府付出的努力成本。

县级政府的效用函数 u_B 为:

$$u_B = e_B(1-e_A)tr + e_A e_B \frac{tr}{2} - \frac{1}{2}e_B^2 \tag{2}$$

(2)式意味着县级政府的效用函数由三部分组成,第一部分是在地级市政府没有发现发展机会的情况下县级政府的收益,第二部分是在地级市政府和县级政府同时发现发展机会的情况下县级政府的收益,第三部分是县级政府付出的努力成本。

省级政府的效用函数 u_P 为:

$$u_P = e_A(1-e_B)(1-t)r + e_B(1-e_A)(1-t)r + e_A e_B(1-t)r \tag{3}$$

(3)式意味着省政府的效用函数由三部分组成,第一部分是在县级政府没有发现发展机会但地级市政府发现了发展机会的情况下省级政府的分成收益,第二部分是在地级市政府没有发现发展机会但县级政府发现了发展机会的情况下省级政府的分成收益,第三部分是在地级市政府和县级政府同时发现发展机会的情况下省级政府的分成收益。

在进行求解的时候,我们使用逆向归纳法来寻找这个动态博弈的子博弈完美纳什均衡(subgame perfect Nash equilibrium)结果。

地级市政府和县级政府进行同时行动博弈,(1)式和(2)式的一阶条件分别为:

$$e_A = tr\left(1 - \frac{e_B}{2}\right) \tag{4}$$

$$e_B = tr\left(1 - \frac{e_A}{2}\right) \tag{5}$$

联立(4)式和(5)式,我们可以得到:

$$e_A = \frac{2tr}{2+tr} \tag{6}$$

$$e_B = \frac{2tr}{2+tr} \tag{7}$$

把(6)式和(7)式代入(3)式,我们可以得到:

$$u_P = \frac{8t(1-t)r^2}{(2+tr)^2} \tag{8}$$

由(8)式的一阶条件,我们可以得到:

$$t^* = \frac{2}{4+r} \tag{9}$$

把(9)式分别代入(6)式、(7)式和(8)式,我们可以得到均衡时的 e_A、e_B 和 u_P:

$$e_A^* = \frac{r}{2+r} \tag{10}$$

$$e_B^* = \frac{r}{2+r} \tag{11}$$

$$u_P^* = \frac{r^2(4+r)}{2(2+r)^2} \tag{12}$$

由(10)式、(11)式和(12)式,我们可以得到命题1。

命题1:在省管县体制下,地级市政府的均衡努力、县级政府的均衡努力以及省级政府的均衡效用都随着发展机会的期望得益的增加而增大。

证明:由(10)式、(11)式和(12)式分别对 r 求导,我们可以得到:

$$\frac{d e_A^*}{dr} = \frac{2}{(2+r)^2} > 0, \frac{d e_B^*}{dr} = \frac{2}{(2+r)^2} > 0, \frac{d u_P^*}{dr} = \frac{r^3+6r^2+16r}{2(2+r)^3} > 0 。$$

很显然,命题1所得到的结论是符合我们的经济学直觉的。

三、市管县

在市管县体制下有三个行为主体,分别为省级政府、地级市政府和县级政府,地级市政府可以通过自身权力影响县级政府。我们用图11-2来示意市管县体制。

```
           ┌──────────┐
           │ 省级政府  │
           └────┬─────┘
                │
                ▼
           ┌──────────┐
           │地级市政府 │
           └────┬─────┘
                │
                ▼
           ┌──────────┐
           │ 县级政府  │
           └──────────┘
```

图11－2　市管县体制示意图

我们仍然分别用下标P、A和B来代表省、地级市和县。省级政府、地级市政府和县级政府进行的是两个层次的完全且完美信息动态博弈。第一个层次的博弈在省级政府和地级市政府之间进行，属于两阶段动态博弈。第二个层次的博弈在省政府、地级市政府和县级政府之间进行，属于三阶段动态博弈。我们之所以把动态博弈分成了两个层次，是充分考虑到了地级市政府相对于县级政府而言的优先权，比如地级市政府利用经济发展机会中的优先权，这种优先权实际上体现了地级市政府和县级政府之间行政层级上的纵向关系（庞明礼、马晴，2012）。[①] 在第一个层次的博弈中，省级政府先行动来设定合适的分成率，省级政府获得的分成率为$1-t_1$，地级市政府获得的分成率为t_1，其中$0<t_1<1$，下标1表示第一个层次的博弈；观察到省级政府设定的分成率以后，地级市政府后行动，选择自己的努力水平e_A。第二个层次的博弈是在第一个层次的博弈的结果已经实现以后进行的。在第二个层次的博弈中，省级政府在第一阶段行动来设定合适的分成率，省级政府自己获得的分成率为$1-t_2$，

---

① 省管县和市管县两种体制的根本区别在于两种体制下市和县的行动顺序和决策变量有所不同。在省管县体制下，市和县的关系属于同一级地方行政建制的横向关系。在省管县体制下，市和县的关系属于行政层级上的纵向关系，容易形成引言中所提到的"市吃县""市压县""市刮县""市卡县""市挤县"的结果。我们的博弈设定可以比较好地抓住这两种体制的关键不同之处。

县级政府获得的分成率为t_2,其中$0<t_2<1$,下标2表示第二个层次的博弈;地级市政府在第二阶段行动来设定合适的分成率,地级市政府自己获得的分成率为ρ,县级政府获得的分成率为$1-\rho$,其中$0<\rho<1$;县级政府在第三阶段行动来选择自己的努力水平e_B。在这里,我们将对两个层次的动态博弈进行比较深入的说明。两个层次的动态博弈要求省级政府必须信守"公平对待市和县"的承诺,不能仅仅为了自身利益最大化而采取机会主义行为(比如,省级政府会为了使自己的分成利益最大化而故意扭曲分成率)。实际上,两个层次的动态博弈内含了税收公平的思想,也就是说,省级政府对地级市政府和县级政府是"一碗水端平"公平对待的,不存在歧视行为。这其中最根本的原因在于,按照本章设定的两层次决策,省级政府的两个层次的目标函数是独立的,这样就不会产生不分层次的决策所带来的歧视问题,我们随后就可以看到采用分层次决策算出来的结果确实是公平的。

跟第二部分一样,为了使我们的分析在数学上有意义且便于进行比较分析,我们假定r的取值范围为$0<r<2$。

在分析的过程中,我们用上标#代表市管县体制下的均衡。

在进行求解的时候,我们仍然使用逆向归纳法进行分析寻找博弈的子博弈完美纳什均衡结果。

我们先分析第一个层次的博弈,此时地级市政府的效用函数u_{A1}和省级政府的效用函数u_{P1}分别为:

$$u_{A1}=e_A t_1 r-\frac{1}{2}e_A^2 \tag{13}$$

(13)式意味着在第一个层次的博弈中地级市政府的效用函数由两部分组成,一部分是在地级市政府发现发展机会的情况下地级市政府的收益,一部分是地级市政府付出的努力成本。

$$u_{P1}=e_A(1-t_1)r \tag{14}$$

(14)式意味着在第一个层次的博弈中省级政府的效用函数由在地级市政府发现发展机会的情况下省级政府的分成收益构成。

(13)式的一阶条件为:

$$e_A = t_1 r \tag{15}$$

把(15)式代入(14)式,我们可以得到:

$$u_{P1} = r^2(t_1 - t_1^2) \tag{16}$$

由(16)式的一阶条件,我们可以得到:

$$t_1^{\#} = \frac{1}{2} \tag{17}$$

把(17)式分别代入(15)式和(16)式,我们可以得到:

$$e_A^{\#} = \frac{r}{2} \tag{18}$$

$$u_{P1}^{\#} = \frac{r^2}{4} \tag{19}$$

我们接着分析第二个层次的博弈,此时县级政府的效用函数 u_B、地级市政府的效用函数 u_{A2} 和省级政府的效用函数 u_{P2} 分别为:

$$u_B = e_B(1-e_A^{\#})(1-\rho)t_2 r - \frac{1}{2}e_B^2 \tag{20}$$

(20)式意味着在第二个层次的博弈中县级政府的效用函数由两部分组成,一部分是扣掉省级政府和地级市政府的分成之后的收益,一部分是县级政府付出的努力成本。

$$u_{A2} = e_B(1-e_A^{\#})\rho t_2 r \tag{21}$$

(21)式意味着在第二个层次的博弈中地级市政府的效用函数由地级市政府的分成收益构成。

$$u_{P2} = e_B(1-e_A^{\#})(1-t_2)r \tag{22}$$

(19)式意味着在第二个层次的博弈中省级政府的效用函数由省级政府的分成收益构成。

在进行分析时,我们要充分注意到(18)式 $e_A^{\#} = \frac{r}{2}$。

(20)式的一阶条件为:

$$e_B = \left(1 - \frac{r}{2}\right)(1-\rho)t_2 r \tag{23}$$

把(23)式代入(21)式,我们可以得到:

$$u_{A2}=\rho(1-\rho)t_2^2 r^2\left(1-\frac{r}{2}\right)^2 \tag{24}$$

由(24)式的一阶条件,我们可以得到:

$$\rho^{\#}=\frac{1}{2} \tag{25}$$

把(23)式和(25)式代入(22)式,我们可以得到:

$$u_{P2}=\frac{1}{2}r^2\left(1-\frac{r}{2}\right)^2 t_2(1-t_2) \tag{26}$$

由(26)式的一阶条件,我们可以得到:

$$t_2^{\#}=\frac{1}{2} \tag{27}$$

把(25)式和(27)式代入(23)式,我们可以得到:

$$e_B^{\#}=\frac{1}{4}r\left(1-\frac{r}{2}\right) \tag{28}$$

把(27)式代入(26)式,我们可以得到:

$$u_{P2}^{\#}=\frac{1}{8}r^2\left(1-\frac{r}{2}\right)^2 \tag{29}$$

由(19)式和(29)式,我们可以得到均衡时的 u_P:

$$u_P^{\#}=u_{P1}^{\#}+u_{P2}^{\#}=\frac{1}{8}r^2\left[2+\left(1-\frac{r}{2}\right)^2\right] \tag{30}$$

由(18)式、(28)式和(30)式,我们可以得到命题2。

命题2:在市管县体制下,地级市政府的均衡努力和省级政府的均衡效用都随着发展机会的期望得益的增加而增大;当发展机会的期望得益小于某个临界值时,县级政府的均衡努力随着发展机会的期望得益的增加而增大;当发展机会的期望得益大于某个临界值时,县级政府的均衡努力随着发展机会的期望得益的增加而减小。

证明:由(18)式、(28)式和(30)式分别对 r 求导,我们可以得到:

$$\frac{de_A^{\#}}{dr}=\frac{1}{2}>0,\quad \frac{du_P^{\#}}{dr}=\frac{3r[(r-1)^2+3]}{16}>0,$$

$$\frac{de_B^{\#}}{dr}=\frac{1}{4}(1-r),\text{当 }r\leqslant 1\text{ 时}\frac{de_B^{\#}}{dr}\geqslant 0,\text{当 }r>1\text{ 时}\frac{de_B^{\#}}{dr}<0。$$

命题2跟命题1的差别体现在县级政府的均衡努力随发展机会的期望得益变化的趋势上,在市管县体制下比在省管县体制下更加微妙和复杂。其原因就在于在市管县体制下,一方面地级市政府相对县级政府而言拥有经济发展上的优先权,另一方面地级市政府可以从县级政府那里获得收入分成。

四、比较分析

在进行比较分析时,我们主要把精力集中在两点上,第一点是地级市政府和县级政府在不同体制下的均衡努力水平的比较,第二点对省级政府来说哪一种体制是最佳的选择,其中第二点是本章分析的重中之重。

由(10)式和(18)式,我们可以得到:

$$e_A^* - e_A^\# = \frac{r}{2+r} - \frac{r}{2} = -\frac{r^2}{2(2+r)} < 0。$$

由(11)式和(28)式,我们可以得到:

$$e_B^* - e_B^\# = \frac{r}{2+r} - \frac{1}{4}r\left(1-\frac{r}{2}\right) = \frac{r^3+4r}{8(2+r)} > 0。$$

综上,我们可以得到命题3。

命题3:均衡时地级市政府的努力水平在省管县体制下比在市管县体制下更小,均衡时县级政府的努力水平在省管县体制下比在市管县体制下更大。

命题3意味着省管县体制更有利于发挥县级政府发现和利用发展机会的积极性,而市管县体制则更有利于发挥地级市政府发现和利用发展机会的积极性。

我们以省级政府的均衡效用作为比较的基准,借此来判断到底是省管县体制还是市管县体制占优。当$u_P^* > u_P^\#$时,省级政府倾向于采用省管县体制。当$u_P^* < u_P^\#$时,省级政府倾向于采用市管县体制。当$u_P^* = u_P^\#$时,省级政府在采用省管县体制和采用市管县体制之间没有差异。

$$u_P^* > u_P^\# \Leftrightarrow \frac{r^2(4+r)}{2(2+r)^2} > \frac{1}{8}r^2\left[2+\left(1-\frac{r}{2}\right)^2\right] \Leftrightarrow r^4+16r-16 < 0,由 r^4+16r-16 < 0,我们可以得到 r < \bar{r} \approx 0.95。$$

$$u_P^* < u_P^\# \Leftrightarrow \frac{r^2(4+r)}{2(2+r)^2} < \frac{1}{16}r^2\left[4+\left(1-\frac{r}{2}\right)^2\right] \Leftrightarrow r^4+16r-16 > 0,由 r^4+16r-16 >$$

0，我们可以得到 $r > \bar{r} \approx 0.95$。

$$u_P^* = u_P^\# \Leftrightarrow \frac{r^2(4+r)}{2(2+r)^2} = \frac{1}{16}r^2\left[4 + \left(1 - \frac{r}{2}\right)^2\right] \Leftrightarrow r^4 + 16r - 16 = 0，由 r^4 + 16r - 16 =$$

0，我们可以得到 $r = \bar{r} \approx 0.95$。

根据上面的分析，我们可以得到命题4。

命题4：当发展机会的期望得益小于某个临界值时，省级政府的最佳选择是采用省管县体制；当发展机会的期望得益大于某个临界值时，省级政府的最佳选择是采用市管县体制；当发展机会的期望得益等于某个临界值时，省级政府在采用省管县体制和采用市管县体制之间无差异。

命题4可以用图11-3来示意。

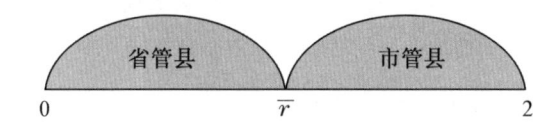

图11-3 基于发展机会期望得益的地方政府间纵向关系选择

命题4表明，中国地方政府间纵向关系的选择需要根据发展机会的期望得益的大小进行适当的权衡。

五、相关讨论

在命题4的基础上，结合中国经济发展的实际情况，我们可以进行多方位的拓展和讨论。在这里需要说明的是，在本章的主体部分（即第二部分、第三部分和第四部分），我们是基于发展机会的期望得益进行的讨论，实际上我们可以把发展机会的期望得益扩展为利用发展机会成功的概率、被考虑到的环境成本以及社会不和谐成本等诸多方面。我们之所以把发展机会的期望得益作为主体进行讨论，是因为这个量更能体现出与时俱进的特征，这个量的变化实际上体现的是外部形势的变化。

相关讨论主要分成了三个部分，第一部分是基于利用发展机会成功概率的相关讨论，第二部分是基于被考虑到的环境成本的相关讨论，第三部分是基于社会不和谐成本的相关讨论。我们之所以进行这三个方面的相关讨论，是因为通过这三点可以在很大程度上弄清中国经济发展的大环境的变化趋势。根据这些变化的大体趋势，我们可以从发现和把握经济发展机会的角度对省管县体制和市管县体制的选择进行权衡和判断。

(一) 基于利用发展机会成功概率的相关讨论

随着中国经济的发展，基于模仿的外生的发展机会越来越少，必须创造和利用基于研发的内生的发展机会。根据林毅夫(2007)的潮涌理论，利用外生的发展机会成功的概率很高，而利用内生的发展机会成功的概率比较小，尽管内生的发展机会成功时的得益很高，但是其期望得益却比较低。我们用 q 表示利用发展机会时成功的概率，用 $1-q$ 表示利用发展机会时失败的概率，利用发展机会成功时的收益为 r_H，利用发展机会失败时的收益为 r_L。那么，此时发展机会的期望得益是 $r=qr_H+(1-q)r_L$，其中 $0<r<2,0<q<1,0\leqslant r_L<\bar{r}<r_H$。利用命题4的结论，我们可以进行针对利用发展机会成功概率的分析。

$r<\bar{r} \Leftrightarrow qr_H+(1-q)r_L<\bar{r} \Leftrightarrow q<\bar{q}=\dfrac{\bar{r}-r_L}{r_H-r_L}$，此时省级政府宜采用省管县体制。

$r>\bar{r} \Leftrightarrow qr_H+(1-q)r_L>\bar{r} \Leftrightarrow q>\bar{q}=\dfrac{\bar{r}-r_L}{r_H-r_L}$，此时省级政府宜采用市管县体制。

$r=\bar{r} \Leftrightarrow qr_H+(1-q)r_L=\bar{r} \Leftrightarrow q=\bar{q}=\dfrac{\bar{r}-r_L}{r_H-r_L}$，此时省级政府在采用省管县体制和采用市管县体制之间没有差异。

根据上面的分析，我们可以得到命题5。

命题5：当利用发展机会成功的概率小于某个临界值时，省级政府的最佳选择是采用省管县体制；当利用发展机会成功的概率大于某个临界值时，省级政府的最佳选择是采用市管县体制；当利用发展机会成功的概率等于某个临界值时，省级政府在采用省管县体制和采用市管县体制之间无差异。

命题5可以用图11-4来示意。

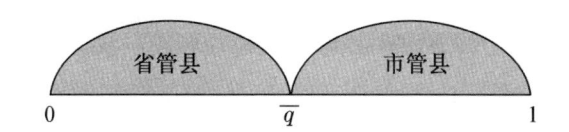

图 11-4 基于发展机会成功概率的地方政府间纵向关系选择

命题 5 表明,中国在建设创新型经济的过程中需要适时把握好地方政府间纵向关系从市管县体制向省管县体制转变的转折点。

(二) 基于被考虑到的环境成本的相关讨论

随着中国经济的发展,对环境保护的重视程度也越来越高,环境污染和生态破坏带来的社会成本逐渐从隐性走向显性。我们需要清楚的是,实际发生的环境成本是一回事,环境成本有没有被政府考虑到是另一回事。所以,我们在这里使用的术语是被考虑到的环境成本。《中华人民共和国国民经济和社会发展第十一个五年规划纲要》提出了"十一五"期间单位国内生产总值能耗降低 20%左右,主要污染物排放总量减少 10%的约束性指标。《中华人民共和国国民经济和社会发展第十二个五年规划纲要》进一步提出了"十二五"期间单位国内生产总值能源消耗降低 16%,单位国内生产总值二氧化碳排放降低 17%,化学需氧量、二氧化硫排放分别减少 8%,氨氮、氮氧化物排放分别减少 10%。中国地方政府间纵向关系选择必须考虑到世界经济发展中气候变化的大趋势和中央政府的大政方针。

很显然,一旦考虑到环境成本,发展机会的期望得益就会在一定程度上降低。我们用 $\tilde{q}$ 表示利用发展机会时成功的概率,用 $1-\tilde{q}$ 表示利用发展机会时失败的概率,利用发展机会成功时的收益为 r_H 但被考虑到的环境成本为 P,利用发展机会失败时的收益为 r_L 但被考虑到的环境成本为 αP。那么,此时发展机会的期望得益是 $r=\tilde{q}(r_H-P)+(1-\tilde{q})(r_L-\alpha P)$,其中 $0<r<2, 0<\tilde{q}<1, 0\leqslant r_L<\bar{r}<r_H, P>0, 0\leqslant\alpha\leqslant1$。利用命题 3 的结论,我们可以进行针对被考虑到的环境成本的分析。

$$r<\bar{r} \Leftrightarrow \tilde{q}(r_H-P)+(1-\tilde{q})(r_L-\alpha P)<\bar{r} \Leftrightarrow P>\bar{P}=\frac{\tilde{q}r_H+(1-\tilde{q})r_L-\bar{r}}{\tilde{q}+\alpha(1-\tilde{q})},$$ 此时省级政府宜采用省管县体制。

$$r>\bar{r} \Leftrightarrow \tilde{q}(r_H-P)+(1-\tilde{q})(r_L-\alpha P)>\bar{r} \Leftrightarrow P<\bar{P}=\frac{\tilde{q}r_H+(1-\tilde{q})r_L-\bar{r}}{\tilde{q}+\alpha(1-\tilde{q})}$$，此时省级政府宜采用市管县体制。

$$r=\bar{r} \Leftrightarrow \tilde{q}(r_H-P)+(1-\tilde{q})(r_L-\alpha P)=\bar{r} \Leftrightarrow P=\bar{P}=\frac{\tilde{q}r_H+(1-\tilde{q})r_L-\bar{r}}{\tilde{q}+\alpha(1-\tilde{q})}$$，此时省级政府在采用省管县体制和采用市管县体制之间没有差异。

根据上面的分析,我们可以得到命题6。

命题6：当被考虑到的环境成本大于某个临界值时,省级政府的最佳选择是采用省管县体制;当被考虑到的环境成本小于某个临界值时,省级政府的最佳选择是采用市管县体制;当被考虑到的环境成本等于某个临界值时,省级政府在采用省管县体制和采用市管县体制之间无差异。

命题6可以用图11-5来示意。

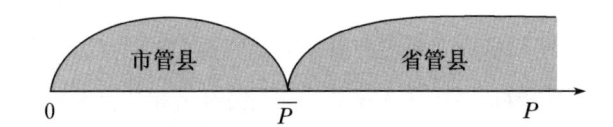

图11-5 基于被考虑到的环境成本的地方政府间纵向关系选择

命题6表明,中国在建设环境友好型社会的过程中需要适时把握好地方政府间纵向关系从市管县体制向省管县体制转变的转折点。

(三) 基于社会不和谐成本的相关讨论

随着中国经济的发展,政府对社会和谐的重视程度也越来越高。重新审视经济发展过程中的一些不和谐因素,并着力解决带来和引起这些不和谐因素的问题,已经进入了政府的议事日程。进入21世纪以来,中共十六大和十六届三中全会、四中全会,从全面建设小康社会、开创中国特色社会主义事业新局面的全局出发,明确提出构建社会主义和谐社会的战略任务,总体目标的一个重要组成部分就是正确处理新形势下的各种社会矛盾。比如,2011年1月19日国务院第141次常务会议通过了《国有土地上房屋征收与补偿条例(草案)》,规定取消行政强制拆迁,被征收人超过期限不搬迁的,由政府依法申请人民法院强制执行。

第十一章 省管县与市管县的比较制度分析

很显然,一旦考虑到社会不和谐带来的成本,发展机会的期望得益就会在一定程度上降低。我们用$\hat{q}$表示利用发展机会时成功的概率,用$1-\hat{q}$表示利用发展机会时失败的概率,利用发展机会成功时的收益为r_H但被考虑到的社会不和谐成本为D,利用发展机会失败时的收益为r_L但没有社会不和谐成本。那么,此时发展机会的期望得益是$r=\hat{q}(r_H-D)+(1-\hat{q})r_L$,其中$0<r<2, 0<\hat{q}<1, 0\leq r_L<\bar{r}<r_H, D>0, 0\leq \alpha \leq 1$。利用命题3的结论,我们可以进行针对社会不和谐成本的分析。

$r<\bar{r} \Leftrightarrow \hat{q}(r_H-D)+(1-\hat{q})r_L<\bar{r} \Leftrightarrow D>\bar{D}=\dfrac{\hat{q}r_H+(1-\hat{q})r_L-\bar{r}}{}$,此时省级政府宜采用省管县体制。

$r>\bar{r} \Leftrightarrow \hat{q}(r_H-D)+(1-\hat{q})r_L>\bar{r} \Leftrightarrow D<\bar{D}=\dfrac{\hat{q}r_H+(1-\hat{q})r_L-\bar{r}}{}$,此时省级政府宜采用市管县体制。

$r=\bar{r} \Leftrightarrow \hat{q}(r_H-D)+(1-\hat{q})r_L=\bar{r} \Leftrightarrow D=\bar{D}=\dfrac{\hat{q}r_H+(1-\hat{q})r_L-\bar{r}}{}$,此时省级政府在采用省管县体制和采用市管县体制之间没有差异。

根据上面的分析,我们可以得到命题7。

命题7:当社会不和谐成本大于某个临界值时,省级政府的最佳选择是采用省管县体制;当社会不和谐成本小于某个临界值时,省级政府的最佳选择是采用市管县体制;当社会不和谐成本等于某个临界值时,省级政府在采用省管县体制和采用市管县体制之间无差异。

命题7可以用图11-6来示意。

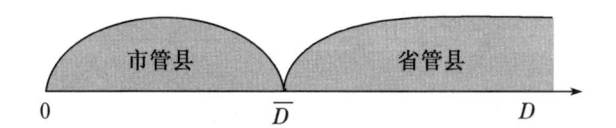

图11-6 基于社会不和谐成本的地方政府间纵向关系选择

命题7表明,中国在建设和谐社会的过程中需要适时把握好地方政府间纵向关系从市管县体制向省管县体制转变的转折点。

六、结　论

本章主要利用动态博弈考察了省管县与市管县的体制选择,从省级政府的角度分析了在什么条件下宜实行市管县,在什么条件下宜推行省管县。分析结果表明,当发展机会的期望得益小于某个临界值时,省级政府的最佳选择是采用省管县体制;当发展机会的期望得益大于某个临界值时,省级政府的最佳选择是采用市管县体制。相关讨论表明,当利用发展机会成功的概率小于某个临界值时,省级政府的最佳选择是采用省管县体制;当被考虑到的环境成本大于某个临界值时,省级政府的最佳选择是采用省管县体制;当社会不和谐成本大于某个临界值时,省级政府的最佳选择是采用省管县体制。总而言之,随着中国经济的发展,省管县体制占优于市管县体制的可能性越来越大。

十八届三中全会通过的《中共中央关于全面深化改革若干重大问题的决定》指出,"优化行政区划设置,有条件的地方探索推进省直接管理县(市)体制改革。"在政策建议方面,本章主要集中在以下三点上,这三点都跟发现和利用发展机会有关。第一,经济发达省份相对于经济落后省份而言,更需要加快推进省管县体制改革。这种紧迫性是由经济发达省份正逐渐步入创新型经济的发展形势和趋势决定的,省管县体制对于这些地区而言更容易发现和把握内生的经济发展机会。更进一步,具体到某一个省份而言,经济发达的地级市相对于经济落后的地级市而言,更需要加快推进省管县体制改革。第二,推进省管县体制改革需要加强县级政府的能力建设。在我们的模型中,县级政府和地级市政府发现和利用发展机会的能力是相同的,而在现实中县级政府的组织能力和执政能力可能远小于地级市政府的组织能力和执政能力。只有提高县级政府的自身能力,才能使省管县体制的潜在优势真正发挥出来。一些学者也注意到了这一点,比如,杨茂林(2010)从建设服务型县级政府的角度提出了省管县体制需要加强县政建设;比如,吴金群(2010)指出,县与县之间存在很大的差异,需要对县进行分等管理,比如大致可以把县分为一类县、二类县和三类县;再比如,庞明礼和张东方(2013)指出,提高省、市、县之间干部交流的频率和幅度,强化县级政府干部培训制度。第三,省管县财政体制改革需要行政管理体制改革的配套。如果财政体制从市管县体制变为省管县体制以后,地级市政府相对县级政府而言拥有的经济发展上的优先权并没有改变,那么这种"有名无实"的省管县并不会对地级市政府相对县级政府发现和利用发展机会产生任何实质性的影响。杨志勇(2009)也强调了此类配套条件的重要性。

最后需要说明的是,我们的模型只是从发现和利用发展机会的角度对省管县体制和市管县体制的相对优劣进行了考察,抽象掉了很多重要的作用因素(比如,忽视了转移支付的作用、忽视了政府运行成本以及行政环节减少对行政效率的影响),只是研究中国地方政府间纵向关系选择的一个可能的视角,希望本章能够对本领域的其他视角的研究起到抛砖引玉的作用。另外,我们的模型还有进一步改进的余地,比如,我们可以考虑市管县体制下地级市政府在经济发展的过程中给县级政府带来的正外部性;再比如,我们还可以考虑省管县体制下地级市政府和县级政府之间的政治锦标赛,所有这些会留在以后的研究中进行。

参考文献

[1] Aghion P., and J. Tirole, 1995, Some Implications of Growth for Organizational Form and Ownership Structure, *European Economic Review*, 39 (3~4): 440-455.

[2] Aghion P., and J. Tirole, 1997, Formal and Real Authority in Organization, *Journal of Political Economy*, 105 (1): 1-29.

[3] Athey S., and J. Roberts, 2001, Organizational Design: Decision Rights and Incentive Contracts, *American Economic Review*, Papers and Proceedings, 91 (2): 200-205.

[4] Gerschenkron A., 1962, *Economic Backwardness in Historical Perspective*, Cambridge, Mass.: Harvard University Press.

[5] Hayek F. A., 1937, Economics and Knowledge, *Economica*, 4 (13): 33-54.

[6] Hayek F. A., 1945, The Use of Knowledge in Society, *American Economic Review*, 35 (4): 519-530.

[7] Kirzner I. M., 1997, Entrepreneurial Discovery and the Competitive Market Process:

An Austrian Approach, *Journal of Economic Literature*, 35 (1): 60 - 85.

［8］Lewis A., 1965, *Theory of Economic Growth*, New York: Harper & Row.

［9］Maskin E., Y. Qian, and C. Xu, 2000, Incentives, Information, and Organizational Form, *Review of Economic Studies*, 67 (2): 359 - 378.

［10］薄贵利.稳步推进省直管县体制[J].中国行政管理,2006(9):29-32.

［11］才国伟,黄亮雄.政府层级改革的影响因素及其经济绩效研究[J].管理世界,2010(8):73-83.

［12］才国伟,张学志,邓卫广."省直管县"改革会损害地级市的利益吗?[J].经济研究,2011(7):65-77.

［13］蔡洪滨,刘青.多代理人情形下的授权结构与激励[J].经济学(季刊),2008(1):1-22.

［14］陈庆海.完善"省直管县"推进地方分税制改革[J].税务研究,2010(4):17-20.

［15］崔凤军,陈晓."省管县"体制对不同等级行政区域经济发展的影响研究——以浙江省为例[J].经济地理,2012(9):1-7.

［16］高军,王晓丹."省直管县"财政体制如何促进经济增长——基于2004—2009年数据的实证分析[J].财经研究,2012(3):4-14.

［17］何显明.省管县体制与浙江模式的生成机制及其创新[J].浙江社会科学,2009(11):2-7.

［18］贾俊雪,张永杰,郭婧.省直管县财政体制改革、县域经济增长与财政解困[J].中国软科学,2013(6):22-29,52.

［19］李猛."省直管县"能否促进中国经济平稳较快增长?——理论模型和绩效评价[J].金融研究,2012(1):91-102.

［20］林毅夫.潮涌现象与发展中国家宏观经济理论的重新构建[J].经济研究,2007(1):126-131.

［21］刘佳,马亮,吴建南.省直管县改革与县级政府财政解困——基于6省面板数据的实证研究[J].公共管理学报,2011(3):33-43.

［22］吕冰洋.税收分权研究[M].北京:中国人民大学出版社,2011.

［23］马斌.政府间关系:权力配置与地方治理——基于省、市、县政府间关系的研究[M].杭州:浙江大学出版社,2009.

[24] 毛捷,赵静."省直管县"财政改革促进县域经济发展的实证分析[J].财政研究,2012(1):38-41.

[25] 潘小娟.关于推行"省直管县"改革的调查和思考[J].政治学研究,第2012(1):3-10.

[26] 庞明礼."省管县":我国地方行政体制改革的趋势[J].中国行政管理,2007(6):21-25.

[27] 庞明礼,马晴."省直管县"改革背景下的地级市:定位、职能及其匹配[J].中国行政管理,2012(4):74-77.

[28] 庞明礼,张东方.省直管县体制改革的制度设计研究[J].北京行政学院学报,2013(1):29-33.

[29] 汤玉刚.论新一轮地方政府体制改革的若干关键问题:从"市管县"到"省管县"[J].经济体制改革,2007(5):23-28.

[30] 吴金群.统筹城乡发展中的省管县体制改革[J].经济社会体制比较,2010(5):133-141.

[31] 杨茂林.以公共服务为中心推进县政建设——从"省直管县"的视阈谈起[J].中国行政管理,2010(5):86-90.

[32] 杨志勇.省直管县财政体制改革研究——从财政的省直管县到重建政府间财政关系[J].财贸经济,2009(11):36-41.

[33] 叶兵,黄少卿,何振宇.省直管县改革促进了地方经济增长吗?[J].中国经济问题,2014(6):3-15.

[34] 叶敏.增长驱动、城市化战略与市管县体制变迁[J].公共管理学报,2012(4):33-41.

[35] 于瀚尧,王乔.深化财政"省直管县"改革的路径选择[J].当代财经,2014(5):25-33.

[36] 袁建军,金太军."省管县"体制改革研究——以经济管理体制改革为研究视角[J].政治学研究,2010(5):73-81.

[37] 岳德军.关于省管县财政体制改革的思考[J].财政研究,2006(9):26-28.

[38] 张占斌.政府层级改革与省直管县实现路径研究[J].经济与管理研究,2007(4):22-27.

[39] 张占斌.省直管县体制改革的实践创新[M].北京:国家行政学院出版社,2009.

[40] 张占斌.省直管县改革新试点:省内单列与全面直管[J].中国行政管理,2013(3):

11-15.

[41] 郑新业,王晗,赵益卓. "省直管县"能促进经济增长吗?——双重差分方法[J]. 管理世界,2011(8):34-44,65.

[42] 周波,寇铁军. 我国省直管县财政改革的体制性障碍及破解[J]. 财贸经济,2012(6):21-25.

(原文载于:皮建才,《省管县与市管县的比较制度分析》,《中国经济问题》2015年第6期。)

第十二章　中国工业反哺农业的政府作用机制及其福利效果

内容提要:本章主要从农村居民需求启动效应的视角分析了中国工业反哺农业的政府作用机制及其福利效果。在分析的过程中,本章从全局的视角、地方政府的视角、中央政府的视角和人口流动的视角出发考察了工业反哺农业处于转折点时的临界值并对这些临界值进行了比较静态分析。尽管工业反哺农业需要付出财政转移支付的成本,但是通过工业反哺农业却可以启动广大农村地区的内需,所以问题的关键在于如何在这两者之间进行正确的权衡。

关键词:工业反哺农业;中央政府;地方政府

一、引　言

随着中国经济的发展,工业反哺农业逐渐被提上了议程,这跟世界经济发展的实践是一致的。尽管有一些别学者(比如,林毅夫,2003)认为,中国尚未进入工业反哺农业的阶段,但是绝大多数学者认为,2004年减免农业税拉开了中国工业反哺农业的序幕,处于工业化中后期的中国目前已经进入了工业反哺农业的阶段。周立群和许清正(2007)以及王碧峰(2008)对此做了比较详细的文献综述。

关于中国工业反哺农业的作用机制,不同的学者从不同的角度进行了探讨。朱四海和熊本国(2006)从农业生产的角度分析了中国工业反哺农业的作用机制,认为工业反哺农业主要通过技术传递和价格传递实现,工业反哺农业的核心在于技术效应和联合效应产生的效应剩余。宋德勇等(2007)从二元经济结构转换的角度分析了中国工业反哺农业的作用机制,认为加大对农业的投入和加快资本积累速度并在此基础上形成工农两部门整体均衡发展是工业反哺农业的关键。安同良等(2007)从微观行为主体的视角分析了中国工业反哺农业的作用机制,提出了在缩小城乡收入差距基础上进行强制性反哺和自然反哺的反哺机制。龙翠红(2007)从农村人力资本投资的角度分析了中国工业反哺农业的作用机制,认为加强农村人力资本投资(主要是农村教育特别是基础教育和健康)是工业反哺农业的核心内容。

关于中国工业反哺农业的行为主体,大多数学者认为尽管是多元主体,但应以政府这一主体为主。朱四海和熊本国(2005)认为政府反哺的行为主体是政府(包括各级政府及其职能部门),社会化反哺的行为主体是政府、企业(包括企业所依托的市场)以及各种行业协会和非政府组织。简新华和何志扬(2006)认为反哺的主体应当包括政府、企业和社会组织,相应的反哺实施机制分别是政府机制、市场机制和社会机制。洪银兴(2007)认为中国的工业化和城市化达到一定阶段以后,工业反哺农业的行为主体需要从乡镇企业和乡镇政府转移到县级政府,县级政府实施反哺的主要途径是扩大公共财政在农村的覆盖面和增加农村公共产品的供给。

关于工业反哺农业的时机与条件,蔡昉(2006)认为,农村剩余劳动力的转移不仅创造了反哺农业的条件,也决定了反哺农业的水平。从对农业进行征税到对农业进行保护的转换(也就是从农业反哺工业到工业反哺农业的转换)取决于农业产值比重和农业劳动力比重。但是,蔡昉(2006)并没有对他的思想进行模型化。本章建立的分析框架初步模型化了工业反哺农业过程中处于转折点的临界值,并对这些临界值进行了详细的比较静态分析,比较静态分析的目的是为了弄清楚影响临界值的变量到底对工业反哺农业产生的是正向影响还是产生负向影响。

本章主要从农村居民需求启动效应[①]的角度考察了中国工业反哺农业的政府作

---

① 需求启动效应存在的前提条件是随着农村居民收入水平的提高,农村居民的消费结构也会随之进行升级。这正是基于统计经验的恩格尔定律所揭示的,中国的统计数据也支持这一点,我们可以参见赵卫亚(1999)等诸多相关的经验分析。其实,农村居民的需求启动效应长期以来在国内经济学界(其中以林毅夫教授为主要代表)是一种共识。在本章的一个早期版本中,使用的术语是"需求正外部性"而不是"需求启动效应",但是"需求正外部性"这一术语存在使用上的不规范之处,关于外部性使用上的经常性误解可以参见卢锋(1999)的一篇思辨性很强的文章。

用机制及其福利效果,在视角上跟已有文献存在明显的不同。① 本章的模型在思想上主要来源于以下三个方面。第一个方面是内生经济增长理论所讲的外部性导致经济增长,包括 Romer(1986)强调的技术外部性和 Lucas(1988)强调的人力资本外部性,当然我们强调的是农村居民需求启动效应。第二个方面是经济增长的制度理论中的扩展穷人选举权的成本(Acemoglu and Robinson,2000;Acemoglu and Robinson,2006)和扩大穷人教育面的成本(Bourguignon and Verdier,2000),当然我们强调的是反哺成本。第三个方面是国家规模理论中的基本权衡,即国家规模大小的决定取决于国家规模扩大本身带来的收益和民众对公共物品和政府政策的偏好差异带来的成本之间的折中(Alesina and Spolaore,1997;Alesina and Spolaore,2005),当然我们强调的是工业反哺农业的收益与成本之间的权衡。在构造模型的过程中我们针对本章要分析的具体问题综合考虑了以上三种思想。在本章中,我们设定进行工业反哺农业的行为主体是政府(包括地方政府和中央政府),这样做有利于集中精力考察中国工业反哺农业过程中最重要的反哺主体及其作用机制。就像许多学者(比如,胡同恭,2005)所强调的,政府通过财政转移支付进行工业反哺农业是反哺的主要通道和主要实现机制。② 当一个地区的农业部门的就业人口的收入达到全国的平均收入水平时,这些达到平均收入的农业人口就会对工业部门的产品产生需求愿望,从而产生了农村居民需求启动效应。③ 换句话说,尽管工业反哺农业需要付

---

① 当然,分析工业反哺农业的视角有很多,比如城乡关系的视角就可能是其中最重要的视角之一。但是,从政府作用机制的视角进行分析也可以得到一些具有启发意义的命题,而且这一视角相对而言也更加直接。

② 从政府作用机制的视角对工业反哺农业进行分析确实需要舍象掉很多枝节,只有舍象掉一些枝节才能突出本章想要突出的机制。实际上,不管是计划经济时代进行的"农业反哺工业"还是现阶段进行的"工业反哺农业"从本质上看属于转移支付的问题,但是问题在于关于转移支付的主流文献(比如 Corneo and Gruner,2000;Acemoglu and Robinson,2001)一般把主要精力集中在各阶级分配利益的相互作用上,而不是把主要精力集中在产生利益的政府作用上,这一点跟本章有根本性的不同。

③ 我们之所以假设当一个地区的农业部门的就业人口的收入达到全国的平均收入水平时,这些达到平均收入的农业人口就会对工业部门的产品产生需求愿望,在很大程度上是为了分析上的方便。更加一般意义上的假设应该是,当一个地区的农业部门的就业人口的收入达到全国的平均收入水平的某一比例 τ(其中 $\underline{\tau} \leqslant \tau \leqslant 1$)时,这些达到平均收入的农业人口就会对工业部门的产品产生需求愿望。把 τ 设定为 $\underline{\tau}$ 或者把 τ 设定为 1 不会影响结论的一般性,但是把 τ 设定为 1 有利于简化我们的分析。

出财政转移支付的成本,但是通过工业反哺农业却可以启动广大农村地区的内需,问题的关键在于如何在这两者之间进行正确的权衡。

本章剩余部分的组织如下:第二部分从全局的视角考察了工业反哺农业,第三部分从地方政府的视角考察了工业反哺农业,第四部分从中央政府的视角考察了工业反哺农业,第五部分从人口流动的视角考察了工业反哺农业,第六部分也就是最后一部分给出了结语。

二、工业反哺农业:全局的视角

在这一部分,我们将从全局的视角考察工业反哺农业。尽管这一视角的考察既没有考虑到地方政府在进行工业反哺农业时的私心问题(地方官员的晋升激励约束),也没有考虑到中央政府在进行工业反哺农业时的能力问题(中央政府的税收能力约束),但这却是我们分析问题的一个重要基准(benchmark)。我们假定工业部门(industrial sector)的人均收入为 y^i,工业部门就业人数占总人口的 $1-x$,农业部门(agricultural sector)的人均收入为 y^a,农业部门就业人数占总人口的 x,其中 $0<x<1$。为了分析的方便,我们把全国总人口标准化为 2,这样有利于我们在以后的分析中把发达地区和落后地区的人口分别标准化为 1。为了表述的方便,我们令 $\Delta y = y^i - y^a > 0$ 表示工业和农业之间的平均收入差距。

这样一来,我们可以得到全国的人均收入为:

$$\bar{y} = (1-x)y^i + xy^a \tag{1}$$

在工业反哺农业的过程中,当单位比例的农业部门的人均收入达到全国平均水平时,可以在农村居民消费上产生单位启动效应 μ,这种启动效应是由提高收入以后的农业就业人口可以消费更多的工业产品引起的。

在不进行工业反哺农业时,社会总福利为:

$$W^0 = 2[(1-x)y^i + xy^a] \tag{2}$$

在进行工业反哺农业时,我们假定反哺的单位成本为 $(1+\lambda)(\bar{y}-y^a)$,其中 λ 表示进行转移支付时的社会成本($\lambda>0$)。如果反哺的农业人口占总人口的比例为 z,那么社会总福利为:

第十二章 中国工业反哺农业的政府作用机制及其福利效果

$$W^1 = 2[(1-x)y^i + xy^a - (1+\lambda)(\bar{y} - y^a)z + (\bar{y} - y^a)z + \mu z] \\ = 2[(1-x)y^i + xy^a - \lambda(\bar{y} - y^a)z + \mu z] \\ = 2[(1-x)y^i + xy^a - \lambda(1-x)(y^i - y^a)z + \mu z] \quad (3)$$

从全局的角度来看,只有当 $W^1 \geq W^0$ 时,进行工业反哺农业才能改善社会总福利。

此时,我们可以得到工业反哺农业的存在条件:

$$\mu \geq \lambda(1-x)(y^i - y^a) \quad (4)$$

(4)式是在本章的分析中非常关键的一个式子,所以需要引起我们的特别注意。首先,我们需要注意的是 $\lambda(1-x)(y^i - y^a) > 0$ 而不是等于 0。因为 $\lambda > 0, 0 < x < 1$, $\Delta y = y^i - y^a > 0$,所以 $\lambda(1-x)(y^i - y^a) > 0$ 是显而易见的。其次,我们需要注意的是 μ 表示的是单位启动效应,而不是总体启动效应,μ 的存在表明的是至少有一定比例的农业人口已经被反哺,而不是表明全体农业人口都已经被反哺。

为了分析的方便,我们令 $\bar{\mu} = \lambda(1-x)(y^i - y^a) = \lambda(1-x)\Delta y$。

当 $\mu > \bar{\mu}$ 时,$z^* = z$,反哺程度为 $f^* = x/x = 1$。

当 $\mu = \bar{\mu}$ 时,$z^* \in [0, x]$,反哺程度为 $f^* \in [0, 1]$。

当 $\mu < \bar{\mu}$ 时,$z^* = 0$,反哺程度为 $f^* = 0/x = 0$。

这样一来,我们可以得到命题 1。

命题 1:从全局的角度来看,当 $\mu > \bar{\mu}$ 时,进行工业反哺农业会改进社会总福利;当 $\mu < \bar{\mu}$ 时,进行工业反哺农业会带来社会总福利的损失;当 $\mu = \bar{\mu}$ 时进行工业反哺农业既不会改进社会总福利也不会带来社会总福利的损失。

在命题 1 的基础上,我们可以得到推论 1。

推论 1:从全局的角度来看,工业反哺农业的可能性随着转移支付的社会成本的增大而减小,随着工业人口的增多而减小,随着工农业之间的平均收入差距的增大而减小。

证明:$\bar{\mu}$ 越大,工业反哺农业的难度就越大,从而可能性就越小。由 $\bar{\mu}$ 的定义,我们很容易得到:$\partial \bar{\mu}/\partial \lambda = (1-x)\Delta y > 0, \partial \bar{\mu}/\partial(1-x) = \lambda \Delta y > 0, \partial \bar{\mu}/\partial \Delta y = \lambda(1-x) > 0$。

推论1虽然看上去跟发展经济学的原理相违背,但是仔细思考一下就可以发现并不违背,从全局的角度来看,转移支付的社会成本的增大和工农业之间的平均收入差距的增大意味着反哺成本的增大,工业人口的增多意味着农业人口产生农村居民需求启动效应的作用减弱,从而使得工业反哺农业的收益减小。最关键的一点是,我们所分析的工业反哺农业从成本和收益的经济理性决策的角度出发的,而不是从公平和稳定的非经济理性决策的角度出发的。所以,从本章的角度出发所得到的一些结论可能跟从其他角度出发所得到的一些结论有很大的不同。

三、工业反哺农业:地方政府的视角

在这一部分,我们将从地方政府的视角考察工业反哺农业。我们假设存在两个地区,一个是发达地区(用 g 表示),一个是落后地区(用 b 表示)。发达地区和落后地区的人口总数分别标准化为1,这样加总起来的全国人口就是2。发达地区的工业部门的人均收入为 y^i,工业部门就业人数占总人口的 $1-x_g$,农业部门的人均收入为 y^a,农业部门就业人数占总人口的 x_g,其中 $0<x_g<1$。落后地区的工业部门的人均收入为 y^i,工业部门就业人数占总人口的 $1-x_b$,农业部门的人均收入为 y^a,农业部门就业人数占总人口的 x_b,其中 $0<x_b<1$。发达地区和落后地区的区别体现在 $x_g<x_b$ 上,也就是说发达地区的农业人口的比重更小。[①] 农业人口比重的不同,从而农业产值比重不同,会造成工业反哺农业地区适用性的不同(杨凌志等,2007),发达地区适合进行工业反哺农业未必意味着落后地区也适合进行工业反哺农业。

发达地区和落后地区分别进行各自的工业反哺农业,居民消费上产生的单位启动效应仍然为 μ,发达地区和落后地区反哺的农业人口占其总人口的比例分别为 z_g 和 z_b。发达地区和落后地区进行工业反哺农业时,所产生的农村居民消费上的启动

---

① 另一个不同的假设是,发达地区的工业和农业部门的人均收入可能都要高于落后地区相应两部门的人均收入(比如发达地区的工业和农业部门的人均收入是落后地区相应两部门的人均收入 k 倍,其中 $k>1$)。这样的假设不会在实质上改变本章的结论,但是会使得本章的运算非常复杂,我们在本章的一个最早版本中曾经使用这样的假设,但是后来经过反复斟酌后还是采用了发达地区和落后地区的区别体现在发达地区的农业人口的比重更小这一假设,中国的统计数据支持发达地区的农业人口的比重更小的假设。

效应并不能完全内部化,因为发达地区提高收入以后的农民有可能消费落后地区生产的工业产品,而落后地区提高收入以后的农民有可能消费发达地区生产的工业产品。我们假定,发达地区和落后地区能够把外部性内部化的比例分别为 γ_g 和 γ_b,其中 $0<\gamma_g<1,0<\gamma_b<1$。

发达地区和落后地区的地方官员之间存在政治上的晋升锦标赛。在这种背景下,发达地区不愿意让落后地区沾自己太多的光,落后地区也不愿意让发达地区沾自己太多的光。也就是说,发达地区通过自身的工业反哺农业所获得的净福利增加必须大于落后地区通过发达地区的正外部溢出效应所白白获得的净福利增加,落后地区通过自身的工业反哺农业所获得的净福利增加必须大于发达地区通过落后地区的正外部溢出效应所白白获得的净福利增加,否则就会面临"为他人做嫁衣裳"的困境。这实际上至少意味着 $\gamma_g>1/2$ 和 $\gamma_b>1/2$,根据经济发展过程中的现实情况我们可以认为 $\gamma_g>1/2$ 和 $\gamma_b>1/2$ 是成立的。

当两个地区都不进行工业反哺农业时,发达地区的社会福利为:

$$W_g^0 = (1-x_g)y^i + x_g y^a \tag{5}$$

由于发达地区的总人口数被标准化为1,所以发达地区的社会福利实际上也就是发达地区的人均收入 $\bar{y}_g$,即 $\bar{y}_g = (1-x_g)y^i + x_g y^a$。跟第二部分的分析一样,$\Delta y = y^i - y^a > 0$ 表示发达地区的工业和农业之间的平均收入差距。

当两个地区都不进行工业反哺农业时,落后地区的社会福利为:

$$W_b^0 = (1-x_b)y^i + x_b y^a \tag{6}$$

由于落后地区的总人口数被标准化为1,所以落后地区的社会福利实际上也就是落后地区的人均收入 $\bar{y}_b$,$\bar{y}_b = (1-x_b)y^i + x_b y^a$。跟第二部分的分析一样,$\Delta y = y^i - y^a > 0$ 表示发达地区的工业和农业之间的平均收入差距。

全国的平均收入水平为:

$$\bar{y} = (\bar{y}_g + \bar{y}_b)/2 = (1 - x_g/2 - x_b/2)y^i + (x_g/2 + x_b/2)y^a \tag{7}$$

我们在进行分析的时候设定,发达地区和落后地区的农业部门的就业人口的收入水平达到全国的平均收入水平($\bar{y}$)时就会产生居民需求正外部性。也就是说,居民需求启动效应的产生并不是地区依赖的(region contingent),并不会因为发达地区和落后地区的不同而不同。

当两个地区都进行某种程度(比如,z_g 和 z_b)的工业反哺农业时,发达地区和落后地区的社会福利分别为:

$$W_g^1 = (1-x_g)y^i + x_g y^a - \lambda(\bar{y}-y^a)z_g + \mu\gamma_g z_g + \mu(1-\gamma_b)z_b \tag{8}$$

$$W_b^1 = (1-x_b)y^i + x_b y^a - \lambda(\bar{y}-y^a)z_b + \mu\gamma_b z_b + \mu(1-\gamma_g)z_g \tag{9}$$

3.1 政治晋升下的工业反哺农业的条件

在发达地区和落后地区之间存在政治晋升锦标赛的情况下,我们容易得到以下两个条件:

$$\mu\gamma_g z_g - \lambda(\bar{y}-y^a)z_g > \mu(1-\gamma_g)z_g \tag{10}$$

$$\mu\gamma_b z_b - \lambda(\bar{y}-y^a)z_b > \mu(1-\gamma_b)z_b \tag{11}$$

根据前面的分析,由于 $\gamma_g > 1/2$ 和 $\gamma_b > 1/2$,我们可以得到发达地区和落后地区进行工业反哺农业的条件分别为:

$$\mu > \lambda(\bar{y}-y^a)/(2\gamma_g - 1) \tag{12}$$

$$\mu > \lambda(\bar{y}-y^a)/(2\gamma_b - 1) \tag{13}$$

这两个条件实际上决定了发达地区和落后地区进行工业反哺农业的策略选择空间的临界值。为了分析的方便,我们令 $\mu_g^p = \lambda(\bar{y}-y^a)/(2\gamma_g-1) = \lambda(1-x_g/2-x_b/2)\Delta y/(2\gamma_g-1)$,$\mu_b^p = \lambda(\bar{y}-y^a)/(2\gamma_b-1) = \lambda(1-x_g/2-x_b/2)\Delta y/(2\gamma_b-1)$,其中上标 p 代表政治晋升。

我们的分析要分成两种情况,一种情况是 $\gamma_b < \gamma_g$,另一种情况是 $\gamma_b > \gamma_g$。[①] 由 $\gamma_b < \gamma_g$ 可知,$\mu_b^p > \mu_g^p$。相应地,由 $\gamma_b > \gamma_g$ 可知,$\mu_b^p < \mu_g^p$。两种情况的讨论如下。

若 $\gamma_b < \gamma_g$(相应地,$\gamma_b > \gamma_g$),当 $\mu > \mu_b^p$(相应地,$\mu > \mu_g^p$)时,$z_g^* = x_g$(相应地,$z_b^* = x_b$),发达地区(相应地,落后地区)的反哺程度为 $f_g^* = x_g/x_g = 1$(相应地,$f_b^* = x_b/x_b = 1$)。

若 $\gamma_b < \gamma_g$(相应地,$\gamma_b > \gamma_g$),当 $\mu = \mu_b^p$(相应地,$\mu = \mu_g^p$)时,$z_g^* = x_g$(相应地,$z_b^* =$

[①] 本章在一个早期的版本中只采用了 $\gamma_b < \gamma_g$ 的假设,后来对 $\gamma_b < \gamma_g$ 和 $\gamma_b > \gamma_g$ 两种情形分别进行了讨论。

x_b),发达地区(相应地,落后地区)的反哺程度为 $f_g^* = x_g/x_g = 1$(相应地,$f_b^* = x_b/x_b = 1$);$z_b^* \in [0, x_b]$(相应地,$z_g^* \in [0, x_g]$),落后地区(相应地,发达地区)的反哺程度为 $f_b^* \in [0,1]$(相应地,$f_g^* \in [0,1]$)。

若 $\gamma_b < \gamma_g$(相应地,$\gamma_b > \gamma_g$),当 $\mu_g^p < \mu < \mu_b^p$(相应地,$\mu_b^p < \mu < \mu_g^p$)时,$z_g^* = x_g$(相应地,$z_b^* = x_b$),发达地区(相应地,落后地区)的反哺程度为 $f_g^* = x_g/x_g = 1$(相应地,$f_b^* = x_b/x_b = 1$);$z_b^* = 0$(相应地,$z_g^* = 0$),落后地区(相应地,发达地区)的反哺程度为 $f_b^* = 0/x_b = 0$(相应地,$f_g^* = 0/x_g = 0$)。

若 $\gamma_b < \gamma_g$(相应地,$\gamma_b > \gamma_g$),当 $\mu = \mu_g^p$(相应地,$\mu = \mu_b^p$)时,$z_g^* \in [0, x_g]$(相应地,$z_b^* \in [0, x_b]$),发达地区(相应地,落后地区)的反哺程度为 $f_g^* \in [0,1]$(相应地,$f_b^* \in [0,1]$);$z_b^* = 0$(相应地,$z_g^* = 0$),落后地区(相应地,发达地区)的反哺程度为 $f_b^* = 0/x_b = 0$(相应地,$f_g^* = 0/x_g = 0$)。

若 $\gamma_b < \gamma_g$(相应地,$\gamma_b > \gamma_g$),当 $\mu < \mu_g^p$(相应地,$\mu < \mu_b^p$)时,$z_g^* = 0$,发达地区的反哺程度为 $f_g^* = 0/x_g = 0$;$z_b^* = 0$,落后地区的反哺程度为 $f_b^* = 0/x_b = 0$。

这样一来,我们就可以得到命题 2。

命题 2:若 $\gamma_b < \gamma_g$(相应地,$\gamma_b > \gamma_g$),从政治晋升的角度来看,当 $\mu > \mu_b^p$(相应地,$\mu > \mu_g^p$)时,发达地区和落后地区都进行工业反哺农业;当 $\mu_g^p < \mu < \mu_b^p$(相应地,$\mu_b^p < \mu < \mu_g^p$)时,发达地区(相应地,落后地区)进行工业反哺农业,但落后地区(相应地,发达地区)不进行工业反哺农业;当 $\mu < \mu_g^p$(相应地,$\mu < \mu_b^p$)时,发达地区和落后地区都不进行工业反哺农业;当 $\mu = \mu_b^p$(相应地,$\mu = \mu_g^p$)时,发达地区(相应地,落后地区)进行工业反哺农业,落后地区(相应地,发达地区)在是否进行工业反哺农业之间没有差异;当 $\mu = \mu_g^p$(相应地,$\mu = \mu_b^p$)时,发达地区(相应地,落后地区)在是否进行工业反哺农业之间没有差异,落后地区(相应地,发达地区)不进行工业反哺农业。

在命题 2 的基础上,我们可以得到推论 2。

推论 2:从政治晋升的角度来看,对发达地区而言,$\partial \mu_g^p / \partial \lambda > 0$,$\partial \mu_g^p / \partial \Delta y > 0$,$\partial \mu_g^p / \partial \gamma_g < 0$;对落后地区而言,$\partial \mu_b^p / \partial \lambda > 0$,$\partial \mu_b^p / \partial \Delta y > 0$,$\partial \mu_b^p / \partial \gamma_b < 0$。

证明:由 $\mu_g^p = \lambda(\bar{y} - y^a)/(2\gamma_g - 1) = \lambda(1 - x_g/2 - x_b/2)\Delta y/(2\gamma_g - 1)$ 求偏导,我

们很容易得到命题的前半部分。由 $\mu_b^p = \lambda(\bar{y}-y^a)/(2\gamma_b-1) = \lambda(1-x_g/2-x_b/2)\Delta y/(2\gamma_b-1)$ 求偏导,我们很容易得到命题的后半部分。

推论2表明,从政治晋升的角度来看,不管对发达地区还是对落后地区而言,工业反哺农业的可能性随着转移支付的社会成本增大而减小,随着工农业之间的平均收入差距的增大而减小,随着外部性内部化的比例的增大而增大。

3.2 经济效率下的工业反哺农业的条件

首先,我们分析发达地区。从经济效率①的角度出发,由(5)式和(8)式,我们可以知道,只要 $W_g^1 \geq W_g^0$,发达地区就会进行工业反哺农业,此时我们可以得到:

$$\mu > \lambda(\bar{y}-y^a)/[\gamma_g+(1-\gamma_b)z_b/z_g] \tag{14}$$

其次,我们分析落后地区。从经济效率的角度出发,由(6)式和(9)式,我们可以知道,只要 $W_b^1 \geq W_b^0$,发达地区就会进行工业反哺农业,此时我们可以得到:

$$\mu > \lambda(\bar{y}-y^a)/[\gamma_b+(1-\gamma_g)z_g/z_b] \tag{15}$$

为了分析的方便,我们令 $\mu_g^e = \lambda(\bar{y}-y^a)/[\gamma_g+(1-\gamma_b)z_b/z_g] = \lambda(1-x_g/2-x_b/2)\Delta y/[\gamma_g+(1-\gamma_b)z_b/z_g]$,$\mu_b^e = \lambda(\bar{y}-y^a)/[\gamma_b+(1-\gamma_g)z_g/z_b] = \lambda(1-x_g/2-x_b/2)\Delta y/[\gamma_b+(1-\gamma_g)z_g/z_b]$,其中上标 e 代表经济效率。

对发达地区而言,当 $\mu > \mu_g^e$ 时,$z_g^* = x_g$,反哺程度为 $f_g^* = x_g/x_g = 1$;当 $\mu = \mu_g^e$ 时,$z_g^* \in [0, x_g]$,反哺程度为 $f_g^* \in [0,1]$;当 $\mu < \mu_g^e$ 时,$z_g^* = 0$,反哺程度为 $f_g^* = 0/x_g = 0$。

对落后地区而言,当 $\mu > \mu_b^e$ 时,$z_b^* = x_b$,反哺程度为 $f_b^* = x_b/x_b = 1$;当 $\mu = \mu_b^e$ 时,$z_b^* \in [0, x_b]$,反哺程度为 $f_b^* \in [0,1]$;当 $\mu < \mu_b^e$ 时,$z_b^* = 0$,反哺程度为 $f_b^* = 0/x_b = 0$。

这样一来,我们就可以得到命题3。

命题3:从经济效率的角度来看,对发达地区而言,当 $\mu > \mu_g^e$ 时,发达地区会进行工业反哺农业;当 $\mu < \mu_g^e$ 时,发达地区不会进行工业反哺农业;当 $\mu = \mu_g^e$ 时,发达地区

---

① 在从经济效率考察的过程中,政治晋升激励不会发生作用,经济效率的源泉来自各个地区从工业反哺农业的过程中获得的净收益。本章之所以从经济效率考察,是为了表明在存在政治晋升激励的条件下工业反哺农业的难度会加大。

在是否进行工业反哺农业之间没有差异。对落后地区而言,当 $\mu>\mu_b^e$ 时,落后地区会进行工业反哺农业;当 $\mu<\mu_b^e$ 时,落后地区不会进行工业反哺农业;当 $\mu=\mu_b^e$ 时,落后地区在是否进行工业反哺农业之间没有差异。

在命题 3 的基础上,我们可以得到推论 3。

推论 3:从经济效率的角度来看,对发达地区而言,$\partial \mu_g^e/\partial \lambda>0$,$\partial \mu_g^e/\partial \Delta y>0$,$\partial \mu_g^e/\partial \gamma_g<0$;对落后地区而言,$\partial \mu_b^e/\partial \lambda>0$,$\partial \mu_b^e/\partial \Delta y>0$,$\partial \mu_b^e/\partial \gamma_b<0$。

证明:由 $\mu_g^e=\lambda(\bar{y}-y^a)/[\gamma_g+(1-\gamma_b)z_b/z_g]=\lambda(1-x_g/2-x_b/2)\Delta y/[\gamma_g+(1-\gamma_b)z_b/z_g]$ 求偏导,我们很容易得到命题的前半部分。由 $\mu_b^e=\lambda(\bar{y}-y^a)/[\gamma_b+(1-\gamma_g)z_g/z_b]=\lambda(1-x_g/2-x_b/2)\Delta y/[\gamma_b+(1-\gamma_g)z_g/z_b]$ 求偏导,我们很容易得到命题的后半部分。

推论 3 表明,从经济效率的角度来看,不管对发达地区还是对落后地区而言,工业反哺农业的可能性随着转移支付的社会成本增大而减小,随着工农业之间的平均收入差距的增大而减小,随着外部性内部化的比例的增大而增大。这个结论跟推论 2 的结论非常相似,这就表明不管是从政治晋升的角度还是从经济效率的角度来看,转移支付的社会成本、工农业之间的平均收入差距、外部性内部化的比例对工业反哺农业的影响机制都是一样的。这也从另一个角度说明了为什么中国地方政府之间的政治晋升机制在很大程度上具有一定的经济效率特性。

3.3 比较分析

我们可以对政治晋升和经济效率下的发达地区和落后地区进行工业反哺农业的 μ 的临界值进行比较分析,看一看哪种情形下的临界值更大,也就是看一看哪种情形下更容易进行工业反哺农业。

命题 4:不管是对发达地区还是对落后地区而言,从政治晋升的角度来看都比从经济效率的角度来看更难进行工业反哺农业。

证明:要想证明命题 4 成立,只需要证明 $\mu_g^p>\mu_g^e$ 和 $\mu_b^p>\mu_b^e$。我们先证明 $\mu_g^p>\mu_g^e$。因为 $(1-\gamma_b)z_b/z_g\geq 0$,$\gamma_g-1<0$,所以 $(1-\gamma_b)z_b/z_g>\gamma_g-1$。进一步,因为 $\gamma_g>1/2$,所以 $\gamma_g+(1-\gamma_b)z_b/z_g>2\gamma_g-1>0$。更进一步,因为 $\lambda(\bar{y}-y^a)>0$,所以 $\lambda(\bar{y}-y^a)/$

$(2\gamma_g-1)>\lambda(\bar{y}-y^a)/[\gamma_g+(1-\gamma_g)z_b/z_g]$,即 $\mu_g^p>\mu_g^e$。同样的道理,我们也可以证明 $\mu_b^p>\mu_b^e$。

命题 4 表明,中国地方政府之间为了政治晋升会牺牲某种程度的经济效率,在本来应该进行工业反哺农业的时候不进行工业反哺农业。换句话说,中国政治上中央集权经济上地方分权体制下的地方政府间竞争实际上在某种程度上阻碍了工业反哺农业的进行。

四、工业反哺农业：中央政府的视角

在这一部分,我们将从中央政府的视角考察工业反哺农业。我们假定不是由地方政府而是由中央政府进行工业反哺农业。中央政府在进行工业反哺农业的过程中遵循公平的原则,对同一地区的农业人口进行同等程度的反哺。

中央政府从发达地区和落后地区的工业部门抽税来反哺农业部门。中央政府的税收能力是一个非常重要的约束。在考虑到农村居民需求启动效应的情况下,如果中央政府的税收能力足够强的话,工业反哺农业就是可行的；如果中央政府的税收能力太弱的话,工业反哺农业就是不可行的。中央政府对全国的工业部门征税的统一税率为 t,我们假定这个税率不会危及工业部门的企业的良性发展。中央政府的税收总量 T 实际上代表了中央政府的税收能力。在分析的过程中,我们要记住发达地区和落后地区的人口总数分别标准化为 1。而且,我们还要记住进行转移支付需要付出社会成本 λ。

中央政府的税收总量为：

$$T=t[(1-x_g)y^i+(1-x_b)y^i] \tag{16}$$

全国农业部门的就业人口为：

$$A=x_g+x_b \tag{17}$$

不管对发达地区还是对落后地区来讲,当 $T/[A(1+\lambda)]+y^a\geq\bar{y}$ 时,中央政府进行的工业反哺农业会在发达地区和落后地区产生农村居民需求启动效应。此时,我们可以得到：

$$T\geq A(1+\lambda)(1-x_g/2-x_b/2)\Delta y \tag{18}$$

为了在工业反哺农业的过程中使发达地区产生农村居民需求启动效应,发达地区需要中央政府的转移支付为:

$$T_g \geq x_g(1+\lambda)(1-x_g/2-x_b/2)\Delta y \tag{19}$$

为了在工业反哺农业的过程中使落后地区产生农村居民需求启动效应,落后地区需要中央政府的转移支付为:

$$T_b \geq x_b(1+\lambda)(1-x_g/2-x_b/2)\Delta y \tag{20}$$

跟前面类似,为了分析的方便,我们令 $\overline{T}=A(1+\lambda)(1-x_g/2-x_b/2)\Delta y$,$\overline{T}_g=x_g(1+\lambda)(1-x_g/2-x_b/2)\Delta y$,$\overline{T}_b=x_b(1+\lambda)(1-x_g/2-x_b/2)\Delta y$。我们很容易得到:$\overline{T}=\overline{T}_g+\overline{T}_b$,$\overline{T}_g<\overline{T}_b$。

在分析的过程中,我们需要记住,中央政府在进行工业反哺农业的过程中遵循公平的原则,对同一地区的农业人口进行同等程度的反哺,这样就排除了中央政府对同一地区进行歧视性反哺的可能性。当然,中央政府这样做可能会在顾及公平时损失效率。

当 $T \geq \overline{T}$ 时,中央政府对发达地区和落后地区同时进行反哺,此时两个地区都可以产生农村居民需求启动效应。

当 $\overline{T}_g \leq T < \overline{T}$ 时,中央政府只对发达地区进行反哺,此时发达地区可以产生农村居民需求启动效应。

当 $T < \overline{T}_g$ 时,中央政府既不对发达地区也不对落后地区进行反哺,此时两个地区都不会产生农村居民需求启动效应。

综合以上分析,我们可以命题 5。

命题 5:从中央政府的税收能力的角度来看,当 $T \geq \overline{T}$ 时,中央政府对发达地区和落后地区同时进行反哺;当 $\overline{T}_g \leq T < \overline{T}$ 时,中央政府只对发达地区进行反哺;当 $T < \overline{T}_g$ 时,中央政府既不对发达地区也不对落后地区进行反哺。

命题 5 表明,中央政府是否进行工业反哺农业并不是由自己的主观意志决定的,而是由自身的税收能力决定的。一般来讲,由于 $\overline{T}_g < \overline{T}_b$,所以中央政府会率先对发达地区进行反哺,这就决定了只有在 $T \geq \overline{T}$ 时中央政府才会在已对发达地区进行反

哺的基础上对落后地区进行反哺。也就是说,在中央政府进行工业反哺农业的过程中不能搞"一刀切",否则就难以产生农业部门的居民需求启动效应。

在命题5的基础上,我们可以得到推论4。

推论4:就中央政府的税收能力而言,其临界值随着转移支付的社会成本的增大而增大,随着工农业之间的平均收入差距的增大而增大,随着全国农业部门的就业人口的增加而变化的趋势不确定。

证明:由 $\overline{T}=A(1+\lambda)(1-x_g/2-x_b/2)\Delta y=(A-A^2/2)(1+\lambda)\Delta y$ 求偏导,我们很容易得到:$\partial \overline{T}/\partial \lambda=A(1-x_g/2-x_b/2)\Delta y>0$,$\partial \overline{T}/\partial \Delta y=A(1+\lambda)(1-x_g/2-x_b/2)>0$,当 $A\geqslant 1$ 时 $\partial \overline{T}/\partial A=(1-A)(1+\lambda)\Delta y\leqslant 0$,当 $A<1$ 时 $\partial \overline{T}/\partial A=(1-A)(1+\lambda)\Delta y>0$。

就推论4而言,我们需要注意的是第三点结论的含义,当全国农业部门的就业人口超过全国总人口的一半时,中央政府税收能力的临界值随着全国农业部门的就业人口的增加而减小;当全国农业部门的就业人口不到全国总人口的一半时,中央政府税收能力的临界值随着全国农业部门的就业人口的增加而增加。全国农业人口的比重为二分之一是一个非常重要的转折点,这个转折点实际上意味着全国的工业化水平达到了一定的水平,达不到这个转折点全国工业化的水平还比较低,超过了这个转折点意味着全国工业化的水平已经比较高。

五、工业反哺农业:人口流动的视角

在这一部分,我们将从流动的视角考察工业反哺农业。农村人口流动有两种可能,一种可能是一个地区内部的农业部门人口流向工业部门,另一种可能是落后地区农业人口流向发达地区工业部门。尽管在户籍制度的约束下农业部门的就业人口和工业部门的就业人口在总体上是相对稳定的,但是农业流动人口(农民工)的收入和就业显然不同于在农村从事农业的农民,而且农民工确实为中国经济发展做出了很大的贡献。

5.1 全局视角时的人口流动

在从全局视角考察工业反哺农业的过程中,我们需要考虑农村人口流动的影响,此时我们可以把发达地区和落后地区看成是一个整体。在这里,我们假定农村流动人口占农业总人口比例 x 中的 m（其中 $0<m<x$）,农业流动人口的人均收入为 $(y^a+y^i)/2$,采用 $(y^a+y^i)/2$ 的形式是为了简化分析,更加一般的假设应该是 $ky^a+(1-k)y^i$,其中 $0<k<1$。

考虑到人口流动,我们可以得到全国的人均收入为：

$$\bar{y}'=(1-x)y^i+(x-m)y^a+m(y^a+y^i)/2 \tag{21}$$

此时若不进行工业反哺农业,社会总福利为：

$$W^{0\prime}=2[(1-x)y^i+(x-m)y^a+m(y^a+y^i)/2] \tag{22}$$

此时若进行工业反哺农业,社会总福利为：

$$\begin{aligned}W^{1\prime}&=2[(1-x)y^i+(x-m)y^a+m(y^a+y^i)/2-(1+\lambda)(\bar{y}'-y^a)z+(\bar{y}'-y^a)z+\mu z]\\&=2[(1-x)y^i+(x-m)y^a+m(y^a+y^i)/2-\lambda(\bar{y}'-y^a)z+\mu z]\\&=2[(1-x)y^i+(x-m)y^a+m(y^a+y^i)/2-\lambda(1-x+m/2)(y^i-y^a)z+\mu z]\end{aligned}$$
$$\tag{23}$$

从全局的角度来看,只有当 $W^{1\prime}\geqslant W^{0\prime}$ 时,进行工业反哺农业才能改善社会总福利。

此时,我们可以得到工业反哺农业的存在条件：

$$\mu'\geqslant\lambda(1-x+m/2)(y^i-y^a) \tag{24}$$

这样一来,我们就可以得到,$\bar{\mu}'=\lambda(1-x+m/2)(y^i-y^a)$。我们很容易发现,$\bar{\mu}'=\lambda(1-x+m/2)(y^i-y^a)>\bar{\mu}=\lambda(1-x)(y^i-y^a)\Delta y$,即 $\bar{\mu}'-\bar{\mu}=\lambda m/2(y^i-y^a)>0$。

在以上分析的基础上,我们可以得到以下命题。

命题 6：农业流动人口的存在会在某种程度上阻碍工业反哺农业的进行,并且这种阻碍作用会随着农业流动人口的增加而增大。

证明：由 $\bar{\mu}'>\bar{\mu}$ 和 $\partial\bar{\mu}'/\partial m=\lambda/2(y^i-y^a)>0$,我们很容易得到这个命题。

命题 6 的含义和推论 1 的含义类似。之所以得到这样的结论的原因在于,农业流动人口的存在会使得全国人均收入增加,从而使得产生农村居民需求启动效应的成本增加。正如推论 1 后面的阐释中所强调的,我们要记住的最为关键的一点是,我们所分析的工业反哺农业从成本和收益的经济理性决策的角度出发的,而不是从公平和稳定的非经济理性决策的角度出发的。

5.2 地方政府视角时的人口流动

在从地方政府视角考察工业反哺农业的过程中,我们也需要考虑农村人口流动的影响,此时我们不能把发达地区和落后地区看成是一个整体。在这里,我们假定发达地区的农村流动人口占发达地区农业总人口比例 x_g 中的 n(其中 $0<n<x_g$),落后地区流向发达地区工业部门的农村流动人口占落后地区农业总人口比例 x_b 中的 q(其中 $0<q<x_b$),落后地区流向落后地区工业部门的农村流动人口占落后地区农业总人口比例 x_b 中的 r(其中 $0<r<x_b$),$0<q+r<x_b$。跟前面一样,农业流动人口的人均收入为 $(y^a+y^i)/2$。

当两个地区都不进行工业反哺农业时,发达地区的社会福利为:

$$W_g^{0'} = (1-x_g)y^i + (x_g-n)y^a + n(y^a+y^i)/2 \tag{25}$$

当两个地区都不进行工业反哺农业时,落后地区的社会福利为:

$$W_b^{0'} = (1-x_b)y^i + (x_b-q-r)y^a + (q+r)(y^a+y^i)/2 \tag{26}$$

全国的平均收入水平为:

$$\bar{y}' = (1-x_g/2-x_b/2)y^i + (x_g/2+x_b/2)y^a + (n+q+r)(y^i-y^a)/4 \tag{27}$$

当两个地区都进行某种程度(比如,z_g 和 z_b)的工业反哺农业时,发达地区和落后地区的社会福利分别为:

$$W_g^{1'} = (1-x_g)y^i + (x_g-n)y^a + n(y^a+y^i)/2 - \lambda(\bar{y}'-y^a)z_g + \mu\gamma_g z_g + \mu(1-\gamma_b)z_b \tag{28}$$

$$W_b^{1'} = (1-x_b)y^i + (x_b-q-r)y^a + (q+r)(y^a+y^i)/2 \\ -\lambda(\bar{y}'-y^a)z_b + \mu\gamma_b z_b + \mu(1-\gamma_g)z_g \tag{29}$$

首先,不难验证,在地方政府官员追求政治晋升的约束条件下,考虑人口流动和不考虑人口流动所得到的工业反哺农业的条件是一样的,命题2和推论2仍然适用。这意味着从政治晋升激励的角度来看,人口流动并不会使得工业反哺农业更加难以进行。

其次,不难验证,在地方政府官员追求经济效率的条件下,考虑人口流动和不考虑人口流动所得到的工业反哺农业的条件是不一样的,命题3和推论3不再适用,我们得到的新的 μ_g^e 和 μ_b^e 的临界值为: $\mu_g^{e\prime}=\lambda[1-x_g/2-x_b/2+(n+q+r)/4]\Delta y/[\gamma_g+(1-\gamma_b)z_b/z_g]$, $\mu_b^{e\prime}=\lambda[1-x_g/2-x_b/2+(n+q+r)/4]\Delta y/[\gamma_b+(1-\gamma_g)z_g/z_b]$。经过比较以后,我们可以发现,考虑人口流动时的临界值大于不考虑人口流动时的临界值,即 $\mu_g^{e\prime}>\mu_g^e$, $\mu_b^{e\prime}>\mu_b^e$。这意味着从经济效率的角度来看,人口流动会使得工业反哺农业更加难以进行。这实际上也正是推论1和命题6所揭示的道理。

六、结　语

本章主要从农村居民需求启动效应的视角分析了中国工业反哺农业的政府作用机制及其福利效果。在分析的过程中,本章从全局的视角、地方政府的视角、中央政府的视角和人口流动的视角出发考察了工业反哺农业的临界值条件并对其进行了比较静态分析。尽管工业反哺农业需要付出财政转移支付的成本,但是通过工业反哺农业却可以启动广大农村地区的内需,所以问题的关键在于如何在这两者之间进行正确的权衡。

尽管工业反哺农业是一个非常复杂的过程,需要多元反哺主体进行分工和协作(朱四海,2007),但是在分析的过程中我们需要找到具体反哺主体背后的具体作用机制,决不能"眉毛胡子一把抓"。只有在清楚地了解各个反哺主体的作用机制的基础上,我们才能找到"对症下药"的综合性应对措施,才能防止造成"捡了芝麻丢了西瓜"式的福利损失。从国际上工业反哺农业的经验来看,工业反哺农业可以分为转折期和大规模反哺期;从中国的实际情况来看,中国已经跨过了转折期,正在向大规模反哺期过渡(马晓河等,2005)。这样一来,我们需要把更多的注意力放在工业反哺农业的临界值(比如 $\bar{\mu}$、μ_g^p、μ_g^e、μ_b^p、μ_b^e 和 $\bar{T}$)条件的判断上,在正确判断的基础上进行有效的工业反哺农业。

从政府作用机制的角度来看,中央政府和地方政府需要根据事权和财权相匹配的原则以及外部性大小的原则,合理界定自身的职责,充分发挥自身在工业反哺农业过程中的积极作用(马晓河等,2005;任保平,2005)。由于现实中存在多地区多层级的政府(中央政府、省级政府、地市级政府、县级政府和乡镇政府),所以实际的作用过程要远比本章中给出的模型更加微妙和更加复杂。比如,在地方政府的作用下,中央政府的税收能力临界值$\bar{T}$可能会降低很多,吴群(2006)以江、浙、鲁、粤四省为案例分析了这个过程。再比如,在中央政府的作用下,地方政府的外部性临界值μ_g^p和μ_b^p可能会降低很多。总体上来看,政府需要加大财政对三农投入的力度,构建有利于工业反哺农业的公共财政体系(王兰等,2006),出台有利于工业反哺农业的税收政策(国家税务总局税收科学研究所课题组,2006),真正使转移支付落到实处,切实提高农业部门的人均收入为y^a,努力降低工业反哺农业的临界值条件。

国内关于中国工业反哺农业采用正式模型进行的理论研究尚不是很多,可以说刚刚处于起步阶段,更进一步的深度研究还需要大家的共同努力,希望本章能够起到抛砖引玉的作用。本章是一篇处理中国经济问题的应用理论性论文,在以后的工作中可以采用更加严格的动态框架进行扩展性分析(比如,放松其中的一些假设),也可以收集一些相关的数据进行经验上的检验(比如,估算出工业反哺农业的临界值),这样的话可能会弥补本章存在的一些缺憾。

参考文献

[1] 安同良,卞加振,陆国庆. 中国工业反哺农业的机制与模式:微观行为主体的视角[J]. 经济研究,2007(7).

[2] 蔡昉."工业反哺农业、城市支持农村"的经济学分析[J]. 中国农村经济,2006(1).

[3] 国家税务总局税收科学研究所课题组. 工业反哺农业时期"三农"税收政策研究[J]. 税务研究,2006(12).

[4] 洪银兴. 工业和城市反哺农业、农村的路径研究——长三角地区实践的理论思考[J]. 经济研究,2007(8).

[5] 胡同恭. 论工业反哺农业[J]. 现代经济探讨,2005(3).

[6] 简新华,何志扬. 中国工业反哺农业的实现机制和路径选择[J]. 南京大学学报(哲学·人文科学·社会科学版),2006(5).

[7] 林毅夫. 有关当前农村政策的几点意见[J]. 农业经济问题,2003(6).

[8] 龙翠红. 农村人力资本投资:以工哺农的战略路径选择[J]. 江西财经大学学报,2007

(2).

[9] 卢锋. 粮食是否具有"外部性"[J]. 北京大学中国经济研究中心政策性研究简报,1999(1).

[10] 马晓河,蓝海涛,黄汉权. 工业反哺农业的国际经验及我国的政策调整思路[J]. 管理世界,2005(7).

[11] 任保平. 工业反哺农业:我国工业化中期阶段的发展战略转型及其政策取向[J]. 西北大学学报(哲学社会科学版),2005(4).

[12] 宋德勇,姚洪斌,郭涛. 工业与农业相互依存的内生增长模型——工业反哺农业的理论基础[J]. 经济学家,2007(4).

[13] 王碧峰. 我国工业反哺农业问题讨论综述[J]. 经济理论与经济管理,2008(4).

[14] 王兰,付俊海,周平轩. 积极构建我国工业反哺农业的公共财政体系[J]. 财政研究,2006(12).

[15] 吴群. 江、浙、鲁、粤四省工业反哺农业的现状及启示[J]. 华中农业大学学报(社会科学版),2006(3).

[16] 杨凌志,王芳,高旺盛. 中国"以工补农"政策的地区适用性初探[J]. 中国农学通报,2007(10).

[17] 赵卫亚. 中国农村居民消费结构的变迁[J]. 中国农村经济,1999(9).

[18] 周立群,许清正. "工业反哺农业"若干问题述评[J]. 经济学家,2007(2).

[19] 朱四海,熊本国. 工业反哺农业实现机制刍议[J]. 中国农村经济,2005(10).

[20] 朱四海,熊本国. 工业反哺农业的经济学分析:生产角度[J]. 中国农村观察,2006(1).

[21] 朱四海. 政府反哺与社会化反哺:分工与协作[J]. 经济学家,2007(6).

[22] Acemoglu, D. and Robinson, J. A. Why Did the West Extend the Franchise? Democracy, Inequality, and Growth in Historical Perspective. *Quarterly Journal of Economics*, 2000, 115(4), pp. 1167–1199.

[23] Acemoglu, D. and Robinson, J. A. Inefficient Redistribution. *American Political Science Review*, 2001, 95(3), pp. 649–661.

[24] Acemoglu, D. and Robinson, J. A. *Economic Origins of Dictatorship and Democracy*. New York: Cambridge University Press, 2006.

[25] Alesina, A. and Spolaore, E. On the Number and Size of Nations. *Quarterly Journal of Economics*, 1997, 112(4), pp. 1027–1056.

[26] Alesina, A. and Spolaore, E. *The Size of Nations*. Cambridge, Mass.: MIT Press, 2005.

[27] Bourguignon, F. and Verdier, T. Oligarchy, Democracy, Inequality and Growth. *Journal of Development Economics*, 2000, 62(2), pp. 285–313.

[28] Corneo, G. and Gruner, H. P. Social Limits to Redistribution. *American Economic Review*, 2000, 90(5), pp. 1491–1507.

[29] Lucas, R. On the Mechanism of Economic Development. *Journal of Monetary Economics*, 1988, 22(1), pp. 3–42.

[30] Romer, P. Increasing Return and Long—Run Growth. *Journal of Political Economy*, 1986, 94(5), pp. 1002–1037.

（原文载于：皮建才，《中国工业反哺农业的政府作用机制及其福利效果》，《世界经济》2009年第7期。）

第三篇

地方政府行为、
地方官员治理与经济发展

第十三章　中国地方政府间竞争的收益与成本分析

内容提要:本章主要对中国地方政府间竞争的收益与成本进行了分析。从收益的角度看,地方政府间竞争是中国经济高速增长的重要动力,是消除国企预算软约束的重要力量,是促进民营化的重要力量,是制度创新的重要动力。从成本的角度看,地方政府间竞争促使地方政府制造了许多无效 GDP 并忽视了辖区居民的利益,促使地方政府搞了过多的重复建设并采取了地方保护的措施,导致了招商引资的恶性竞争和产业升级的"潮涌"现象从而加大了中央政府的宏观调控成本,造成了区域经济发展不平衡。从权衡的角度看,既要允许地方政府间竞争的存在,又要为地方政府间竞争寻求适当的制度安排。

关键词:地方政府间竞争;收益;成本;权衡

中国"摸着石头过河"的渐进式改革是由中国的初始条件决定的,比如中国的经济计划经济采用的是 M 型的块块发展模式而不是 U 型的条条发展模式(Maskin et al., 2000)。中国的渐进式改革的路径内生决定了地方政府在转型和发展中的地位和作用(李军杰,2005)。在改革的过程中,如何正确处理中央政府和地方政府之间的关系一直是一个非常重要的问题。中国在转型的过程中保持了政治上的中央集权,中央政府对地方政府保持了有效的政治控制,然后力图在这个大框架下寻找渐进有效的制度安排,这被许多学者认为是中国之所以取得良好的经济绩效的重要原因(比如,Blanchard and Shleifer, 2000)。正确处理中央政府和地方政府关系的关键一环就是公共经济管理体制改革,1992 年中国明确了以建立社会主义市场经济为改革的方向,财政体制改革目标也明确为实行以分税制为基础的分级财政体制,并于 1992

—1993年先后在许多地方进行了分税制的试点,1994年以分税制为核心的财政体制改革在全国范围内实施(胡书东,2001)。如果说家庭联产承包责任制解决了中国农村和农民在1980年代的激励的话,那么对地方政府的放权则解决了城市和非农业人口的激励(王永钦等,2006)。财政分权下的地方政府推动经济发展的模式给中国经济带来了巨大活力,但是也给中国经济带来了许多成本。在一个统一的框架下分析地方政府间竞争的成本和收益是非常必要的,因为只有这样才能使我们避免在分析问题时以偏概全,只有这样才能为我国的宏观调控提供科学的理论基础,只有这样才能为探索更有效的制度安排提供有效的权衡基准。

本章讨论的地方政府间竞争是财政分权下的地方政府间竞争。跟高鹤(2004)一样,本章主要关注的是中央政府向地方政府的财政分权,以及由此引发的地方政府间竞争对中国经济发展和转型的影响,特别是其中的成本收益权衡。本章的主要目的是对地方政府间竞争用成本收益的基本框架进行全面的分析,其间包含对现存文献的剖析和综合。本章剩余部分的基本结构如下:第一部分分析了地方政府间竞争的收益,第二部分分析了地方政府间竞争的成本并给出了对策,第三部分分析了地方政府间竞争的成本收益权衡,第四部分也就是最后一部分给出了结语。

一、地方政府间竞争的收益

大一统的计划经济产生了严重的弊端,才是地方政府被重新重视的原因,所以对地方政府间竞争的成本和收益分析要先从收益的视角来看。在中国改革的过程中,地方政府发挥了重要的作用。实际上,中国之所以能够取得举世瞩目的经济成就,与地方政府对当地经济的推动作用是分不开的(洪银兴和曹勇,1996),计量检验也证明了地方政府在推动经济增长方面的主导作用(沈坤荣,1998)。地方政府的积极作用符合中国渐进式制度变迁的实现路径,能以较低的成本加快中国市场化的进程(杨瑞龙,1998;杨瑞龙和杨其静,2000;陈天祥,2004),由于这个原因,也有学者把中国经济称为地方政府主导型的市场经济(何晓星,2003;何晓星,2005)。毫无疑问,地方政府的许多积极作用都是在财政分权下的地方政府间竞争的大背景下发生的,探索地方政府的作用就离不开探索地方政府间竞争的作用。

(1) 从总体上看,地方政府间竞争是中国经济高速增长的重要动力。

许多经济学家将中国二十多年来的增长奇迹归功于地方政府之间为增长而展开的竞争。地方政府间的竞争主要是政治激励和经济激励决定的。政治激励主要表现为地方官员的晋升激励,为了晋升,就必须有一个好的政绩。经济激励主要表现为地方政府的财政激励,为了分成,就必须发展好当地的经济。政治激励和经济激励为地方政府充分发挥自身的积极性和主动性提供了充足的动力。因为不管是政治激励还是经济激励最后都体现在 GDP 上,所以最终表现为地方政府唯 GDP 马首是瞻。中央政府对地方政府进行的经济分权把巨大的经济体分解为众多独立决策的小型地方经济,创造出了地方为经济增长而展开激烈竞争的"控制权市场";虽然没有彻底的私人产权制度和完善的金融体系,但却有了地方之间为经济增长而展开的充分竞争。这种竞争导致地方政府对基础设施进行投资并对政策环境进行改善,加快了金融深化的进程和融资市场化的步伐;尽管地方为增长而展开的竞争可能导致过度投资(比如"羊群行为"),但是地方间的竞争却从根本上减少了集中决策的失误,牵制了违背比较优势的发展战略的实施;同时,地方为增长而展开的竞争让中国经济在制造业和贸易战略上迅速迎合和融入了国际分工的链条与一体化的进程;外商直接投资的增长和中国经济的深度开放是地方为增长而竞争的结果(张军,2005)。林毅夫和刘志强(Lin and Liu, 2000)实证分析也表明,在控制了同时期其他各项改革措施的影响后,财政分权提高了省级人均 GDP 的增长率。

(2) 从国有企业的角度来看,地方政府间竞争是消除国有企业预算软约束的重要力量。

Qian & Roland(1998)分析了地方政府在面对吸引流动要素和中央转移支付情况下的竞争,结果表明在要素自由流动条件下的地方财政竞争增加了政府挽救陷入困境中企业的机会成本,因为挽救会削弱分散的地方政府对流动要素的竞争优势。地方政府与其拿有限的资金来救助处于困境中的国有企业,不如拿有限的资金来增加地方基础设施建设从而吸引流动资本以获取更大的收益。这样一来,地方政府间竞争不仅是消除国有企业预算软约束的重要力量,也是提供地方基础设施的重要力量。地方政府间竞争可以为地方政府提供市场化激励,保持和促进市场化进程,即通常所说的维持市场的联邦主义(market-preserving federalism)。

(3) 从民营企业的角度来看,地方政府间竞争是促进民营化的重要力量。

在中国经济民营化的进程中,各级地方政府是主要的推动力量。张维迎和栗树和(1998)则通过地方竞争说明了国有企业民营化的转变历程,他们认为,地方分权加剧了地区间的竞争。为了使本区域企业在市场竞争中不断降低成本、解决政府和经理之间的信息不对称问题,地方政府势必让渡全部或部分股份,这将导致国有企业向民营化的不断转移,这种竞争越激烈民营化的进程也就越快。李少民、张维迎和栗树和(Li et al., 1998)的模型分析表明,当地方政府间竞争充分激烈时,激励效应就会超过分配效应,地方政府更愿意分享税收而不是利润,否则,利润分享份额增加带来的收入增加将小于税收减少带来的损失。换句话说,在竞争加剧时促使经理降低成本的压力就更大;没有地方分权,民营化就不会出现。地方政府相当于"囚徒困境"中的"囚徒",如果地方政府能完全合谋,民营化就难以存在。同样的道理,我们也可以得到,当地方政府间竞争激烈时,地方政府有激励保护和促进当地民营经济的发展。朱恒鹏(2004)的实证分析表明,地方政府间竞争的确会推动国有经济民营化进程。

(4) 从制度创新的角度来看,地方政府间竞争为制度创新提供了动力和环境。

冯兴元(2001)认为政府间的竞争主要体现为制度竞争,制度竞争意为通过对包括外在规则和内在规则的调整以提升一个区域的成本竞争力,运用政府竞争的角度来理解有效率的制度形成将有助于说明转型的内在逻辑。刘汉屏和刘锡田(2003)认为,地方政府间竞争是信息与知识的发现过程,特别是最优制度知识的发现过程,因此财政分权导致的地方政府间竞争在客观上有利于中国建立市场经济体制。地方政府会默默"扶助"制度的创新,直至这一制度创新显示出自身的竞争优势。当然,我们也可以把(2)和(3)看成是(4)的具体体现或特例,(2)、(3)、(4)又是(1)的具体原因。

二、地方政府间竞争的成本

地方政府间竞争的收益是和成本联系在一起,收益和成本是一枚硬币的两面。"天下没有免费的午餐",下面我们就来分析一下地方政府间竞争的成本。

(1) 地方政府间竞争促使地方政府制造了许多无效 GDP,忽视了辖区居民的利益。

能给地方政府及其官员带来收益的竞争策略,可能是会损害本地民众利益的策略。地方政府间竞争特别是唯GDP马首是瞻的政绩观还造成了GDP注水,姑且不论GDP造假。张宴和傅勇(2006)的分析表明,地方政府间竞争在为推动中国经济增长上做出贡献的同时,在支出结构上也造就了"重基本建设、轻人力资本投资和公共服务"的扭曲成本。王一江(2005)的理论分析清楚地表明,目前对于地方官员绩效考评与激励中存在的替代效应,严重妨碍了地方官员履行其职责;所谓"替代效应",就是指被考评官员为了追求自身利益最大化,把某些方面应做的努力和投入"替代"到其他回报更大的活动中去。政府官员可能遵循一个简单的原则,即有利于政绩和升迁的事情不计投入、大张旗鼓、满腔热情地去做;与此无关者,则尽量牺牲而在所不惜。比如,在不造成重大社会危机事件的前提下,忽视民意,甚至不惜扰民和侵害民众利益;再比如,对环境、教育和公共卫生等事关社会、经济未来长远发展的投入,十分吝啬。

为了降低这种成本,笔者开出的"药方"是,对于地方政府官员政绩的考核要在"显性"政绩和"隐性"政绩之间划分权重,而对"隐性"政绩的考核要通过民意调查和对当地居民实际生活质量和水平进行调查的方式来进行,但是这样做可能会加大考核成本。当然,从长远来看"治本"之策在于对某些层级的官员进行民选,这样这些地方官员才会有"对下负责"的激励和动力;而对另外一些官员则由中央政府任命,这些地方官员仍旧"对上负责"。

(2) 地方政府间竞争促使地方政府搞了过多的重复建设,也促使地方政府采取地方保护的措施。

银温泉和才婉茹(2001)认为以财政大包干和事实上的地方所有制为特征的行政性分权是地方市场分割的深层根源,而传统的工业布局、地方官员的考核方式等因素强化了地方市场分割的程度,各地为保护本地资源、市场和税基而各自为战,为寻求高额利润而过度进入某一行业。周黎安(2004)的模型分析表明,由于政治晋升博弈的基本特征是一个官员的晋升直接降低另一个官员的晋升机会,即一个人的所得为另一个人的所失,这使得同时处于政治和经济双重竞争的地方官员之间的合作空间非常狭小,而竞争空间非常巨大。如果一个地区的官员的发展经济的努力对其他地区有积极(消极)影响,那么这种影响的存在会削弱(加强)该官员努力工作的激励,这就为重复建设和地方保护提供了一个系统的解释框架。陆铭、陈钊和严冀(2004)的模型分析表明,地方政府间竞争改变了地区间分配分工收益的方式,使得落后地区在分工收益中的所得份额相对缩小,于是就使得落后地区的地方政府有激励独立自主地发展一些在短期内并无比较优势的高技术产业,以期提高自身在未来分工收益的谈判中的地位,这种地方政府的理性行为会导致一轮又一轮的重复建设。Young(2000)的实证分析表明,中国是在资源配置扭曲的情况下推行的渐进式改革。财政分权必然制造既得利益者,地方政府对既得利益的保护会制造更多的资源扭曲,地方政府间的竞争导致了地方官员控制下的"零碎分割的区域性市场",各地的产业结构并没有按照当地的比较优势来发展。郑毓盛、李崇高(2003)的实证分析表明,在地方分权特征下,当把中国分解为省内的技术效率、产出结构的配置效率和省际要素配置效率时,省内的技术效率自改革以来已大幅下降,但产出结构的配置效率和省际要素配置效率却呈现出上升的趋势,这反映了地方分权带来的巨大效率损失。

为了降低这种成本,笔者开出的"药方"是,对于地方政府官员政绩的考核除了要基于传统的"锦标赛"机制进行横向比较以外,更要基于当地经济发展的实际情况进行纵向比较,只要后者的权重达到一个临界水平就能保证地方政府间进行合作;与此同时,建立全国统一的大市场也至关重要,因为合理的价格补偿机制是经济合作的必要前提条件,没有公平合理的价格就没有自我实施的合作。

(3)地方政府间竞争使地方政府不顾及当地经济发展给中央政府带来的宏观调控成本,并产生招商引资的恶性竞争和产业升级的"潮涌"。

夏杰长(2004)认为,地方政府间竞争会导致经济过热的主要原因是:政治周期的换届效应、GDP与政绩直接挂钩、中央与地方财政关系尚未理顺、行政管理体制和职能上存在越位和错位、土地征用与管理制度的欠缺。李军杰和周卫峰(2005a;2005b)认为,地方政府间竞争会导致地方政府主导辖区经济增长的最优选择是以破坏宏观经济的平稳运行为代价追求地方辖区经济高速增长。林毅夫(2006)认为,由于发展中国家在每一个经济发展阶段的产业升级,企业所要投资的是技术成熟、产品市场已经存在、处于世界产业链内部的产业,这个经济中的企业对哪一个产业是新的、有前景的产业很容易"英雄所见略同"。于是,在发达国家偶然出现一次的"潮涌现象",在处于快速发展阶段的发展中国家很可能会像波浪一样,一波接着一波的出现;地方政府间竞争会导致地方对辖区升级产业的扶持,从而使"潮涌"的程度加剧,进而加大了产能过剩和产业升级的成本,加大了个体理性同集体理性之间冲突的程度。

为了降低这种成本,笔者开出的"药方"是,一方面要严格控制"地根"等地方政府"隐性"拥有的特殊资源,另一方面要定期发布相关产业信息并出台相关产业政策。前者重在行政性控制,后者重在市场性引导。

(4) 地方政府间竞争可能会造成区域经济发展不平衡。

一方面,这种不平衡可能是由"加强效应"造成的,处于发展优势的地区由于"加强效应",其优势有可能被强化;处于发展劣势的地区由于"加强效应",其劣势也有可能被强化。比如,一些发达地区的地方政府可能变成进取型地方政府,而一些落后地区的地方政府可能变成掠夺型地方政府(周业安和赵晓男,2002)。另一方面,这种平衡是可能是由地方政府间竞争导致的地方政府采用违背比较优势的发展战略造成的。这方面的理论文献不多,一些实证分析(比如,杨开忠,1994)也确实表明地方政府间竞争会使地区差异扩大。但是,如果从纯粹理论的角度来看,地方政府间竞争在没有中央命令式再分配的情况下应该会通过市场效应减少不平衡(Qian and Weingast, 1997)。

为了降低这种成本,笔者开出的"药方"是,加快建立全国统一的大市场,加强市场的资源配置功能,形成符合比较优势的发展战略。当然,中央政府也需要通过转移支付等手段对落后地区进行有针对性的扶持,因为全国统一大市场不是一天就能建立起来的,暂时性的有效措施对于保持区域经济发展平衡是必要且重要的。

三、地方政府间竞争的成本收益权衡

很多时候,地方政府间竞争的成本和收益的区分并不是那么明显,成本和收益是联系在一起的,想要百分之百消除分权体制的成本也就百分之百消除了分权体制的收益。但是从总体上来看,地方政府间竞争的收益是大于成本的,这也是分权体制能够取得良好绩效的重要原因,但是随着经济发展的逐步深入,地方政府间竞争的成本就会越来越凸显,这是需要我们注意的地方。

比如,同样在分权体制下,有的地方政府采取了"区域合作"的发展战略,有的地方政府则采取了"以邻为壑"的发展战略。在一种条件下,地方政府间竞争带来了区域一体化;而在另一种条件下,地方政府间竞争则带来了市场分割。这就表明地方政府间竞争的成本和收益是条件依存的,成本和收益是可以相互转化的,"祸兮福之所倚,福兮祸之所伏"。徐现祥和李郇(2006)的模型分析表明:当经济体里存在正外部性时,如果进行区域一体化,则地方政府官员均衡的努力水平将高于基准水平;反之,如果进行市场分割,则地方政府官员的努力水平将低于基准水平。当经济体存在负外部性时,如果进行区域一体化,则地方政府官员均衡的努力水平将低于基准水平;反之,如果进行市场分割,则地方政府官员的努力水平将高于基准水平。所以,问题的关键在于找到适当的地方政府间竞争的约束条件,然后根据约束条件出台有针对性的措施。

再比如,我们要把分权体制下地方政府间竞争的成本和收益跟原先的集权体制进行比较,这样才不会脱离历史和国情把成本和收益绝对化。林毅夫和刘培林(2004)的实证分析表明,改革以来的中国的地方保护和市场分割在很大程度上是重工业优先发展的赶超战略在分权式改革逻辑下的延伸。为了消除地方保护和市场分割,促进经济增长,就必须首先彻底放弃各种形式的赶超行为,并解决传统赶超战略所遗留下来的许多企业由于背有政策性负担而缺乏自生能力的问题。这样一来,成本和收益是相比较而言的,财政分权体制导致的地方政府间竞争的成本可能很高,但计划经济体制的制度成本比较起来却又低了许多许多,比较制度分析显得尤其重要。

总而言之,地方政府间竞争既有正面效应,也有负面效应,这就要求我们既要允许地方政府间竞争的存在,又要建立一种地方政府竞争秩序(周业安、冯兴元和赵坚毅，2004）。而且，更为重要的是这一制度安排必须在已知的收益和成本之间进行正确的权衡，这种权衡必然会随着经济发展的外部条件的变化而不断变化。

四、结　语

地方政府间竞争决定了中国经济改革和发展的路径。中国必须在中央政府和地方政府之间找到合适的制度安排，这种制度安排既能够最大限度地降低地方政府间竞争的成本，也能够最大限度地增大地方政府间竞争的收益。这种制度安排可能跟分权程度有关，虽然分权可以使得地方政府更好地发挥其信息优势，同时也为地方政府提供了更好的经济激励，但是分权也可能带来一些对区域经济发展不利的影响——其中由于地方政府的战略性经济发展政策和对经济的干预而导致的经济资源的错误配置是分权所带来的一项非常重要的成本，这样一来，就可能存在一个最优分权结构，偏离了最优分权结构就可能对经济增长不利（严冀和陆铭，2003）。问题的关键在于，如何找到这种最优分权结构，然后在这个最优分权结构的基础上进行合适的制度安排特别是立宪式制度安排。就像李军杰（2006）所指出的，毫无疑问，我们应该研究在"财政分权，政治集权"的体制下如何建立规范的地方政府间竞争关系。问题的核心在于尽快划清地方政府和市场之间的界限，从制度设计上使地方政府没有能力直接配置或者干预配置市场资源，从制度安排上彻底消除滥用市场资源的机会主义行为，更不能把地方政府定位成一个大的垄断经营的投资公司。

参考文献

[1] 陈天祥.对中国地方政府制度创新作用的一种阐释[J].中山大学学报（社会科学版），2004（4）.

[2] 冯兴元.中国辖区政府间竞争理论分析框架[Z].天则内部论文稿，2001，No.2。

[3] 高鹤.财政分权、地方政府行为与中国经济转型：一个评述[J].经济学动态，2004（6）.

[4] 洪银兴，曹勇.经济体制转轨时期的地方政府功能[J].经济研究，1996（5）.

[5] 胡书东.经济发展中的中央与地方关系——中国财政制度变迁研究[M].上海：上海三联书店和上海人民出版社，2001.

[6] 李军杰.经济转型中的地方政府经济行为变异分析[J].中国工业经济,2005(1).

[7] 李军杰.地方政府间竞争的性质[N].21世纪经济报道,2006-6-1.

[8] 李军杰,周卫峰.基于政府间竞争的地方政府经济行为分析——以"铁本事件"为例[J].经济社会体制比较,2005a(1).

[9] 李军杰.经济转型中的地方政府行为变异分析[J].中国工业经济,2005b(1).

[10] 李军杰,周卫峰.中国地方政府主导辖区经济增长的均衡模型[J].当代经济科学,2005b(2).

[11] 林毅夫.发展中国家宏观经济现象的思考与宏观经济理论的重新构建[Z].北京大学中国经济研究中心讨论稿,2006,No.C2006020.

[12] 林毅夫,刘培林.地方保护与市场分割:从发展战略的角度考察[Z].北京大学中国经济研究中心讨论稿,2004,No.C2004015.

[13] 刘汉屏,刘锡田.地方政府竞争:分权、公共物品与制度创新[J].改革,2003(6).

[14] 陆铭,陈钊,严翼.收益递增、发展战略与区域经济的分割[J].经济研究,2004(1).

[15] 沈坤荣.中国经济转型时期的政府行为与经济增长[J].管理世界,1998(2).

[16] 王一江.激励替代效应与政绩考核[J].财经,2005(19).

[17] 王永钦,张晏,章元,陈钊,陆铭.十字路口的中国——基于经济学文献的分析[Z].复旦大学经济学院工作论文,2006.

[18] 夏杰长.地方政府:推动经济过热的重要因素[J].改革,2004(5).

[19] 徐现祥,李郇.市场分割还是区域一体化?——从地方政府官员晋升竞争的角度考察[Z].经济发展论坛工作论文,2006,No.FC20060116.

[20] 严翼,陆铭.分权与区域经济发展:面向一个最优分权程度的理论[J].世界经济文汇,2003(3).

[21] 杨开忠.中国地区经济差异变动研究[J].经济研究,1994(12).

[22] 杨瑞龙.我国制度变迁方式转换的三阶段论——兼论地方政府的制度创新行为[J].经济研究,1998(1).

[23] 杨瑞龙,杨其静.阶梯式的渐进制度变迁模型——再论地方政府在我国制度变迁中的作用[J].经济研究,2000(3).

[24] 银温泉,才婉茹.我国地方市场分割的成因和治理[J].经济研究,2001(6).

[25] 张军.中国经济发展:为增长而竞争[J].世界经济文汇,2005(4-5).

[26] 张维迎,栗树和.地区间竞争与中国国有企业的民营化[J].经济研究,1998(12).

[27] 张晏,傅勇.中国式分权与财政支出结构偏向:为增长而竞争的代价[Z].第六届中国经济学年会入选论文,2006.

[28] 郑毓盛,李崇高.中国地方分割的效率损失[J].中国社会科学,2003(1).

[29] 朱恒鹏.地区间竞争、财政自给率和公有制企业民营化[J].经济研究,2004(10).

[30] 周黎安.晋升博弈中政府官员的激励与合作——兼论我国地方保护主义和重复建设问题长期存在的原因[J].经济研究,2004(6).

[31] 周业安,冯兴元,赵坚毅.地方政府竞争与市场秩序重构[J].中国社会科学,2004(1).

[32] 周业安,赵晓男.地方政府竞争模式研究——构建地方政府间良性竞争秩序的理论和政策分析[J].管理世界,2002(12).

[33] Blanchard, O. and Shleifer, A.. Federalism with and without Political Centralization: China versus Russia, 2000, *NBER Working Paper* 7616.

[34] Li, S., Li, S., and Zhang, W.. Competition and Institutional Change: Privatization in China, 1998, *Working Paper No. 1998E03*, *Institute of Business Research*, Peking University.

[35] Lin, J. Y., and Liu, Z.. 2000, Fiscal Decentralization and Economic Growth in China, *Economic Development and Cultural Change*, 49(1): 1-21.

[36] Maskin, E., Qian, Y., and Xu, C.. Incentives, Information, and Organization Form, 2000, *Review of Economic Studies*, 67(2): 359-378.

[37] Qian, Y. and Roland, G.. 1998, Federalism and the Soft Budget Constraint, *American Economic Review*, 88: 1145-1162.

[38] Qian, Y. and Weingast, B. R.. 1997, Federalism as a Commitment to Perserving Market Incentives, *Journal of Economic Perspectives*, 11(4): 83-92.

[39] Young, A.. The Razor's Edge: Distortions and Incremental Reform in the People's Republic of China, *Quarterly Journal of Economics*, 115(4): 1091-1135.

(原文载于:皮建才,《中国地方政府间竞争的收益与成本分析》,《经济学动态》2007年第1期。)

第十四章 所有权结构、自私性努力与投资阻塞问题

内容提要:许多学者基于代理人和代理人之间的关系分析了国有企业的"内耗"和地方政府的"内拼",但他们分析的只是次级"内耗"和次级"内拼",是给定所有权安排下的"内耗"和"内拼",他们没有注意到委托人和代理人之间的初级"内耗"和初级"内拼"。本章从投资阻塞的视角分析了国有企业的初级"内耗"和地方政府的初级"内拼"。我们的分析表明,通过议价力量配置来解决国有企业的初级"内耗"问题是可以奏效的,但是通过议价力量配置来解决地方政府的初级"内拼"问题却是很难奏效的,必须在"立宪"层次上界定好中央政府和地方政府的控制权边界,否则就会带来不断重复的试错性成本(比如宏观调控成本)。

关键词:投资阻塞;自私性努力;国有企业"内耗";地方政府"内拼"

一、引 言

所有权结构的不同会导致激励方式的不同,激励方式的不同会导致努力方向的不同,努力方向的不同会导致某个方向的努力发生投资阻塞问题(holdup problem)[①]。实际上,中国现实中的许多问题都可以用一个统一的分析框架来进行

[①] 有人把 holdup problem 翻译为投资阻塞问题(以陈志俊为代表),也有人将其翻译为套牢问题(以费方域为代表)或敲竹杠问题(以杨其静为代表),可参见皮建才(2006a)的注释 3 和皮建才(2006b)的注释 16。从笔者对外文文献的阅读和把握方面来看,翻译为投资阻塞问题更能抓住其内在含义,原因在于,从委托人的角度看存在着事后对代理人"敲竹杠"的行为,从代理人的角度看则是事后被"套牢",这两者其实是一回事(陈钊,2005),但翻译为投资阻塞可以兼顾委托人和代理人两个角度。从本质上说,投资阻塞是指投资主体不能获得自己投资的全部边际回报的现象,这必然会引起投资不足问题。

解释,这个统一的框架就是投资阻塞。国有企业领导班子的"内耗"(internal struggle)问题①、地方政府招商引资的"内拼"(internal fight)问题②等都可以通过所有权结构下的代理人的自私性努力与合作性努力③的不同以及代理人与委托人的关系专用投资水平的不同造成的投资阻塞进行分析。国内的财经类媒体已经充分认识到了这些问题的存在并对此类问题做了广泛的报道,但是它们往往只注意到了代理人和代理人之间的次级(secondary or second-order)"内耗"或次级"内拼",而忽视了委托人和代理人之间的初级(primary or first-order)"内耗"或初级"内拼"。我们既需要注意次级问题(二阶问题),更需要注意初级问题(一阶问题);既需要对约束下的选择进行分析,更需要对约束的选择进行分析。然而,知道问题的具体约束却未必能够知道如何求出问题的答案,知道如何求出问题的答案却未必知道问题的具体约束,这就是"理论联系实际"为什么重要的原因之所在。问题意识很重要,理论意识也很重要,如果把问题比作"的"、把理论比作"矢"的话,"有的放矢"才有可能射准靶心。国内学者在对如何解决上述问题上已经有了不同视角的分析框架,比如张维迎(2000)对国有企业次级"内耗"的分析和周黎安(2004)对地方政府次级"内拼"的分析。但是国内很少有学者对这些问题从初级"内耗"或初级"内拼"的角度进行宪政④分析,更

---

① 国有企业领导班子的"内耗"问题已经引起了足够了注意,笔者在 CNKI 中国期刊网的搜索结果表明以"内耗"作为关键词的经济政治与法律辑专栏目录文献多达 200 余篇。我们把"内耗"分成了两种:一种是传统意义上的代理人和代理人之间的"内耗"(所谓次级"内耗"),一种是本章意义上的委托人和代理人之间的"内耗"(所谓初级"内耗")。本章意义上的初级"内耗"是代理人的合作性努力水平过低。

② 地方政府招商引资的"内拼"(包括优惠措施恶性竞争、地方保护主义、市场分割等)问题早就引起了媒体的高度关注,但是近来的讨论越来越集中于其有害效应。笔者在 CNKI 中国期刊网的搜索结果表明以"招商引资"作为关键词的经济政治与法律辑专栏目录文献竟然多达 2000 余篇。我们把"内拼"分成了两种:一种是传统意义上的代理人和代理人之间的"内拼"(所谓次级"内拼"),一种是本章意义上的委托人和代理人之间的"内拼"(所谓初级"内拼")。本章意义上的初级"内拼"是指代理人的自私性努力水平过高。

③ 关于自私性努力与合作性努力的定义在本章第二部分的假设中有很好的说明。亚当·斯密在其《国富论》所论述的"看不见的手"实际上说明的是合作性努力的特征,而自私性努力的调整和配置更需要的是"看得见的手"发挥作用。

④ 我们这里所说的宪政是指布坎南意义上的宪政,初级或一阶是指对约束的选择,次级或二阶是指约束下的选择。国内学者唐寿宁(2005)成功地运用宪政方法对投资领域进行了分析。本章借助于模型把宪政方法应用到了国有企业的"内耗"和地方政府的"内拼"领域。

鲜有学者从投资阻塞的视角进行系统的分析。关于投资阻塞问题解决方案的讨论在国外主流经济学期刊已经发表了很多的经典文献（Che and Sakovics，2004），借用这些智慧来梳理和解析中国现实问题是很有必要也很有意义的。面对已经发现的机会，经理和政府的事后努力程度的不同和努力方向的不同必然会引起投资阻塞问题，而投资阻塞可以用来很好地解释国有企业的初级"内耗"现象和地方政府的初级"内拼"现象。我们的主要目的就是考虑如何解决事后经理的不同程度和不同方向的努力引起的投资阻塞问题。这些投资阻塞问题不仅与政府的边界（既包括中央政府的边界也包括地方政府的边界）有关，也与市场的边界有关，政府的边界过大容易引起投资阻塞问题，市场的边界过大也容易引起投资阻塞问题。基于此，即使对同样外在特征的投资阻塞问题也要进行区别对待，因为同样的外在特征未必意味着同样的内在性质，不同的内在性质自然意味着不同的政策含义，这是我们必须认识清楚的。

二、假　设

秉承 Hart-Shleifer-Vishny（1997）的分析框架，我们把经理的努力分成了两种，一种是经理通过符合经济规律（比如比较优势发展规律或可持续发展规律）的方式来提高企业业绩以获得政府赏识的努力，这种努力所取得的收益一部分为经理所获得另一部分为政府所获得，所以这种努力被称为合作性努力（cooperative effort），合作性努力不足会导致"内耗"；另一种是经理加强企业内部控制权或加强资格（qualifications or credentials）建设以获得自身利益的努力，这种努力为经理带来了收益但却为政府带来了成本，所以这种努力被称为自私性努力（selfish effort），自私性努力水平过高会导致"内拼"。Hart(2003)把 Hart-Shleifer-Vishny（1997）的分析框架简称为 HSV，为方便起见，在以后的分析中我们将沿用这一简称。我们的分析秉承了 Che-Hausch（1999）的分析框架的精神原则，他们把关系专用投资分成了自私性投资和合作性投资两种类型：卖者为降低其成本或买者为提高其收益而进行的关系专用投资被称为自私性投资（selfish investment），而卖者（买者）进行的对买者（卖者）产生直接收益的关系专用投资则被称为合作性投资（cooperative investment）。努力与投资的主要区别在于，努力主要侧重于"软"的方面（倾向于人力资本），投资主要侧重于"硬"的方面(倾向于物质资本)。但是,"软"和"硬"的分界线并不是绝对的,比如HSV就把经理的成本创新型努力和质量创新型努力统称为关系专用投资。

所有权结构的不同意味着议价对象(或议价份额)和议价力量的不同。杨瑞龙和周业安(1998)认为,企业的所有权配置是一个动态的议价过程,它与制度环境和当事人的议价力量有关;企业所有权的不同配置可以表达为不同类型契约的选择,它主要考虑交易成本的大小。周鹏和张宏志(2002)认为,利益相关者对企业的所有权分配进行谈判,谈判结果决定出企业的治理结构;在这个过程中,各方的谈判破裂结果效用、议价力量以及对谈判破裂的担心程度是关键变量。他们的观点都支持我们的想法。

我们假定经理的合作性努力为 i,自私性努力为 e。合作性努力 i 所取得的总收益为 $z(i)$,自私性努力 e 为经理带来的收益为 $m(e)$ 但却为政府带来了成本 $n(e)$。政府的关系专用投资为 k,经理的关系专用投资为 δ,双方进行关系专用投资后获得的总收益为 $A(k,\delta)$。i、e、k、δ 的成本就是它们本身。政府的初始收益为 A_0,经理的初始成本为 C_0,政府的转移支付价格为 P_0。秉承边际效用递减、边际收益递减的基本思想,我们假定 m、n、z 的一阶导数严格大于 0,m 和 z 的二阶导数严格小于 0,n 的二阶导数严格大于 0,m 的一阶导数减去 n 的一阶导数严格大于 0,m 的二阶导数减去 n 的二阶导数严格小于 0。$A(k,\delta)$ 对 k 和 δ 的一阶导数分别严格大于 0,对 k 和 δ 的二阶导数分别严格小于 0。本章的主要想法是,初级"内耗"和初级"内拼"都是由委托人和代理人之间的初始制度安排不当引起的投资阻塞问题,初级"内耗"表现为代理人的合作性努力水平过低,初级"内拼"表现为代理人的自私性努力水平过高,科斯意义上的组织成本可以转变为科斯意义上的交易成本。本章主要是对 HSV 的拓展,拓展主要表现在细化和深化两个方面,细化主要体现在诸多命题的证明方面,深化主要体现在政府和经理的关系专用投资的引入方面。由于我们采用的是不完全契约理论的分析方法,所以我们的模型在分析过程中得到的许多命题和财产权利理论有相同的地方,但是,我们的分析在理论视角上更侧重于投资阻塞框架,在问题视角上更侧重于国有企业的初级"内耗"和地方政府的初级"内拼"。因为采用的是一个委托人一个代理人的分析框架,所以本章的模型主要分析初级"内耗"和初级"内拼",而没有考虑次级"内耗"和次级"内拼"。

三、模 型

在整个模型过程中,我们总共分成了三种情形,一种是社会最优的情形,一种是经理所有权的情形,还有一种是公共所有权的情形。社会最优的情形相当于让社会总效用水平最大化的情形,虽然这只是一种理想状态,但这却为现实情况提供了一个很好的基准。秉承财产权利理论的基本思想,我们没有对所有权和控制权进行区分,经理所有权的情形在我们这里相当于经理拥有所有权的情形(在讨论地方政府初级"内拼"时相当于地方政府拥有控制权的情形),公共所有权的情形在我们这里相当于政府拥有所有权的情形(在讨论地方政府初级"内拼"时相当于中央政府拥有控制权的情形),为了论述上的连贯和方便我们在下文中将不再一一指明这些"相当于"。经理所有权下的社会总效用小于社会最优的情形下的社会总效用,公共所有权下的社会总效用也小于社会最优情形下的社会总效用,问题的关键在于厘清在哪一种所有权结构下社会总效用更加逼近社会最优情形下的社会总效用。

3.1 社会最优的情形

在社会最优水平下,社会总效用为政府效用与经理效用之和:

$$U_S = A_0 - C_0 + z(i) - n(e) + m(e) - e - i + A(k,\delta) - k - \delta \tag{1}$$

(1)式的一阶条件为:

$$z'(i^*) = 1 \tag{2}$$

$$m'(e^*) - n'(e^*) = 1 \tag{3}$$

$$A'_k(k^*,\delta) = 1 \tag{4}$$

$$A'_\delta(k,\delta^*) = 1 \tag{5}$$

但是,我们应该清楚的是,社会最优的情形往往因交易成本的存在而难以实现,而解决投资阻塞问题正是为了从制度安排和契约设计的层面降低交易成本从而实现或逼近社会最优。这种逼近的过程既是一种产权安排的过程,也是一种有效制度演进的过程。

3.2 经理所有权的情形

在经理所有权下,政府和经理只对$[z(i)+A(k,\delta)]$进行议价,各方所取的份额与其相对议价力量成正比,经理的相对议价力量为$\lambda(0<\lambda<1)$,政府的相对议价力量为$1-\lambda$。我们把$[z(i)+A(k,\delta)]$称为议价对象或议价份额。经理的自私性努力所带来的收益之所以没有进入议价对象或议价份额,是由所有权结构的性质决定的。

政府的效用和经理的效用分别为:

$$U_G = A_0 - P_0 + (1-\lambda)[z(i)+A(k,\delta)] - n(e) - k \tag{6}$$

$$U_M = P_0 - C_0 + \lambda[z(i)+A(k,\delta)] + m(e) - e - i - \delta \tag{7}$$

(6)式的一阶条件为:

$$A'_k(k^M,\delta) = \frac{1}{1-\lambda} \tag{8}$$

(7)式的一阶条件为:

$$m'(e^M) = 1 \tag{9}$$

$$z'(i^M) = \frac{1}{\lambda} \tag{10}$$

$$A'_\delta(k,\delta^M) = \frac{1}{\lambda} \tag{11}$$

在经理所有权的情形下,我们可以得到以下命题。

命题1:就关系专用投资而言,在经理所有权下,政府的关系专用投资水平随政府的相对议价力量的增大而增大,随经理的相对议价力量的增大而减小;同样地,经理的关系专用投资随经理的相对议价力量的增大而增大,随政府的相对议价力量的增大而减小。就努力而言,在经理所有权下,经理的自私性努力独立于双方的相对议价力量;但是,经理的合作性努力随政府的相对议价力量的增大而减小,随经理的相对议价力量的增大而增大。

命题1的证明可以参见附录。命题1的主要政策含义是:通过议价力量配置来解决地方政府的初级"内拼"问题是很难奏效的,因为地方政府的自私性努力独立于地方政府的相对议价力量;这时我们必须通过"立宪"措施来解决地方政府的初级"内拼",问题的关键在于首先要在"立宪"层次上界定好中央政府和地方政府的控制权边界,否则就会带来不断重复的试错性成本(比如宏观调控成本)。

3.3 公共所有权的情形

在公共所有权下,双方对$[m(e)-n(e)+z(i)+A(k,\delta)]$进行议价,即使经理是完全不可替代的,他也只能获得1/2的份额①。经理的议价力量为$\rho/2$,政府的议价力量为$1-\rho/2$,其中ρ代表经理的不可替代性程度($0<\rho<1$)。为了数学表述上的方便,我们让$\mu=\rho/2$,μ代表经理的议价力量,$1-\mu$代表政府的议价力量。我们可以看到,一般而言,在同样的条件下(比如同样的不可替代性程度),经理在私人所有权下的议价力量大于在公共所有权下的议价力量,即$\lambda>\mu$。经理的自私性努力所带来的收益之所以进入议价对象或议价份额,是由收益的最终表现形式为显性(可以被政府观察到)决定的;实际上,即使存在一部分(但不能是全部)收益的表现形式为隐性(不可以被政府观察到)从而不能进入议价对象或议价份额,也不会影响我们模型的一般性。

政府的效用和经理的效用分别为:

$$U_G = A_0 - P_0 + (1-\mu)[m(e)-n(e)+z(i)+A(k,\delta)] - k \tag{12}$$

$$U_M = P_0 - C_0 + \mu[m(e)-n(e)+z(i)+A(k,\delta)] - e - i - \delta \tag{13}$$

(12)式的一阶条件为:

$$A'_k(k^G, \delta) = \frac{1}{1-\mu} \tag{14}$$

(13)式的一阶条件为:

$$m'(e^G) - n'(e^G) = \frac{1}{\mu} \tag{15}$$

$$z'(i^G) = \frac{1}{\mu} \tag{16}$$

$$A'_\delta(k, \delta^G) = \frac{1}{\mu} \tag{17}$$

在公共所有权的情形下,我们可以得到以下命题。

---

① 关于这一结果产生的具体原因除了参见 HSV 外,还可以参见 Schmitz(2006)等相关文献。

命题 2：就关系专用投资而言，在公共所有权下，政府的关系专用投资随政府的相对议价力量的增大而增大，随经理的相对议价力量的增大而减小；同样地，经理的关系专用投资随经理的相对议价力量的增大而增大，随政府的相对议价力量的增大而减小。就努力而言，在公共所有权下，经理的自私性努力随经理的相对议价力量的增大而增大，随政府的相对议价力量的增大而减小；同样的，经理的合作性努力随经理的相对议价力量的增大而增大，随政府的相对议价力量的增大而减小。

命题 2 的证明可以参见附录。命题 2 的主要政策含义是：通过议价力量配置来解决国有企业的初级"内耗"问题是可以奏效的，只要增大国有企业经理的相对议价力量就可以降低国有企业的初级"内耗"，但是这种初级"内耗"的降低是以牺牲政府的关系专用投资为代价的，这样一来，我们就需要在二者之间进行正确的权衡。

3.4 比较分析

通过对不同所有权结构的情形以及社会最优的情形进行比较，我们得到了以下命题。

命题 3：当不同的所有权结构与社会最优情形进行比较时，就关系专用投资而言，经理所有权下政府的关系专用投资水平小于社会最优水平，经理所有权下经理的关系专用投资水平也小于社会最优水平；同样地，公共所有权下政府的关系专用投资水平小于社会最优水平，公共所有权下经理的关系专用投资水平也小于社会最优水平。就经理所有权下经理的自私性努力水平大于社会最优水平，但经理所有权下经理的合作性努力水平小于社会最优水平；公共所有权下经理的自私性努力水平小于社会最优水平，公共所有权下经理的合作性努力水平也小于社会最优水平。

命题 3 的证明可以参见附录。命题 3 的主要经济学含义是：国有企业的初级"内耗"以及地方政府的初级"内拼"表明不管是哪一种所有权结构都离社会最优的情形有一定的差距，试图通过某种所有权结构安排百分之百地消除国有企业的初级"内耗"以及地方政府的初级"内拼"是不可能做到的，因为降低初级"内拼"的所有权结构会提高初级"内耗"而降低初级"内耗"的所有权结构会提高初级"内拼"。

命题 4：当不同的所有权结构进行比较时，就关系专用投资而言，公共所有权下政府的关系专用投资水平大于经理所有权下政府的关系专用投资水平，公共所有权下经理的关系专用投资水平小于经理所有权下经理的关系专用投资水平。就努力而言,经理所有权下经理的合作性努力水平大于公共所有权下经理的合作性努力水平,经理所有权下经理的自私性努力水平也大于公共所有权下经理的自私性努力水平。

命题4的证明可以参见附录。命题4的主要经济学含义是:公共所有权比经理所有权更有可能发生初级"内耗"问题,因为公共所有权下经理的合作性努力水平小于经理所有权下经理的合作性努力水平;经理所有权比公共所有权更有可能发生初级"内拼"问题,因为经理所有权下经理的自私性努力水平大于公共所有权下经理的自私性努力水平。

四、相关讨论

我们的模型得到的结果对国有企业初级"内耗"和地方政府初级"内拼"等现象有很好的解释作用,并且我们的模型和许多其他的模型在含义上相互印证或相互补充。

张维迎(2000)认为,企业内部的权力斗争与企业的所有权安排有关。在能力相同的情况下,企业内部成员占有的股份越大/经营能力越高,每个成员从事生产性活动的积极性越大,从事权力斗争的积极性越小;内部成员权力斗争的技能越高/控制权收益越大,每个成员的生产性努力越小,权力投资越大;并且,权力投资受随机因素的干扰越小,当事人越善于权力斗争,控制权收益越大,则所有权的效应越显著。在能力不同的情况下,为了使能力低的成员不追求控制权,必须使他们拥有足够数量的股份;并且,增加高能力成员的股份也有助于减少低能力成员从事权力斗争的积极性。我们的模型说明的是一个委托人一个代理人的情形,张维迎的模型说明的是一个委托人多个代理人的情形。我们着重于分析初级"内耗",张维迎着重于分析次级"内耗"。因为张维迎是从事后进行分析的,实际上他是在假定国有企业已经存在的情况下考虑如何降低国有企业的"内耗"程度,所以他的政策建议是从改革产权制度入手。我们的模型考虑的是在事前就要界定好政府的边界和市场的边界,如果这一边界没有界定好的话,国有企业经理就有可能进行不同程度的初级"内耗",所以我们的模型内生地分析了国有企业的"内耗"特别是初级"内耗"为什么会存在。我们的政策建议是,如果经理的合作性努力水平过低是由政府的边界过大引起的话,那么采用经理所有权或加大经理所有权的程度就是可取的;但是,这是以有可能加大初级"内拼"效应为代价的,初级"内耗"可能转化为初级"内拼"。与张维迎给出的政策建议在基本思想上一脉相承,刘冰(2002)给出的解决次级"内耗"的建议是:单纯地让企业有关行为人分享剩余索取权,使剩余索取权与控制权对称,并不能保证达到最优所有权状态;除此之外,还必须保证企业权力的相互制衡,只有权力制衡条件下的剩余索取权与控制权对称,才能达到最优企业所有权状态;解决权力失衡问题,进而解决企业治理存在的问题,就需要构建相互制衡的企业权力分配系统,在此前提下针对性地设计适合自己的治理制度。

周黎安(2004)建立了一个地方官员晋升博弈的简单模型,强调了地方官员的晋升激励对地区间经济竞争和经济合作的影响。他认为,由于政治晋升博弈的基本特征是一个官员的晋升直接降低另一个官员的晋升机会,即一个人的所得为另一个人的所失,所以同时处于政治和经济双重竞争的地方官员之间的合作空间会非常狭小,而竞争空间会非常巨大。这样一来,行政性分权和财政包干既有收益也有成本,收益是促进了经济竞争,成本是阻碍了经济合作。一个地区的经济绩效不仅与这个地区的地方官员的努力程度有关(二者之间的一致性参数为1),还与其他地区的地方官员的努力程度有关(二者之间的一致性参数为r,r的绝对值小于1)。在社会最优的情形下r值越大意味着地方官员的激励越大,但是在政治竞赛中r值越大则意味着地方官员的激励越小。换句话说,如果一个地区的地方官员的发展经济的努力对其他地区也有积极(消极)影响,那么这种影响的存在会削弱(加强)该官员努力工作的激励。如果把周黎安模型中的地方政府官员看成是我们模型中的经理、把周黎安模型中的中央政府看成是我们模型中的政府的话,那么我们的模型就可以用来分析地方政府初级"内拼"。像张维迎(2000)的模型一样,周黎安的模型说明的也是一个委托人多个代理人的情形,所以周黎安也是只注意到了二级"内拼"问题而忽视了一级"内拼"问题。实际上,按照周业安和赵晓男(2002)对地方政府竞争行为模式的三分法,进取型地方政府的官员更容易同时进行自私性努力和合作性努力,发生投资阻塞的程度要更轻一些;保护型地方政府和掠夺型地方政府更容易进行自私性努力,发生投资阻塞("内拼")的程度要更严重一些。周业安(2003)也认为,市场化改革带来了经济领域的分权,在既定的政府管理体制下,这种分权导致地方政府之间围绕资源展开竞争,由于垂直化行政管理框架和资源流动性的限制,地方政府之间的竞争并不必然带来经济的良性增长,地方政府有可能采用代表自私性努力的保护性策略和掠夺型策略,从而增加地方之间贸易的交易成本,损害合作性的经济增长;周业安、冯兴元和赵坚毅(2004)通过实证分析后给出的建议是应该通过信息化、制度化等手段来重建国内统一大市场的市场秩序。根据我们的模型,这实际上反映了中央政府的激励机制必须在地方政府的自私性努力上进行适当的制度安排,单纯以 GDP 为导向的行政激励以及单纯以地方官员的相对业绩为导向的行政考核都必然会导致自私性努力的膨胀。我们的模型给出的政策建议明显更具针对性,在初级"内拼"效应大的领域应该加强中央政府的控制权,在初级"内拼"效应小的领域应该减弱中央政府的控制权或加强地方政府的控制权。换句话说,我们应该注意中央政府的边界和地方政府的边界,在中央政府的边界过大的地方中央政府应该"放权"以解决投资阻塞问题,在中央政府边界过小的地方中央政府应该"集权"以解决投资阻塞问题,但是"放权"和"集权"并不是通过简单的议价力量重新配置就能达到的,必须上升到"立宪"层次才能解决根本问题。

五、进一步的讨论:跟影响成本理论的联系

我们的分析和企业理论的重要分支影响成本理论有很好的联系,这种联系对解释国有企业"内耗"和地方政府"内拼"等现象有很好的启发意义。影响成本理论是 Milgrom 和 Roberts(Milgrom and Roberts, 1986; Milgrom and Roberts, 1988a; Milgrom, 1988; Milgrom and Roberts, 1990)提出来的,他们借鉴了著名的寻租[①]理论(Tullock, 1967; Krueger, 1974; Bhagwati, 1982),把寻租理论从社会内部引入到了企业内部,并把社会上的寻租活动对应为企业内的影响活动。

---

① 寻租是 Krueger(1974)首创的一个新词,意指私人企业或个人努力寻取由政府干预经济所创造的租金的活动。但实际上,寻租的内涵最先是由 Tullock 发现的,他写过一本"Rent-seeking"的专著,主要内容可以算作是对寻租理论的综述,国内学者李政军把它翻译成了《对寻租活动的经济学分析》(西南财经大学出版社 1999 年版),有兴趣者可以参阅。

影响活动造成的成本被称为影响成本。影响成本的出现有两个原因,第一个原因就是组织中的成员花费相当多的时间、精力和智巧试图影响决策制定者的活动从而为自己谋得好处;第二个原因就是直接地产生于这些活动或者间接地产生于阻止或控制这些活动的努力引起了无效率的决策。影响活动是很难避免的,决策者必须靠其他人提供的信息、建议和分析才能做出决策;而且受决策影响的雇员常常是决策者必须依靠的人。在这种情况下,雇员们有足够强的理由影响决策,他们既可能歪曲信息也可能隐瞒信息,这些都会造成组织成本的变化。不受制约的权力必然会带来成本,只要这种权力存在,这些成本就会发生。当个人动机并不明确,其基本信息又十分复杂且无法破解时,决策者只能依赖他们明知是不完全和不准确的信息。即使能够确定那些提供信息的人存在歪曲和隐瞒信息的动机,可是推断他们实际拥有什么样的信息依然是个无法解决的问题。在这些复杂的情况下,决策只能建立在基本上是不正确的信息基础之上,所以最终的决策也只能是无效率的。从某种程度上说,影响组织决策的动机是内生的,影响活动的成本和收益取决于组织的信息收集和决策机制以及它的报酬制度。因而合理的组织设计至少在一定程度上可以控制影响活动的直接成本。独立企业间的边界减小了影响的可能性,因此它们也减少了影响成本。一般来讲,减少影响活动的措施有三个:第一个措施就是限制接近决策制定者和参与决策制定;第二个措施就是修改决策制定标准以支持那些在生产性活动中表现良好的成员;第三个措施就是提供直接金融激励以鼓励可取的努力配置。一般来说,组织会首先考虑改变决策参与政策和决策制定标准,最后考虑使用金融激励。以上三个措施可以更加具体化的表述为:第一,关闭交流渠道,至少对某些决策关闭交流渠道;第二,在交流渠道开放的情况下,组织的决策制定者可以通过不同方式限制自己的自由裁量权(discretion)和约束自己对别人提供的信息的反应能力来降低影响活动的收益;第三,组织可以通过补偿、提升、投资和其他决策标准来使个体的目标与组织的目标一致。[1]

---

[1] 本段内容根据影响成本理论的相关文献整理而成(Milgrom and Roberts, 1986; Milgrom and Roberts, 1988a; Milgrom, 1988; Milgrom and Roberts, 1990)。

我们可以看到，Milgrom & Roberts 意义上的企业不同于新制度经济学中的一般意义上的企业，他们把企业定义为一个基本上不受外来干预的集中控制的组织，原因在于，他们认为，产权对政府干预的限制多于对经理干预的限制，因为对企业的产权一般落在了经理或更高的层次上；经理一般比法庭或政府拥有更好和更畅通的信息系统，经理在交谈和会议中了解他们所需要的大部分重要信息；经理可以直接为他们最看重的雇员提供激励，可以根据需要采取奖励或惩罚措施。我们还可以看到，Milgrom 和 Roberts 更加强调分立结构（功能上互补边际上替代的组织）的功能部分而不是替代部分，并且基于权威的视角来分析组织，所以他们的许多观点和交易成本经济学以及财产权利理论的许多观点形成了很大程度的互补。

影响成本理论和我们的模型在许多方面有共同之处。我们区分了政府拥有所有权和经理拥有所有权的情形，他们只考虑了经理拥有所有权的情形，但两者都是从行为主体相互作用特别是委托代理关系的视角进行分析，所以"内核"是一样的。我们的区分实际上包含了政府边界过大和市场边界过大的两种可能性。政府在不该拥有所有权的地方拥有了所有权以及经理在不该拥有所有权的地方拥有了所有权都必然会造成合作性努力和自私性努力的投资阻塞问题，投资阻塞的严重程度在很大程度上是由所有权扭曲的严重程度决定的。影响成本理论强调了权力的负面作用，投资阻塞的严重程度在很大程度上是由权力的放任程度（自由裁量程度）决定的。按照影响成本理论的分析，国有企业的次级"内耗"现象是由争夺权力的影响活动引起的，政府对国有企业可以通过限制交流渠道或限制自身自由裁量权来降低"内耗"程度。这和张维迎给出的通过产权改革来降低次级"内耗"程度的建议明显不同，前者是从二阶上给出的"扬汤止沸"式的建议，而后者则是从一阶上给出的"釜底抽薪"式的建议。按照我们的模型，我们必须分清政府的边界过大还是市场的边界过大两种情形，针对不同的情形从源头上采取不同的合理刺激合作性努力的措施（包括所有权结构安排和议价力量配置）。对于地方政府的"内拼"现象，我们也可以结合影响成本理论、周黎安的模型以及我们的模型按照进行比较分析，但是我们要把政府的边界过大和市场的边界过大转换为中央政府的边界过大和地方政府的边界过大，问题的关键就是要对针对自私性努力进行恰当的所有权结构安排（而不是议价力量配置)。

六、结　语

本章主要从经理的事后努力的角度分析了政府和经理之间存在的投资阻塞问题,所有权的不同安排会导致经理努力的不同以及双方关系专用投资水平的不同。这种差异实际上反映了投资阻塞的程度。经理所有权和公共所有权的关键区别在于不同的所有权结构意味着不同的议价份额(议价对象),这种议价份额的不同与相对议价力量的不同有着本质的不同。经理的合作性努力水平与自私性努力水平随着所有权结构的不同而不同。中央政府有中央政府的边界,地方政府有地方政府的边界,企业有企业的边界,市场有市场的边界,边界的不同界定会导致不同程度的投资阻塞问题,正确地界定好边界是解决好投资阻塞问题的一阶措施,这种一阶措施必须在委托人和代理人之间寻找(而不是在代理人和代理人之间寻找)。如果经理的合作性努力的初级"内耗"效应过大是由政府的边界过大引起的,那么采用经理所有权或加大经理所有权的程度就是可取的。如果地方政府的自私性努力的初级"内拼"效应过大是由地方政府的边界过大引起的,那么对中央政府而言"集权"就是可取的。解决政府和经理之间存在的投资阻塞问题,必须从两个方面着手,一个方面就是正确的所有权安排(可以对付初级"内耗"和初级"内拼"),另一个方面就是正确的相对议价力量配置(可以对付初级"内耗"但很难对付初级"内拼"),所谓的正确还是不正确当然是从效率的角度出发。国有企业初级"内耗"和地方政府初级"内拼"等现象的本质属于投资阻塞问题,所以应该从投资阻塞的角度来寻求问题的解决方案。

本章的好处是采用了一个委托人一个代理人的分析框架,可以集中精力分析初级"内耗"和初级"内拼"问题,但是这种抽象也同时带来了很大的坏处,不能像多代理人模型那样同时分析次级"内耗"和次级"内拼"问题,这是本章的一个局限,需要在以后的工作中拓展。另外,本章对议价力量等重要变量进行了外生给定,而没有进行内生化,所以只能进行静态比较分析,而不能进行一般均衡分析,需要在以后的工作中完善。

附录

1. 命题 1 的证明：

先证明命题的前半部分。

由(8)式用 k^M 分别对 $1-\lambda$ 和 λ 求偏导，易得：$\dfrac{\partial k^M}{\partial(1-\lambda)}>0$；$\dfrac{\partial k^M}{\partial \lambda}<0$。

由(11)式用 δ^M 分别对 $1-\lambda$ 和 λ 求偏导，易得：$\dfrac{\partial \delta^M}{\partial(1-\lambda)}<0$；$\dfrac{\partial \delta^M}{\partial \lambda}>0$。

再证明命题的后半部分。

由(9)式用 e^M 分别对 $1-\lambda$ 和 λ 求偏导，易得：$\dfrac{de^M}{d\lambda}=0$；$\dfrac{de^M}{d(1-\lambda)}=0$。

由(10)式用 i^M 分别对 $1-\lambda$ 和 λ 求偏导，易得：$\dfrac{di^M}{d(1-\lambda)}<0$；$\dfrac{di^M}{d\lambda}>0$。

2. 命题 2 的证明：

先证明命题的前半部分。

由(14)式用 k^G 分别对 $1-\mu$ 和 μ 求偏导，易得：$\dfrac{\partial k^G}{\partial(1-\mu)}>0$；$\dfrac{\partial k^G}{\partial \mu}<0$。

由(17)式用 δ^G 分别对 μ 和 $1-\mu$ 求偏导，易得：$\dfrac{\partial \delta^G}{\partial \mu}>0$；$\dfrac{\partial \delta^G}{\partial(1-\mu)}<0$。

再证明命题的后半部分。

由(15)式用 e^G 分别对 μ 和 $1-\mu$ 求偏导，易得：$\dfrac{de^G}{d\mu}>0$；$\dfrac{de^G}{d(1-\mu)}<0$。

由(16)式用 e^G 分别对 μ 和 $1-\mu$ 求偏导，易得：$\dfrac{di^G}{d\mu}>0$；$\dfrac{di^G}{d(1-\mu)}<0$。

3. 命题 3 的证明：

先证明命题的前半部分。

由(4)式、(5)式、(8)式和(11)式可得：

$A'_k(k^*,\delta^*)<A'_k(k^M,\delta^M)$ 和 $A'_\delta(k^*,\delta^*)<A'_\delta(k^M,\delta^M)$，

根据 $A''_k(k,\delta)$ 和 $A''_\delta(k,\delta)$ 严格小于 0 可知：$k^M<k^*$，$\delta^M<\delta^*$。

由(4)式、(5)式、(14)式和(17)式可得：

$A'_k(k^*,\delta^*) < A'(k^G,\delta^G)$ 和 $A_\delta'(k^*,\delta^*) < A'_\delta(k^G,\delta^G)$,

根据 $A''_k(k,\delta)$ 和 $A''_\delta(k,\delta)$ 严格小于 0 可知:$k^G < k^*$,$\delta^G < \delta^*$。

再证明命题的后半部分。

由(3)式和(9)式可得:$m'(e^*) > m'(e^M)$,根据 $m''(e)$ 严格小于 0 可知:$e^M > e^*$。

由(2)式和(10)式可得:$z'(i^*) < z'(i^M)$,根据 $z''(i)$ 严格小于 0 可知:$i^M < i^*$。

由(3)式和(15)式可得:$m'(e^*) - n'(e^*) < m'(e^G) - n'(e^G)$,根据 $m''(e) - n''(e)$ 严格小于 0 可知:$e^G < e^*$。

由(2)式和(16)式可得:$z'(i^*) < z'(i^G)$,根据 $z''(i)$ 严格小于 0 可知:$i^G < i^*$。

4. 命题 4 的证明:

先证明命题的前半部分。

由(8)式和(14)式可得:$A'_k(k^M,\delta) > A'_k(k^G,\delta)$,根据 $A''_k(k,\delta)$ 严格小于 0 可知:$k^G > k^M$。

由(11)式和(17)式可得:$A'_\delta(k,\delta^M) < A'_\delta(k,\delta^G)$,根据 $A''_\delta(k,\delta)$ 严格小于 0 可知:$\delta^G < \delta^M$。

再证明命题的后半部分。

由(10)式和(16)式可得:$z'(i^M) < z'(i^G)$,根据 $z''(i)$ 严格小于 0 可知:$i^M > i^G$。

由(9)式和(15)式可得:$m'(e^M) < m'(e^G)$,根据 $m''(e)$ 严格小于 0 可知:$e^M > e^G$。

实际上,由命题 3 证明中得到的 $e^M > e^*$ 和 $e^G < e^*$,我们也可以得到 $e^M > e^G$。

参考文献

[1] 陈钊. 信息与激励经济学[M]. 上海:上海三联书店和上海人民出版社,2005.

[2] 刘冰. 企业权力争夺和企业治理[J]. 中国工业经济,2002(4).

[3] 皮建才. 形式权威、投资阻塞与企业自生能力[J]. 财经科学,2006a(7).

[4] 皮建才. 李约瑟之谜的解释:我们到底站在哪里?[J]. 经济学(季刊),2006b(1).

[5] 唐寿宁. 投资的立宪分析[M]. 北京:中国人民大学出版社,2005.

[6] 杨瑞龙,周业安. 交易费用与企业所有权分配合约的选择[J]. 经济研究,1998(9).

[7] 张维迎. 产权安排与企业内部的权力斗争[J]. 经济研究,2000(6).

[8] 周黎安. 晋升博弈中政府官员的激励与合作:兼论我国地方保护主义和重复建设问题长期存在的原因[J]. 经济研究,2004(6).

[9] 周鹏,张宏志. 利益相关者间的谈判与企业治理结构[J]. 经济研究,2002(6).

[10] 周业安. 地方政府竞争与经济增长[J]. 中国人民大学学报,2003(1).

[11] 周业安,冯兴元,赵坚毅. 地方政府竞争与市场秩序的重构[J]. 中国社会科学,2004(1).

[12] 周业安,赵晓男. 地方政府竞争模式研究:构建地方政府间良性竞争秩序的理论和政策分析[J]. 管理世界,2002(12).

[13] Aghion, P. and Tirole J., 1997, Formal and Real Authority in Organization, *Journal of Political Economy*, 105: 1-29.

[14] Bhagwati, J. N., 1982, Directly Unproductive, Profit-seeking (DUP) Activities, *Journal of Political Economy*, 90: 988-1002.

[15] Che, Y.-K. and Hausch D. B., 1999, Cooperative Investments and the Value of Contracting, *American Economic Review*, 89(1): 125-147.

[16] Che, Y.-K. and Sakovics J., 2004, A Dynamic Theory of Holdup, *Econometrica*, 72(4): 1063-1103.

[17] Hart, O., 1995, *Firms, Contracts and Financial Structure*, Oxford: Clarendon Press. 中译本:哈特,1998:《企业、合同与财务结构》,上海三联书店和上海人民出版社。

[18] Hart, O., 2003, Incomplete Contracts and Public Ownership: Remarks, and an Application to Public-Private Partnerships, *Economic Journal*, 113: 69-76.

[19] Hart, O. and Moore J., 1990, Property Rights and the Nature of the Firm, *Journal of Political Economy*, 98(6): 1119-1158.

[20] Hart, O., Shleifer, A. and Vishny, R. W., 1997, The Proper Scope of Government: Theory and an Application to Prisons, *Quarterly Journal of Economics*, 112(4): 1126-1161.

[21] Krueger, A. O., 1974, The Political Economy of the Rent-seeking Society, *American Economic Review*, 64: 291-303.

[22] Milgrom, P., 1988, Employment Contracts, Influence Activities, and Efficient Organization Design, *Journal of Political Economy*, 96(1): 42-60.

[23] Milgrom, P. and Roberts J., 1986, Relying on the Information of Interested Parties, *Rand Journal of Economics*, 17(1): 18-32.

[24] Milgrom, P. and Roberts J., 1988a, An Economic Approach to Influence Activities in Organizations, *American Journal of Sociology*, 94(Supplement): S154-S179.

[25] Milgrom, P. and Roberts J., 1988b, Economic Theories of the Firm: Past, Present, and Future, *Canadian Journal of Economics*, 21(3): 444-458.

[26] Milgrom, P. and Roberts J., 1990, *Bargaining Costs, Influence Costs, and the Organization of Economic Activity*, Alt J. and Shepsle K. (eds.) Perspectives on Positive Political Economy, Cambridge: Cambridge University Press.

[27] Schmitz, P. W., 2006, Information Gathering, Transaction Costs, and the Property Rights Approach, *American Economic Review*, 96(1): 422-434.

[28] Tullock, G., 1967, The Welfare Costs of Tariffs, Monopolies, and Theft, *Western Economic Journal*, 5: 224-232.

（原文载于：皮建才，《所有权结构、自私性努力与投资阻塞问题》，《经济研究》2007年第5期。）

第十五章 "中国模式"的激励理论考察：基于地方政府的视角

内容提要：本章通过激励理论的分析框架考察了"中国模式"。在考察的过程中，我们主要着眼于中国经济发展过程中的地方政府作用，以地方政府为主线分析了转型时期进取型地方政府是如何发挥"扶助之手"的作用，回答了进取型地方政府如何甄别当地企业经理能力、如何施出"扶助之手"以及如何实施分成契约等三个连贯的问题。总体上来看，本章探寻了"中国模式"背后的政治经济学基础，对经济发展中的地方政府作用机制给出了一个经济学解释。

关键词：中国模式；激励理论；地方政府；扶助之手

一、引 言

改革开放以来，中国取得了良好的经济绩效，被学界誉为"中国奇迹"。所谓"中国模式"，正是对"中国奇迹"的概括和升华。尽管国内外学者对于是否存在"中国模式"存在一定争论，但是大家对于中国特色的发展道路还是能够达成共识。秦晓(2010)认为，中国经济增长的奇迹是"发展主义政府"主导经济的产物，跟20世纪六七十年代出现的"东亚模式"有共通点，中国发展模式的差异性主要表现在渐进式的转型路径选择以及政府对市场的管制和行政干预，但是我们要看到，"中国模式"是改革中需要解决的问题，而不是一种制度创新。黄亚生(2010)也认为，"中国模式"更需要注意自身发展中的问题，比如国家收入分配长期恶化。杨其静(2010)认为，"中国模式"的本质是"经济分权、政治集权"，经济分权保证了市场竞争的活力来源，而政治集权则保证了在经济分权体制下全社会(尤其是地方官员)集中精力发展经济。本章就是想通过激励理论的分析框架从地方政府的角度考察"中国模式"的优势与不足。

中国经济成就的取得与地方政府对当地经济的推动作用是分不开的,地方政府在推动经济增长方面有主导作用。在乡镇企业成长的过程中,地方政府对乡镇企业的发展起了"扶助之手"(helping hand)[①]的作用(Che,2002)。地方政府之所以能够发挥"扶助之手"的作用是因为其拥有特殊资源(special resources)(Tian,2000)。实际上,地方政府对民营企业的发展也起了非常重要的"扶助之手"的作用,这种作用的典型体现就是温州模式的形成和壮大(任晓,2004)。地方政府的"扶助之手"的作用符合中国渐进式制度变迁的实现路径,能以较低的成本加快中国市场化的进程(杨瑞龙和杨其静,2000;黄少安,2000)。

对进取型地方政府(周业安和赵晓男,2002)[②]而言,对当地企业施以错误的"扶助之手"("好心做坏事")是需要付出很大的成本的。错误的"扶助之手"会降低当地的经济发展绩效,不仅与地方政府官员的晋升激励(周黎安,2004,2007)相悖,而且与地方政府从当地企业获得特殊资源转移支付或分成收益的好处(比如,财政激励)相悖。另外,这还可能会导致当地企业"用脚投票",如果"用脚投票"的成本很高的话,

---

[①] "扶助之手"是和"掠夺之手"(grabbing hand)相比较而言的。Fyre and Shleifer(1997)对"扶助之手"和"掠夺之手"进行了分类,他们认为,"扶助之手"是指,在转型时期,就法律环境来说政府在法律之上但是运用权力去扶助企业,就规制环境来说政府有进取心地规制以提升企业的能力;"掠夺之手"是指,就法律环境来说政府在法律之上但却运用权力抽取租金,就规制环境来说政府的规制是破坏性的。

[②] 周业安和赵晓男(2002)把地方政府按照行为模式分成了三类:进取型地方政府、保护型地方政府和掠夺型地方政府。进取型地方政府的行为特征是主要依靠制度创新和技术创新,通过地方软环境的建设来吸引资源,从而扩大当地的税基。保护型地方政府进行一定的制度创新和技术创新,但创新程度有限,不足以吸引资源;为了保证一定水平的税基,这类政府常常采取地方保护主义,依靠政府保护来创造当地企业的产品市场。掠夺型地方政府基本上不创造税源,为了维持政府日常开支,通过各种手段增加税费,由于对当地居民和企业进行剩余掠夺,导致当地经济发展失去了根基。高鹤(2004)对地方政府行为模式的分类不同于周业安和赵晓男(2002),他把地方政府分成了表现为"无形之手"的发展型地方政府、表现为"扶助之手"的保护型地方政府以及表现为"掠夺之手"的掠夺型地方政府。本章意义上的"进取型地方政府"除了具有周业安和赵晓男(2002)意义上的"进取型地方政府"的含义之外,还具有高鹤(2004)意义上的"无形之手"和"扶助之手"的双重含义,进取型地方政府是在市场不完善的情况下部分替代了市场的"无形之手"的作用,同时也对当地企业特别是经理能力低的企业进行选择性干预以提升企业经理的能力。

企业还可以"呼吁"或做其他工作。进取型地方政府有激励,尽管这种激励可能是扭曲的(李军杰,2005),对当地经济施以正确的"扶助之手"。从中国经济绩效的现实表现来看,进取型地方政府也确实对当地经济施出了正确的"扶助之手"。我们的问题是:"中国模式"的背后到底隐藏着什么样的政治经济学道理?进取型地方政府是如何施出正确的"扶助之手"的?进取型地方政府到底做对了什么?只有全面理解这其中的内在机制,我们才能正确把握中国经济发展的微观基础。

当然,任何事物都具有两面性,进取型地方政府在发挥"扶助之手"的同时,也会给社会带来诸多负外部性。比如,地方政府可能会以破坏宏观经济的平稳运行和社会稳定为代价追求辖区经济的高速增长(郭庆旺和贾俊雪,2006)。但是无论如何,只有在弄清楚进取型地方政府做对了什么的前提下,我们才能对进取型地方政府产生的问题进行正确的处理(比如制定科学的宏观调控政策),才能不在倒洗澡水时把婴儿一起倒掉。

本章想通过激励理论的分析框架对进取型地方政府对当地经济施出"扶助之手"的作用机理进行分析,以期找到其背后隐藏的政治经济学原理。本章的基本思想是:进取型地方政府对当地经济施出"扶助之手"并不是毫无根据的"好心做坏事",进取型地方政府把当地企业对地方政府拥有的某种特殊资源的使用情况作为甄别工具,识别出企业管理者能力的高低并决定是否进行扶助,借此通过合理的分成契约推动当地经济的快速发展。我们思想的适用范围是:财政分权下的地方政府拥有某种特殊资源(比如,土地资源),地方政府和企业的关系比较密切,企业使用地方政府提供的特殊资源,而且这种特殊资源对企业的发展壮大非常重要。中国经济的实际情况基本上与我们思想的适用范围吻合,转轨时期地方政府掌握着各种资源的配置方式和支配权利。

本章剩余部分的基本结构如下:第二部分讨论了进取型地方政府如何甄别当地企业经理能力,第三部分讨论了进取型地方政府如何施以"扶助之手",第四部分讨论了地方政府如何实施分成契约,第五部分也就是最后一部分给出了结语。

二、进取型地方政府如何甄别当地企业经理能力

进取型地方政府可以利用自己的发散信息甄别当地企业的经理能力,这种甄别是通过企业经理对特殊资源的使用量进行的。进取型地方政府关于特定时空环境的"分散知识"(dispersed knowledge)要比"编码知识"(codified knowledge)(比如企业的财务报表)的作用来得大,因为分散知识比"编码知识"更真实可靠。我们假设地方政府拥有特殊资源 S,特殊资源的单位成本为 s,特殊资源的总成本为 $C(S,s)=sS$。地方政府辖区内企业经理的能力为 E,企业由于使用特殊资源而付给地方政府的支付为 t。企业的生产函数为 $Ef(S)$。我们假定 f 的一阶导数 f' 严格大于 0,f 的二阶导数 f'' 严格小于 0,E 的可能取值为 $E \in \Xi = \{\underline{E}, \overline{E}\}$,$\underline{E} < \overline{E}$,其概率分布为 $1-v$ 和 v。为了使分析有意义,我们假定 $\underline{E} > v\overline{E}$。由 $C(S,s)=sS$ 知,$C_{Ss}=1>0$,符合斯彭斯-米尔利斯条件或单相交性质。我们的基本想法是:地方政府根据当地企业使用特殊资源的数量(需要特别强调的是,特殊资源的使用数量可以转化为基于此使用数量的地方政府获得的转移支付)这一甄别工具识别出企业经理的能力,然后针对企业经理能力的不同有针对性地施以"扶助之手"。此时,地方政府解决的问题是逆向选择问题。

地方政府的效用函数为: $\qquad U_G = t - sS \qquad$ (1)

企业经理的效用函数为: $\qquad U_M = Ef(S) - t \qquad$ (2)

其中下标 G 和 M 分别代表地方政府和企业经理,我们假定企业经理的利益和企业的利益是一致的。

我们的分析分成了两种情况,一种情况是地方政府和企业经理之间不存在信息不对称,另一种情况是地方政府和企业经理之间存在信息不对称。

2.1 不存在信息不对称的情形

在不存在信息不对称的情况下地方政府可以直接根据特殊资源的使用情况判断企业经理的能力类型,对低经理能力的企业进行适当干预。不存在信息不对称的情形相当于社会最优的情形,虽然这种情形在现实中很难实现,但却是我们分析问题的一个非常重要的基准(benchmark),所以很有必要对这种情形进行单独分析。

此时社会总效用为：
$$U_S = U_G + U_M = Ef(S) - sS \tag{3}$$

对(3)式求一阶导数可以得到：$f'(S^*) = s/E$ (4)

这样一来我们就可以知道，对高能力企业经理而言：
$$f'(\overline{S}^*) = s/\overline{E} \tag{5}$$

对低能力企业经理而言：
$$f'(\underline{S}^*) = s/\underline{E} \tag{6}$$

其中上标 * 代表不存在信息不对称时的最优情形。

2.2 存在信息不对称的情形

当地方政府和企业经理之间存在信息不对称时，我们可以根据激励理论标准教科书(比如,拉丰和马赫蒂摩,2002)中给出的数学工具进行分析。

企业经理的信息租金为：
$$\underline{U}_M = \underline{E}f(\underline{S}) - \underline{t} \tag{7}$$

$$\overline{U}_M = \overline{E}f(\overline{S}) - \overline{t} \tag{8}$$

企业经理的激励相容约束和参与约束分别为：
$$\underline{U}_M \geqslant \overline{U}_M - \Delta Ef(\overline{S}) \tag{9}$$

$$\overline{U}_M \geqslant \underline{U}_M + \Delta Ef(\underline{S}) \tag{10}$$

$$\underline{U}_M \geqslant 0 \tag{11}$$

$$\overline{U}_M \geqslant 0 \tag{12}$$

其中 $\Delta E = \overline{E} - \underline{E} > 0$。

地方政府的规划问题为：
$$\max_{\{(\underline{U}_M, \underline{S}); (\overline{U}_M, \overline{S})\}} v[\overline{E}f(\overline{S}) - s\overline{S}] + (1-v)[\underline{E}f(\underline{S}) - s\underline{S}] - [v\overline{U}_M + (1-v)\underline{U}_M]$$

s.t. (9)式至(12)式。

可以验证，只有约束(10)式和(11)式是紧的。(10)式和(11)式是紧的意味着 $\underline{U}_M = 0$ 和 $\overline{U}_M = \Delta Ef(\underline{S})$。把 $\underline{U}_M = 0$ 和 $\overline{U}_M = \Delta Ef(\underline{S})$ 代入地方政府规划问题中的目标函

数,我们就可以得到一个无约束的最优化问题：

$$\max_{\{\underline{S},\overline{S}\}} v[\overline{E}f(\overline{S})-s\overline{S}]+(1-v)[\underline{E}f(\underline{S})-s\underline{S}]-v\Delta Ef(\underline{S})$$

求解这个无约束最优化问题我们可以得到：

$$f'(\overline{S}^{SB})=s/\overline{E} \tag{13}$$

$$f'(\underline{S}^{SB})=s/\left(\underline{E}-\frac{v}{1-v}\Delta E\right) \tag{14}$$

其中上标 SB 表示存在信息不对称时的次优情形。

将不存在信息不对称的情形跟不存在信息不对称的情形进行比较,我们就可以得到企业经理对特殊资源的使用数量的情况。

命题 1: 当存在信息不对称时,对高能力类型的企业经理而言,不存在对特殊资源使用上的向下扭曲,即 $\overline{S}^{SB}=\overline{S}^{*}$；对低能力类型的企业经理而言,存在对特殊资源使用上的向下扭曲,即 $\underline{S}^{SB}<\underline{S}^{*}$。总体上而言, $\underline{S}^{SB}<\underline{S}^{*}<\overline{S}^{SB}=\overline{S}^{*}$。

证明: 由(5)式和(13)式可得: $f'(\overline{S}^{SB})=f'(\overline{S}^{*})$；

根据 f'' 严格小于 0 可知: $\overline{S}^{SB}=\overline{S}^{*}$。

由(6)式和(14)式可得: $f'(\underline{S}^{SB})>f'(\underline{S}^{*})$；

根据 f'' 严格小于 0 可知: $\underline{S}^{SB}<\underline{S}^{*}$。

由(5)式和(6)式可得: $f'(\overline{S}^{*})<f'(\underline{S}^{*})$；

根据 f'' 严格小于 0 可知: $\overline{S}^{*}>\underline{S}^{*}$。

综合比较可知: $\underline{S}^{SB}<\underline{S}^{*}<\overline{S}^{SB}=\overline{S}^{*}$。

命题 1 的直观经济学含义非常明确,特殊资源的使用量起到了信号显示作用。地方政府会根据特殊资源的使用情况判断企业经理的能力, S 的数值充当了企业经理能力高低的甄别工具。一个可能的疑问就是:既然特殊资源的使用情况会被地方政府用作甄别工具,那么当地企业的企业经理不就可以通过多使用特殊资源来达到传递虚假能力信号了吗? 其实不然。为什么呢? 因为特殊资源的使用是和地方政府实际得到的转移支付联系在一起的。低能力类型的企业经理多使用特殊资源是得不偿失的。实际上,地方政府同时可以根据地方政府实际得到的转移支付 t 来甄别企业经理的能力,因为我们很容易得到 $\overline{t}^{SB}=\underline{E}f(\underline{S})+\overline{E}(f(\overline{S})-f(\underline{S}))>\underline{t}^{SB}=\underline{E}f(\underline{S})$。

总而言之，S 和 t 可以起到甄别工具的作用。

三、进取型地方政府如何施出"扶助之手"

在这一部分，我们将论述进取型地方政府在识别出企业经理能力以后如何施出"扶助之手"以及施出不同的"扶助之手"的先后顺序。

进取型地方政府对高经理能力的企业施以"市场型扶助之手"。"市场型扶助之手"主要表现为地方政府在市场信息方面的牵线搭桥，其作用是替代尚未发育良好的市场。进取型地方政府对低经理能力的企业施以"干预型扶助之手"。"干预型扶助之手"主要表现为地方政府在企业管理方面的牵线搭桥①，其作用是干预尚未发育良好的经理人市场。对高经理能力的企业和低经理能力的企业都不能有效使用的特殊资源，地方政府将施出"自我型扶助之手"②。"自我型扶助之手"的作用是替代尚未发育良好的市场(包括经理人市场)，这时地方政府或者引进外资企业或者自己成为投资主体。

地方政府对低经理能力企业的"干预型扶助"可能表现在两个方面：对地方政府有人事权的企业(比如乡镇企业或地方国有企业)，地方政府会用高能力经理替换掉原来的低能力经理；对地方政府没有人事权的企业(比如遭遇转型困难的民营企业)，地方政府会给低经理能力的企业寻找合适的合作伙伴以提升低能力经理的能力。我们假定地方政府不会对创业阶段的民营企业进行"干预型扶助"，因为创业阶段的民营企业在对地方政府的特殊资源的使用上并不像已经成熟的民营企业那样具有明显的信号显示作用，地方政府的甄别机制会失灵，此时，地方政府的理性选择就是尊重哈耶克意义上的"自发秩序"。

由(13)式和(14)式进行比较，我们就可以得到进取型地方政府对低经理能力企

---

① 进取型地方政府的"干预型扶助之手"有可能造成"官逼民营经济发展"的"过分热心"，从而使得效率的改进存在很大的不确定性，但是地方政府若能找到合适的制度安排(比如消除低经理能力的民营企业家对产权的担心)就可以降低这种不确定性，为民营企业的发展和壮大牵线搭桥。浙江省湖州市政府的做法值得我们借鉴。

② 进取型地方政府可以在"一穷二白"(难以识别经理能力)的基础上施出"自我型扶助之手"。另外，地方政府在招商引资的过程中引进外商企业的行为，也属于"自我型扶助"。

业施以"干预型扶助之手"的干预函数：

$$G(\overline{E},\underline{E},v)=\frac{\overline{E}}{\underline{E}-\frac{v}{1-v}\Delta E} \tag{15}$$

命题 2：在其他条件不变的情况下，进取型地方政府对低经理能力企业的"干预型扶助"随低能力经理的能力的增加而减少，随高能力经理的能力的增加而增加，随着能力经理为高的概率的增大而增加。

证明：由(15)式我们可以得到：

$$\frac{\partial G}{\partial \underline{E}}=-\left(1+\frac{v}{1-v}\right)\overline{E}\left(\underline{E}-\frac{v}{1-v}\Delta E\right)^{-2}<0;$$

$$\frac{\partial G}{\partial \overline{E}}=\left(\underline{E}-\frac{v}{1-v}\Delta E\right)^{-1}+\frac{v}{1-v}\overline{E}\left(\underline{E}-\frac{v}{1-v}\Delta E\right)^{-2}>0;$$

$$\frac{\partial G}{\partial v}=\frac{\overline{E}\Delta E}{(1-v)^2}\left(\underline{E}-\frac{v}{1-v}\Delta E\right)^{-2}>0。$$

命题2的直观经济学含义非常明确，如果低能力经理的能力非常接近高能力经理的能力的话，进取型地方政府的"干预型扶助"就没有必要，应该代之以"市场型扶助"；如果高能力经理的能力比低能力经理的能力相差很大的话，进取型地方政府对低经理能力的企业"干预型扶助"就很有必要，高能力经理对低能力经理形成了很大的竞争压力，这是由特殊资源的机会成本决定的；高能力的经理越多对低能力的经理形成的竞争压力就越大，这种竞争压力不是通过市场的"无形之手"施加的，而是通过进取型地方政府的"有形之手"施加的。

在命题2的基础上，我们可以得到一些推论。在解释招商引资的过程中，我们经常遇到的一个问题就是：为什么有的地方（比如苏南模式的典型代表苏州）引入的外资特别多，而有的地方（比如温州模型的典型代表温州）引入的外资特别少？本章给出的解释如下。在苏南模式由于体制原因（主要是早先模糊产权导致的问题）走入困境的情况下，苏南地方政府原来施出的"干预型扶助之手"和"市场型扶助之手"已经不能很好地发挥作用，此时苏南地方政府顺势通过引进外资企业来施出了"自我型扶助之手"。在温州模式由于体制原因（主要是制度供给不足导致的问题）走入困境的情况下,温州地方政府原来施出的"市场型扶助之手"已经不能很好地发挥作用,此时温州地方政府通过引进外资企业来施出"自我型扶助之手"并不能解决问题,因为温州当地的私人企业本来实力就比较强,已经对当地能够利用的资源进行了充分利用(罗长远和赵红军,2003)。

四、进取型地方政府如何实施分成契约

在甄别出经理能力和施出"扶助之手"后,进取型地方政府要想推动当地经济的快速发展,必须找到一个成本低、效率高的契约实施机制。合理的分成率是实施这一机制的关键。我们不禁要问:进取型地方政府是如何确定这一合理分成率的呢?实际上,这个时候地方解决的问题是道德风险问题。不失一般性,我们假定生产函数为Cobb-Douglas型生产函数,企业经理的外部市场工资为w,中央政府的统一税率为τ,地方政府的留成为ρ。

根据陈抗、Hillman和顾清扬(2002)的分析,分税制改革引起的τ过大可能会使地方政府的行为从"扶助之手"转变为"掠夺之手"。但是,朱恒鹏(2004)的实证分析表明,分税制改革并没有改变改革开放以来形成的财政分权化趋势,这种财政分权化体制对地方政府仍具有很强的财政激励效应,地方政府仍具有很大积极性追求地方经济发展和地方经济效率。而且,高鹤(2006)的理论分析也认为经济转型中财政制度由承包制向分税制的变革,使得地方政府施出"扶助之手"的概率变大。基于以上考虑,我们外生假定τ的值保持在地方政府施出"扶助之手"而不是"掠夺之手"的区间。我们需要分析的问题相当于一个斯塔克伯格(Stakelberg)博弈,此博弈是一个两阶段的序贯博弈,我们可以用"逆向归纳法"对其进行求解。在博弈的第二阶段,企业经理在已知地方政府的留成率的条件下最大化自身的效用。在博弈的第一阶段,地方政府根据企业经理的反应函数最大化自身的效用。地方政府的合理留成率实际上是一个斯塔克伯格均衡解。

根据上面的分析,我们就可以得到基于地方政府特殊资源和企业经理能力的生产函数:

$$Y = AS^{1-\alpha}(Ee)^{\alpha} \tag{16}$$

其中 $A>0$ 为技术进步参数,$0<\alpha<1$ 为企业经理的贡献份额,$0<1-\alpha<1$ 为特殊资源的贡献份额,$E\in\Xi=\{\underline{E},\overline{E}\}$ 为经理能力,$e>0$ 为经理所付出的努力。

企业经理的最大化问题为：

$$\max_{e}[(1-\rho)(1-\tau)AS^{1-\alpha}(Ee)^{\alpha}-wEe] \tag{17}$$

(17)式的一阶条件为：

$$e=\frac{S}{E}\left[\frac{\alpha A(1-\rho)(1-\tau)}{w}\right]^{\frac{1}{1-\alpha}} \tag{18}$$

地方政府的最大化问题为：

$$\max_{\rho}[\rho(1-\tau)AS^{1-\alpha}(Ee)^{\alpha}-sS] \tag{19}$$

将(18)式代入(19)式,我们可以得到(19)式的一阶条件为：

$$1-\frac{\rho}{1-\rho}\frac{\alpha}{1-\alpha}=0 \tag{20}$$

对(20)式化简,我们可以得到：

$$\rho=1-\alpha \tag{21}$$

命题3：在分成契约中,地方政府的留成率为特殊资源的产出份额。

证明：由(21)式和(16)式易知。

拥有特殊资源的地方政府获得了特殊资源的产出份额是地方热衷于招商引资的重要原因。进取型地方政府之所以甄别经理能力并根据经理能力施出"扶助之手",是由其切身利益决定的,经理能力的提高意味着地方政府留成总额的提高。地方政府帮助企业提高经理能力(比如市场拓展能力、经营管理能力)其实是地方政府自己帮助自己。进取型地方政府的"有形之手"和亚当·斯密意义上的"无形之手"在经济学的本质含义上是高度统一的：自利是实现社会利益的永不枯竭的动力。

五、结　语

本章主要分析了转型时期进取型地方政府发挥"扶助之手"作用的内在机制,解释了进取型地方政府为什么能够正确发挥"扶助之手"的作用并通过分成契约推动当地经济的快速发展。本章理论的有效性是跟财政分权下的地方政府对特殊资源控制的有效性(比如对土地资源控制的有效性)高度相关。进取型地方政府通过"有形之手"来模拟市场的"无形之手"从而发挥出"扶助之手"的作用,虽然在很大程度上推动了当地经济的发展,但是也存在着弊端和缺陷。因为地方政府毕竟不是市场,在"度"的把握上跟市场存在很大的差别。比如,地方政府的"扶助"特别是"保险型扶助"可能导致企业特别是高经理能力的企业过度冒险,从而形成新型预算软约束(Bai and Wang, 1999)。但是,我们要看到中国目前正处于转型时期,理想的市场机制尚未形成,进取型地方政府在这个过程中发挥"扶助之手"的作用正是新形势下渐进式改革的要义之所在。我们必须清楚,特定形势下的特定政府能否采取正确的行动方向是一个困难的问题,对于这个问题可能没有超然的答案。当然,随着改革的逐步深入和市场的逐步完善,我们也必须考虑进取型地方政府如何还权于市场或者说进取型地方政府如何退出市场的问题。我们必须警醒的是,一方面,地方政府可能为了自身利益迟迟不肯让渡权力,从而阻碍了市场机制发挥应有的作用;另一方面,随着地方政府可以控制的特殊资源(比如,土地资源)的数量的减少,单纯地依靠特殊资源数量的粗放型增长需要转型为依靠制度创新的集约型增长。

参考文献

[1] 陈抗,Arye L. Hillman,顾清扬. 财政集权与地方政府行为变化:从援助之手到攫取之手[J]. 经济学(季刊),2002,2(1):111-130.

[2] 高鹤. 基于财政分权和地方政府行为的转型分析框架[J]. 改革,2004(4):39-44.

[3] 高鹤. 财政分权、经济结构与地方政府行为:一个中国经济转型的理论框架[J]. 世界经济,2006(10):59-68.

[4] 郭庆旺,贾俊雪. 地方政府行为、投资冲动与宏观经济稳定[J]. 管理世界,2006(5):19-25.

[5] 黄少安. 关于制度变迁的三个假说及其验证[J]. 中国社会科学,2000(4):37-49.

[6] 黄亚生. "中国模式"有多独特[J]. 财经,2010(4):30-31.

[7] 李军杰. 经济转型中的地方政府经济行为变异分析[J]. 中国工业经济,2005(1):

39-46.

[8] 罗长远,赵红军. 外国直接投资、国内资本与投资者甄别机制[J]. 经济研究,2003(9): 49-57.

[9] 秦晓. 是制度缺陷,还是制度创新[J]. 财经,2010(10):102-103.

[10] 让-雅克·拉丰,大卫·马赫蒂摩. 激励理论(第一卷)——委托代理模型[M]. 陈志俊,李艳,单萍萍译. 北京:中国人民大学出版社,2002.

[11] 任晓. 政府意志与经济民营化:一种"互惠"式生产性政治关系[J]. 中国农村观察,2004 (1):56-62,79.

[12] 杨其静. 市场、政府与企业:对中国发展模式的思考[M]. 北京:中国人民大学出版社,2010.

[13] 杨瑞龙,杨其静. 阶梯式的渐进制度变迁模型——再论地方政府在我国制度变迁中的作用[J]. 经济研究,2000(3):24-31.

[14] 张军,周黎安. 为增长而竞争:中国增长的政治经济学[M]. 上海:格致出版社,上海人民出版社,2008.

[15] 周黎安. 晋升博弈中政府官员的激励与合作:兼论我国地方保护主义和重复建设问题长期存在的原因[J]. 经济研究,2004(6):33-40.

[16] 周黎安. 中国地方官员的晋升锦标赛模式研究[J]. 经济研究,2007(7):36-50.

[17] 周业安,赵晓男. 地方政府竞争模式研究:构建地方政府间良性竞争秩序的理论和政策分析[J]. 管理世界,2002(12):52-61.

[18] 朱恒鹏. 分权化改革、财政激励和公有制企业改制[J]. 世界经济,2004(12):14-24.

[19] Bai C, Wang, Y. 1999. The Myth of the East Asian Miracle: The Macroeconomic Implications of Soft Budgets. *American Economic Review*, Papers and Proceedings, 89(2): 432-437.

[20] Che J 2002. Rent Seeking and Government Ownership of Firms: An Application to China's Township-Village Enterprises. *Journal of Comparative Economics*, 30(4): 787-811.

[21] Fyre T, Shleifer, A. 1997. The Invisible Hand and the Grabbing Hand. *American Economic Review*, Papers and Proceedings, 87(2): 354-358.

[22] Tian G 2000. Property Rights and the Nature of Chinese Collective Enterprises. *Journal of Comparative Economics*, 28(2): 247-268.

（原文载于：皮建才，《"中国模式"的激励理论考察：基于地方政府的视角》，《中国经济问题》2011年第3期。）

第十六章 地方政府公共物品供给机制分析

内容提要: 本章从激励理论的角度分析了转型时期地方政府公共物品供给机制。地方政府既可以供给民生型公共物品,也可以供给发展型公共物品。本章通过模型求解找到了影响地方政府供给民生型公共物品和发展型公共物品的主要因素。地方政府之所以重视发展型公共物品供给而轻视民生型公共物品供给,除了因为现行的激励结构使得发展型公共物品的"政治价格"大大高于民生型公共物品的"政治价格"以外,还因为民生型公共物品供给过程中的风险高于发展型公共物品供给过程中的风险。

关键词: 地方政府;公共物品;共同代理

一、引 言

改革开放以来,中国经济取得了很大的发展。许多文献认为,中国经济成就的取得离不开中国式分权下地方政府的作用。中国经济发展的过程中创造了一个很好的"为增长而竞争"的环境(张军,2005)。在地方政府竞争的过程中,地方政府公共物品供给的数量和质量体现了地方政府的竞争优势,地方政府为了在竞争中胜出会努力在地方公共物品供给上进行制度创新(刘汉屏和刘锡田,2003)。当然,在这个过程中,决定资本流入的变量不仅有公共物品的有效供给,而且还有税收水平的高低等其他因素。尽管中国的地方政府并没有税收立法权,但是地方政府却可以通过调整土地使用费(地价)等手段来进行有效的竞争(张五常,2009)。土地使用费不仅是公共物品供给的资金来源之一,而且还直接构成了企业的成本,降低土地使用费虽然对企业来说降低了负担,但是对地方政府来说却降低了公共物品供给的可用资金。这对

"招商引资"来说似乎就产生了一个很大的矛盾,但是很多地方政府却通过一些手段(比如以预算外资金和非预算自筹资金弥补预算内资金的不足)有效化解了这一矛盾。当然,很明显的是,在化解这一矛盾的同时,又产生了其他更深层次的矛盾,比如地方政府在经济发展和社会公平之间的不恰当权衡危害了社会和谐(杨其静,2010)。问题的关键在于:在这些矛盾的背后到底隐藏着关于地方政府公共物品供给的什么样的经济学逻辑? 这就是本章想要探索并回答的问题。

本章的组织如下:第二部分是文献回顾,简单地介绍了现有文献对地方政府公共物品供给中存在问题的经济学解释,并评论了这些解释,进行了相应的评价;第三部分是基本模型,通过求解基本模型找到了决定地方政府供给不同公共物品的主要因素;第四部分是公共物品供给分析,解释了政治价格和供给风险对地方政府公共物品供给的影响;第五部分是结语,总结了本章研究的主要内容,并在理论分析的基础上给出了相关的政策建议。

二、文献回顾

在中国经济发展的过程中,公共物品的有效供给对促进增长发挥了重要的作用。刘生龙和胡鞍钢的实证分析(2010)认为,基础设施作为一种投资既能直接促进经济增长,也能通过溢出效应间接促进经济增长,基础设施的现代化会加速中国的工业化、城镇化、信息化和国际化。张军等(2007)的经验分析认为,分权对地方政府改进基础设施的投资激励是至关重要的,地方政府之间在"招商引资"上的标尺竞争和政府治理的转型是解释中国基础设施投资决定的重要因素。傅勇和张晏的经验分析(2007)认为,政绩考核下的政府竞争造就了地方政府公共支出结构"重基本建设、轻人力资本投资和公共服务"的明显扭曲。地方政府对有利于企业发展的基础设施和基本建设非常重视,但是对有利于民生的人力资本投资和公共服务却比较轻视。平新乔和白洁(2006)的实证分析认为,地方政府的预算外支出对当地的实际需求能够做出更加敏感的反应,尤其是在基础设施建设方面和吸引外商直接投资方面。考虑到公共物品的多样性(multiplicity),邓可斌和丁菊红(2009)的实证分析认为,分权对"硬"公共物品供给具有明显的加速作用,但是对"软"公共物品供给却具有明显的抑制作用。本章把地方政府供给的公共物品分成了两种,一种是有利于当地企业发展的发展型公共物品,一种是有利于提高当地居民生活质量的民生型公共物品。这样的分类更容易使我们在字面意义上和本质意义上认清不同类型公共物品的区别。我们需要回答的问题是:地方政府为什么重视发展型公共物品供给而轻视民生型公共物品供给?地方政府公共物品供给的内在机制到底是什么?王永钦等(2007)认为,在高度分权体制下,地方政府不愿意提供需要更多财力但却只能带来较少政绩的民生型公共物品,更愿意提供可以带来较多政绩的发展型公共物品。但是,王永钦等(2007)的综述性分析没有使用正式的数学模型,虽然有相对成型的想法,但是缺乏对具体作用机制的分析。汤玉刚和赵大平(2007)认为,政治均衡而非经济均衡是理解这一问题的关键,在转型时期制度结构下的利益集团博弈使得发展型公共物品的"政治价格"大大高于民生型公共物品的"政治价格"。汤玉刚和赵大平(2007)的分析使用了公共选择学派的数学模型,模型的优点是可以集中精力分析公共物品供给中的政治决定,特别是分析利益集团的作用。丁菊红和邓可斌(2008)认为,中央政府和地方政府在偏好上的差异改变了地方政府的激励结构,从而对地方政府公共物品供给产生了不同的影响。丁菊红和邓可斌(2008)的分析使用了新政治经济学模型,模型的优点是特别重视地方政府之间的互动和中央政府与地方政府之间的互动。

现有文献的在分析视角上更侧重于中国式分权下的中央政府与地方政府之间的互动,但对地方政府跟当地企业和当地居民之间的互动却没有足够重视。虽然在中国经济发展的过程中,中央政府与地方政府之间的互动处于非常重要的地位,可以说是处于初始意义上的一阶重要的地位,其他互动都要受到这一互动的影响。但是要想改变地方政府公共物品供给的现状,不能仅仅考虑中央政府和地方政府之间的互动,还必须足够重视地方政府跟当地企业和当地居民之间的互动。只有考虑到地方政府跟当地企业和当地居民之间的互动,才能在最大程度上打破当前的地方政府公共物品供给中存在的困境。现有文献在分析时都强调了政治权衡或政治价格在地方政府公共物品供给中所起到的关键作用,但是现有文献明显忽视了其他重要因素(比如,供给过程中存在的风险)在地方政府公共物品供给中所起的作用。本章的贡献在于,通过求解模型找到了影响地方政府供给民生型公共物品和发展型公共物品的主要因素,特别是考虑到了现有文献所忽视的地方政府公共物品供给过程中的风险所起到非常关键的作用。

三、基本模型

在这一部分,我们将基于激励理论(比如,Bolton and Dewatripont,2005)中的共同代理(common agency)模型来探求转型时期地方政府公共物品的内在机制。地方政府既是当地企业(包含由"招商引资"吸引来的潜在企业)的代理人,也是当地居民的代理人。地方政府既跟当地企业之间存在互动,也跟当地居民之间存在互动,正是这种互动关系的强弱以及这种互动过程中存在的风险因素在很大程度上决定了地方政府对不同公共物品的不同数量和质量的供给。这是本章分析的着眼点和出发点,也是本章跟现有文献的最大区别。

地方政府的效用函数是常数绝对风险规避(CARA)型的,$U=-e^{-\eta(t-\frac{a^2}{2})}$,其中$\eta$是绝对风险规避系数,$t$是地方政府获得的支付,$a$是地方政府付出的努力水平。地方政府的努力既包括无形的时间和精力,也包括有形的资金和资源。地方政府既可以付出努力供给发展型公共物品,也可以付出努力供给民生型公共物品,这在某种程度上可以看成是地方政府要完成两种不同性质的任务。我们假设地方政府在民生型公共物品上付出的努力水平为a_1,成本为$\frac{1}{2}a_1^2$。地方政府在发展型公共物品上付出的努力水平为a_2,成本为$\frac{1}{2}a_2^2$。公共物品的生产除了由地方政府的努力水平决定以外,还受到随机因素的干扰,也就是说,地方政府在供给公共物品的过程中存在风险。

我们假定民生型公共物品的供给函数为:$g_1=a_1+\varepsilon_1$,其中ε_1是一个符合正态分布的随机冲击,其均值为0,方差为σ_1^2,即$\xi\sim(0,\sigma_1^2)$。σ_1^2可以看成是民生型公共物品供给过程中的风险。同样的道理,我们假定发展型公共物品的供给函数为:$g_2=a_2+\varepsilon_2$,其中ε_2是一个符合正态分布的随机冲击,其均值为0,方差为σ_2^2,即$\xi\sim(0,\sigma_2^2)$。σ_2^2可以看成是发展型公共物品供给过程中的风险。地方政府提供g_1水平的民生型公共物品,可以从当地居民那里获得的支付为 $t_1=\alpha_0+s_1g_1$,其中 α_0 是一个大于 0 的常数,s_1 是民生型公共物品对地方政府的激励强度。地方政府提供 g_2 水平的发展型公共物品,可以从当地企业那里获得的支付为 $t_2=\beta_0+s_2g_2$,其中 β_0 是一个大于 0 的常数,s_2 是发展型公共物品对地方政府的激励强度。

地方政府提供民生型公共物品和发展型公共物品时的确定性等价(CE)为:

$$CE=\alpha_0+s_1a_1-\frac{\eta}{2}s_1^2\sigma_1^2+\beta_0+s_2a_2-\frac{\eta}{2}s_2^2\sigma_2^2-\frac{1}{2}a_1^2-\frac{1}{2}a_2^2 \tag{1}$$

由(1)式,让 CE 对 a_1 求偏导等令结果等于 0,我们可以得到地方政府供给民生型公共物品的激励相容约束为:

$$a_1=s_1 \tag{2}$$

同样地,由(1)式,让 CE 对 a_2 求偏导等令结果等于 0,我们可以得到地方政府供给发展型公共物品的激励相容约束为:

$$a_2=s_2 \tag{3}$$

我们假定地方政府不提供民生型公共物品和发展型公共物品而做其他事情时可以获得的保留确定性等价为 t_0,这样我们可以得到地方政府的参与约束为:

$$CE\geqslant t_0 \tag{4}$$

当地方政府面临的是共同代理问题的时候,我们需要分别分析当地居民的最大化问题和当地企业的最大化问题。由于在我们的模型中,当地居民和当地企业在位置上是对称的,所以我们的求解所得到的答案会比较简单,这样正好有利于简化我们的分析。

如果当地居民对每单位民生型公共物品的评价是 P_1,那么当地居民的最大化问题为:

$$\max_{a_1,s_1}[(P_1-s_1)\lambda_1a_1-\alpha_0] \quad \text{s.t.} \quad (2)式和(4)式$$

解这个最大化问题,我们可以得到均衡值:

$$a_1^*=s_1^*=\frac{P_1}{\eta\sigma_1^2+1} \tag{5}$$

所以,民生型公共物品的均衡期望供给水平为:

$$Eg_1^* = \frac{P_1}{r\sigma_1^2+1} \quad (6)$$

(6)式就是我们求得的地方政府供给民生型公共物品时的内在机制。

如果当地企业对每单位发展型公共物品的评价是 P_2,那么当地企业的最大化问题为:

$$\max_{a_2,s_2}[(P_2-s_2)\lambda_2 a_2-\beta_0] \quad \text{s.t.} \quad (3)式和(4)式$$

解这个最大化问题,我们可以得到均衡值:

$$a_2^* = s_2^* = \frac{P_2}{r\sigma_2^2+1} \quad (7)$$

所以,发展型公共物品的均衡期望供给水平为:

$$Eg_2^* = \frac{P_2}{r\sigma_2^2+1} \quad (8)$$

(8)式就是我们求得的地方政府供给发展型公共物品时的内在机制。

四、公共物品供给分析

在这一部分,我们将对民生型公共物品和发展型公共物品的地方政府供给进行比较详细的分析。在正式分析之前,我们需要回顾一下地方公共物品供给的大背景。在中国从计划经济向市场经济转型的过程中,地方公共物品的供给逐渐从单一的政府中心模式向多元化模式转变。但是由于历史和现实的原因,地方政府供给一直处于主导地位,多元化供给实际上很难走出困境(陆道平,2007)。根据第二部分的分析,我们知道地方政府在供给民生型公共物品和发展型公共物品的过程中分别遵循了(6)式和(8)式的内在机制。由(6)式,我们很容易得到,地方政府民生型公共物品的均衡期望供给水平随当地居民对每单位民生型公共物品的评价(P_1)的增大而增大,随民生型公共物品供给过程中的风险(σ_1^2)的增大而减小。由(8)式,我们很容易得到,地方政府发展型公共物品的均衡期望供给水平随当地企业对每单位民生型公共物品的评价(P_2)的增大而增大,随发展型公共物品供给过程中的风险(σ_2^2)的增大而减小。在中国经济发展的过程中,地方政府之所以愿意供给发展型公共物品而不愿意供给民生型公共物品,除了因为现有文献所识别出的发展型公共物品的"政治价格"过高和民生型公共物品的"政治价格"过低以外,还因为发展型公共物品供给过程中的风险偏低而民生型公共物品供给过程中的风险偏高。

首先,我们就"政治价格"问题展开讨论。当地居民对每单位民生型公共物品的评价可能会出现这样一个"合成悖论"。尽管每个居民对每单位民生型公共物品有比较高的评价,但是居民作为一个整体对每单位民生型公共物品的评价却比较低。这可能是由于以下两个原因造成的。第一,当地居民在集体行动的过程中没有能够形成有效的联合,最终导致集体行动失灵,集体行动失灵的结果就是当地居民的总体偏好表露不足。对于这个原因,汤玉刚和赵大平(2007)分析得比较透彻。第二,由于存在户籍制度等人口流动的限制,使得当地居民在自己对民生型公共物品的评价得不到满足时难以"用脚投票",结果使得"退出机制"失灵。对于这个原因,丁菊红和邓可斌(2008)分析得比较透彻。而当地企业对每单位民生型公共物品的评价可能很容易得到恰当的反应甚至是过度的反应,一是因为企业之间很容易通过行业协会等商会组织使得集体行动更加有效,二是因为即使上述集体行动失灵企业也可以通过"用脚投票"来进行相对有效的"退出",三是因为地方政府之间的"招商引资"竞争可以使企业的"退出"威胁非常可信。这样一来,虽然当地居民和当地企业都是地方政府的委托人,但很明显的是当地居民只是一个"弱势委托人",而当地企业则是一个"强势委托人"。这种"强"和"弱"的对比体现在了"政治价格"上面。

其次,我们就"供给风险"问题展开讨论。发展型公共物品供给过程中的风险偏低是因为发展型公共物品的供给受地方政府可以控制以外的因素的影响比较小,而且发展型公共物品的"可见度"(visibility)比较高,最终结果到底是什么情况可以很容易被地方政府和当地企业直接观察到。相反,民生型公共物品的供给受地方政府可以控制以外的因素的影响比较大,而且民生型公共物品的"可见度"比较低,最终结果到底是什么情况很难被地方政府和当地居民直接观察到。打一个不是很恰当的比方,发展型公共物品是"面子工程",民生型公共物品是"里子工程"。"面子工程"即使做得不好,也会由于可以看得见的"硬标准"的存在而至少在最低程度上"金玉其外"。但是,如果"里子工程"做得不好,可能会由于看不见的"软标准"的存在而在最大程度上"败絮其中"。公共物品供给过程中存在的风险因素是地方政府只顾"面子"不要

"里子"的重要原因。由公共物品"可见度"导致的供给风险问题在 Mani 和 Mukand (2007)中有比较深入的分析,有兴趣的读者可以参见他们所列举的比较经典的例子。尽管 Mani and Mukand(2007)分析的是像印度这样的资本主义体制,但是我们的分析表明像中国这样的社会主义体制也会存在这样的问题。这样一来,地方政府出于降低供给风险的考虑就会减少民生型公共物品的供给而增加发展型公共物品的供给,这是地方政府在风险面前理性选择的结果,这跟转型时期中央政府对地方政府的激励结构没有太大的关系。这一点必须引起我们足够的注意,因为很多现有文献通过理论分析后都想当然地认为只要改变了中央政府对地方政府的激励机制(改变了"政治价格"),现存的地方政府公共物品供给中的"偏向"问题就会自动解决。但是实际上,即使改变了中央政府对地方政府的激励机制(改变了"政治价格"),地方政府公共物品供给中的"偏向"问题还会由于供给风险因素而很难得到彻底的解决。而且更为重要的是,就算解决了发展型公共物品和民生型公共物品之间的问题,也很难解决民生型公共物品内部的问题。我们需要清楚的是,不同的民生型公共物品可能有不同的供给风险,而当地居民评价比较高的公共物品可能具有更高的供给风险,这是在讨论地方政府供给民生型公共物品时必须考虑到的一点。

五、结 语

我们从激励理论中的共同代理模型的角度出发分析了转型时期地方政府公共物品供给机制。地方政府既可以供给有利于提高当地居民生活质量的民生型公共物品,也可以供给有利于当地企业发展的发展型公共物品。我们通过求解基本模型找到了影响地方政府供给民生型公共物品和发展型公共物品的主要因素。我们认为,地方政府之所以重视发展型公共物品供给而轻视民生型公共物品供给,除了因为现行的激励结构使得发展型公共物品的"政治价格"大大高于民生型公共物品的"政治价格"以外,还因为民生型公共物品供给过程中的风险高于发展型公共物品供给过程中的风险。本章考虑到了现有文献所忽视的地方政府公共物品供给过程中的风险因素,为我们正确理解地方政府公共物品供给机制提供了一个崭新的视角。这是本章区别于现有文献的一个关键不同之处。

在政策建议上,本章跟现有文献也有很不一样的地方。我们认为,除了通过改变中央政府对地方政府的激励结构来调整民生型公共物品和发展型公共物品的"政治价格"以外,在有可能的情况下还要尽量设法降低民生型公共物品相对发展型公共物品而言更高的供给风险。就算在没有可能降低供给风险的情况下,也要在设计激励机制时尽量把民生型公共物品供给过程中的高风险充分考虑在内,想办法对冲这个风险。而且,中央政府在进行公共物品供给时要考虑到地方政府公共物品供给中的"偏向"问题,朝着降低这种"偏向"的方向着力。具体来说,我们的政策建议可以细化为以下几点。第一,建立更加科学的地方政府官员政绩考核机制,对于地方政府官员政绩的考核要在"显性"政绩和"隐性"政绩之间划分权重,而对"隐性"政绩的考核要通过民意调查和对当地居民实际生活质量和生活满意度进行调查的方式来进行(皮建才,2007)。第二,努力推进户籍制度改革,促进劳动力的异地流动,逐步形成当地居民"用脚投票"的偏好表露机制,增强当地居民对地方政府的实际约束力("中国地方政府竞争"课题组,2002)。第三,要积极培育有自治能力的社区,在中央政府和地方政府之间建立"缓冲地带",充分发挥社区的多种功能,增强当地居民作为一个整体对公共物品的评价能力,甚至在必要时绕开地方政府,社区自身直接成为民生型公共物品的供给者(孙辉,2006)。

参考文献

[1] 邓可斌,丁菊红. 转型中的分权与公共品供给:基于中国经验的实证研究[J]. 财经研究,2009(3).

[2] 丁菊红,邓可斌. 政府偏好、公共品供给与转型中的财政分权[J]. 经济研究,2008(7).

[3] 傅勇,张晏. 中国式分权与财政支出结构偏向:为增长而竞争的代价[J]. 管理世界,2007(3).

[4] 刘汉屏,刘锡田. 地方政府竞争:分权、公共物品与制度创新[J]. 改革,2003(6).

[5] 刘生龙,胡鞍钢. 基础设施的外部性在中国的检验:1988—2007[J]. 经济研究,2010(3).

[6] 陆道平. 我国公共物品多元化供给的困境[J]. 学习与探索,2007(6).

[7] 皮建才.中国地方政府间竞争的收益与成本分析[J].经济学动态,2007(1).

[8] 平新乔、白洁.中国财政分权与地方公共品的供给[J].财贸经济,2006(2).

[9] 孙辉.公共物品供给中的第三部门参与———一种公共物品供给的新范式[J].财政研究,2006(9).

[10] 汤玉刚,赵大平.论政府供给偏好的短期决定:政治均衡与经济效率[J].经济研究,2007(1).

[11] 王永钦,张晏,章元,陈钊,陆铭.中国的大国发展道路:论分权式改革的得失[J].经济研究,2007(1).

[12] 杨其静.分权、增长与不公平[J].世界经济,2010(4).

[13] 张军.中国经济发展:为增长而竞争[J].世界经济文汇,2005(4-5).

[14] 张军、高远、傅勇、张弘.中国为什么拥有了良好的基础设施?[J].经济研究,2007(3).

[15] 张五常.中国的经济制度(神州大地增订版)[M].北京:中信出版社,2009.

[16] "中国地方政府竞争"课题组.中国地方政府竞争与公共物品融资[J].财贸经济,2002(10).

[17] Bolton, P., and Dewatripont, M., *Contract Theory*. Cambridge, Massachusetts: MIT Press, 2005.

[18] Mani, A., and Mukand, S., Democracy, Visibility and Public Good Provision. *Journal of Development Economics*, Vol. 83, No. 2, 2007, pp. 506-529.

(原文载于:皮建才,《转型时期地方政府公共物品供给机制分析[J].财贸经济》2010年第9期。)

第十七章　中国地方政府间竞争下的区域市场整合

内容提要:跟传统文献的视角不同,本章从发达地区的角度出发,在地方政府间竞争的框架下分析了区域市场整合的成本与收益。我们认为,地区收入差距是阻碍市场整合的决定性力量,正外部溢出效应是推进市场整合的决定性力量,而中央政府对地方官员的考核机制则会对这种力量的对比和权衡产生重要的影响。中央政府可以通过采用不同的政绩考核方法或在相同的政绩考核方法下采取不同的措施来提高市场整合的程度进而促进全国统一大市场的形成。

关键词:市场整合;晋升激励;地方政府;中央政府

一、引　言

中国在区域经济发展的过程中,既存在市场分割的"逆市场"力量,也存在市场整合的"顺市场"力量,这实际上是由财政分权造成的地方政府间竞争的"双刃剑"效应,一方面地方政府确实获得了发展地方经济的激励,另一方面地方政府也获得了分割市场和地方保护的激励(陆铭和陈钊,2006,第36页)。市场分割成为横在地方政府间竞争的一条鸿沟,要想跨越这条鸿沟形成全国统一的大市场就必须弄清楚其背后隐藏的经济学逻辑。毫无疑问,如何在地方政府间竞争的框架下促进区域经济发展中的市场整合(特别是促进全国统一大市场的形成)是摆在中国面前的一个非常紧迫的大问题,既具有深刻的理论意义,也具有重要的现实意义,因为随着中国经济越来越向纵深发展,市场分割的相对效率损失就会越来越大(郑毓盛和李崇高,2003)。

许多文献对造成市场分割的"逆市场"力量进行了精辟的分析,这些分析主要集中在三个角度,即财政激励的角度、晋升激励的角度和分工激励的角度。从经济上的财政激励的角度出发进行论证的主要文献包括沈立人和戴园晨(1990)、Young(2000)、银温泉和才婉茹(2001)以及林毅夫和刘培林(2004)等。这一视角的主要观点是:地方保护和市场分割是地方政府财政激励的结果,在财政激励下地方政府为了自身的经济利益不惜"以邻为壑"。从政治上的晋升激励的角度出发进行论证的主要文献包括周黎安(2004)以及何智美和王敬云(2007)等。这一视角的主要观点是:地方保护和市场分割是地方政府官员政治晋升激励的结果,在政治锦标赛下地方官员没有激励进行经济合作。从贸易上的分工激励的角度出发进行论证的主要文献包括王小龙和李斌(2002)、陆铭等(2004)以及陆铭等(2007)等。这一视角的主要观点是:地方保护和市场分割是地方政府进行策略性分工的结果,而进行策略性分工的目的则是为了抢占一个更好的议价位置。当然,财政激励、晋升激励和分工激励可以统一在中国地方政府间竞争这个制度框架之下。正是中国地方政府间竞争内生出了地方政府官员的财政激励、晋升激励和分工激励;也就是说,在中国情境中分析市场分割和市场整合自然而然离不开地方政府间竞争的大框架和大背景。但是,这些主流文献并没有回答为什么中国的许多地区(比如在长三角地区、珠三角地区和渤海湾地带)在区域经济发展的过程中存在着很强的市场整合的趋势,以及这种趋势背后到底存在什么样的内在经济学逻辑。① 我们不能只看到问题的一面(市场分割的一面)而忽视问题的另一面(市场整合的一面),否则我们很可能"一叶障目,不见泰山"。

我们的想法是市场分割和市场整合是同时存在的,但是在不同的约束条件下会产生不同的组合结果;在地方政府间竞争的大框架下,中央政府对地方官员采取的政绩考核方法是一个非常重要的约束条件。现有的主流文献往往从落后地区对发达地区造成负外部性的角度出发来构造理论模型,模型假定落后地区可能会采取策略性

---

① 徐现祥等(2007)在最近的一篇论文中提出了跟我们相同的问题,但是他们的回答主要是从落后地区影响发达地区的角度出发的,跟传统的主流文献构造模型的思路是一样的。我们的回答是从发达地区影响落后地区的角度出发的,发达地区整合落后地区的市场是需要付出成本的,但这种成本并不是由主流文献所指出的策略性行为造成的,而是发达地区和落后地区之间的市场完善程度差异所引致的发展差距造成的。

行为(比如策略性保护政策或策略性贸易政策)。我们的出发点跟主流文献有根本性的不同,我们是从发达地区利用市场整合带来的正外部溢出效应的角度出发,市场整合的程度是由发达地区利用市场整合时所带来的收益和成本的权衡决定的,而中央政府对地方官员的考核方法会对这一权衡产生重要的影响。市场整合的收益来源于正外部溢出效应,正外部溢出效应主要包括地理集聚效应以及市场范围扩大带来的资源配置效率的提高;市场整合的成本来源于地区收入差距,差距越大整合的成本也就会越大。在我们的分析框架下,尽管市场整合是市场经济发展的内在要求,但在中国地方政府间竞争的框架下市场的自发扩展趋势(比如制造业的地理集聚效应)会受到人为的阻碍(路江涌和陶志刚,2007),并且受阻碍的程度跟中央政府对地方政府官员采取的政绩考核标准有很大的关系。当然,中央政府可以通过采用不同的政绩考核标准来促进市场的整合,但是无论如何地方政府间竞争总是存在不可消除的内在成本。我们的任务是探索如何在让地方政府间竞争充分发挥积极作用的前提下尽量减少地方政府间竞争带来的成本(比如市场分割成本),而不是因为看到了地方政府间竞争存在的成本就否认其积极作用,不要忘了许多文献认为正是其积极作用推动了中国经济的高速增长(Lin and Liu, 2000;张军,2005)以及中国制度的不断完善(Qian and Roland, 1998; Li et al., 2000)。①

本章剩余部分的基本结构如下:第二部分给出了模型,包括总量相对绩效考核时的情形和增长率相对绩效考核时的情形以及两种情形之间的比较;第三部分给出了相关讨论;第四部分也就是最后一部分给出了结语。

二、模型

我们的模型在思想上主要来源于以下三个方面。第一个方面是内生经济增长理论所讲的外部性导致经济增长,包括 Romer(1986)强调的技术外部性和 Lucas(1988)强调的人力资本外部性,当然我们强调的是地理集聚效应和市场配置效率提

---

① 关于地方政府间竞争的收益与成本分析可以参见王永钦等(2007)、周黎安(2007)、皮建才(2007a)以及杨其静和聂辉华(2007)。因为这不是本章的重点,所以我们没有必要在这里对此展开讨论。

升效应。第二个方面是经济增长的制度理论中的扩展穷人选举权的成本(Acemoglu and Robinson, 2000; Acemoglu and Robinson, 2006)和扩大穷人教育面的成本(Bourguignon and Verdier, 2000),当然我们强调的是市场整合成本。第三个方面是国家规模理论中的基本权衡,即国家规模大小的决定取决于国家规模扩大本身带来的收益和民众对公共物品和政府政策的偏好差异带来的成本之间的折中(Alesina and Spolaore, 1997; Alesina and Spolaore, 2005),当然我们强调的是市场整合带来的收益与成本之间的权衡。在构造模型的过程中我们针对本章要分析的具体问题综合考虑了以上三种思想。

我们假设存在两个地区(发达地区和落后地区),发达地区是市场发育比较完善的地区(我们称之为地区 g),落后地区是市场发育很不完善的地区(我们称之为地区 b)。我们把地区 g 的有效地理面积为标准化 $1-x(1/2<x<1)$,地区 b 的有效地理面积标准化为 x,也就是说地区 g 的面积比地区 b 的面积小,这在很大程度上也是符合现实的,市场整合的过程就是市场扩展到面积更大的区域的过程。[①] 我们假设地区 g 每单位有效地理面积的经济收益为 y^g,地区 b 每单位有效地理面积的经济收益为 y^b,其中 $y^g>y^b>0$。[②] 在不进行市场整合的情况下,地区 g 的总经济收益比地区 b 的总经济收益或经济总量更大,也就是说 $(1-x)y^g>xy^b$。

地区 g 可以付出一定的努力来整合地区 b 的市场。我们假设地区 g 每整合地区 b 的一个单位有效地理面积的市场需要付出的单位成本是 $\lambda(y^g-y^b)$[③](其中 $\lambda>1$ 表示存在社会成本)[④],而获得的单位收益是 μ(其中 μ 表示市场范围扩大以后的正外部溢出效应,具体而言包括地理集聚效应以及市场范围扩大带来的资源配置效率的提

[①] 即使假设地区 g 的面积比地区 b 的面积大,也不会对我们的分析产生实质性的影响。我们最多把问题分成两种情形进行讨论而已。重要的是,本章采用的假设有助于我们分析问题的主要机制。

[②] 关于地区市场完善程度的不同会导致地区收入差距的文献综述可以参见严汉平和白永秀(2007),对此的定量研究可以参见樊纲等(2003)。

[③] 我们需要对整合成本的数学形式进行说明,采用这种形式主要是为了表明整合成本是地区收入差距的增函数,当然,采用这种形式也是为了分析上的方便。

[④] 我们需要考虑发达地区在整合过程中的能力约束。实际上,我们可以把发达地区整合能力的欠缺看成是 λ 的增大,整合能力低的发达地区在整合落后地区时的社会成本会更高。

高)。为了表明市场整合的"顺市场"力量确实存在,我们假设 $\mu>\lambda(y^g-y^b)$,[①]也就是说,如果不存在人为的外在干预力量,那么地区 g 对地区 b 进行市场整合将是有利可图的。

我们在本章中所讲的区域市场整合包含徐现祥和李郁(2005)所讲的市场一体化和区域协调发展的双重含义,所以本章意义上的市场是指整体意义上的抽象市场。我们在本章中所讲的发达地区既包含发达地区的地方政府,也包含发达地区的企业。也就是说,我们把发达地区看成了一个抽象的整体;同样的道理也适用于落后地区。我们所考虑的整合是指发达地区整合落后地区,整合的对象是落后地区基于有效地理面积意义上的市场,整合的结果是落后地区和发达地区达到相同的市场完善程度。我们进行市场整合分析的前提是,中国的市场边界不仅是地方的行政边界,而且还是地方政府分割地方市场的边界,这也正是徐现祥和李郁(2005)在他们的分析中所强调的。

2.1 总量相对绩效考核时的情形[②]

我们假设政治晋升收益足够大(大到经济利益不能与之抗衡)。当中央政府采用总量相对绩效标准对地方官员进行考核时,谁的总量相对绩效更好谁就可以获得晋升。我们用上标 A 来表示总量相对绩效考核,用下标 E 表示基于经济维度的考量。

我们假设地区 g 将整合地区 b 的 z 个有效地理面积单位的市场。

地区 g 的经济收益为:

$$V_E^g = (1-x)y^g + \mu z - \lambda z(y^g - y^b) \tag{1}$$

[①] 本章在分析中的主要着眼点并不是地方政府之间存在策略性保护行为,这种行为无疑会加大 λ,甚至有可能使得 $\mu<\lambda(y^g-y^b)$,进而使得市场整合无利可图。我们想要表明的是,即使不存在这种策略性保护行为,地方政府之间仍然会存在着由中央政府的政绩考核导致的市场分割。我们认为,中央政府可以通过相应的措施在立宪层次上降低地方政府之间的"内拼"效应。当然,这种想法在本质上有些类似于皮建才(2007b),但是分析的具体问题并不相同。

[②] 我们在这里所说的总量相对绩效考核是指基于 GDP 总量对地方官员进行考核。实际上从晋升激励的角度出发构造模型的主流文献(比如周黎安,2004)都是基于 GDP 总量对地方官员进行考核。相对绩效考核的经典文献包括 Lazear and Rosen(1981),Green and Stokey(1983),Shleifer(1985)等。

地区 b 的经济收益为：

$$V_E^b = xy^b + z(y^g - y^b) \tag{2}$$

地区 g 为了保住自身的政治晋升收益,会选择 $V_E^g > V_E^b$ 时的 z 值,此时有：

$$z[(1+\lambda)(y^g - y^b) - \mu] < (1-x)y^g - xy^b \tag{3}$$

当 $\mu \geq (1+\lambda)(y^g - y^b)$ 时,$z_{\max}^A = x$,市场整合程度为：

$$MI_1^A = \frac{x}{x} = 1 \tag{4}$$

当 $\mu < (1+\lambda)(y^g - y^b)$ 时,$z_{\max}^A = \frac{(1-x)y^g - xy^b}{(1+\lambda)(y^g - y^b) - \mu}$,①市场整合程度为：

$$MI_2^A = \frac{(1-x)y^g - xy^b}{[(1+\lambda)(y^g - y^b) - \mu]x} \tag{5}$$

为了分析的方便,我们令 $\mu^A = (1+\lambda)(y^g - y^b)$。

这样一来,我们就可以得到命题 1。

命题 1：当中央政府采用总量相对绩效标准对地方官员进行考核,而且地方官员对政治晋升收益看得比经济收益更重时,②如果市场整合的正外部溢出效应足够大（$\mu \geq \mu^A$）,那么就会存在完全的市场整合;如果市场整合的正外部溢出效应不是太大（$\mu < \mu^A$）,那么市场的整合程度就是 $\frac{(1-x)y^g - xy^b}{[(1+\lambda)(y^g - y^b) - \mu]x}$。

证明：根据上面的分析很容易得到这个命题。

我们可以发现市场整合的正外部溢出效应足够大（$\mu \geq \mu^A$）时,市场整合的程度就会达到 100%,成为一个常数。但是这种情形在现实中并没有普遍出现,说明市场整合的正外部溢出效应对绝大部分地区来讲并不是太大。尽管完全的市场整合只是模型设定里面出现的一种长期趋势和理想状态,但是为了分析上的完整性和逻辑上的一致性,我们还是要对这种情形进行分析。

---

① 从数学上看,$1-x$ 无限趋近于 $1/2 < x < 1$,但永远不能达到这个数值,为了分析的方便,我们只能取极限时的情况,此时我们可以加上一个限制条件：当地区 g 跟地区 b 的绝对经济绩效一样时,地区 g 可以获得政治晋升收益,而地区 b 则不能获得政治晋升收益。

② "地方官员对政治晋升收益看得比经济收益更重"是为了保证政治晋升激励确实会起作用,实际上所有晋升激励的角度的文献都以此为前提。

推论 1：当中央政府采用总量相对绩效标准对地方官员进行考核，而且地方官员对政治晋升收益看得比经济收益更重时，如果市场整合的正外部溢出效应足够大（$\mu \geqslant \mu^A$），那么市场整合的程度并不会随着正外部溢出效应、社会成本、各地区的有效地理面积以及每单位有效地理面积的经济收益的变化而变化。

证明：由(4)式易得。

推论 1 的直观含义是当市场整合的正外部溢出效应足够大时，各种阻碍因素的负向作用就会失灵。

由于完全的市场整合只是一种长期趋势和理想状态，所以更有意义的事情是讨论市场整合的正外部溢出效应不是太大（$\mu < \mu^A$）时的情形，因为这种情形是相对来讲比较符合现实的情形，中国地方政府官员选择分割市场和地方保护的行为说明了正外部溢出效应并不是太大。此时我们可以得到推论 2。

推论 2：当中央政府采用总量相对绩效标准对地方官员进行考核，而且地方官员对政治晋升收益看得比经济收益更重时，如果市场整合的正外部溢出效应不是太大（$\mu < \mu^A$），那么市场整合的程度随着正外部溢出效应的增加而增大，随着社会成本的增加而减小，随着市场完善地区的有效地理面积的增加而增大，随着市场不完善地区的有效地理面积的增加而减小，随着市场完善地区的每单位有效地理面积的经济收益的增加而减小，随着市场不完善地区的每单位有效地理面积的经济收益的增加而减小。

证明：根据(5)式，我们很容易得到：$\frac{\partial MI_2^A}{\partial \mu} > 0, \frac{\partial MI_2^A}{\partial \lambda} < 0, \frac{\partial MI_2^A}{\partial (1-x)} > 0, \frac{\partial MI_2^A}{\partial x} < 0, \frac{\partial MI_2^A}{\partial y^g} < 0, \frac{\partial MI_2^A}{\partial y^b} > 0$。[①]

推论 2 的经济学含义非常明显，市场整合程度是由其机会成本决定的，收益越大市场整合的程度就会越大，成本越高市场整合的程度就会越小。我们需要着重强调推论 2 的两点现实含义就是：如果中央政府采用总量相对绩效标准对地方官员进行

---

① 为了缩减论文的篇幅，我们省略了对偏导的具体求解过程。在推论 4、推论 5 和命题 4 的证明中，我们也做了类似的省略。

考核,当市场完善地区的有效地理面积很小而市场不完善地区的有效地理面积很大时,市场整合就比较难进行;当市场完善地区的每单位有效地理面积的经济收益很大而市场不完善地区每单位有效地理面积的经济收益很小时,市场整合就比较难进行。

2.2 增长率相对绩效考核时的情形[①]

在这一部分我们将考虑政治晋升收益足够大(大到经济利益不能与之抗衡)时增长率相对经济绩效考核的结果。我们用上标 R 来表示相对经济绩效考核。

地区 g 为了保住自身的政治晋升收益,会选择 $\dfrac{V_E^g}{(1-x)y^g} > \dfrac{V_E^b}{xy^b} - \dfrac{\delta}{(1-x)y^g}$ 时的 z 值,其中 $\dfrac{\delta}{(1-x)y^g}$ 是中央政府认为的市场完善地区的经济增长率可以比市场不完善地区的经济增长率合理放缓的程度(为了分析的方便,我们把 δ 简称为"合理增长差距"),[②]因为我们要考虑到如下的实际情况:市场完善地区的经济增长率的提高越来越困难,而市场不完善地区的经济增长率的提高相对而言更容易一些。合理增长差距 δ 的取值范围是 $\delta > 0$,在现实生活中 δ 的值应该非常小甚至可能是趋近于 0($\delta \to 0$)的一个数。

此时我们可以得到:

$$z[(1-x)y^g(y^g-y^b)+\lambda xy^b(y^g-y^b)-\mu xy^b] < \delta xy^b \tag{6}$$

当 $\mu \geq \dfrac{(1-x)y^g(y^g-y^b)+\lambda xy^b(y^g-y^b)}{xy^b}$ 时,我们可以得到:

$z_{\max}^R = x$,此时的市场整合程度为:

$$MI_1^R = \dfrac{x}{x} = 1 \tag{7}$$

当 $\mu < \dfrac{(1-x)y^g(y^g-y^b)+\lambda xy^b(y^g-y^b)}{xy^b}$ 时,我们可以得到:

[①] 我们这里所说的增长率相对绩效考核是指基于 GDP 增长率对地方官员进行考核。
[②] 即使我们假设 $\dfrac{\delta}{(1-x)y^g}$ 是一常数 $\Delta(0<\Delta<1)$ 对我们的分析结果也不会产生任何影响,但是在分析时会使运算更加复杂,为简便起见,我们还是采用了目前的数学形式。

$$z_{\max}^{R} = \frac{\delta x y^{b}}{(1-x)y^{g}(y^{g}-y^{b})+\lambda x y^{b}(y^{g}-y^{b})-\mu x y^{b}},$$ ①此时的市场整合程度为：

$$MI_{2}^{R} = \frac{\delta y^{b}}{(1-x)y^{g}(y^{g}-y^{b})+\lambda x y^{b}(y^{g}-y^{b})-\mu x y^{b}} \tag{8}$$

为了分析的方便，我们令 $\mu^{R} = \dfrac{(1-x)y^{g}(y^{g}-y^{b})+\lambda x y^{b}(y^{g}-y^{b})}{x y^{b}}$。

命题2：当中央政府采用增长率相对绩效标准对地方官员进行考核，而且地方官员对政治晋升收益看得比经济收益更重时，如果市场整合的正外部溢出效应足够大（$\mu \geqslant \mu^{R}$），那么就会存在完全的市场整合；如果市场整合的正外部溢出效应不是太大（$\mu < \mu^{R}$），那么市场的整合程度就是 $\dfrac{\delta y^{b}}{(1-x)y^{g}(y^{g}-y^{b})+\lambda x y^{b}(y^{g}-y^{b})-\mu x y^{b}}$。

证明：根据上面的分析很容易得到这个命题。

命题2得到的结果跟命题1得到的结果有些类似，但在市场整合的正外部溢出效应的临界值或门槛值上存在差别。

同样的道理，我们可以发现市场整合的正外部溢出效应足够大（$\mu \geqslant \mu^{R}$）时，市场整合的程度就会达到100%，成为一个常数。但是这种情形在现实中并没有普遍出现，说明市场整合的正外部溢出效应对绝大部分地区而言并不是太大。

推论3：当中央政府采用增长率相对绩效标准对地方官员进行考核，而且地方官员对政治晋升收益看得比经济收益更重时，如果市场整合的正外部溢出效应足够大（$\mu \geqslant \mu^{R}$），那么市场整合的程度并不会随着正外部溢出效应、社会成本、各地区的有效地理面积以及每单位有效地理面积的经济收益的变化而变化。

证明：由(7)式易得。

推论3得到的结果跟推论1有些类似，当市场整合的正外部溢出效应足够大时，市场整合的程度不以人的意志为转移。

当然，更有意义的事情是讨论市场整合的正外部溢出效应不是太大（$\mu < \mu^{R}$）时

---

① 从数学上看，$z_{\max}^{R}$ 无限趋近于 $\delta x y^{b}/[(1-x)y^{g}(y^{g}-y^{b})+\lambda x y^{b}(y^{g}-y^{b})-\mu x y^{b}]$，但永远不能达到这个数值，为了分析的方便，我们只能取极限时的情况，此时我们可以加上一个限制条件：当地区 g 跟地区 b 的相对经济绩效一样时，地区 g 可以获得政治晋升收益，而地区 b 则不能获得政治晋升收益。

的情形,因为这种情形是比较符合现实情况的,中国地方政府官员选择分割市场和地方保护的行为说明了正外部溢出效应并不是太大。此时我们可以得到推论4。

推论4: 当中央政府采用增长率相对绩效标准对地方官员进行考核,而且地方官员对政治晋升收益看得比经济收益更重时,如果市场整合的正外部溢出效应不是太大($\mu<\mu^R$),那么市场整合的程度随着正外部溢出效应的增加而增大,随着社会成本的增加而减小,随着市场完善地区的有效地理面积的增加而减小,随着市场不完善地区的有效地理面积的增加而增大,随着市场完善地区的每单位有效地理面积的经济收益的增加而减小,随着市场不完善地区的每单位有效地理面积的经济收益的增加而减小。

证明: 根据(8)式,我们很容易得到:$\frac{\partial MI_2^R}{\partial \mu}>0, \frac{\partial MI_2^R}{\partial \lambda}<0, \frac{\partial MI_2^R}{\partial (1-x)}<0, \frac{\partial MI_2^R}{\partial x}>0, \frac{\partial MI_2^R}{\partial y^g}<0, \frac{\partial MI_2^R}{\partial y^b}>0$。

跟推论2一样,推论4的经济学含义非常明显,市场整合程度是由机会成本决定的,收益越大市场整合的程度就会越大,成本越高市场整合的程度就会越小。我们需要强调的推论4的两点现实含义就是:如果中央政府采用增长率相对绩效标准对地方官员进行考核,当市场完善地区的有效地理面积很小而市场不完善地区的有效地理面积很大时,市场整合就比较容易进行;当市场完善地区的每单位有效地理面积的经济收益很大而市场不完善地区每单位有效地理面积的经济收益很小时,市场整合就比较难进行。我们可以发现,推论4跟推论2在有效地理面积上得到的结果却完全相反,关于这一点我们将在比较分析部分进行详细的论述。

推论5: 当中央政府采用增长率相对绩效标准对地方官员进行考核,而且地方官员对政治晋升收益看得比经济收益更重时,如果市场整合的正外部溢出效应不是太大($\mu<\mu^R$),那么市场整合的程度随着合理增长差距的增加而增大。

证明: 根据(8)式,我们很容易得到:$\frac{\partial MI_2^R}{\partial \delta}>0$。

推论5的政策含义是在采用增长率相对绩效标准对地方官员进行考核时中央政府可以通过提高合理增长差距来促进区域市场的整合。

2.3 两种情形的比较分析

通过对两个基本模型进行比较分析,我们可以得到以下命题。

命题3:当地方官员对政治晋升收益看得比经济收益更重时,中央政府采用总量相对绩效标准对地方官员进行考核比采用增长率相对绩效标准对地方官员进行考核更容易达到市场完全整合的临界值或门槛值,但是这两个临界值或门槛值都比不存在考核时更高。

证明:为了证明命题的前半部分我们只需要证明 $\mu^A < \mu^R$。由 μ^A 和 μ^R 的定义,我们可以得到:$\dfrac{\mu^A}{\mu^R} = \dfrac{xy^b + \lambda xy^b}{(1-x)y^g + \lambda xy^b} < 1$,即 $\mu^A < \mu^R$。为了证明命题的后半部分我们只需要证明 $\mu^* < \mu^A$,其中 μ^* 是不存在考核时的临界值或门槛值。由(1)式,根据库恩-塔克条件,我们可以很容易得到 $\mu^* = \lambda(y^g - y^b)$,这样一来,我们就可以发现 $\mu^* - \mu^A = -(y^g - y^b) < 0$,即 $\mu^* < \mu^A$。综合以上,易得:$\mu^* < \mu^A < \mu^R$。

命题3的政策含义非常明显,当地方官员对政治晋升收益看得比经济收益更重时,如果中央政府觉得市场整合的正外部溢出效应足够大,那么采用总量相对绩效标准对地方官员进行考核比采用增长率相对绩效标准对地方官员进行考核更有可能达到市场的完全整合。

命题4:当地方官员对政治晋升收益看得比经济收益更重时,如果市场完善地区的有效地理面积相对于市场不完善地区的有效地理面积而言比较大,那么中央政府采用总量相对绩效标准对地方官员进行考核更有可能促进市场的整合;如果市场完善地区的有效地理面积相对于市场不完善地区的有效地理面积而言比较小,那么中央政府采用增长率相对绩效标准对地方官员进行考核更有可能促进市场的整合。

证明:由 $\dfrac{\partial MI_2^A}{\partial (1-x)} > 0$,$\dfrac{\partial MI_2^A}{\partial x} < 0$,$\dfrac{\partial MI_2^R}{\partial (1-x)} < 0$,$\dfrac{\partial MI_2^R}{\partial x} > 0$,我们很容易从直觉上得到命题4。为了给出比较严格的证明,我们需要对(5)式和(8)式进行变形。对(5)式进行变形,由 MI_2^A 对 $\dfrac{1-x}{x}$ 求偏导,我们可以得到:$\dfrac{\partial MI_2^A}{\partial \left(\dfrac{1-x}{x}\right)} > 0$。对(8)式进行变形,

由 MI_2^R 对 $\dfrac{1-x}{x}$ 求偏导，我们可以得到：$\dfrac{\partial MI_2^R}{\partial\left(\dfrac{1-x}{x}\right)}<0$。

命题4的政策含义显而易见，在这里就不再赘言。

三、相关讨论

在这一部分我们将结合我们的模型跟主流的理论进行比较分析，在比较分析的过程中我们还会提出一些政策建议。总体上而言，我们的理论模型更加强调中央政府在区域市场整合乃至形成全国统一大市场中的作用，而传统主流文献并没有强调这一点。

财政激励视角下的主流理论在解释中国的地方保护和市场分割时可以把握历史的脉搏，把地方保护和市场分割的来龙去脉搞得很清楚。中国经济的大背景是从计划（中央集权）向市场（地方分权）逐步转型，财政演变必然以这个大背景为依托。在分灶吃饭的情况下，每一个地方政府都希望自己灶的锅里有米可下。为了"有米可下"必然会采取策略性保护行为，比如争夺原材料、进行重复建设（胡书东，2001；魏后凯，2001）。但是这些行为相对于原先的体制下存在的行为而言已经属于一种效率改进，不管是Young(2000)所认为的造就地方既得利益还是银温泉和才婉茹(2001)所认为的行政性分权，都是一种相对的制度改进。只要中国采用渐进式改革，制度改进就不可能一步到位，在不可能一步到位的情况下总是存在这样或那样的缺陷。许多学者只看到了不同历史条件下市场分割的缺陷，而没有看到其相对进步性。林毅夫和刘培林(2004)认识到了地方保护和市场分割的历史逻辑，他们认为改革以来的地方保护和市场分割在很大程度上是重工业优先发展的赶超战略在分权式改革下的逻辑延伸。渐进式改革决定了赶超战略的消除是一个渐进的过程，但是把赶超战略从中央政府层面下放到地方政府层面是逐步消除赶超战略的第一步。我们的理论模型跟这些理论解释并不冲突，在市场尚不完善的时候，市场的正外部溢出效应并不是很大，发达地区的地方政府进行市场整合的动力很小甚至根本就不存在；随着市场的逐步完善，市场正外部溢出效应逐渐变大，此时发达地区就有着很强的整合市场的动力，落后地区采用的违背比较优势的发展战略也就在市场整合的过程中逐步被消除，因为市场的价格会决定哪一种行为更加有利可图。微观数据的实证分析(龚冰琳等,2005)也证明我们的理论预测是跟现实相吻合的,地方保护和市场分割随着时间的推移和市场的完善会显著减少。

晋升激励视角下的主流理论在解释中国的地方保护和市场分割时可以更加反映现实情况。历史逻辑在演变过程中并不是一成不变的,目前现实中的逻辑更加体现了晋升激励的作用。如果说曾经有一个阶段地方政府官员对经济收益(比如政府财政收入和辖区居民就业)看得很重[周黎安(2004)所说的地方官员的第一特征]的话,那么现在的阶段已经进入了地方政府官员对政治晋升收益看得更重[周黎安(2004)所说的地方官员的第二特征]的时期。晋升激励视角下的主流文献[比如周黎安(2004)]对问题本质的剖析已经入木三分,但是这些文献并没有意识到地方保护和市场分割内生于地方政府间竞争这一制度框架(成本与收益系于一体),所以其提出的解决问题只是着眼于代理人和代理人之间,比如减少地方政府对市场的干预能力或者提高地方政府对辖区居民的服务水平。我们的理论模型提出的政策建议是,在不同的具体情境下中央可以采取不同的官员政绩考核标准,从而降低地方保护和市场分割的程度,或者中央政府也可以在相同的政绩考核标准下采用不同的考核措施,比如提高发达地区跟落后地区之间的合理增长差距(δ)。我们认为,真正需要的回答问题是如何在委托人—代理人层次上完善地方政府间竞争的制度框架,而不是如何在代理人—代理人层次上完善地方政府间竞争的制度框架,所以我们的分析框架更加强调中央政府的作用。

分工激励视角下的主流理论在解释中国的地方保护和市场分割时可以说是找到了一个重要而清晰的作用机制。陆铭等(2004)认为,在收益递增条件下,由于发达地区在高技术产业拥有比较优势,而且通常具有较快的技术进步,所以往往能够在贸易利益的分享中获得比较大的份额;而落后地区如果选择暂时不加入分工体系,那么它将失去当期分工的收益,但却可以提高自己在未来分配分工收益的谈判中的地位,甚至可能实现对发达地区的赶超。分工激励视角的解释(王小龙和李斌,2002;陆铭等,2004;陆铭等,2007)以落后地区为着眼点,落后地区的策略性分工行为是造成地方保护和市场分割的重要原因。我们的模型是以发达地区为着眼点,着眼点的不同决定了我们对相同事物的内在机制有不同的看法,所谓"横看成岭侧成峰,远近高低各不同"。我们认为,当落后地区的策略性分工行为导致社会成本(λ)特别大的时候(比如$\lambda(y^g-y^p)>\mu$),分工激励视角下的理论解释可能更具有现实说服力;但是当落后地区的策略性分工行为导致社会成本(λ)并不是特别大的时候(比如$\lambda(y^g-y^p)<\mu$),我们基于市场正外部溢出效应的理论解释就更具有现实说服力。当然,不管是分工激励视角的解释还是我们的解释,在政策建议上都是一脉相通的,因为两者都会建议采用降低社会成本(λ)的措施;但是我们的政策建议还包括那些提高发达地区市场整合收益的措施。

四、结 语

在本章中我们主要识别并分析了在中国地方政府间竞争框架下区域市场整合的一个重要机制。我们认为,地区发展差距是阻碍市场整合的决定性力量,正外部溢出效应是推进市场整合的决定性力量,而中央政府对地方官员的考核机制则会对这种力量的对比和权衡产生重要的影响,改变中央政府对地方官员的考核机制会对区域市场整合的程度产生很大影响,进而对全国统一大市场的形成产生很大的影响。而中央政府在其中的可为之处正在于根据不同的情况对不同地区采用不同的地方官员政绩考核机制或在相同的政绩考核机制下采取不同的措施。当然,我们识别出的机制只是众多重要机制中的一个,不可能囊括所有的机制。

本章给出的理论模型可以进行多角度的扩展和应用。比如,在考虑绿色GDP核算时,我们需要在(1)式和(2)式分别减去一个各自的成本(比如环境污染的成本),这样一来区域市场整合的程度就会受到绿色GDP核算的影响。当落后地区环境污染的成本比发达地区环境污染的成本更大时,不管采用总量绿色GDP绩效评估还是采用增长率绿色GDP绩效评估都会加大区域市场整合的程度;反之,当发达地区环境污染的成本比落后地区环境污染的成本更大时,不管采用总量绿色GDP绩效评估还是采用增长率绿色GDP绩效评估都会降低区域市场整合的程度。再比如,如果中央政府在现任地方官员政绩和前任地方官员政绩之间进行相对绩效考核[像周黎安等(2005)注意到的那样],那么只要$\mu>\lambda(y^g-y^p)$,发达地区现任地方官员就会持续进

行市场整合直到 $\mu=\lambda(y^g-y^p)$，落后地区的现任地方政府官员更是没有阻碍市场整合的动力，但是，现实情况往往既有纵向比较也有横向比较，所以市场整合的阻力还是会存在的。

任何一个经济学理论在解释真实世界的经济现象时都必然会做不同程度的抽象，找到其背后的主要约束条件，抽象掉那些次要的约束条件。本章在模型构造上的好处是可以集中精力分析我们想要分析的问题，从而把我们识别出的主要作用机制表述得非常清楚。当然，我们的论文在构造模型方面也存在一些不足之处。我们只考虑了两个代表性地区(每个地区在有效地理面积的意义上都是均质的)，而没有考虑多个地区之间的相互作用，多个地区之间的错综复杂的关系可能会使我们的抽象显得过于简单，把我们的模型扩展到三个地区或者多个地区可能会得到更加丰富的经济结论和政策含义。而且，我们没有对市场进行区分。这些不足之处需要我们在以后的工作中进行完善。

参考文献

[1] 樊纲，王小鲁，张立文，朱恒鹏．中国各地市场化相对进程报告[J]．经济研究，2003(3)．

[2] 龚冰琳，徐立新，陈光炎．中国的地方保护主义：直接的微观证据[J]．经济学报，2005,1(2)．

[3] 何智美，王敬云．地方保护主义探源——一个政治晋升博弈模型[J]．山西财经大学学报，2007(5)．

[4] 胡书东．经济发展中的中央与地方关系——中国财政制度变迁研究[M]．上海：上海三联书店和上海人民出版社，2001．

[5] 林毅夫，刘培林．地方保护和市场分割：从发展战略的角度考察[Z]．北京大学中国经济研究中心工作论文 No. C2004015，2004．

[6] 路江涌，陶志刚．我国制造业区域集聚程度决定因素的研究[J]．经济学(季刊)，2007,6(3)．

[7] 陆铭，陈钊．中国区域经济发展中的市场整合与工业集聚[M]．上海：上海三联书店和上海人民出版社，2006．

[8] 陆铭，陈钊，严翼．收益递增、发展战略与区域经济的分割[J]．经济研究，2004(1)．

[9] 陆铭，陈钊，杨真真．平等与增长携手并进——收益递增、策略性行为和分工的效率损

失[J].经济学(季刊),2007,6(2).

[10] 皮建才.中国地方政府间竞争的收益与成本分析[J].经济学动态,2007a(1).

[11] 皮建才.所有权结构、自私性努力与投资阻塞问题[J].经济研究,2007b(5).

[12] 沈立人,戴园晨.我国"诸侯经济"的形成及其弊端和根源[J].经济研究,1990(3).

[13] 王小龙,李斌.经济发展、地区发展与地方贸易保护[J].经济学(季刊),2002,1(3).

[14] 王永钦,张宴,章元,陈钊,陆铭.中国的大国发展道路——论分权式改革的得失[J].经济研究,2007(1).

[15] 魏后凯.从重复建设走向有序竞争——中国工业重复建设与跨地区资产重组研究[M].北京:人民出版社,2001.

[16] 徐现祥,李郇.市场一体化与区域协调发展[J].经济研究,2005(12).

[17] 徐现祥,李郇,王美今.区域一体化、经济增长与政治晋升[J].经济学(季刊),2007,6(4).

[18] 严汉平,白永秀.中国地区差异成因的文献综述[J].西北大学学报(哲学社会科学版),2007(5).

[19] 杨其静,聂辉华.保护市场的联邦主义及其批判:基于文献的一个思考[Z].中国人民大学经济学院工作论文,2007.

[20] 银温泉,才婉茹.我国地方市场分割的成因和治理[J].经济研究,2001(6).

[21] 张军.中国经济发展:为增长而竞争[J].世界经济文汇,2005(4-5).

[22] 郑毓盛,李崇高.中国地方分割的效率损失[J].中国社会科学,2003(1).

[23] 周黎安.晋升博弈中政府官员的激励与合作:兼论我国地方保护主义和重复建设问题长期存在的原因[J].经济研究,2004(6).

[24] 周黎安.中国地方官员的晋升锦标赛模式研究[J].经济研究,2007(7).

[25] 周黎安,李宏彬,陈烨.相对绩效考核:中国地方官员晋升机制的一项经验研究[J].经济学报,2005,1(1).

[26] Acemoglu, D., and Robinson, J. A., 2000, Why Did the West Extend the Franchise? Democracy, Inequality, and Growth in Historical Perspective, *Quarterly Journal of Economics*, 115(4): 1167-1199.

[27] Acemoglu, D., and Robinson, J. A., 2006, *Economic Origins of Dictatorship and*

Democracy, New York: Cambridge University Press.

[28] Alesina, A., and Spolaore, E., 1997, On the Number and Size of Nations, *Quarterly Journal of Economics*, 112(4): 1027-1056.

[29] Alesina, A., and Spolaore, E., 2005, *The Size of Nations*, Cambridge, Mass.: MIT Press.

[30] Bourguignon, F., and Verdier, T., 2000, Oligarchy, Democracy, Inequality and Growth, *Journal of Development Economics*, 62(2): 285-313.

[31] Green, J., and Stokey, N., 1983, A Comparison of Tournaments and Contests, *Journal of Political Economy*, 91(3): 349-364.

[32] Lazear, E., and Rosen, S., 1981, Rank-Order Tournaments as Optimal Labor Contracts, *Journal of Political Economy*, 89(5): 841-864.

[33] Li, S., Li, S., and Zhang, W., 2000, The Road to Capitalism: Competition and Institutional Change in China, *Journal of Comparative Economics*, 28(2): 269-292.

[34] Lin, J. Y., and Liu, Z., 2000, Fiscal Decentralization and Economic Growth in China, *Economic Development and Cultural Change*, 49(1): 1-21.

[35] Lucas, R., 1988, On the Mechanism of Economic Development, *Journal of Monetary Economics*, 22(1): 3-42.

[36] Qian, Y., and Roland, G., 1998, Federalism and the Soft Budget Constraint, *American Economic Review*, 88(5): 1145-1162.

[37] Romer, P., 1986, Increasing Return and Long-Run Growth, *Journal of Political Economy*, 94(5): 1002-1037.

[38] Shleifer, A., 1985, A Theory of Yardstick Competition, *Rand Journal of Economics*, 16(3): 319-327.

[39] Young, A., 2000, The Razor's Edge: Distortions and Incremental Reform in the People's Republic of China, *Quarterly Journal of Economics*, 115(4): 1091-1135.

（原文载于：皮建才，《中国地方政府间竞争下的区域市场整合》，《经济研究》2008年第3期。）

第十八章　地方政府行为取向及其调控策略研究

内容提要：本章基于多任务委托—代理的视角分析了中国转型时期的地方政府行为取向及其调控策略。地方政府既可以付出跟中央政府利益一致的合作性努力，也可以付出跟中央政府利益不一致的自私性努力。合作性努力水平和自私性努力水平的大小取决于既定体制下的激励机制。在制度安排既定的情况下，中央政府既可以通过采取适当的补偿措施来提高地方政府的合作性努力水平，也可以通过适当的惩罚措施来降低地方政府的自私性努力水平，这其中有规律可循。

关键词：地方政府；调控策略；合作性努力；自私性努力

一、引　言

改革开放以来，中国取得了举世瞩目的经济成就，这些成就的取得是与地方政府对当地经济的推动作用分不开的。由于这个原因，有学者把中国经济称为地方政府主导型的市场经济[1][2]。有许多文献对转型时期地方政府的行为取向进行了探索。总体上来看，这些文献可以分为财政配置的视角、晋升激励的视角和支出结构的视角三类。财政配置视角的地方政府行为理论[3][4]认为中央政府和地方政府之间的不同财政资源配置方式会使地方政府的行为产生不同的变化。财政过度集权会使地方政府行为从"扶助之手"转变为"掠夺之手"，财力雄厚的地方政府更容易施出"扶助之手"，而财力困难的地方政府更容易施出"掠夺之手"。晋升激励视角的地方政府行为理论[5][6][7]认为地方政府官员在晋升激励下，除了会选择所谓的"政府绩效行为"以外，还会选择所谓的"政府非绩效行为"，这种行为变异是由中央政府的"激励变异"导致的地方政府的"代理变异"。支出结构视角的地方政府行为理论[8][9]认为以经济增长为核心的地方政府官员政绩考核体系使得地方政府的财政支出呈现结构性扭曲,结果造成了地方政府在公共物品供给方面在政治均衡下产生了比较低的经济效率。从财政配置的视角来看,地方政府既有可能进行施出"扶助之手"的合作性努力,也有可能进行施出"掠夺之手"的自私性努力。① 从晋升激励的视角来看,地方政府既有可能进行代表"政府绩效行为"的合作性努力,也有可能进行代表"政府非绩效行为"的自私性努力。从支出结构的视角来看,地方政府既有可能进行重视人力资本投资和公共服务的合作性努力,也有可能进行轻视公共服务的自私性努力。总而言之,不论从哪一个视角来看,我们都可以把地方政府的行为取向分成两种,一种取向就是地方政府付出跟中央政府利益一致的合作性努力,另一种取向就是地方政府付出跟中央政府利益不一致的自私性努力。

中国的地方政府一身多任,兼具"政府"和"投资人"两种身份,发挥"执行""管理"和"投资人"三种职能[10]。这说明地方政府具有多任务的性质,这一点跟国务院所属各部委有明显的不同[11]。需要说明的是,我们这里所说的多任务不一定是委托人(比如,中央政府)委派给代理人(比如,地方政府)的形式上的多任务,而是指代理人(比如,地方政府)在执行委托人(比如,中央政府)委派的任务时私下增加对自己有利的额外任务,从而有可能使得形式上的单任务变成了实际上的多任务。地方政府的合作性努力和自私性努力的行为取向在某种程度上正是由地方政府的多任务性质决定的,所以对地方政府的行为取向从多任务委托—代理的视角进行分析就显得很有必要。多任务委托—代理是由霍姆斯特姆和米尔格罗姆(Holmstrom and Milgrom)[12]首先提出的一个经典的正式分析框架,后来有许多学者[13][14]对这个框架进行了多角度的理论拓展和现实应用。本章的模型跟主流的多任务委托—代理模型虽然在本质上有类似之处,但是在核心思想和工具构造上有以下两个关键不同之处。首先,本章的模型主要关注两种努力,一种努力不会给地方政府带来除了正常收益以外的额外私下收益,但也不会给中央政府带来外部成本;另一种努力虽然不能给

---

① 关于本章意义上的合作性努力和自私性努力的定义和区别,我们将在第二部分正式给出。

地方政府带来正常收益,但却给地方政府带来了私下收益,同时给中央政府带来了外部成本(比如宏观调控成本)。其次,本章在模型变量的设定上围绕本章要分析的主要问题进行了"量体裁衣",并且在分析的过程中为了得到显式解和内点解,在不失一般性基础上进行了一些有利于求解的设定。

本章剩余部分的组织如下。第二部分提供了关于地方政府行为取向的基本模型。第三部分在制度安排既定下从二阶上分析了中央政府如何调控地方政府行为。需要指出的是,皮建才[15]试图进行关于约束选择的一阶分析,而本章则试图进行既定约束下的二阶分析。第四部分也就是最后一部分给出了结语。

二、关于地方政府行为取向的基本模型

在建立正式模型之前,先来说明一下我们的模型所蕴含的经济学故事。一个委托人授权一个代理人去做一件委托人委托的事情。但是,得到授权的代理人不是很老实,一方面他确实付出了一定的努力以在某种程度上完成委托人委托的那件事情,另一方面他又利用得到的授权做了另外一件可以给自己带来私下收益但却给委托人带来外部成本的事情。委托人发现代理人"一心二用"之后,决定设计一个机制,让代理人花更多的力气来做自己委托给他的"互利共赢"的事情,而花更少的力气来做自己并没有委托给他但他却在私下做的"损人利己"的事情。故事中的委托人就是中央政府,代理人就是地方政府。这个故事中存在的内在矛盾可以用周黎安[16]的精彩描述来概括。① 当然,本章的分析在具体的着眼点上跟周黎安[16]有很大的不同。周黎安着眼于地方政府付出努力提供地方公共服务时的行为取向[16],我们着眼于地方政府付出努力推动当地经济发展时的行为取向。

本章假定地方政府可以有两种行为取向,每一种行为取向对应于一种努力。为了简化分析,我们只考虑了两种努力,一种努力是合作性努力 a_1,一种努力是自私性努力 a_2。在合作性努力下,地方政府付出努力后会给中央政府带来收益,并且不会给中央政府带来负的外部性。在自私性努力下,地方政府付出努力后不但不会给中

---

① 限于篇幅,周黎安所描述的具体内容可参见其著作第 67 页第二段。

央政府带来收益,而且还会给中央政府带来负的外部性 $f(a_2)$,其中 $f'>0,f''>0$。合作性努力和自私性努力的术语都是从皮建才[15]借鉴而来。在本章中我们认为,在合作性努力下地方政府虽然能获得中央政府的转移支付 t 这一正常收益,但是不能获得私下收益;在自私性努力下地方政府虽然不能获得中央政府的转移支付这一正常收益,但是能获得私下收益 $B(a_2)$,其中 $B'>0,B''<0$。

在进行正式的模型分析之前,有两点需要注意。第一点是关于地方政府的合作性努力和自私性努力的区分问题,第二点是关于地方政府的合作性努力和自私性努力的总和问题。

先说第一点。在大多数时候,把地方政府的合作性努力和自私性努力区分开来是比较容易的。但是,在某些时候,完全把合作性努力和自私性努力区分开来是比较困难的。总体上来看,判断的标准还是以如下所示的以表18-1为依据。

表18-1 地方政府努力的类型与特征

特征 类型	是否给中央政府带来外部成本?	是否给地方政府带来正常收益?	是否给地方政府带来私下收益?
合作性努力	否	是	否
自私性努力	是	否	是

再说第二点。一般情况下,两种类型努力的总和应该是一个固定的数值。但是,对地方政府而言,把两种类型的努力看成是一个固定的数值并不符合现实,因为地方政府本身是由多个部门构成的,每个部分都可以付出自己的努力。所以,本章没有引入努力上的总和约束。

我们假定地方政府付出努力 a_1 后会使当地GDP的增加额为 q,我们的假定跟中国的实际情况是符合的,地方政府通过自身努力(比如招商引资)确实可以提高本地的GDP,王珺和徐现祥等对此有比较深入的分析[17][18]。

这样一来,我们可以得到:

$$q=a_1+\xi \tag{1}$$

其中 ξ 是一个符合正态分布的随机冲击,其均值为0,方差为 σ^2,即 $\xi\sim(0,\sigma^2)$。

中央政府和地方政府之间存在一个线性分成合约,即:
$$t = sq + t_0 \tag{2}$$
其中 $0 \leqslant s \leqslant 1$ 为分成比例,t_0 为常数,t 为地方政府的正常收益。

地方政府努力的成本函数为:
$$C(a_1, a_2) = \frac{1}{2}a_1^2 + \frac{1}{2}a_2^2 \tag{3}$$

为了简化分析并得到显式解,我们假定 $B(a_2)$ 的具体形式为:
$$B(a_2) = \ln a_2 \tag{4}$$

同时,我们假定 $f(a_2)$ 的具体形式为:
$$f(a_2) = \frac{\theta}{2}a_2^2 \tag{5}$$

其中 $\theta > 0$ 表示外部性强度。

我们假定地方政府具有 CARA(不变绝对风险规避)型的风险偏好。在上下级委托代理关系中,委托人是风险中性的而代理人是风险规避的,属于一种标准假设。聂辉华和高鹤在分析地方政府行为时都采用了这样的假设[19][20]。

地方政府的效用函数为:
$$u = -e^{-\eta[t - C(a_1, a_2) + B(a_2)]} \tag{6}$$

其中 $\eta = -\frac{u''}{u} > 0$,表示绝对风险规避系数。

中央政府是风险中性的,其期望效用为:
$$E\pi = E(q - t) - f(a_2) = (1-s)a_1 - t_0 - \frac{\theta}{2}a_2^2 \tag{7}$$

其中 E 表示期望算子。

地方政府的确定性等价(certainty equivalent)为:
$$\begin{aligned} CE &= Et - \frac{\eta}{2}var(t) - C(a_1, a_2) + B(a_2) \\ &= sa_1 + t_0 - \frac{\eta}{2}s^2\sigma^2 - \frac{1}{2}a_1^2 - \frac{1}{2}a_2^2 + \ln a_2 \end{aligned} \tag{8}$$

由(8)式,我们可以得到地方政府的参与约束(即个体理性约束)和激励相容约束。

地方政府的参与约束(IR)为 $CE \geqslant 0$，即：

$$sa_1 + t_0 - \frac{\eta}{2}s^2\sigma^2 - \frac{1}{2}a_1^2 - \frac{1}{2}a_2^2 + \ln a_2 \geqslant 0 \tag{9}$$

(9)式意味着我们假定地方政府的确定性等价的保留正常收益为 0。

地方政府的激励相容约束(IC)为 $a \in \text{argmax}CE$，即：

$$a \in \text{argmax}\left(sa_1 + t_0 - \frac{\eta}{2}s^2\sigma^2 - \frac{1}{2}a_1^2 - \frac{1}{2}a_2^2 + \ln a_2\right) \tag{10}$$

其中 $a = (a_1, a_2)$。

需要说明的是，引入中央政府看起来似乎无法控制的地方政府的自私性努力 a_2 是符合合约理论的处理方式的，比如博尔顿和德瓦特里庞(Bolton and Dewatripont)的第六章就进行了类似的处理[21]，并且这样的处理可以使我们的分析更加符合实际情况。

在分析过程中，我们将分成两种情形进行讨论，一种情形是地方政府的努力是可以观察的社会最优情形，另一种情形是地方政府的努力不能被观察的社会次优情形。

2.1 地方政府的努力可以观察时的情形

当地方政府的努力可以观察(observable)时，中央政府和地方政府之间的信息是对称的。按照合约理论的数学方法进行处理，在信息对称时我们不需要考虑地方政府的激励相容约束，只需要考虑地方政府的参与约束。虽然在现实生活中社会最优情形很少实现，但却是我们分析问题的一个重要基准。当中央政府和地方政府之间信息不对称时，我们可以把它跟基准情形进行有效的比较。

此时的规划问题为中央政府在地方政府的参与约束下最大化自己的期望效用：

$$\max_{a_1,a_2,s}\left[(1-s)a_1 - t_0 - \frac{\theta}{2}a_2^2\right]$$

s. t. (9)式

我们很容易知道(9)式是紧的(binding)，也就是说(9)式要取等号。(9)式取等号以后代入中央政府的目标函数，我们就会得到一个无约束的最优化问题：

$$\max_{a_1,a_2,s}\left(a_1-\frac{\eta}{2}s^2\sigma^2-\frac{1}{2}a_1^2-\frac{1}{2}a_2^2+\ln a_2-\frac{\theta}{2}a_2^2\right)$$

求解这个无约束的最优化问题,我们很容易得到:

$$a_1^*=1 \tag{11}$$

$$a_2^*=\frac{\sqrt{1+\theta}}{1+\theta} \tag{12}$$

$$s^*=0 \tag{13}$$

其中上标 * 代表社会最优的情形。

这样一来,我们就得到了在信息对称时地方政府的合作性努力水平 a_1^* 和自私性努力水平 a_2^* 以及中央设定的分成比例 s^*。

2.2 地方政府的努力不可以观察时的情形

当地方政府的努力不可以观察(unobservable)时,中央政府和地方政府之间的信息是不对称的。按照合约理论的数学方法进行处理,在信息不对称时我们既需要考虑地方政府的参与约束,也需要考虑地方政府的激励相容约束。

此时的规划问题为中央政府在地方政府的参与约束和激励相容约束下最大化自己的期望效用:

$$\max_{a_1,a_2,s}\left[(1-s)a_1-t_0-\frac{\theta}{2}a_2^2\right]$$

s. t. (9)式和(10)式

由(10)式我们很容易求得:

$$a_1^{SB}=s \tag{14}$$

$$a_2^{SB}=1 \tag{15}$$

我们很容易知道(9)式是紧的(binding),也就是说(9)式要取等号。把(14)式、(15)式和取等号以后的(9)式代入中央政府的目标函数,我们就会得到一个无约束的最优化问题:

$$\max_s\left(s-\frac{\eta}{2}s^2\sigma^2-\frac{1}{2}s^2-\frac{1}{2}-\frac{\theta}{2}\right)$$

求解这个无约束的最优化问题,我们很容易得到:

$$s^{SB}=\frac{1}{1+\eta\rho^2} \quad (16)$$

把(16)式代入(14)式,我们可以得到:

$$a_1^{SB}=\frac{1}{1+\eta\rho^2} \quad (14')$$

其中上标 SB 代表社会次优的情形。

这样一来,我们就得到了在信息不对称时地方政府的合作性努力水平 a_1^{SB} 和自私性努力水平 a_2^{SB} 以及中央设定的分成比例 s^{SB}。

我们的分析所得到的结果特别是(16)式具有比较重要的现实含义。1994年分税制财政体制改革之所以能够取得很大的成功,就是因为税收分享主体为增值税。增值税可以作为地方政府努力程度的有效度量,越是着力于发展经济的政府,该税基也会越大,因而对地方政府和中央政府的财政收入都是有利的[22]。

2.3 两种情形的比较分析

通过对情形1和情形2进行比较分析,我们很容易得到以下命题。

命题1:地方政府的合作性努力水平在信息对称时比在信息不对称时更高。并且,在信息不对称时地方政府的合作性努力水平随着分成比例的增加而增加。

证明:由(11)式和(14')式,我们很容易得到:$a_1^* \geqslant a_1^{SB}$。

由(14)式求导,我们很容易得到:$\frac{\mathrm{d}a_1^{SB}}{\mathrm{d}s}=1>0$。

命题1意味着信息不对称会使得地方政府的合作性努力水平降低。在信息不对称下,为了提高地方政府的合作性努力水平,中央政府可以适当地提高分成比例,中国当前实行的分税制还有很大的改革和完善空间,分成比例不能仅从外生的角度而要从内生的角度进行合理的设定。

命题2:地方政府的自私性努力水平在信息对称时比在信息不对称时更低。并且,在信息对称时地方政府的自私性努力水平随着外部性强度的增加而减小,在信息不对称时地方政府的自私性努力水平不随外部性强度的变化而变化。

证明:由(12)式和(15)式,我们很容易得到:$a_2^* < a_2^{SB}$。

由(12)式求导,我们很容易得到:$\dfrac{\mathrm{d}a_2^*}{\mathrm{d}\theta}=-\dfrac{1}{2}(1+\theta)-\dfrac{3}{2}<0$。

由(15)式求导,我们很容易得到:$\dfrac{\mathrm{d}a_2^{SB}}{\mathrm{d}\theta}=0$。

命题2意味着信息不对称会使得地方政府的自私性努力水平提高。对此,我们可以举出的最典型的现实例子就是地方政府官员与当地非法矿主合谋,这种合谋一方面侵占了国家的正常利益,另一方面也给社会带来了很多的矿难,所以地方政府的这种合谋性努力属于典型的自私性努力。

命题3:中央政府提供给地方政府的分成比例在信息不对称时比在信息对称时更高。并且,在信息不对称时分成比例随着地方政府的绝对风险规避系数(η)的增大而减小,也随着随机冲击的方差(σ^2)的增大而减小。

证明:由(13)式和(16)式,我们很容易得到:$s^*<s^{SB}$。

由(16)式求偏导,我们很容易得到:$\dfrac{\partial s^{SB}}{\partial \eta}=-\dfrac{\sigma^2}{(1+\eta\sigma^2)^2}<0$;

$$\dfrac{\partial s^{SB}}{\partial \sigma^2}=-\dfrac{\eta}{(1+\eta\sigma^2)^2}<0。$$

实际上,在信息对称的情形下,中央政府提供地方政府的分成比例为0,也就是说中央政府仅仅给地方政府一个固定支付t_0。在信息不对称的情形下,中央政府除了要给地方政府一个固定支付t_0以外,还要给提供给地方政府一个分成比例,这一分成比例是地方政府的绝对风险规避系数(η)和随机冲击的方差(σ^2)的函数。中国作为一个传统大国,中央政府和地方政府之间信息不可能是对称的,合理的分成比例是激励地方政府努力推动当地经济发展的最为重要的条件[23]。但是,当前的中国分税制还有很有很大的改革空间,因为一些分成比例的确定都是根据在特定的历史条件下中央和地方的谈判力量和其他因素确定的,根本就没有考虑到地方政府自身的绝对风险规避系数和地方政府所面临的外部冲击风险对分成比例的决定性影响。

三、中央政府如何调控地方政府行为

很显然,通过适当的制度安排(宪政安排)来正确界定好中央政府和地方政府的边界,可以在一阶上提高地方政府的合作性努力水平和降低地方政府的自私性努力水平[15]。但是,本章想要进行的是既定制度安排下的二阶分析,尽管中央政府和地方政府的边界不会发生很大的变化,但是中央政府对地方政府采用的激励机制却是可以变化的。在信息不对称下,中央政府可以通过合理的激励和惩罚措施来提高地方政府的合作性努力水平和降低地方政府的自私性努力水平,这正是中央政府调控地方政府行为的策略。

3.1 中央政府如何提高地方政府的合作性努力水平

很显然,为了提高地方政府的合作性努力水平,中央政府必须给地方政府提供某种激励,这种激励主要是为了让地方政府在付出合作性努力 a_1 后可以获得额外的补偿收益 $B(a_1)$。为了简化分析,我们假定这个额外的补偿收益 $B(a_1)$ 跟地方政府通过付出自私性努力 a_2 后获得的私下收益有相同的函数形式,但是有一个激励强度。这个假定主要是考虑到了合作性努力和自私性努力在技术上是独立的。当然,在转型时期中央政府可能很难清楚地知道地方政府的私下收益 $B(a_2)$ 的具体形式,这就会使得有限理性的分析变得非常困难,也正是这种困难决定了现实生活中很难让地方政府在真正意义上付出社会最优的合作性努力水平。但是,这并不妨碍我们进行理想条件下的理论分析。

地方政府付出合作性努力 a_1 后获得的补偿收益为:

$$B(a_1)=\lambda \ln a_1 \tag{17}$$

其中 $\lambda \geqslant 0$ 表示中央政府对地方政府的合作性努力的激励强度。

这样一来,(6)式就变为:

$$u=-e^{-\eta[t-C(a_1,a_2)+B(a_1)+B(a_2)]} \tag{6'}$$

(8)式就变为:

$$CE=sa_1+t_0-\frac{\eta}{2}s^2\sigma^2-\frac{1}{2}a_1^2-\frac{1}{2}a_2^2+\lambda \ln a_1+\ln a_2 \tag{8'}$$

由(8′)式对 a_1 求偏导,经过整理后我们可以得到:

$$a_1^2-sa_1-\lambda=0 \tag{18}$$

根据(18)式,我们可以求出在中央政府的激励补偿下地方政府所付出的合作性努力水平：

$$a_1^C = \frac{s+\sqrt{s^2+4\lambda}}{2} \tag{19}$$

其中上标 C 表示激励补偿。

要使得 $a_1^C = a_1^*$，就必须让 $\frac{s+\sqrt{s^2+4\lambda}}{2}=1$。解这个方程，我们可以求得：

$$\lambda = 1-s \tag{20}$$

由(20)式求导，我们很容易得到：$\frac{d\lambda}{ds}=-1<0$。

这样一来，我们就可以得到以下命题。

命题 4：在信息不对称时，要想使地方政府的合作性努力水平达到社会最优水平，中央政府的补偿激励强度 λ 必须等于 $1-s$，而且，补偿激励强度 λ 会随着分成比例的增加而减小。

这种补偿可以通过中央政府和地方政府之间的财政转移支付来实现。补偿激励强度和分成比例之间存在负向关系，也是符合经济学直觉的。但是由于存在信息问题，所以恰到好处的补偿是很难达到的。对此，我们可以举出的最典型的现实例子就是节能减排中的中央政府财政转移支付，这种转移支付对于正确引导地方政府行为起到了很大的作用。

3.2 中央政府如何降低地方政府的自私性努力水平

很显然，为了降低地方政府的自私性努力水平，中央政府必须给地方政府提供某种惩罚，这种惩罚主要是为了让地方政府在付出自私性努力 a_2 后必须得到额外的成本。为了简化分析，我们假定这个额外的惩罚成本 $p(a_2)$ 跟地方政府施加给中央政府的负外部性有相同的函数形式，但有一个惩罚强度。当然，在现实生活中，中央政府虽然可能清楚地感受到自己所受到的地方政府的自私性努力所施加的外部成本 $f(a_2)$ 的大小，但是中央政府却未必清楚地知道 $f(a_2)$ 的具体函数形式，这就会使得有限理性的分析变得非常困难，但是并不妨碍我们进行理想条件下的理论分析。

地方政府付出自私性努力 a_2 后遭受的惩罚成本为：

$$p(a_2)=\frac{\mu a_2^2}{2} \tag{21}$$

其中 $\mu \geqslant 0$ 表示中央政府对地方政府的自私性努力的惩罚强度。

这样一来,(6)式就变为:

$$u=-e^{-\eta[t-C(a_1,a_2)+B(a_2)-p(a_2)]} \tag{6''}$$

(8)式就变为:

$$CE=sa_1+t_0-\frac{\eta}{2}s^2\sigma^2-\frac{1}{2}a_1^2-\frac{1}{2}a_2^2+\ln a_2-\frac{\mu a_2^2}{2} \tag{8''}$$

由(8″)式对 a_2 求偏导,经过整理后我们可以得到:

$$(1+\mu)a_2=\frac{1}{a_2} \tag{22}$$

根据(22)式,我们可以求出在中央政府的惩罚下地方政府所付出的自私性努力水平:

$$a_2^P=\frac{\sqrt{1+\mu}}{1+\mu} \tag{23}$$

其中上标 P 表示惩罚。

要想使得地方政府的自私性努力水平达到社会最优水平,即 $a_2^P=a_2^*$,就必须让 $\frac{\sqrt{1+\mu}}{1+\mu}=\frac{\sqrt{1+\theta}}{1+\theta}$,此时我们可以求得: $\mu=\theta$。极端地,要想使得地方政府的自私性努力水平等于 0,就必须使得 $\frac{\sqrt{1+\mu}}{1+\mu}=0$,即必须使得 $\mu\rightarrow+\infty$,这意味着完全消除地方政府的自私性努力几乎是不可能做到的。

这样一来,我们就可以得到以下命题。

命题 5:在信息不对称时,要想使得地方政府的自私性努力水平达到社会最优水平,中央政府的惩罚强度 μ 就必须等于外部性强度 θ;要想使得地方政府的自私性努力水平等于 0,中央政府的惩罚强度 μ 就必须趋向于无穷大。

命题 5 意味着中央政府可以通过提高对地方政府的自私性努力的惩罚强度来降低地方政府的自私性努力水平。中央政府对地方政府的惩罚可以通过绿色 GDP 政绩考核等方式来实现,因为绿色 GDP 政绩考核可以使外部性成本(比如地方政府的环境污染成本)进入到政治绩效评估[24]。但是,中央政府这样做也是有成本的,一方面,绿色 GDP 指标本身就存在一些问题[25];另一方面,把难以被量化的指标量化以后,执行时标准就会模糊,激励效果就会下降[24]。

四、结　语

本章是一篇应用理论研究,主要通过一个多任务委托—代理模型的统一分析框架考察了中国转型时期的地方政府行为取向及其调控策略。在制度安排既定的情况下,中央政府既可以通过采取适当的补偿措施来提高地方政府的合作性努力水平,也可以通过适当的惩罚措施来降低地方政府的自私性努力水平。中国政治上中央集权经济上地方分权的体制决定了在相当长的一段时期内我们必须重视二阶的激励措施,在此基础上进一步完善现有的分税制,寻求中国特色的最优分权结构,努力降低中国经济增长和发展的制度成本。

需要指出的是,我们的模型存在一些缺憾。首先,我们的模型对于识别 $B(a_2)$ 和 $f(a_2)$ 做了比较强的假设,这是由委托—代理模型在方法论上的内在逻辑悖论决定的。其次,我们的模型只考虑了一种合作性努力和一种自私性努力,在模型进行扩展时可以考虑 n 种异质的合作性努力(其中 n 为大于 1 的整数)和 m 种异质的自私性努力(其中 m 为大于 1 的整数),这样我们的分析就可以扩大到更高的维度。多维度的合作性努力和自私性努力有助于我们理解现实生活中地方政府行为的复杂性和多样性以及中央政府进行科学宏观调控的困难性和微妙性。

参考文献

[1] 何晓星.论中国地方政府主导型市场经济[J].社会科学研究,2003(5).

[2] 何晓星.再论中国地方政府主导型市场经济[J].中国工业经济,2005(1).

[3] 陈抗,A. L. Hillman,顾清扬.财政集权与地方政府行为变化:从援助之手到攫取之手[J].经济学(季刊),2002,2(1).

[4] 周业安,赵晓男.地方政府竞争模式研究——构建地方政府间良性竞争秩序的理论和政策分析[J].管理世界,2002(12).

[5] 周黎安.晋升博弈中政府官员的激励与合作:兼论我国地方保护主义和重复建设问题长期存在的原因[J].经济研究,2004(6).

[6] 李军杰.经济转型中的地方政府行为变异分析[J].中国工业经济,2005(1).

[7] 尚虎平."绩效"晋升下我国地方政府非绩效行为诱因——一个博弈论的解释[J].财经研究,2007(12).

[8] 汤玉刚,赵大平.论政府供给偏好的短期决定:政治均衡与经济效率[J].经济研究,2007(1).

[9] 傅勇.中国的分权为何不同:一个考虑政治激励与财政激励的分析框架[J].世界经济,2008(11).

[10] 郝云宏,王淑贤.我国地方政府行为研究[J].财经研究,1999(7).

[11] Y. Huang. Managing Chinese Bureaucrats: An Institutional Economics Perspective. *Political Studies*, 2002, 50(1).

[12] B. Holmstrom, P. Milgrom. Multitask Principal-Agent Analyses: Incentive Contracts, Asset Ownership, and Job Design. *Journal of Law, Economics, and Organization*, 1991, 7(Special Issue).

[13] M. Dewatripont, I. Jewitt, J. Tirole. Multitask Agency Problems: Focus and Task Clustering. *European Economic Review*, 2000, 44(4-6).

[14] H. Gersbach, V. Liessem. Incentive Contracts and Elections for Politicians with Multi-Task Problems. *Journal of Economic Behavior and Organization*, 2008, 68(2).

[15] 皮建才.所有权结构、自私性努力与投资阻塞问题[J].经济研究,2007(5).

[16] 周黎安.转型中的地方政府:官员激励与治理[M].上海:格致出版社和上海人民出版社,2008.

[17] 王珺.增长取向的适应性调整:对地方政府行为演变的一种理论解释[J].管理世界,2004(8).

[18] 徐现祥,李郇,王美今.区域一体化、经济增长与政治晋升[J].经济学(季刊),2007,6(4).

[19] 聂辉华.取消农业税对乡镇政府行为的影响:一个多任务委托代理模型[J].世界经济,

2006(8).

[20] 高鹤.财政分权、经济结构与地方政府行为:一个中国经济转型的理论框架[J].世界经济,2006(10).

[21] P. Bolton, M. Dewatripont. *Contract Theory*. Cambridge, Massachusetts: MIT Press, 2005.

[22] 张军.中国的经济转型为什么成功[N].解放日报,2008-12-7.

[23] 张五常.中国的经济制度(神州大地增订版)[M].北京:中信出版社,2009.

[24] 周黎安.中国地方官员的晋升锦标赛模式研究[J].经济研究,2007(7).

[25] 高敏雪.绿色GDP核算:争议与共识[J].经济理论与经济管理,2006(12).

(原文载于:皮建才,《中国转型时期地方政府行为取向及调控策略研究》,《经济理论与经济管理》2010年第10期。)

第十九章　中国式分权下的地方官员治理研究

内容提要:本章主要分析了中国式分权下的地方官员治理。我们在模型化周黎安的思想方面做了一个突破性的尝试,引入了公共选择学派经常使用的竞赛成功函数(Contest Success Function),基于此发展出了一个总体性分析框架。我们的框架避开了周黎安所使用的数学分析方法的局限性,可以有效处理陶然等对官员政治锦标赛在逻辑上提出的政治网络质疑。我们的研究发现,在基准情形下,中央政府赋予地方官员的均衡政治收益随着中央政府对其他可比地区的看重程度的增大而减小,随着地方官员对私下收益的看重程度的增大而减小,随着地方官员的私下收益的增大而减小,随着中央政府对经济发展的激励强度的增大而增加,随着地方官员对政治晋升收益的看重程度的增大而增加。在扩展情形下,当存在对某个地区的地方官员的负向偏向时,中央政府赋予地方官员的均衡政治收益随着偏向系数的增大而增加;当存在对某个地区的地方官员的正向偏向时,中央政府赋予地方官员的均衡政治收益随着偏向系数的增大而减小。我们还指出了中央政府如何选择对经济发展的最佳激励强度以及如何选择对其他可比地区的最佳激励强度。

关键词:中国式分权;地方政府;地方官员治理

一、引　言

中国经济之所以能够取得高速增长,一个很重要的原因就是地方政府在经济发展的过程中发挥了重要作用。基于这一点,有些学者把中国经济称为地方政府主导型的市场经济(何晓星,2003,2005)。关于地方政府的作用,不同的学者在不同的阶段从不同的角度进行了比较深入的理论阐释,总体上来说这些研究主要集中在以下三个方面。第一个方面是关于中国特色维护市场的联邦主义的研究,就这个方面的研究而言,比较具有代表性的学者是钱颖一、许成钢和Weingast等人。① Qian and Xu(1993)认为,中国的经济改革能够成功的一个制度原因是中国的M型层级制,在M型层级制下地方政府在职能上是半自主的,这对于非国有部门的进入与扩张相当重要。Qian and Weingast(1996)认为,中国的分权化改革形成了"维护市场的经济联邦制",引入了地方政府之间的竞争,带来了经济的高速增长。Blanchard and Shleifer(2001)则拿中国和俄罗斯做了比较,认为中国经济奇迹产生的原因除了经济上地方分权以外还包括政治上中央集权,也就是说他们更加强调了中国式分权的整体作用。第二个方面是关于地方政府在制度变迁中作用的研究,就这个方面的研究而言,比较具有代表性的学者是杨瑞龙和黄少安等人。杨瑞龙(1998)认为,在地方政府可以分享剩余索取权和拥有资源配置权的情况下,地方政府会扮演制度变迁"第一行动集团"的角色,会努力推动中国的市场化改革。杨瑞龙和杨其静(2000)进一步论证了地方政府可以使渐进式改革相对平稳地推进,以较低的摩擦成本实现阶梯式的渐进制度变迁。黄少安(1999,2000)认为,在中国经济体制变迁的过程中,制度变迁主体角色是会发生转换的,地方政府只是在一定的阶段发挥了以行政手段推进市场化进程的作用,并且这种作用具有必要性和可行性。第三个方面是关于官员政治锦标赛的研究,就这个方面的研究而言,比较具有代表性的学者是周黎安等人。周黎安(2004)初步提出了官员政治锦标赛的大思想,他认为在政治锦标赛下地方政府的竞争空间非常巨大,而合作空间非常狭小。周黎安(2007,2008)进一步完善和充实了官员政治锦标赛理论,至此官员政治锦标赛学说已然形成。周黎安(2007,第40-41页;2008,第

---

① 关于这方面更加全面和具体的综述可以参见杨其静和聂辉华(2008)。

第十九章 中国式分权下的地方官员治理研究

92-94页)认为,官员政治锦标赛有效实施的前提和条件主要包括六个方面。[①] 因为中国在很大程度上具备了这六个前提和条件,所以官员政治锦标赛会在中国产生很大的作用,政治锦标赛是产生中国经济奇迹的重要根源。总体上来看,尽管不同学者对地方政府的作用提出了不同的内在机制,但是大家对地方政府所发挥的重要作用还是能达成共识。相对而言,官员政治锦标赛理论更加重视微观层面的地方官员的激励与治理。

当前,官员政治锦标赛理论已经为基于政治经济学视角解释了中国经济奇迹的主流学说,许多基于政治锦标赛的理论和实证研究占领了国内重要经济学期刊的版面。张军和徐现祥等学者在深化和拓展官员政治锦标赛理论的过程中发挥了非常重要的作用,进行了多角度的理论分析或实证分析(张军、高远,2007;王世磊、张军,2008;徐现祥、李郇、王美今,2007;徐现祥、王贤彬、舒元,2007;王贤彬、徐现祥,2008;王贤彬、徐现祥、李郇,2009;徐现祥、王贤彬,2010a,2010b;王贤彬、徐现祥,2010;皮建才,2008)。比如,徐现祥和王贤彬(2011,第85页)在周黎安思想的基础上进行了进一步的阐释,他们认为,"中央对经济增长有需求,支付的是政治晋升等;地方官员供给的是辖区经济增长,得到的是政治晋升等,因而改革开放以来中国在中央和地方之间出现了经济增长市场。在这个经济增长市场上,需求方只有中央一家,而供给方是各个省区等地方政权,显然是很多家,即经济增长市场是一个买方垄断的市场。在这个买方垄断的市场上,地方官员自然为增长而竞争,而且是锦标赛式的竞争。"总体上来看,当前关于官员政治锦标赛的文献实证方面的研究远多于理论方面的研究,在经验素材积累到一定程度后,寻求具体作用机制上的理论突破就成为该领域的一个重要研究方向。

本章在模型化周黎安(2008)的思想方面做了一个突破性的尝试,在模型部分引

[①] 具体地说,这六个方面分别是:① 上级政府的人事权力必须是集中的,可以决定一定的晋升和选拔的条件,并依此条件决定下级政府官员的升迁;② 存在一种对委托人和代理人来说都可以衡量的、可以观察的比较客观的竞赛指标,如GDP增长率、财政收入、出口创汇量;③ 委托人必须以可信的方式承诺在考核、选拔和任免政府代理人时会比较公正地执行这些指标;④ 政府官员的"竞赛成绩"是相对可分离和可比较的;⑤ 参赛的政府官员能够在相当程度上控制和影响最终考核的成绩;⑥ 参与人之间不容易形成共谋。

入了国际学术界在公共选择领域中经常使用的竞赛成功函数（Contest Success Function，简写为CSF），这样就避开了周黎安(2007)所使用的基于 Lazear and Rosen(1981)的数学分析方法，使官员政治晋升博弈在很多方面更加具有一般性。而且，本章回答了一些周黎安(2008)提出但没有很好回答的重大问题(比如，到底如何为地方官员提供适当激励以及这些激励的具体内涵是什么)。在中央政府的激励机制设计中，本章特别强调了中央政府赋予地方官员的政治晋升收益、中央政府对经济发展的看重程度以及中央政府对其他可比地区的看重程度所起的作用，中央政府可以通过选择最佳的治理手段来实现对地方官员的有效治理。

我们需要注意到的是，陶然等(2009)和陶然等(2010)对官员政治锦标赛理论在逻辑上提出了一个多维度质疑。本章的模型可以比较好地解释陶然等的质疑，特别是最为关键的政治网络强度质疑。需要强调的是，政治网络强度质疑已经越来越受到国内学术界的重视(比如，徐现祥、王贤彬，2011)。所谓的政治网络强度质疑是指，官员政治锦标赛理论忽视了中国政治体系中个体官员所拥有的政治网络的强度对其能否晋升所起到的非常关键的作用(Opper and Brehm, 2007；Shih, 2008)。这个质疑的主要问题在于，完全忽视了官员政治锦标赛在理论上的可扩展性。即使在存在政治网络的情况下，官员政治锦标赛理论仍然可以发挥作用。一方面，政治网络关系只是增加了其拥有者的晋升可能性，没有政治网络关系的候选人仍然可以通过付出更大的努力来提高其自身晋升的可能性。此时不管有没有政治网络关系，候选人都会为了提高晋升可能性而付出促进经济发展的努力。另一方面，对于处在同一个政治网络里的候选人，他们之间还是会通过竞赛指标来传递自身的能力，政治锦标赛仍然会发生作用。根据本章的扩展模型，我们可以看到，虽然政治网络的关系强度(在本章中的术语为偏向系数)会对地方官员的努力程度和中央政府的激励设计产生一定的影响，但是并不会使官员政治锦标赛失灵。

周黎安(2008，第313页)认为，"政治锦标赛是一把双刃剑，它的激励本身也内生出了一些副作用。"王永钦等(2007)、傅勇(2008)和杨其静(2010)也注意到了中国式分权自身存在的成本。但关键的问题在于，官员政治锦标赛模式的彻底转型是一个长期的过程。这种转型属于公共选择学派所说的对约束的选择，对此的分析属于一阶分析。我们更需要分析的是短期和长期的契合点,也就是需要分析在新的形势下地方官员治理模式的演进。换句话说,我们更需要分析的是公共选择学派所说的约束下的选择,而这样的分析属于二阶分析。在短期内,我们不能寄希望于官员政治锦标赛模式发生激进式的转变,而只能寄希望于官员政治锦标赛模式进行渐进式的演进。当然,这种演进的过程是一种不断寻找短期和长期的契合点的与时俱进的探索过程,整个探索过程还是要以"搞对激励"和"找对治理"为核心。

围绕"搞对激励"和"找对治理",聚焦于细化地方官员治理的最新理论性文献包括徐现祥和王贤彬(2010b)、陈钊和徐彤(2011)以及张晖(2011)。徐现祥和王贤彬(2010b)认为,地方官员是异质的,其发展辖区经济的能力并不相同,理性的地方官员在增长竞争中会采取不同的经济发展行为,从而导致区域经济发展中极化效应的出现。基于此,中央政府可以通过调控地方官员的任命来达到协调区域发展的目的。陈钊和徐彤(2011)认为,在经济发展的早期,当时的约束条件使得"为增长而竞争"的治理模式能够实现社会福利最大化。但是,随着外部条件的变化,实现社会福利最大化要求中央对地方的治理转变为"为和谐而竞争"的模式。张晖(2011)认为,中央政府在治理地方官员时必须重视"非正式晋升"的"隐性激励"作用。对某些正式晋升无望的地方官员来说,追求政治声誉会从整个政治生涯的角度激励和约束地方官员。本章在分析工具、看问题的视角以及抽象关键变量等诸多方面跟这些最新文献有着根本性的区别。

本章剩余部分组织如下:第二部分是基准模型,给出了中央政府和地方官员之间的动态博弈,同时指出了中央政府如何通过合适的安排来治理地方官员,比如中央政府如何赋予地方官员政治晋升收益、中央政府如何选择对经济发展的看重程度以及中央政府如何选择对其他可比地区的看重程度;第三部分是基准模型的扩展,引入了可以刻画地区可比程度的偏向系数,分析了偏向系数如何影响中央政府对地方官员的治理;第四部分是结语,给出了本章主要研究内容,同时进行了总结性评论。

二、基准模型

在基准模型中,我们抽象出的行为主体为两方,一方是中央政府,另一方是地方官员。中央政府和地方官员之间进行的是一个两层次博弈,每一个层次都可以看成是一个大阶段。在第一个层次的博弈中,中央政府选择合适的对经济发展的看重程度或者选择合适的对其他可比地区的看重程度。第二个层次的博弈是一个两阶段动态博弈,中央政府在第一阶段先行动来决定地方官员的政治晋升收益,地方官员在第二阶段后行动来决定自身付出的努力水平,并且第二阶段的不同地方官员之间进行的是一个同时行动博弈。在求解这个两层次完全且完美信息动态博弈的过程中,我们可以使用逆向归纳法,先分析第二层次的博弈,后分析第一层次的博弈。第二层次的博弈是本章分析的重点,在求解这个层次的博弈时,我们还是要使用逆向归纳法,先分析地方官员的行为,后分析中央政府的行为。两层次博弈在分析政府行为时比较常见(比如,White, 2002),但是我们需要注意的是,两层次博弈需要假定不存在承诺(commitment)问题,每一方都不会违背博弈过程中的约定。我们将在随后的 2.1 部分、2.2 部分和 2.3 部分分析第二层次的博弈,在 2.4 部分分析第一层次的博弈。中央政府对地方官员的治理主要体现在 2.3 部分和 2.4 部分。

2.1 基准情形下的地方官员行为分析

我们假定每个地方官员最多可以付出的总的努力水平为 $\bar{e}$,地方官员的努力可以分为发展型努力和非发展型努力两种类型。地方官员的发展型努力可以推动当地经济的发展,地方官员的非发展型努力可以带来私下收益。地方官员在付出发展型努力时能以一定的概率获得政治晋升收益 G,概率的大小由竞赛成功函数(Contest Success Function,简写为 CSF)决定,地方官员对政治晋升收益的看重程度为 β,其中 $\beta>0$。地方官员在付出每单位非发展型努力时会确定性地获得私下收益 V,地方官员对私下收益的看重程度为 α,其中 $\alpha>0$。我们假定地方官员的发展型努力和非发展型努力是可分可加的,每单位努力的成本为 θ。在我们的分析中,我们假设每个地方官员的发展型努力和非发展型努力是相互替代的,一种努力的增加会导致另一种努力的减少,发展型努力和非发展型努力的总和为 $\bar{e}$。

我们假设有周黎安(2004)意义上的两个"可比地区",每个地区有一个代表性地方官员,第 i 个地区的地方官员 i 付出的发展型努力水平为 e_i,第 j 个地区的官员付出的发展型努力水平为 e_j，当 $i=1$ 时 $j=2$，当 $i=2$ 时 $j=1$。为了理解和表达上的方便，我们可以把这两个"可比地区"当成是一个"可比地区"组，很显然，中央政府管辖着很多"可比地区"组。地方官员 i 的非发展型努力水平为 $\bar{e}-e_i$。不失一般性，我们假定一单位发展型努力水平可以带来一单位经济发展效果（比如 GDP 增长率或财政收入）。

我们设定的第 i 个地区的地方官员 i 的竞赛成功函数（CSF）为：

$$p_i(e_i,e_j)=\frac{e_i}{e_i+e_j} \tag{1}$$

竞赛成功函数（CSF）来源于 Tullock(1980) 的原创性思想，是国际上非常活跃的一个研究领域，跟此相关的文献也越来越多。竞赛成功函数（CSF）的设定可以有很多形式（具体可参见 Baik, 1998; Corchón and Dahm, 2010），我们在这里采用了比较简单的形式。

地方官员 i 的净收益为：

$$Y_i=\alpha(\bar{e}-e_i)V+\beta p_i G-\theta\bar{e} \tag{2}$$

在这里，需要说明的是，(2)式采用了非常简化的形式，这样的形式有利于我们在不失一般性的情况下得到显示解。如果把(2)式的第一项扩展为非线性的形式会使本章的求解过程异常复杂，需要在模型的构造上进行新的配套设定。

把(1)式代入(2)式，我们可以得到：

$$Y_i=\alpha(\bar{e}-e_i)V+\frac{\beta G e_i}{e_i+e_j}-\theta\bar{e} \tag{3}$$

由(3)式的一阶条件，根据两个地区的对称性，我们可以算出地方官员 i 和地方官员 j 付出同样的发展型努力水平：

$$e=\frac{\beta G}{4\alpha V} \tag{4}$$

由(4)式，我们可以知道，为了使我们的分析有意义，发展型努力和非发展型努力的总和为 $\bar{e}$ 必须大于某个临界值，即 $\bar{e}>\frac{\beta G}{4\alpha V}$。

由于两个地区的地方官员的发展型努力水平是一样的，所以我们可以得到两个地方官员的总的发展型努力水平：

$$E=2e=\frac{\beta G}{2\alpha V} \tag{5}$$

地方官员的行为结构可以用图 19-1 来表示。

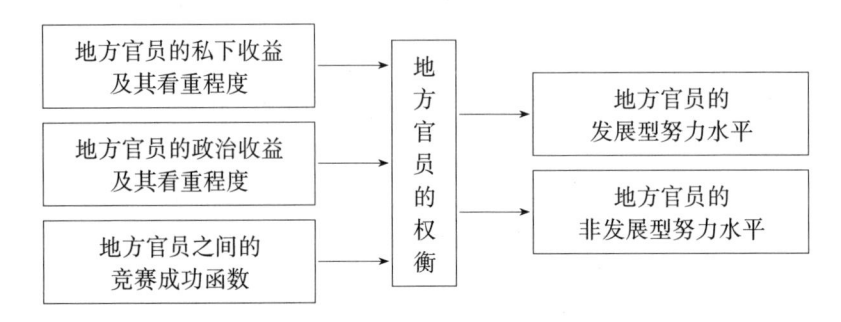

图 19-1 地方官员行为结构示意图

2.2 基准情形下的中央政府行为分析

中央政府可以赋予地方官员的政治收益总量为 $\overline{G}$。我们可以把 $\overline{G}$ 看成是中央政府可以提供给地方官员、激励他们努力工作的与更高的政治职位有关的收益总量。一方面，更高的职位意味着更高的政治和经济待遇；另一方面，更高的职位意味着更高的职业声望。为了激励地方官员，中央政府可以控制的与更高的政治职位有关的收益剩余量 $(\overline{G}-G)$ 对中央政府来说可以带来一定的效用 $\ln(\overline{G}-G)$，我们假定中央政府对这种效用的看重程度为 μ，其中 $\mu>0$。因为这个效用是由政治收益剩余量带来的，所以我们可以把 μ 称为中央政府对其他可比地区的看重程度，或者称为中央政府对其他可比地区的激励强度。与更高的政治职位有关的政治收益剩余量 $(\overline{G}-G)$ 之所以可以给中央政府带来效用的原因是，中央政府除了需要激励我们所分析的"可比地区"组的两个地方官员以外，还需要激励其他"可比地区"组的地方官员，每个职位都是有机会收益的。与此同时，地方官员的发展型努力也会给中央政府带来一定的效用，因为一单位发展型努力水平可以带来一单位经济发展效果(比如 GDP 增长率或财政收入)，我们假定中央政府对这种效用的看重程度为 ρ，其中 $\rho>0$。为了表述上的方便，我们把 ρ 简称为中央政府对经济发展的看重程度，或者称为中央政府对经济发展的激励强度。需要说明的是,为了使我们的分析有意义,我们假定$\overline{G}$大于某个临界值,即$\overline{G} > \frac{2\mu\alpha V}{\rho\beta}$。实际上,这个假定意味着中央政府管辖着比较多的"可比地区"组,为了激励这些地区的地方官员付出发展型努力,中央政府同样需要给他们相应的政治收益。用姚洋(2011,第26页)的话来说就是,"受制于地方之间的竞争,中央政府不能长期偏向于任何地方,也就是说,它获得了相对于地方的中性位置。"当然,姚洋所说的"地方"相当于我们这里所说的"可比地区"组,姚洋所说的"中性"相当于我们这里所说的作为泛利性政府的中央政府要对所有的"可比地区"组进行激励。打一个不恰当的比方,如果我们把中央政府看成是父亲、把"可比地区"组看成是儿子的话,那么很显然父亲除了激励和关心其中的一个儿子之外,还要激励和关心其他的儿子。

中央政府的行为结构可以用图19-2来表示。

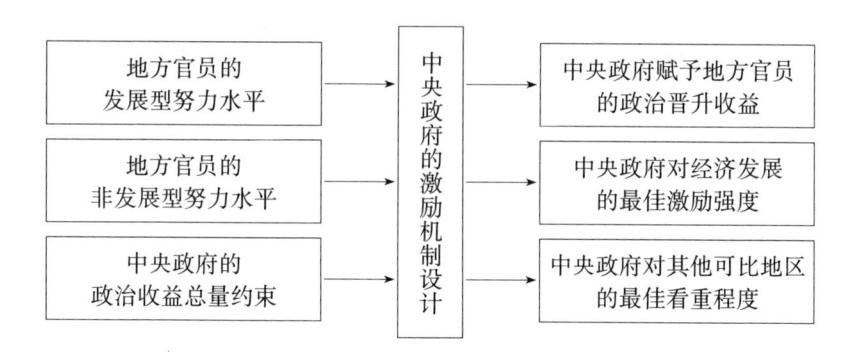

图19-2 中央政府行为结构示意图

这样一来,中央政府的效用为:

$$U = \mu\ln(\overline{G} - G) + \rho\sum_{i=1}^{2}e_i \tag{6}$$

把(5)式代入(6)式,我们可以得到:

$$U = \mu\ln(\overline{G} - G) + \frac{\rho\beta G}{2\alpha V} \tag{7}$$

由(7)式的一阶条件,我们可以得到均衡时的政治晋升收益:

$$G^* = \overline{G} - \frac{2\mu\alpha V}{\rho\beta} \tag{8}$$

其中上标 * 代表基准情形下的均衡状态。

2.3 基准情形下均衡状态的比较静态分析

这一部分的讨论是基于第二层次的博弈分析得到的均衡结果进行的。

根据(8)式,我们可以得到命题1。

命题1:在基准情形下,$\frac{\partial G^*}{\partial \mu}<0, \frac{\partial G^*}{\partial \alpha}<0, \frac{\partial G^*}{\partial V}<0, \frac{\partial G^*}{\partial \rho}>0, \frac{\partial G^*}{\partial \beta}>0$。

证明:由(8)式,我们可以得到:

$$\frac{\partial G^*}{\partial \mu} = -\frac{2\alpha V}{\rho\beta}<0, \frac{\partial G^*}{\partial \alpha} = -\frac{2\mu V}{\rho\beta}<0, \frac{\partial G^*}{\partial V} = -\frac{2\mu\alpha}{\rho\beta}<0,$$

$$\frac{\partial G^*}{\partial \rho} = \frac{2\mu\alpha V}{\rho^2\beta}>0, \frac{\partial G^*}{\partial \beta} = \frac{2\mu\alpha V}{\rho\beta^2}>0。$$

命题1的经济学含义是,在基准情形下,中央政府赋予地方官员的均衡政治收益随着中央政府对其他可比地区的看重程度的增大而减小,随着地方官员对私下收益的看重程度的增大而减小,随着地方官员的私下收益的增大而减小,随着中央政府对经济发展的激励强度的增大而增加,随着地方官员对政治晋升收益的看重程度的增大而增加。命题1的经济学含义是符合我们的经济学直觉的。

把(8)式代入(4)式,我们可以得到均衡时单个地区的发展型努力水平:

$$e^* = \frac{\beta}{4\alpha V}\left(\overline{G} - \frac{2\mu\alpha V}{\rho\beta}\right) \tag{9}$$

把(9)式代入(5)式,我们可以得到均衡时两个地区的总发展型努力水平:

$$E^* = \frac{\beta}{2\alpha V}\left(\overline{G} - \frac{2\mu\alpha V}{\rho\beta}\right) \tag{10}$$

根据(9)式和(10)式,我们可以得到命题2。

命题2:在基准情形下,(i) $\frac{\partial e^*}{\partial \beta}>0, \frac{\partial e^*}{\partial \alpha}<0, \frac{\partial e^*}{\partial V}<0$;(ii) $\frac{\partial E^*}{\partial \beta}>0, \frac{\partial E^*}{\partial \alpha}<0, \frac{\partial E^*}{\partial V}<0$。

证明:(i) 由(9)式,我们可以得到:

$$\frac{\partial e^*}{\partial \beta}=\frac{\overline{G}}{4\alpha V}>0, \frac{\partial e^*}{\partial \alpha}=-\frac{\beta \overline{G}}{4\alpha^2 V}<0, \frac{\partial e^*}{\partial V}=-\frac{\beta \overline{G}}{4\alpha V^2}<0。$$

(ii) 由(10)式,我们可以得到:

$$\frac{\partial E^*}{\partial \beta}=\frac{\overline{G}}{2\alpha V}>0, \frac{\partial E^*}{\partial \alpha}=-\frac{\beta \overline{G}}{2\alpha^2 V}<0, \frac{\partial E^*}{\partial V}=-\frac{\beta \overline{G}}{2\alpha V^2}<0。$$

命题 2 的经济学含义是,在基准情形下,均衡时单个地区的发展型努力水平和两个地区的总发展型努力水平都随着地方官员对政治晋升收益的看重程度的增大而增加,随着地方官员对私下收益的看重程度的增大而减小,随着地方官员的私下收益的增大而减小。命题 2 的经济学含义也是符合我们的经济学直觉的。

2.4 基准情形下地方官员治理的比较静态分析

我们需要进行进一步的比较静态分析,考察一下在 μ 或 ρ 可变的情况下,中央政府如何设计使自己效用达到最大化的 μ 值或 ρ 值。这里的比较静态分析是基于第一层次的博弈分析得到的均衡结果进行的。

把(8)式代入到(7)式,我们可以得到:

$$U=\mu\ln\left(\frac{2\mu\alpha V}{\rho\beta}\right)+\frac{\rho\beta}{2\alpha V}\left(\overline{G}-\frac{2\mu\alpha V}{\rho\beta}\right) \tag{11}$$

根据(11)式,如果其他变量不发生变化,只有 μ 可以变化,那么中央政府在治理地方官员的过程中会设计合适的 μ 值来最大化自己的效用。用 U 对 μ 求偏导并令结果等于 0,我们可以得到:

$$\mu^*=\frac{\beta\rho}{2\alpha V} \tag{12}$$

根据(12)式,进行比较静态分析,我们可以得到命题 3。

命题 3:在基准情形下,$\frac{\partial \mu^*}{\partial \alpha}<0, \frac{\partial \mu^*}{\partial \beta}>0, \frac{\partial \mu^*}{\partial \rho}>0, \frac{\partial \mu^*}{\partial V}<0$。

证明:由(12)式,我们可以得到:

$$\frac{\partial \mu^*}{\partial \alpha}=-\frac{\beta\rho}{2\alpha^2 V}<0, \frac{\partial \mu^*}{\partial \beta}=\frac{\rho}{2\alpha V}>0,$$

$$\frac{\partial \mu^*}{\partial \rho}=\frac{\beta}{2\alpha V}>0, \frac{\partial \mu^*}{\partial V}=-\frac{\beta\rho}{2\alpha V^2}<0。$$

命题3的经济学含义是,在基准情形下,对中央政府来说对其他可比地区的最佳看重程度随着地方官员对私下收益的看重程度的增大而减小,随着地方官员对政治晋升收益的看重程度的增大而增加,随着中央政府对经济发展的激励强度的增大而增加,随着地方官员的私下收益的增大而减小。

根据(11)式,如果其他变量不发生变化,只有 ρ 可以变化,那么中央政府在治理地方官员的过程中会设计合意的 ρ 值来最大化自己的效用。用 U 对 ρ 求偏导并令结果等于0,我们可以得到:

$$\rho^* = \frac{2\alpha\mu V}{\beta \overline{G}} \tag{13}$$

根据(13)式,进行比较静态分析,我们可以得到命题4。

命题4:在基准情形下, $\frac{\partial \rho^*}{\partial \alpha} > 0$, $\frac{\partial \rho^*}{\partial \beta} < 0$, $\frac{\partial \rho^*}{\partial \mu} > 0$, $\frac{\partial \rho^*}{\partial V} > 0$。

证明:由(13)式,我们可以得到:

$$\frac{\partial \rho^*}{\partial \alpha} = \frac{2\mu V}{\beta \overline{G}} > 0, \quad \frac{\partial \rho^*}{\partial \beta} = -\frac{2\alpha\mu V}{\beta^2 \overline{G}} < 0,$$

$$\frac{\partial \rho^*}{\partial \mu} = \frac{2\alpha V}{\beta \overline{G}} > 0, \quad \frac{\partial \rho^*}{\partial V} = \frac{2\alpha\mu}{\beta \overline{G}} > 0。$$

命题4的经济学含义是,在基准情形下,对中央政府来说对经济发展的最佳激励强度随着地方官员对私下收益的看重程度的增大而增加,随着地方官员对政治晋升收益的看重程度的增大而减小,随着中央政府对其他可比地区的看重程度的增大而增加,随着地方官员的私下收益的增大而增大。

三、基准模型的扩展

在这一部分,我们将在第三部分的基础之上进行扩展,扩展到更加一般的情形。在这里,我们将引入地区可比程度,以地区 j 为基准,用对地区 i 的地方官员 i 的偏向系数 $k(k \geqslant 0)$ 来刻画地区可比程度。需要说明的是,"可比地区"是周黎安在官员政治锦标赛理论中非常强调的一个概念,周黎安的本意是进行政治锦标赛的地区受到几乎相同或者差别不是太大的外部冲击。在本章中, k 等于1意味着不存在任何偏向,两个地区完全可比。$k>1$ 意味着存在对地区 i 的地方官员 i 的正向偏向,此时 k 越大表示可比程度越小,k 越小表示可比程度越大。$0 \leqslant k<1$ 意味着存在对地区 i 的地方官员 i 的负向偏向,此时 k 越大表示可比程度越大,k 越小表示可比程度越小。偏向形成的原因既有经济方面的也有政治方面的,经济方面的原因就是在经济发展的过程中两个可比地区面临的外部冲击不一样,政治方面的原因就是两个可比地区的地方官员所在政治网络不一样。在本章中,偏向系数 k 是外生的,不是中央政府所能控制的,原因在于,一方面一个地区相对于另一个地区在经济发展上的优势或者劣势往往是客观存在的,另一方面每个地区的地方官员所在的政治网络也往往是由地方官员的出身和学习、工作地点等随机因素决定的。在我们的模型中,中央政府能够控制的是其赋予地方官员的政治收益、对经济发展的激励强度和对其他可比地区的看重程度。

3.1　扩展情形下的地方官员和中央政府行为分析

此时,第 i 个地区的地方官员 i 的竞赛成功函数(CSF)为:

$$p_i(e_i,e_j)=\frac{ke_i}{ke_i+e_j} \tag{14}$$

把(14)式代入(2)式,我们可以得到:

$$Y_i=\alpha(\bar{e}-e_i)V+\frac{\beta G k e_i}{ke_i+e_j}-\theta\bar{e} \tag{15}$$

由(15)式的一阶条件,我们可以算出地方官员 i 和地方官员 j 付出的发展型努力水平分别为:

$$e_i=e_j=\frac{k\beta G}{(1+k)^2\alpha V} \tag{16}$$

我们可以得到两个地方官员的总的发展型努力水平:

$$E=e_i+e_j=\frac{2k\beta G}{(1+k)^2\alpha V} \tag{17}$$

把(17)式代入(6)式,我们可以得到:

$$U=\mu\ln(\overline{G}-G)+\frac{2k\rho\beta G}{(1+k)^2\alpha V} \tag{18}$$

由(18)式的一阶条件,我们可以得到均衡时的政治收益:

$$G^{\#} = \bar{G} - \frac{(1+k)^2 \mu \alpha V}{2k\rho\beta} \tag{19}$$

其中上标#代表扩展情形下的均衡状态。

3.2 扩展情形下均衡状态的比较静态分析

这一部分的讨论是基于第二层次的博弈分析得到的均衡结果进行的。

根据(19)式,我们可以得到命题5。

命题5:在扩展情形下,$\frac{\partial G^{\#}}{\partial \mu}<0$,$\frac{\partial G^{\#}}{\partial \alpha}<0$,$\frac{\partial G^{\#}}{\partial V}<0$,$\frac{\partial G^{\#}}{\partial \rho}>0$,$\frac{\partial G^{\#}}{\partial \beta}>0$,当$0\leqslant k\leqslant 1$时$\frac{\partial G^{\#}}{\partial k}\geqslant 0$,当$k>1$时$\frac{\partial G^{\#}}{\partial k}<0$。

证明:由(19)式,我们可以得到:

$$\frac{\partial G^{\#}}{\partial \mu} = -\frac{(1+k)^2 \alpha V}{2k\rho\beta}<0,\ \frac{\partial G^{\#}}{\partial \alpha} = -\frac{(1+k)^2 \mu V}{2k\rho\beta}<0,$$

$$\frac{\partial G^{\#}}{\partial V} = -\frac{(1+k)^2 \mu \alpha}{2k\rho\beta}<0,\ \frac{\partial G^{\#}}{\partial \rho} = \frac{(1+k)^2 \mu \alpha V}{2k\rho^2\beta}>0,\ \frac{\partial G^{\#}}{\partial \beta} = \frac{(1+k)^2 \mu \alpha V}{2k\rho\beta^2}>0,$$

$$\frac{\partial G^{\#}}{\partial k} = \frac{(1+k)(1-k)\mu \alpha V}{2k^2\rho\beta},当0\leqslant k\leqslant 1时\frac{\partial G^{\#}}{\partial k}\geqslant 0,当k>1时\frac{\partial G^{\#}}{\partial k}<0。$$

根据命题5我们可以知道,在扩展情形下,中央政府赋予地方官员的均衡政治收益随着中央政府对其他可比地区的看重程度的增大而减小,随着地方官员对私下收益的看重程度的增大而减小,随着地方官员的私下收益的增大而减小,随着中央政府对经济发展的激励强度的增大而增加,随着地方官员对政治晋升收益的看重程度的增大而增加。所有这些跟基准情形下的命题1没有任何差别。有差别的地方在于,当存在对地区i的地方官员i的负向偏向时,中央政府赋予地方官员的均衡政治收益随着偏向系数的增大而增加;当存在对地区i的地方官员i的正向偏向时,中央政府赋予地方官员的均衡政治收益随着偏向系数的增大而减小。

把(19)式代入(16)式,我们可以得到均衡时单个地区的发展型努力水平:

$$e^{\#} = \frac{k\beta}{(1+k)^2 \mu \alpha V}\left[\bar{G} - \frac{(1+k)^2 \mu \alpha V}{2k\rho\beta}\right] \tag{20}$$

把(20)式代入(17)式,我们可以得到均衡时两个地区的总发展型努力水平:

$$E^{\#} = \frac{2k\beta}{(1+k)^2\alpha V}\left[\overline{G} - \frac{(1+k)^2\mu\alpha V}{2k\rho\beta}\right] \tag{21}$$

根据(20)式和(21)式,我们可以得到命题 6。

命题 6:在扩展情形下,(ⅰ) $\frac{\partial e^{\#}}{\partial \beta} > 0, \frac{\partial e^{\#}}{\partial \alpha} < 0, \frac{\partial e^{\#}}{\partial V} < 0$,当 $0 \leqslant k \leqslant 1$ 时 $\frac{\partial e^{\#}}{\partial k} \geqslant 0$,当 $k > 1$ 时 $\frac{\partial e^{\#}}{\partial k} < 0$;(ⅱ) $\frac{\partial E^{\#}}{\partial \beta} > 0, \frac{\partial E^{\#}}{\partial \alpha} < 0, \frac{\partial E^{\#}}{\partial V} < 0$,当 $0 \leqslant k \leqslant 1$ 时 $\frac{\partial E^{\#}}{\partial k} \geqslant 0$,当 $k > 1$ 时 $\frac{\partial E^{\#}}{\partial k} < 0$。

证明:(ⅰ) 由(20)式,我们可以得到:

$$\frac{\partial e^{\#}}{\partial \beta} = \frac{k\overline{G}}{(1+k)^2\alpha V} > 0, \frac{\partial e^{\#}}{\partial \alpha} = -\frac{k\beta\overline{G}}{(1+k)^2\alpha^2 V} < 0, \frac{\partial e^{\#}}{\partial V} = -\frac{k\beta\overline{G}}{(1+k)^2\alpha V^2} < 0,$$

$$\frac{\partial e^{\#}}{\partial k} = \frac{(1-k)\beta\overline{G}}{(1+k)^3\alpha V}, 当 0 \leqslant k \leqslant 1 时 \frac{\partial e^{\#}}{\partial k} \geqslant 0, 当 k > 1 时 \frac{\partial e^{\#}}{\partial k} < 0。$$

(ⅱ) 由(21)式,我们可以得到:

$$\frac{\partial E^{\#}}{\partial \beta} = \frac{2k\overline{G}}{(1+k)^2\alpha V} > 0, \frac{\partial E^{\#}}{\partial \alpha} = -\frac{2k\beta\overline{G}}{(1+k)^2\alpha^2 V} < 0, \frac{\partial E^{\#}}{\partial V} = -\frac{2k\beta\overline{G}}{(1+k)^2\alpha V^2} < 0,$$

$$\frac{\partial E^{\#}}{\partial k} = \frac{2(1-k)\beta\overline{G}}{(1+k)^3\alpha V}, 当 0 \leqslant k \leqslant 1 时 \frac{\partial E^{\#}}{\partial k} \geqslant 0, 当 k > 1 时 \frac{\partial E^{\#}}{\partial k} < 0。$$

命题 6 的经济学含义是,在扩展情形下,均衡时单个地区的发展型努力水平和两个地区的总发展型努力水平都随着地方官员对政治晋升收益的看重程度的增大而增加,随着地方官员对私下收益的看重程度的增大而减小,随着地方官员的私下收益的增大而减小。所有这些跟基准情形下的命题 2 没有任何差别。有差别的地方在于,当存在对地区 i 的地方官员 i 的负向偏向时,均衡时单个地区的发展型努力水平和两个地区的总发展型努力水平都随着偏向系数的增大而增加;当存在对地区 i 的地方官员 i 的正向偏向时,均衡时单个地区的发展型努力水平和两个地区的总发展型努力水平都随着偏向系数的增大而减小。

3.3 扩展情形下地方官员治理的比较静态分析

我们进一步进行比较静态分析,考察在扩展情形下中央政府如何设计使自己效用达到最大化的 μ 值或 ρ 值。这里的比较静态分析是基于第一层次的博弈分析得到的均衡结果进行的。

把(19)式代入到(18)式,我们可以得到:

$$U=\mu\ln\frac{(1+k)^2\mu aV}{2k\rho\beta}+\frac{2k\rho\beta}{(1+k)^2 aV}\left[\bar{G}-\frac{(1+k)^2\mu aV}{2k\rho\beta}\right] \quad (22)$$

根据(22)式,如果其他变量不发生变化,只有 μ 可以变化,那么中央政府在治理地方官员的过程中会设计合适的 μ 值来最大化自己的效用。用 U 对 μ 求偏导并令结果等于 0,我们可以得到:

$$\mu^{\#}=\frac{2k\rho\beta}{(1+k)^2 aV} \quad (23)$$

根据(23)式,进行比较静态分析,我们可以得到命题 7。

命题 7:在扩展情形下,$\frac{\partial\mu^{\#}}{\partial\alpha}<0, \frac{\partial\mu^{\#}}{\partial\beta}>0, \frac{\partial\mu^{\#}}{\partial\rho}>0, \frac{\partial\mu^{\#}}{\partial V}<0$,当 $0\leqslant k\leqslant 1$ 时 $\frac{\partial\mu^{\#}}{\partial k}\geqslant 0$,当 $k>1$ 时 $\frac{\partial\mu^{\#}}{\partial k}<0$。

证明:由(23)式,我们可以得到:

$$\frac{\partial\mu^{\#}}{\partial\alpha}=-\frac{2k\rho\beta}{(1+k)^2\alpha^2 V}<0, \frac{\partial\mu^{\#}}{\partial\beta}=\frac{2k\rho}{(1+k)^2\alpha V}>0,$$

$$\frac{\partial\mu^{\#}}{\partial\rho}=\frac{2k\beta}{(1+k)^2\alpha V}>0, \frac{\partial\mu^{\#}}{\partial V}=-\frac{2k\rho\beta}{(1+k)^2\alpha V^2}<0,$$

$$\frac{\partial\mu^{\#}}{\partial k}=\frac{2(1-k)\rho\beta}{(1+k)^3\alpha V},\text{当 } 0\leqslant k\leqslant 1 \text{ 时 }\frac{\partial\mu^{\#}}{\partial k}\geqslant 0,\text{当 } k>1 \text{ 时 }\frac{\partial\mu^{\#}}{\partial k}<0。$$

命题 7 的经济学含义是,在扩展情形下,对中央政府来说对其他可比地区的最佳看重程度随着地方官员对私下收益的看重程度的增大而减小,随着地方官员对政治晋升收益的看重程度的增大而增加,随着中央政府对经济发展的激励程度的增大而增加,随着地方官员的私下收益的增大而减小。所有这些跟基准情形下的命题 3 没有任何差别。有差别的地方在于,当存在对地区 i 的地方官员 i 的负向偏向时,对中央政府来说对其他可比地区的最佳激励强度随着偏向系数的增大而增加;当存在对地区 i 的地方官员 i 的正向偏向时,对中央政府来说对其他可比地区的最佳激励强度随着偏向系数的增大而减小。

根据(22)式,如果其他变量不发生变化,只有 ρ 可以变化,那么中央政府在治理地方官员的过程中会设计合适的 ρ 值来最大化自己的效用。用 U 对 ρ 求偏导并令结果等于 0，我们可以得到：

$$\rho^{\#}=\frac{(1+k)^{2}\alpha\mu V}{2k\beta G} \qquad (24)$$

根据(24)式，进行比较静态分析，我们可以得到命题 8。

命题 8： 在扩展情形下，$\frac{\partial \rho^{\#}}{\partial \alpha}>0$，$\frac{\partial \rho^{\#}}{\partial \beta}<0$，$\frac{\partial \rho^{\#}}{\partial \mu}>0$，$\frac{\partial \rho^{\#}}{\partial V}>0$，当 $0 \leqslant k \leqslant 1$ 时 $\frac{\partial \rho^{\#}}{\partial k} \leqslant 0$，当 $k>1$ 时 $\frac{\partial \rho^{\#}}{\partial k}>0$。

证明： 由(24)式，我们可以得到：

$$\frac{\partial \rho^{\#}}{\partial \alpha}=\frac{(1+k)^{2}\mu V}{2k\beta G}>0, \quad \frac{\partial \rho^{\#}}{\partial \beta}=-\frac{(1+k)^{2}\alpha\mu V}{2k\beta^{2} G}<0,$$

$$\frac{\partial \rho^{\#}}{\partial \mu}=\frac{(1+k)^{2}\alpha V}{2k\beta G}>0, \quad \frac{\partial \rho^{\#}}{\partial V}=\frac{(1+k)^{2}\alpha\mu}{2k\beta G}>0,$$

$$\frac{\partial \rho^{\#}}{\partial k}=\frac{(1+k)(k-1)\alpha\mu V}{2k^{2}\beta G}, \text{当 } 0 \leqslant k \leqslant 1 \text{ 时 } \frac{\partial \rho^{\#}}{\partial k} \leqslant 0, \text{当 } k>1 \text{ 时 } \frac{\partial \rho^{\#}}{\partial k}>0。$$

命题 8 的经济学含义是，在扩展情形下，对中央政府来说对经济发展的最佳激励强度随着地方官员对私下收益的看重程度的增大而增加，随着地方官员对政治晋升收益的看重程度的增大而减小，随着中央政府对其他可比地区的看重程度的增大而增加，随着地方官员的私下收益的增大而增大。所有这些跟基准情形下的命题 4 没有任何差别。有差别的地方在于，当存在对地区 i 的地方官员 i 的负向偏向时，对中央政府来说对经济发展的最佳激励强度随着偏向系数的增大而减小；当存在对地区 i 的地方官员 i 的正向偏向时，对中央政府来说对经济发展的最佳激励强度随着偏向系数的增大而增加。

四、结　语

本章主要分析了中国式分权下的地方官员治理。我们在模型化周黎安(2008)的思想方面做了一个突破性的尝试，回答了一些周黎安(2008)提出但没有很好回答的问题。同时，本章的模型很好地解释了陶然等(2009)和陶然等(2010)的政治网络质疑。本章的研究发现,在基准情形下,中央政府赋予地方官员的均衡政治收益随着中央政府对其他可比地区的激励强度的增大而减小,随着地方官员对私下收益的看重程度的增大而减小,随着地方官员的私下收益的增大而减小,随着中央政府对经济发展的激励强度的增大而增加,随着地方官员对政治晋升收益的看重程度的增大而增加;在扩展情形下,当存在对某个地区的地方官员的负向偏向时,中央政府赋予地方官员的均衡政治收益随着偏向系数的增大而增加;当存在对某个地区的地方官员的正向偏向时,中央政府赋予地方官员的均衡政治收益随着偏向系数的增大而减小。我们还指出了中央政府如何选择对经济发展的最佳激励强度以及如何选择对其他可比地区的最佳激励强度。

随着中国经济的发展,官员政治锦标赛模式所存在的问题越来越凸显,如何更好地治理地方官员成为已经引起了政府和学术界的高度关注。周黎安(2008)提及了目前正在发生的三个方面的深刻变革。第一,中央政府推动了"垂直化浪潮",一些原来地方政府控制的部门已经变成了中央垂直管理部门或者省内垂直管理部门。第二,在完善考核指标体系方面开始考虑环境成本和民众满意度,在完善委托人方面开始考虑变党委组织部门的单一委托人为加入了人大、政协和普通民众的多重委托人。第三,在财政体制预算方面开始考虑从建设型财政向公共财政转变。很显然,周黎安更加强调需要对官员政治锦标赛进行外部治理,通过外部治理来完善官员政治锦标赛。本章的模型更加关注官员政治锦标赛模式的内部结构,所以在治理地方官员上也更加倾向于从内部结构着眼。政治晋升博弈不仅涉及"可比地区"组内部的竞争,还涉及不同的"可比地区"组之间的竞争,这两种竞争是不同层面的竞争。一方面,中央政府可以通过选择合适的对其他可比地区的激励强度来有效治理地方官员;另一方面,中央政府还可以通过选择合适的对经济发展的激励强度来有效治理地方官员。即使存在经济方面或者政治方面外生偏向,中央政府通过选择合适的对其他可比地区的激励强度以及选择合适的对经济发展的激励强度也还是能够起到有效治理地方官员的作用。周黎安在很大程度上把官员政治锦标赛模式当成一个整体来进行考虑,虽然他试图使用通过把地方官员作为基本分析单位的方法论个人主义来对政治锦标赛模式进行解剖,但是在周黎安那里看起来,政治锦标赛模式本身仍然像一个

"黑箱",本章为打开这个"黑箱"进行了一个初步的尝试,希望本章能够对相关的后续研究起到抛砖引玉的作用。

参考文献

[1] 陈钊,徐彤. 走向"为和谐而竞争":晋升锦标赛下的中央和地方治理模式变迁[J]. 世界经济,2011(9).

[2] 傅勇. 中国的分权为何不同:一个考虑政治激励与财政激励的分析框架[J]. 世界经济,2008(11).

[3] 何晓星. 论中国地方政府主导型市场经济[J]. 社会科学研究,2003(65).

[4] 何晓星. 再论中国地方政府主导型市场经济[J]. 中国工业经济,2005(1).

[5] 黄少安. 制度变迁主体角色转换假说及其对中国制度变革——兼评杨瑞龙的"中间扩散型假说"和"三阶段论"[J]. 经济研究,1999(1).

[6] 黄少安. 关于制度变迁的三个假说及其验证[J]. 中国社会科学,2000(4).

[7] 皮建才. 中国地方政府间竞争下的区域市场整合[J]. 经济研究,2008(3).

[8] 陶然,陆曦,苏福兵,汪晖. 地区竞争格局演变下的中国转轨:财政激励和发展模式反思[J]. 经济研究,2009(7).

[9] 陶然,苏福兵,陆曦,朱昱铭. 经济增长一定带来晋升吗?——对晋升锦标竞赛理论的逻辑挑战与省级实证重估[J]. 管理世界,2010(12).

[10] 王世磊,张军. 中国地方官员为什么要改善基础设施?——一个关于官员激励机制的模型[J]. 经济学(季刊),2008,7(2).

[11] 王贤彬,徐现祥. 地方官员来源、去向、任期与经济增长——来自中国省长省委书记的证据[J]. 管理世界,2008(3).

[12] 王贤彬,徐现祥. 地方官员晋升竞争与经济增长[J]. 经济科学,2010(6).

[13] 王贤彬,徐现祥,李郇. 地方官员更替与经济增长[J]. 经济学(季刊),2009,8(4).

[14] 王永钦,张晏,章元,陈钊,陆铭. 中国的大国发展道路:论分权式改革的得失[J]. 经济研究,2007(1).

[15] 徐现祥,李郇,王美今. 区域一体化、经济增长与政治晋升[J]. 经济学(季刊),2007,6(4).

[16] 徐现祥,王贤彬.晋升激励与经济增长:来自中国省级官员的证据[J].世界经济,2010a(2).

[17] 徐现祥,王贤彬.任命制下的官员经济增长行为[J].经济学(季刊),2010b,9(4).

[18] 徐现祥,王贤彬.中国地方官员治理的增长绩效[M].北京:科学出版社,2011.

[19] 徐现祥,王贤彬,舒元.地方官员与经济增长——来自中国省长、省委书记交流的证据[J].经济研究,2007(9).

[20] 杨其静.分权、增长与不公平[J].世界经济,2010(4).

[21] 杨其静,聂辉华.保护市场的联邦主义及其批判[J].经济研究,2008(3).

[22] 杨瑞龙.我国制度变迁方式转换的三阶段论——兼论地方政府的制度创新行为[J].经济研究,1998(1).

[23] 杨瑞龙,杨其静.阶梯式的渐进制度变迁模型——再论地方政府在我国制度变迁中的作用[J].经济研究,2000(3).

[24] 姚洋.中国道路的世界意义[M].北京:北京大学出版社,2011.

[25] 张晖.官员异质性、努力扭曲与隐性激励[J].中国经济问题,2011(5).

[26] 张军,高远.官员任期、异地交流与经济增长——来自省级经验的证据[J].经济研究,2007(11).

[27] 周黎安.晋升博弈中政府官员的激励与合作:兼论我国地方保护主义和重复建设问题长期存在的原因[J].经济研究,2004(6).

[28] 周黎安.中国地方官员的晋升锦标赛模式研究[J].经济研究,2007(7).

[29] 周黎安.转型中的地方政府:官员激励和治理[M].上海:格致出版社和上海人民出版社,2008.

[30] Baik, K. H., 1998, Difference-form Contest Success Functions and Effort Levels in Contests, *European Journal of Political Economy*, 14(4): 685-701.

[31] Blanchard, O., and A. Shleifer, 2001, Federalism with and without Political Centralization: China versus Russia, *IMF Staff Papers*, 48(Special Issue): 171-179.

[32] Corchón, L., and M. Dahm, 2010, Foundations for Contest Success Functions, *Economic Theory*, 43(1): 81-98.

[33] Lazear, E., and S. Rosen, 1981, Rank-Order Tournaments as Optimal Labor Contracts, *Journal of Political Economy*, 89(5): 841 – 864.

[34] Opper, S., and S. Brehm, 2007, Networks versus Performance: Political Leadership Promotion in China, *working paper*.

[35] Qian, Y., and B. Weingast, 1996, China's Transition to Markets: Market-Preserving Federalism, Chinese Style, *Journal of Policy Reform*, 1(2): 149 – 185.

[36] Qian, Y., and C. Xu, 1993, Why China's Economic Reforms Differ: The M-Form Hierarchy and Entry/Expansion of the Non-State Sector, *Economics of Transition*, 1(2): 135 – 170.

[37] Shih, V., 2008, *Factions and Finance in China: Elite Conflict and Inflation*, New York: Cambridge University Press.

[38] Tullock, G., 1980, Efficient Rent Seeking, In: Buchanan, J., R. Tollison, G. Tullock, (Eds.) *Toward a Theory of the Rentseeking Society*, College Station: Texas A&M University Press, pp. 97 – 112.

[39] White, M. D., 2002, Political Manipulation of a Public Firm's Objective Function, *Journal of Economic Behavior and Organization*, 49(4): 487 – 499.

（原文载于：皮建才,《中国式分权下的地方官员治理研究》,《经济研究》2012年第10期。）

第二十章 新形势下中国地方官员的治理效应研究

内容提要:本章通过建立税收竞争模型对我国地方官员的治理效应进行了研究。我们考察了两种治理手段,一种是中央政府降低晋升激励强度,另一种是中央政府提高反在职消费强度,并对其治理效应进行了分析。本章发现,当中央政府降低对地方官员的晋升激励强度时,地方官员会减少发展型公共物品供给、增加在职消费,而民生型公共物品供给则保持不变;当中央政府提高对地方官员的反在职消费强度时,地方官员会减少在职消费,增加发展型公共物品供给和民生型公共物品供给。当中央政府同时采取这两种治理手段时,两者的作用在一定程度上会相互抵消,具体对地方官员的治理效应如何,则取决于哪种政策措施的治理效应更强,但无论如何民生型公共物品供给一定会增加。我们还把环境污染引入了居民福利函数,结果发现,就不同治理手段对居民福利产生的影响而言,边际污染的临界水平发挥了非常重要的作用。

关键词:中央政府;地方官员;政治晋升;在职消费;治理效应

一、引 言

改革开放以来,我国年均经济增长接近 10%,而地方政府被认为是这一经济奇迹的缔造者,很多学者认为正是由于地方政府"为增长而竞争"带来了我国经济的高速增长。Qian and Weingast(1996)基于财政分权的视角将中国经济奇迹归功于中国特色分权的激励,他们将这种分权称之为"维护市场的经济联邦制"。杨其静和聂辉华(2008)对维护市场的联邦主义及其在中国的适用性做过比较全面的综述和反思。

Blanchard and Shleifer(2001)认为,经济上的分权还不足以完全解释中国经济奇迹的产生,中国的成功还在于其政治上的集权。随后,周黎安(2004,2007,2008)基于地方官员升迁的视角认为中国经济奇迹源于地方政府之间存在着"自上而下"的锦标赛竞争,提出并完善了地方官员政治晋升锦标赛理论。皮建才(2012)通过引入成功竞赛函数对周黎安的思想在模型化方面进行了更加一般化的处理,使官员政治晋升理论在分析框架上得到了进一步改进。杨其静和郑楠(2013)的实证分析表明,我国地方官员之间可能存在某种比较宽松的基于经济增长率排序的晋升资格赛,从经验上进一步扩展了官员政治晋升学说。总的来说,正是这种把政治晋升和财政分权结合在一起的治理模式,形成了中国特色的地方官员竞争激励机制,从而推动了我国的经济增长。

但是随着市场经济的深入发展,地方政府间的竞争日趋白热化,过度竞争的负面效应日益凸显。许多地方政府盲目追求GDP增长,热衷于基础设施等"硬"公共物品的投入,甚至不惜以牺牲环境为代价,对改善民生等"软"公共物品的投入明显不足,造成了地方政府财政支出结构的系统扭曲(Keen and Marchard, 1997),其结果就是"重基本建设、轻人力资本投资和公共服务"(傅勇、张晏,2007)。这还直接或间接导致了重复建设、产能过剩等经济问题以及雾霾天气、水污染等环境问题。毫无疑问,在现行财政分权和政治晋升的治理模式下,中央政府如何把握好地方政府竞争这把"双刃剑"、实现对地方官员的有效治理是摆在中央政府面前的一个非常迫切的现实问题。

十八大以来,中央政府一再强调"不再简单以GDP论英雄",放松对地方官员的GDP考核,正在考虑把民生改善、社会进步、生态效益等指标作为考核内容,以期降低GDP考核的负面效应,比如公共物品供给的扭曲效应。另外,十八大以来,规范在职消费已成为中央政府治理中央官员和地方官员的一个重要内容。自2012年年底以来,中央更是相继出台了"八项规定"和"六项禁令",对"三公消费"做出了严格限制,严管奢侈浪费歪风。中央政府提高反在职消费强度,会大大降低地方官员对在职消费的看重程度,这在新闻媒体中屡有报道。本章打算在财政分权和政治晋升的治理模式下,通过建立税收竞争模型,分析中央降低对地方官员的晋升激励强度和提高对地方官员的反在职消费强度对地方政府行为和辖区内居民福利的影响。

本章剩余部分的结构安排如下：第二部分是文献综述，第三部分给出了基本模型，第四部分对地方官员的治理效应进行了分析，第五部分对综合效应和考虑环境污染时的情形进行了进一步的讨论，第六部分也就是最后一部分是结语。

二、文献综述

本章所建立的税收竞争分析框架的核心内容包括地方政府的公共物品供给和地方官员的在职消费。所以，我们在进行文献述评时，主要着眼于两条主线的文献，一条主线把注意力集中在地方政府供给公共物品的内在机制上，另一条主线则聚焦于地方官员的在职消费行为。

国内有许多文献对地方政府的公共物品供给行为进行了比较深入的分析。为了术语上的统一和表述上的方便，我们对公共物品的分类采用了皮建才（2010）所使用的方法，把能直接进入当期生产函数、有利于当地企业发展的公共物品称为发展型公共物品，把能直接进入居民效用函数、有利于当地居民生活质量提高的公共物品称为民生型公共物品，这种公共物品的二分法在现有公共经济学文献（比如，Dahlby and Wilson，2003）中比较常见。王永钦等（2007）认为，在中国式分权体制下，地方政府更愿意提供能为其带来较多政绩的发展型公共物品，而不愿意花费更多的财力来提供那些只能带来较少政绩的民生型公共物品。傅勇（2008）论证了地方政府"为增长而竞争"导致了财政支出偏向发展型公共物品投资而民生型公共物品供给相对不足。汤玉刚和赵大平（2007）认为发展型公共物品的"政治价格"远高于民生型公共物品的"政治价格"是短期决定地方政府公共物品供给偏好的关键。皮建才（2010）进一步指出，地方政府之所以重视发展型公共物品而轻视民生型公共物品，一方面是因为现行的激励结构使得发展型公共物品的"政治价格"要远高于民生型公共物品的"供给价格"，另一方面是由于民生型公共物品供给过程中的风险大于发展型公共物品供给过程中的风险。但是，现有的文献并没有考虑中央政府降低GDP的考核权重对发展型公共物品和民生型公共物品供给行为会产生什么样的影响，本章打算填补这方面的研究空白。

我们发现,国内主流文献在分析地方官员在不同类型公共物品供给方面的行为差异时,并没有考虑到地方官员的在职消费行为。[1] 在职消费作为地方政府财政支出的一部分,会与公共物品供给(包括发展型公共物品供给和民生型公共物品供给)展开竞争,二者存在此消彼长的关系。在分析我国的经济系统时,我们不能简单地将地方官员的在职消费视为一个外生不变的量而不予考虑。刘军民(2008)认为官员在职消费存在消费范围扩大化、消费隐性化、消费奢华化和消费私利化四大特点。实际上近年来,由于地方官员的在职消费行为泛滥,"三公消费"开支已非常庞大。根据杨继绳(2008,第52页)提供的数据,仅公车开支这一项,"2005年我国公车轿车保有量超过了500多万辆,每年为此消耗6 000多亿元。"申恩威(2011,第25页)指出,"从财政支出中行政管理费用支出所占比重看,1978年只有4.7%,1990年上升到13.4%,2006年已占到18.7%。这一比例不仅远远高于西方发达国家,甚至高出世界平均水平的25%。而在行政管理费用支出中,职务消费又占了大头,1978年至2006年间,我国职务消费规模增长了140多倍。"焦建国(2004)把这归因于官员支配财力的公共权力的"私有化"。刘瑞明(2005)认为在职消费是地方官员的一种收益,这种收益来自政治控制权。高培勇(2011)认为政府收支格局不规范是造成在职消费失范的重要原因。孟庆平(2009)认为缺乏预算约束和监督机制也是在职消费存在问题的原因。本章打算把地方官员的在职消费纳入我们的正式分析框架中来。

结合十八大以来我国的实际情况,我们主要考察了两种治理手段,一种是中央政府降低晋升激励强度,另一种是中央政府提高反在职消费强度。我们想要回答的问题是:在我国现行的治理架构下,当这两种治理手段混合在一起时,会对我国的经济

---

[1] 在职消费和腐败是有区别的,在职消费的作用机制和腐败的作用机制是不一样的。我们在本章中分析的是在职消费,而不是腐败。在职消费是在法律界限以内的,过度在职消费的行为只能算是违纪和违规,但谈不上违法,实证研究多用"行政管理费"来对在职消费进行刻画(张军等,2007;楼国强,2010),而"腐败案件数"则被用于刻画腐败(张军等,2007;周黎安和陶婧,2009)。根据研究视角的不同,有关结论也不尽相同,甚至截然相反,比如,周黎安和陶婧(2009)的实证研究发现,外商直接投资对腐败有显著的正向影响,经济的外向型程度对腐败有显著的负向影响;而楼国强(2010)的实证研究则表明,外商直接投资对在职消费有显著的负向影响,经济的外向型程度对在职消费的影响不显著。

系统产生什么样的影响?[①] 就现有的文献而言,跟我们的论文最接近的是王贤彬和徐现祥(2009)以及楼国强(2010)。王贤彬和徐现祥(2009)在傅勇(2008)的框架内加入了地方官员的在职消费,在此基础上深入考察了地方官员行为。他们认为,中央强调经济增长和财政收入增加的考核导向,使得地方政府的财政支出过度偏向发展型公共物品而民生型公共物品则支出不足,同时也抑制了地方官员的在职消费。但是,一方面,他们的分析并没有考虑中央政府的晋升激励强度发生改变所带来的影响;另一方面,他们也没有考虑中央政府提高反在职消费强度以后会产生什么样的结果。楼国强(2010)在 Justman et al.(2005)和 Cai and Treisman(2005)的基础上进行了税收竞争分析,他认为,当资源禀赋比较充裕时,税收竞争强度的增大会激励地方官员供给更多的公共物品,但是当资源禀赋比较稀缺时,税收竞争强度的增大可能刺激地方官员进行更多的在职消费。但是,一方面,他的分析没有考虑到中央政府这一政府层级所发挥的作用;另一方面,他的分析只考虑了发展型公共物品而没有考虑民生型公共物品。我们的分析框架针对我们的问题进行了"量体裁衣"式的设计。具体来说,我们需要回答的问题是:① 一旦我们将地方官员的在职消费考虑在内,放松 GDP 考核是否能"诱导"地方政府加大民生型公共物品供给? ② 如果中央放松 GDP 考核助长了地方官员的在职消费行为,由于中央放松 GDP 考核和抑制官员在职消费的政策措施是同时存在的,这两种治理措施搭配在一起会产生什么样的组合效应? 一方面,在职消费的存在使得地方政府财政支出的范围和选择加大,原本用于增加民生型公共物品供给的那部分支出很有可能会流向在职消费。另一方面,在财政分权和政治晋升的治理模式下,对驱动地方官员行为的激励同时进行改变并不一定促使地方官员行为进行相应的转变,理性的地方官员必然会对激励的变化做出反应,从而可能产生意想不到的结果。这些都将是本章研究的重点。

---

① 总体上来说,GDP 指标仍然是考核地方官员绩效一个相对客观、公正的可行性指标。我们所说的放松 GDP 考核,是指中央政府降低 GDP 在地方官员考核中的权重,并不是说要"一刀切"地把 GDP 剔除在考核指标之外。因此,本章的研究仍然是在财政分权和政治晋升的框架下进行展开的,也就是说,我们的分析前提是不改变现行的治理架构。

三、基本模型

我们的模型主要基于经典的 Zodrow-Mieszkowski-Hoyt 横向税收竞争分析框架 (Zodrow and Mieszkowski, 1986; Hoyt, 1991)。具体而言,我们考察一个包含两个对称地区的经济体,经济体有1个中央计划者,每个地区有1个地方政府(可以用1个代表性地方官员来表示)、1 单位的居民和1个企业。① 本章将产品的价格标准化为1。

本章将在财政分权和政治晋升的治理模式下,通过引入地方官员的在职消费,考察地方官员的经济行为。因此,与傅勇(2008)不同的是,我们假设地方官员除了关注 GDP 增长和民生型公共物品供给之外,还关注自身在职消费。王贤彬和徐现祥(2009)也引入了在职消费。在本章中,地方官员的目标函数可以表述为以下形式:

$$W_i(Y_i, G_i, C_i) = \lambda Y_i + \mu G_i + \Gamma(C_i) \tag{1}$$

其中,W_i 代表第 i 个地区地方官员的效用;Y_i 表示第 i 个地区的产出,也可以用来表示地区 GDP;G_i 表示第 i 个地区地方官员的在职消费;C_i 表示第 i 个地区居民所消费的民生型公共物品,并且 $\Gamma(\cdot)$ 满足民生型公共物品 C_i 为正常品的假定,即 $\Gamma'(\cdot) > 0, \Gamma''(\cdot) < 0$。②

(1)式中的 $\lambda > 0$ 和 $\mu > 0$ 分别度量地方官员对 GDP 和自身在职消费的看重程度。其中,GDP 的权重 λ 由中央偏好决定,λ 刻画了地方官员面临的晋升激励强度,如果中央放松对地方官员的 GDP 考核,那么该权重就会降低。在职消费的权重 μ 由地方官员偏好[比如,王贤彬等(2013)所强调的地方官员的个人特征]与中央反在职消费强度($\delta > 0$)等因素共同决定,如果中央严格控制地方官员的在职消费(即 δ 提高),那么该权重就会被动地降低。需要说明的是,权重 λ 和 μ 是可以由中央政府进

---

① 在这里需要说明的是,为了分析上的简便,我们考察的经济体中的地区数目 $n=2$。地区数目也可以扩展为 $n \geq 2$ 的情形,但是,这一拓展并不会改变本章的基本结论。

② 在(1)式中,我们采用了拟线性效用函数来刻画政府的目标函数。我们这么做主要了在保证模型存在有正的均衡解的同时,尽可能使分析得到简化。我们的设定借鉴了 Dahlby and Wilson (2003),在他们的模型中,政府的目标函数由居民收入和政府提供的公共物品两部分组成,从本质上看居民收入对政府目标函数的影响以及公共物品对政府目标函数的影响与本章中的相同。

行政治操纵(political manipulation)的,其中权重 λ 可以直接操纵,权重 μ 则是通过控制在职消费强度 δ 进行间接操纵,关于政治操纵的文献可以参见 White(2002)和 Benassi et al. (2014)等文献。[①]

企业的生产函数是资本、劳动力、专有要素与发展型公共物品的函数。具体来说,生产函数为:

$$Y_i = I_i^\alpha \Phi^i(K_i, L_i, A_i) \tag{2}$$

其中,$\Phi^i(\cdot)$ 满足严格拟凹性、一阶齐次性和二阶可微;I_i、K_i、L_i 和 A_i 分别表示第 i 个地区的发展型公共物品投入量、资本投入量、劳动力投入量和专有要素投入量;α 刻画了发展型公共物品的产出弹性,满足 $\alpha \in (0,1)$。为了分析方便,我们对生产函数做了两个简化:首先,我们假设所有地区的劳动力数量都等于当地的居民数量,即劳动力数量等于 1;其次,我们假定每个地区拥有和投入的专有要素数量也都相同,因而也可以略去。因此,我们有 $Y_i = I_i^\alpha \Phi^i(K_i, \overline{L_i}, \overline{A_i}) = I_i^\alpha F(K_i)$,其中 F 满足严格拟凹性以及稻田-宇泽条件。这里需要指出的是,我们假定每个地区产出不仅可以用于居民私人消费,也可以用于公共物品生产。一单位公共物品的生产需要使用一单位私人物品,这样的假设在税收竞争文献(比如,Ogawa and Wildasin, 2009)中广泛使用。

由以上假设,我们可以得到:

$$\frac{\partial^2 Y_i}{\partial K_i^2} = I_i^\alpha F_{KK}(K_i) < 0 \tag{3}$$

$$\frac{\partial^2 Y_i}{\partial K_i \partial I_i} = \alpha I_i^{\alpha-1} F_K(K_i) > 0 \tag{4}$$

(3)式表明资本的边际生产力递减,(4)式表明发展型公共物品与资本之间具有

[①] 另外,需要特别指出的是,μ 和 δ 的关系并不是简单的 $\mu = \frac{1}{\delta}$,μ 是由 δ 和其他因素决定的,如果我们把其他因素用 o 来表示的话,μ 的表达式应该是 $\mu = \mu(\delta, o)$。尽管 μ 和 δ 的关系是 $\frac{\partial \mu}{\partial \delta} < 0$,$\mu$ 和 o 的关系可能是 $\frac{\partial \mu}{\partial o} > 0$,$\frac{\partial \mu}{\partial o} = 0$,或者 $\frac{\partial \mu}{\partial o} < 0$。为了反映政治操纵的思想,本章关注的是 μ 和 δ 的关系,而不是 μ 和 o 的关系,我们可以把其他因素 o 看成是给定的。

互补关系,增加发展型公共物品的投入可以提高资本的边际生产力。因此,地方政府有激励通过投资于发展型公共物品来吸引资本的流入。事实上,发达地区的地方政府之间的公共物品竞争已经在各种形式的竞争中逐渐占主导地位(周业安、赵晓男,2002)。

在我们的模型中,由于资本是自由流动的,所以资本税后回报率的高低就决定了资本的流向。在资本流动达到均衡时,两个地区的资本税后回报率必然相等,且等于整个经济的资本回报率 ρ。因此,资本流动遵循:

$$(1-t-\tau_i)\frac{\partial Y_i}{\partial K_i}=(1-t-\tau_i)I_i^e F_K(K_i)=\rho \tag{5}$$

企业根据资本税后回报率来安排投资和从事生产。这里我们假设每个地区的居民拥有 $\overline{K}$ 单位的初始资本禀赋,以及若干单位初始地区专有要素(如土地等)。资本可以在地区间自由流动,而居民以及地区专有要素不能跨地区流动。整个经济体共有总量为 $2\overline{K}$ 的资本在2个地区投资,所以我们有:

$$K_1+K_2=2\overline{K} \tag{6}$$

地方政府的财政支出由三部分构成:一部分用于提供有利于当地企业发展的发展型公共物品 I,一部分用于提供有利于当地居民生活质量改进的民生型公共物品 C,还有一部分用于地方官员自身的在职消费支出 G。地方政府的财政收入来源于其税收收入 T。在本章中,我们聚焦于中央地方共享税。中央地方共享税的税率是由中央政府来决定的,即中央政府从每单位产出中征税 t,税收按一定比例在中央和地方之间进行分成。假设地方政府获得的分成比例为 $\beta(0<\beta<1)$,那么中央政府和地方政府获得的税收收入分别为 $(1-\beta)tY$ 和 βtY。我们假定 t 和 β 都是固定的数值,因为中央政府一旦设定后就不能随意改变。具体来说,t 和 β 都不是本章考虑的治理地方官员的手段,我们把中国式分权的制度环境看成是给定的。我国的地方政府虽然没有税权,但是却可以通过控制地价等手段来实现有效征税 τ,$\tau<0$ 时代表存在补贴,不失一般性,我们假定 $\tau>0$,这样的假定意味着这两个地区的总体发展情况是比较好的。张五常(2009)认为这种税本质上是租金,这种合约本质上属于土地分成合约。地方政府可以获得的税收收入为 τY。因此,地方政府可以获得总额为 $(\beta t+\tau)Y$

的财政收入。我们假定地方政府必须实现财政收支平衡,即:

$$I_i+C_i+G_i=T_i=(\beta t+\tau_i)Y_i \tag{7}$$

因此,(1)式、(2)式和(7)式构成了地方官员的最优化问题。

通过对模型的简单阐述,我们不难发现:① 中央政府需要决定的是确定 GDP 在地方官员目标函数中的权重(λ),以及确定反在职消费的强度(δ)从而影响地方官员的在职消费倾向(μ),对 λ 和 δ(从而 μ)的确定属于经济学文献中所讲的政治操纵(White, 2002; Benassi et al., 2014);② 地方政府需要决定的是设置本地的税率(τ)以及确定财政支出的结构和方向;③ 资本面临的问题是通过"用脚投票"来选择合适的投资地区。根据以上描述,我们可以通过一个两层次动态博弈模型来揭示中央与地方在地方官员治理中的行为。在第一个层次的博弈中,中央政府决定晋升激励强度(λ)和反在职消费强度(δ)的大小。第二个层次的博弈是一个两阶段包含同时行动的动态博弈,在第一阶段两个地方政府同时行动来决定本地的税率(τ_i)以及发展型公共物品投入(I_i)、民生型公共物品投入(C_i)和在职消费支出(G_i);在第二阶段两个企业同时行动来安排投资(K_i)和进行生产。① 模型的博弈时序(timing)如图 20-1 所示:

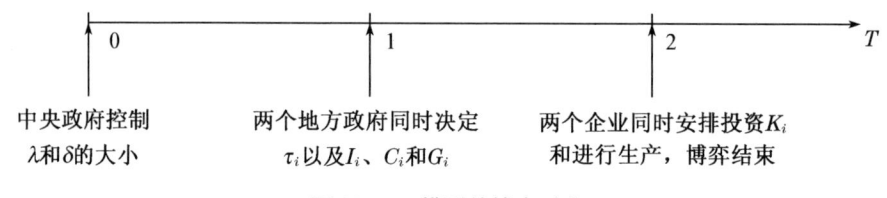

```
├─────────────────┼─────────────────┼─────────────────→ T
0                 1                 2

中央政府控制        两个地方政府同时决定    两个企业同时安排投资 Kᵢ
λ和δ的大小          τᵢ 以及 Iᵢ、Cᵢ和 Gᵢ    和进行生产,博弈结束
```

图 20-1 模型的博弈时序

四、地方官员的治理效应分析

我们可以用"逆向归纳法"来对我们的问题进行求解。在求解的过程中,我们先

---

① 在这里,需要说明的是,第一层次的博弈是虚置的,关键是要体现出中央政府的政治操纵;第二个层次的博弈则是实置的,关键是要对我们得到的均衡结果进行比较静态分析。需要强调的是,本章的目的并不是分析最优的政治操纵,并不是想要求出 λ 和 δ 的最优值。

分析第二层次的博弈,后分析第一层次的博弈。并且,在分析第二个层次的过程中,我们同样还是使用"逆向归纳法",先分析第二阶段企业的行为,后分析第一阶段地方政府的行为。

我们从第二层次的第二阶段企业的选择开始分析。由第二部分模型可知,(5)式和(6)式就决定了资本在两个地区的配置。我们对其进行全微分,可以得到:

$$\begin{pmatrix} (1-t-\tau_1)I_1^\alpha F_{KK}(K_1) & 0 & -1 \\ 0 & (1-t-\tau_2)I_2^\alpha F_{KK}(K_2) & -1 \\ 1 & 1 & 0 \end{pmatrix} \begin{pmatrix} dK_1 \\ dK_2 \\ d\rho \end{pmatrix} =$$

$$\begin{pmatrix} I_1^\alpha F_K(K_1) \\ 0 \\ 0 \end{pmatrix} d\tau_1 + \begin{pmatrix} 0 \\ I_2^\alpha F_K(K_2) \\ 0 \end{pmatrix} d\tau_2 - \begin{pmatrix} (1-t-\tau_1)\alpha I_1^{\alpha-1} F_K(K_1) \\ 0 \\ 0 \end{pmatrix} dI_1 -$$

$$\begin{pmatrix} 0 \\ (1-t-\tau_2)\alpha I_2^{\alpha-1} F_K(K_2) \\ 0 \end{pmatrix} dI_2 \tag{8}$$

其中,$\Delta_0 = (1-t-\tau_1)I_1^\alpha F_{KK}(K_1) + (1-t-\tau_2)I_2^\alpha F_{KK}(K_2) < 0$。

利用克莱姆法则(Cramer's Rule)求解(8)式,我们有 $\dfrac{dK_i}{d\tau_i} = \dfrac{I_i^\alpha F_K(K_i)}{\Delta_0} < 0$,$\dfrac{dK_i}{dI_i} = -\dfrac{(1-t-\tau_i)\alpha I_i^{\alpha-1} F_K(K_i)}{\Delta_0} > 0$。在我们的模型中,由于两个地区是同质的,所以在对称均衡处有 $K_1 = K_2 = \overline{K}$,$\tau_1 = \tau_2 = \tau$,$I_1 = I_2 = I$,我们发现 $\Delta_0 = 2(1-t-\tau)I^\alpha F_{KK}(\overline{K}) < 0$,所以不难得到 $\dfrac{dK_i}{d\tau_i} = \dfrac{F_K(\overline{K})}{2(1-t-\tau)F_{KK}(\overline{K})} < 0$,$\dfrac{dK_i}{dI_i} = -\dfrac{\alpha F_K(\overline{K})}{2I F_{KK}(\overline{K})} > 0$。①

现在,我们考虑第二层次第一阶段地方政府的选择,即两个地方政府同时求解下

---

① 如果考虑 n 个地区,在对称均衡处有 $K_i = \overline{K}$,$\tau_i = \tau$,$I_i = I$,进而有 $\dfrac{dK_i}{d\tau_i} = \dfrac{(n-1)F_K(\overline{K})}{n(1-t-\tau)F_{KK}(\overline{K})} < 0$,$\dfrac{dK_i}{d\tau_i} = -\dfrac{(n-1)\alpha F_K(\overline{K})}{nI F_{KK}(\overline{K})} > 0$。

述最大化问题：

$$\max_{G_i,\tau_i,I_i} W_i(G_i,\tau_i,I_i) = \lambda Y_i + \mu G_i + \Gamma(C_i)$$
$$\text{s. t.} \quad Y_i = I_i^a F(K_i) \tag{9}$$
$$C_i = (\beta t + \tau_i)Y_i - G_i - I_i$$

因为地区 1 和地区 2 的企业都清楚每个地方政府的决策思路，即在知道两地政府确定 τ_1、I_1 和 τ_2、I_2 以后，企业再进行投资决策，所以此时每个地区最终拥有的资本量是关于税率和发展型公共物品投入的函数。考虑到这一点，我们可以得到如下的一阶条件：

$$-\Gamma' + \mu = 0 \tag{10}$$

$$\lambda I_i^a F_K(K_i)\frac{\partial K_i}{\partial \tau_i} + \Gamma'\left[I_i^a F(K_i) + (\beta t+\tau_i)I_i^a F_K(K_i)\frac{\partial K_i}{\partial \tau_i}\right] = 0 \tag{11}$$

$$[\lambda + \Gamma'(\beta t+\tau_i)]\left[\alpha I_i^{a-1} F(K_i) + I_i^a F_K(K_i)\frac{\partial K_i}{\partial I_i}\right] - \Gamma' = 0 \tag{12}$$

在对称均衡处有 $K_i = \overline{K}, \tau_i = \tau, I_i = I, G_i = G$，所以上述一阶条件进一步变为：

$$-\Gamma' + \mu = 0 \tag{10'}$$

$$\lambda F_K(\overline{K})P + \mu\{[1-(1-\beta)t]F(\overline{K}) - (\beta t+\tau)Q\} = 0 \tag{11'}$$

$$[\lambda + \mu(\beta t+\tau)]\alpha I^{a-1}Q - \mu = 0 \tag{12'}$$

其中，$P = \dfrac{F_K(\overline{K})}{2F_{KK}(\overline{K})} < 0, Q = F(\overline{K}) - F_K(\overline{K})P > 0$。

由(12)式我们可以看出 $\dfrac{\mathrm{d}Y_i}{\mathrm{d}I_i} = \dfrac{\partial Y_i}{\partial I_i} + \dfrac{\partial Y_i}{\partial K_i}\dfrac{\partial K_i}{\partial I_i}$，这意味着发展型公共物品对经济的拉动作用除了有直接效应外，还有间接效应，即吸引外地资本的流入，促进本地经济的增长。在对称均衡处，我们将其表达为弹性的形式，并令 $\sigma_I = \dfrac{\mathrm{d}Y_i/Y_i}{\mathrm{d}I_i/I_i}\bigg|_{K_i=\overline{K}} = \dfrac{\alpha Q}{F(\overline{K})}$，我们不难得到 σ_I 的取值范围为 $\underline{\sigma} = \alpha < \sigma_I < \overline{\sigma} = \left[\dfrac{\beta t+(1-t)}{\beta t+\tau}\right]\alpha$。

本章的主要目的在于考察中央政府的政策（即 λ 和 δ）变化会对地方官员的行为产生怎样的影响。我们回到博弈的第一层次，下面的分析都是基于第二层次的博弈

分析得到的均衡结果进行的。因此,在地方政府的最优决策处,我们对(10′)式、(11′)式和(12′)式进行全微分可得:

$$
\begin{pmatrix} -1 & I^\alpha F(\overline{K}) & (\beta t+\tau)\alpha I^{\alpha-1} F(\overline{K})-1 \\ 0 & -\mu Q & 0 \\ 0 & \mu \alpha I^{\alpha-1} Q & -\mu(1-\alpha)\dfrac{1}{I} \end{pmatrix} \begin{pmatrix} dG \\ d\tau \\ dI \end{pmatrix}
$$

$$
= \begin{pmatrix} 0 \\ -F_K(\overline{K})P \\ -\alpha I^{\alpha-1} Q \end{pmatrix} d\lambda + \begin{pmatrix} \dfrac{1}{\Gamma''} \\ \dfrac{\lambda}{\mu} F_K(\overline{K})P \\ \dfrac{\lambda}{\mu}\alpha I^{\alpha-1} Q \end{pmatrix} d\mu \tag{13}
$$

其中,$\Delta = -\mu^2(1-\alpha)\dfrac{Q}{I} < 0$。

1. 降低对地方官员的晋升激励强度时的治理效应

根据(13)式,当其他变量不发生变化,只有 λ 减小时,我们能够分析出 λ 变化对地方政府的行为选择产生的影响,这些影响可以总结为命题1、命题2和命题3。

命题1:在我国现行的治理架构下,地方政府的发展型公共物品供给和地方GDP都随着中央政府对地方官员的晋升激励强度的降低而减少。

命题1的证明参见附录。命题1的经济学含义非常明显,中央政府降低对地方官员的晋升激励强度,会抑制地方官员发展经济的积极性,因为地方官员做大GDP来显示自己政绩的那种动力已经不再像以前那么强烈。发展型公共物品不但能够进入地方官员任期内的生产函数,从而直接拉动地方的经济增长,而且还能通过正的外部性吸引资本流入间接拉动经济增长(傅勇,2010;刘生龙、胡鞍钢,2010)。因此,地方官员推动经济发展积极性的下降会减弱地方官员对发展型公共物品的投资热情,发展型公共物品的供给就会减少,地方GDP也就会随之下降。这一点正好跟新闻媒体报道的现实生活中部分地方官员的"消极怠工"相对应。

命题2:在我国现行的治理架构下,地方官员的在职消费随着中央政府对地方官员的晋升激励强度的降低而增加。

命题2的证明参见附录。命题2的直观含义是当中央政府降低对地方官员的晋升激励强度时,地方官员的在职消费会增加。这其实是不难理解的,由命题1我们已经知道,中央政府降低对地方官员的晋升激励强度会导致地方官员发展经济的热情下降,地方官员不再那么热衷于发展型公共物品供给,他可以把更多的财政资源用于在职消费支出。因此,降低对地方官员的晋升激励强度虽然在一定程度上约束了地方官员追求GDP的积极性,但是对地方官员的在职消费会有正向的促进作用。换句话说,在职消费和发展型公共物品供给之间存在一定的"替代效应"。

如前所述,我们把地方政府财政支出划分为发展型公共物品支出、民生型公共物品支出和在职消费支出。通过上述分析我们已经知道,当中央政府降低对地方官员的晋升激励强度时,地方政府会减少发展型公共物品支出,从而增加在职消费支出。我们的问题是:地方官员是否会将那些"节余"的财政资源用于增加民生型公共物品支出来改善民生和发展社会事业呢?命题3可以很好地回答这个问题。

命题3:在我国现行的治理架构下,地方政府的民生型公共物品供给不随中央政府对地方官员的晋升激励强度的变化而变化。

命题3的证明参见附录。命题3的直观含义是当中央政府降低对地方官员的晋升激励强度时,地方政府的民生型公共物品支出不变。不同于发展型公共物品,民生型公共物品不能进入地方官员任期内企业的生产函数。因此,它对地区的经济增长也就没有直接的拉动作用,同时它也没有提升资本生产力。也正是因为如此,财政分权和政治晋升的治理模式导致了地方政府往往更看重经济增长而忽视民生建设,在行为上就体现为地方官员热衷于投资发展型公共物品而不愿投资民生型公共物品。再结合命题1和命题2,我们发现,即使中央政府降低对地方官员的晋升激励强度减弱了其对发展型公共物品的投资热情,地方官员也不愿将其中"节余"下来的财政资源用于教育、医疗、养老和环境等民生型公共物品供给,而是选择用于在职消费来增加自身效用。命题3的政策含义是,中央政府不能单纯通过抑制地方官员的政绩冲动来促进地方政府关注民生,因为中央政府降低地方官员晋升激励强度的政策对民生型公共物品供给既无促进作用也无抑制作用,反而会造成地方官员在职消费行为

2. 提高对地方官员的反在职消费强度时的治理效应

根据(13)式,当其他变量不发生变化,只有 δ 增大时,我们能够分析出 δ 变化对地方政府的行为选择产生的影响,这些影响可以总结为命题4、命题5和命题6。

命题4:在我国现行的治理架构下,地方官员的在职消费随着中央政府对地方官员的反在职消费强度的提高而减少。

命题4的证明参见附录。命题4符合我们的经济学直觉,提高对地方官员的反在职消费强度,会抑制地方官员的在职消费,比如公款吃喝和公车消费等行为。过度的在职消费本身就是因为作为理性人的地方官员为了追求自身效用最大化,利用手中的政治控制权攫取更多的私人利益而导致的(比如,刘瑞明,2005)。因此,中央政府可以通过加大对地方官员在职消费的监控力度和加大对不合理在职消费的惩罚力度来提高反在职消费的强度。这些措施会增加地方官员追求在职消费的成本,从而起到抑制地方官员过度在职消费的作用。

命题5:在我国现行的治理架构下,地方政府的发展型公共物品供给和地方GDP都随着中央政府对地方官员的反在职消费强度的提高而增加。

命题5的证明参见附录。命题5的直观含义是提高对地方官员的反在职消费强度,会促使地方政府投资发展型公共物品,从而带动GDP的增长。结合命题4我们发现,政治晋升和在职消费之间确实存在着"替代效应",当地方官员面临的激励约束发生改变时,他会在两者之间进行权衡。正如我们在命题2中看到的那样,中央政府降低了对地方官员的晋升激励强度,会使得地方官员进行更多的在职消费。地方官员是理性人,当他发现发展型公共物品投资的边际效用太小时,便会将财政资源"替代"到边际效用更大的在职消费中去。反之,中央政府提高对地方官员的反在职消费强度,当他发现在职消费的边际效用太小时,也会将财政资源"替代"到边际效用更大的发展型公共物品投资中去。

本章得出中央政府抑制地方官员在职消费可以促进经济增长的结论。也就是说,提高对地方官员的反在职消费强度,不但能够有效抑制地方官员的在职消费行为,而且还能促进地方官员进行更多的发展型公共物品投资从而带动经济增长。但是,如果一个地区的民生型公共物品供给不足,完全依靠发展型公共物品投资来驱动经济增长的发展模式将是不可持续的。民生建设对一个地区长期的经济发展和居民福利具有重要的意义。然而,由于民生型公共物品没有进入地方官员任期内的生产函数,无法在其任期内给他带来政绩,所以民生型公共物品供给不足也就成了常态。因此,我们更为关心的问题是:中央政府是否也能通过抑制地方官员的在职消费来促使地方官员更加关注民生呢?对此,命题6给出了肯定的回答。

命题6:在我国现行的治理架构下,地方政府的民生型公共物品供给随着中央政府对地方官员的反在职消费强度的提高而增加。

命题6的证明参见附录。命题6的直观含义是当中央政府提高对地方官员的反在职消费强度时,地方政府的民生型公共物品支出会增加。财政分权和政治晋升的治理模式导致了地方政府在进行竞争时会选择相同的发展策略,即重视具有短期收益的发展型公共物品供给而轻视具有长期收益的民生型公共物品供给。虽然我们可以把民生型公共物品的供给也纳入地方官员的政绩考核体系中来,但是由于无法找到一个容易观测和衡量的客观指标,中央政府对于地方政府的民生型公共物品供给激励一直不足。在不改变我国现行治理架构的前提下,中央政府是否能够有效激励地方官员供给民生型公共物品呢?结合命题4和命题5我们发现,中央政府提高对地方官员的反在职消费强度,不但能够促进地方官员增加发展型公共物品的供给,而且还能引导地方官员增加民生型公共物品的供给。命题6的政策含义是,中央政府可以通过抑制地方官员的在职消费来促进地方政府关注民生;中央政府的反在职消费政策对发展型公共物品供给和民生型公共物品供给都会有比较明显的促进作用。

五、进一步的讨论

在中国式分权体制下,理性的地方官员总是追求自身效用最大化,他们不仅追求经济增长带来的政治晋升收益,而且也追求在职消费等纯粹经济收益。因此,地方官员面临的是一个多目标的决策问题。由于地方官员的在职消费支出与发展型公共物品投资即经济发展目标之间存在着一种相互制约、相互竞争的关系,所以地方官员在安排财政支出结构时面临着一个权衡。根据 Holmstrom and Milgrom(1991)的多任务委托代理模型,委托人提高或降低代理人某一目标的权重系数,将会改变代理人的行为方式和努力水平的分配,从而影响到其他目标的实现。

正如命题1和命题2所揭示的,中央为了转变经济发展方式,不再盲目追求增长速度,放松对地方官员的GDP考核,即降低对地方官员的晋升激励强度,这将会缓和地方政府之间过度的发展型公共物品竞争;但与此同时,也会强化他们的在职消费倾向,致使他们追求更多的在职消费。正如命题4和命题5所揭示的,中央为了在全社会形成厉行节约、反对浪费的良好风气,严格控制地方官员的在职消费,提高对地方官员的反在职消费强度,这会抑制地方官员的在职消费行为;但是,这也会在很大程度上强化地方官员对政治晋升的重视,使得地方官员为了追求经济增长展开发展型公共物品供给竞争。综合起来,我们可以得到命题7。

命题7:在我国现行的治理架构下,当中央政府同时降低对地方官员的晋升激励强度和提高对地方官员的反在职消费强度时,如果中央降低对地方官员的晋升激励强度产生的效应更强,则地方政府的发展型公共物品供给会减少,地方官员的在职消费会增加;反之,如果中央提高对地方官员的反在职消费强度产生的效应更强,则地方官员的在职消费会减少,地方政府的发展型公共物品供给会增加。

命题7的政策含义非常明显,当中央政府同时降低对地方官员的晋升激励强度和提高对地方官员的反在职消费强度时,如果中央政府相对而言更加偏好经济增长速度的放缓,那么中央应该选择降低晋升激励强度;如果中央政府相对而言更加偏好政府官员在职消费水平的降低,那么中央应该选择提高反在职消费强度。

由命题3和命题6可知,中央政府降低对地方官员的晋升激励强度对民生型公共物品供给既无加速作用也无抑制作用,而中央政府提高对地方官员的反在职消费强度对增加民生型公共物品供给有促进作用。综合起来,我们可以得到命题8。

命题8:在我国现行的治理架构下,当中央政府同时降低对地方官员的晋升激励强度和提高对地方官员的反在职消费强度时,无论哪种政策措施产生的效应更强,地方政府的民生型公共物品供给都会增加。

命题8的政策含义非常清楚,在这里我们就不再赘述。

随着我国经济的发展,环境问题越来越突出,也越来越重要。接下来,我们将在考虑企业生产造成的环境污染对居民福利带来副作用的情况下,进一步分析中央的政策措施对于居民福利的影响。由此,我们把居民的福利函数设定为:

$$U_i = (1-t-\tau_i)Y_i + \Gamma(C_i) - E(Y_i) \qquad (14)$$

其中,第一项$(1-t-\tau_i)Y_i$是居民的税后收入,用于满足自己的消费;第二项$\Gamma(C_i)$是居民从当地地方政府提供的民生型公共物品中得到的效用;第三项$E(Y_i)$是居民从当地企业生产造成的环境污染中损失的效用,并且$E(\cdot)$满足$E'(\cdot)>0$,$E''(\cdot)<0$。①

根据(14)式,我们可以得到命题9和命题10。

命题9:在我国现行的治理架构下,如果生产的边际污染较小,居民福利会随着中央政府对地方官员的晋升激励强度的降低而减小;如果生产的边际污染较大,居民福利会随着中央政府对地方官员的晋升激励强度的降低而增加。

命题9的证明参见附录。命题9的经济学含义非常明显。由命题1可知,降低对地方官员的晋升激励强度会使得地方GDP下降,这意味着居民的消费水平会下降,从而居民从自身消费中得到的效用会减少;但这同时也意味着污染水平的下降,从而居民由于环境污染而损失的效用也会减少。由命题3可知,降低对地方官员的晋升激励强度并不会影响民生型公共物品的供给,居民从中得到的效用也就不会改变。因此,居民总效用的变化情况就取决于增加的效用(由于环境质量改善而增加的效用)和减少的效用(由于自身消费缩减而减少的效用)的相对大小。如果生产的边际污染较小,由于环境质量改善而增加的效用要小于由于自身消费降低而减少的效用,所以居民的总效用会减少;反之,如果生产的边际污染较大,由于环境质量改善而增加的效用要大于由于自身消费降低而减少的效用,所以居民的总效用会增加。

命题10:在我国现行的治理架构下,如果生产的边际污染较小,那么居民福利会随着中央政府对地方官员的反在职消费强度的提高而增加;如果生产的边际污染较大,那么居民福利会随着中央政府对地方官员的反在职消费强度的提高而减小。

命题10的证明参见附录。命题10的经济学含义非常直观。由命题5可知,提

---

① (14)式可以看成在Dahlby and Wilson(2003)的政府目标函数基础上引入环境污染效应。

高反在职消费强度有效约束地方官员的在职消费行为会使得地方 GDP 上升。这意味着居民消费水平会上升，从而使得居民从消费中得到的效用增加；但这同时也意味着污染水平会上升，从而使得居民由于环境污染而损失的效用增加。由命题 6 可知，提高对地方官员的反在职消费强度会加大民生型公共物品的供给，居民从中得到的效用也会增加。因此，居民总效用的变化情况就取决于增加的效用（由于自身消费增多而增加的效用和由于民生型公共物品供给加大而增加的效用）和减少的效用（由于环境质量恶化而减少的效用）的相对大小。如果生产的边际污染较小，由于环境质量恶化而减少的效用要小于由于自身消费增多而增加的效用和由于民生型公共物品供给加大而增加的效用的总和，所以居民的总效用就会增加；反之，如果生产的边际污染较大，由于环境质量恶化而减少的效用要大于由于自身消费增多而增加的效用和由于民生型公共物品供给加大而增加的效用的总和，所以居民的总效用就会减少。

同样，我们也可以考察当中央政府同时降低对地方官员的晋升激励强度和提高对地方官员的反在职消费强度时，居民福利会如何变化。通过分析我们发现，如果生产的边际污染足够小，无论中央政府是降低晋升激励强度还是提高反在职消费强度，它们对居民福利的影响都是正向的；如果生产的边际污染足够大，无论中央政府是降低晋升激励强度还是提高反在职消费强度，它们对居民福利的影响都是负向的。因此，当中央政府同时采取这两种政策措施时，两者的作用在一定程度上会相互抵消，具体对居民福利的影响如何，则取决于哪种政策产生的效应更强。由此，我们可以得到命题 11。

命题 11：在我国现行的治理架构下，当中央政府同时降低对地方官员的晋升激励强度和提高对地方官员的反在职消费强度时，如果中央降低对地方官员的晋升激励强度产生的效应更强，那么在生产的边际污染足够小的条件下，居民福利会降低；但在生产的边际污染足够大的条件下，居民福利会提高。反之，如果中央提高对地方官员的反在职消费强度产生的效应更强，那么在生产的边际污染足够小的条件下，居民福利会提高；但在生产的边际污染足够大的条件下，居民福利会降低。

命题 11 的政策含义非常明显。由于这两种政策措施的作用在一定程度上会相互抵消，所以中央政府在治理地方官员时面临着权衡取舍。命题 11 给出了一个地方官员治理的"单一规则",即把居民福利作为对地方官员治理的主要目标。具体来说,当中央政府同时降低对地方官员的晋升激励强度和提高对地方官员的反在职消费强度时,如果生产的边际污染足够小,那么中央政府可以通过提高反在职消费强度来提高居民的福利;如果生产的边际污染足够大,那么中央政府可以通过降低晋升激励强度来提升居民的福利。更有意义的是,我们发现中央政府并不需要直接盯住居民福利这一最终目标,而只需盯住边际污染的临界值。

第三部分和第四部分的主要结果可以总结为表 20-1。通过表 20-1,我们可以更容易看清地方官员的治理效应。

表 20-1 中央提高晋升激励强度或反在职消费强度产生的效应

地方政府 (内生变量)	中央政府 (外生变量)	晋升激励强度 λ	反在职消费强度 δ
在职消费	G	—	—
发展型公共物品投入	I	+	+
民生型公共物品投入	C	/	+
产　　出	Y	+	+
居民福利	U	?	?

注:"+":内生变量与外生变量呈相同方向变化。"—":内生变量与外生变量呈相反方向变化。"?":外生变量对内生变量的影响方向不确定。"/":外生变量对内生变量没有影响。

六、结　语

本章通过建立税收竞争模型对我国地方官员的治理效应进行了研究。我们在模型中引入了地方官员的在职消费,考虑了在职消费、发展型公共物品供给和民生型公共物品供给三者之间的互动。当中央政府同时降低晋升激励强度和提高反在职消费强度时,我们对政策组合的治理效应进行了分析。本章的研究发现,当中央政府降低对地方官员的晋升激励强度时,地方官员会减少发展型公共物品供给、增加在职消费,而民生型公共物品供给则保持不变;当中央政府提高对地方官员的反在职消费强度时，地方官员会减少在职消费，增加发展型公共物品供给，而民生型公共物品供给则会增加。当中央政府同时采取这两种政策措施时，两者的作用在一定程度上会相互抵消，具体对地方官员的治理效应如何，则取决于哪种中央政策产生的效应更强，但民生型公共物品供给则一定增加。通过比较两种治理措施对居民福利的影响，我们发现，如果中央政府把居民福利视为最终目标，那么中央在治理地方官员时需要注意边际污染的临界值。我国的经济系统是非常复杂的，起作用的变量的数量非常多，本章只是抽象出了我们认为重要的变量，我们的结论依赖于我们的设定和假设。本章只提供了分析新形势下我国地方官员治理效应的一个视角，其他视角（比如，反腐败）也不容忽视。

  本章的研究可以在以下几个方面进行拓展，这些拓展可以作为未来的研究方向。首先，结合十八大以来我国的实际情况，我们只考虑了降低对地方官员的晋升激励强度和提高对地方官员的反在职消费强度两种治理手段，其他治理手段并没有纳入我们的分析框架中来。我们希望通过改进现有的分析框架，分析其他比较重要的治理手段的作用。当然，我们需要强调的是，把不可观察的考核指标纳入地方官员的目标函数中，并不会从根本上改变我们已经得到的基本结论。其次，我们假设两个地区是对称的，如果两个地区是非对称的，我们就可以考察这种非对称性所产生的影响。根据现有税收竞争文献，两个地区的非对称性可以体现在很多方面，比如两个地区人口不同、资本不同、生产技术不同、生产过程中对基础设施的依赖程度不同。当然，引入非对称性会使我们的分析更加复杂。最后，在本章中，我们采用了现有文献中经常采用的公共物品二分法（比如，Dahlby and Wilson, 2003），当然，我们不能排除既有利于生产者也有利于消费者的多用途公共物品（比如，Pi and Zhou, 2014）。尽管多用途公共物品的引入可能会使本章的经济学含义更加丰富，但是多用途公共物品的引入同样会使得我们的分析更加复杂。

附录

1. 命题 1 的证明：利用克莱姆法则求解(13)式，我们可以得到：$\dfrac{dI}{d\lambda} = -\dfrac{\mu\alpha I^{\alpha-1}QF(\overline{K})}{\Delta} > 0, \dfrac{dY}{d\lambda} = \alpha I^{\alpha-1}F(\overline{K})\dfrac{dI}{d\lambda} > 0$。

2. 命题 2 的证明：利用克莱姆法则求解(13)式，我们可以得到：$\dfrac{dG}{d\lambda} = \mu I^{\alpha-1}F(\overline{K})\dfrac{Q-\{1+\alpha[(\beta t+\tau)\alpha I^{\alpha-1}Q-1]\}F(\overline{K})}{\Delta} < 0$。

3. 命题 3 的证明：利用克莱姆法则求解(13)式，我们可以得到：$\dfrac{d\tau}{d\lambda} = -\dfrac{\mu(1-\alpha)\dfrac{F_K(\overline{K})P}{I}}{\Delta}$。

再根据命题 2，我们有：$\dfrac{dT}{d\lambda} = I^{\alpha-1}F(\overline{K})\left[I\dfrac{d\tau}{d\lambda}+(\beta t+\tau)\alpha\dfrac{dI}{d\lambda}\right] = \mu I^{\alpha-1}F(\overline{K})\dfrac{(1-\alpha)Q-\{1+\alpha[(\beta t+\tau)\alpha I^{\alpha-1}Q-1]\}F(\overline{K})}{\Delta}$。

最后由(7)式，我们不难得到：$\dfrac{dC}{d\lambda} = \dfrac{dT}{d\lambda} - \dfrac{dG}{d\lambda} - \dfrac{dI}{d\lambda} = 0$。

4. 命题 4 的证明：利用克莱姆法则求解(13)式，我们可以得到：

$\dfrac{\partial G}{\partial \mu} = -\lambda I^{\alpha-1}F(\overline{K})\dfrac{Q-\{1+\alpha[(\beta t+\tau)\alpha I^{\alpha-1}Q-1]\}F(\overline{K})}{\Delta} - \dfrac{1}{\Gamma''} > 0$，即 $\dfrac{dG}{d\delta} < 0$。

5. 命题 5 的证明：利用克莱姆法则求解(13)式，我们可以得到：$\dfrac{dI}{d\mu} = \dfrac{\lambda\alpha I^{\alpha-1}QF(\overline{K})}{\Delta} < 0$，即 $\dfrac{dI}{d\delta} > 0$；$\dfrac{dY}{d\mu} = \alpha I^{\alpha-1}F(\overline{K})\dfrac{dI}{d\mu} < 0$，即 $\dfrac{dY}{d\delta} > 0$。

6. 命题 6 的证明：利用克莱姆法则求解(13)式，我们可以得到：$\dfrac{d\tau}{d\mu} = \dfrac{\lambda(1-\alpha)\dfrac{F_K(\overline{K})P}{I}}{\Delta}$。

再根据命题 5，我们可以得到：$\dfrac{dT}{d\mu} = I^{\alpha-1}F(\overline{K})\left[I\dfrac{d\tau}{d\mu}+(\beta t+\tau)\alpha\dfrac{dI}{d\mu}\right] = -\lambda I^{\alpha-1}F$

$$(\overline{K})\frac{(1-\alpha)Q-\{1+\alpha[(\beta t+\tau)\alpha I^{\alpha-1}Q-1]\}F(\overline{K})}{\Delta}。$$

最后由(7)式,我们不难得到:$\frac{dC}{d\mu}=\frac{dT}{d\mu}-\frac{dG}{d\mu}-\frac{dI}{d\mu}=\frac{1}{\Gamma'}<0$。

所以,我们最终可以得到$\frac{dC}{d\delta}>0$。

7. 命题9的证明:当中央政府降低对地方官员的晋升激励强度时,由(14)式,用U对λ求偏导,我们可以得到:

$$\frac{\partial U}{\partial\lambda}=I^{\alpha-1}F(\overline{K})\left[-I\frac{d\tau}{d\lambda}+[(1-t-\tau)-E']\alpha\frac{dI}{d\lambda}\right]+\Gamma'\frac{dC}{d\lambda}$$

$$=-\mu I^{\alpha-1}F(\overline{K})\frac{(1-\alpha)Q-\{(1-\alpha)-\alpha[(1-t-\tau)-E']\alpha I^{\alpha-1}Q\}F(\overline{K})}{\Delta}。$$

若$E'<1-t-\tau$,则有$\frac{dU}{d\lambda}>0$;若$E'>(1-t-\tau)(1+\varepsilon_1)$,则有$\frac{dU}{d\lambda}<0$。其中,$\varepsilon_1=\frac{1-\alpha}{\alpha}\cdot\frac{\lambda+\mu(\beta t+\tau)}{\mu(\beta t+\tau)}>0$。

8. 命题10的证明:当中央政府提高对地方官员的反在职消费强度时,由(14)式,用U对μ求偏导,我们可以得到:

$$\frac{\partial U}{\partial\mu}=I^{\alpha-1}F(\overline{K})\left[-I\frac{d\tau}{d\mu}+[(1-t-\tau)-E']\alpha\frac{dI}{d\mu}\right]+\Gamma'\frac{dC}{d\mu}$$

$$=\lambda I^{\alpha-1}F(\overline{K})\frac{(1-\alpha)Q-\{(1-\alpha)-\alpha[(1-t-\tau)-E']\alpha I^{\alpha-1}Q\}F(\overline{K})}{\Delta}+\frac{\Gamma'}{\Gamma''}。$$

若$E'<(1-t-\tau)+\varepsilon_2$,则有$\frac{\partial U}{\partial\mu}<0$,即$\frac{\partial U}{\partial\delta}>0$;若$E'>(1-t-\tau)(1+\varepsilon_1)+\varepsilon_2$,则有$\frac{\partial U}{\partial\mu}>0$,即$\frac{\partial U}{\partial\delta}<0$。其中,$\varepsilon_2=\frac{1-\alpha}{\alpha}\cdot\frac{\lambda+\mu(\beta t+\tau)}{\lambda}\cdot\frac{\mu Q}{I^{\alpha}F^2(\overline{K})}\left(-\frac{\Gamma'}{\Gamma''}\right)>0$。

参考文献

[1] 傅勇. 中国的分权为何不同:一个考虑政治激励与财政激励的分析框架[J]. 世界经济, 2008(11).

[2] 傅勇.财政分权、政府治理与非经济性公共物品供给[J].经济研究,2010(8).

[3] 傅勇,张晏.中国式分权与财政支出结构偏向:为增长而竞争的代价[J].管理世界,2007(3).

[4] 高培勇.严格政府预算管理 规范职务消费行为[J].中国党政干部论坛,2011(11).

[5] 焦建国.规范职务消费:对中国共产党执政能力的一个考验[J].中国党政干部论坛,2004(3).

[6] 刘军民.规范职务消费的政策建议[J].中国财政,2008(11).

[7] 刘瑞明.晋升激励、政治控制权收益与区域可持续发展[J].区域经济论丛,2005(1).

[8] 刘生龙,胡鞍钢.基础设施的外部性在中国的检验:1988—2007[J].经济研究,2010(3).

[9] 楼国强.竞争何时能有效约束政府?[J].经济研究,2010(12).

[10] 孟庆平.我国职务消费制度的溯源、现状与完善对策[J].财贸经济,2009(12).

[11] 皮建才.转型时期地方政府公共物品供给机制分析[J].财贸经济,2010(9).

[12] 皮建才.中国式分权下的地方官员治理研究[J].经济研究,2012(10).

[13] 申恩威.当前职务消费中存在的主要问题及治理对策[J].中国党政干部论坛,2011(11).

[14] 汤玉刚,赵大平.论政府供给偏好的短期决定:政治均衡与经济效率[J].经济研究,2007(1).

[15] 王贤彬,徐现祥.转型期的政治激励、财政分权与地方官员经济行为[J].南开经济研究,2009(2).

[16] 王贤彬,张莉,徐现祥.什么决定了地方财政的支出偏向——基于地方官员的视角[J].经济社会体制比较,2013(6).

[17] 王永钦,张晏,章元,陈钊,陆铭.中国的大国发展道路——论分权式改革的得失[J].经济研究,2007(1).

[18] 杨继绳.集体世袭与"权力场"[J].炎黄春秋,2008(6).

[19] 杨其静,聂辉华.保护市场的联邦主义及其批判[J].经济研究,2008(3).

[20] 杨其静,郑楠.地方领导晋升竞争是标尺赛、锦标赛还是资格赛[J].世界经济,2013(12).

[21] 张军,高远,傅勇,张弘.中国为什么拥有了良好的基础设施？[J].经济研究,2007(3).

[22] 张五常.中国的经济制度(神州大地增订版)[M].北京:中信出版社,2009.

[23] 周黎安.晋升博弈中政府官员的激励与合作——兼论我国地方保护主义和重复建设问题长期存在的原因[J].经济研究,2004(6).

[24] 周黎安.中国地方官员的晋升锦标赛模式研究[J].经济研究,2007(7).

[25] 周黎安.转型中的地方政府:官员激励和治理[M].上海:格致出版社和上海人民出版社,2008.

[26] 周黎安,陶婧.政府规模、市场化与地区腐败问题研究[J].经济研究,2009(1).

[27] 周业安,赵晓男.地方政府竞争模式研究——构建地方政府间良性竞争秩序的理论和政策分析[J].管理世界,2002(12).

[28] Benassi, C., Chirco, A., and Scrimitore, M., 2014, Optimal Manipulation Rules in a Mixed Oligopoly, *Journal of Economics*, 112(1): 61-84.

[29] Blanchard, O., and Shleifer, A., 2001, Federalism with and without Political Centralization: China versus Russia, *IMF Staff Papers*, 48: 171-179.

[30] Cai, H., and Treisman, D., 2005, Does Competition for Capital Discipline Governments? Decentralization, Globalization, and Public Policy, *American Economic Review*, 95(3): 817-830.

[31] Dahlby, B., and Wilson, L. S., 2003, Vertical Fiscal Externalities in a Federation, *Journal of Public Economics*, 87(5-6): 917-930.

[32] Holmstrom, B., and Milgrom, P., 1991, Multitask Principal-agent Analyses: Incentive Contracts, Asset Ownership, and Job Design, *Journal of Law, Economics and Organization*, 7: 24-52.

[33] Hoyt, W. H., 1991, Property Taxation, Nash Equilibrium, and Market Power, *Journal of Urban Economics*, 30(1): 123-131.

[34] Justman, M., Thisse, J.-F., and van Ypersele, T., 2002, Taking the Bite out of Fiscal Competition, *Journal of Urban Economics*, 52(2): 294-315.

[35] Keen, M., and Marchand, M., 1997, Fiscal Competition and the Pattern of Public Spending, *Journal of Public Economics*, 66(1): 33-53.

[36] Ogawa, H., and Wildasin, D. E., 2009, Think locally, act locally: Spillovers, spillbacks, and efficient decentralized policymaking, *American Economic Review*, 99(4): 1206 – 1217.

[37] Pi, J., and Zhou, Y., 2014, Tax Competition in Federations Revisited, *Economics Letters*, 123(1): 104 – 107.

[38] Qian, Y., and Weingast, B. R., 1996, China's Transition to Markets: Market-Preserving Federalism, Chinese Style, *Journal of Policy Reform*, 1(2): 149 – 185.

[39] White, M. D., 2002, Political Manipulation of a Public Firm's Objective Function, *Journal of Economic Behavior and Organization*, 49(4): 487 – 499.

[40] Zodrow, G. R., and Mieszkowski, P., 1986, Pigou, Tiebout, Property Taxation, and the Underprovision of Local Public Goods, *Journal of Urban Economics*, 19(3): 356 – 370.

（原文载于：皮建才、殷军、周愚，《新形势下中国地方官员的治理效应研究》，《经济研究》2014年第10期。）

第四篇

组织理论与区域经济发展

第二十一章　中国区域经济协调发展的组织经济学考察

内容提要:本章主要采用组织经济学的分析框架考察了中国式分权体制下的区域经济协调发展。在考察的过程中,我们把协调分成了自发的古诺协调、以某个地区为中心的协调和以中央政府为中心的协调三种情形。基本模型的分析结果表明,在存在"区情"差异的情况下,只有当协调对两个地区中的至少一个地区非常重要时,采用以中央政府为中心的协调才是最佳的;只有当协调对两个地区中的任何一个地区都不是很重要时,采用自发的古诺协调才是最佳的;无论如何,采用以某个地区为中心的协调都不是最佳的。放松基本模型的假设以后,本章所得到的结论会更加符合现实。我们的分析结果对现有的区域经济协调发展的观点形成了有力的突破。

关键词:分权;协调发展;地方政府;中央政府

一、引　言

随着中国经济的巨大增长,区域经济协调发展越来越成为中国经济持续健康发展所面临的一个重要的挑战,得到了政府、学界和社会各界的广泛关注。从90年代到现在有越来越多的国内文献对区域经济协调发展进行了研究,孙翠兰(2007)对此做了比较细致的文献综述。大多数国内文献(杨敏,2005;程必定,2007)认为,区域经济协调发展不仅仅是一个经济问题,而且是一个事关社会稳定的政治问题。许多学者对如何实现区域经济协调发展从不同的视角给出了不同的看法。林毅夫和刘培林(2003)从区域收入差距的角度进行了分析,认为中西部地区把违背比较优势的发展战略转变为符合比较优势的发展战略是实现区域经济协调发展的关键。彭月兰和陈永奇(2004)以及李万慧和景宏军(2008)从财政的视角进行了分析,认为应加大对落后地区的财政投资并发挥税收优惠政策的扶持作用。才国伟等(2007)从投资导向的视角分析了如何实现区域经济协调发展,认为投资应侧重于东部和中部地区(特别是中部地区),而西部地区更应注意科技投入和引进外资等发展策略。徐现祥和李郇(2005)从市场一体化的视角进行了分析,认为打破市场分割有利实现区域协调发展。安虎森和蒋涛(2006)认为,实现区域经济协调发展应实行差别化政策而不是一体化政策。陆铭和陈钊(2008)认为,通过促进劳动力跨地区流动和土地开发指标跨地区交易可以实现区域协调发展。张少军和刘志彪(2009)认为,把全球价值链模式的产业转移内含的竞争方式跟中国自身的国情和优势相结合来发展国内价值链是实现区域经济协调发展的新思路。这些关于如何实现区域协调发展的看法大部分都是相互补充的,即使有表面上看起来冲突的地方[比如徐现祥和李郇(2005)和安虎森和蒋涛(2006)之间就存在着冲突],也是由于所考虑到的关键因素引起的作用机制不尽相同。但是,现有文献的一个主要缺点就是缺乏区域经济协调发展的微观基础,可以说是在没有微观基础的情况下探讨如何实现区域经济的协调发展,本章试图从组织经济学的视角为现有文献寻找一个比较坚实的微观基础。

中国区域经济发展不协调在很大程度上正是由中国式分权体制下的"行政区经济"引起的(谢晓波,2004a;张玉,2005;包健,2007;杨龙,2007)。在这种情况下,只有规范地方政府竞争的原则和措施,才能促进区域经济的协调发展。很显然,只有把区域经济协调发展放在中国式分权体制的大背景下进行分析,才会找到更加现实和更加清晰的作用机制,并且也只有在这样的大背景下才能更好地把握不同地区之间的博弈以及不同地区和中央政府之间的博弈。谢晓波(2004b)正是在中国式分权体制的大背景下进行了博弈分析,认为地方政府基于自身利益最大化的行为会使得进取性公共物品投资不足而保护性公共物品投资过度,进而使得区域经济不能协调发展。谢晓波(2004b)虽然试图为区域经济协调发展寻找微观基础,但是他并没有考虑到不同地区之间的实际情况的差异。"区情"差异可能会体现在要素禀赋方面(比如,不同地区的资本劳动比和资源丰裕程度不同),也可能会体现在地理禀赋方面(比如,不同地区的地理位置和交通条件不同),还可能会体现在文化方面(比如,苏南文化和苏北文化的不同)。在不考虑"区情"差异的情况下,区域经济协调发展的难度就被无形之中降低到了一个比较低的水平,并且由此抽象掉了一个在初始意义上非常重要的作用机制。本章试图在中国式分权体制的大背景下对区域经济协调发展进行组织理论分析。在分析的过程中,我们认为,在分权体制下每个地区在经济发展的过程中既要适应当地的实际情况,又要谋求与其他地区的协调发展,适应和协调之间存在着一种内在的紧张关系,正是这种内在的紧张关系造成了区域经济发展不协调,我们的这一着眼点跟国内传统主流文献有着明显的不同。我们想要表明的是,即使不存在国内传统主流文献(比如,陆铭和陈钊,2006,2009)一直强调的地方政府"以邻为壑"的策略性行为所导致的"囚徒困境",区域经济发展不协调也照样会产生。当然,地方政府"以邻为壑"的策略性行为会加重适应和协调之间的内在紧张关系,从而加重区域经济发展不协调的程度。

自科斯(Coase, 1937)和威廉姆森(Williamson, 1975, 1985)关于组织的原创思想被学界重视以来,组织经济学在模型化方面都取得了长足的发展。组织经济学的一个分支——分权和治理理论值更是日趋完善。分权和治理理论的一个最基本的权衡就是解决代理人可以更加有效率利用自身的信息优势和代理人更有激励最大化委托人利益之间的内在冲突(Radner, 1993; Aghion and Tirole, 1997; Prendergast, 2002)。围绕这个最基本的权衡,有很多新近的文献基于不同的视角研究了组织设计问题(Athey and Roberts, 2001; Dessein and Santos, 2006)。尽管组织经济学特别是分权和治理理论取得了丰硕的成果,但是把这个理论应用到区域经济协调发展领域的国内文献还比较少见,皮建才(2011)算是基于本章的早期版本(皮建才,2009)的一个初步尝试。在分析的过程中,本章借鉴了国外关于治理适应(governing adaptation)和治理协调(governing coordination)的主流分权和治理理论的最新文献(Dessein and Santos, 2006; Alonso et al., 2008; Rantakari, 2008)。Dessein and Santos(2006)和 Alonso et al.(2008)的分析框架更侧重于治理协调,Rantakari(2008)的分析框架更侧重于治理适应,但是总体来看 Dessein and Santos(2006)和 Rantakari(2008)的框架更加具有一般性。所以,本章在分析的过程中主要以 Dessein and Santos(2006)和 Rantakari(2008)为基准,并结合本章的分析对象进行了"量体裁衣"式的设计。为了在求解的过程中便于分析,本章对信息结构和相关变量进行了特定的设定。我们在信息结构上做了尽可能的简化,因为这样做有利于我们在得到显示解的情况下分析中国式分权体制下区域经济协调发展的不同协调方式之间的优劣。而且,我们在协调对每个地区的重要程度上进行了离散化处理,把重要程度分成了不重要、中等程度重要和非常重要三种情形,这样的处理有利于更好地把握和理解现实情况。

本章剩余部分的基本结构如下:第二部分提供了基本模型,把协调分成了自发的古诺(Cournot)协调、以某个地区[比如发达地区(developed region)或落后地区(underdeveloped region)]为中心的协调和以中央政府(central government)为中心的协调三种情形;第三部分是比较分析,对基于协调重要程度的六种有实质性差别的情形分析进行详细的比较;第四部分在比较分析的基础之上进行了进一步的讨论,放松了基本模型的假设;第五部分也就是最后一部分给出了结语。

二、基本模型

在这一部分,我们将基于组织经济学的分析框架对区域经济协调发展进行模型分析。在分析的过程中,我们假设存在两个地区,一个地区是发达地区,一个地区是落后地区。实际上,发达地区和落后地区除了在"区情"(当地的实际情况)上存在差别以外,在其他地方并没有什么实质性的差别,用博弈论的话来说它们之间的位置是对称的。我们之所以称其中一个为发达地区而另一个为落后地区主要是为了表述和理解上的方便。发达地区适合当地实际情况的最优决策为 θ_1(我们可以把 θ_1 看成是一个大于 0 的常数),落后地区适合当地实际情况的最优决策为 θ_2(同样地,我们也可以把 θ_2 看成一个大于 0 的常数),其中 $\theta_1 \neq \theta_2$,也就是说发达地区和落后地区的"区情"并不相同。$\theta_1 - \theta_2$ 的绝对值的大小表示"区情"差异的程度,这个绝对值越大说明"区情"差异的程度越大,越小说明"区情"差异的程度越小。发达地区和落后地区在经济发展的过程中除了适应自身的实际情况以外,还存在着一个相互协调的问题。当发达地区的实际决策 d_1 与发达地区的最优决策 θ_1 一致的时候,发达地区的适应成本为0,否则就会存在一个不适应成本$(\theta_1-d_1)^2$。同样的道理,当落后地区的实际决策d_2与落后地区的最优决策θ_2一致的时候,落后地区的适应成本为0,否则就会存在一个不适应成本$(\theta_2-d_2)^2$。当发达地区的实际决策d_1与落后地区的实际决策d_2一致的时候,两个地区之间就不会存在协调成本,否则就会存在协调成本,对发达地区而言的协调成本为$\beta_1(d_2-d_1)^2$,而对落后地区而言的协调成本为$\beta_2(d_1-d_2)^2$,其中$\beta_1\in\{0,1/2,1\}$,$\beta_2\in\{0,1/2,1\}$。β_1和β_2分别表示协调对发达地区和落后地区的重要程度,0代表不重要,1/2代表中等程度的重要,1代表非常重要。本章的主要任务是分析中国式分权体制下的区域经济协调发展。也就是说,本章重在分析协调而不是重在分析适应。在分析的过程中,我们假定两个地区关于"区情"的信息是对称的,中央政府对两个地区的"区情"也是了解的。

发达地区和落后地区的经济收益分别为:

$$y_1=y_1^0-[(\theta_1-d_1)^2+\beta_1(d_2-d_1)^2] \qquad (1)$$

$$y_2=y_2^0-[(\theta_2-d_2)^2+\beta_2(d_1-d_2)^2] \qquad (2)$$

其中,y_1^0和y_2^0分别表示一个很大的与适应和协调无关的固定收益。(1)式的意思是发达地区的经济收益等于一个很大的与适应和协调无关的固定收益减去相关的适应成本和协调成本。(2)式的意思跟(1)式的意思类似,表示落后地区的经济收益等于一个很大的与适应和协调无关的固定收益减去相关的适应成本和协调成本。

由(1)式和(2)式,我们很容易发现,发达地区和落后地区在适应和协调过程中的损失分别为:

$$L_1=(\theta_1-d_1)^2+\beta_1(d_2-d_1)^2 \qquad (3)$$

$$L_2=(\theta_2-d_2)^2+\beta_2(d_1-d_2)^2 \qquad (4)$$

L_1和L_2也就是国外文献中通常所称的损失函数。我们需要清楚的是,发达地区和落后地区的损失最小化等价于发达地区和落后地区的经济收益最大化。所以,本章在分析的过程中用损失最小化来代替收益最大化,因为这两者是等价的。

在分析的过程中,我们把协调分成了自发的古诺协调、以某个地区(比如发达地区或落后地区)为中心的协调和以中央政府为中心的协调三种情形。我们之所以把区域协调分成了上述三种情形,是因为上述三种情形在真实世界中最常见。下面我们将对上述三种情形分别进行分析。

2.1 自发的古诺协调

在存在"区情"差异的情况下,在自发的古诺协调中,发达地区和落后地区同时进行决策,它们之间的博弈类似于古诺博弈。这种协调也就是我们在现实中通常所说的自发协调。在分析的过程中,我们以上标 C 代表自发的古诺协调。实际上,市场化取向的制度变迁使地区之间有强烈的激励去适应当地的市场,这个适应过程是由市场这只"看不见的手"在背后推动地区政府这只"看得见的手"来实现的,实际上正是适应过程顺便带来了自发协调。当然,这种自发的协调过程可能会由于某些因素的影响而陷入"囚徒困境",这种困境正是同时行动博弈的一个结果。

自发的古诺协调的决策过程可以用图 21-1 来表示。

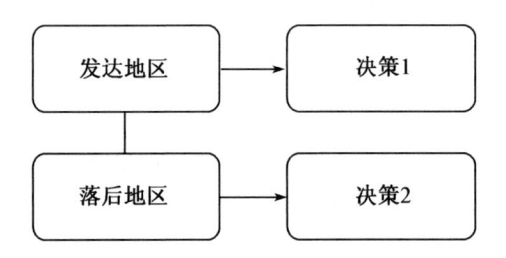

图 21-1 自发的古诺协调示意图

由一阶条件 $\frac{\partial L_1}{\partial d_1}=0$ 和 $\frac{\partial L_2}{\partial d_2}=0$,我们可以得到:

$$\theta_1-(1+\beta_1)d_1+\beta_1 d_2=0 \tag{5}$$

$$\theta_2+\beta_2 d_1-(1+\beta_2)d_2=0 \tag{6}$$

联立(5)式和(6)式,我们可以得到:

$$d_1^C=\frac{(1+\beta_1)\theta_1+\beta_1\theta_2}{1+2\beta_1} \tag{7}$$

$$d_2^C=\frac{\beta_2\theta_1+(1+\beta_2)\theta_2}{1+2\beta_2} \tag{8}$$

把(7)式和(8)式代入(3)式和(4)式,我们可以得到:

$$L_1^C=\frac{\beta_1[\beta_1(1+2\beta_2)^2+(1+\beta_1+\beta_2)^2](\theta_1-\theta_2)^2}{[(1+2\beta_1)(1+2\beta_2)]^2} \tag{9}$$

$$L_2^C = \frac{\beta_2[\beta_2(1+2\beta_1)^2+(1+\beta_1+\beta_2)^2](\theta_1-\theta_2)^2}{[(1+2\beta_1)(1+2\beta_2)]^2} \quad (10)$$

由(9)式和(10)式,我们可以得到发达地区和落后地区在适应和协调过程中的损失总和为:

$$L^C = \frac{[\beta_1^2(1+2\beta_2)^2+\beta_2^2(1+2\beta_1)^2+(\beta_1+\beta_2)(1+\beta_1+\beta_2)^2](\theta_1-\theta_2)^2}{[(1+2\beta_1)(1+2\beta_2)]^2} \quad (11)$$

(11)式表明在自发的古诺协调中发达地区和落后地区在适应和协调过程中的损失总和是由$|\theta_1-\theta_2|$、β_1和β_2的大小共同决定的。

通过(11)式,我们可以得到命题1。

命题1:在存在"区情"差异的情况下,自发的古诺协调的损失总和随"区情"差异程度的增大而增大;并且,在协调对两个地区的重要程度达到非常重要以前,自发的古诺协调的损失总和随协调对发达地区的重要程度的增大而增大,随协调对落后地区的重要程度的增大而增大。

证明:根据(11)式,由L^C对$|\theta_1-\theta_2|$求偏导,我们很容易得到命题1的第一部分。同时,通过对离散的β_1和β_2赋值时的比较我们很容易发现$L^C\big|_{\beta_1=1/2}>L^C\big|_{\beta_1=0}$和$L^C\big|_{\beta_2=1/2}>L^C\big|_{\beta_2=0}$,这样我们就很容易得到命题1的第二部分和第三部分。

我们的分析表明,在协调对两个地区的重要程度达到非常重要时,自发的古诺协调的损失总和随协调对发达地区的重要程度的增大而增大的单调关系会被破坏,自发的古诺协调的损失总和随协调对落后地区的重要程度的增大而增大的单调关系也会被破坏。

2.2 以某个地区为中心的协调

中国式分权体制下的行政区经济存在着许多弊端,导致了我们在本章引言部分所讲的地方保护、重复建设和产业结构趋同等现象。经济区域和行政区域的不一致使得以某个地区为中心的协调会产生对其他地区相当不利的影响。一些学者(杨龙,2007)认为,应当突破目前的行政区划的基本单元,以经济区域化发展为依据,设立新的行政区。以某个地区为中心的协调也就是我们通常所说的以某个地区的"区情"为标准进行"一刀切"的协调,在"一刀切"的情况下只能是顾此失彼。

以某个地区为中心的协调的决策过程可以用图 21-2 来表示。

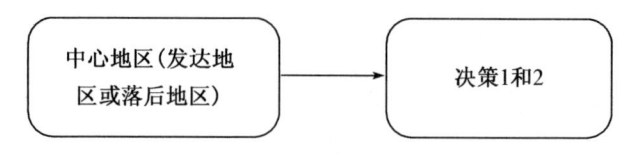

图 21-2　以某个地区为中心的协调示意图

在存在"区情"差异的情况下,在以发达地区为中心的协调中,整个协调过程是由发达地区主导的,落后地区只能根据发达地区的意愿进行自己的决策。这实际上意味着发达地区拥有发达地区和落后地区的决策控制权。此时,发达地区会控制落后地区的决策,以发达地区的实际情况作为"一刀切"的标准。在分析的过程中,我们以上标 D 代表以发达地区为中心的协调。

发达地区会不顾落后地区的损失而使自己的损失最小化,此时我们可以得到:

$$d_1^D = d_2^D = \theta_1 \tag{12}$$

把(12)式代入(3)式和(4)式,我们可以得到:

$$L_1^D = 0 \tag{13}$$

$$L_2^D = (\theta_1 - \theta_2)^2 \tag{14}$$

由(13)式和(14)式,我们可以得到在以发达地区为中心进行协调时发达地区和落后地区在适应和协调过程中的损失总和为:

$$L^D = (\theta_1 - \theta_2)^2 \tag{15}$$

同样的道理,在存在"区情"差异的情况下,在以落后地区为中心的协调中,整个协调过程是由落后地区主导的,发达地区会根据落后地区的意愿进行决策。这实际上意味着落后地区拥有发达地区和落后地区的决策控制权。此时,落后地区会控制发达地区的决策,以落后地区的实际情况作为"一刀切"的标准。在分析的过程中,我们以上标 U 代表以落后地区为中心的协调。

落后地区会不顾发达地区的损失而使自己的损失最小化,此时我们可以得到:

$$d_1^U = d_2^U = \theta_2 \tag{16}$$

把(16)式代入(3)式和(4)式,我们可以得到:

$$L_1^U = (\theta_1 - \theta_2)^2 \tag{17}$$

$$L_2^U = 0 \tag{18}$$

由(17)式和(18)式,我们可以得到在以落后地区为中心进行协调时发达地区和落后地区在适应和协调过程中的损失总和为:

$$L^U = (\theta_1 - \theta_2)^2 \tag{19}$$

由于在本章的分析中发达地区和落后地区具有位置上的对称性,所以不管是以发达地区为中心的协调还是以落后地区为中心的协调,所得到发达地区和落后地区在适应和协调过程中的损失总和都是一样的,这样一来我们就可以以上标 R 来统一代表以某个地区为中心的协调。"中心"地区被称为有权力进行协调的地区,而与"中心"地区相对的另一个地区则被称为被协调的地区。

$$L^R = L^D = L^U = (\theta_1 - \theta_2)^2 \tag{20}$$

(20)式表明在以某个地区为中心的协调中发达地区和落后地区在适应和协调过程中的损失总和跟 β_1 和 β_2 的大小无关。

通过(20)式,我们可以得到命题 2。

命题 2:在存在"区情"差异的情况下,以某个地区为中心的协调的损失总和随"区情"差异程度的增大而增大,但不随协调对发达地区的重要程度的变化而变化,也不随协调对落后地区的重要程度的变化而变化。

证明:根据(20)式,由 L^R 对 $|\theta_1 - \theta_2|$ 求偏导,我们很容易得到命题 2 的第一部分。同时,通过对离散的 β_1 和 β_2 赋值时的比较我们很容易发现 $L^R\big|_{\beta_1=1} = L^R\big|_{\beta_1=1/2} = L^R\big|_{\beta_1=0}$ 和 $L^R\big|_{\beta_2=1} = L^R\big|_{\beta_2=1/2} = L^R\big|_{\beta_2=0}$,这样我们就很容易得到命题 2 的第二部分和第三部分。

2.3 以中央政府为中心的协调

在存在"区情"差异的情况下,在以中央政府为中心的协调中,中央政府会努力最小化发达地区和落后地区在适应和协调过程中的损失总和。在分析的过程中,我们

以上标 G 代表以中央政府为中心的协调。我们在这里所讲的以中央政府为中心的协调包括于立深(2006)所分析"省际协议"模式,也包括陶希东(2010)所提议的设立"国家区域管理委员会"或"国家区域管理部",是一种在超越了地区的界限或者说形成了跨界的情形下由中央政府出面进行干预的协调方式。以中央政府为中心的协调的核心在于通过中央政府的主导和地方政府的参与来实现区域经济协调发展。

以中央政府为中心的协调的决策过程可以用图 21-3 来表示。

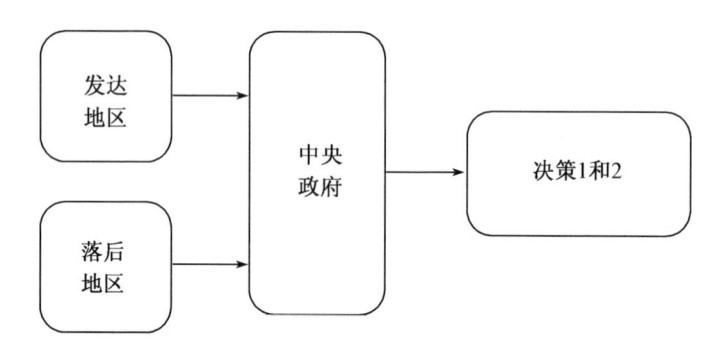

图 21-3 以中央政府为中心的协调示意图

此时的规划问题为:$\min\limits_{d_1,d_2}(L_1+L_2)$,s.t. (3)式和(4)式

由一阶条件 $\dfrac{\partial(L_1+L_2)}{\partial d_1}=0$ 和 $\dfrac{\partial(L_1+L_2)}{\partial d_2}=0$,我们可以得到:

$$\theta_1-(1+\beta_1+\beta_2)d_1+(\beta_1+\beta_2)d_2=0 \tag{21}$$

$$\theta_2+(\beta_1+\beta_2)d_1-(1+\beta_1+\beta_2)d_2=0 \tag{22}$$

由(21)式和(22)式,我们可以得到:

$$d_1^G=\frac{(1+\beta_1+\beta_2)\theta_1+(\beta_1+\beta_2)\theta_2}{1+2\beta_1+2\beta_2} \tag{23}$$

$$d_2^G=\frac{(\beta_1+\beta_2)\theta_1+(1+\beta_1+\beta_2)\theta_2}{1+2\beta_1+2\beta_2} \tag{24}$$

把(23)式和(24)式代入(3)式和(4)式,我们可以得到:

$$L_1^G=\frac{[1+(\beta_1+\beta_2)^2](\theta_1-\theta_2)^2}{(1+2\beta_1+2\beta_2)^2} \tag{25}$$

$$L_2^G=\frac{[1+(\beta_1+\beta_2)^2](\theta_1-\theta_2)^2}{(1+2\beta_1+2\beta_2)^2} \tag{26}$$

由(25)式和(26)式,我们可以得到发达地区和落后地区在适应和协调过程中的损失总和为:

$$L^G = \frac{2[1+(\beta_1+\beta_2)^2](\theta_1-\theta_2)^2}{(1+2\beta_1+2\beta_2)^2} \tag{27}$$

(27)式表明在以中央政府为中心的协调中发达地区和落后地区在适应和协调过程中的损失总和是由$|\theta_1-\theta_2|$、β_1和β_2的大小共同决定的。

通过(27)式,我们可以得到命题3。

命题3:在存在"区情"差异的情况下,以中央政府为中心的协调的损失总和随"区情"差异程度的增大而增大,随协调对发达地区的重要程度的增大而减小,随协调对落后地区的重要程度的增大而减小。

证明:根据(27)式,由L^G对$|\theta_1-\theta_2|$求偏导,我们很容易得到命题3的第一部分。同时,通过对离散的β_1和β_2赋值时的比较我们很容易发现$L^G\big|_{\beta_1=1} < L^G\big|_{\beta_1=1/2}$ $< L^G\big|_{\beta_1=0}$和$L^G\big|_{\beta_2=1} < L^G\big|_{\beta_2=1/2} < L^G\big|_{\beta_2=0}$,这样我们就很容易得到命题3的第二部分和第三部分。

三、比较分析

在这一部分,我们将进行相关的比较分析。由于$\beta_1 \in \{0, 1/2, 1\}$,$\beta_2 \in \{0,1/2,1\}$,所以我们可以得到在存在"区情"差异的情况下的九种不同的情形,但是其中只有六种情形有实质性差别,我们对这六种有实质性差别的情形分别进行讨论。很显然,不管在哪种情形下最佳的协调方式是损失最小的那种协调方式。

情形1:协调对两个地区来说都不重要($\beta_1=\beta_2=0$)

把$\beta_1=\beta_2=0$分别代入(11)式、(20)式和(27)式,我们可以得到:$L^C=0, L^R=(\theta_1-\theta_2)^2, L^G=2(\theta_1-\theta_2)^2$。经过比较我们可以发现:$L^C<L^R<L^G$。这个时候区域之间的最佳协调方式应该采用自发的古诺协调。

情形2:协调对两个地区来说都属于中等程度重要($\beta_1=\beta_2=1/2$)

把$\beta_1=\beta_2=1/2$分别代入(11)式、(20)式和(27)式,我们可以得到:$L^C=\dfrac{3}{8}(\theta_1-$

$\theta_2)^2, L^R = (\theta_1-\theta_2)^2, L^G = \frac{4}{9}(\theta_1-\theta_2)^2$。经过比较我们可以发现:$L^C<L^G<L^R$。这个时候区域之间的最佳协调方式应该采用自发的古诺协调。

情形3:协调对两个地区来说都非常重要($\beta_1=\beta_2=1$)

把$\beta_1=\beta_2=1$分别代入(11)式、(20)式和(27)式,我们可以得到:$L^C=\frac{4}{9}(\theta_1-\theta_2)^2, L^R=(\theta_1-\theta_2)^2, L^G=\frac{2}{5}(\theta_1-\theta_2)^2$。经过比较我们可以发现:$L^G<L^C<L^R$。这个时候区域之间的最佳协调方式应该采用以中央政府为中心的协调。

情形4:协调对一个地区来说不重要对另一个地区来说中等程度重要($\beta_1=1/2$, $\beta_2=0$ 或 $\beta_1=0, \beta_2=1/2$)

把$\beta_1=1/2, \beta_2=0$ 或 $\beta_1=0, \beta_2=1/2$分别代入(11)式、(20)式和(27)式,我们可以得到:$L^C=\frac{11}{32}(\theta_1-\theta_2)^2, L^R=(\theta_1-\theta_2)^2, L^G=\frac{5}{8}(\theta_1-\theta_2)^2$。经过比较我们可以发现:$L^C<L^G<L^R$。这个时候区域之间的最佳协调方式应该采用自发的古诺协调。

情形5:协调对一个地区来说不重要对另一个地区来说非常重要($\beta_1=1, \beta_2=0$ 或 $\beta_1=0, \beta_2=1$)

把$\beta_1=1, \beta_2=0$ 或 $\beta_1=0, \beta_2=1$分别代入(11)式、(20)式和(27)式,我们可以得到:$L^C=\frac{5}{9}(\theta_1-\theta_2)^2, L^R=(\theta_1-\theta_2)^2, L^G=\frac{4}{9}(\theta_1-\theta_2)^2$。经过比较我们可以发现:$L^G<L^C<L^R$。这个时候区域之间的最佳协调方式应该采用以中央政府为中心的协调。

情形6:协调对一个地区来说中等程度重要对另一个地区来说非常重要($\beta_1=1/2, \beta_2=1$ 或 $\beta_1=1, \beta_2=1/2$)

把$\beta_1=1/2, \beta_2=1$ 或 $\beta_1=1, \beta_2=1/2$分别代入(11)式、(20)式和(27)式,我们可以得到:$L^C=\frac{125}{288}(\theta_1-\theta_2)^2, L^R=(\theta_1-\theta_2)^2, L^G=\frac{117}{288}(\theta_1-\theta_2)^2$。经过比较我们可以发现:$L^G<L^C<L^R$。这个时候区域之间的最佳协调方式应该采用以中央政府为中心的协调。

我们可以对九种具体的情形进行表格化处理,在处理的过程中我们仍旧沿用前面的规定，用 C 代表自发的古诺协调，用 R 代表以某个地区为中心的协调，用 G 代表以中央政府为中心的协调。

九种具体情形下的适应和协调损失总和可以用表 21-1 表示。

表 21-1 不同情形和协调方式下的适应和协调损失总和

情形 \ 方式	C	R	G
$\beta_1=\beta_2=0$	0	$(\theta_1-\theta_2)^2$	$2(\theta_1-\theta_2)^2$
$\beta_1=0,\beta_2=1/2$	$\frac{11}{32}(\theta_1-\theta_2)^2$	$(\theta_1-\theta_2)^2$	$\frac{5}{8}(\theta_1-\theta_2)^2$
$\beta_1=0,\beta_2=1$	$\frac{5}{9}(\theta_1-\theta_2)^2$	$(\theta_1-\theta_2)^2$	$\frac{4}{9}(\theta_1-\theta_2)^2$
$\beta_1=\beta_2=1/2$	$\frac{3}{8}(\theta_1-\theta_2)^2$	$(\theta_1-\theta_2)^2$	$\frac{4}{9}(\theta_1-\theta_2)^2$
$\beta_1=1/2,\beta_2=0$	$\frac{11}{32}(\theta_1-\theta_2)^2$	$(\theta_1-\theta_2)^2$	$\frac{5}{8}(\theta_1-\theta_2)^2$
$\beta_1=1/2,\beta_2=1$	$\frac{125}{288}(\theta_1-\theta_2)^2$	$(\theta_1-\theta_2)^2$	$\frac{117}{288}(\theta_1-\theta_2)^2$
$\beta_1=\beta_2=1$	$\frac{4}{9}(\theta_1-\theta_2)^2$	$(\theta_1-\theta_2)^2$	$\frac{2}{5}(\theta_1-\theta_2)^2$
$\beta_1=1,\beta_2=0$	$\frac{5}{9}(\theta_1-\theta_2)^2$	$(\theta_1-\theta_2)^2$	$\frac{4}{9}(\theta_1-\theta_2)^2$
$\beta_1=1,\beta_2=1/2$	$\frac{125}{288}(\theta_1-\theta_2)^2$	$(\theta_1-\theta_2)^2$	$\frac{117}{288}(\theta_1-\theta_2)^2$

根据表 21-1，九种具体情形下的最佳协调方式选择可以用表 21-2 表示。

表 21-2 不同情形下的最佳协调方式

β_2 \ β_1	$\beta_2=0$	$\beta_2=1/2$	$\beta_2=1$
$\beta_1=0$	C	C	G
$\beta_1=1/2$	C	C	G
$\beta_1=1$	G	G	G

根据上面的表2,我们可以得到以下三个结论。

结论1:在存在"区情"差异的情况下,只有当协调对两个地区中的至少一个地区非常重要时,采用以中央政府为中心的协调才是最佳的。

结论1表明,在存在"区情"差异的情况下,只要协调对其中一个地区非常重要,最小化发达地区和落后地区在适应和协调过程中的损失总和就必须被放在重要的位置,由中央政府出面进行协调就会收到更好的效果。

结论2:在存在"区情"差异的情况下,只有当协调对两个地区中的任何一个地区都不是很重要时,采用自发的古诺协调才是最佳的。

结论2表明,在存在"区情"差异的情况下,只要协调对两个地区中的任何一个地区都不是很重要,各个地区自发进行的古诺协调就可以使得发达地区和落后地区在适应和协调过程中的损失总和达到更小,不需要中央政府介入协调过程。不同地区之间的协调必须通过由更高级别的政府介入才能更加有效的传统观点并不必然是正确的,在协调对两个地区都不是很重要时,中央政府的介入反而会"好心做坏事"。这一点需要引起我们的注意。

结论3:在存在"区情"差异的情况下,无论如何,采用以某个地区为中心的协调都不是最佳的。

结论3表明,在存在"区情"差异的情况下,不能采用以牺牲其他地区为代价的以某个地区为中心的协调,因为以某个地区为中心的协调不是严格劣于以中央政府为中心的协调,就是严格劣于自发的古诺协调。这个结论从根本上否定了"一刀切"的适用性,不管是以发达地区的"区情"还是以落后地区的"区情"作为"一刀切"的标准都是不合适的。

四、进一步的讨论

在这一部分,我们将在比较分析的基础之上,对一些命题和结论进行进一步的讨论,考察一下在放松基本模型的假设的情况下我们的命题和结论会有什么样的改变。

首先,放松"区情"存在差异这个假设。如果发达地区和落后地区之间不存在"区情"差异(也就是 $\theta_1 = \theta_2$),那么根据(11)式、(20)式和(27)式,我们很容易知道自发的古诺协调、以某个地区为中心的协调和以中央政府为中心的协调都是没有差异的,因为每种协调的损失总和都为0。在不存在"区情"差异的情况下,考虑到尊重发达地区和落后地区行政区划的历史传统,考虑到在没有外部性时尽量不让中央政府出面进行干预,采用自发的古诺协调可能更加合适一些。如果不存在"区情"差异,地区之间的适应就会变得比较容易,在地区间适应的基础上实现区域协调发展也就会变得比较容易。

其次,放松在以某个地区为中心进行协调时发达地区和落后地区"区情"不能发生变化的假设。如果发达地区和落后地区的差距足够大(大到某一个临界值),那么有权力进行协调的地区("中心"地区)也就很难改变被协调地区的"区情"。但是,如果发达地区和落后地区的差距足够小(小到某一个临界值),那么有权力进行协调的地区("中心"地区)可以付出一个成本来改变被协调地区的"区情",使得两个地区的"区情"尽量变得一致。当然,在一般情况下,有权力进行协调的地区("中心"地区)没有激励付出这个成本,因为有权力进行协调的地区("中心"地区)完全可以通过让被协调地区承担适应和协调成本而自己不承担任何适应和协调成本的方式来获得更大的好处。但是,如果考虑到行政区划调整,让有权力进行协调的地区("中心"地区)跟被协调地区合并成一个行政区的话,有权力进行协调的地区("中心"地区)就会有激励付出一个使得两个地区的"区情"尽量变得一致的成本。如果我们假设这个成本是一个固定值F,那么我们就可以通过比较L^C、L^G和F的大小来确定进行行政区划调整从区域经济协调发展的角度来看是不是值得。很显然,只有当$F<L^C$且$F<L^G$时,进行行政区划调整才是值得的。如果考虑到行政区划调整,有权力进行协调的地区("中心"地区)可以合并被协调的地区,结论3可能需要进行适当的修正。

最后,放松在"区情"差异的情况下不存在政治晋升激励的假设。政治晋升激励是周黎安(2004,2007)的原创性文献中识别出的中国经济发展中的一个非常重要的约束条件。在落后地区和发达地区之间存在政治晋升激励的情况下,政治晋升激励会使得发达地区和落后地区看轻区域协调的重要性。发达地区和落后地区之所以看轻区域协调的重要性,是因为区域协调既有利于自身也有利于对方,而且当有利于对方的程度相对而言足够大的时候,对方会因此而获得政治上的晋升。在政治晋升激励机制的作用下,每个地区都倾向于把对本地区实际重要的程度降下来,把一个高的"实际值"看成是低的"虚幻值",最终会使得区域经济协调发展的"最佳"方式变为自发的古诺协调。在不看重地区间协调的情况下,各个地区都会更加看重国际市场,积极与国际市场进行协调,最终使得外部协调成为内部协调的一个替代性的制度安排。

五、结 语

本章主要讨论了中国式分权体制下的区域经济协调发展。在考察的过程中,我们把协调分成了自发的古诺协调、以某个地区为中心的协调和以中央政府为中心的协调三种情形。基本模型的分析结果表明,在存在"区情"差异的情况下,只有当协调对两个地区中的至少一个地区非常重要时,采用以中央政府为中心的协调才是最佳的;只有当协调对两个地区中的任何一个地区都不是很重要时,采用自发的古诺协调才是最佳的;无论如何,采用以某个地区为中心的协调都不是最佳的。放松基本模型的假设以后,本章所得到的结论会更加符合现实。本章的分析对于我们认识中国区域经济协调发展提供了一个全新的视角。

从 20 世纪 90 年代中后期开始的很长一段时间内,中国区域协调发展总体战略逐渐形成,中央把这个战略概括为"四大板块"战略,即推进西部大开发、振兴东北老工业基地、促进中部地区崛起、鼓励东部地区率先发展,形成东中西相互促进、优势互补、共同发展的格局(范恒山,2011)。国家"十一五"规划纲要提出,要根据资源环境承载能力和发展潜力把不同地区划分为优先开发、重点开发、限制开发和禁止开发等不同类型,推进形成主体功能区;国家"十二五"规划纲要对区域协调发展的新部署就是,要深入实施区域发展总体战略和主体功能区战略(范恒山,2011;郑长德,2012)。区域发展总体战略在很大程度上考虑到的是协调问题,而主体功能区战略则开始注意到了适应问题,不能为了协调而牺牲适应,也不能为了适应而牺牲协调,而是要在适应和协调之间进行权衡,所以需要基于实际情况选择合适的协调方式。由于在现有体制下区域内的发展和区域间的协调是相互冲突的,而且地方官员很难同时实现这两个相互冲突的目标(徐现祥等,2011),所以就需要我们围绕适应和协调之间内在紧张关系进行合适的激励机制设计。

区域经济协调发展的过程需要考虑到不同地区适应当地实际情况的强烈愿望。发达地区和落后地区共同发展的过程中到底采用哪种协调方式更加有利,取决于协调对于发达地区和落后地区的重要程度。整个协调过程不能搞"一刀切",不同区域之间的协调以及同一区域在不同阶段的协调都需要根据当时和当地的情况"与时俱进""因地制宜"。在中国式分权体制的大背景下,区域经济协调发展中最重要的是认识到适应和协调之间存在着一种内在的紧张关系,并为缓和这种内在的紧张关系选择合适的协调方式。并且,我们需要清醒的是,在存在"区情"差异的情况下,不管采用哪种协调方式都会带来适应和协调过程中的总损失,试图消除完全这种总损失是不符合经济规律的,我们所能做的仅仅是选择合适的协调方式来努力降低这种总损失。此外,我们还需要注意的是,现有的实证分析(徐现祥和舒元,2005)表明,实现区域(特别是省区)经济协调是一个比较长的过程,这就要求我们在整个过程中要在找准突破口的基础上有条不紊循序渐进地推进区域经济协调发展,不能太急功近利,否则很有可能"欲速不达"。

参考文献

[1] 安虎森,蒋涛.一体化还是差别化——有关区域协调发展的理论解析[J].当代经济科学,2006(4):53-63.

[2] 包健.区域协调发展中的政府作用分析[J].中央财经大学学报,2007(2):6-11.

[3] 程必定.效率、公平与区域协调发展[J].财经科学,2007(5):55-61.

[4] 才国伟,王曦,舒元.中国区域经济协调发展中的投资导向研究[J].南方经济,2007(4):56-66.

[5] 范恒山.我国促进区域协调发展的理论与实践[J].经济社会体制比较,2011(6):1-9.

[6] 李万慧,景宏军.中国均等化转移支付研究与区域协调发展[J].税务研究,2008(5):30-34.

[7] 林毅夫,刘培林.中国的经济发展战略与地区收入差距[J].经济研究,2003(3):19-25.

[8] 陆铭,陈钊.中国区域经济发展中的市场整合与工业集聚[M].上海:上海三联书店和

上海人民出版社,2006.

[9] 陆铭,陈钊.在集聚中走向平衡:城乡和区域协调发展的"第三条道路"[J].世界经济,2008(8):57-61.

[10] 陆铭,陈钊.分割市场的经济增长——为什么经济开放可能加剧地方保护?[J].经济研究,2009(3):42-52.

[11] 彭月兰,陈永奇.区域经济协调发展的财政思路[J].财政研究,2004(12):28-30.

[12] 皮建才.区域协调发展的组织理论分析[C].第九届中国经济学年会入选论文,2009.

[13] 皮建才.中国区域经济协调发展的内在机制研究[J].经济学家,2011(12):15-22.

[14] 孙翠兰.中国区域经济协调发展研究综述[J].经济经纬,2007(6):57-59,78.

[15] 陶希东.跨界区域协调:内容、机制与政策研究——以三大跨省都市圈为例[J].上海经济研究,2010(1):56-64.

[16] 谢晓波.经济转型中的地方政府竞争与区域经济协调发展[J].浙江社会科学,2004a(2):48-53.

[17] 谢晓波.地方政府竞争与区域经济协调发展的博弈分析[J].社会科学战线,2004b(4):100-104.

[18] 徐现祥,李郇.市场一体化与区域协调发展[J].经济研究,2005(12):57-67.

[19] 徐现祥,舒元.协调发展:一个新的分析框架[J].管理世界,2005(2):27-35.

[20] 徐现祥,王贤彬,高元骅.中国区域发展的政治经济学[J].世界经济文汇,2011(3):26-58.

[21] 杨龙.中国经济区域化发展的行政协调[J].中国人民大学学报,2007(2):93-98.

[22] 杨敏.区域差距与区域协调发展[J].中国人民大学学报,2005(2):26-32.

[23] 于立深.区域协调发展的契约治理模式[J].浙江学刊,2006(5):138-145.

[24] 张少军,刘志彪.全球价值链模式的产业转移——动力、影响与对中国产业升级和区域协调发展的启示[J].中国工业经济,2009(11):83-93.

[25] 张玉.区域协调发展与政府体制变迁的制度分析[J].学术研究,2005(9):75-80.

[26] 郑长德.区域协调发展的政策研究——基于新经济地理学的视角[J].云南财经大学学报,2012(1):40-49.

[27] 周黎安.晋升博弈中政府官员的激励与合作:兼论我国地方保护主义和重复建设问题

长期存在的原因[J]. 经济研究,2004(6):33-40.

[28] 周黎安. 中国地方官员的晋升锦标赛模式研究[J]. 经济研究,2007(7):36-50.

[29] Aghion P, Tirole J. Real and Formal Authority in Organizations. *Journal of Political Economy*, 1997, 105(1): 1-29.

[30] Alonso R, Dessein W, Matouschek N. When Does Coordination Require Centralization?. *American Economic Review*, 2008, 98(1): 145-179.

[31] Athey S, Roberts J. Organizational Design: Decision Rights and Incentive Contracts. *American Economic Review*, *Papers and Proceedings*, 2001, 91(2): 200-205.

[32] Coase R H. The Nature of the Firm. *Economica*, 1937, 4(16): 386-405.

[33] Dessein W, Santos T. Adaptive organizations. *Journal of Political Economy*, 2006, 114(5): 956-995.

[34] Prendergast C. The Tenuous Trade-off between Risk and Incentives. *Journal of Political Economy*, 2002, 110(5): 1071-1102.

[35] Radner R. The Organization of Decentralized Information Processing. *Econometrica*, 1993, 61(5): 1109-1146.

[36] Rantakari H. Governing Adaptation. *Review of Economic Studies*, 2008, 75(4): 1257-1285.

[37] Williamson O. *Markets and Hierarchies: Analysis and Antitrust Implications*[M]. New York: The Free Press, 1975.

[38] Williamson O. *The Economic Institutions of Capitalism: Firms, Markets, Relational Contracting*[M]. New York: The Free Press, 1985.

（原文载于：皮建才,《中国区域经济协调发展的组织经济学考察》,《财经研究》2012年第12期。）

第二十二章 中国区域经济协调发展的内在机制研究

内容提要:本章基于囚徒困境的视角考察了中国式分权下区域经济协调发展的内在机制。在考察的过程中,我们考虑了两种离散策略,一种策略是区域间完全没有协调,另一种策略是区域间完全协调。基本模型的分析结果表明,适应问题、协调问题和政治晋升问题会使得地区之间的博弈变成囚徒困境博弈,区域间完全没有协调的策略会成为占优策略。探索区域经济协调发展的内在机制必须从如何打破囚徒困境入手,让每个地区都选择完全协调策略成为一个纳什均衡。在打破囚徒困境的大思路下,我们对比分析了四种协调机制,并指出了这些协调机制的具体内涵和作用机制。

关键词:区域经济协调发展;囚徒困境;适应;政治晋升

一、引　言

十七大报告中指出要推动区域协调发展,特别强调要遵循市场经济规律,突破行政区划界限,形成若干带动力强、联系紧密的经济圈和经济带。2009年至今,国务院先后批复了《珠江三角洲地区改革发展规划纲要》《关于支持福建省加快建设海峡西岸经济区的若干意见》《关中-天水经济区发展规划》《江苏沿海地区发展规划》《横琴总体发展规划》《辽宁沿海经济带发展规划》《促进中部地区崛起规划》等十三项区域规划。2011年政府工作报告指出要全面落实各项区域发展规划,坚持把实施西部大开发战略放在区域发展总体战略的优先位置,全面振兴东北地区等老工业基地,大力促进中部地区崛起,积极支持东部地区率先发展,在体制机制创新和发展方式转变上走在全国前列。在新形势下,中央政府和地方政府都应根据我国政治经济体制的实际特点和区域经济发展的实际变化,研究和制定出推进区域经济协调发展的新思路和新办法。我国政治经济体制的一个显著特征就是经济学学术界所概括出来的中国式分权,即政治上中央集权、经济上地方分权。一方面,中国式分权的体制有利于发挥每个地区的主观能动性,但是另一方面,中国式分权的体制本身也存在不利于区域经济协调发展的诱因。正如周黎安(2004)[1]所指出的,"由于政治晋升博弈的基本特征是一个官员的晋升直接降低另一个官员的晋升机会,即一人所得为另一人所失,这使得同时处于政治和经济双重竞争的地方官员之间的合作空间非常狭小,而竞争空间非常巨大。"张少军和刘志彪(2010)[2]也指出,"中国目前公共组织中的分权治理结构,尽管可以有效激励地方政府'为增长而竞争',但是这种锦标赛契约本身存在着激励不相容性,从而使地方政府更倾向于选择'分割'而不是'分工'来发展本地经济。"现有的很多文献(谢晓波,2004;杨龙,2007)[3][4]认为,我国区域之间的不协调发展(比如地方保护、重复建设和产业结构趋同)在很大程度上是由中国式分权体制下的"行政区经济"引起的。在这种情况下,促进区域经济协调发展就必须考虑到政治晋升博弈所起的作用。

尽管有许多文献对如何实现区域经济协调发展进行了深度分析,但是这些文献明显忽视了政治晋升博弈的作用。总体上来看,这些文献或者聚焦于缩小地区差距,或者聚焦于打破地区分割,或者关注政策倾斜,或者关注政策调整。林毅夫和刘培林(2003)[5]从区域收入差距的视角对区域协调发展进行了分析,认为落后地区从采用违背比较优势的发展战略转变为采用符合比较优势的发展战略是缩小地区差距、实现区域经济协调发展的关键。徐现祥和李郁(2005)[6]从市场一体化的视角分析了区域经济协调发展,认为通过打破市场分割实现市场一体化可以促进区域经济协调发展。彭月兰和陈永奇(2004)[7]从财政的视角研究了如何实现区域经济协调发展,认为需要加大对落后地区的财政投资,同时需要发挥税收优惠政策的扶持作用。安虎森和蒋涛(2006)[8]从集聚效应和拥挤效应的视角分析了区域经济协调发展,认为实现区域经济协调发展需要实行差别化政策而不是许多文献所强调的一体化政策。陆铭和陈钊(2008)[9]认为,在经济向东部沿海集聚的过程中,需要促进劳动力跨地区流动和土地开发指标跨地区交易,这才是实现区域经济协调发展的有效措施。总之,这些研究虽然抓住了区域经济协调发展的某些关键特征,但是明显忽视了区域经济协调发展的微观层面的内在机制,特别是忽视了不同地区在区域经济协调发展过程中的策略互动。

本章借鉴国外关于治理适应(governing adaptation)和治理协调(governing coordination)的主流分权和治理理论的最新文献(Alonso et al., 2008; Rantakari, 2008)[10][11]来分析我国区域经济的协调发展。Alonso et al. (2008)[10]的分析框架更侧重于治理协调,Rantakari(2008)[11]的分析框架更侧重于治理适应。在分析的过程中,我们既强调了适应的作用,也强调了协调的作用。适应和协调之间存在不可调和的内在紧张关系。一方面,每个地区需要适应当地的实际情况(即所谓"区情")以降低经济发展过程中的适应成本;另一方面,不同地区之间需要进行一定的协调以降低经济发展过程中的协调成本。但是,两个地区之间的博弈要远比只跟适应和协调有关的经济博弈更为复杂,关键是还要考虑到跟官员晋升有关的政治博弈,经济博弈和政治博弈相互联系相互交织相互作用,结果使得区域经济协调发展变成了一种囚徒困境博弈。这其中的作用机制可以用图22-1来示意。

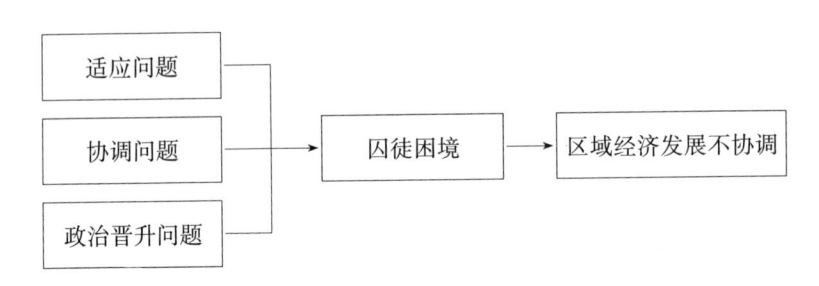

图22-1 区域经济发展不协调的作用机制示意图

我们都知道,囚徒困境博弈的本质特征是背叛策略(在本章中为完全没有协调策略)为占优策略,个体理性与集体理性之间产生了冲突,从个体的角度来看是理性的,但从集体的角度来看却不是理性的。探索区域经济协调发展的内在机制必须从如何打破囚徒困境入手,只有从如何打破囚徒困境入手才能找到实现区域经济协调发展的有效路径和可行机制,才能从微观层面找到真正的突破口。

二、基本模型

在这一部分,我们将基于皮建才(2009)[12]的分析框架对区域经济协调发展进行模型分析。在分析的过程中,我们假设存在两个地区,一个地区是发达地区,一个地区是落后地区。实际上,发达地区和落后地区除了在"区情"(当地的实际情况)上存在差别以外,在其他地方并没有什么实质性的差别。用博弈论的术语来说就是它们之间的位置是对称的,用周黎安(2004,2008)[1][13]的术语来说就是它们属于"可比地区"。我们之所以称其中一个为发达地区而另一个为落后地区主要是为了表述和理解上的方便,在后面的行文过程中我们用下标 1 表示发达地区,用下标 2 表示落后地区。发达地区适合当地实际情况的最优决策为 θ_1(我们可以把 θ_1 看成是一个大于 0 的常数),落后地区适合当地实际情况的最优决策为 θ_2(同样地,我们也可以把 θ_2 看成是一个大于 0 的常数),其中 $\theta_1 \neq \theta_2$,也就是说发达地区和落后地区的"区情"并不相同。$\theta_1 - \theta_2$ 的绝对值的大小可以表示"区情"差异的程度,这个绝对值越大说明"区情"差异的程度越大。发达地区和落后地区在经济发展的过程中除了适应自身的实际情况以外,还存在着一个相互协调的问题。当发达地区的实际决策 d_1 与发达地区的最优决策 θ_1 一致的时候,发达地区的适应成本为 0,否则就会存在一个不适应成本 $(\theta_1 - d_1)^2$。同样的道理,当落后地区的实际决策 d_2 与落后地区的最优决策 θ_2 一致的时候,落后地区的适应成本为 0,否则就会存在一个不适应成本 $(\theta_2 - d_2)^2$。当发达地区的实际决策 d_1 与落后地区的实际决策 d_2 一致的时候,两个地区之间就不会存在协调成本,否则就会存在协调成本,对发达地区而言的协调成本为 $\beta_1 (d_2 - d_1)^2$,而对落后地区而言的协调成本为 $\beta_2 (d_1 - d_2)^2$,其中 $\beta_1 \in [0,1]$,$\beta_2 \in [0,1]$。β_1 和 β_2 分别表示协调对发达地区和落后地区的重要程度。因为本章的主要任务是分析中国式分权体制下的区域经济协调发展,所以我们假定 β_1 和 β_2 都等于 1,这样的假定意味着适应和协调对这两个地区来说都非常重要。在分析的过程中,我们假定两个地区关于"区情"的信息是对称的。

发达地区和落后地区的经济收益分别为：

$$y_1 = E - [(\theta_1 - d_1)^2 + (d_2 - d_1)^2] \tag{1}$$

$$y_2 = E - [(\theta_2 - d_2)^2 + (d_1 - d_2)^2] \tag{2}$$

其中，E表示一个很大的与适应和协调无关的固定经济收益，这两个地区之所以具有相同的E是因为这两个地区在位置上对称的，位置上对称有利于我们集中精力分析最为基准的情形。

(1)式的意思是发达地区的经济收益等于一个很大的与适应和协调无关的固定经济收益减去相关的适应成本和协调成本。(2)式的意思跟(1)式的意思类似，表示落后地区的经济收益等于一个很大的与适应和协调无关的固定经济收益减去相关的适应成本和协调成本。

由(1)式和(2)式，我们很容易发现，发达地区和落后地区在适应和协调过程中的损失分别为：

$$L_1 = (\theta_1 - d_1)^2 + (d_2 - d_1)^2 \tag{3}$$

$$L_2 = (\theta_2 - d_2)^2 + (d_1 - d_2)^2 \tag{4}$$

L_1和L_2也就是国外文献中通常所称的损失函数。损失函数是我们分析的出发点，但是对每个地区而言，其目标函数是综合得益。所谓的综合得益，既包含损失函数，也包含固定经济收益(E)，还包括地方官员获得晋升时的政治收益(P)。我们假定E远大于损失函数，P远大于E。这个假定意味着每个地区更看重政治晋升收益，正好反映了周黎安(2004)[1]所强调的现阶段地方官员的"第二特征"远比地方官员的"第一特征"来得重要。

我们假设发达地区和落后地区在策略选择上是离散的而不是连续的，每个地区都是要么选择完全没有协调的策略，要么选择完全协调的策略。

2.1 完全没有协调的情形

在完全没有协调的情况下，发达地区和落后地区都以适应自己当地的情况为主。我们用上标N表示完全没有协调的情形。

此时发达地区和落后地区的决策分别为：

$$d_1^N = \theta_1 \tag{5}$$

$$d_2^N = \theta_2 \tag{6}$$

(5)式和(6)式意味着在完全没有协调的情形下每个地区的决策完全由该地区的"区情"决定。

根据(5)式和(6)式，我们可以得到发达地区和落后地区在适应和协调过程中的损失分别为：

$$L_1^N = (\theta_1 - \theta_2)^2 \tag{7}$$

$$L_2^N = (\theta_1 - \theta_2)^2 \tag{8}$$

(7)式和(8)式表明在完全没有协调的情形下损失函数完全由"区情"差距决定，"区情"差距越大损失就会越大，"区情"差距越小损失就会越小。

由于两个地区的博弈在位置上是对称的，当两个地区同时采用完全没有协调的策略时，两个地区的损失是相等的，因为损失相等意味着两个地区的官员在政治晋升上的机会是均等的。如果我们假定由政治晋升博弈而产生的政治收益为 P，那么每个地区的期望政治晋升收益都是 $\frac{1}{2}P$。如前所述，我们可以认为 P 远大于 E。考虑到固定经济收益 E，发达地区和落后地区的综合得益分别为：

$$U_1^N = E - (\theta_1 - \theta_2)^2 + \frac{1}{2}P \tag{9}$$

$$U_2^N = E - (\theta_1 - \theta_2)^2 + \frac{1}{2}P \tag{10}$$

(9)式和(10)式意味着在完全没有协调的情形下两地区的综合得益是相等的。

2.2 完全协调的情形

在完全协调的情形下，发达地区和落后地区会进行完全的协调，以使共同的损失达到最小化。我们用上标 C 表示完全协调的情形。

此时的规划问题为：$\min\limits_{d_1,d_2}(L_1+L_2)$，s.t. (3)式和(4)式

由一阶条件 $\frac{\partial(L_1+L_2)}{\partial d_1}=0$ 和 $\frac{\partial(L_1+L_2)}{\partial d_2}=0$，我们可以得到：

$$\theta_1 - 3d_1 + 2d_2 = 0 \tag{11}$$

$$\theta_2 + 2d_1 - 3d_2 = 0 \tag{12}$$

由(11)式和(12)式,我们可以得到发达地区和落后地区的决策分别为:

$$d_1^C = \frac{3\theta_1 + 2\theta_2}{5} \tag{13}$$

$$d_2^C = \frac{2\theta_1 + 3\theta_2}{5} \tag{14}$$

(13)式和(14)式意味着在完全协调的情形下每个地区的决策既要考虑到自己的"区情",也要考虑到对方的"区情",但是会在一定程度上更加重视自己的"区情"。

把(13)式和(14)式代入(3)式和(4)式,我们可以得到发达地区和落后地区在适应和协调过程中的损失为:

$$L_1^C = \frac{(\theta_1 - \theta_2)^2}{5} \tag{15}$$

$$L_2^C = \frac{(\theta_1 - \theta_2)^2}{5} \tag{16}$$

(15)式和(16)式表明在完全协调的情形下损失函数完全由"区情"差距决定,"区情"差距越大损失就会越大,"区情"差距越小损失就会越小。

同样的道理,由于两个地区的博弈在位置上是对称的,当两个地区同时采用完全协调策略时,两个地区的损失是相等的,而损失相等则意味着两个地区的官员在政治晋升上的机会是均等的。如果我们假定由政治晋升博弈而产生的政治收益为 P,那么每个地区的期望政治晋升收益都是 $\frac{1}{2}P$。考虑到固定经济收益 E,发达地区和落后地区的综合得益分别为:

$$U_1^C = E - \frac{(\theta_1 - \theta_2)^2}{5} + \frac{1}{2}P \tag{17}$$

$$U_2^C = E - \frac{(\theta_1 - \theta_2)^2}{5} + \frac{1}{2}P \tag{18}$$

(17)式和(18)式意味着在完全协调的情形下两地区的综合得益是相等的。

2.3 囚徒困境博弈

当发达地区采用完全没有协调的策略而落后地区采用完全协调策略时(用上标

NC 来表示这种情形),我们同样可以计算出发达地区和落后地区在适应和协调过程中的损失和综合得益。我们可以把完全协调策略理解为囚徒困境博弈中的"不背叛"策略,而把完全没有协调的策略理解为囚徒困境博弈中的"背叛"策略,当一方选择"背叛"而另一方选择"不背叛"时,选择"背叛"的一方会由于损失小而获得政治晋升收益 P,而选择"不背叛"的一方会由于损失大而不能获得政治晋升收益。也就是说,损失不相等意味着两个地区的官员在政治晋升上的机会是不均等的。

把(5)式和(14)式代入(3)式,再考虑到固定经济收益 E 和发达地区获得的政治晋升收益 P,我们可以得到发达地区在适应和协调过程中的综合得益为:

$$U_1^{NC}=E-\frac{9(\theta_1-\theta_2)^2}{25}+P \tag{19}$$

把(5)式和(14)式代入(4)式,再考虑到固定经济收益 E,我们可以得到落后地区在适应和协调过程中的综合得益为:

$$U_2^{NC}=E-\frac{13(\theta_1-\theta_2)^2}{25} \tag{20}$$

当发达地区采用完全协调策略而落后地区采用完全没有协调的策略时(用上标 CN 来表示这种情形),我们可以计算出发达地区和落后地区在适应和协调过程中的损失和综合得益。同样的道理,此时我们也必须考虑到采用完全没有协调的策略的一方会获得政治晋升收益 P,而采用完全协调策略的一方则不会获得政治晋升收益。

把(6)式和(13)式代入(3)式,再考虑到固定经济收益 E,我们可以得到发达地区在适应和协调过程中的综合得益为:

$$U_1^{CN}=E-\frac{13(\theta_1-\theta_2)^2}{25} \tag{21}$$

把(6)式和(13)式代入(4)式,再考虑到固定经济收益 E 和落后地区获得的政治晋升收益 P,我们可以得到落后地区在适应和协调过程中的综合得益为:

$$U_2^{CN}=E-\frac{9(\theta_1-\theta_2)^2}{25}+P \tag{22}$$

根据 U_1^N、U_2^N、U_1^C、U_2^C、U_1^{NC}、U_2^{NC}、U_1^{CN} 以及 U_2^{CN},我们可以得到如表 1 所示的得益矩阵。

表 1　发达地区和落后地区协调博弈的得益矩阵

		落后地区	
		完全没有协调	完全协调
发达地区	完全没有协调	U_1^N, U_2^N	U_1^{NC}, U_2^{NC}
	完全协调	U_1^{CN}, U_2^{CN}	U_1^C, U_2^C

下面我们就来分析这个完全信息博弈的纳什均衡,由于 $U_1^N > U_1^{CN}$ 且 $U_1^{NC} > U_1^C$,所以完全没有协调的策略是发达地区的占优策略;同样的道理,由于 $U_2^N > U_2^{NC}$ 且 $U_2^{CN} > U_2^C$,所以完全没有协调的策略是落后地区的占优策略。这样一来,发达地区和落后地区博弈的纳什均衡为落后地区和发达地区都选择完全没有协调的策略,这就是区域间很难实现协调发展的内在原因。

三、打破囚徒困境的区域协调机制

在这一部分,我们将从打破囚徒困境的角度探寻区域经济协调发展的具体协调机制。从打破囚徒困境的角度来看,要想实现区域经济协调发展,就必须让发达地区和落后地区都选择完全协调策略成为一个纳什均衡。要想使发达地区和落后地区都选择完全协调策略成为一个纳什均衡,就必须改变现有策略组合下的综合得益结构。要想改变现有策略组合下的综合得益结构,就必须改变整个博弈的背景结构。要想改变整个博弈的背景结构,就必须多维度地探寻覃成林(2011)[14]意义上的机制体系。以打破囚徒困境为着眼点,我们会有豁然开朗的感觉。

第一,通过缩小"区情"差距实现区域经济协调发展。当发达地区和落后地区的"区情"差距足够小的时候,适应和协调之间的紧张关系会趋于缓和。此时,不管是采用完全没有协调的策略还是采用完全协调的策略,发达地区和落后地区的损失函数的量值会趋向于零,双方在政治晋升上的机会大体上是均等的,不会产生政治晋升带来的激励不相容现象。缩小"区情"差距主要手段既包括林毅夫和刘培林(2003)[5]所强调的缩小区域收入差距,也包括徐现祥和李郁(2005)[6]所强调的推进市场一体化。收入差距很小的地区或者已经形成一体化市场的地区更容易具有相同的"区情",两个地区之间的适应和协调更容易趋于一致。但是,我们需要清楚的是,把"区情"差距缩小到足够小就短期而言是很难突破的硬约束(严汉平、白永秀,2007)[15]。

第二,通过设计合理的晋升锦标赛来实现区域经济协调发展。官员政治锦标赛发挥作用的前提条件之一就是参赛的政府官员能够在相当程度上控制和影响最终考核的成绩(周黎安,2007,2008)[16][13]。如果不同地区受到的外部扰动很不一样,那么晋升锦标赛的威力就会大大削弱。无疑,一般情况下相邻地区受到的外部扰动基本一致,所以政治锦标赛一般以相邻地区作为"可比地区"(周黎安,2004)[1]。但是,为了防止相邻地区采用"以邻为壑"的策略,政治锦标赛在设计时需要有新的着眼点,在区域协调发展变得日益重要的地区,更应该采用整体思路,放弃地区相邻的传统思路,把"抱团竞争"提上日程。比如,作为一个整体的长三角跟作为一个整体的珠三角进行政治晋升锦标赛,"可比地区"的范围被放大,在每个大地区中只有内部合作才可能在竞争中整体上赢得先机。但是,这种设计的代价就是"可比地区"受到的外部扰动可能会有很大的差异。

第三,通过"复合行政"或"复合治理"来实现区域经济协调发展。王健等(2004)[17]提出了"复合行政"的新理念,认为在全球化的背景下,为了促进我国区域经济协调发展,应该建立一种跨行政区划、跨行政层级的不同地区的政府之间,吸纳非政府组织参与,经交叠、嵌套而形成的多中心、自主治理的合作机制。范巧和郭爱君(2009)[18]在分析"复合行政"的条件缺失和操作性缺陷的基础上引入了"复合治理"的概念,强调通过公民社会组织弥补政府失灵和市场失灵,在达到政府、公民社会和市场和谐发展的基础上实现区域协调发展。不管是"复合行政"还是"复合治理",都是想通过引入第三方来改变区域协调博弈的结果,使得发达地区和落后地区都最终都选择完全协调的策略,在一定程度上使得地区间的合作意向成为有约束力的协议。

第四,通过建立裁决机构或规划机构来实现区域经济协调发展。当一方采用完全没有协调的策略时,采用完全协调的策略的另一方可以通过裁决机构来裁决利益纠纷,或者通过规划机构来强制对方采取完全协调的策略。比如,何显明(2009)[19]强调,区域经济协调发展需要建立健全政府间竞争的规则系统,并进一步指出,"从长远趋势来看,建立独立的司法体系,同时改变跨地区争端的归属地管辖原则,由最高院或其专设法院负责管辖、审理跨地区争端,建立政府间争端的司法裁决机关,将有利于引导政府间竞争走向良性轨道。"再比如,陶希东(2010)[20]提议设立"国家区域管理委员会"或"国家区域管理部",这是一种中央政府主导的、地方政府参与的跨界协调组织形式,这种协调组织形式的要点就在于,超越地方政府的权限,统一发挥中央政府的主导作用。

综上所述,我们可以把打破囚徒困境的区域协调机制用图22-2来示意。

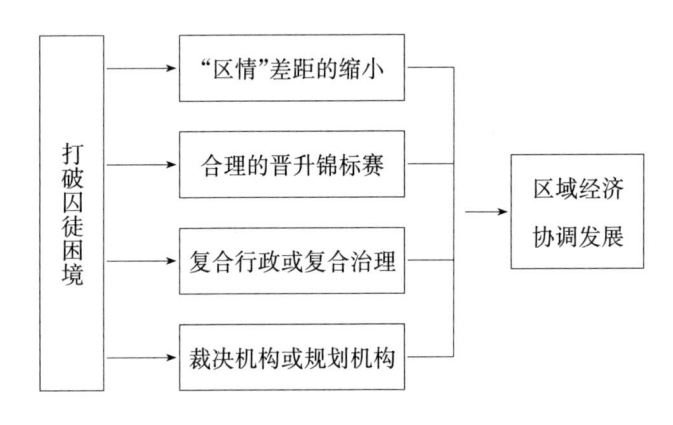

图 22-2　区域经济协调发展的内在机制示意图

四、结语

本章基于囚徒困境的视角考察了中国式分权下区域经济协调发展的内在机制。在考察的过程中,我们考虑了两种离散策略,一种策略是区域间完全没有协调,另一种策略是区域间完全协调。基本模型的分析结果表明,适应问题、协调问题和政治晋升问题会使得地区之间的博弈变成了囚徒困境博弈,区域间完全没有协调的策略会成为占优策略。探索区域经济协调发展的内在机制必须从如何打破囚徒困境入手,让每个地区都选择完全协调策略成为一个纳什均衡。在打破囚徒困境的大思路下,我们对比分析了四种协调机制,并指出了这些协调机制的具体内涵和作用机制。

现有关于区域经济协调发展的文献对于协调发展的具体内涵并没有给出比较清

晰的定义,大都采用比较宏观的笼而统之的说法。在博弈论的框架下,本章从决策的视角对区域协调发展的具体内涵给出了一个比较清晰的微观层面的定义。虽然如何促使中国区域经济协调发展是一个复杂而棘手的系统性难题,但是在探索区域协调发展的内在机制时必须从微观层面着手,这样才能找到属于纳什均衡策略组合的机制,才能找到符合激励相容约束要求的机制,才能最终达到事半功倍的效果。当然,在对付这个难题时,我们可能不得不在可行的机制中进行权衡和选择,而这种权衡和选择本身就构成了难题,正如徐现祥等(2011)[21]所说,"在走向区域协调发展的过程中,中央是把地方官员致力于把区域协调发展的激励机制做对,鼓励地方自发参与到区域协调发展中来,还是制定新的约束,规范地方官员在区际上的行为？这将是一个难题。"

参考文献

[1] 周黎安.晋升博弈中政府官员的激励与合作:兼论我国地方保护主义和重复建设问题长期存在的原因[J].经济研究,2004(6).

[2] 张少军,刘志彪.我国分权治理下产业升级与区域协调发展研究——地方政府的激励不相容与选择偏好的模型分析[J].财经研究,2010(12).

[3] 谢晓波.地方政府竞争与区域经济协调发展的博弈分析[J].社会科学战线,2004(4).

[4] 杨龙.中国经济区域化发展的行政协调[J].中国人民大学学报,2007(2).

[5] 林毅夫,刘培林.中国的经济发展战略与地区收入差距[J].经济研究,2003(3).

[6] 徐现祥,李郇.市场一体化与区域协调发展[J].经济研究,2005(12).

[7] 彭月兰,陈永奇.区域经济协调发展的财政思路[J].财政研究,2004(12).

[8] 安虎森,蒋涛.一体化还是差别化——有关区域协调发展的理论解析[J].当代经济科学,2006(4).

[9] 陆铭,陈钊.在集聚中走向平衡:城乡和区域协调发展的"第三条道路"[J].世界经济,2008(8).

[10] ALONSO, R., DESSEIN, W., and MATOUSCHEK, N. When Does Coordination Require Centralization? *American Economic Review*, 2008, 98(1): 145-179.

[11] RANTAKARI, H. Governing Adaptation. *Review of Economic Studies*, 2008, 75 (4): 1257-1285.

[12] 皮建才. 区域协调发展的组织理论分析[C]. 第九届中国经济学年会入选论文, 2009.

[13] 周黎安. 转型中的地方政府：官员激励和治理[M]. 上海：格致出版社和上海人民出版社, 2008.

[14] 覃成林. 区域协调发展机制体系研究[J]. 经济学家, 2011(4).

[15] 严汉平, 白永秀. 我国区域协调发展的困境和路径[J]. 经济学家, 2007(5).

[16] 周黎安. 中国地方官员的晋升锦标赛模式研究[J]. 经济研究, 2007(7).

[17] 王健, 鲍静, 刘小康, 王佃利. "复合行政"的提出——解决当代中国区域经济一体化与行政区划冲突的新思路[J]. 中国行政管理, 2004(3).

[18] 范巧, 郭爱君. 从"复合行政"到"复合治理"——区域经济一体化与行政区经济矛盾解决的新视角[J]. 南方经济, 2009(6).

[19] 何显明. 省管县改革：绩效预期与路径选择——基于浙江的个案研究[M]. 上海：学林出版社, 2009.

[20] 陶希东. 跨界区域协调：内容、机制与政策研究——以三大跨省都市圈为例[J]. 上海经济研究, 2010(1).

[21] 徐现祥, 王贤彬, 高元骅. 中国区域发展的政治经济学[J]. 世界经济文汇, 2011(3).

（原文载于：皮建才，《中国区域经济协调发展的内在机制研究》，《经济学家》2011年第12期。）

第二十三章　长三角与珠三角发展模式的比较制度分析

内容提要：为了对区域经济发展模式差异性进行考察，我们构建了一个具有双重企业经营目标的古诺模型，基于长三角地区和珠三角地区进行了比较制度分析，弄清楚了在什么情况下长三角地区更占优势，在什么情况下珠三角地区更占优势。具体来说，由于市场工资水平的提高会对企业竞争力产生不同的影响，长三角地区形成了相对珠三角地区的"赶超效应"。如果市场工资水平低于由企业的非利润目标权重和两个企业的技术水平共同决定的临界值，那么珠三角地区更有优势；如果市场工资水平等于这个临界值，那么两个地区不分上下；如果市场工资水平高于这个临界值，那么长三角地区更有优势。我们还发现，企业的非利润目标权重的变化和技术进步会对这种"赶超效应"产生一定的影响。

关键词：区域发展模式；双重目标；比较制度分析

一、引　言

十八大以来，中央对区域经济发展提出了许多新的战略思路和构想，努力推进"一带一路"、京津冀协同发展和长江经济带协同发展。为了更好地落实这些战略举措,需要我们深入地理解区域经济发展模式的特征以及不同模式之间的差异性,[①]通过"谋全局"实现"谋一域"。在中国经济步入新常态之后,作为中国经济"双引擎"的长江三角洲(简称"长三角")区域发展模式和珠江三角洲(简称"珠三角")区域发展模式都面临着产业转移和产业调整的问题。在内外部需求萎缩、结构调整困难、经济增长下行压力增大等多重因素的冲击下,长三角地区和珠三角地区如何才能更好地应对当前的形势,也需要我们比较全面地理解区域经济发展模式的内在机制,从机制上着手才能牵住"牛鼻子"、打好"组合拳"。

中国区域经济发展模式有很大的差异,其中最为典型的就是长三角地区和珠三角地区的差异。改革开放三十多年来,长三角地区和珠三角地区保持了快速的经济增长势头,创造了我国区域经济发展史上的奇迹,现已成了我国最具经济活力的两大经济区域。伴随着全球化进程的加快,长三角经济和珠三角经济在国民经济中的地位越来越重要,对全国经济的带动作用也越来越明显。统计数据显示,2000年前长三角和珠三角的地区生产总值占全国GDP的份额大概分别保持在18%和8%左右,二者的总和占到了全国总量的1/4左右;2000年后其份额均有所上升,分别达到了21%和12%左右,二者的总和已经接近全国总量的1/3(见图23-1)。由此可见,两个三角洲地区对全国经济的发展具有举足轻重的作用。

随着长三角地区和珠三角地区的经济发展水平和战略地位的不断提高,两个三角洲地区之间的竞争也愈演愈烈,呈现出你追我赶、竞相发展的态势。根据黄颐琳和

---

① 根据尚勇敏和曾刚(2015,第62页),"区域经济发展模式(或区域发展模式)已经成为一个广泛使用的词汇,在Google搜索中输入'regional economic development models'可得到2 650万项链接,说明该词汇已经是一个频繁使用的词汇,在百度搜索中输入'区域经济发展模式'也有471万项链接。"虽然这个术语使用广泛,但是定义却不是很明晰。尚勇敏和曾刚(2015,第65页)认为,"区域经济发展模式是在特定的时间与环境条件下,一定区域内各种生产要素与生产关系具有鲜明特征的配置方式和运行机制,并表现出经济持续快速发展,对其他地区具有较强的示范性等特征。"本章基本上认同他们的这一定义。在此基础上,本章认为,"区域经济发展模式的差异性"是指不同模式在配置方式、运行机制和发展速度等诸多方面的差异。

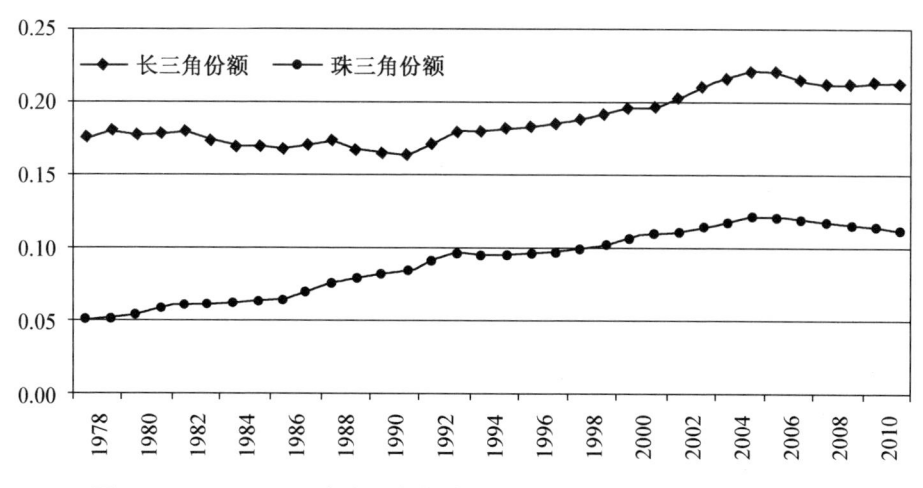

图 23-1　1978—2011 年长三角与珠三角生产总值占国内生产总值的比重

数据来源:《中国统计年鉴(2012)》《上海统计年鉴(2012)》《江苏统计年鉴(2012)》《浙江统计年鉴(2012)》《广东统计年鉴(2012)》。

傅冬绵(2009)的计算口径和方法①,通过计算和对比可以发现,在20世纪90年代以前,珠三角地区发展迅速,领先于长三角地区,之后发展相对放缓,存在着被长三角地区赶上甚至超越的趋势,到了2000年之后这种趋势就更为明显(张涛和张若雪,2009)。与之相对应,两个地区的年均GDP增长率也呈现出了类似的变化。从总体来看,在改革开放初期,珠三角地区的发展速度要快于长三角地区,但从90年代开始,特别是进入21世纪以后,珠三角地区的发展速度要明显慢于长三角地区。长三角地区和珠三角地区分别代表了不同的区域经济发展模式,它们之间的区域竞争也成了近年来广大学者们研究的热点。基于上面的分析,我们要问的问题是:长三角地区和珠三角地区区域经济发展模式差异性体现在什么地方?这种竞争将会如何发展,是长三角地区逐渐取代珠三角地区,还是珠三角地区再次迎头赶上?在新常态下,长三角地区和珠三角地区在产业调整的"突围"中谁更有可能"拔得头筹"?由于

---

① 考虑到统计资料的收集、省级行政区划的相对稳定性以及地方政府对区域经济发展的重要影响,黄赜琳和傅冬绵(2009)对长江三角洲范围的界定是包括上海市、江苏省和浙江省的大长江三角洲,而对珠江三角洲范围的界定则是广东省。

长三角地区和珠三角地区在我国经济发展中占据着非常重要的地位,因此对两个三角洲地区经济发展的比较研究具有比较重要的理论价值和现实意义。

很多学者基于长三角与珠三角的比较进行过大量研究。王益澄(2001)在比较改革开放以来两个三角洲的经济发展时指出,两个地区在经济活动的空间布局上具有不同的区域特征:由于长三角在经济发展过程中的扩散作用一度远远强于集聚作用,长三角的经济活动空间分布表现出了大范围的空间扩散特征;珠三角的经济活动空间布局则具有高度集中的特征,但其在发展过程中对国际市场的依赖程度较大,对国内市场的开拓还远远不够。由此,他认为,在与国内其他区域经济发展的融合上长三角要明显优于珠三角,长三角对全国其他区域的经济影响力要强于珠三角。张颢瀚(2003)在比较了长三角和珠三角的经济发展态势后认为,长三角在中国经济发展中具有特殊的战略地位,因此,在增强中国经济发展动力的过程中,长三角理应发挥更加突出的龙头作用和"主引擎"作用。

自从2003年的"民工荒"现象出现后,长三角和珠三角的发展问题更是成了研究的热点,并且研究的视角也越来越多样化。王珺和郑筱婷(2006)就以广东与江浙地区外来工工资水平差异问题展开了分析,他们将人际关系纳入了效用函数,论证了企业与地方政府在不同关系网络约束下的行为差异以及其对工资水平差异的影响。他们发现关系网络强约束与工资水平偏高、关系网络弱约束与工资水平偏低之间存在相关关系,进而他们认为不同关系网络下企业与地方政府行为差异是导致现阶段广东与江浙地区外来工工资水平差异的主要原因。万向东等(2006)从工资、福利、权益保障、人身安全以及外部环境等多个方面对比了两个三角洲外来工的基本状况。研究发现珠三角外来工人的状况远不如长三角,他们认为主要原因在于由两个三角洲地区的企业结构等因素产生的制度性差异,珠三角企业处理劳资关系的基本模式是"市场型",而长三角则是"人情型"和"法治型"。张涛和张若雪(2009)通过对比珠三角和长三角,分析了珠三角技术进步缓慢的原因。他们认为,在其中发挥关键作用的是厂商技术采用和劳动力人力资本之间的互补性,在一定条件下这种互补性会导致"高技术均衡"和"低技术均衡"的产生。珠三角正是由于一系列的历史原因陷入了"低技术"均衡,从而使得近年来其发展势头相对落后于长三角。黄赜琳和傅冬绵(2009)通过1978年改革开放以来的相关经济数据,从总体上比较了长三角和珠三角的经济发展水平,并在此基础上从地理区位结构、积累结构、产业结构、资源配置结构、对外贸易结构和人口结构等方面比较分析了两个地区在经济发展中的共性和差异,他们认为两个三角洲需要进一步深化改革和扩大对外开放,推进产业结构的优化升级。

总体上看,国内关于长三角和珠三角比较的文献基本上都是以文字性描述为主,虽然不少学者(比如,王珺,1996;王益澄,2001;张颢瀚,2003)通过经济数据推出长三角对周边经济乃至全国经济的示范带动作用要大于珠三角,并在数据分析的过程寻求了理论支撑,但是并没有将理论分析进行模型化。比如,樊纲和张泓骏(2005)通过市场化指数比较了两个三角洲市场化改革的进程,他们发现珠三角的市场化指数要高于长三角。由此他们得出的结论认为,在经济体制改革方面珠三角走在了长三角的前列。再比如,刘华和蒋伏心(2007)认为,从区域经济发展的动态趋势来看,未来长三角和珠三角在全国经济中的地位和作用不是确定不变的,这主要取决于两个三角洲各自竞争力水平的高低。

本章的创新之处主要体现在三个方面。第一,就刻画区域发展模式差异性而言,本章把精力集中在了微观机制的差异上,微观机制的差异是通过构建企业具有双重经营目标的古诺模型来描述的。为了很好地做到这一点,本章借鉴了 Kaneda and Matsui(2003)、詹新宇和方福前(2012)等研究中的一些数学方法,将企业的经营目标分为利润目标和非利润目标,并赋予相应的权重。第二,本章选择了适当的变量来区分长三角和珠三角发展模式的差异性,具体而言,长三角企业追求的是员工福利的提高,与之相对应,珠三角企业追求的是员工成本的降低。虽然国内也有一些文献(万向东等,2006;刘林平等,2011)把企业作为研究对象,认为两个三角洲地区会根据各自不同的制度环境采取不同的管理模式,以此来解释两个地区在经济发展上的差异,但是到目前为止很少有文献对此进行建模分析。第三,比较制度分析虽然在行政管理体制等方面有广泛的应用(比如,皮建才,2011,2014,2015),但是在区域经济发展方面则用得相对较少,本章为弥补这方面的学术空白进行了初步尝试。

本章剩余部分的结构安排如下:第二部分构建了一个具有双重经营目标的两个企业同时行动的基本模型,给出了模型的背景、模型的设定和模型和求解;第三部分比较分析了市场工资水平上升对两个三角洲地区的最优产量的影响;第四部分进一步比较分析了企业的非利润目标权重的变化以及企业技术水平的提高对两个三角洲区域竞争的影响;第五部分给出了本章的主要结论以及相应的政策启示和理论启示。

二、基本模型

基本模型部分由三个小节组成,第一小节是模型的背景,第二小节是模型的设定,第三小节是模型的求解。

(一) 模型的背景

在正式建立基本模型之前,我们首先需要弄清楚长三角地区和珠三角地区的典型化事实,因为这些典型化事实是我们建立模型的重要现实依据。胡彬等(2009)发现,长三角和珠三角的制造业具有比较高的结构相似性,除了若干行业以外,在产出比重占据前 10 的制造业中,有 7 类行业是两个地区所共有的。田野和马庆国(2008)对长三角和珠三角的制造业产业结构进行了对比,他们发现两个地区的产业结构在支柱产业方面具有明显的同构性,例如交通运输、化学原料制造业和电气机械同为两大经济圈的支柱产业,并且电子通信都是两个地区的第一支柱产业;进一步地,他们测算了两个三角洲的产业结构相似系数,从表 23-1 可知,这一指标接近 0.8。正是在两地产业结构与层次大致相同的条件下(王珺和郑筱婷,2006;田野和马庆国,2008),我们可以认为长三角和珠三角企业很多时候在相同的产业中展开竞争。

表 23-1 长三角和珠三角的产业结构相似系数

地区	长三角	珠三角	上海	江苏	浙江	广东
长三角	1	0.799				
珠三角		1				
上海			1	0.873	0.677	0.840
江苏				1	0.865	0.829
浙江					1	0.604
广东						1

资料来源:田野和马庆国(2008,第 965 页)。

(二) 模型的设定

我们考虑的是一个生产同质产品的双寡头垄断市场。我们将长三角地区的企业统称为企业 1,将珠三角地区的企业统称为企业 2,这两个企业在市场中进行古诺(Cournot)竞争,同时决定自己的产量水平 q_1 和 q_2。市场中产品的反需求函数为 $P(Q)=a-Q$,其中 P 是产品的市场价格,$Q=q_1+q_2$ 是市场上产品的总产量,a 代表市场规模且为常数。在这里,我们需要对我们的双寡头垄断市场进行深入说明。从中国经济的实际情况来看,中国大多数地区的产业结构相似系数都比较高,都存在结构同化的问题。这样一来,其他地区应该也与长三角地区和珠三角地区存在竞争关系,所以三寡头或多寡头或许要比双寡头更能反映这种竞争关系的实际情况。本章之所以采用双寡头是基于这样的现实考量:由于长三角地区和珠三角地区是"双引擎",尽管其他地区也存在一些规模相对而言比较小的企业,但是这些企业合在一起也难以成为一个真正意义上的寡头,根本不能跟本章抽象出来的双寡头(企业 1 和企业 2)"争雄"或"平起平坐"。对企业 1 和企业 2 来讲,这些小企业虽然可以占有一些市场份额(比如,减小 a),但是不会从根本上影响企业 1 和企业 2 之间的竞争关系。为了分析上的方便和聚焦,我们忽略了其他地区的企业,这样做并不会影响本章的主要结论。[①] 另外,我们还需要说明的是,长三角地区和珠三角地区的企业之间的竞争已不再仅限于企业层面,它早已上升到了行业层面乃至地区层面,而区域政府总是希望实现更大的生产总值、占据更多的市场份额,因此即便是效率相差较大的行业,地区之间也存在着"攻击"和"响应"行为;所以,如果把每个地区比作是一个企业、把工业门类比作是企业不同的产品线,那么长三角和珠三角在大部分产品线上都存在竞争关系(王晓东,2011)。

因此,企业的利润为:

$$\pi_i(q_1,q_2)=\pi(Q,q_i)=P(Q)\cdot q_i-C(q_i) \tag{1}$$

其中,$i=1,2$,$C(\cdot)$ 是企业的成本函数,我们假设 $C(q_i)=c_iq_i$,并且 $C'(q_i)=$

[①] 需要指出的是,其他地区的企业也可能跟长三角地区和珠三角地区的企业存在竞争关系。本章在结语部分还会就这一点指出两个可能的拓展方向,即第五个和第六个拓展方向。

$c_i = \omega \cdot l_i$。c_i是企业i生产单位产品的边际成本和单位成本；ω是每个劳动力所能获得的工资收入，代表市场上的工资水平，这对于两个企业来说是相同的，因为我们认为劳动力能够在两个三角洲地区自由流动且流动成本为零，不同之处体现在福利待遇方面，长三角企业要优于珠三角企业；l_i是企业i生产单位产品所需要的劳动力数量，我们用$1/l_i$代表企业的技术水平，企业的技术水平越高，生产单位产品所需要的劳动力数量自然也就越少。这样一来，$\lambda = \dfrac{1/l_1}{1/l_2} = \dfrac{l_2}{l_1}$就可以表示为长三角企业与珠三角企业之间的技术差距，由于珠三角陷入了"低技术均衡"（张涛和张若雪，2009），珠三角企业较之长三角企业而言劳动密集程度更高，其对劳动力的依赖程度也越大，我们假定两个企业之间的技术差距满足$1<\lambda<2$，这样的假定意味着长三角企业与珠三角企业之间的技术差距不是很大。在这里需要说明的是，本章与 Cremer and Crémer(1994)有很大的不同，本章只考虑了劳动力一种投入要素，并未考虑资本要素的作用，因此企业的成本仅为劳动力的工资成本。这只是出于简化模型的考虑，即使把资本要素考虑在内也不会影响本章的主要结论。

不同于标准垄断模型的设定，在这里"利润最大化"不再是企业目标函数的一个绝对指标，企业在追求利润和追求其他目标之间进行加权。我们参考 Kaneda and Matsui(2003)的思路，把企业的目标函数设定为如下形式：

$$g_i(q_1,q_2) = (1-\theta)\pi(Q,q_i) + \theta F(Q,q_i) \qquad (2)$$

在(2)式中，企业经营目标由两个部分构成，一部分是传统的利润目标，另一部分是非利润目标。其中，$\theta \in (0,1)$是企业i在非利润目标上的权重，对两个企业来说是一样的。当$\theta=0$时，企业就是我们通常所认为的利润最大化者。最为关键的是，即使两个企业的非利润目标的权重是相同的，两者的非利润目标可能并不是一致的，即$F(Q,q_i)$可能是不同的。刘林平等(2011)提出了一个"地域—社会—文化"的思路，他们认为这主要取决于一个地区的制度环境，既包括硬的法律制度，也包括软的传统习惯。

由于长三角的国有经济比重较大，带有比较深的计划经济烙印，所以其经济发展是由规划管理型的政府操作模式主导的（王光振，1996；张捷，1996；朱文晖，2003）。

因此,企业处理劳资关系的模式就必然不是"市场型"的,而是受社会主义传统影响的"人情型"模式(万向东等,2006)。与此同时,长三角地区凭借高技术人才和高素质劳动力吸引了大量欧美日等地区的跨国投资,不同于港澳地区的投资,这些地区的FDI相对于劳动力成本不是特别敏感,对劳动力素质更加敏感,因此这类外资企业对员工也更加人性化(Fung et al.,2002a,2002b)。正是在这种背景下,长三角的企业相对而言比较重视人力资源,除了本地劳动力素质较高之外,其外来劳动力的素质也较高,再加上当地政府的管理较为规范,因此长三角的企业不仅重视企业自身的利益,同时还重视保障员工的利益。由此,我们假设长三角地区企业1的目标函数为:

$$g_1(q_1,q_2)=(1-\theta)\pi(Q,q_1)+\theta F(Q,q_1)$$
$$=(1-\theta)\pi_1(q_1,q_2)+\theta\frac{\pi_1(q_1,q_2)}{l_1 \cdot q_1} \quad (3)$$

其中,$\pi_1(q_1,q_2)$是企业1所获得的利润,$l_1 \cdot q_1$是企业1的劳动力数量,那么$\pi_1(q_1,q_2)/(l_1 \cdot q_1)$即为代表员工福利的人均利润。长三角的企业既追求企业利润的最大化,也追求员工福利的最大化,其目标函数是这两者的加权。[①]

而珠三角的发展模式与长三角的发展模式有很大的不同,珠三角是依托港澳地区"前店后厂"发展起来的。所谓"前店后厂"是指由于港澳资金的注入直接带动了珠三角的快速发展,并在与珠三角的经济合作中逐步形成的一种经济发展模式,其中"前店"指港澳地区,"后厂"指珠江三角洲地区(闫小培等,2007)。这一模式的成功在于它充分利用了港澳地区庞大的资金优势和珠江三角洲地区丰富廉价的劳动力资源。因此珠三角企业并不重视人力资源,其劳动力绝大部分都是外来务工人员且多为内陆地区的农民,他们不在乎员工素质的高低,他们更为关心的是劳动力成本。也就是说,他们更为关心的是如何降低企业的生产成本(Sun et al.,2002)。既然低成本是珠三角得以发展的巨大优势所在,那么低成本生产也就理所当然成了珠三角企业的核心诉求。由此,我们假设珠三角地区企业2的目标函数为:

[①] 我们之所以在设定长三角地区企业的目标函数时纳入员工福利,是因为现有的经验研究(比如,万向东等,2006;刘林平等,2011)已经充分注意到了这一点,只是这些研究并没有把这一点模型化。

$$g_2(q_1,q_2) = (1-\theta)\pi(Q,q_2) + \theta F(Q,q_2) \tag{4}$$
$$= (1-\theta)\pi_2(q_1,q_2) + \theta[-C(q_2)]$$

其中,$-C(q_2)$ 代表了珠三角企业的低成本诉求。同长三角企业一样,珠三角企业的目标函数也是对两个目标的加权,企业一方面追求利润的最大化,另一方面追求员工成本的最小化。[①]

(三) 模型的求解

根据(3)式和(4)式,我们可以分别得到两个企业的一阶条件:

$$a - \omega l_1 - 2q_1 - q_2 = \frac{\theta}{1-\theta} \cdot \frac{1}{l_1} \tag{5}$$

$$a - \omega l_2 - q_1 - 2q_2 = \frac{\theta}{1-\theta} \cdot \omega l_2 \tag{6}$$

联立(5)式和(6)式,我们可以企业的均衡产量:

$$q_1^* = \frac{a - \omega(2l_1 - l_2) - \frac{\theta}{1-\theta}\left(\frac{2}{l_1} - \omega l_2\right)}{3} \tag{7}$$

$$q_2^* = \frac{a - \omega(2l_2 - l_1) - \frac{\theta}{1-\theta}\left(2\omega l_2 - \frac{1}{l_1}\right)}{3} \tag{8}$$

三、比较分析

在这一部分,我们将在第三部分的均衡结果的基础之上进行比较分析,通过比较分析长三角和珠三角的区域经济发展模式的差异性进行比较深入的内在机制探索。

(7)式和(8)式分别对 ω 求偏导,稍加整理后我们得到:

$$\frac{\partial q_1^*}{\partial \omega} = (1-\theta)\frac{l_2 - 2l_1}{3(1-\theta)} + \theta \frac{l_2}{3(1-\theta)} \tag{9}$$

[①] 同样地,我们之所以在设定珠三角地区企业的目标函数时纳入员工福利,是因为现有的经验研究(比如,万向东等,2006;刘林平等,2011)已经充分注意到了这一点,只是这些研究并没有把这一点模型化。我们之所以在这里重点突出设立长三角地区和珠三角地区企业的目标函数的现实依据,是因为对理论模型而言假设是否合理很关键。

$$\frac{\partial q_2^*}{\partial \omega} = (1-\theta)\frac{l_1 - 2l_2}{3(1-\theta)} + \theta \frac{-2l_2}{3(1-\theta)} \tag{10}$$

这样一来,我们就可以把市场工资水平变动所引起的企业产量变动的总效应分为两个部分,第一部分是企业出于对利润目标的追求,而由于市场工资水平变化进而引起的产量的变化,如(9)式和(10)式的第一部分,这一部分的权重为$(1-\theta)$。因为在第三部分我们已经假定$l_1 < l_2 < 2l_1$,所以我们不难得到,不论是长三角的企业 1 还是珠三角的企业 2,这一部分对于企业的产量决策都具有负效应,即市场工资水平越高,长三角企业和珠三角企业的产量越低。这是因为当企业追求利润时,企业生产成本的上升必然会侵蚀企业的利润,当企业利润急剧减少或无利可图时,企业必然会通过减少生产来抬高价格从而应对生产成本的上升,这对于长三角企业还是珠三角企业来说都是一样适用的。

第二部分是企业出于对非利润目标的追求,而由于市场工资水平变化进而引起的产量的变化,如(9)式和(10)式的第二部分,这一部分的权重为θ。正如前文所说,长三角企业和珠三角企业在非利润目标的设定上并不相同,长三角企业追求的是员工福利的提高,而珠三角企业追求的则是员工成本的降低,不难看出长三角企业和珠三角企业在决策上存在着策略替代关系。这反映在两个企业的产量决定中就是,对长三角企业而言,市场工资水平的变动对于企业的产量决策具有正效应,即市场工资水平越高,其产量越高;而对珠三角企业而言,它对于企业的产量决策具有负效应,即市场工资水平越高,其产量越低。

综上所述,市场工资水平变动对企业产量变动的总效应就是上述两种效应的加总。当总效应为负值时,市场工资水平越高,企业的产量则越低;当总效应为零时,市场工资水平不影响企业的产量水平;当总效应为正值时,市场工资水平越高,企业的产量也越高。对长三角企业而言,前者为负效应,后者为正效应,其总效应的符号取决于两者的权衡;对珠三角企业而言,无论是前者还是后者均为负效应,其总效应必然为负值。根据(9)式和(10)式,在以上分析的基础上,我们可以得到命题 1 和命题 2。

命题 1:对长三角地区的企业而言,随着市场工资水平的变动,企业追求利润最大化对产量产生负向效应,而企业追求员工福利的提升对产量产生正向效应。当企业非利润目标的权重不是太大时,如果技术差距小于某个临界值,前者负效应的作用大于后者正效应的作用,那么总效应为负值;如果技术差距等于这个临界值,前者负效应的作用等于后者正效应的作用,那么总效应为零;如果技术差距大于这个临界值,前者负效应的作用小于后者正效应的作用,那么总效应为正值。当企业非利润目标的权重较大时,前者负效应的作用小于后者正效应的作用,那么总效应为正值。

证明: 简化(9)式,我们可以得到:

$$\frac{\partial q_1^*}{\partial \omega} = \frac{l_2 - 2(1-\theta)l_1}{3(1-\theta)} \tag{11}$$

根据(11)式,当 $\theta \in (0, 1/2)$ 时,我们容易得到 $l_1 < 2(1-\theta)l_1 < 2l_2$。如果 $\lambda < \bar{\lambda} = 2(1-\theta)$,我们有 $\frac{\partial q_1^*}{\partial \omega} < 0$;如果 $\lambda = \bar{\lambda}$,我们有 $\frac{\partial q_1^*}{\partial \omega} = 0$;如果 $\lambda > \bar{\lambda}$,我们有 $\frac{\partial q_1^*}{\partial \omega} > 0$。当 $\theta \in [1/2, 1)$ 时,不难得到 $2(1-\theta)l_1 \leqslant l_1 < l_2$,因此我们有 $\frac{\partial q_1^*}{\partial \omega} > 0$。

命题 2: 对珠三角地区的企业而言,随着市场工资水平的变动,企业追求利润最大化对产量产生负向效应,且企业追求员工成本的降低对产量也产生负向效应,那么总效应必然为负值。

证明: 简化(10)式,我们可以得到:

$$\frac{\partial q_2^*}{\partial \omega} = \frac{(1-\theta)l_1 - 2l_2}{3(1-\theta)} \tag{12}$$

由(12)式,因为 $\theta \in (0, 1)$,我们不难得到 $(1-\theta)l_1 < l_1 < 2l_2$,所以有 $\frac{\partial q_2^*}{\partial \omega} < 0$。

命题 1 和命题 2 的经济学含义是非常明显的。既追求利润最大化又追求员工成本最小化的珠三角企业,对工资成本的上升更为敏感,市场工资水平的不断提高削弱了企业的竞争力。由于长三角企业和珠三角企业在市场中存在策略互动,因此,对于追求利润最大化和员工福利最大化的长三角企业而言,市场工资水平的提高对企业竞争力的影响则是不确定的。这取决于企业的非利润目标权重的大小以及长三角企业与珠三角企业之间的技术差距。当企业的非利润目标权重较大时或者企业的非利润目标权重不大但企业之间的技术差距够大时,市场工资水平的提高会提升长三角地区的企业竞争力;反之,市场工资水平的提高则会降低长三角地区的企业竞争力。

四、进一步的比较分析

这一部分,我们将进一步比较长三角地区的企业和珠三角地区的企业产量的大小,探讨在什么情况下长三角地区的企业更占优势,在什么情况下珠三角企业更占优势。

根据命题1和命题2,我们可以发现,不管是对长三角地区的企业还是对珠三角地区的企业来说,由企业追求利润最大化而产生的市场工资水平变动对企业产量的影响方向都是一样的,也就是说都是负向影响。最为关键的差异在于,长三角地区的企业追求员工福利的提高产生了对市场工资水平的正向影响,而珠三角地区的企业追求员工福利的降低产生了对市场工资水平的负向影响。就长三角地区的企业和珠三角地区的企业来说,到底哪个在市场竞争中更占优势,我们很容易有以下的猜测:在其他条件不变的情况下,随着市场工资水平的不断提高,长三角地区的企业占优的可能性会越来越大,珠三角地区的企业占优的可能性会越来越小。

下面我们来进一步验证我们的猜测,我们很容易得到,当 $q_1^* < q_2^*$ 时,珠三角地区的企业可以获得更大的市场份额;当 $q_1^* = q_2^*$ 时,长三角地区的企业和珠三角地区的企业可以各自获得一半的市场份额;当 $q_1^* > q_2^*$ 时,长三角地区的企业可以获得更大的市场份额。很显然,企业的市场份额越大,我们认为其在市场竞争中越占优势,这是理论上处理古诺竞争模型的一般性原则。

由(7)式和(8)式,我们可以得到:

$$\Delta q^* = q_1^* - q_2^* = \omega(l_2 - l_1) + \frac{\theta}{1-\theta}\left(\omega l_2 - \frac{1}{l_1}\right) \tag{13}$$

令 $\Delta q^* = 0$,我们有 $\bar{\omega} = \frac{\theta}{l_1[l_2 - (1-\theta)l_1]} > 0$。因此,我们可以发现,当 $\omega < \bar{\omega}$ 时,有 $q_1^* < q_2^*$;在临界点 $\omega = \bar{\omega}$ 时,有 $q_1^* = q_2^*$;当 $\omega > \bar{\omega}$ 时,有 $q_1^* > q_2^*$。

通过上面的分析,我们可以得到命题3。

命题3：如果市场工资水平低于某个由企业的非利润目标权重以及两个企业的技术水平共同决定的临界值,那么珠三角地区的企业更有优势,其拥有更多的市场份额;如果市场工资水平等于这个临界值,那么长三角地区的企业和珠三角地区的企业不分上下,它们将平分整个市场;如果市场工资水平高于这个临界值,那么长三角地区的企业更有优势,其拥有更多的市场份额。

进一步,通过对(13)式进行分析,我们可以得到命题4。

命题4：在其他条件不变的情况下, $\dfrac{\partial(\Delta q^*)}{\partial \omega} = \dfrac{l_2 - (1-\theta)l_1}{1-\theta} > 0$。

命题4意味着,随着市场工资水平的不断提高,长三角地区对珠三角地区在产量水平上形成一种"赶超效应",即长三角与珠三角地区企业之间的产量差距将不断缩小,并最终超过珠三角地区的企业的产量水平。

伴随着经济增长和社会进步,市场工资水平的上涨是一种正常的状态同时也是一个必然的趋势。由命题3和命题4可知,随着市场工资水平的不断提高,珠三角的增长后劲明显不如长三角,相对而言,长三角将更具发展潜力。当市场工资水平还比较低时,珠三角地区的企业更加适应市场环境的要求,其更具市场竞争优势,所占的市场份额较大;而当市场工资水平比较高时,长三角地区的企业将更加适应市场环境的要求,它将取代珠三角地区的企业的市场地位,占有较大的市场份额。由于长三角地区现已具有较高的教育水平,并积累了一定的技术和知识,加之当地政府在劳动力方面管理严格,当地企业也就十分重视员工的综合素质提升和福利待遇提高,因此长三角地区并没有像珠三角地区那样吸纳了大量廉价的外来劳动力,当地的工资水平也有不断上升的趋势。由于劳动力的流动性,长三角地区工资水平的提高反过来将迫使珠三角地区不得不相应地提高工资(孙军和高彦彦,2010)。随着工资水平的持续提高,廉价劳动力已不再"廉价",珠三角企业的低成本经营模式的优势也逐渐失去,无法发挥相应的作用,所以珠三角地区的企业经营模式所取得的成绩也没有长三角地区的企业那么大。这意味着,在现有的模式下珠三角地区的经济发展是有限度的。将高员工福利作为企业目标构成的长三角地区具有发展速度快、发展潜力大的后发优势,随着经济发展水平的不断提高,长三角地区也成了我国综合实力最强的区域。孙军和高彦彦(2010)认为,珠三角地区与长三角地区彼消此长的原因主要在于其处于全球产业链中的位置不同:珠三角处于全球产业链的低端,技术水平偏低;长三角则处于全球产业链相对高端的位置,技术含量较高,接近国际先进水平,从而获得了长期的可持续竞争优势。但本章的分析发现,技术水平上的差距并不是造成这一现象的根本性原因,即使我们假设珠三角地区和长三角地区的技术水平相同,即 $l_1=l_2$,长三角对珠三角的"赶超效应"也照样存在。从这个角度来说,区域经济发展模式的差异性才是造成珠三角地区与长三角地区彼消此长的本质原因。

在这里需要说明的是,上述分析的结论是建立在其他条件不变的基础之上的,但是从长期来看这些条件并非一成不变。

下面,我们将就长三角地区的企业和珠三角地区的企业的非利润目标权重以及各自的技术水平发生改变的情形进行讨论。通过对(13)式进行分析,我们可以得到命题5。

命题5:在其他条件不变的情况下,$\frac{\partial^2(\Delta q^*)}{\partial \theta \cdot \partial \omega}=\frac{l_2}{(1-\theta)^2}>0$,$\frac{\partial^2(\Delta q^*)}{\partial l_1 \cdot \partial \omega}=-1<0$,$\frac{\partial^2(\Delta q^*)}{\partial l_2 \cdot \partial \omega}=\frac{1}{1-\theta}>0$。

命题5意味着,长三角地区对珠三角地区的"赶超效应"随着企业的非利润目标权重的增大(θ增大)而增强,随着长三角企业的技术水平的提高(l_1减小)而增强,随着珠三角企业的技术水平的提高(l_2减小)而减弱。

对于企业的非利润目标权重变化的影响,这一命题的结论是符合我们的直觉的。随着市场工资水平的提高,长三角地区形成的与珠三角地区之间的"赶超效应"实际上就是企业竞争力此长彼消在产量水平上的体现。市场工资水平的提高对企业竞争力的影响要分为两个部分。第一,随着工资水平上涨导致企业利润的减少,直接带来的影响是企业产量的下降,这对于长三角地区的企业和珠三角地区的企业来说是一样的。第二,由于长三角地区的企业和珠三角地区的企业的非利润目标之间存在替代关系,因此随着工资水平的提高,长三角地区的企业产量提高,同时珠三角地区的企业产量降低。当企业的非利润目标的权重有所增加时,非利润目标对于企业竞争力的影响也会更大。此时,珠三角地区的竞争优势将逐渐减弱以至丧失,使得产量转移到长三角地区,这将有助于长三角地区实现对珠三角地区的赶超。但与此同时,我们也必须看到,企业的非利润目标权重的不断增加会对珠三角地区以低员工成本为主导的企业经营模式造成很大的压力,这将会倒逼珠三角地区的企业对其企业经营目标和策略及时做出调整。

对于技术水平变化的影响,这一命题的结论背后的经济学直觉也是显而易见的,无论是对于长三角企业还是珠三角企业而言,企业自身技术水平的提高能够消化个人工资成本的上升带来的压力,有利于巩固和提升企业现有的市场地位。具体来说,长三角地区的企业的技术水平的提高,进一步增强了企业竞争力,有利于自身实现对珠三角地区的企业在产量上的赶超。珠三角地区的企业的技术水平的提高,减弱了工资上涨对企业竞争力所造成的损害,可以保持其对长三角地区的企业的优势地位。因此,无论是长三角地区的企业还是珠三角地区的企业要想在激烈的市场竞争中取得主动地位,并逐步扩大和巩固自己的优势地位,都必须要大力推进企业技术进步,企业技术进步也将成为决定企业和区域经济发展水平的重要因素。通过计算我们还发现 $\left|\frac{\partial^2(\Delta q^*)}{\partial l_2 \cdot \partial \omega}\right| > \left|\frac{\partial^2(\Delta q^*)}{\partial l_1 \cdot \partial \omega}\right|$,这表明相比于长三角地区而言,技术进步对企业巩固市场地位的积极作用在珠三角地区表现得更为突出,这也可以使得我们更好地理解推动经济增长方式由粗放低效向集约高效转变对珠三角地区的现实紧迫性,重视技术进步也必将成为珠三角地区可持续发展的战略选择。

五、结语

改革开放以来,中国的经济发展取得了令世人瞩目的成就,在世界经济中的总体地位不断提升,经济总量现已跃居世界第二位。这一切成就的取得与我国区域发展竞争格局的形成不无关系。其中,长江三角洲和珠江三角洲以其深厚的历史积淀和特殊的区位条件,成了改革开放以来我国经济增长最快的地区,同时也是最具经济活力的地区,它们对全国的经济发展做出了巨大的贡献。因此,对这两个地区的经济发展模式的内在机制进行比较和研究,不仅对今后两个三角洲的经济发展有十分重要的意义,对其他地区乃至全国的经济发展也具有参考价值和借鉴意义。

本章通过构建一个具有双重企业经营目标的古诺模型,对长三角地区和珠三角地区的经济发展进行了比较制度分析,弄清楚了在什么情况下长三角地区更占优势,在什么情况下珠三角地区更占优势。具体地,随着市场工资水平的提高对企业竞争力产生的不同影响,长三角地区形成了与珠三角地区之间在产量上的一种"赶超效应"。如果市场工资水平低于某个由企业的非利润目标权重以及两个企业的技术水平共同决定的临界值,那么珠三角地区更有优势;如果市场工资水平等于这个临界值,那么两个地区不分上下;如果市场工资水平高于这个临界值,那么长三角地区更有优势。我们的结论还发现,企业的非利润目标权重的变化和技术进步会对这种"赶超效应"产生影响,这对于我们如何促进地区经济发展具有一定的理论意义。

珠三角地区的企业追求低员工成本的企业经营模式,在早期通过依赖廉价的劳动力来体现其竞争优势,对珠三角经济发展的确产生了巨大的推动作用。但长远来看,企业过分依赖这种传统的企业经营模式,只会削弱自身的竞争力。随着劳动力成本的逐步提高,珠三角地区低员工成本的经营模式面临着越来越大的压力,而长三角地区高员工福利的经营模式的优势则显得越发明显,长三角地区的经济发展水平现已逐步赶上并超过了珠三角地区。我们发现,企业的非利润目标权重的增加会在无形之中增加长三角地区对珠三角地区的这种"赶超效应",这种效应的增加必然会对珠三角企业经营模式的转变产生重要的影响。换句话说,由于两个三角洲之间的竞争压力的存在,迫使珠三角企业不得不顺应市场力量优化其企业经营模式。与此同时,无论是长三角地区还是珠三角地区,企业的技术水平的提高都将有利于进一步巩固和提升其市场地位。近年来,长三角地区和珠三角地区的技术进步对经济增长的贡献率已达到70%左右(赵喜鸟等,2012)。对这两个地区的企业而言,技术水平的提高将是企业未来增强竞争力最有效的手段,这也将直接关系到企业的成败。因此,我们认为,在新常态下,长三角地区和珠三角地区在产业调整的"突围"中竞争中,珠三角地区会率先"起跑",这是由珠三角地区发展模式的内在机制决定的。但是,到底是长三角地区还是珠三角地区在"突围"中"拔得头筹",还需要结合其他因素(比如,地方政府的作用)来分析。比如,黄亮雄等(2015)就认为,在传统产业改造升级和新兴产业发展壮大方面,长三角地区和珠三角地区面临的挑战是相同的,但长三角地区由于创新能力更强、技术人才更多,因此后发动力也更足,此时如果珠三角地区抓不住新兴产业的机遇,出台有力政策举措加快企业创新转型,其转型升级之路较之长三角地区将更加艰巨。

基于本章的分析,我们得到的政策启示主要包括以下三点。第一,不管是长三角地区还是珠三角地区的企业,在设定自身的目标函数时都要在一定程度上与时俱进,随着经济形势和外部环境的变化要适当调整自己的目标函数。这种目标函数调整的过程属于练"外功"的过程,练"外功"需要跟练"内功"结合起来,练"内功"就是要提高企业的自主创新能力和核心竞争力。第二,不管是长三角地区还是珠三角地区的政府都需要在营造创新环境上下狠功夫,创新环境的营造要顺应和引导企业目标函数的变化,在顺应和引导的过程中加快产业转型升级。第三,长三角地区和珠三角地区的政府要避开纯粹的古诺竞争,加强区域沟通,统筹产业空间布局,通过实施差异化的竞争战略形成错位发展和优势互补的格局,通过推行"强强联合"来实现区域协调发展和互利共赢。

本章只是提供了一个分析问题的视角和框架。最后,我们讲一下本章可能的几个拓展方向。第一,我们重点考察了长三角地区和珠三角地区在国内市场的竞争和角逐,而忽视了它们在国外市场的竞争和角逐,在将来进行拓展时可以把它们在国外市场的竞争纳入我们的分析框架中来。第二,我们的模型没有考虑经济周期的作用,在经济扩张阶段和经济紧缩阶段长三角地区和珠三角地区的优势和劣势可能会发生变化,在将来进行拓展时可以把经济周期纳入我们的模型中。比如,我们在扩展时可以借鉴 Etro and Colciago(2010)的相关研究。第三,本章没有考虑劳动力转移的成本和劳动力市场的就业歧视。实际上,我们可以把巫强等(2016)考虑的劳动力流动的省际边界壁垒以及李云森(2016)考虑的劳动力市场歧视等特征性因素纳入本章的分析框架。第四,在竞争的压力下,长三角地区和珠三角地区区域经济发展模式的差异性可能逐渐缩小,而趋同性可能逐渐增强,在将来的模型拓展中需要找到一个合适的量来代表趋同性的程度。第五,随着中国经济的发展,其他地区(比如中西部地区)的企业可能会越来越重要,把这些地区的相关企业抽象成一家企业时,可以看成是一个寡头,这样一来,本章就应该拓展成三寡头或多寡头模型。第六,即使其他地区的企业相对于长三角地区和珠三角地区而言在竞争中不能发挥决定性作用,但是我们仍然可以把它们纳入我们的分析框架中来。在这种情况下,我们就需要借鉴Shimomura and Thisse(2012)关于大企业和小企业的分析框架。我们希望本章能起到抛砖引玉的作用,吸引更多优秀的学者对这个问题进行研究。

参考文献

[1] Cremer H., and J. Crémer, 1994, Employee Control and Oligopoly in a Free Market Economy, *Annales d'Économie et de Statistique*, (33): 29-49.

[2] Etro F., and A. Colciago, 2010, Endogenous Market Structures and the Business Cycle, *Economic Journal*, 120(549): 1201-1233.

[3] Fung K. C., H. Iizaka, and S. Parker, 2002a, Determinants of U. S. and Japanese Direct Investment in China, *Journal of Comparative Economics*, 30(3): 567-578.

[4] Fung K. C., H. Iizaka, C. Lin, and A. Siu, 2002b, An Econometric Estimation of Locational Choices of Foreign Direct Investment: The Case of Hong Kong and U. S. Firms in China, *UC Santa Cruz Center for International Economics*, Working Paper No. 02-27.

[5] Kaneda M., and A. Matsui, 2003, Do Profit Maximizers Maximize Profit?: Divergence of Objective and Result in Oligopoly, Unpublished manuscript.

[6] Sun Q., W. Tong, and Q. Yu, 2002. Determinants of Foreign Direct Investment across China, *Journal of International Money and Finance*, 2002, 21(1): 79-113.

[7] Shimomura K.-I., and J.-F. Thisse, 2012, Competition among the Big and the Small, *RAND Journal of Economics*, 43(2): 329-347.

[8] 樊纲,张泓骏.长江三角洲与珠江三角洲经济发展与体制改革的比较研究[J].学术研究,2005(4):10-24.

[9] 胡彬,董波,赵鹏飞.长三角与珠三角的制造业结构与区域竞争力比较[J].经济管理,2009(2):31-36.

[10] 黄亮雄,韩永辉,谭锐.长三角与珠三角生产率比较分析[J].南方经济,2015(10):115-124.

[11] 黄赜琳,傅冬绵.区域经济发展水平与增长方式的差异分析——基于长三角和珠三角的比较研究[J].上海财经大学学报,2009(10):67-75.

[12] 李云森.统一户口、劳动力市场歧视与城镇居民收入差异——基于Oaxaca-Blinder分解的实证研究[J].中国经济问题,2016(3):17-29.

[13] 刘华,蒋伏心.长三角与珠三角:经济发展比较研究述评[J].上海经济研究,2007(8):39-44.

[14] 刘林平,雍昕,舒玢玢.劳动权益的地区差异——基于对珠三角和长三角地区外来工的问卷调查[J].中国社会科学,2011(2):107-123.

[15] 皮建才.中国大部制改革的组织经济学考察[J].中国工业经济,2011(5):90-98.

[16] 皮建才.垂直管理与属地管理的比较制度分析[J].中国经济问题,2014(4):13-20.

[17] 皮建才.省管县与市管县的比较制度分析[J].中国经济问题,2015(6):3-14.

[18] 尚勇敏,曾刚.区域经济发展模式内涵、标准的再探讨[J].经济问题探索,2015(1):62-67.

[19] 孙军,高彦彦.全球产业链、区域工资差异与产业升级——对长三角和珠三角产业发展模式的一个比较研究[J].当代经济科学,2010(3):46-54.

[20] 田野,马庆国.沿海三大经济圈产业结构现状与协同发展初探[J].科学学研究,2008(5):962-969.

[21] 王光振.珠江三角洲市场化改革实践与思考——兼与长江三角洲比较分析[J].南方经济,1996(9):46-48.

[22] 王珺.珠江三角洲与长江三角洲经济增长机制比较[J].中山大学学报(社会科学版),1996(1):1-8.

[23] 王珺,郑筱婷.广东和江浙地区外来工工资的比较研究——来自关系约束模型的解释[J].管理世界,2006(8):18-27.

[24] 王晓东.长三角、珠三角制造业效率比较研究——基于动态竞争的解释[J].云南财经大学学报,2011(4):78-83.

[25] 王益澄.长江三角洲与珠江三角洲经济发展特征比较[J].长江流域资源与环境,2001(2):106-111.

[26] 巫强,朱姝,安修伯.中国劳动力流动存在省际边界壁垒吗?——基于暂住证数据的

实证研究[J]. 中国经济问题, 2016(6):3-13.

[27] 闫小培,林耿,普军,周锐波. 大珠江三角洲的产业升级与国际竞争力[J]. 经济地理, 2007(6):972-976.

[28] 詹新宇,方福前. 国有经济改革与中国经济波动的平稳化[J]. 管理世界, 2012(3): 11-22.

[29] 张颢瀚. 提升长江三角洲的经济能级[J]. 社会科学, 2003(4):17-21.

[30] 张捷. 珠江三角洲与长江三角洲经济增长方式比较[J]. 南方经济, 1996(7):58-60.

[31] 张涛,张若雪. 人力资本与技术采用:对珠三角技术进步缓慢的一个解释[J]. 管理世界, 2009(2):75-82.

[32] 赵喜鸟,钱燕云,薛明慧. 技术进步对经济增长的贡献度分析——基于长三角和珠三角5个地区的实证分析[J]. 科技进步与对策, 2012(2):23-26.

[33] 朱文晖. 走向竞合——珠三角与长三角经济发展比较[M]. 北京:清华大学出版社, 2003.

（原文载于:皮建才、殷军、杨霵,《长三角与珠三角发展模式的比较制度分析》,《中国经济问题》2018年第1期。）

第二十四章　京津冀协同发展中的功能疏解和产业转移研究

内容提要:本章从功能疏解和产业转移的角度,对京津冀协同发展进行了研究。通过建立区域内的产业转移模型,我们发现,如果区域内不同地区对经济增长和功能拥挤效应的重视程度不同,那么产业从功能拥挤程度较高的地区迁往功能拥挤程度较低的地区会使整个区域的社会福利水平提高。我们还发现,当功能拥挤程度较高的地区不太重视功能拥挤效应时,产业转移将使功能拥挤程度较高的地区的社会福利水平降低,使功能拥挤程度较低的地区的社会福利水平提高;而当功能拥挤程度较高的地区非常重视功能拥挤效应时,产业转移将同时提高两地的社会福利水平。

关键词:京津冀协同发展;功能疏解;产业转移;拥挤效应;社会福利

一、引　言

京津冀地区一直以来被誉为继珠三角和长三角之后拉动中国经济增长的第三极。为促进该地区协调发展,政府相继出台过很多政策。比如,1982年,《北京市建设总体规划方案》就提出了"首都圈"这一概念,涵盖了北京、天津和河北的唐山、张家口、承德和沧州等六座城市。1996年,《北京市经济发展战略研究报告》又首次提出了"首都经济圈"这一说法,涵盖了北京、天津、唐山、秦皇岛、承德、张家口、保定、廊坊和沧州等城市。2004年,国家发改委牵头召开了京津冀区域经济发展战略研讨会,会上各地达成了著名的"廊坊共识",该共识在区域协作发展的原则以及具体规划的编制等方面都做出了具体要求。尽管京津冀三地为促进协同发展相继出台过不少政策,但由于种种原因,政策落实效果并不明显,京津冀区域经济增长潜力并未得到充分发挥。与长三角和珠三角等地相比,京津冀地区的发展还存在较大差距,比如,京津冀整体经济发展水平不高,地方保护主义现象严重,二元经济结构现象明显。总而言之,京津冀协同发展虽然取得了一定的进展,市场一体化水平高于全国平均值(江曼琦和谢姗,2015),但是总体上来看还有巨大的提升空间。2015年,中央政治局会议审议通过了《京津冀协同发展规划纲要》,指出推动京津冀协同发展是一个重大国家战略,核心是有序疏解北京非首都功能,要在京津冀交通一体化、生态环境保护以及产业升级转移等重点领域率先取得突破。

有些学者认为京津冀地区合作之所以难以达成,主要源于该地域的特殊性。比如,李建民(2014)认为,京津冀城市群为"双核极化"结构,京、津两个超大城市吸收并集聚了该区域大部分资源,从而使得整个区域发展失衡。薄文广和陈飞(2015)认为,京津冀产业结构差异明显,所以难以良性互动。还有一部分学者基于政府行为理论,对京津冀一体化问题进行了分析。比如,周立群和邹卫星(2006)认为京津冀地区发展差异之所以巨大,主要源自地方政府行为推动的循环累积效应。张亚明和刘海鸥(2014)通过建立京津冀科技资源共享的博弈模型,得出了地方政府往往会陷入"囚徒困境"的结论,所以难以达成合作。我们认为,先天的地缘条件难以改变,建立共享的声誉和理念也并非一日之功,所以,通过协调京津冀各地地方政府以及企业之间的利益来推动京津冀协同发展的进程,在新形势下就显得尤为重要。正如孙久文和原倩(2014)、丛屹和王焱(2014)以及周立群和曹知修(2014)所指出的,京津冀协同发展不仅需要发挥政府的"看得见的手"的作用,更需要发挥市场的"看不见的手"的作用。

既然京津冀协同发展有利于整个区域的利益最大化,是经济发展的重要趋势,那么为什么地方政府在协同发展进程中却表现出"不合作"的特征?什么样的补偿机制才能有效推动京津冀协同发展的进程?不同于现有文献给出的分析视角,本章试图从产业转移的角度对这些问题进行阐释,北京正在逐步将那些劳动密集型和资源密集型的产业转移到河北与天津(孙久文和姚鹏,2015),产业转移对于疏解首都非核心功能,加快河北与天津经济发展,改善京津冀地区二元经济结构具有非常重要意义。我们的分析视角可以把政府和市场的作用统一在一个框架之内。

如何对北京的非首都功能进行疏解越来越得到学术界的重视。林恩全(2013)认为,首都功能疏解的近期工作重点应该是严控、升级、整合、外迁和统筹。陈万钦(2014)认为,首都功能疏解需要优化城市布局,调整产业布局,完善交通布局。文魁(2014)认为,北京能疏解的主要是非首都核心功能,但也不是所有的非首都核心功能都能疏解,既看到其可疏解性,也要看到其疏解后可能带来的问题和挑战。安树伟和肖金成(2015)认为,首都功能疏解需要提升北京周边中小城市的功能,借此拦蓄进入北京的人口和产业。崔向华(2015)认为,要厘清功能、产业和人口之间的客观联系,在空间布局和路径设计上进行全面统筹规划。现有的文献都是文字描述性的和政策建议性的,缺乏对具体机制的模型分析。我们将基于产业转移这一抓手,对功能疏解中最为重要的经济功能疏解进行深入的剖析。

产业转移也是一个非常重要的问题,覃成林和熊雪如(2012)以及王云平(2013)对此做过比较好的文献综述。从产业转移角度对京津冀协同发展问题乃至更为广泛的区域经济一体化问题进行研究的理论文献有很多,但大都集中于产业转移为何有利于促进相对落后的地区的经济发展或者相对落后的地区如何理性选择承接发达地区的产业转移层面。比如,吴晓军和赵海东(2004)认为产业转移可以通过扩大效应、优化效应和发展效应提高相对落后地区的产业规模,优化其产业结构进而促进其经济发展。石奇和张继良(2007)深入探讨了产业转移与相对落后地区工业化的协调性问题,强调了产业转出地的转移推动力和产业转入地的转移拉动力的作用。不同于现有的研究视角,我们将基于博弈论的分析方法,建立了一个区域内产业转移的博弈模型,并基于不同地区对功能拥挤效应和经济增长重视程度不同,对产业转移前后区域内不同地区的社会福利水平进行了对比分析。

我们的模型证明,当企业生产带来的拥挤效应影响到居民的效用时,如果区域内的一个地区比较重视功能拥挤程度而另一个地区相对不太重视,产业转移会使这两个地区的总福利水平上升。我们还证明,在产业转移的过程中,既存在一个地区社会福利水平提高而另一个地区降低的情况,也存在两个地区社会福利水平同时提高的情况。而且,在考虑进补偿机制以后,两个地区将同时因产业转移而获益。

本章剩余部分的内容如下:第二部分是基本模型,构建了一个简化的区域内产业转移模型;在第三部分,我们对产业转移前后进行了比较分析,找到了产业转移的可能性条件和可行性条件;第四部分对产业转移的补偿机制进行了探索;第五部分也就是最后一部分,对全文进行了总结。

二、基本模型

假定经济体中存在两个区域,区域 A 和区域 B。区域 A 内有两个功能拥挤程度不同的地区,分别为功能拥挤程度较高的地区 1(比如,北京)和功能拥挤程度较低的地区 2(比如,天津和河北),两个地区分别拥有各自的地方政府 1 和地方政府 2。地区 1 和地区 2 在本章中将分别作为产业转移的转出地和承接地。在产业转移前,地区 1 拥有一种地区 2 没有的产业;产业转移后,地区 1 不再拥有该产业,而地区 2 则获得该产业。为了加快产业转移的步伐,当前的产业转移模式同时具有市场决定和政府引导的特点,而国有企业作为政府调节经济的重要手段,在产业转移进程中发挥了重要的引领作用(王云平,2008),比较典型的案例就是首钢集团从北京搬迁到唐山曹妃甸。为了分析国有企业在区域协同发展中的重要作用,本模型中将产业转移简化为国有企业从地区 1 迁移到地区 2。区域 B 是我们研究对象的"策略互动方",它与区域 A 在产品市场上进行竞争,因此,我们假定区域 B 存在一个地区 3,并且地区 3 拥有一个具有竞争性的私有企业。需要说明的是,区域 A 相当于京津冀,区域 B 相当于京津冀以外的地区。区域 A 的地区 1 是北京,区域 A 的地区 2 可以是天津或河北。对模型的设定情况描述完之后,下面我们就对其展开具体的数理分析。

(一) 产业转移前的分析

如上所述,在产业转移前,只有地区 1 和地区 3 拥有该产业,我们将地区 1 的国有企业称为企业 S,将地区 3 的私有企业称为企业 P。这两个企业生产同质的产品,且成本结构相同,我们假定其边际成本均为 c(Matsumura and Ogawa,2012)。由于我们不考虑企业的进入问题,所以不失一般性,我们假设两个企业的固定成本均为 0。企业 S 和企业 P 生产的产品将同时在三个地区销售,即地区 $i(i=1,2,3)$ 市场上既有来自企业 S 的产品 q_{Si},也有来自企业 P 的产品 q_{Pi},并且假定不存在运输成本。模型的机制可以用图 24-1 来表示。

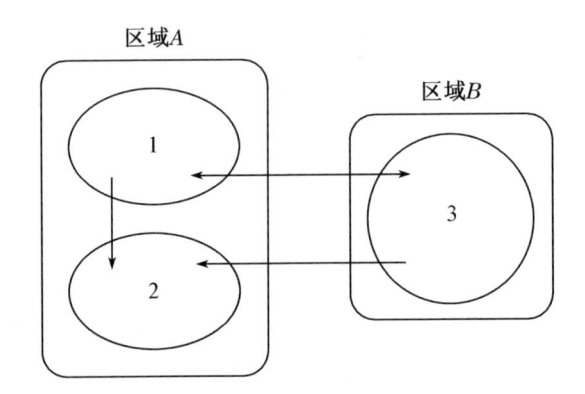

图 24-1 产业转移前的博弈机制图

此时,地区 $i(i=1,2,3)$ 的反需求函数可以表示为:

$$p_i = a - q_{Si} - q_{Pi} \tag{1}$$

其中,a 为地区 i 的市场规模,p_i 为地区 i 的产品价格,q_{Si} 和 q_{Pi} 分别为企业 S 和企业 P 在地区 i 的产品数量。

由于各企业的边际成本不变,因此企业 $j(j=S,P)$ 的成本函数可以表示为:

$$C_j = c(q_{j1} + q_{j2} + q_{j3}) \tag{2}$$

由此,我们可以得到企业 $j(j=S,P)$ 的利润函数:

$$\pi_j = p_1 q_{j1} + p_2 q_{j2} + p_3 q_{j3} - C_j \tag{3}$$

本章假定企业的生产会产生功能拥挤效应,且该效应与产量有关,即每生产一单位产品会带来一单位的功能拥挤效应①。不同地区对功能拥挤效应的重视程度不同,它会随着经济发展水平的提高而快速上升。具体在模型中这表现为:地区 1 对功能拥挤效应的重视程度较高,且重视程度为 $\mu(\mu>0)$;地区 2 对功能拥挤效应的重视程度较低,为了便于理论分析和结果呈现,不失一般性,我们不妨将其标准化为 0。从现实情况来看,我们对地区 2 进行这样假定的合理之处在于,地区 2 的功能拥挤效应还没有达到需要地区 2 进行重视的程度,功能拥挤效应要达到某个门槛值才能引

---

① 功能拥挤效应本质上是过度集聚产生的负外部性(吴颖和蒲勇健,2008)。现有的文献在分析负外部性时,往往重点关注环境污染问题,实际上我们的分析框架也可以用来对付环境污染问题。

起地区 2 的重视。换句话说,地区 1 已经进入了功能过度拥挤的区间,而地区 2 尚未进入功能过度拥挤的区间。

进一步,遵循 Bárcena-Ruiz and Garzón(2006)以及云凌志和王凤生(2010)对国有企业和私有企业的设定,国有企业追求社会福利最大化,私有企业追求利润最大化,国有企业和私有企业的目标函数分别如下:

$$g_S = \pi_S + cs_1 - ED \tag{4}$$

$$g_P = \pi_P \tag{5}$$

其中,$cs_i = \frac{1}{2}(q_{Si} + q_{Pi})^2$ 为地区 i 的消费者剩余,$ED = \mu(q_{S1} + q_{S2} + q_{S3})$ 是地区 1 由功能拥挤效应造成的福利损失。对于由功能拥挤效应造成的福利损失,我们还需要进行进一步说明。我们在直觉上认为,地区 1 的功能拥挤效应应当与该区域内企业的数量相关,因而福利损失也应当与企业数量相关。但是,由于我们假定地区 1 的某个相关产业在产业转移之前只拥有一个企业,所以我们只能把考察重点放在该企业的产量上,结果自然就是地区 1 由功能拥挤效应所带来的福利损失与该企业的产量线性正相关。实际上,即使地区 1 在某个相关产业拥有多家企业,最终的福利损失也还是要体现在累加产量或累加规模上。

最后,我们考察一下地方政府的目标函数。借鉴皮建才和殷军(2012),我们假定地区 1 和地区 2 的地方政府均为民生型地方政府,即他们关注的都是各自辖区的社会福利。因此,地区 1 和地区 2 地方政府的目标函数分别为:

$$U_1 = \pi_S + cs_1 - ED \tag{6}$$

$$U_2 = cs_2 \tag{7}$$

至此,产业转移前的博弈模型已经构建完成,下面我们将对其进行求解和分析。由于企业 S 和企业 P 在市场上进行同步产量竞争,通过最大化其目标函数[即式(4)和式(5)],并令结果等于 0,我们得到两个企业的均衡产量:

$$\begin{aligned} & q_{S1} = \alpha - \mu, q_{S2} = \frac{\alpha - 2\mu}{3}, q_{S3} = \frac{\alpha - 2\mu}{3}, \\ & q_{P1} = \frac{\mu}{2}, q_{P2} = \frac{\alpha + \mu}{3}, q_{P3} = \frac{\alpha + \mu}{3} \end{aligned} \tag{8}$$

其中，$\alpha=a-c$，为保证产量为正，我们假定 $\mu<\dfrac{\alpha}{2}$。

对上述结果进行静态分析，我们可以得到命题1。

命题1：随着区域内功能拥挤程度较高的地区对功能拥挤效应的重视程度的提高，区域内国有企业的产量会降低，区域外私有企业的产量会提高。

证明：对式(8)关于 μ 求偏导，可得：$\dfrac{\partial q_{Si}}{\partial \mu}<0$，$\dfrac{\partial q_{Pi}}{\partial \mu}>0$。

命题1的经济学含义很明显。随着地区1对功能拥挤效应重视程度的提高，出于社会福利的考虑，当地的国有企业不得不减少产量从而减少功能拥挤效应所造成的福利损失。当国有企业的市场份额下降时，作为国有企业竞争对手的私有企业，必然会采取更富有"侵略性"（aggressive）的产出决策，即私有企业会扩大产量从而占领更大市场份额。但是，我们也发现，私有企业的产量增加要小于国有企业的产量缩减，即 $\left|\dfrac{\partial q_{Pi}}{\partial \mu}\right|<\left|\dfrac{\partial q_{Si}}{\partial \mu}\right|$。这是因为，国有企业的产量缩减抬高了市场价格，出于利润最大化的考虑，私有企业并不会一味地扩大产量，而只是适当地进行产量扩张，从而将市场价格维持在一个较高的水平。因此，随着地区1对功能拥挤效应重视程度的提高，市场总产量降低了，市场价格提高了。

接着，我们考察地区1对功能拥挤效应的重视程度 μ 的提高对地区1和地区2的社会福利的影响。将式(8)分别代入式(6)和式(7)中，可以得到均衡时的社会福利水平：

$$U_1=\dfrac{4\alpha^2+5\alpha\mu-17\mu^2}{18}+\dfrac{(2\alpha-\mu)^2}{8}-\dfrac{\mu(5\alpha-7\mu)}{3} \tag{9}$$

$$=\dfrac{52\alpha^2-136\alpha\mu+109\mu^2}{72}$$

$$U_2=\dfrac{(2\alpha-\mu)^2}{18} \tag{10}$$

通过对式(9)和式(10)进行分析，我们可以得到命题2。

命题2：随着区域内功能拥挤程度较高的地区对功能拥挤效应的重视程度的提高，功能拥挤程度较高和较低的地区的社会福利水平都会降低。

第二十四章 京津冀协同发展中的功能疏解和产业转移研究

证明：对式(9)和式(10)关于 μ 求偏导，可得：

$$\frac{\partial U_1}{\partial \mu} = \frac{5\alpha - 34\mu}{18} + \left(-\frac{2\alpha - \mu}{4}\right) + \left(-\frac{5\alpha - 14\mu}{3}\right) = -\frac{68\alpha - 109\mu}{36} < 0,$$

$$\frac{\partial U_2}{\partial \mu} = -\frac{2\alpha - \mu}{9} < 0。$$

命题 2 的经济学含义如下。功能拥挤程度较高的地区提高对功能拥挤效应的重视程度对本地区社会福利的影响有三个渠道，即利润效应、扭曲效应和环境效应。首先，就利润效应而言，由命题 1 可知，提高对功能拥挤效应的重视程度虽然降低了当地国有企业的产量，但同时也抬高了产品的市场价格，因此对企业利润的影响是不确定的，即 $\frac{5\alpha - 34\mu}{18}$ 的符号不确定。其次，就扭曲效应而言，由命题 1 可知，提高对功能拥挤效应的重视程度会导致国有企业的产量大幅下降，虽然私有企业的产量提高了，但并不足以将其抵消，这导致了市场总产量的下降和市场价格的上升，这无疑对消费者利益造成了损害，即 $-\frac{2\alpha - \mu}{4} < 0$。最后，就环境效应而言，提高对功能拥挤效应的重视程度，一方面有效降低了功能拥挤程度，另一方面民众对功能拥挤的厌恶程度也在增加，最终由于功能拥挤造成的效用损失则是不确定的，即 $-\frac{5\alpha - 14\mu}{3}$ 的符号不确定。但我们发现，在上述三种效应中，扭曲效应占据绝对主导地位，利润效应和环境效应无法逆转它对社会福利产生的负向作用。因此，随着功能拥挤程度较高的地区对功能拥挤效应的重视程度的提高，功能拥挤程度较高的地区的社会福利水平反而降低了。但对于功能拥挤程度较低的地区而言，它的社会福利大小完全取决于当地的消费者剩余，功能拥挤程度较高的地区提高对功能拥挤效应的重视程度对其社会福利的影响只有一个负向的扭曲效应。因此，功能拥挤程度较低的地区的社会福利水平也是降低的。

我们不难发现，随着功能拥挤程度较高的地区对功能拥挤效应的重视程度的提高，整个区域的社会福利水平在下降。很显然，这并不是我们想要看到的结果。从上文分析可以看出，这是由扭曲效应起主导作用导致的。然而，私有企业作为一个"理性主体"，它追求的是自身利润最大化，它不会因为社会福利水平的降低而违背自己逐利的天性,而是进一步扩大产量进而压低市场价格。

(二) 产业转移后的分析

产业转移后,国有企业 S 由地区 1 迁往地区 2,此时地区 $i(i=1,2,3)$ 的反需求函数、企业 $j(j=S,P)$ 的成本函数和利润函数与产业转移前一致,我们用上标 T 表示产业转移后的情况。模型的具体机制可以用图 24-2 来表示。

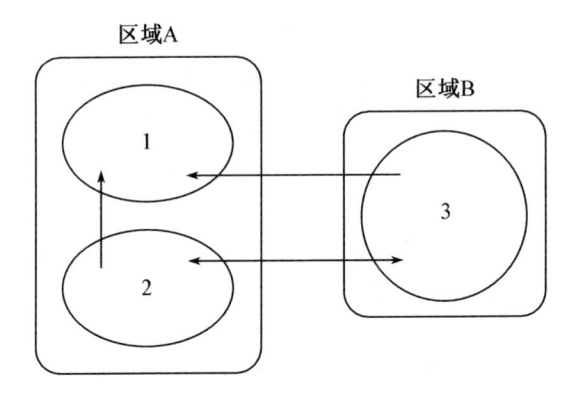

图 24-2 产业转移后的博弈机制图

与产业转移前一样,国有企业仍然追求社会福利的最大化,私有企业仍然追求利润的最大化。不同的是,地区 2 并不重视功能拥挤效应,因此,国有企业和私有企业的目标函数分别如下:

$$g_S^T = \pi_S^T + cs_2^T \tag{11}$$

$$g_P^T = \pi_P^T \tag{12}$$

相应地,产业转移后地区 1 和地区 2 地方政府的目标函数分别为:

$$U_1^T = cs_1^T \tag{13}$$

$$U_2^T = \pi_S^T + cs_2^T \tag{14}$$

至此,产业转移后的博弈模型已构建完成,我们将对其进行求解和分析。最大化两个企业的目标函数[即式(11)和式(12)],并令结果等于 0,我们可以得到两个企业的均衡产量:

$$q_{S1}^T = \frac{\alpha}{3}, q_{S2}^T = \alpha, q_{S3}^T = \frac{\alpha}{3},$$

$$q_{P1}^T=\frac{\alpha}{3},\ q_{P2}^T=0,\ q_{P3}^T=\frac{\alpha}{3} \tag{15}$$

对上述结果进行比较静态分析,我们可以得到命题3。

命题3:在产业转移后,随着区域内功能拥挤程度较高的地区对功能拥挤效应的重视程度的提高,区域内国有企业的产量会保持不变,区域外私有企业的产量也会保持不变。

证明:对式(15)关于 μ 求偏导,我们不难得到:$\frac{\partial q_{Si}^T}{\partial \mu}=0,\ \frac{\partial q_{Pi}^T}{\partial \mu}=0$。

命题3的经济学含义非常直观。国有企业 S 由地区1转移到地区2之后,企业的产出决策自然不受地区1的地方政府对功能拥挤效应的重视程度的影响,即 q_{Si}^T 和 μ 无关;一旦国有企业 S 的产出决策确定,私有企业 P 的产出决策也就确定,因此 q_{Pi}^T 也和 μ 无关。

同样,我们接下来考察地区1对功能拥挤效应的重视程度 μ 的提高对地区1和地区2的社会福利产生的影响。将式(15)分别代入式(13)和式(14)中,我们可以得到均衡时的社会福利水平:

$$U_1^T=\frac{2\alpha^2}{9} \tag{16}$$

$$U_2^T=\frac{2\alpha^2}{9}+\frac{\alpha^2}{2}=\frac{13\alpha^2}{18} \tag{17}$$

对式(16)和式(17)进行分析,我们可以得到命题4。

命题4:在产业转移后,随着区域内功能拥挤程度较高的地区对功能拥挤效应的重视程度的提高,功能拥挤程度较高的地区的社会福利水平不会发生变化,功能拥挤程度较低的地区的社会福利水平也不会发生变化。

证明:对式(16)和式(17)关于 μ 求偏导,可得:$\frac{\partial U_1^T}{\partial \mu}=0,\ \frac{\partial U_2^T}{\partial \mu}=0$。

由式(13)和式(14)不难看出,两个地区的社会福利水平是关于企业产出的函数。由命题3可知,企业的产出决策不受功能拥挤程度较高的地区的地方政府对功能拥挤效应的重视程度的影响,因此两个地区的社会福利水平也不会受其影响,即功能拥挤程度较高的地区提高对功能拥挤效应的重视程度并不会改变两个地区乃至整个区域的社会福利水平。

三、比较分析

在这一部分,我们将对产业转移前后进行比较分析,找到产业转移的可能性条件(即在什么情况下发生产业转移是可能的)和可行性条件(即在什么情况下发生产业转移是可行的)。需要说明的是,我们在这里所说的可能性是指存在卡尔多改进的空间,我们在这里所说的可行性是指存在帕累托改进的空间。

(一) 产业转移的可能性条件

根据命题2和命题4,我们不难发现,在产业转移前,功能拥挤程度较高的地区提高对功能拥挤效应的重视程度将降低整个区域的社会福利水平;而在产业转移后,功能拥挤程度较高的地区的这一发展诉求并不会降低整个区域的社会福利水平。影响产业转移的关键在于,产业转移是否能够切实提高整个区域的社会福利水平。区域协同发展的首要原则是区域整体利益最大化,根据之前的分析,我们可以知道:当 $U_A^T > U_A$ 时,区域 A 可以通过产业转移来提升整个区域的社会福利;当 $U_A^T \leqslant U_A$ 时,区域 A 不能通过产业转移来提升整个区域的社会福利。这也是实施区域产业转移的逻辑和原则。

根据式(9)、式(10)、式(16)和式(17),我们可以得到:

$$U_A^T - U_A = \frac{\mu(152\alpha - 113\mu)}{72} > 0 \tag{18}$$

由此,我们可以得到命题5。

命题5:区域内功能拥挤程度较高的地区向功能拥挤程度较低的地区进行产业转移,能提高整个区域的社会福利水平。

命题5的经济学含义非常明显。产业转移从某种意义上来讲,是生产力的空间转移,既符合功能拥挤程度较高的地区的经济、社会和环境的发展需要,又是功能拥挤程度较低的地区增强自身经济实力的历史机遇。产业转移不仅能改善功能拥挤程度较高的地区的发展空间不足的现状,而且能够充分提高功能拥挤程度较低的地区的生产力,对于缩小经济发展差距和促进区域协同发展都具有重要意义(吴晓军和赵海东,2004;石奇和张继良,2007)。

通过对式(18)进行分析,我们可以得到命题6。

命题6:随着区域内功能拥挤程度较高的地区对功能拥挤效应的重视程度的提高,产业转移对整个区域的社会福利的提升幅度会增大。

证明:对式(18)关于μ求偏导,我们有:$\frac{\partial(U_A^T - U_A)}{\partial \mu} = \frac{76\alpha - 113\mu}{36} > 0$。

命题6的经济学含义如下。由命题2可知,功能拥挤程度较高的地区对功能拥挤效应的重视程度越高,功能拥挤程度较高的地区继续拥有该产业的社会成本也就越大。反过来讲,功能拥挤程度较高的地区放弃这一产业(即进行产业转移)的潜在利益也就越大。因此,功能拥挤程度较高的地区对功能拥挤效应的重视程度的提高,会进一步增加功能拥挤程度较低的地区在产业转移上的吸引力,从而加快推进区域产业转移的进程。

(二)产业转移的可行性条件

区域经济协同发展的形成,不是因为某些利益相关主体具有牺牲精神,通过牺牲自己的经济利益来换取区域整体的利益,而是因为区域经济协同发展对所有的利益相关主体而言都是有利的(李郁和徐现祥,2013)。就产业转移来说,它实际上是转移企业、产业转出地政府、产业承接地政府三个利益主体之间的博弈。因此,要使产业转移得以发生,必须要求产业转移同时符合这三者的利益。

首先,我们对转移企业的决策进行分析。虽然地方政府决策对产业转移能否顺利实施具有重要影响,但企业才是产业转移的主体,产业转移要能切实提高企业利润,符合其自身意愿(陈建军,2002)。如果产业转移完全由政府主导,不遵循市场规律、违背企业的意愿,即使企业在政府的"号召"下进行了外迁,也会由于"水土不服"而难有作为,最后的政策效果也会和政府的初衷相背离。将式(8)和式(15)的计算结果分别代入产业转移前后企业S的利润函数中,我们有:

$$\pi_S^T - \pi_S = \frac{2\alpha^2}{9} - \frac{4\alpha^2 + 5\alpha\mu - 17\mu^2}{18} = -\frac{\mu(5\alpha - 17\mu)}{18} \tag{19}$$

于是,我们可以得到命题7。

命题7：当功能拥挤程度较高的地区对功能拥挤效应的重视程度比较小时，国有企业由功能拥挤程度较高的地区转移到功能拥挤程度较低的地区，其利润会降低；当功能拥挤程度较高的地区对功能拥挤效应的重视程度比较大时，国有企业由功能拥挤程度较高的地区转移到功能拥挤程度较低的地区，其利润会提高。

证明：令 $\pi_S^T - \pi_S = 0$，我们有 $\mu = \mu_1 = \dfrac{5\alpha}{17}$；令 $\pi_S^T - \pi_S < 0$，我们有 $0 < \mu < \mu_1$；令 $\pi_S^T - \pi_S > 0$，我们有 $\mu_1 < \mu < \dfrac{\alpha}{2}$。

命题7的经济学含义如下。在产业转移前，国有企业位于功能拥挤程度较高的地区，其产出是该地区对功能拥挤效应的重视程度的函数，并且随着该地区对功能拥挤效应的重视程度的提高而降低，国有企业将通过产量的不断降低来避免由于功能拥挤所造成的福利损失。而在产业转移后，国有企业位于不重视功能拥挤效应的功能拥挤程度较低的地区，其产出也就与对功能拥挤效应的重视程度无关。因此，在产业转移后，国有企业有产量扩张的冲动，并且随着功能拥挤程度较高的地区对功能拥挤效应的重视程度的逐步提高，这种冲动也就愈发强烈。然而，产量的扩张对企业的利润产生两种不同方向的影响：一是产量扩张对利润有一个正向的直接影响，二是产量扩张通过压低价格对利润有一个负向的间接影响，而最终利润的变化则取决于哪种影响更大。当功能拥挤程度较高的地区对功能拥挤效应的重视程度比较小时，在产业转移前国有企业的产量并没有受到太大的抑制。因此，市场总产量相对较大而市场价格相对较低。在这种情况下，国有企业在产业转移后的产量扩张将导致价格的大幅下跌，并且价格下跌的影响超过了销量增加的影响，最终企业的利润会减少。当功能拥挤程度较高的地区对功能拥挤效应的重视程度比较大时，在产业转移前国有企业的产量受到较大的抑制。因此，市场总产量相对较小而市场价格相对较高。在这种情况下，国有企业产业转移后的产量扩张只会引起价格的小幅下降，并且价格下跌的影响也小于销量增加的影响，最终企业的利润会增加。综上所述，产业转移就是企业为了应对外部经营环境的变化，为自身寻求一个更加有利的生产经营地点，而评断标准就是两地的利润比较[①]。如果企业外迁后能够获得一个更高的利润,那么企业就会进行迁移;反之,如果企业外迁后反而获得一个更低的利润,那么企业就会留在原地。当功能拥挤程度较高的地区对功能拥挤效应的重视程度比较小时,当地尚有空间容纳企业的发展,企业并没有迁出的意愿;当功能拥挤程度较高的地区对功能拥挤效应的重视程度比较大时,当地已经不适应企业的生存,企业就具有迁出的动力。

其次,我们对产业转出地政府和产业承接地政府的决策进行分析。由式(9)、式(10)、式(16)和式(17),我们有:

$$U_1^T - U_1 = -\frac{36\alpha^2 - 136\alpha\mu + 109\mu^2}{72} \tag{20}$$

$$U_2^T - U_2 = \frac{9\alpha^2 + 4\alpha\mu - \mu^2}{18} \tag{21}$$

这样一来,我们可以得到命题8。

命题8:(1)当功能拥挤程度较高的地区对功能拥挤效应的重视程度不太大时,国有企业由功能拥挤程度较高的地区转移到功能拥挤程度较低的地区,功能拥挤程度较高的地区的社会福利会降低;当功能拥挤程度较高的地区对功能拥挤效应的重视程度足够大时,国有企业由功能拥挤程度较高的地区转移到功能拥挤程度较低的地区,功能拥挤程度较高的地区的社会福利会提高。(2)无论功能拥挤程度较高的地区对功能拥挤效应的重视程度如何,国有企业由功能拥挤程度较高的地区转移到功能拥挤程度较低的地区,功能拥挤程度较低的地区的社会福利都会提高。

证明:令 $U_1^T - U_1 = 0$,我们有 $\mu = \mu_2$[②];令 $U_1^T - U_1 < 0$,我们有 $0 < \mu < \mu_2$;令 $U_1^T - U_1 > 0$,我们有 $\mu_2 < \mu < \frac{\alpha}{2}$。$U_2^T - U_2 > 0$ 恒成立。

---

① 实际上,只有当转移前后的利润差额的贴现值大于企业的转移成本时,企业才会实行转移(Nakosteen and Zimmer,1987;Van Dijk and Pellenbarg,2000)。为了便于分析,我们并未考虑货币的时间价值因素和企业的转移成本,即假定贴现率和企业的转移成本都为0,此时只要转移前后的利润差额大于0,企业就会转移。

② 在这里,需要说明的是,我们可以发现,$\mu_2 = (68 - 10\sqrt{7})\alpha/109$,且 $0 < \mu_2 < \frac{\alpha}{2}$。

命题8的经济学含义如下。因为两个地区的利益诉求不同,两个地方政府对产业转移的态度也有所差别。对于功能拥挤程度较高的地区来说,由于功能容量的限制,其迫切需要将一些企业转移出去,从而获得产业转移升级的空间。但是,地方政府出于短期利益的考虑,往往对这些企业难以割舍,并不鼓励企业外迁,原因包括以下几点:第一,产业的转移将直接导致当地该产业生产能力下降甚至消失,从而降低了该地区的整体竞争力;第二,企业迁出意味着大量就业岗位的失去,失业的增加将影响当地的社会稳定;第三,考虑到税源流失、GDP降低以及不同地区地方官员的相对政绩考核,通过产业转移实现区域协同发展将更加困难(徐现祥等,2007;皮建才,2008)。在这里,功能拥挤程度较高的地区的地方政府面临一个权衡,而这个权衡又取决于功能拥挤程度较高的地区对功能拥挤效应的重视程度。如果功能拥挤程度较高的地区对功能拥挤效应的重视程度不是太大,即功能拥挤是可容忍的,那么地方政府就不会实施产业转移;如果功能拥挤程度较高的地区对功能拥挤效应的重视程度足够大,即功能拥挤超过可容忍的水平,那么地方政府就会推动产业转移。而对于功能拥挤程度较低的地区来说,由于其工业基础相对薄弱,一方面,企业迁入创造了大量的就业机会,缓解了当地的就业压力;另一方面,承接产业转移将直接增加当地该产业的生产能力,进而拉动了整个地区的经济增长(魏后凯,2003),因此功能拥挤程度较低的地区总会积极承接功能拥挤程度较高的地区的产业转移。

综合命题7和命题8,我们不难看出,由于机会主义的存在,区域产业转移的顺利实施是有条件的。因为$\mu_1<\mu_2$,所以只有当$\mu_2<\mu<\frac{\alpha}{2}$时,产业转移才会发生,此时产业转移实现了三赢。进一步,区域产业转移的阻力通常来自以下两个方面:一是转移企业的利润因素,这具体又跟企业产出以及市场价格有关,正是企业的利润考量约束了企业的外迁选择;二是转出地政府的行政因素,转出地政府出于经济增长、财政收入和社会就业等诸多方面的考虑,不愿意让那些仍对当地经济社会发展具有贡献的企业外迁,对那些有愿意外迁的企业采取各种行政挽留措施,从而阻碍了产业转移。也就是说,当$\mu_1<\mu<\mu_2$时,由于产业转移损害了功能拥挤程度较高的地区的利

益,因此产业转移无法进行。然而,从上述分析可知,此时产业转移是符合区域整体利益的,不仅企业自身愿意进行转移,功能拥挤程度较低的地区更是能够从中获利。既然功能拥挤程度较低的地区有承接产业转移的意愿,那么我们就需要考虑是否能够通过功能拥挤程度较低的地区对功能拥挤程度较高的地区进行利益补偿,使原本功能拥挤程度较高的地区不愿意实施的产业转移得以顺利进行。

四、考虑利益补偿机制的进一步分析

在这一部分,我们将引入利益补偿机制,对区域产业转移展开更加深入的研究。根据第三部分的分析我们已经知道,当 $\mu_1 < \mu < \mu_2$ 时,由于功能拥挤程度较高的地区的地方政府因产业转移而利益受损,所以会阻碍产业转移的顺利实施。因为功能拥挤程度较低的地区能够从产业转移中获益,本着互惠互利的原则,应对功能拥挤程度较高的地区进行一定的利益补偿,从而激发功能拥挤程度较高的地区的地方政府进行产业转移的积极性,进而实现区域协同发展的目的。媒体中报道比较多的是建立京津冀税收分成机制问题,对于大型国有企业的产业转移,往往由转出地和接受地共同沟通解决税收分配问题,而且税收补偿机制还需要考虑生态补偿问题。综合考虑现有文献中的讨价还价模型(Nash,1950;Rubinstein,1982;Muthoo,1999),为了使产业转移得以实施,功能拥挤程度较低的地区地方的政府需要给予功能拥挤程度较高的地区的地方政府一定的补偿 $F(F>0)$,因此产业转移中的转出地政府和承接地政府的问题为:

$$\text{Max}_F (U_1^T + F - U_1)^\beta (U_2^T - F - U_2)^{1-\beta} \tag{22}$$

其中,β 和 $1-\beta$ 分别表示转出地政府和承接地政府的议价力量,β 的取值范围为 $0 < \beta < 1$。

最大化式(22),我们可以发现最优补偿为:

$$F^*(\beta,\mu) = \frac{\beta\mu(152\alpha - 113\mu) + 36\alpha^2 - 136\alpha\mu + 109\mu^2}{72} \tag{23}$$

因此,补偿后转出地政府和承接地政府的净得益为:

$$U_1^T - U_1 + F^*(\beta, \mu) = \frac{\beta\mu(152\alpha - 113\mu)}{72} > 0 \qquad (24)$$

$$U_2^T - U_2 - F^*(\beta, \mu) = \frac{(1-\beta)\mu(152\alpha - 113\mu)}{72} > 0 \qquad (25)$$

由此,我们可以得到命题9。

命题9:当功能拥挤程度较低的地区就产业转移给予功能拥挤程度较高的地区一个最优补偿时,无论功能拥挤程度较高的地区对功能拥挤效应的重视程度如何,当国有企业由功能拥挤程度较高的地区转移到功能拥挤程度较低的地区时,两个地区的社会福利都会得到提高。

命题9具有重要的现实意义。对于功能拥挤程度较高的地区而言,虽然产业转移减轻了当地的功能负担,但是产业断层和失业增加也有可能会引发"产业空洞化"和社会不稳定。一旦产业转移的负面作用太大,大到完全抵消其正面作用,功能拥挤程度较高的地区的地方政府就会将此作为地方保护和市场分割的理由,产业转移自然也就难以进行。一方面,功能拥挤程度较高的地区的转移收益权实现不足,与功能拥挤程度较低的地区存在着利益矛盾和冲突;但另一方面,区域产业转移又是符合区域整体利益的,两个地区有着共同的利益诉求,因此功能拥挤程度较高的地区和功能拥挤程度较低的地区之间是一种竞合关系,此时就应建立地方政府间的合作协调机制,避免功能拥挤程度较高的地区为了自身短期利益而陷入地方保护的两难境地。而这一问题的关键在于实现利益共享,只有获益的功能拥挤程度较低的地区给予利益受损的功能拥挤程度较高的地区足够的补偿,才能调动当地政府对产业转移的积极性。此时双方的合作博弈可以达到利益均衡,从而共同推动产业的有序转移、逐步实现区域协同发展,进而达到双方的共赢。

最后,通过对最优补偿进行分析,我们可以得到命题10。

命题10:(1)随着功能拥挤程度较高的地区的议价力量的提高,功能拥挤程度较低的地区对功能拥挤程度较高的地区的最优补偿额度会变大。(2)当功能拥挤程度较高的地区的议价力量不是太大时,随着功能拥挤程度较高的地区对功能拥挤效应的重视程度的提高,功能拥挤程度较低的地区对功能拥挤程度较高的地区的最优补偿额度会变小;当功能拥挤程度较高的地区的议价力量足够大时,随着功能拥挤程度较高的地区对功能拥挤效应的重视程度的提高,功能拥挤程度较低的地区对功能拥挤程度较高的地区的最优补偿额度会变大。

证明: 对式(23)关于 β 求偏导,可得: $\dfrac{\partial F^*(\beta,\mu)}{\partial \beta}=\dfrac{\mu(152\alpha-113\mu)}{72}>0$。对式(23)关于 μ 求偏导,可得: $\dfrac{\partial F^*(\beta,\mu)}{\partial \mu}=\dfrac{\beta(76\alpha-113\mu)-(68\alpha-109\mu)}{36}$。当 $0<\beta<\bar{\beta}$ 时[①],$\dfrac{\partial F^*(\beta,\mu)}{\partial \mu}<0$;当 $\bar{\beta}<\beta<1$ 时,$\dfrac{\partial F^*(\beta,\mu)}{\partial \mu}>0$。

命题10的经济学含义非常直观。要使功能拥挤程度较高的地区实施一项于己不利的政策,必然要从利益获得方功能拥挤程度较低的地区那里获得一定的补偿,并且补偿额和其议价力量正相关。功能拥挤程度较高的地区的地方政府的议价力量越强,功能拥挤程度较低的地区的地方政府的议价力量也就越弱,功能拥挤程度较低的地区只有让出更多的利益才能促使产业转移的实现。然而,随着功能拥挤程度较高的地区对功能拥挤效应的重视程度的提高,一方面,功能拥挤程度较高的地区对于产业转移的需求越来越迫切;另一方面,功能拥挤程度较低的地区承接产业转移的意愿也越来越强烈。当功能拥挤程度较高的地区的地方政府的谈判能力不是太强时,功能拥挤程度较低的地区地方政府在谈判中更有话语权。由于功能拥挤程度较高的地区对于产业转移的迫切需要,功能拥挤程度较低的地区只需给予一个较小的补偿就能促使产业转移的实现,即最优补偿跟功能拥挤程度较高的地区对功能拥挤效应的重视程度成反比。当功能拥挤程度较高的地区的地方政府的议价力量足够强时,功能拥挤程度较低的地区的地方政府在谈判中缺少话语权。由于功能拥挤程度较低的地区对于产业转移的意愿比较强烈,所以功能拥挤程度较低的地区必须给予一个较大的补偿才能促使产业转移得以实现,即最优补偿跟功能拥挤程度较高的地区对功能拥挤效应的重视程度成正比。

---

① 需要说明的是,我们可以发现: $\bar{\beta}=\dfrac{68\alpha-109\mu}{76\alpha-113\mu}$,且 $\dfrac{1}{2}<\bar{\beta}<1$。

五、结语

本章中我们建立了一个区域内地区间的产业转移博弈模型。通过区域内两地区间对功能拥挤效应的重视程度不同这一机制,我们证明了区域内两地区间存在产业转移的可能性这一命题。并且,考虑进补偿机制后,我们认为,产业转移对产业转出地和产业承接地双方都是有利的。从理论上讲,各地应积极参与区域内的产业转移决策以推动区域协同发展。当然,现实的状况更为复杂和微妙,产业转移包含了企业之间、地方政府之间以及地方政府与中央政府之间等多方利益博弈,涉及产业内就业人员的安置、被转移产业的适应以及地方政府官员的政绩考核等一系列问题。我们的模型仅仅考察了一个简化了的区域内产业转移问题,这虽然可以在很大程度上抓住本章所关注的问题的内核,但是也抽象掉了很多可能会影响结果的具体细节。为推动京津冀协同发展,更多的利益协调机制有待于学者和社会各界的深入探讨,更多的权衡有待于学者和社会各界的深入考察,我们希望本章可以起到抛砖引玉的作用。

结合本章的理论分析,我们为京津冀协同发展中的功能疏解和产业转移提出以下三点政策建议。第一,在理顺产业转移的可能性条件的基础上把握产业转移的可行性条件,抓手就是建立合适的利益补偿机制,在利益补偿上允许一事一议和自发性探索,鼓励不同产业的诱致性制度变迁,不要搞"一刀切"。第二,在政绩考核上,要尽量避开相对绩效考评的弊端,可以实行京津冀三地抱团考评制度,在经济发展和环境保护等诸多方面实行联动,减少产业转移过程中的体制性地方行政阻力。第三,在协调治理机制上,可以适当借鉴长三角地区的经验,建立多层次多级别的地方领导和职能部门会谈机制、协商机制和落实机制,使相关各方的目标函数成为共同知识,找准各方的妥协点,从制度设计层面为产业转移提供动力。

参考文献

[1] Bárcena-Ruiz J. C., and M. B. Garzón, 2006, Mixed Oligopoly and Environmental Policy, *Spanish Economic Review*, 8(2): 139 – 160.

[2] Matsumura T., and A. Ogawa, 2012, Price versus Quantity in a Mixed Duopoly,

Economics Letters, 116(2): 174 - 177.

［3］Muthoo A., 1999, *Bargaining Theory with Applications*, Cambridge and New York: Cambridge University Press.

［4］Nakosteen R. A., and M. A. Zimmer, 1987, Determinants of Regional Migration by Manufacturing Firms, *Economic Inquiry*, 25(2): 351 - 362.

［5］Nash J. F., 1950, The Bargaining Problem, *Econometrica*, 18(2): 155 - 162.

［6］Rubinstein A., 1982, Perfect Equilibrium in a Bargaining Model, *Econometrica*, 50(1): 97 - 109.

［7］Van Dijk, J., and P. H. Pellenbarg, 2000, Firm Relocation Decisions in the Netherlands: An Ordered Logit Approach, *Papers in Regional Science*, 79(2): 191 - 219.

［8］安树伟,肖金成.京津冀协同发展:北京的"困境"与河北的"角色"[J].广东社会科学,2015(4):5-11.

［9］薄文广,陈飞.京津冀协同发展:挑战与困境[J].南开学报(哲学社会科学版),2015(1),110-118.

［10］陈建军.中国现阶段的产业区域转移及其动力机制[J].中国工业经济,2002(8):37-44.

［11］陈万钦.关于首都功能疏解的若干设想[J].经济与管理,2014(2):18-21.

［12］丛屹,王焱.协同发展、合作治理、困境摆脱与京津冀体制机制创新[J].改革,2014(6):75-81.

［13］崔向华.首都经济圈规划视野中的北京城市功能疏解[J].城市规划,2015(5):9-15.

［14］江曼琦,谢姗.京津冀地区市场分割与整合的时空演化[J].南开学报(哲学社会科学版),2015(1):97-109.

［15］李建民.京津冀城镇化及其与长三角和珠三角的比较[J].人口与经济,2014(1):3-7.

［16］李郇,徐现祥.政策评估:行政区域一体化的经济绩效分析[C].城市时代,协同规划——2013中国城市规划年会论文集,2013:1-16.

［17］林恩全.北京中心城功能疏解方略[J].城市问题,2013(5):36-40.

［18］皮建才.中国地方政府间竞争下的区域市场整合[J].经济研究,2008(3):115-124.

[19] 皮建才,殷军. 经济全球化背景下的地方政府行为与国内市场分割[J]. 经济管理,2012(10):1-9.

[20] 覃成林,熊雪如. 区域产业转移的政府动机与行为:一个文献综述[J]. 改革,2012(7):73-78.

[21] 石奇,张继良. 区际产业转移与欠发达地区工业化的协调性[J]. 产业经济研究,2007(1):38-44.

[22] 孙久文,姚鹏. 京津冀产业空间转移、地区专业化与协同发展——基于新经济地理学的分析框架[J]. 南开学报(哲学社会科学版),2015(1):81-89.

[23] 孙久文,原倩. 京津冀协同发展战略的比较和演进重点[J]. 经济社会体制比较,2014(5):1-11.

[24] 王云平. 产业转移视野的结构调整:市场与政府界别[J]. 改革,2008(7):46-54.

[25] 王云平. 产业转移问题研究的有关观点综述[J]. 经济管理,2013(6):175-187.

[26] 魏后凯. 产业转移的发展趋势及其对竞争力的影响[J]. 福建论坛(经济社会版),2013(4):11-15.

[27] 文魁. 首都功能疏解与区域协同发展[J]. 城市管理与科技,2014(4):11-12.

[28] 吴国萍,张鑫. 西部承接东部产业转移的政府角色定位[J]. 改革,2009(3):77-81.

[29] 吴晓军,赵海东. 产业转移与欠发达地区经济发展[J]. 当代财经,2004(6):96-99.

[30] 吴颖,蒲勇健. 区域过度集聚负外部性的福利影响及对策研究——基于空间经济学方法的模拟分析[J]. 财经研究,2008(1):106-115,143.

[31] 徐现祥,李郇,王美今. 区域一体化、经济增长与政治晋升[J]. 经济学(季刊),2007(4):1075-1096.

[32] 云凌志,王凤生. 混合寡占之下的负外部性对策:国有化兼并还是行政监管——兼评山西省煤炭业资源重组方案[J]. 中国工业经济,2010(1):124-134.

[33] 詹晶. 中央对省财政转移支付的决定因素:公平、议价、还是效益?[J]. 经济社会体制比较,2012(6):73-84.

[34] 张亚明,刘海鸥. 协同创新博弈观的京津冀科技资源共享模型与策略[J]. 中国科技论坛,2014(1):34-41.

[35] 周立群,曹知修. 京津冀协同发展开启经济一体化新路径[J]. 中共天津市委党校学报,

2014(4):100-104.

[36] 周立群,邹卫星.京津冀地区差距、因果累积与经济增长[J].天津社会科学,2006(6):73-81.

(原文载于:皮建才、薛海玉、殷军,《京津冀协同发展中的功能疏解和产业转移研究》,《中国经济问题》2016年第6期。)

第二十五章　京津冀区域经济协同发展中产业转移的区位选择

内容提要:本章对京津冀区域经济协同发展中产业转移的区位选择问题进行了研究。京津冀地区既要面对协同发展的问题,也要面对环境污染的问题,在产业转移的过程中进行合适的区位选择可以有效权衡这两个问题。北京地区的企业既可以转移到天津或河北地区(即选择区域内),也可以转移到京津冀以外的地区(即选择区域外)。对环境看重程度较高的地区有动力把产业转移到对环境看重程度较低的地区。本章的研究发现,具体的区位选择受到协同效应、跨界污染程度、居民环境偏好等因素的影响。最后,根据研究的理论分析结果,本章提出了一些政策建议以及对国家新设立的"雄安新区"的启示。

关键词:京津冀协同发展;产业转移;协同效应;跨界污染;雄安新区

一、引　言

京津冀作为中国近年发展速度最快的区域之一,在拉动国民经济增长中的地位愈发凸显,其独特的地域特征使其在发展过程中备受关注,被视为是继珠三角和长三角后中国第三大区域经济圈。早在改革开放后的20世纪80年代京津冀地区就展开了初步的合作,最早的"首都圈"概念即在1982年的《北京市建设总体规划方案》中被提出,其主要包括北京、天津以及河北的张家口、沧州、唐山、承德等六市。1988年,北京市又与河北的唐山、张家口、保定、承德、廊坊、秦皇岛等六座毗邻的地市组成环京经济协作区。1996年,《北京市经济发展战略研究报告》提出以京津为核心,包括河北七地市在内的"首都经济圈"概念,这标志着京津冀区域经济合作发展迈向新的台阶。2004年,京津冀三地政府在河北廊坊召开会议,就京津冀区域经济发展对策与建议问题展开讨论,达成了著名的"廊坊共识"。2005年以来京津冀区域发展步入实质性阶段,部分政策得到落实,建设项目也纷纷上马,比如首钢顺利搬迁河北曹妃甸、天津滨海新区纳入国家"十一五"规划、北京至津冀的多条高铁建成通车等。尽管京津冀区域协同发展有着比较好的政策支持和一些实质性项目的支撑,但是较之长三角和珠三角地区的区域经济一体化程度的差距仍然十分明显。

所以,近年来中央又从不同层面出台了一系列政策重点支持京津冀地区的协同发展。2014年习近平主席在北京召开座谈会,听取了京津冀地区协同发展的专题工作汇报,并就如何进一步推进京津冀协同发展提出了七点要求。2015年中央政治局会议审议通过了《京津冀协同发展规划纲要》,将京津冀协同发展上升到国家战略层面,以疏解北京非首都功能为核心,以京津冀交通一体化、生态环境保护、产业升级转移等重点领域为优先突破口。2017年4月1日中共中央、国务院决定在河北省雄县、容城、安新等三个县域及周边区域设立"雄安新区"。该新区被视为是继深圳经济特区和上海浦东新区后又一全国性新区,是国家推动京津冀协同发展战略的重大决策部署,承载着疏解北京非首都功能、承接转移产业、发展高新技术产业等重大任务。这些政策更加具体和明晰,目标就是将京津冀协同发展推向一个新的高度。就学术研究层面而言,需要对京津冀协同发展过程中遭遇的困境及原因进行必要的学理分析,在学理分析的基础上"对症下药"提出相应的解决措施。

许多学者对京津冀协同发展中的问题也进行了探索。在这些探索中,地域的特殊性、不同区域定位的模糊性以及区域间的分割性和二元性常被学者们视作是影响京津冀协同发展的重要原因。北京的首都地位决定了京津冀不同于全国其他任何区域的独特性,同时也赋予了北京在部分决策上的优势。薄文广和陈飞(2015)在研究中就指出京津冀协同发展迟缓的一个重要原因就是京津冀在政治、经济地位上的不平等。尽管政策制定上是为了促进京津冀协同发展,但每个地区总是各自为政、定位模糊。丛屹和王焱(2014)在研究中就指出了这一点,比如,建设首都经济圈与北京"四个中心"的城市地位相悖,也与天津定位北方经济中心相矛盾。李建民(2014)认为,正是"京津双核"的"双核极化"的结构,使得京、津两地马太效应更加显著,极大地吸收了区域内的优质资源,导致区域间失衡发展,尤其是河北被边缘化,这些均有悖于协同发展的初衷。区域间的分割性更多表现为"地方保护主义",张亚明和刘海鸥(2014)从博弈的角度通过构建京津冀科技资源共享博弈模型,认为地方政府很容易陷入不合作的"囚徒困境"。同时,京津冀间严重的二元经济结构,一方面使得区域内落后地区很难吸引、消化、吸收发达地区各种必要的生产要素和先进管理制度,另一方面使得发达地区的向外辐射的能力也十分有限,当然这也为区域内的产业转移提供了必要的空间。除此之外,京津冀地区在协同发展中过多依赖行政干预的力量而忽视市场规律也常被学者们所诟病,比如孙久文和原倩(2014)以及周立群和曹知修(2014)就在研究中强调京津冀协同发展既要发挥政府在宏观调控中的作用,更要尊重市场规律在经济运行中的作用。

在中央文件精神的指导下,目前京津冀协同发展把疏解北京非首都功能作为突破口,这也引起了学者们的广泛关注。对疏解北京非首都功能的内涵进行清晰把握是进行深入分析的前提,北京最新的定位是全国政治、文化、对外交流以及科技创新中心。所以,北京后续的建设将围绕这四个中心展开,但并不能据此认为疏解非首都功能就是要去掉四大功能以外的其他功能。因为各城市都有一个功能体系,北京同样需要具备作为一般性城市所必须具备的功能,比如发展经济、保证就业、服务民生等。傅晓霞(2007)将北京工业企业向外搬迁的主要原因归结为政府发展偏好改变、城市规模扩张以及产业结构升级等三个方面。崔向华(2015)指出,要把握好功能疏解与产业、人口等因素之间的关联性,也要把握好全局性和系统性。张可云和蔡之兵(2015)更直接的指出北京的非首都功能实际上就是指北京的首都属性对北京先天附带的城市功能所产生的负面影响,非首都功能的疏解就是要消除其中的负面影响,但是非首都功能的疏解不能以破坏其首都功能属性为代价。所以,产业转移成为疏解北京非首都功能的重要的解决途径之一(林恩全,2013;安树虎、肖金成,2015),这些被转移的产业大多是不符合北京未来发展方向的产业,其显著特点就是高污染、高能耗、劳动密集,通过对这些产业进行合理的转移能在一定程度上疏解北京的非首都功能。但是目前该方面的研究仍以文字描述性分析为主,具体的数理模型分析较少,本章试图填补这方面的学术空白。

一些学者对产业转移的关注更多聚焦于产业转移给产业承接地所带来的积极效

应。比如，吴晓军和赵海东（2004）指出，产业转移可以通过扩大效应、优化效应和发展效应实现优化产业承接地的产业结构、扩大产业规模实现经济发展的目的。简晓彬和周敏（2013）以江苏省为例，认为承接产业转移、统筹区际产业转移能够推动制造业价值链攀升。傅允生（2013）认为，可以通过产业转移和劳动力回流实现区域间的协同发展。但是，产业转移需要考虑的并不仅是承接地的利益，还涉及产业转移地的意向、转移后企业的存活问题、承接地民众的态度等诸多因素。尤其是当存在多个承接候选地时，如何选择最优的承接区位就成了产业转移中一个非常重要的问题。当然，部分学者也对影响产业区位选择的因素做了深入探索，并得出一些有益的结论。比如，袁晓玲等（2005）同时考虑了企业对环境的污染以及环境对企业污染的吸收这两个因子，提出了环境污染治理成本的厂商区位选择模型。余珮和孙永平（2011）发现集聚效应是企业区位选择的重要考量因素。孙浩进和陈耀（2013）将产业转移引致的区域福利效应分为三种，认为区域福利效应是一个增量效应，并在对东部地区与西部地区间产业转移的分析中发现区域福利效应具有双重性。彭文斌等（2014）通过对全国污染产业的区位选择的实证分析发现，从全国总体来看资本投入和环境政策是影响污染产业区位选择的主要因素。除此之外，田东文和焦旸（2006）以及魏玮和毕超（2011）在研究都肯定了环境规制和区位特征等因素在企业区位选择中的重要性。而民众对于产业区位选择的影响在近年"PX项目"选址中表现得尤为明显，从媒体报道中可以看到厦门、成都、大连、宁波、昆明等城市民众基于环保和对自身健康的考虑，对"PX项目"选址充分表达出自己的意见，政府也在尊重民意的基础之上对项目的最终落户进行合理的布局与安排。

　　以往的研究为本章的探索提供了良好的经验借鉴和理论支撑，但本章在借鉴的基础之上，更加注重现实性和学理性，将环境效应、经济效应、福利效应等同时纳入产业转移的区位选择中，通过构建政府、企业、民众间的博弈模型，将转移产业的特征与不同承接区域的比较优势相结合，在环境、经济、福利等效应的综合权衡下，选择最优的承接区位。同时，在研究设计中依托京津冀协同发展的大背景，紧扣北京非首都功能疏解这一核心，以产业转移为突破口，将协同效应、跨界污染、居民污染偏好等影响因素纳入承接区位的选择中，更加注重市场规律在产业转移过程中的作用。北京地区基于对环境的诉求和新产业发展空间的需要,逐渐通过向外地转移污染大、耗能高以及不具备比较优势的资源密集型和劳动密集型等产业(孙久文和姚鹏,2015),以疏解非核心功能。但是,产业究竟适宜转移至何地? 是津冀地区还是津冀以外的地区? 这是一个需要本章来回应的一个重要的现实问题。一方面,由于地域上的毗邻,北京产业转移至津冀地区可以获得来自北京地区的技术协同效应(岐洁等,2015;孙启明和王浩宇,2016),但地域上的毗邻又会导致跨界污染问题(马丽梅和张晓,2014)。也就是说,北京的企业转移至津冀地区可能还是会对北京产生一定程度的污染;另一方面,企业转移至津冀以外的地区后能够获得的技术协同效应将相对减弱,但同时跨界污染也得以降低或消除。本章就是在此分析思路之上,通过构建产业转出地和承接地政府与转移企业间的博弈模型,在具有不同比较优势的承接地中选择最优承接区位。

本章剩余部分的内容如下。第二部分为模型的构建,以京津冀协同发展为背景构建了政府和企业间的博弈模型并进行了求解。第三部分在求解的基础之上从可能性和可行性角度对产业承接地的区位选择上进行了比较。第四部分结合实际情况进行了相关的经验分析。第五部分对全文进行总结,并提出了一些相关的政策建议。

二、模型构建与求解

假设经济中存在三个地区,分别为地区1、地区2和地区3,每个地区都有各自的地方政府,三个地区对环境保护的重视程度存在差异,相对应的各个地区的企业所承担的污染成本不同,其中地区1(如北京)对环境最为重视,地区1的企业承担的污染成本最多,地区2(如天津或河北)次之,地区3(比如北京、天津、河北之外的地区)相比较而言对环境的看重程度较低,地区3的企业承担的污染成本最小。地区1与地区2在区位上相毗邻,两者间能形成协同效应,但会产生跨界污染问题。地区3在区位上与地区1、地区2相分离,相互之间不存在跨界污染问题但也很难形成协同效应。地区1、地区2和地区3都有一个生产同质产品的企业,分别为企业1、企业2和企业3,每个企业生产的产品同时在三个地区销售,为了简化分析本章不考虑运输成本。[①] 地区1

[①] 虽然地区和企业之间是一一对应的关系,但是为了防止引起不必要的混乱,本章还是尽可能地对两者分开使用。但是,有个别地方为了照顾汉语表达习惯,可能会混着使用。

的企业1在本章中作为产业转移的代表,地区2和地区3作为产业转移的承接地,企业1可以转移至地区2也可以转移至地区3。需要说明的是,由于假定每个地区在某个产业内只有一家企业,所以,本章可以用企业转移来表示产业转移,有时为了表述的方便,这两个术语可能会交替使用。本章假设所有企业均为民营企业,企业1转移的动因更多取决于其利润最大化的目标。本章之所以聚焦于民营企业,是因为本研究更加注重市场因素在产业转移中的作用。当然,政府引导在区域产业转移中确实也发挥了重要作用(王云平,2008),比如首钢集团从北京石景山区迁往河北曹妃甸就是一个经典案例。总体上来看,市场调节在民营企业的转移和布局中发挥着基础性作用。比如,北京威克多制衣公司是实施京津冀协同发展战略以来较早整体从北京搬迁至河北的项目,也拉开了北京民营企业外迁的序幕,其搬迁背景从相关媒体的报道中可窥见一斑,一方面,服装行业是高能耗、高污染行业,不符合北京的发展方向,存在搬迁的必要;另一方面,新的选址不能太近,太近搬迁就没有意义了,但也不能太远,太远了会造成与北京市场失去联系。这就是民营企业在转移过程中遭遇的困境,而这正是本章研究的出发点。

为了分析上的方便,本章没有考虑每个企业治理污染的程度差异,也就是说,本章假设每个企业治理污染的技术水平是相同的。本研究进行这样的假设有利于文章把焦点聚集在产业转移上,突出本章的研究重点。为了更直观的理解,本章可以进一步将三个地区具体化:假定地区1为北京,地区2为天津或河北,地区3为京津冀以外的地区,地区3需要满足在上文中的假设。本章聚焦于转移前、转移至地区2和转移至地区3三种情形,对企业利润、社会福利水平等情况进行必要的数理分析和对比分析。

1. 产业转移前的分析

根据前文中的相关描述,三个地区内均拥有该产业,且所有企业均为民营企业,生产的产品均为同质产品,企业的单位生产成本由边际成本和污染成本两部分构成,分别由 c_i 和 $t_i(i=1,2,3)$ 表示,其中 $c_1<c_2<c_3,t_1>t_2>t_3$。[①] 企业的边际成本的差异是与城市整体的科技水平相匹配的,北京作为首都拥有众多的高等院校和科研院

---

① 本章使用了边际成本和污染成本这两个术语。

所,为技术研发提供了硬件支撑和智力支持。2015年发布的《中国城市科技竞争力排行》中,北京位居全国第一,所以,本章关于企业边际成本的假设是基本符合逻辑的。污染成本的差异是同各地区对污染的重视程度相联系的。比如,北京市2014年3月1日正式实施的新版《北京市大气污染防治条例》一度被称为"史上最严"治污条例。津冀地区相较地区3污染成本更高与其独特的区位相关,津冀毗邻北京,在污染上存在跨界问题。北京要想获得良好的环境,不仅需要自身的治理,也需要毗邻区域的配合。2015年由京津冀三地共同签署的《京津冀区域环境保护率先突破合作框架协议》就充分体现了这一点。为了便于计算分析,在不失一般性的情况下,本章将地区3的污染成本标准化为0。

由于本章不考虑企业进入问题,所以,在研究中可以假设企业生产的固定成本为0。每个企业生产的产品分别在三个地区销售,$q_{ij}(i,j=1,2,3)$表示由企业i生产并在地区j销售的产量,销售中不考虑运输成本。本章用"↔"表示产品在两个地区之间相互销售,具体的机制如图25-1所示:

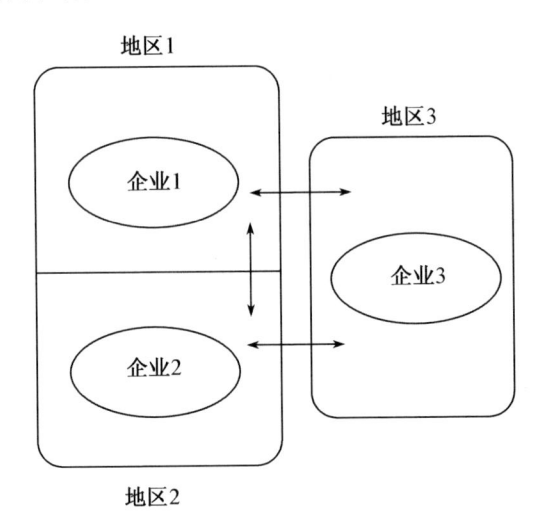

图 25-1 产业转移前示意图

资料来源:作者整理

地区 i 的反需求函数可以表示为：

$$p_i = a - q_{1i} - q_{2i} - q_{3i} \tag{1}$$

其中，a 为地区 i 的市场规模，q_{i1}、q_{i2}、q_{i3} 分别表示由企业 i 生产并在地区 1、2、3 销售的产量，p_i 表示地区 i 的产品价格。为了使本章的分析有意义，本章假定市场规模 a 足够大。

各企业的成本由边际成本 c_i 和污染成本 t_i 构成，所以企业 i 的生产成本可以表示为：

$$C_i = (c_i + t_i)(q_{i1} + q_{i2} + q_{i3}) \tag{2}$$

据此，企业 i 的利润函数可以表示为：

$$\pi_i = p_1 q_{i1} + p_2 q_{i2} + p_3 q_{i3} - C_i \tag{3}$$

由于本章研究的企业均为民营企业，在企业的目标函数上可以沿用相关文献（比如，Bárcena-Ruiz and Garzón，2006；云凌志和王凤生，2010）的设定。民营企业以追求利润最大化为目标，所以，三个企业的目标函数分别表示为：

$$\pi_1 = p_1 q_{11} + p_2 q_{12} + p_3 q_{13} - (c_1 + t_1)(q_{11} + q_{12} + q_{13}) \tag{4}$$

$$\pi_2 = p_1 q_{21} + p_2 q_{22} + p_3 q_{23} - (c_2 + t_2)(q_{21} + q_{22} + q_{23}) \tag{5}$$

$$\pi_3 = p_1 q_{31} + p_2 q_{32} + p_3 q_{33} - c_3(q_{31} + q_{32} + q_{33}) \tag{6}$$

同时，本章假设企业在生产过程中会产生污染，污染会给地区带来负外部性，从而给居民生产和生活带来危害。本章还假定企业所排放的污染量与其产量呈正比例关系。其中，地区 1 与地区 2 之间存在跨界污染，即两地区各自产生的污染物会通过空气等媒介同时给另一地区的环境带来损害，跨界污染的程度由 k 表示，k 取值介于 0 到 1 之间，k 越大说明跨界污染程度越高，反之越低。由此，可以得到各地区所承受的污染量：

$$E_1 = q_{11} + q_{12} + q_{13} + k(q_{21} + q_{22} + q_{23}) \tag{7}$$

$$E_2 = q_{21} + q_{22} + q_{23} + k(q_{11} + q_{12} + q_{13}) \tag{8}$$

$$E_3 = q_{31} + q_{32} + q_{33} \tag{9}$$

另外，本章假设各地区的地方政府均为民生型政府，它们以关注辖区内的社会福利最大化为目标。借鉴 Roelfsema(2007)以及皮建才和殷军(2012)的设定,可将各地区的地方政府的目标函数表示为:

$$w_1 = CS_1 + \pi_1 + t_1(q_{11} + q_{12} + q_{13}) - \lambda_1 E_1 \tag{10}$$

$$w_2 = CS_2 + \pi_2 + t_2(q_{21} + q_{22} + q_{23}) - \lambda_2 E_2 \tag{11}$$

$$w_3 = CS_3 + \pi_3 - \lambda_3 E_3 \tag{12}$$

其中,$CS_i = \frac{(q_{1i} + q_{2i} + q_{3i})^2}{2}$ 为地区 i 的消费者剩余。λ_i 表示地区 i 居民对于环境保护的重视程度(或者说是对污染的厌恶程度),λ_i 越大说明地区 i 居民对于环境越重视,反之则对于环境越不重视。$\lambda_i E_i$ 则表示污染对地区 i 造成的最终损失。假设地区 1 的居民对于环境的重视程度最高($\lambda_1 > \lambda_2$, $\lambda_1 > \lambda_3$),其余两地区居民对污染的重视程度相同($\lambda_2 = \lambda_3 = \lambda$)。假设 $\lambda_1 > \lambda_2$ 和 $\lambda_1 > \lambda_3$ 是符合现实的,因为首都北京的政府和居民在环境方面有更高的诉求。假设 $\lambda_2 = \lambda_3 = \lambda$ 是为了简化研究中的分析,这是一个比较强的假设,在现实生活中有可能会出现 λ_2 远远高于 λ_3 的情况,如果本章的结论在强的假设下成立,那么在比较弱的假设下更能成立。本章的假设 $\lambda_2 = \lambda_3 = \lambda$ 适用于我们后面得到的命题 1 至命题 10,只有命题 11 需要适当放松这个假设。

至此,基本已将产业转移前的所有模型构建完毕,接下来需要对其进行求解和分析。三个企业在市场上进行古诺产量竞争。通过对其目标函数最大化,可以得到三个企业产业转移前的均衡产量:

$$q_{11} = q_{12} = q_{13} = \frac{1}{4}(a - 3c_1 - 3t_1 + c_2 + t_2 + c_3) \tag{13}$$

$$q_{21} = q_{22} = q_{23} = \frac{1}{4}(a + c_1 + t_1 - 3c_2 - 3t_2 + c_3) \tag{14}$$

$$q_{31} = q_{32} = q_{33} = \frac{1}{4}(a + c_1 + t_1 + c_2 + t_2 - 3c_3) \tag{15}$$

由于市场规模 a 足够大,所以所有产量均为正数。通过比较静态分析,可以得到命题 1。

命题 1:随着京津冀区域内某个地区内企业承担的污染成本的提高,该地区的企业产量会降低,该地区以外其他两个地区的企业的产量会增加。

证明：用(13)式至(15)式分别对 t_1 和 t_2 求偏导,可得：

$$\frac{\partial q_{1i}}{\partial t_1}<0, \frac{\partial q_{2i}}{\partial t_1}>0, \frac{\partial q_{3i}}{\partial t_1}>0, \frac{\partial q_{1i}}{\partial t_2}>0, \frac{\partial q_{2i}}{\partial t_2}<0, \frac{\partial q_{3i}}{\partial t_2}>0。$$

命题1的经济学含义是显而易见的。在边际成本不变的情况下,企业生产的总成本增加会迫使该企业降低产量,同时地区1高昂的污染成本也会为该地区的企业向外转移提供动力。由于企业间进行的是古诺竞争,所生产的产品同时在三个地区销售,所以,一地区的企业所承担的污染成本的上升,可以理解为其他地区企业生产成本的相对下降,其他企业会通过扩大产量来占领市场份额。

再来考察各地区的污染成本对地区污染量的影响,将式(13)式至(15)式代入(7)式至(9)式中,可得：

$$E_1 = \frac{3}{4}[(a-3c_1-3t_1+c_2+t_2+c_3)+k(a+c_1+t_1-3c_2-3t_2+c_3)] \quad (16)$$

$$E_2 = \frac{3}{4}[(a+c_1+t_1-3c_2-3t_2+c_3)+k(a-3c_1-3t_1+c_2+t_2+c_3)] \quad (17)$$

$$E_3 = \frac{3}{4}(a+c_1+t_1+c_2+t_2-3c_3) \quad (18)$$

通过比较静态分析,可以得到命题2。

命题2：在存在跨界污染的情况下,京津冀区域内某地区污染成本的增加会减少该地区企业的污染量,但对京津冀区域内另一地区的企业污染量的影响则跟跨界污染的程度相关。当跨界污染程度较低时 $\left(0<k<\frac{1}{3}\right)$ 时,会增加京津冀区域内另一地区企业的污染量;当跨界污染程度较高 $\left(\frac{1}{3}<k\leqslant 1\right)$ 时,会减少京津冀区域内另一地区企业的污染量。

证明：用(16)式至(17)式分别对 t_1 和 t_2 求偏导,可得：

$\frac{\partial E_1}{\partial t_1}<0$；当 $0<k<\frac{1}{3}$ 时, $\frac{\partial E_1}{\partial t_2}>0$；当 $\frac{1}{3}<k\leqslant 1$ 时, $\frac{\partial E_1}{\partial t_2}<0$。

命题2的经济学释义与命题1类似。由于本章假设企业产生的污染量与企业的产量呈正比关系,当京津冀区域内某地区污染成本增加时,会使得该地区企业产量下降,这就意味着该地区企业给该地区带来的污染量减少。同时,该地区企业的污染成本的增加会相对增加另一地区企业的产量,在跨界污染程度较低时,另一地区企业由于产量的增加而引起的污染对该地区影响较小,但是由于另一地区企业会较大幅度的增加产量,最终引起该地区内污染量的相对增加;而当跨界污染程度较高时,另一地区企业由于产量的增加而引起的污染对该地区影响较大,但是由于另一地区企业会较小幅度的增加产量,最终引起该地区内污染量的相对减小。

在此基础之上进一步对污染成本与地区社会福利水平间的关系进行比较静态分析,可以得到命题3。

命题3:京津冀区域内某地区的污染成本与该地区社会福利的关系取决于该地区居民对环境的重视程度,当该地区居民对环境看重程度较高时,随着该地区企业承担的污染成本的增加,该地区社会福利会相应提升;当该地区居民对环境看重程度较低时,随着该地区企业承担的污染成本的增加,该地区社会福利会下降。

证明:将(10)式和(11)式分别对 t_1 和 t_2 求偏导,可得:

当 $0<\lambda_1<\dfrac{-9a+19c_1-5c_2-5c_3-17t_1-5t_2}{12(-3+k)}$ 时, $\dfrac{\partial w_1}{\partial t_1}<0$;

当 $\lambda_1>\dfrac{-9a+19c_1-5c_2-5c_3-17t_1-5t_2}{12(-3+k)}$ 时, $\dfrac{\partial w_1}{\partial t_1}>0$;

当 $0<\lambda<\dfrac{-9a-5c_1+19c_2-5c_3-5t_1-17t_2}{12(-3+k)}$ 时, $\dfrac{\partial w_2}{\partial t_2}<0$;

当 $\lambda>\dfrac{-9a-5c_1+19c_2-5c_3-5t_1-17t_2}{12(-3+k)}$ 时, $\dfrac{\partial w_2}{\partial t_2}>0$。

命题3的经济学含义也是十分明显的,从前面的分析中可以知道,京津冀区域内某个地区企业承担的污染成本的增加会导致该地区企业产量的下降和市场价格的提升,这无疑会损害该地区居民的消费者剩余。另外,该地区企业承担的污染成本的增加会降低企业的利润。这两个方面所带来的都是经济上的"负效应",其"正效应"则全部体现在污染总量的降低上,而该地区居民对这种正效应的认可度则取决于该地区居民对环境的重视程度。当该地区居民对环境的重视程度处在一个较低的水平时,人们更趋向于发展经济而不是保护环境,此时在该地区居民看来通过环境保护提高企业承担的污染成本所带来的"正效应"并不能弥补"负效应"。相反,如果该地区居民对环境的看重程度比较高,通过环境保护提高企业支付的污染成本所带来的"正效应"就可以超过"负效应"。

2. 产业转移至地区 2 的分析

前面讲过,地区 2 相对于地区 1 而言企业承担的污染成本要低,且地区 1 与地区 2 之间存在协同效应。天津或河北地区能较多享受北京地区所带来的技术协同效应,所以将北京地区的转移至津冀地区可以视作边际成本不变。

这样,地区 1 的企业 1 转移至地区 2 后的总单位成本变为 c_1+t_2,地区 1 不再拥有该产业,反需求函数、成本函数、利润函数、社会福利等函数形式均不变。为了与转移前相区别开来,文中将以上标 S 对产业转移至地区 2 进行标记。本章用"↔"表示产品在两个地区之间相互销售,用"→"表示产品从某个地区售往另外一个地区,具体示意图如图 25-2 所示。

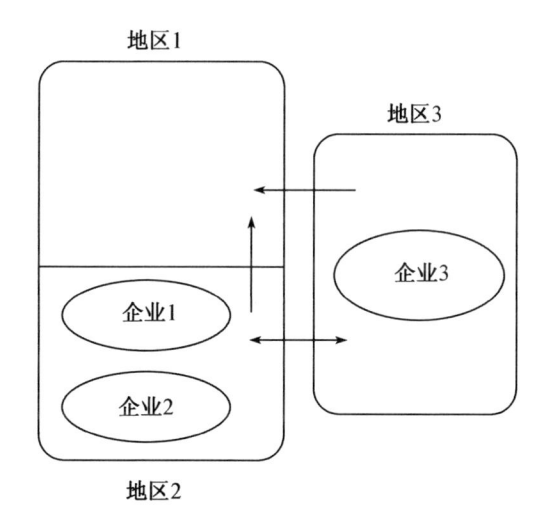

图 25-2 产业转移至地区 2 示意图

资料来源:作者整理

企业 1 转移至地区 2 后各企业目标函数分别表示如下:

$$\pi_1^S = p_1^S q_{11}^S + p_2^S q_{12}^S + p_3^S q_{13}^S - (c_1+t_2)(q_{11}^S + q_{12}^S + q_{13}^S) \tag{19}$$

$$\pi_2^S = p_1^S q_{21}^S + p_2^S q_{22}^S + p_3^S q_{23}^S - (c_2+t_2)(q_{21}^S + q_{22}^S + q_{23}^S) \tag{20}$$

$$\pi_3^S = p_1^S q_{31}^S + p_2^S q_{32}^S + p_3^S q_{33}^S - c_3(q_{31}^S + q_{32}^S + q_{33}^S) \tag{21}$$

企业 1 转移到地区 2 后,地区 1 不再拥有该产业,所以地区 1 受到的污染全部来自地区 2 的跨界污染,而地区 2 受到的污染将来自于企业 1 和企业 2 的生产,此时各地区所承受的污染量可以表示为:

$$E_1^S = k(q_{11}^S + q_{12}^S + q_{13}^S + q_{21}^S + q_{22}^S + q_{23}^S) \tag{22}$$

$$E_2^S = q_{11}^S + q_{12}^S + q_{13}^S + q_{21}^S + q_{22}^S + q_{23}^S \tag{23}$$

$$E_3^S = q_{31}^S + q_{32}^S + q_{33}^S \tag{24}$$

企业 1 转移至地区 2 后各地区的地方政府仍以社会福利最大化为目标,目标函数表示如下:

$$w_1^S = CS_1^S - \lambda_1 E_1^S \tag{25}$$

$$w_2^S = CS_2^S + \pi_1^S + \pi_2^S + t_2(q_{11}^S + q_{12}^S + q_{13}^S + q_{21}^S + q_{22}^S + q_{23}^S) - \lambda E_2^S \tag{26}$$

$$w_3^S = CS_3^S + \pi_3^S - \lambda E_3^S \tag{27}$$

此时,地区 1 产业转移至地区 2 的博弈模型构建完毕。对三个企业的最优产量进行求解,可以得到如下结果:

$$q_{11}^S = q_{12}^S = q_{13}^S = \frac{1}{4}(a - 3c_1 - 2t_2 + c_2 + c_3) \tag{28}$$

$$q_{21}^S = q_{22}^S = q_{23}^S = \frac{1}{4}(a + c_1 - 3c_2 - 2t_2 + c_3) \tag{29}$$

$$q_{31}^S = q_{32}^S = q_{33}^S = \frac{1}{4}(a + c_1 + c_2 + 2t_2 - 3c_3) \tag{30}$$

通过进行比较静态分析,可以发现:(1) $\frac{\partial q_{1i}^S}{\partial t_1} = 0, \frac{\partial q_{2i}^S}{\partial t_1} = 0, \frac{\partial q_{3i}^S}{\partial t_1} = 0$,这意味着当地区 1 的产业转移至地区 2 后,地区 1 的污染成本的变化并不会引起京津冀区域内和区域外企业产量的任何变化。(2) $\frac{\partial E_1^S}{\partial t_1} = \frac{\partial E_2^S}{\partial t_1} = \frac{\partial E_3^S}{\partial t_1} = 0$,这意味着当地区 1 的产业转移至地区 2 后,地区 1 的污染成本的变化并不能对京津冀区域内和区域外的污染状况产生影响。(3) $\frac{\partial w_1^S}{\partial t_1} = \frac{\partial w_2^S}{\partial t_1} = \frac{\partial w_3^S}{\partial t_1} = 0$,这意味着当地区 1 的产业转移至地区 2 后,地区 1 的污染成本的变化并不会影响每个地区的社会福利水平。

3. 产业转移至地区 3 的分析

接下来,将考察当地区 1 产业转移至地区 3 后的情况。当企业 1 由地区 1 转移至地区 3 后,由于地区 1 与地区 3 之间不能产生技术协同效应,所以企业 1 的边际成本将上升,但地区 3 的污染成本要小于地区 1 和地区 2,所以此时企业 1 承担的污染成本将降低。同时,地区 1 与地区 3 之间不存在跨界污染问题,当企业 1 由地区 1 转移至地区 3 后,地区 1 所受到的污染量仅取决于企业 2 的产量与跨界污染程度。文中用"↔"表示产品在两个地区之间相互销售,用"→"表示产品从某个地区售往另外一个地区,具体的机制如图 25-3 所示。

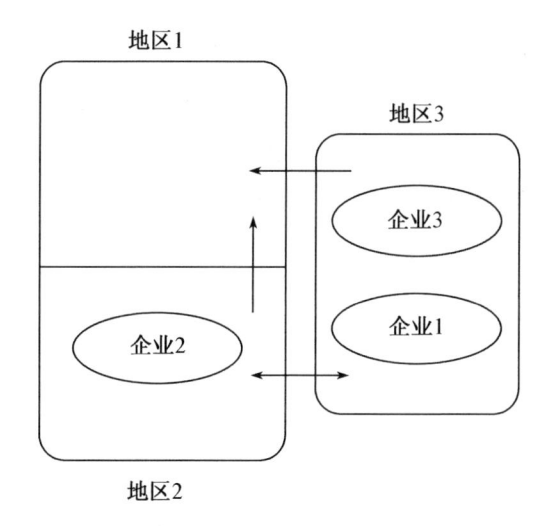

图 25-3 产业转移至地区 3 示意图

资料来源:作者整理

根据上面的分析,企业 1 转移至地区 3 后的产品单位成本变为 $c_1 + \Delta_c$,地区 1 不再拥有该产业,反需求函数、成本函数、利润函数、社会福利等函数形式同转移前相类似。为了与转移至地区 2 相区别,本章用上标 T 对产业转移至地区 3 进行标记。

企业 1 转移至地区 3 后各企业目标函数分别表示为:

$$\pi_1^T = p_1^T q_{11}^T + p_2^T q_{12}^T + p_3^T q_{13}^T - (c_1 + \Delta_c)(q_{11}^T + q_{12}^T + q_{13}^T) \tag{31}$$

$$\pi_2^T = p_1^T q_{21}^T + p_2^T q_{22}^T + p_3^T q_{23}^T - (c_2 + t_2)(q_{21}^T + q_{22}^T + q_{23}^T) \tag{32}$$

$$\pi_3^T = p_1^T q_{31}^T + p_2^T q_{32}^T + p_3^T q_{33}^T - c_3(q_{31}^T + q_{32}^T + q_{33}^T) \quad (33)$$

当企业 1 转移到地区 3 后,地区 1 不再拥有该企业,地区 1 受到的污染全部来自地区 2 的跨界污染,而地区 3 受到的污染来自企业 1 和企业 3 的生产,此时各地区所承受的污染量可以表示为:

$$E_1^T = k(q_{21}^T + q_{22}^T + q_{23}^T) \quad (33)$$

$$E_2^T = q_{21}^T + q_{22}^T + q_{23}^T \quad (34)$$

$$E_3^T = q_{11}^T + q_{12}^T + q_{13}^T + q_{31}^T + q_{32}^T + q_{33}^T \quad (35)$$

企业 1 转移至地区 3 后各地区的地方政府仍以社会福利最大化为目标,其目标函数分别表示为:

$$w_1^T = CS_1^T - \lambda_1 E_1^T \quad (36)$$

$$w_2^T = CS_2^T + \pi_2^T + t_2(q_{21}^T + q_{22}^T + q_{23}^T) - \lambda E_2^T \quad (37)$$

$$w_3^T = CS_3^T + \pi_3^T + \pi_3^T - \lambda E_3^T \quad (38)$$

此时,地区 1 产业转移至地区 3 的博弈模型构建完毕。对三个企业的最优产量进行求解,可以得到如下结果:

$$q_{11}^T = q_{12}^T = q_{13}^T = \frac{1}{4}(a - 3c_1 - 3\Delta_c + c_2 + t_2 + c_3) \quad (39)$$

$$q_{21}^T = q_{22}^T = q_{23}^T = \frac{1}{4}(a + c_1 + \Delta_c - 3c_2 - 3t_2 + c_3) \quad (40)$$

$$q_{31}^T = q_{32}^T = q_{33}^T = \frac{1}{4}(a + c_1 + \Delta_c + c_2 + t_2 - 3c_3) \quad (41)$$

通过进行比较静态分析,可以发现:(1) $\frac{\partial q_{1i}^T}{\partial t_1} = 0, \frac{\partial q_{2i}^T}{\partial t_1} = 0, \frac{\partial q_{3i}^T}{\partial t_1} = 0$,这意味着各企业的产量均与地区 1 的污染成本无关。(2) $\frac{\partial E_1^T}{\partial t_1} = \frac{\partial E_2^T}{\partial t_1} = \frac{\partial E_3^T}{\partial t_1} = 0$,这意味着地区 1 的污染成本的变化不会对各地区的污染状况产生影响。(3) $\frac{\partial w_1^T}{\partial t_1} = \frac{\partial w_2^T}{\partial t_1} = \frac{\partial w_3^T}{\partial t_1} = 0$,这意味着转移后地区 1 的污染成本也不会对各地区的社会福利产生影响。

三、比较分析

本章的最终目的是要做比较分析,通过比较企业 1 转移至地区 2 或地区 3 后给地区和企业带来的差异性变化,最终确定到底是转移到区域内还是转移到区域外。借鉴皮建才等(2016)在京津冀产业转移研究中的相关思路,本章也从转移的可能性和可行性两个角度对企业 1 转移进行分析,其中可能性是指存在卡尔多改进空间,可行性是指存在帕累托改进空间。

1. 企业 1 转移至地区 2 的可能性及可行性分析

首先进行可能性分析。

产业转移的可能性更多强调的是,产业转出地能否通过产业转移这一措施实现或者满足其地区发展中的某一诉求。联系到实际情况,本章假设地区 1 是对环境十分看重的地区,其实施产业转移的一个重要目的就是为了缓解本地区的污染压力,所以对于地区 1 而言,能否通过产业转移实现地区环境的改善是其需要考量的一个重要方面。根据前文中的相关分析可以得知:若 $E_1 \leqslant E_1^s$,则说明当地区 1 的企业转移至地区 2 时并不能达到降低地区 1 污染的目的;若 $E_1 > E_1^s$,则说明地区 1 可以通过将企业转移至地区 2 实现降低地区污染的目的。

根据(16)式和(22)式,可以得到 $E_1^s - E_1$ 的表达式,让其对 k 求偏导,并依据产量大于 0 的前提,可以得到: $\dfrac{\partial(E_1^s - E_1)}{\partial k} = \dfrac{3}{4}\lambda_1(a - 3c_1 + c_2 + c_3 - t_1 - t_2) > 0$。这说明 $E_1^s - E_1$ 是关于 k 的增函数,又因为 $0 < k \leqslant 1$,所以,可以得到:当 $0 < k < \dfrac{a - 3c_1 + c_2 + c_3 - 3t_1 + t_2}{a - 3c_1 + c_2 + c_3 - t_1 - t_2}$ 时,$E_1^s - E_1 < 0$;当 $\dfrac{a - 3c_1 + c_2 + c_3 - 3t_1 + t_2}{a - 3c_1 + c_2 + c_3 - t_1 - t_2} < k \leqslant 1$ 时,$E_1^s - E_1 > 0$。

由此可以得到命题 4。

命题 4: 当企业在京津冀区域内两个存在跨界污染的地区间转移时,如果地区间跨界污染程度较低,对环境看重程度较高的地区可以通过将该地区内企业转移至对环境看重程度较低区域来降低该地区的污染;相反,当跨界污染程度较高时,对环境看重程度较高的地区并不能通过这种方式降低该地区的污染。

接着进行可行性分析。

尽管从前面的分析说明在跨界污染程度较低的情况下,企业 1 确实可以通过转移至地区2达到降低污染的目的,但是产业转移所涉及的并不仅仅是转移地一方的利益考量,通常还要考虑转移企业以及承接地的利益,这才是区域经济协同发展的要义之所在。从企业层面来说,作为产业转移的直接主体,企业通常需要保证转移后的利润不低于转移前(Van Dijk and Pellenbarg,2000),如果单纯通过政府的行政行为来实施,很可能与市场规律相悖,使转移后的企业无法适应新环境最终导致企业的亏损甚至破产,所以研究中有必要对转移前后企业的利润进行分析。

根据(4)式和(19)式,可以得到 $\pi_1-\pi_1^S$ 的表达式,同时,根据相关设定和产量大于零的前提,可以判定: $\pi_1-\pi_1^S=-\frac{9}{16}(2a-6c_1+2c_2+2c_3-3t_1-t_2)(t_1-t_2)<0$。

由此可以得到命题5。

命题5:当企业在存在协同效应的京津冀区域内两地区间进行转移时,如果企业由污染成本较高的地区转移至污染成本较低的地区,那么企业转移可以实现该企业利润的提升。

命题5的经济学含义可以从成本-利润角度加以解读,由于转移的企业为民营企业,以利润最大化为目标,转移前的企业位于技术水平最高的地区,使得其生产的边际成本低于其他地区的企业,但同时该地区对环境的看重程度也最高。所以,企业承担的污染成本要高于其他对环境看重程度较低的地区。当企业转移至存在协同效应但环境看重程度相对较低的区域内另一个地区时,该企业生产的边际成本不变而污染成本降低,从而使得生产总成本下降,最终使得该企业的总利润上升。

接下来本章从地方政府层面对产业转移的可行性进行相应分析,由于本章考虑的地方政府是民生型政府,以社会福利最大化为目标。所以,对地方政府而言的可行性就是产业转移至少不会使本地区的社会福利水平降低,具体的分析将涉及产业转出地政府和产业承接地政府。

首先来考察对产业转出地社会福利水平的影响。

根据(10)式和(25)式,可以得到 $w_1^S-w_1$ 的表达式,根据相关设定及 $0<k\leq 1$,所以,可以得到:当 $0<k<\frac{a-3c_1+c_2+c_3-3t_1+t_2}{a-3c_1+c_2+c_3-t_1-t_2}$ 时, $\frac{\partial(w_1^S-w_1)}{\partial \lambda_1}>0$,此时 $w_1^S-w_1$ 是

λ_1 的增函数;当 $\dfrac{a-3c_1+c_2+c_3-3t_1+t_2}{a-3c_1+c_2+c_3-t_1-t_2}<k\leqslant 1$ 时,$\dfrac{\partial(w_1^S-w_1)}{\partial\lambda_1}<0$,此时 $w_1^S-w_1$ 是 λ_1 的减函数。

尽管前面假设 λ_1 大于 0,但这里 λ_1 存在小于或等于零的可能,然而这种情况在现实中较为极端。当 $\lambda_1\leqslant 0$ 时,若 $w_1^S-w_1$ 是 λ_1 的增函数,则意味着 λ_1 取任何大于 0 的数值,均能实现 $w_1^S-w_1>0$;若 $w_1^S-w_1$ 是 λ_1 的减函数,则意味着 λ_1 取任何大于 0 的数值,只能得到 $w_1^S-w_1<0$。本章考虑的是 $\lambda_1>0$ 的情况,这种情况更加符合论文的假设以及相应的现实情况。本章取 $0<k<\dfrac{a-3c_1+c_2+c_3-3t_1+t_2}{a-3c_1+c_2+c_3-t_1-t_2}$,这意味着跨界污染程度相对较低。

由此可以得到命题 6。

命题 6:当企业在京津冀区域内两个存在跨界污染的地区间进行转移时,如果地区跨界污染程度较低且产业转出地对环境的看重程度较大,那么产业转出地可以通过将产业转移另一地区提高该地区的社会福利水平,而且随着产业转出地对环境看重程度的提高,该地区社会福利水平的提升幅度也会变大。

命题 6 的经济学含义是很明显的。从前面可能性分析中可以看到,当地区间跨界污染程度较低时,对环境看重程度较高的地区将产业转移至区域内对环境看重程度较低的地区,其所受到的污染将低于转移前;而且当该地区居民对环境看重程度越高时,这种污染降低的幅度也越来越明显。本章中的社会福利水平由消费者剩余、生产者剩余以及污染的损失构成,当跨界污染程度较低且转出地居民对环境看重程度较高时,产业转出地由于产业转出后所带来污染损失的减少足以弥补产业转移前企业利润所代表的生产者剩余。

在考察了产业转移对产业转出地社会福利水平的影响后,需要进一步对产业承接地的社会福利水平进行考察。

根据(11)式和(26)式,可以得到 $w_2^S-w_2$ 的表达式,根据相关设定及计算可以判定:$\dfrac{\partial(w_2^S-w_2)}{\partial\lambda}<0$。这意味 $w_2^S-w_2$ 是 λ 的减函数,地区 1 的产业转移至地区 2 后,地区 2 不再受到来自其他地区的跨界污染,此时跨界污染的程度并不对产业承接地

承接产业转移后的社会福利水平产生影响,但仍受到居民对环境偏好程度的影响。同时,根据(17)式与(23)式可以发现,承接转移产业后的地区 2 的污染程度高于转移前。

由此可以得到命题 7。

命题 7:在京津冀区域内当产业承接地居民对环境看重程度较低时,产业承接地能通过承接产业转移实现该地区社会福利水平的提升。

命题 7 的经济学含义是很显然的,当产业从地区 1 转移至地区 2 后,转移产业的技术成本不变,污染成本下降,导致企业产量增加,利润上升,使得地区 2 消费者剩余和生产者剩余增加。当地区 2 居民对环境的看重程度较低时,地区内污染所造成的损失较小,所以,能够实现地区总福利水平的上升。

2. 企业 1 转移至地区 3 的可能性及可行性分析

基本沿袭上面的分析思路,从可能性和可行性两个角度分析地区 1 的产业转移至地区 3 的条件。产业转移至地区 3 意味着转移至地区 3 比转移至地区 2 更具有优越性,所以,这里只需比较转移至地区 3 和转移至地区 2 的结果即可。

首先进行可能性分析。

根据(22)式和(33)式可得到 $E_1^T - E_1^S$ 的表达式,令其等于 0,可以求得 $\Delta_c = a - 3c_1 + c_2 + c_3 - t_2 > 0$,所以当 $0 < \Delta_c < a - 3c_1 + c_2 + c_3 - t_2$ 时,$E_1^T - E_1^S < 0$,地区 1 将产业转移至地区 3 比转移至地区 2 更能减少该地区的污染;当 $\Delta_c > a - 3c_1 + c_2 + c_3 - t_2$ 时,$E_1^T - E_1^S > 0$,地区 1 将产业转移至地区 2 比转移至地区 3 更能减少该地区的污染。

由此可以得到命题 8。

命题 8:当产业转移至区域外某地区引起企业边际成本的增加幅度较小时,在京津冀区域内对环境看重程度较高的地区将产业转移区域外的某个地区比转移至区域内的另一个地区更能降低该地区的污染水平。

对于命题 8 的解读可以将重点放在转移后地区 1 的污染来源和成本变化引起产量的变动上。转移后地区 1 所受的污染主要来自地区 2 的跨界污染,而影响跨界污染的关键点则是地区 2 内企业的产量。如果企业 1 转移至地区 3 所引起边际成本增加的幅度较小,再加上地区 3 对环境的看重程度比较低,那么所有这些条件均有利于企业 1 产量的增加。三个企业间进行的是古诺竞争,当企业 1 产量增加时,企业 2 和企业 3 的产量将相对下降;反之,当企业 1 产量下降时,企业 2 和企业 3 的产量将相对上升。当产业转移至地区 3 后,企业 2 的产量是影响京津冀区域内污染水平的关键,两者呈同比例变化。

接着进行可行性分析。

首先对产业转移主体——企业 1 的可行性进行分析。根据(19)式与(31)式,可以得到 $\pi_1^T - \pi_1^S$ 的表达式,令其等于 0,可以求得:$\Delta_c = t_2$ 或 $\Delta_c = \dfrac{2a - 6c_1 + 2c_2 + 2c_3 - t_2}{3}$,同时,根据相关设定和计算可以有:当 $0 < \Delta_c < t_2$ 时或当 $\Delta_c > \dfrac{2a - 6c_1 + 2c_2 + 2c_3 - t_2}{3}$ 时,$\pi_1^T - \pi_1^S > 0$;当 $t_2 < \Delta_c < \dfrac{2a - 6c_1 + 2c_2 + 2c_3 - t_2}{3}$ 时,$\pi_1^T - \pi_1^S < 0$;又产量必须大于 0,所以,$\Delta_c > \dfrac{2a - 6c_1 + 2c_2 + 2c_3 - t_2}{3}$ 这一情况需要予以排除。

由此可以得到命题 9。

命题 9:当企业转移至京津冀区域外的不存在协同效应的地区时,如果转移引起的边际成本的增加量比较小,那么企业可以通过转移至区域外的地区增加利润。

命题 9 的经济学含义是十分明显的。地区 1 与地区 2 间存在协同效应,当企业 1 由地区 1 转移至地区 2 时,企业 1 可以保持生产的边际成本不变,但地区 2 的污染成本要高于地区 3,所以,企业承担的污染成本相对较大;当企业 1 转移至地区 3 时,由于不存在协同效应,企业生产的边际成本上升,但企业承担的污染成本相对较小,所以,当企业转移至地区 3 时边际成本的增加量小于转移至地区 2 时的污染成本时,企业 1 转移至地区 3 后的总成本低于转移至地区 2 后的总成本。因为企业间进行的是古诺竞争,所以,企业 1 转移至地区 3 比转移至地区 2 更能增加自身的利润。

然后,考察产业转移地——地区 1 转移至地区 3 的可行性,即比较转移至地区 2 与转移至地区 3 后地区 1 社会福利水平变化的差异。

根据(25)式和(36)式,可以得到 $w_1^T-w_1^S$ 的表达式,让其对 λ_1 求偏导可得:
$\frac{\partial(w_1^T-w_1^S)}{\partial \lambda_1}=\frac{3}{4}k(a-\Delta_c-3c_1+c_2+c_3-t_2)$,结合前面的可能性分析以及企业利润的可行性分析,这里将条件约束为:$\Delta_c<t_2$,并根据产量大于 0 的前提,可以判定此时 $\frac{\partial(w_1^T-w_1^S)}{\partial \lambda_1}>0$,这表明 λ_1 是 $w_1^T-w_1^S$ 的增函数。又因为 $\lambda_1>0$,所以在 $\Delta_c<t_2$ 的条件下,总有 $w_1^T-w_1^S>0$ 成立。

由此可以得到命题 10。

命题 10:当产业转移至不存在协同效应的京津冀区域外的地区后所增加的边际成本小于转移至存在协同效应的京津冀区域内的地区所施加的污染成本时,将产业转移至不存在协同效应的地区更能提升产业转出地的社会福利水平。

命题 10 的经济学含义也是很显然的。产业转出地将产业转移后其社会福利主要由当地的消费者剩余和毗邻地区的跨界污染损失构成。一方面,当 $\Delta_c<t_2$ 时,地区 1 将产业转移至地区 3 比转移至地区 2 能获得更多的消费者剩余。另一方面,从污染角度来看,当地区 1 的产业转移至地区 2 时,地区 1 将同时受到来自企业 1 和企业 2 生产的跨界污染,而将企业转移至地区 3,此时地区 1 仅受到来自企业 2 生产的跨界污染,即地区 1 所承受的总污染量会减少。综上所述,可以得到命题 10 的结论。

最后,来考察产业承接地——地区 3 承接的可能性,本章仍然从社会福利水平角度加以分析。

根据(27)式和(38)式,可以得到 $w_3^T-w_3^S$ 的表达式,令其对 λ 求偏导,可以得到 $\frac{\partial(w_3^T-w_3^S)}{\partial \lambda}<0$,这说明 $w_3^T-w_3^S$ 是关于 λ 的减函数。沿袭前文中的分析思路,取 $\lambda>0$,可以发现,当 $\lambda>0$ 时,$w_3^T-w_3^S$ 恒小于 0,这个结论的出现跟文章前面的设定 $\lambda_2=\lambda_3=\lambda$ 有关,在现实生活中 λ_2 有可能远远高于 λ_3,所以,在此处的分析中需要放松假定,考虑 λ_3 相对于 λ_2 比较小的情况。

虽然没有像前面的命题那样进行非常严格的证明,但是还是可以得到符合经济学直觉的命题 11。

命题 11:如果产业承接地对环境的看重程度较低,产业承接地可以通过承接转移产业实现本地区社会福利水平的提升,但随着地区内居民对环境看重程度的提高,这种由承接转移产业所带来的社会福利将减少。

命题11的经济学解释如下。在产业承接地承接转移的企业后,一方面能很显著地提升社会福利中的消费者剩余和生产者剩余部分,尤其是生产者剩余部分;但另一方面,也会加重该地区的环境污染,这在很大程度上取决于该地区居民对环境的看重程度,居民对地区环境的看重程度越高,企业生产中造成的污染给社会福利带来的损失就越大,反之则越低。命题11就是产业承接地居民对环境看重程度较低情况下的一种可能性,此时承接产业所带来的社会福利构成中消费者剩余和生产者剩余部分的增加量超过了承接产业所带来的环境污染给社会福利造成的损失量,所以,从社会福利水平角度看,该地区适合承接这个产业。

四、基于经验的进一步讨论

近年北京企业(主要为不符合北京未来发展方向的企业)外迁呈现常态化,尤其是2014年以来,外迁企业数量上呈现出规模化、类型上体现出多元性,承接地政府和外迁企业在区位的选择上也更趋理性。北京外迁企业的落户模式为,北京市政府提供外迁企业的名单,承接地政府和外迁企业之间进行双向选择。从相关媒体的报道中可以看到,2014年北京市公布了上百家外迁企业的名单,而津冀两地政府承接的意愿较小,这些企业的普遍特征是"三高一低",即高污染、高能耗、高投入、低效益。根据研究中搜集到的相关材料,河北承德市双滦区工业和信息化局相关人员就指出,承接这种类型的企业对于津冀地区而言是个负担,所以津冀两地的承接热情较低;同时他还指出,承接地所希望承接的企业是符合本区域未来发展方向的企业。2013年由环境保护部和发展改革委等6部门联合印发的《京津冀及周边地区落实大气污染防治行动计划实施细则》的出台,将京、津、冀、晋、鲁、内蒙古六个省市自治区(每个地区的治理标准存在差异)在环境治理层面上彼此关联,也使得部分地区很难将环境作为承接北京转移产业的筹码。另外,承接地民众对于迁入企业所带来的环境问题的担忧也是横亘在北京企业外迁路上的难题。

虽然环境问题是影响企业外迁的一个重要原因,但从企业长远发展角度来看,技术和核心竞争力才是决定企业成败的关键。北京作为首都,拥有众多的高等院校和科研院所,集聚了最为丰富的智库资源,同时留在北京对于企业本身在形象和声誉等方面也会带来一定的提升,这些有利条件是其他区域所无法比拟的。外迁企业在区位选择上往往会考虑到协同效应。根据研究中搜集到的相关材料,北京汉舞工贸有限公司董事长杨攀峰就指出,北京作为科技、文化中心,有很强的向外辐射能力,在企业宣传、市场信息收集能方面有独特的优势,尤其是汇聚了众多的设计、营销等方面的人才,这就使得外迁企业为了享受北京的协同效应而不愿搬迁得太远。当然,除了污染、能耗等原因必须搬迁的企业外,还有部分出于北京非首都功能疏解的原因而搬迁的企业,这些企业却多为优质的社会资源(比如教育行业和医疗行业等领域的企业),只是因为在北京地区过度集中而造成交通拥堵和污染严重等"城市病"。这些企业是最为津冀地区所青睐的产业转移对象,转移至津冀地区能形成明显的产业互补和协同效应。在现实操作中也确实,有部分北京高校和医院开始着手向津冀地区转移,尤其是向新设立的"雄安新区"转移。[①]

总体上来看,北京外迁企业在最终区位的选择上基本跟本章思路和结论相吻合。承接地政府会考虑承接的企业是否会提升本地区的总体社会福利水平,津冀及北京周边其他地区在承接过程中还需关注外迁企业所带来的污染问题。而对外迁企业而言,能否使企业存活并持续发展则是选址的关键。所以,对北京带来的协同效应的依赖程度以及对北京跨界污染的程度是外迁企业需要权衡的重点。在这些条件的约束下就不难理解外迁的北京企业在区位选择上的二元现象(选择京津冀区域内或者选择京津冀区域外),除了有的企业迁往津冀地区以外,还有很多企业落户在了河南、山东和湖北等地区。

五、结论与政策建议

本章以北京非首都功能疏解和京津冀协同发展为问题切入点,依据各地区对经济增长和环境重视程度的差异,通过构建地区产业转移博弈模型,从可能性和可行性

[①] 考虑到北京非首都功能疏解的重要性,本章对此进行了相应的讨论。

角度对北京地区产业转移区位选择问题进行了探析。研究认为,对于产业转出地而言,其在产业承接地的选择上存有两个选择,一是选择京津冀区域内的地区,一个是选择京津冀区域外的地区。选择的过程涉及政府、企业、居民三者之间利益的协调与博弈,既要考虑到京津冀协同发展问题,也要考虑到环境污染问题。产业转移是一个系统性工程,并不是简单的工厂搬迁,涉及的影响因素很多。本章在研究中所考虑的协同效应和跨界污染只是众多因素中的两种主要影响因素,这种抽象虽然有利于本章的研究,但是难免会忽视对其他影响因素的分析。所以,需要更多的学者从不同的角度进行更深入的探索。希望本章能起到抛砖引玉的作用。

基于本研究的相关理论研究的结果,针对目前京津冀区域经济协同发展中产业转移和布局的问题,本章简要地给出以下几点政策建议。第一,每个地区要抓住各自发展中的主要矛盾,尤其是处理好经济发展与环境偏好之间的权衡,把握好产业转移和承接的可能性条件与可行性条件。第二,要兼顾好中央政府、地方政府、企业和居民等各方的利益,调动各方产业转移和产业承接的积极性。第三,要注重合作,京津冀三地及其他可能的产业承接地要形成良性的信息共享、集体协作、善于创新的合作机制,要善于借鉴国内外较为成功的城市圈处理类似问题时的经验。第四,转移出去的产业有很多属于能耗高、污染重的产业,尽管实行区域转移是一种有效的互利措施,但从发展潮流来看,仍然需要注重产业的升级与优化,实行绿色发展,承接地如果只是拿环境换发展,也并非长久之计。第五,津冀地区更适宜承接由于北京非首都功能疏解而需要转移的优质社会资源(包括教育行业和医疗行业等领域),这些行业跨界污染程度小、协同效应高,适合转移至区域内(即京津冀地区)。那些跨界污染程度高、协同效应小的产业可能需要在区域外(京津冀以外地区)寻求合适的承接地。①

最后,在理论分析的基础上,本章简要论述一下对国家最新设立的"雄安新区"在产业承接及产业布局等方面的启示。"雄安新区"是国家继深圳经济特区和上海浦东新区后设立的又一全国意义的新区,以突出绿色智慧、生态优美、高端高新、优质公共服务等为主要任务。所以这就使得"雄安新区"在产业承接和布局上需要重点考量环

---

① 第五部分结合第四部分(特别是关于北京非首都功能疏解的相关表述)进行了进一步论述。

境、技术和社会福利效应。"雄安新区"距离北京仅100公里左右,未来将打造出0.5至1小时通勤圈。由于"雄安新区"在地域上与北京较为毗邻,一方面将能较好地吸收北京的技术溢出效应,另一方面可能也会给北京带来一定的跨界污染。根据本章理论分析得到的相关命题,"雄安新区"可能并不适宜承接一些高污染、高能耗、低技术含量型的产业,即使短期内这样的产业可能产生一定的经济效益,但过一段时间之后很可能将面临新一轮的产业转移。相比较而言,"雄安新区"更适宜承接和发展污染小、能耗低、高技术含量型的产业。根据研究中搜集到的相关网上材料,上面的建议也跟部分专家和学者的观点相契合。唐任伍认为"雄安新区"需要引进高端要素,成为创新之地,可以承接创新型的产业,疏解科研机构全部聚集在北京的问题;谢宝富认为"雄安新区"的一个重要功能就是解决北京科技产业外溢的问题,认为科技产业并非首都功能,以往的产业转移并没有真正实现技术的转移,从而导致周边地域发展均较慢,而"雄安新区"的设立恰好能扮演科技产业转移的角色,缓解科技类高校这种高端要素过度集聚北京等问题。他们的这些观点也再次印证了本章假设和结论的合理性,环境效应、技术效应和社会福利效应确实是产业转移中不可忽视的权衡要素。

参考文献

[1] Bárcena-Ruiz J C, Garzón M B. Mixed Oligopoly and Environmental Policy. *Spanish Economic Review*, 2006, 8, (2): 139-160.

[2] Roelfsema H. Strategic Delegation of Environmental Policy Making. *Journal of Environmental Economics and Management*, 2007, 53, (2): 270-275.

[3] Van Dijk J, Pellenbarg P H. Firm Relocation Decisions in the Netherlands: An Ordered Logit Approach. *Papers in Regional science*, 2000, 79, (2): 191-219.

[4] 安树伟,肖金成.京津冀协同发展:北京的"困境"与河北的"角色"[J].广州:广东社会科学,2015,(4).

[5] 薄文广,陈飞.京津冀协同发展:挑战与困境[J].天津:南开学报(哲学社会科学版),2015,(1).

[6] 丛屹,王焱.协同发展、合作治理、困境摆脱与京津冀体制机制创新[J].重庆:改革,2014,(6).

[7] 崔向华.首都经济圈规划视野中的北京城市功能疏解[J].北京:城市规划,2015,(5).

[8] 傅允生.产业转移、劳动力回流与区域经济协调发展[J].上海:学术月刊,2013,(3).

[9] 傅晓霞,魏后凯,吴利学.城市工业搬迁的动因、方式和效果——以北京市为例[J].北京:经济管理,2007,(21).

[10] 简晓彬,周敏.产业转移对制造业价值链攀升的影响[J].北京:中国科技论坛,2013,(1).

[11] 李建民.京津冀城镇化及其与长三角和珠三角的比较[J].北京:人口与经济,2014,(1).

[12] 林恩全.北京中心城功能疏解方略[J].北京:城市问题,2013,(5).

[13] 马丽梅,张晓.中国雾霾污染的空间效应及经济、能源结构影响[J].北京:中国工业经济,2014,(4).

[14] 彭文斌,陈蓓,吴伟平,邝嫦娥.污染产业区位选择的影响因素研究——基于我国八大区域的面板数据[J].郑州:经济经纬,2014,(5).

[15] 皮建才,薛海玉,殷军.京津冀协同发展中的功能疏解和产业转移研究[J].厦门:中国经济问题,2016,(6).

[16] 皮建才,殷军.经济全球化背景下的地方政府行为与国内市场分割[J].北京:经济管理,2012,(10).

[17] 岐洁,韩伯棠,曹爱红.区域绿色技术溢出与技术创新门槛效应研究——以京津冀及长三角地区为例[J].天津:科学学与科学技术管理,2015,(5).

[18] 孙浩进,陈耀.我国产业转移的区域福利效应研究——演化经济学视角[J].北京:经济管理,2013,(11).

[19] 孙久文,姚鹏.京津冀产业空间转移、地区专业化与协同发展——基于新经济地理学的分析框架[J].天津:南开学报(哲学社会科学版),2015,(1).

[20] 孙久文,原倩.京津冀协同发展战略的比较和演进重点[J].北京:经济社会体制比较,2014,(5).

[21] 孙启明,王浩宇.基于复杂网络的京津冀产业关联对比[J].北京:经济管理,2016,(4).

[22] 田东文,焦旸.污染密集型产业对华转移的区位决定因素分析[J].北京:国际贸易问题,2006,(8).

[23] 王云平.产业转移视野的结构调整:市场与政府界别[J].重庆:改革,2008,(7).

[24] 王云平.产业转移问题研究的有关观点综述[J].北京:经济管理,2013,(6).

[25] 魏玮,毕超.环境规制、区际产业转移与污染避难所效应——基于省级面板Poisson模型的实证分析[J].太原:山西财经大学学报,2011,(8).

[26] 吴晓军,赵海东.产业转移与欠发达地区经济发展[J].南昌:当代财经,2004,(6).

[27] 余珮,孙永平.集聚效应对跨国公司在华区位选择的影响[J].北京:经济研究,2011,(1).

[28] 袁晓玲,张剑军,王仓.将环境吸收因子纳入成本的厂商区位投资分析[J].西安:西安交通大学学报(社会科学版),2005,(3).

[29] 云凌志,王凤生.混合寡占之下的负外部性对策:国有化兼并还是行政监管——兼评山西省煤炭业资源重组方案[J].北京:中国工业经济,2010,(1).

[30] 张可云,蔡之兵.北京非首都功能的内涵、影响机理及其疏解思路[J].石家庄:河北学刊,2015,(3).

[31] 张亚明,刘海鸥.协同创新博弈观的京津冀科技资源共享模型与策略[J].北京:中国科技论坛,2014,(1).

[32] 周立群,曹知修.京津冀协同发展开启经济一体化新路径[J].天津:中共天津市委党校学报,2014,(4).

(原文载于:皮建才、仰海锐,《京津冀协同发展中产业转移的区位选择——区域内还是区域外?》,《经济管理》2017年第7期。)

第二十六章 京津冀协同发展中的环境治理

内容提要：本章研究了京津冀协同发展过程中的环境治理。在考虑跨界污染的情况下，通过建立动态博弈模型，我们对京津冀的两个代表性地区在环境治理中实行单边治理还是共同治理进行了比较分析，相对发达地区和相对落后地区对环境的重视程度不同，而且相对发达地区采用清洁技术而相对落后地区则采用污染技术。我们发现，相比于单边治理，共同治理能减少环境污染，提高相对发达地区的福利水平以及两个地区整体的社会福利，但是相对落后地区的社会福利会下降。为了使得共同治理得以实现，相对发达地区必须对相对落后地区进行补偿，而且跨界污染系数越高补偿数额越大。

关键词：京津冀协同发展；环境治理；环境税；单边治理；共同治理

一、引　言

京津冀地区被认为是继珠三角和长三角之后经济增长的"第三极"。2014年2月，习近平总书记指出，实现京津冀协同发展是国家的一个重大战略，"要坚持优势互补、互利共赢、扎实推进，加快走出一条科学持续的协同发展路子来"。2015年4月，《京津冀协同发展规划纲要》指出，京津冀协同发展的核心是有序疏解北京非首都功能，要在京津冀交通一体化、生态环境保护、产业升级转移等重点领域率先取得突破。2016年2月，《"十三五"时期京津冀国民经济和社会发展规划》提出的重要目标之一是"生态环境质量明显改善，生产方式和生活方式绿色、低碳水平上升"。

由于地方行政区域分割和竞争，虽然从20世纪80年代以来，京津冀协同发展的相关政策和举措出台了很多，比如1982年的《北京市建设总体规划方案》、1996年的《北京市经济发展战略研究报告》、2001年的"大北京规划"、2004年的"廊坊共识"以及2008年的"京津冀发改委区域工作联席会"，但是这些政策和举措并没有起到非常理想的作用。京津冀地区经济合作难以达成的主要原因主要有以下三点。首先，京津冀三地拥有不平等的政治和经济地位。北京是中央政府的所在地，不仅仅要扮演一个城市发展的角色，还需要服务于中央，因此北京集合了大量的资源，从而导致京津冀地区的极化效应明显大于扩散效应。其次，京津冀地区间的贫富差距较大。"环京津贫困带"包括河北省的廊坊、保定、张家口、承德以及沧州部分县，这一带面临着严重的脱贫问题。贫富差距大意味着京津冀地区的发展取向和偏好存在差异，由于这种差异的存在，各地之间的博弈可能演变成"零和博弈"。最后，与长三角和珠三角不同的是，京津冀地区的非政府力量发展迟缓，京津冀地区的政府对经济行为的控制较强。相比珠三角和长三角，京津冀地区在一体化过程中存在着很多问题，比如，核心城市极化效应大于扩散效应，城市层级分布不合理；再比如，环境日益恶化，生态环境共同治理机制尚未建立。

近年来，随着经济的高速发展，环境污染问题越来越受到人们的重视，特别是京津冀地区频发的雾霾，更是受到高度重视。2015年2月环境保护部公布了2014年度空气质量最差的10个城市，其中京津冀地区的城市占了8个。对于京津冀地区的环境问题的由来，许多学者提出了自己的看法。王家庭和曹清峰(2014)认为，生态治理问题的背后是各地区产业结构和GDP之间的取舍。由于地方政府有着各自独立的利益，因此地方政府在经济发展方面的考虑会优先于环境保护方面的考虑。李胜兰等(2014)通过测算生态效率，发现在增长激励下，各地方政府在环境政策上存在着明显的"模仿"行为，而这种行为对各地区的生态效率具有明显的制约作用。皮建才(2011)通过建立一个地方政府之间的博弈模型说明，适应问题、协调问题和政治晋升问题等等都会使得区域之间陷入"囚徒困境"。总体上来看，要使得京津冀地区的环境问题得以解决，要在加快推进京津冀区域经济一体化进程的背景下探寻合适的合作机制。

在治理京津冀生态环境时，必须充分考虑到跨界污染问题。马丽梅和张晓

(2014)通过回归模型说明,雾霾存在着明显的溢出效应。邻近地区的雾霾浓度每升高1%,本地区的雾霾浓度就会相应地升高0.739%。由于跨界污染的存在,京津冀环境治理的问题也变得更加复杂。李卫兵(2012)通过建立模型说明,当跨界污染存在时,一个地区就会有"搭"另一个地区环境政策"便车"的激励,即通过排放更多的污染来达到实现本地区利益最大化的目的。Copeland and Taylor(1995)建立了一个一般均衡模型,他们发现,在有跨界污染的情况下,当两个地区实现了自由贸易时,如果两个地区之间的收入差距比较大,那么污染就会更加严重。周愚和皮建才(2013)建立一个博弈模型,他们发现,当两个地区之间的跨界污染不太严重时,区域融合会提高整个地区的福利水平,而当两个地区之间的跨界污染比较严重时,区域融合并不会提高社会的福利水平。媒体上曾经炒得非常热的"北京雾霾严重是因为河北太穷",实际上就是说河北的经济发展对北京产生了跨界污染。

政府控制环境污染的手段有很多。由于环境污染具有负外部性,经济学界的学者一致认为解决这种外部性问题的方法就是要发挥政府的作用或者发挥市场的作用。发挥政府作用的污染治理手段是庇古税,发挥市场作用治理污染的理论依据是科斯定理。在政府治理方面,环境税是一种重要的治理手段;在市场治理方面,排污权交易是一种重要的治理手段。本章关注的治理手段是环境税。西方发达国家主要征收诸如能源税、碳税、二氧化硫税、水污染税、固体废物税和噪音税等环境税。在我国,环境税的改革势在必行。尽管自20世纪90年代以来,国内学者就已经开始关注环境税,但是一直以来我国的环境政策大都是通过行政命令执行的。2010年,财政部、国家税务总局和环保部三个部门共同拟定了一份环境税方案提交给国务院,主要对CO_2、SO_2、废水和固体废物进行征税,但是此方案自从提交后至今未能实施。其主要原因是一旦开征环境税,将会对整个经济体产生一系列的连锁反应,对企业和消费者都将产生较大的影响。征收环境税对经济发展是不是有利呢?国内学者对此进行了一系列的研究,主要围绕着环境税是否能带来"双重红利"这个问题展开讨论。所谓的"双重红利",是指政府可以对排污企业进行征税,对其他企业进行减税,这样既可以控制环境污染,又可以减少市场扭曲,从而促进经济发展。对于环境税在中国是否能带来"双重红利",不同的学者有不同的看法。比如,梁伟等(2014)通过构建

CGE计量模型,研究了不同地区的环境税对环境污染和经济发展的影响,发现环境税可以改善生态环境,但对经济发展却有负面影响。司言武(2010)认为,当企业生产的产品是非同质的时候,"双重红利"效应可能是成立的。陈诗一(2011)通过对面板数据进行分析发现,环境税在短期会对工业增加值产生负面影响,但是它所带来的长期环境效益却是巨大的。由于国内学术界在研究中大都偏向于采用政府征收环境税的方式来控制污染排放,所以在本章中我们也从污染税的角度进行分析。

分析京津冀环境治理的文献有很多,但是大都以文字描述或计量分析为主,缺乏比较严格的理论模型分析。崔晶(2013)认为,共同治理面临困境的原因是地方政府目标上的偏好差异、环境治理的公共物品属性以及合作方影响力不平衡。胡爱荣(2014)提出了污染治理的联防联控工作机制的基本原则和总体思路。王喆和周凌一(2015)为了对付环境治理的困境,从区域多元主体协同治理和区域府际协同治理两大路径入手。刘英奎(2015)指出共同治理需要政府管理机制、市场运行机制和社会治理机制"三制并举"。李惠茹和杨丽慧(2016)强调在进行共同治理时需要把"自上而下"的推进机制和"自下而上"的参与机制结合起来。不同于现有分析京津冀环境污染治理的文献,本章从单边治理和共同治理的角度出发,建立了动态博弈模型,分析了当存在跨界污染时,单边治理和共同治理下相对发达地区、相对落后地区以及两个地区整体的社会福利的变化。本章的主要作用机制是相对发达地区和相对落后地区对环境的重视程度不同,而且相对发达地区采用清洁技术而相对落后地区则采用污染技术。我们的理论研究发现,相比于单边治理,共同治理能减少环境污染,提高相对发达地区的福利水平以及两个地区整体的社会福利,但是相对落后地区的社会福利会下降。因此,为了使得共同治理得以实现,相对发达地区必须对相对落后地区进行补偿。

本章剩余部分的结构如下:在第二部分,我们构建了动态博弈模型,把单边治理和共同治理纳入了正式分析框架。在第三部分,我们对单边治理和共同治理中得到的均衡结果分别进行了比较静态分析,考察了相对落后地区对环境的重视程度的变化对经济系统的均衡值产生的影响。在第四部分,我们对单边治理和共同治理进行了比较分析,考察了不同治理方式下的环境税以及社会福利,探索了从单边治理转向共同治理的可行条件。第五部分给出了结语。

二、模型

我们的模型考虑两个地区,即地区 a 和地区 b,并且每个地区都只有一个企业,企业 1 在地区 a,企业 2 在地区 b。其中,地区 a 为相对发达地区(在本章中为北京或天津),而地区 b 为相对落后地区(在本章中为河北)。我们假定企业 1 采用清洁技术,其边际成本为 c;企业 2 采用污染技术,其边际成本为 0。另外,我们还假定企业 1 和企业 2 生产同质产品。由于地区 a 采用清洁技术,那么地区 a 不征收环境税,而地区 b 采用征收环境税的方式来控制污染。

根据 Cellini et al. (2004)、Wang et al. (2009)和 Fujiwara(2009)的线性框架,我们假设两个地区的消费者效用函数分别为:

$$u_a = x_{1a} + x_{2a} - (x_{1a}^2 + 2\gamma x_{1a} x_{2a} + x_{2a}^2) + y - \frac{s_a}{2} Z_a^2 \tag{1}$$

$$u_b = x_{1b} + x_{2b} - (x_{1b}^2 + 2\gamma x_{1b} x_{2b} + x_{2b}^2) + y - \frac{s_b}{2} Z_b^2 \tag{2}$$

其中,x_{ij} 表示第 i 种商品在地区 j 的消费量,$i=1,2,j=a,b$。γ 表示两种商品的差异程度,其取值范围为 $0 \leqslant \gamma \leqslant 1$。因为两种商品为同质产品,所以有 $\gamma=1$。y 表示价格为 1 的计价商品,s_j 和 Z_j 分别代表 j 地区社会对环境的评价以及 j 地区污染物的数量。为了简化我们的分析,在不失一般性的前提下,我们取 $s_a=1, s_b=s<1$。$Z_a = kq_2$,其中 $0 \leqslant k \leqslant 1$ 表示跨界污染系数。由于两个地区靠得很近,因此我们可以认为跨界污染系数 k 足够大。① $Z_b = q_2$,即企业 2 每生产一单位商品会带来一单位的污染(Copeland and Taylor, 1994;Roelfsema, 2007),q_i 表示企业 i 所生产的商品数

---

① 根据后面的计算,我们假设 $k > k_2 > k_1$,其中 $k_1^2 = \frac{1+9c-6s(1-c)}{10+6c} < 1$,$k_2^2 = \frac{43+93c-(8-72c)s}{80+48c} < 1$。这个假设的含义就是跨界污染足够大,大于某个临界值。为了保证 k_1 和 k_2 均小于 1,我们必须需要加入一个前提条件,即 $c < \frac{37+8s}{9(5+8s)}$,这个条件意味着企业 1 和企业 2 之间的边际成本差距不能太大。

量。根据效用函数,在假设两个地区市场规模相同的前提下,我们可以得到商品的反需求函数为:

$$p = 1 - q_1 - q_2 \qquad (3)①$$

利用上面的脚注中求偏导得到的四个式子,通过相应的组合,我们很容易得到 $x_{1a} = x_{1b} = \frac{q_1}{2}, x_{2a} = x_{2b} = \frac{q_2}{2}$。

由于企业 2 在生产过程中会产生污染,因此政府会采用环境税的办法来控制污染,对企业 2 征收税率 t,即每单位污染物排放所征收的环境税为 t,那么征收的总税额为 tq_2。

在这里,我们构造一个两阶段的博弈模型,第一阶段是政府制定对企业 2 征收环境税,第二阶段为在既定的税率下两个企业进行古诺竞争。我们采取逆推归纳法,先分析第二阶段的博弈,再分析第一阶段的博弈。两企业的利润函数分别为:

$$\pi_1 = (p - c)q_1 \qquad (4)$$

$$\pi_2 = (p - t)q_2 \qquad (5)$$

在博弈的第二阶段是两个企业之间的古诺竞争,在政府设定的环境税给定的情况下,两企业的古诺均衡产量分别为:

$$q_1 = \frac{1 - 2c + t}{3} \qquad (6)$$

$$q_2 = \frac{1 - 2t + c}{3} \qquad (7)$$

接着我们来分析一下博弈的第一阶段,求出政府设定的 t 值。由于在单边治理和共同治理下政府的目标函数不同,所以我们分别对在单边治理和共同治理下博弈

---

① 在约束条件 $\sum_{i=1}^{2} p_i x_{ia} + \psi \leqslant I_a$ 和 $\sum_{i=1}^{2} p_i x_{ib} + \psi \leqslant I_b$ 下,分别将 u_a 对 x_{1a} 和 x_{2a},u_b 对 x_{1b} 和 x_{2b} 求偏导,可得:$\frac{\partial u_a}{\partial x_{1a}} - p_1 = 1 - 2(x_{1a} + x_{2a}) - p_1 = 0, \frac{\partial u_a}{\partial x_{2a}} - p_2 = 1 - 2(x_{1a} + x_{2a}) - p_2 = 0, \frac{\partial u_b}{\partial x_{1b}} - p_1 = 1 - 2(x_{1b} + x_{2b}) - p_1 = 0, \frac{\partial u_b}{\partial x_{2b}} - p_2 = 1 - 2(x_{1b} + x_{2b}) - p_2 = 0$。由此,我们可求得 $p_1 = p_2 = p$。再利用 $q_1 = x_{1a} + x_{1b}$ 和 $q_2 = x_{2a} + x_{2b}$,我们很容易得到(3)式。在这里,需要说明的是,ψ 表示对计价商品的支出,I_a 和 I_b 分别表示两个地区的消费者的收入。

的第一阶段进行分析。

社会总福利为 $W = CS_a + CS_b + \pi_1 + \pi_2 + tq_2 - \frac{1}{2}(k^2 + s_b)q_2^2$，地区 b 的社会福利为 $W_b = CS_b + \pi_2 + tq_2 - \frac{s}{2}q_2^2$，地区 a 的社会福利为 $W_a = W - W_b$，其中 CS_a 和 CS_b 分别表示 a 地区和 b 地区的消费者剩余。

在单边治理下，由于地区 a 的企业 1 采用清洁技术，因此地区 a 不征收环境税。只有地区 b 的政府对企业 2 征收环境税 t，以达到地区 b 社会福利最大化的目标，即：

$$\operatorname*{Max}_{t} W_b = CS_b + \pi_2 + tq_2 - \frac{s}{2}q_2^2 \tag{8}$$

根据（2）式，我们可以得到：

$$CS_a = CS_b = \frac{1}{4}(q_1^2 + 2q_1q_2 + q_2^2) \tag{9}①$$

令 $\frac{\partial W_b}{\partial t} = 0$，由一阶条件可得：

$$t^* = \frac{4(1+c)s - 4 - c}{7 + 8s} \tag{10}$$

在这里，为保证地区 b 征收的环境税为正值，我们假设地区 b 对污染的重视程度比较大，即 $s > \frac{4+c}{4(1+c)}$。

在单边治理下，联立（6）式、（7）式和（9）式，我们可以得到：

$$q_1^* = \frac{1 - 5c + 4(1-c)s}{7 + 8s} \tag{11}$$

$$q_2^* = \frac{5 + 3c}{7 + 8s} \tag{12}$$

在单边治理的情况下，地区 b 政府对企业 2 征收 t^* 的环境税可以使 b 地区社会福利最大化，其最大化的社会福利为：

---

① 以地区 a 为例，消费者剩余推导过程如下：在我们的线性框架下，消费者剩余等于消费者的总效用减去消费者的总花费，即 $CS_a = x_{1a} + x_{2a} - (x_{1a}^2 + 2x_{1a}x_{2a} + x_{2a}^2) - p(x_{1a} + x_{2a}) = \frac{1}{4}(q_1 + q_2)^2$。

$$W_b^* = \frac{(1-c)^2 s + 4 + 2c + 2c^2}{2(7+8s)} \quad (13)$$

根据(10)式、(11)式、(13)式以及福利函数的设定,我们可以得到:

$$W^* = \frac{-k^2(3c+5)^2 + 48(1-c)^2 s^2 + (79-126c+111c^2)s + 48 - 18c + 66c^2}{2(7+8s)^2} \quad (14)$$

$$W_a^* = W^* - W_b^* = \frac{-k^2(5+3c)^2 + 40(1-c)^2 s^2 + 8(5-11c)(1-c)s + 20 - 32c + 52c^2}{2(7+8s)^2} \quad (15)$$

在共同治理下,政府的目标是通过调整对企业 2 征收的环境税使得两个地区的社会总福利的最大化,即:

$$\operatorname*{Max}_{t} W = CS_a + CS_b + \pi_1 + \pi_2 + tq_2 - \frac{1}{2}(s_a k^2 + s_b) q_2^2 \quad (16)$$

在共同治理下,使得社会总福利达到最大化的环境税为:

$$t^{\#} = \frac{-1 - 4c + 2(k^2+s)(1+c)}{1 + 4k^2 + 4s} \quad (17)$$

在共同治理下,我们仍然假设对企业 2 征收的环境税算作地区 b 的社会福利,那么 W_b 的定义式不变。联立(6)、(7)和(17)式,我们可以得到:

$$q_1^{\#} = \frac{2[(1-c)(k^2+s) - c]}{1 + 4k^2 + 4s} \quad (18)$$

$$q_2^{\#} = \frac{1 + 3c}{1 + 4k^2 + 4s} \quad (19)$$

共同治理下最大化的社会总福利为:

$$W^{\#} = \frac{3(1-c)^2(k^2+s) + 1 + 3c^2}{2(1 + 4k^2 + 4s)} \quad (20)$$

由福利函数的设定,我们可以得到地区 a 和地区 b 的社会福利:

$$W_a^{\#} = \frac{20(1-c)^2(k^2+s)^2 + (2-44c+10c^2)k^2 + 4(1-c)(1-7c)s + 1 + 2c + 17c^2}{4(1+4k^2+4s)^2} \quad (21)$$

$$W_b^{\#} = \frac{4(1-c)^2(k^2+s)^2 + 4(3+8c+5c^2)(k^2+s) - 2(1+3c)^2 s + 1 - 2c - 11c^2}{4(1+4k^2+4s)^2} \quad (22)$$

三、比较静态分析

在这一部分,我们分别对单边治理和共同治理下的均衡结果进行比较静态分析,通过比较静态分析考察相对落后地区对环境重视程度的变化会我们求出的均衡值产生什么样的影响。

3.1 单边治理

在单边治理下,通过比较静态分析,我们可以得到两个命题。

命题1:随着相对落后地区对环境重视程度的提高,相对落后地区的政府对企业2征收的环境税率会增加,企业2的产量会减少,相对发达地区的企业1的产量会增加,两个企业的总产量会减少。

证明:由(10)式、(11)式和(12)式,我们可以分别用 t^*、q_1^*、q_2^* 以及 $q_1^*+q_2^*$ 对 s 求偏导,不难发现:$\frac{\partial t^*}{\partial s}>0$,$\frac{\partial q_1^*}{\partial s}>0$,$\frac{\partial q_2^*}{\partial s}<0$,$\frac{\partial (q_1^*+q_2^*)}{\partial s}<0$。

命题1的经济学直觉很明显,随着地区 b 对环境的重视程度的增加,地区 b 的政府为了提高地区 b 的社会福利,就会采用增加环境税的方法,通过减少环境污染来增加地区 b 的社会福利。同时,增加环境税相当于增加了企业2在生产过程中的边际成本,因此企业2在第二阶段的古诺竞争中的竞争力就会下降,从而导致企业2的产量减少。相反,由于企业2的成本增加,企业1在古诺竞争中的竞争力会增强,所以企业1的产量就会增加。然而,由于企业2减少其产量,虽然企业1增加其产量,但是企业1为了使其利润最大化,它所增加的产量会小于企业2所减少的产量,因此两个企业的总产量会减少。

下面我们对地区 a 的社会福利、地区 b 的社会福利以及社会总福利进行分析。

命题2:随着地区 b 对环境重视程度的提高,地区 b 的社会福利会降低,地区 a 的社会福利会增加,社会总福利会增加。

证明:由(13)、(15)和(14)式分别对 s 求偏导,我们可以得到:

$$\frac{\partial W_b^*}{\partial s}=\frac{\partial CS_b^*}{\partial s}+\frac{\partial \pi_2^*}{\partial s}+\frac{\partial (t^* q_2^*)}{\partial s}+\frac{\partial \left(-\frac{s}{2}q_2^{*2}\right)}{\partial s}$$

$$= -\frac{(5+3c)^2}{2(7+8s)^2} < 0,$$

$$\frac{\partial W_a^*}{\partial s} = \frac{\partial CS_a^*}{\partial s} + \frac{\partial \pi_1^*}{\partial s} + \frac{\partial \left(-\frac{k^2}{2}q_2^{*2}\right)}{\partial s}$$

$$= \frac{4(5+3c)\left[-1+10k^2+6s-3c(3-2k^2+2s)\right]}{(7+8s)^3} > 0,$$

$$\frac{\partial W^*}{\partial s} = \frac{\partial W_a^*}{\partial s} + \frac{\partial W_b^*}{\partial s} = \frac{(5+3c)\left[(80+48c)k^2-43-93c+(8-72c)s\right]}{2(7+8s)^2} > 0。$$

下面我们讨论一下命题 2 的经济学含义。我们知道，社会福利由三方面组成：消费者剩余、企业利润和环境污染的外部效应。我们先看地区 b。当地区 b 对环境的重视程度增加以后，根据命题 1，两个企业的总产量会减少，因此地区 b 的消费者剩余也会减少。然而，由于增加环境税率导致企业 2 的竞争力减弱，所以企业 2 的利润也会相应减少。由于地区 b 的环境税率增加的比率大于企业 2 产量减少的比率，因此地区 b 的税收收入会相应增加。① 地区 b 的环境污染的负外部性则无法判断到底是增加还是减少，这是因为虽然企业 2 的排污量减少了，但地区 b 对环境的重视程度也增加了，所以无法判断负外部性的变化方向；然而总体上来说，当地区 b 对环境的重视程度增加时，地区 b 的社会福利减少了。我们再来看地区 a。与地区 b 类似，地区 a 的消费者剩余也会减少，然而由于企业 1 的相对竞争力增强了，因此企业 1 的利润会增加。而且，企业 2 减少产量会使得地区 a 由于跨界污染而产生的负外部性降低。当跨界污染系数足够大的时候，由污染产生的负外部性的减少和企业 1 利润的增加会大于消费者剩余的减少，这个时候地区 a 的社会福利会增加。最后，我们分析一下两个地区的社会总福利。随着地区 b 对环境的重视程度的提高，地区 b 的社会福利减少，但是地区 a 的社会福利的增加超过了地区 b 的社会福利的减少，所以两个地区的社会总福利会增加。

3.2 共同治理

在共同治理下，通过比较静态分析，我们也可以得到两个命题。

---

① 我们的经济学阐释是以税率一般不会达到拉弗曲线的转折点为前提的。

第二十六章 京津冀协同发展中的环境治理

命题3：在共同治理下，随着地区 b 对环境的重视程度的提高，政府对企业 2 征收的环境税率会增加，企业 2 的产量会减少，企业 1 的产量会增加，两个企业的总产量会减少。

证明：由(17)式、(18)式和(19)式，我们分别将 $t^\#$、$q_1^\#$、$q_2^\#$ 以及 $q_1^\#+q_2^\#$ 对 s 求偏导，可得：$\frac{\partial t^\#}{\partial s}>0$，$\frac{\partial q_1^\#}{\partial s}>0$，$\frac{\partial q_2^\#}{\partial s}<0$，$\frac{\partial(q_1^\#+q_2^\#)}{\partial s}<0$。

命题 3 的经济学直觉和命题 1 类似。随着相对落后地区对环境的重视程度的提高，为了使社会总福利最大化，需要提高环境税率。而提高环境税率相当于增加了企业 2 的边际成本，所以企业 2 的产量会降低。相比而言，企业 1 的相对竞争力会增强，所以企业 1 的产量会增加。总体上来看，增加企业 2 的环境税率之后，企业 1 的产量的增加小于企业 2 产量的减少，因此两个企业的总产量会减少。

同样地，我们接下来地区 a 的社会福利、地区 b 的社会福利以及社会总福利进行分析。

命题4：在共同治理下，随着地区 b 对环境的重视程度的增加，地区 b 的社会福利会减少，地区 a 的社会福利会增加，社会总福利会减少。

证明：将 $W_a^\#$、$W_b^\#$ 和 $W^\#$ 都对 s 求偏导，我们可以得到：

$$\frac{\partial W_b^\#}{\partial s}=\frac{\partial CS_b^\#}{\partial s}+\frac{\partial \pi_2^\#}{\partial s}+\frac{\partial(t^\# q_2^\#)}{\partial s}+\frac{\partial\left(-\frac{s}{2}q_2^{\#2}\right)}{\partial s}$$

$$=\frac{(1+3c)[1-24k^2-16s+(5-8k^2)c]}{2(1+4k^2+4s)^3}<0,$$

$$\frac{\partial W_a^\#}{\partial s}=\frac{\partial CS_a^\#}{\partial s}+\frac{\partial \pi_1^\#}{\partial s}+\frac{\partial\left(-\frac{1}{2}k^2 q_2^{\#2}\right)}{\partial s}$$

$$=\frac{(1+3c)[-1+10k^2+6s-3c(3-2k^2+2s)]}{(1+4k^2+4s)^2}>0。$$

$$\frac{\partial W^\#}{\partial s}=\frac{\partial W_a^\#}{\partial s}+\frac{\partial W_b^\#}{\partial s}=-\frac{(1+3c)^2}{2(1+4k^2+4s)^2}<0。$$

命题 4 的经济学直觉与命题 2 类似，但也有不同之处。相同的地方是，随着地区 b 对环境的重视程度的提高，地区 b 的社会福利会减少，社会总福利也会减少。这是因为，当以社会总福利最大化为目标时，由于跨界污染系数较大，共同治理时环境税的制定就会更多地考虑地区 a 的福利，这样就会把环境税定得很高。虽然地区 a 的社会福利增加了，但由于没有更多兼顾到地区 b 的利益，地区 b 的消费者剩余和企业 2 的利润就会减少得更多。而且，对环境重视程度的增加到底会使环境污染的负效应增加还是减少是不确定的，因此此时，地区 a 的社会福利的增加无法抵消地区 b 的社会福利的降低，社会总福利会减少。

在这里我们可以看到，在共同治理下，环境税率的制定将会直接影响两个地区的社会福利，因此两个地区之间的联系就更加紧密，而不是像单边治理那样需要通过第二阶段的古诺竞争来施加间接影响。然而，下面我们也会看到，虽然两个地区之间的联系更加紧密了，但对于地区 b 来说是不利的，因此如果地区 a 不对地区 b 进行补偿的话，那么这种共同治理上的合作是难以达成的。

四、两种治理方式的比较

在这一部分，我们将对单边治理和共同治理两种治理方式进行比较分析，并找出可行的补贴方案，使得共同治理得以实现。

首先，我们对单边治理时的环境税率 t^* 和共同治理时的环境税率 $t^\#$ 进行比较，由此我们可以得到命题 5。

命题 5：共同治理下的环境税率 $t^\#$ 大于单边治理下的环境税率 t^*。

证明：通过税率比较，我们不难得出：$t^\# - t^* = \dfrac{3[(10+6c)k^2 + 6(1-c)s - 1 - 9c]}{(1+4k^2+4s)(7+8s)} > 0$。

命题 5 的经济学含义比较直观，我们在这里不再赘述。

接下来，我们分别对在单边治理下和共同治理下地区 a、地区 b 以及总的社会福利进行比较分析，并得出命题 6。

命题 6：当两地区的环境由单边治理变成共同治理时，社会总福利会增加，地区 a 的社会福利会增加，但是地区 b 的社会福利会减少。

证明：通过福利比较，我们不难发现：

$$W^\# - W^* = \frac{[(10+6c)k^2 + 6(1-c)s - 1 - 9c]^2}{2(1+4k^2+4s)(7+8s)^2} > 0,$$

第二十六章 京津冀协同发展中的环境治理

$$W_a^\# - W_a^* = \frac{[(10+6c)k^2+6(1-c)s-1-9c]^2(9+8k^2+16s)}{4(1+4k^2+4s)^2(7+8s)^2} > 0,$$

$$W_b^\# - W_b^* = -\frac{[(10+6c)k^2+6(1-c)s-1-9c]^2}{4(1+4k^2+4s)^2(7+8s)} < 0。$$

命题6的经济学直觉也很明显。在单边治理下，由于地区 b 的地方政府的目标是地区 b 的社会福利最大化，因此设定的环境税率 t^* 也是以此为目标的，所以无论在共同治理下的最优环境税率 $t^\#$ 取何值，地区 b 的社会福利都会减小。同样的道理，在共同治理下，税率 $t^\#$ 是以总社会福利最大化为目标的，因此在共同治理下社会总福利也会提高，但由于地区 b 的社会福利会下降，所以地区 a 的社会福利必定会提高。

从上面我们可以看到，虽然采用共同治理可以使总社会福利提高，但是由于这样会降低地区 b 的社会福利，因此地区 a 必须给地区 b 补贴，才能使得 b 地区接受共同治理。借鉴皮建才等(2016)关于利益补偿的思路，我们设这个补贴为 F，即为了使地区 b 接受共同治理，地区 a 给地区 b 的补贴为 F，那么这个时候两个地区的社会福利分别为：

$$W_a^{\#\#} = W_a^\# - F \tag{23}$$

$$W_b^{\#\#} = W_b^\# + F \tag{24}$$

在引入补贴后，我们再对地区 a 或者地区 b 是否能接受共同治理进行讨论。因为地区政府的目标是社会福利最大化，所以各地区能够接受共同治理的前提条件是：

$$W_i^{\#\#} \geq W_i^*, i=a,b \tag{25}$$

我们假设地区 a 拥有全部的谈判力量(bargaining power)，即只要当 $W_b^{\#\#} = W_b^*$ 时，地区 b 就会同意共同治理的方案。据此，我们可以得出：

$$F = W_b^* - W_b^\# = \frac{[(10+6c)k^2+6(1-c)s-1-9c]^2}{4(1+4k^2+4s)^2(7+8s)} \tag{26}$$

这样，我们就可以得到补贴后的地区 a 和地区 b 的社会福利：

$$W_b^{\#\#} = W_b^*,$$

$$W_a^{\#\#} - W_a^* = W_a^\# - F - W_a^* = (W^\# - W_b^\#) - F - (W^* - W_b^*) = W^\# - W^* > 0。$$

我们可以发现，当地区 a 对地区 b 进行补贴之后，相比于单边治理，地区 b 的社会福利不会变化,而地区 a 的社会福利则会提高。

地区 a 的地方政府为了激励地区 b 接受共同治理的方案,可以给地区 b 一定的补偿 F,以确保环境共同治理的顺利实现。

通过对 F 进行分析,我们可以得到命题7。

命题7:地区 a 与地区 b 之间的跨界污染系数越高,使得地区 b 接受共同治理的补贴 F 就越大。

证明:根据(26)式将 F 对 k 求偏导,可得:

$$\frac{\partial F}{\partial k} = \frac{2(1+3c)[(10+6c)k^2+6(1-c)s-1-9c]k}{(1+4k^2+4s)^3} > 0。$$

命题7的经济学含义如下。跨界污染系数越大,在单边治理的时候,地区 b 排放的污染对地区 a 的影响也就越大。因此,在共同治理的时候,为了达到两个地区总的社会福利的最大化,就必须牺牲地区 b 更多的利益。所以,为了使地区 b 愿意接受共同治理,地区 a 必须给地区 b 更多的补贴。

五、结语

京津冀协同发展中的环境治理问题是一个亟待解决的重要问题。本章从环境污染的单边治理和共同治理的角度出发,建立了动态博弈模型,并且引入了补偿机制,探讨了从单边治理转变到共同治理的可能性。我们认为,对于两个地区整体而言,共同治理时的社会福利要高于单边治理时,但是共同治理可能会损害到相对落后地区的社会福利,因此需要引入补偿机制,地区 b 才有可能接受共同治理。补偿数额会随跨界污染系数的增大而增大。引入补偿后的共同治理对双方都是有利的。

京津冀协同发展中环境治理的现实问题要远比模型复杂,本章只是抽象出了一个相对而言比较重要的作用机制。在本章的机制中,相对发达地区和相对落后地区对着环境的重视程度不同,而且相对发达地区采用清洁技术而相对落后地区则采用污染技术。本章的机制只是看待和分析京津冀协同发展中环境治理问题的一个视角,尽管这一视角有助我们进行相应的模型化,但是很多影响因素已经被我们抽象掉了。比如,我们在模型中只考虑了京津冀中的两个地区,实际上京津冀之外的其他地区可能会对京津冀内部的两个地区之间的互动产生一定的影响。另外,本章只是一篇理论性论文,通过建立动态博弈模型来对不同治理方案进行分析和比较,这样的研究方式决定了我们很难通过搜集相应的数据进行实证研究,这也是本章的一个缺憾。① 最后,我们希望本章能够起到抛砖引玉的作用,吸引更多优秀的学者来研究这个重要领域。

参考文献

[1] 陈诗一.边际减排成本与中国环境税改革[J].中国社会科学,2011(3).

[2] 崔晶.生态治理中的地方政府协作:自京津冀都市圈观察[J].改革,2013(9).

[3] 胡爱荣.京津冀治理环境污染联防联控机制的应用研究[J].生态经济,2014(8).

[4] 李惠茹,杨丽慧.京津冀生态环境协同保护:进展、效果与对策[J].河北大学学报(哲学社会科学版),2016(1).

[5] 李胜兰,初善冰,申晨.地方政府竞争、环境规制与区域生态效率[J].世界经济,2014(4).

[6] 李卫兵.自由贸易及跨界污染背景下的国际环境政策协调[J].国际贸易问题,2012(3).

[7] 梁伟,朱孔来,姜巍.环境税的区域节能减排效果及经济影响分析[J].财经研究,2014(1).

[8] 刘英奎.京津冀生态协作机制建设研究[J].中国特色社会主义研究,2015(1).

[9] 马丽梅,张晓.中国雾霾污染的空间效应及经济、能源结构影响[J].中国工业经济,2014(4).

[10] 皮建才.中国区域经济协调发展的内在机制研究[J].经济学家,2011(12).

[11] 皮建才,薛海玉,殷军.京津冀协同发展中的功能疏解和产业转移研究[J].中国经济问题,2016(6).

---

① 本章在目前的框架下很难进行实证研究,这是由本章的框架决定的。对京津冀协同发展中的环境治理感兴趣的读者除了关注本章视角下的理论分析以外,还需要关注通过其他视角进行的理论分析和实证分析,特别是实证分析。

[12] 司言武. 环境税经济效应研究：一个趋于全面分析框架的尝试[J]. 财贸经济, 2010(10).

[13] 孙久文, 原倩. 京津冀协同发展战略的比较和演进重点[J]. 经济社会体制比较, 2014(5).

[14] 王家庭, 曹清峰. 京津冀区域生态协同治理：由政府行为与市场机制引申[J]. 改革, 2014(5).

[15] 王喆, 周凌一. 京津冀生态环境协同治理研究——基于体制机制视角探讨[J]. 经济与管理研究, 2015(7).

[16] 周愚, 皮建才. 区域市场分割与融合的环境效应：基于跨界污染的视角[J]. 财经科学, 2013(4).

[17] Cellinia, R., L. Lambertinib, and G. I. P. Ottavianoc. 2004. Welfare in a Differentiated Oligopoly with Free Entry: A Cautionary Note. *Research in Economics* 58(2): 125-133.

[18] Copeland, B. R., and M. S. Taylor. 1994. North-South Trade and the Environment. *Quarterly Journal of Economics* 109(3): 755-787.

[19] Copeland, B. R., and M. S. Taylor. 1995. Trade and Transboundary Pollution. *American Economic Review* 85(4): 716-737.

[20] Fujiwara, K. 2009. Environmental Policies in a Differentiated Oligopoly Revisited. *Resource and Energy Economics* 31(3): 239-247.

[21] Roelfsema, H. 2007. Strategic Delegation of Environmental Policy Making. *Journal of Environmental Economics and Management* 53(2): 270-275.

[22] Wang, L. F. S., and J. Wang. 2009. Environmental Taxes in a Differentiated Mixed Duopoly. *Economic Systems* 33(4): 389-396.

（原文载于：皮建才、赵润之，《京津冀协同发展中的环境治理：单边治理与共同治理的比较》，《经济评论》2017年第5期。）

第五篇

投资阻塞与李约瑟之谜

第二十七章 李约瑟之谜的解释

内容提要:本章在姚洋(2003)分类的基础上讨论了李约瑟之谜的各种解释,集中评论了文贯中(2005)的地理禀赋说、张宇燕和高程(2005)的官僚制度说以及艾德荣(2005)的政治制度说,并在评论的基础上提出了一种新的解释——投资阻塞说。

关键词:李约瑟之谜;中央集权;投资阻塞

一、引 言

林毅夫(1995)的重要论文激起了国内学者对李约瑟之谜[①]的强烈兴趣,引起了许多学者对这个问题的重新考察。林毅夫(Lin,1995:pp.270-271)指出,"许多历史学家都承认,迄至 14 世纪,中国已经取得了巨大的技术和经济进步,她已到达通向爆发全面科学和工业革命的大门。然而,尽管中国早期在科学、技术、制度方面处于领先地位,但中国却并没有再往前迈进。因而当 17 世纪西方的技术进步加快时,中国

---

① 李约瑟之谜的内容有各种不同的表述。通常的观点认为,李约瑟之谜是指 14 世纪中国为什么没有发生工业革命。张宇燕和高程(2005)认为李约瑟之谜("李约瑟问题")实际上是相互关联而又彼此独立的两个问题,需要从两个方面给出解释:一是西欧国家的经济为何会突然加速增长,二是同时代的中国经济为什么没有突破增长瓶颈实现起飞。文贯中(2005)认为李约瑟之谜可分解为四个子问题:第一,为何中国在公元 2 世纪之前并未领先世界;第二,为何在其后的 14 世纪期间中国仅在实用技术方面走到了世界的前列;第三,为何从 16 世纪起,中国即使在实用技术方面也再度落后;第四,为什么现代科学,也即实验性的哲学,只产生于欧洲文化之中。

就远远落后了。"①李约瑟之谜——为什么工业革命没有发生在中国,而是发生在西欧,有各种不同的解释。姚洋(2003a)对这些解释做了一个很好的分类,提炼出了中央集权说、产权制度说、英雄理论、思维方式说和资源—经济约束说。在姚洋(2003a)之后,文贯中(2005)提出了地理禀赋说,张宇燕和高程(2005)基于"货币—制度"二元分析法提出了官僚制度说②,艾德荣(2005)提出了政治制度说③。虽然这些解释在有些方面相互补充或相互印证,在有些方面相互替代或相互矛盾,但是在总体上还是自成体系的。在这些不同的解释中,我们到底应该站在哪里呢?换句话说,到底哪一种解释更接近李约瑟之谜的谜底呢?

本章主要对文贯中(2005)、张宇燕和高程(2005)以及艾德荣(2005)的文献进行了批判性剖析——在剖析的过程中结合或联系了其他相关文献,并在剖析之后提出了一种新的解释。虽然他们的三种解释在很大程度上可以自圆其说,但笔者发现他们中有的推理的前提条件和既有解释的前提条件相互冲突甚至完全相反,有的得出的最终结论并不是基于论文自身史料的分析。本章剩余部分的基本结构如下,第二部分介绍了李约瑟之谜的各种解释特别是最近的三种解释,第三部分评论了新近的三种解释并指出了若干解释中存在的前提条件的矛盾,第四部分在综合各种解释的基础上提出了一种新的解释,第五部分给出了结语。

---

① 姚洋(2003a:第71页)对此提供了很好的数据支持,"根据Maddison的估计,在1700年,中国和欧洲的GDP总量相当,各占世界GDP总量的23%多一点;到1820年,中国甚至超过欧洲,占世界GDP总量的近三分之一;就人均收入而言,中国在1700年也只比欧洲低三分之一左右。"张宇燕和高程(2005:第491页)从另一个角度提供了很好的数据支持,"根据麦迪逊的估算,自1500至1820,以1990年的美元为计算标准,西欧人均GDP从670美元升至1269美元,增长了89.4%;中国在1500年时,人均GDP约为600美元,但在而后的300多年里增长率几乎为零。"

② 张宇燕和高程(2005)虽然没有把他们的解释取名为"官僚制度说",并认为在回答帝国缘何停滞这类宏大的命题时单一解释几乎是不可能的,但是,他们的核心观点终究是"官僚制度说",当然他们的核心观点与Acemoglu and Robinson(2002)的观点基本一致。

③ 艾德荣(2005)并没有把他的解释定义为对李约瑟之谜的解释,而是定义为对"为什么宋代中国的早期工业革命到了明清时期会变成停滞的农业经济?"的解释。但是,笔者认为,这实际上也是对李约瑟之谜的解释,并且相对而言是一种内生解释。他其实回答了姚洋(2003a:第71页)在否定中央集权说时的诘问:"如果南宋时期因为战争而不得不把税收全部收归中央,明清两代经历了几百年的和平时期,难道各位皇帝都没有学会'放水养鱼'的道理?"更加具体的叙述可参见注释5。

二、各种解释

姚洋(2003a)把对李约瑟之谜的解释分成了五类：第一类是中央集权说[①]，Diamond(1999)是这一学说的代表之一，欧洲的海岸线犬牙交错且近海岛屿众多，而中国的海岸线平滑有序且近海几乎没有岛屿，前者有利于形成众多竞争的小国，而后者有利于形成大一统的帝国。Diamond 将中国的落伍归咎于其完整的地理环境所造成的大一统的国家体制。第二类是产权制度说[②]，黄仁宇(1997)援引诺斯等人的观点认为，中国古代社会没有产生资本主义的原因在于财产所有权没有得到应有的尊重和保护，不顾"内在的公平"，只顾维持血缘关系、社会身份和道德品质所支撑的社会等级制度的思想，从而扼杀了社会的商业动机。第三类是 Diamond 所说的"英雄理论"[③]，技术创新是少数"英雄"的活动，而"英雄"的数量和技术创新的数量取决于人口的多寡和技术创新的难易程度；林毅夫(1995)也持这种观点，中国在历史上的领先是因为当时的技术比较简单，可以靠经验积累完成，所以中国较大的人口可以更容

[①] Diamond 意义上的中央集权说实际上是地理环境决定论和官僚制度说以及政治制度说的综合，前期以地理禀赋为主要约束条件，后期以中央集权的官僚政治为主要约束条件。姚洋(2003a：第71页；2003b：第42页)认为，中央集权说无法解释中国在此之前为什么能够领先世界一千多年。他的反问是：如果南宋时期因为战争而不得不把税收全部收归中央，明清两代经历了几百年的和平时期，难道各位皇帝都没有学会"放水养鱼"的道理？但是，笔者认为，中央集权说可以解释中国的领先，这和发展阶段有着密切的关系：当我们处于进行通用投资的阶段时，中央集权可以帮助我们取得良好的经济绩效；当我们处于进行专用投资的阶段时，中央集权就会阻碍我们取得良好的经济绩效。笔者对姚洋诘问的理论回答是：不管是南宋时期的皇帝还是明清时期的皇帝都是中央集权的皇帝，他们并不会因为开明就废弃原先的体制，权威的配置并不会因皇帝而异。艾德荣(2005)对姚洋诘问的具体回答是：中国的省制度在1370年代发生了变化，使得工商活动之产权执行不力。艾德荣的观点进一步佐证了权威(或职权)正确配置的重要性。

[②] 对产权制度说的批评集中在两点上，姚洋(2003a：第71-72页)援引经济发展和经济增长理论的观点认为，产权并不是经济增长的充分条件；张宇燕和高程(2005：第510页)认为，产权制度说的关键在于非中性的产权保护制度究竟最有效地保护了谁的产权，在于那些最具生产性或创造性的财产拥有者是否得到了真正的尊重，非中性产权制度的分布高于产权保护本身。笔者认为，对产权的分析必须放在中央集权的官僚政治这个最大的约束条件下进行。

[③] 对英雄理论的批评主要体现在姚洋(2003a：第72页；2003b：第45页)。他认为，英雄理论所忽视的是，工业革命并不是以现代科学为前提的，正如 North(1981)所指出的，工业革命(公认的时期为1750—1850年)比现代科学和技术的结合(公认的时期为19世纪后半叶)早了近百年。

易地产生技术创新,但是现代技术不是靠经验而是靠科学实验,人口多未必占有技术创新上的优势。第四类是思维方式说①,李约瑟本人就认为,中国之所以没有产生现代科学,是因为中国人重实用而轻分析;钱穆(2001/1983)也有类似观点,中国人的思考方式是"由外到内",欧洲人的思考方式是"由内到外"。第五类是资源—经济约束说②,Elvin 的高水平陷阱假说是其中的典型代表,人口众多、资源匮乏造成中国经济陷入了一个"死循环"。人口众多的压力促使中国全力发展农业技术,但是农业技术改进所带来的收益完全为新一轮的人口增长所吞噬,如此反复,中国在较高的农业水平上维持了巨大的人口,但中国工业的发展却受到了有限资源的制约。姚洋(2003a)的分类总体上很好地把握了各种解释的精神实质,对我们分析问题有很好的指导作用。但是,我们需要指出的是,姚洋的分类不够"精确"、太过"笼统"③,特别是考虑到各类解释之间的相互联系和相互作用的时候。比如,他所划分的中央集权说就很成问题,特别是当我们把中央集权说与地理禀赋说、官僚制度说和政治制度说并列在一起进行讨论时就更成问题。

---

① 对思维方式说的批评主要体现在姚洋(2003a:第72页),他用批评英雄理论的逻辑批评了思维方式说。笔者认为,跟产权制度说一样,思维方式说也必须考虑到中央集权的官僚政治这个最大的约束条件。产权制度说和思维方式说可以统一在中央集权的官僚政治说上,在中央集权的官僚政治约束下,产权不可能得到有力的保护,人的思维方式也会适应内生于中央集权官僚政治的激励机制,产权制度和思维方式只是对中央集权官僚政治的反应,是后者导致了前者而不是前者导致了后者,虽然总体上来看二者相互加强。

② 对资源—经济约束说的批评主要集中在两点上。林毅夫(1995:p. 272)认为,"Elvin 的假说暗含了一个中心假设,即,在前现代时期,农业潜力是有界的。然而,如果土地、劳动和社会制度条件给定不变,无论是在现代还是在前现代时期,农业潜力都是技术的函数。如果技术的发展未遇到障碍,由人地比例失调引起的'均衡陷阱'就不可能发生。"姚洋(2003a:第72页)认为,"Elvin 关于中国工业的解释缺乏说服力,甚至有逻辑错误;所谓的资源约束都是相对的,不存在绝对的资源约束;而且,还有一个逻辑问题就是:Elvin 想解释中国为什么没有产生新的工业技术,却又把新技术当作缓解资源约束的前提条件了。"

③ 笔者之所以说姚洋(2003)的分类不够"精确"、太过"笼统",不是因为他的每个类别之间的"空隙"部分太大,而是因为他的每个类别之间的"交集"部分太大。林毅夫(1995)把对李约瑟之谜的解释分成了两种:技术需求不足论和技术供给不足论,笔者认为,这种两分法相对于姚洋(2003)的五分法要更为精确一些,虽然存在两类之间的"空隙"部分太大的缺憾。但是两分法容易使我们产生误解,认为正确的解释不是技术需求不足论就是技术供给不足论,而实际情况可能在两者之间,就像哈耶克所批评的自然秩序和人为秩序的秩序二分法,而实际情况是在自然秩序和人为秩序之间还要加上自发秩序。

我们之所以把姚洋(2003a)的分类以重大篇幅列出来,是因为这可以对我们梳理和分析《经济学(季刊)》上最近发表的三种解释起到很好的背景知识的作用。

文贯中(2005)的地理禀赋说认为,近代以前地理禀赋对文明演变起主要作用。一国的疆域的扩大,会造成农业这一典型的土地密集型部门的扩张,而宋朝以降的中国历史恰恰发生了这样的事情,宋以后疆域相对人口的扩大必然导致人口的空间分布由宋朝的相对集中变为元明清各朝的广布状态,因而导致劳动密集型部门的相对萎缩,而劳动密集型部门的扩张是内生型城市化的重要原因,其萎缩必然导致城市化水平的下降、海外贸易的下降、分工水平的倒退、发明创造环境的恶化,使内生增长得以可能的技术进步和制度创新日趋沉寂。文贯中想要说明的是地理禀赋(特别是土地)的比较优势使中国陷入了低水平扩张的陷阱(这就类似于中国目前的粗放式增长),低水平扩张的结果使中国陷入了低工业化水平。地理禀赋(宋以后疆域的扩大以及中国远离其他文明中心)是形成李约瑟之谜的重要原因。

张宇燕和高程(2005)基于"货币—制度"分析法的官僚制度说认为,中国传统官僚制度中固有的产权保护因素,一方面削弱了制度创新的激励,另一方面使得产权处于高度的不稳定之中。在这样的背景下,引发经济长期增长的货币金融制度之产生也就无从谈起。中国官商合作的产权保护制度提高了晚明中国商人阶级"革命"的机会成本和达成集体行动的交易成本:一方面,官商合作的不稳定性使产权制度走向一种寻求短期利益的习惯轨道,而不是以追求长期利益为目的,试图在宪法层次上建立一套可预期的产权规则;另一方面,与官僚结盟对某个具体的商业家族而言有利于其财产的稳定和增值,但也正是因为财富的安全和扩张取决于自身与官僚阶层结合的亲密程度,所以使得相互激烈争夺官僚政治资源的商业大家族彼此芥蒂,形成所谓的"勇于私斗,不胜不止"的局面。总而言之,中国的初始制度特别是官僚体制不能对外部冲击特别是货币冲击形成迅速而有效的回应是形成李约瑟之谜的重要原因。

艾德荣(2005)的政治制度说认为,中国的省制度在1370年发生了变化,由强省转变为弱省①。弱省导致县令将许多行政职能委托给了地方精英特别是地方有地精英，地方士绅特别是地方有地士绅。他们在排解纠纷、集资举事、掌握地方防御以及其他许多方面成为首事者的社会头脸。地方有地士绅在司法管制等方面享有特权，他们限制了那些可能威胁到他们的权力、影响力和社会地位的人（特别是潜在的专业化生产者）的产权，并以种种手段利用他们的财富和社会关系来维护自身利益。弱省制度的低行政压力导致地方政府没有动力去保证效率，使得地方有地精英得以向商人和工场主转嫁负担、限制工商业逐利者产权。在艾德荣的理论中，不同的政治制度构成了对有地精英的不同约束，关键的问题在于如何限制地方有地精英限制他人产权的能力。低行政压力下的地方有地精英侵犯他人产权是形成李约瑟之谜的重要原因。

三、对新近三种解释的评论

3.1 对文贯中(2005)的评论

我们可以看到，文贯中的解释和 Elvin 的解释存在矛盾之处，文贯中注意到的约束条件是地多人少，Elvin 注意到的约束条件是人多地少，而古代中国当时的约束条件只能是人多地少或地多人少中的一个，而不可能既是人多地少又是地多人少。相反的约束条件却破解了相同的谜，这只能说明他们选择的约束条件不起作用或者说他们给出的解释有错误。我们可以替文贯中问 Elvin，为什么当时的中国不在人多地少的时候同时选择发展农业技术和工业技术（让工业弥补土地方面的不足）？我们也可以替 Elvin 问文贯中，为什么当时的中国不在人少地多的时候选择发展工业技术（让土地在工业方面发展自己的比较优势）？② 文贯中(2005)选择的约束条件虽然看起来非常重要，但并不是最重要的。打一个不恰当的比喻，在婴儿未生下来以前，"脐带"当然发挥了非常重要的作用。但当婴儿生下来以后，我们再过分强调"脐带"的作

---

① 艾德荣(2005)定义了两种省制度。省作为地方政府可大体划为两层行政：上层和下层，这两层也可分别指为省层和县层行政。如果一个省的县层行政将重要职权让渡给省层行政，则称它为强省；如果一个省的属县没有将重要职权让渡给在上的省层行政，则称它为弱省。

② 这两个疑问的逻辑可以参见注释 10。

用就不合时宜了,虽然我们不能否认这当中的确存在着"路径依赖"效应。社会科学不同于自然科学的一个重要地方就在于约束条件的多变性,不同时期有不同的约束条件发挥主要作用,但是文贯中(2005)却试图在一个很长的历史跨度内用一个约束条件来解释所有的现象,这是不符合科学精神的。还有就是,文贯中(2005)在其解释中过分强调了古希腊的科学萌芽的作用,认为这一基因在欧洲文化中的复活使欧洲迅速走到了世界的前列,但是由于中国远离地中海无法获得对其他古代文明优秀成果的借鉴以及对古希腊科学传统的了解,因而宋朝自始至终无法自发产生科学萌芽;但这不是对李约瑟问题的内生解释,而是对李约瑟问题的外生设定,这种外生设定回避了应该回答的问题:古代中国为什么不能像古代希腊那样产生科学萌芽?当然,文贯中(2005)的分析实际上暗含了不能接近古希腊的科学萌芽就不能产生科学革命,不能产生科学革命就不能产生工业革命。而公认的事实是,工业革命比现代科学和技术的结合早了近百年(North,1981),也就是说,文贯中的地理禀赋说和"英雄理论"一样在解释中偷换了概念(用科技革命来代替了工业革命)(姚洋,2003a:第72页),更具体的论述可参见注释7。这其中存在的问题和文贯中(2005)把李约瑟之谜分解为四个子问题有很大的关系,如果分解失误的话,给出的答案就不可能正确。

即使假设文贯中(2005)的分解是正确的,我们也可以从历史中找到对文贯中的反驳的资料,中国并不是由于无法获得古希腊的科学萌芽才无法产生科学革命的,而是由于当时的中国政府没有对已经存在的机会进行正确的反应。我们可以把工业革命看成是机会的函数,即,"工业革命=f(机会)"。如果没有机会(不管是外生的还是内生的)出现,那么我们可以认为地理禀赋发挥了作用。但实际情况是,中国很早就出现过机会,只是没有把握住机会。把握机会的成本太大,并不是由于地理禀赋的原因,而是由于政府科层的原因,下面的资料就可以很好地说明这个问题。

从知识结构上讲,康乾时期的中国皇帝和官僚们绝非平庸之辈,他们大多学问渊博,贯通古今。尽管他们对欧洲新的文化革新和政治变革知之不多,但对下面两点是非常清楚的:一是中国在科学技术和军事力量上已经落后于西方。有鉴于此,康熙帝以浓厚的兴趣向传教士学习天文、数学、医学等方面的知识,乾隆帝及其皇子也对外国的科学发明保持着相当的兴趣,并主动了解英国造船业方面的情况,对西洋的军舰尤其印象深刻,"喜欢询问外国事物,对外国科学发明俱感兴趣"(《英使谒见乾隆纪实》第384、406页,商务印书馆1963年版)。而清廷"钦天监用西洋人,累进为监正、监副,相继不绝"(《清史稿》卷二百七十二,南怀仁传),也反映出清廷对西方科技水平先进地位的承认。二是西方殖民势力的进逼。清廷用于战争的"制胜要器"如大炮等,其制造技术传自西方,而西洋船舶之坚,火器之猛,都不能不使统治者在处理中外关系时唯慎唯谨,动以安危为虑。更重要的是,康乾时期的中国确实面临着西方侵略的严重威胁。沙俄对中国领土的蚕食,对分裂势力的支持,促使清朝统治者不得不采取措施加强对陆疆的防御,而西方列强在远东地区肆无忌惮的扩张,在中国沿海地区的非法活动,也使清廷深感忧虑。面对来自海上的威胁,康熙帝强调"海防为要""凡事不可小视,往往因小失大",预言:"通海口子甚多,此时无碍,若干百年后,中国必受其害矣"(《康熙起居注》第3册,第2324-2325页,中华书局1984年版),即生动反映了清廷对西方侵略的担心。正是严峻的国际形势迫使清朝统治者必须在安全与发展中寻找到一个平衡点:要发展,要改变中国在科学技术等方面的落后,就必须和西方交往,就必须适当开放门户,以便先进科学技术知识的引进。而要扩大交往,就得冒招致西方更大侵略的风险。就得冒国内反清势力、分裂势力和西方侵略势力勾结串通的风险,如何处理二者间错综复杂的关系,就成为摆在盛世时期清朝统治者面前的一个重大课题。限于当时的认知水平,清朝统治者对这一复杂问题的处理是十分简单的,那就是通过减少和西方的往来,求得暂时的安全。(资料来源:高翔,《从全盛到衰微——18世纪清帝国的盛衰之变》,国学网,http://economy.guoxue.com/article.php/1407,2004。)

笔者认为,问题的关键是文贯中(2005)忽略了或者舍弃了更为重要的约束条件,这个更为重要的约束条件就隐藏在张宇燕和高程(2005)以及艾德荣(2005)的解释中,当时中国经济行为主体的选择是中央集权的政治制度和官僚体制约束下的选择,忽视了这个约束条件就很难找到真正的谜底。

3.2 对张宇燕和高程(2005)的评论

张宇燕和高程(2005:第497页)认为,海外贸易和国内长途贸易为中国商人们提供了获取巨额利润的机会,对这些机会的潜规则(官商结合的产权习惯)保护是形成李约瑟之谜的重要原因。但是,姚洋(2003a:第72页)认为,在中国,高额的土地回报诱使人们投资农业,工业因此缺少资金,无法发展起来;相反,在欧洲,由于人口密度低,较低的农业水平也足以支撑人口的增长,工业回报因此高于农业回报,资金向工业集中,欧洲因此向一个高水平的均衡发展。张宇燕和高程(2005)的解释是基于商业的回报相对较高,姚洋(2003a)的解释是基于农业的回报相对较高,二者之间存在矛盾之处,商业的回报相对较高和农业的回报相对较高不可能同时存在。笔者认为,姚洋的观点忽视了中国的中央集权对工商业发展的抑制作用,工商业的回报会由于受到政府的压抑而被人为地降低。即便如此,现实的工商业回报也还是相对较高,生产要素的稀缺敌不过内在机会的稀缺。当然,我们在讨论利润时,必须考虑到风险因素,商业(比如海外贸易和国内长途贸易)的回报高很可能是因为包含一个很高风险溢价在内,但即使剔除风险溢价后土地的回报也可能还是低于商业回报。而问题的关键或许在于如何衍生出降低商业发展的风险程度的有效制度安排,中国正是由于缺少这一制度安排才使潜在的收益难以有效地实现,在这一点上笔者支持张宇燕和高程(2005)的解释。

张宇燕和高程(2005)的解释虽然是沿着"货币—制度"的总体框架进行分析的,但他们的缺点是"弹着点"太多,"多点开花"式的分析导致他们没有把主要精力集中在"中国的商业利益集团为什么没有得到政府的扶持而西方的商业利益集团为什么得到政府扶持"上。张宇燕和高程(2005:第504-505页)认为,国家无法从商人集团的发迹中获得更多经济上的好处,因此出面支持对外扩张和贸易掠夺的"决心"和"意志"明显不足;由于得不到国家的政治和军事庇护,很少有私人海商能在巨大的中国市场和海外市场之间建立垄断性的联系;财富与权力的分道扬镳导致了商人阶级和民族国家利益的"双输"局面,其最致命的后果是,对国内的工业投资需求和融资市场的资金供给产生了长期的不良影响。我们可以看到,张宇燕和高程(2005)对上述核心观点的资料论证和理论论证都不是非常充足。国家(皇帝)—官僚阶层(地方政府)—商人集团之间的权威配置和利益分配出现了问题是产生最终问题的根源,官商结合只是表面现象,对外扩张动力不足也只是表面现象,这些现象都是中央集权的政府失灵产生的结果。①

对明朝的中央政府失灵,我们可以从历史资料中找到佐证,黄仁宇从财政角度进行的分析就可以很好的说明这个问题。

黄(仁宇)先生将明代中国作为"不能在数目上管理的国家"的典型,主要与他专研的明代财政制度有关。他指出:明太祖创设的"洪武型财政"是种"收敛性"财政制度,与唐宋帝国"扩张性"财政制度大不相同。同时,明朝"政府之中层机构缺乏后勤能力",也远比唐宋帝国严重,政府集中掌握的财税资源规模受到很大限制。黄先生强调,洪武型财政基本上是种"大而无当的结构",缺乏总揽其成的国库制度。中央财政主管机构户部以及全国各地税收机关之间,几乎不存在任何可由户部统辖调度的"分支财库",也因而在财政制度上缺乏暂时集中财税收入的有效"中层机构",只能纯任各级地方政府以"原额主义"缴纳税粮,各地税收记录主要只是上报户部交差了事的"官样文章",不反映真实税收数字的变动。因为是采用"原额主义"缴纳税粮与计算报销,即使民间经济成长带来商业部门税收增加,政府基本上也不必主动因应,无须针对农业、商业税收比率结构调整财政制度,充分呈现一种"被动性格",全国财政的主要目标乃放在"维持政治现状,而非反映经济社会的动态"。而维持这套财政制度的主要手段则是将"文化与政治的支配"强压在"一种大而无当而又自给自足的经济系统"上,可以完全不顾"商业压力及外来的竞争"。(资料来源:丘澎生,《黄仁宇大历史观下的明清市场与政府》,国学网,http://economy.guoxue.com/article.php/

---

① 中央集权的政府失灵可能就像 Leibenstein 的 X-非效率一样仅属于外在的评价,只有我们在和理想的标准进行比较的时候才能得到我们的评价。张宇燕和高程(2005:第504页)的一句话值得我们高度重视:"当然,他们(指国家)也无意于此。"中央政府的目标函数决定了它的行为特征。正如米尔格罗姆和罗伯茨(2004:第22页)所说:"任何经济组织,包括作为整体的经济体系,目的都在于满足人们的要求。我们就是根据这个目的对经济绩效进行评判的,但这种方法并不意味着排除物质成果。如果军事优势或国家威望处于优先地位,那么为这种目标服务的经济据我们的标准来看就是表现良好的经济。如果人们都认为所有人类活动的目标应该是供奉神灵,那么支持这种供奉的经济体系就是好的经济。"钱穆在他的一系列著作中也着重强调了中西目标函数的不同,但这是违反经济分析的基本原理的(这个原理就是不应该从偏好不一致入手而应该从约束条件不一致入手来对经济现象进行解释),正如米尔格罗姆和罗伯(中译本2004:第22页)接着说的:"但是,为了我们讨论的目的,我们假定,人们主要关注的是一般的经济货物和服务。这样,经济体系就是根据它们满足人们经济需求的程度来进行研究评判的。"

438,2004。)

张宇燕和高程(2005)的解释暗含的前提是,不能把握新的增长机会是李约瑟之谜的另一种表达方式。比如,张宇燕和高程(2005:第509页)就认为,市场需求的不足和资金供给的不便同时影响了中国商人向高技术含量的工业部门投资的欲望,阻碍了他们投资的规模,使投资额不能达到经济"起飞"和保持长期经济增长所必需的限度。对于这一点,笔者是非常赞同的,我们研究李约瑟之谜不仅仅是为了研究以前的中国为什么落后,而是为了研究以后的中国如何腾飞——如何更好地把握住摆在中国面前的增长机会,如何更好地抓住新产业革命的机遇。如果我们把工业革命看成是机会的函数,即,"工业革命＝f(机会)",那么我们就可以得到,张宇燕和高程(2005)意义上的机会把握失灵是由中央政府失灵造成的。但是,也正是从这一点来说,张宇燕和高程(2005)的分析框架并没有论述机会把握失灵的其他方面的原因,比如,他们的分析框架并没有强调如何使组织结构跟机会相互匹配。当然,还有更为致命的就是,把握了商业机会未必就能把握工业机会,荷兰就率先把握了商业机会但却没能率先把握工业机会(华民,2005:第102页,第104页)。笔者认为,之所以出现这种情况是由他们的"货币—制度"的二元分析工具的定势思维决定的,他们总是试图沿着"货币冲击—阶级重组(阶级兴衰)—制度变迁—经济增长"的路径前进,这一框框使得他们的解释过于面面俱到,从而压制了隐藏了他们分析过程中的更为重要的东西。不可否认,他们的"货币—制度"的分析视角是非常新颖,笔者的评论只是想使他们的重点更加突出。

3.3　对艾德荣(2005)的评论

艾德荣(2005)的资料可以算作是对张宇燕和高程(2005)的解释的补充,虽然两者的分析视角明显不同。艾德荣(2005)的分析更有针对性,更能指出问题的要害。但是笔者想要指出的是,艾德荣(2005)根据其分析得到的结论具有很大的误导性,他的分析并不支持他的结论①,这可能跟他的经济学知识结构存在缺陷有关。艾德荣(2005)对史料的把握非常优秀,笔者对他的评论仅限于从经济学的角度做一些修正或补充。艾德荣(2005)认为权威是按照下面的链条进行委托的:皇帝—上层政府(省)—下层政府(县)—地方有地精英。地方有地精英拥有非形式权威(informal authority)②,他们为了维护自身利益而限制了工商阶层的发展。但是,我们应该看到的是,地方有地精英本来就是一个经济行为主体,而下层政府必须依靠地方有地精英才能维护好自己的统治,这本身就说明了"下层政府失灵"。笔者认为,弱省之下并没有"强县"(能为民间提供正常秩序的县),"弱省+弱县"才给了地方有地精英"上下其手"的机会,即使没有地方有地精英也会有其他利益集团乘虚而入。对"下层政府失灵"开的"药方"不应该是限制地方有地精英的特权,而是应该完善下层政府建设,让下层政府具有不依赖地方有地精英而秉公执法的能力。笔者认为,对地方有地精英的限制并不像艾德荣自始至终强调的那样是关键因素,关键因素是政府权威的委托机制出现了问题。任何一个经济行为主体都有维护自身利益的倾向,都会寻找机会维护自身的利益,地方有地精英也不例外,把责任推在地方有地精英身上而不是推在政府身上是本末倒置的,基于此提出的建议也只能算是"扬汤止沸"的。艾德荣(2005:第559页)也意识到了他的看法与传统看法相左,传统看法认为政治经济主要的问题是要找到限制政府没收财富和财产能力的宪法特色。当然,根据艾德荣的史料是得不出传统看法的,但是他的史料也不支持他的结论。为了使问题的表述能够尽可能地清楚,笔者有必要再赘言几句,艾德荣(2005)找到了问题的症结,但却开错了问题的药方。换句话说,他知道问题是什么,但他却对问题给出了错误的答案。无论如何,知道真正的问题是什么并围绕这一问题组织材料就足以说明艾德荣(2005)具有很好的洞察力。

---

① 笔者在这里所说的结论是指艾德荣(2005)在正文中所一直强调的"限制地方有地精英是关键因素",而不是指他在摘要中强调的"中国的省制度在1370年代发生了变化,使得工商活动之产权执行不力,从而导致了长期经济绩效的变迁"。笔者之所以在这里强调一遍,是为了避免不必要的误会。

② 非形式权威是拥有形式权威的委托者把权威委托给代理者时代理者拥有的权威,之所以称为非形式权威是因为委托者还可以把权威从代理者那里收回来。关于形式权威的解释可见注释18,也可参见皮建才(2006)的注释4。

对明朝下层政府的失灵,我们也可以从历史资料中找到很好的佐证。

明清两代的地方行政官,大都是管官的,不是管事的,事都交给师爷,由胥吏去办。这种师爷,各衙门都有,上下相混,四面八方勾结。而管官的官却从科举出身,哪里懂得这些事?一个真正做事的官,一到衙门,至少需三四个月或一年半载,才把衙门里的详细情形弄懂了,而一辈吏胥就不免起来反对他,暗中作梗。这种情形,以前是没有的。直到清代,这种趋势,日甚一日,其误在于分出官吏流品之清浊。在上面流动的叫清流,在下面沉淀的是浊流。只要一行作吏,沉淀入浊流,再也不要想翻身,再也爬不上来……只要你在胥吏流品中,无论如何有才有德,也仍走不出胥吏之本流,仍还是一胥吏。所以胥吏不再要自爱,不再要向上。而一切文书簿籍,例案掌故,却全经他们手。他们便操纵这些来束缚他们的长官。长官贤明,无奈他们何。此乃法病,非人病。(资料来源:钱穆,《中国历代政治得失》,北京三联出版社 2005 年 9 月版,第 113－114 页。)

如果我们还是把工业革命看成是机会的函数,即,"工业革命＝f(机会)",那么我们就可以得到,艾德荣(2005)意义上的机会把握失灵是由地方有地精英阻挠造成的,而实际上却是由下层政府失灵造成的。

笔者还要指出的一点是,艾德荣(2005)似乎对行政压力寄予了太大的期望。根据 Leibenstein 的 X-效率理论,压力可以减少人的惰性区域,从而提高 X-效率。但是,我们应该看到的是,行政压力是和利益息息相关的,行政压力在宋代产生了良好的经济绩效只能说明当时的制度安排特别是基于权威委托的制度安排具有自我实施的特性,就像他本人(Edwards, 2005)在另一篇纯理论性论文中指出的:中央集权产生了高税率和经济停滞,而地方分权则导致了低税率和经济增长。对付外生机会(比如,大家都已经知道的机会),行政压力或许能够起到重要的作用;但对付内生机会(比如,很少有人知道的机会),行政压力反而可能起到阻碍作用,除非形成了基于权威委托的有效制度安排。艾德荣(2005)在强调行政压力时也把我们的注意力从"政府组织如何进行有效的制度安排以抓住增长机会"上挪开了,但行政压力的背后总是有某种制度安排在支撑着它。笔者认为,行政压力这个术语模糊了而不是清晰了政治制度中关键的相互作用,权威委托机制才是问题的关键。

四、一种新的解释

通过对"工业革命＝f(机会)"中把握机会的成本的梳理,笔者认为,李约瑟之谜的本质是一个投资阻塞问题(holdup problem)①,所以李约瑟之谜的谜底必然隐藏在投资阻塞问题的解决方案②之中。投资阻塞问题是指进行关系专用投资(relationship-specific investments)的经济行为主体不能获得自身投资的全部边际回报进而引起投资不足的低效率现象。关系专用投资是相对通用投资(general investments)而言的,它是与可挤占准租金相联系的一种沉淀成本型投资。中国的根本问题出在了民间发生了投资阻塞问题,而发生投资阻塞的根本原因又在于中央集权的官僚体制导致的政府拥有形式权威(formal authority)③而民间不拥有形式权威。形式权威的不良配置所导致的一阶投资阻塞问题引发了后续层次上的投资阻塞问题④,而投资阻塞问题只能解决了第一个阶才能解决第二阶,解决了第二阶才能解决第三阶,解决了第三阶才能解决第四阶,依次类推。如果把投资阻塞问题比喻成若

---

① 有人把翻译 holdup problem 为投资阻塞问题(以陈志俊为代表),也有人将其翻译为套牢问题(以费方域为代表)或敲竹杠问题(以杨其静为代表)。从笔者对外文文献的阅读和把握方面看来,翻译为投资阻塞更能抓住其内在含义。可参见皮建才(2006)的注释3。

② 投资阻塞问题的解决方案包括纵向一体化(vertical integration)、财产权利配置(property rights allocation)、再谈判权利缔约(contracting on renegotiation rights)、选择权契约(option contracts)、生产契约(production contracts)、关系契约(relational contracts)、金融权利配置(financial rights allocation)、科层权威(hierarchical authority)、注入市场竞争(injecting market competition)以及动态相互作用的个人理性等(Che and Sakovics, 2004)。

③ 形式权威是相对真实权威而言的,形式权威是指决策权,真实权威是对决策的有效控制权。Aghion and Tirole(1997)对此有很好的论述,另外 Aghion and Tirole(1995)和 Baker－Gibbons－Murphy(1999)对 Aghion and Tirole(1997)做了很好的补充。

④ 一阶投资阻塞问题的关键在于强调一阶。因为一阶和二阶属于数学里的常用术语,所以在文字叙述中很容易引起误解,笔者认为一阶和二阶强调的只是相对重要性,一阶要比二阶重要,甚至于在一阶面前二阶可以忽略不计。关于一阶和二阶的区分在 Williamson(1985;1996)的著作里面就有很好的描述,他认为治理结构属于一阶问题,激励机制属于二阶问题;而更详细的区分则体现在 Williamson (2000:p.597),威廉姆森把整个问题分成了四个阶,包括非正式制度、惯例、传统、信仰在内的社会嵌入(embeddedness)构成了初始阶(第一水平),包括博弈的正式规则特别是政治制度、司法制度、行政系统在内的制度环境构成了第一阶(第二水平),包括博弈的玩法特别是契约在内的治理构成了第二阶(第三水平),包括价格与数量以及激励匹配在内的资源配置和使用构成了第三阶(第四水平)。我们可以根据布坎南的观点进行更加简化的描述,一阶问题属于对约束的选择,二阶问题属于约束下的选择。

干道门的话,那么,结果就是打开了第一道门才能打开第二道门,打开了第二道门才能打开第三道门,打开了第三道门才能打开第四道门,依次类推,否则,我们只能站在某道门外(实际情况是我们站在了第一道门外)徘徊,徘徊的时间越长说明我们投资阻塞的程度越严重。投资阻塞导致了中国的李约瑟之谜,在进行通用投资的时代,中国可以遥遥领先,因为形式权威的不良配置不会产生严重的后果;但在进行专用投资的时代,中国却远远落后了,因为形式权威的不良配置产生了严重的后果[①]。从投资阻塞的视角对李约瑟之谜进行解释可以得到一些全新的认识,这种认识对于如何解决中国改革和发展过程中的深层次问题具有重要的理论意义和现实意义,因为这种认识有利于我们找到问题的真正症结并"对症下药"。

笔者认为总体上来讲张宇燕和高程(2005)以及艾德荣(2005)的解释更具有说服力,而官僚制度说和政治制度说的更具一般的表述方式则是投资阻塞说。中央集权式的官僚政治只是投资阻塞的一种极端形式而已(当然,中央集权式的官僚政治会产生一阶投资阻塞问题),而且,我们应该注意的是,其他形式的投资阻塞也照样会形成阻碍工业发展的力量,也照样会形成李约瑟之谜。中西方文明分岔的原因不是在于谁先拥有了什么样的技术,也不是在于谁拥有了什么数量和质量的"英雄",而是在于谁先找到了解决投资阻塞问题的方案。更确切地说,在于谁先在边际上找到了克服投资阻塞问题的有效方案,在于这种解决方案能够在多大范围内发挥自身的作用,在于这种解决方案能不能把技术和"英雄"以市场的方式组织起来。我们的观点得到了Young(1928:p.536)的支持,工业革命不是由于工业技术的改善,而是由于工业组织的改变和市场的扩展。

政府拥有形式权威和民间拥有形式权威的不同权衡造成了民间的首创精神的不同,民间首创精神的不同造成了对增长机会把握的不同,对增长机会把握的不同造成了经济绩效的不同,民间首创精神的长期积累促成了质的飞跃(工业革命的发生)。

[①] 林毅夫(1995)认为,在以实践经验为基础的技术发明过程中中国具有人口规模上的比较优势,中国在早期遥遥领先与此息息相关;但在以科学实验为基础的技术发明过程中中国人口规模上的比较优势完全丧失。翻译成我们的语言就是,在进行通用投资的时期中国的投资阻塞问题不明显,中国可以发挥自己的优势;在进行专用投资的时期中国的投资阻塞问题非常严重,中国难以发挥自己的优势。

毫无疑问,欧洲不同国家之间的竞争可以为投资阻塞问题提供一个很好的方案。国家之间相互竞争的压力效应和示范效应可以提高外部冲击敏感性,把投资阻塞降到仅可能低的程度,工业革命在欧洲不同国家的先后发生就是对压力效应和示范效应的最好例证。形式权威的不同配置会导致政府的控制权和民间的主动权的不同权衡。中国之所以长期陷入"内卷"状态,就是因为政府在控制权获取上得到了优势,而民间在主动权获取上占到了劣势。钱穆(2001:第230页)认为,中国社会两千年来,工商业皆极盛,何以终不产生资本主义,可自上层政治措施上论,亦可自下层社会情态上论。哈耶克(Hayek,1988)认为,中国政府的强大科层建制有效地压制了自发社会秩序的生成与扩展,政府总是试图维系那样一种完美的制度,以至于民间任何革新都是不可能的。西方社会的形式权威的合理配置造成的累积效应对经济绩效和政治体制的影响是连续的,这会造成初始的制度条件不断发生变化,正所谓"积土成山,聚沙成塔"。诺思(1981)认为政府与臣民之间在扩大国家征税权方面的制衡非常重要,"好资本主义"首先从荷兰诞生就是因为荷兰人建立了比强大的对手更有效率的经济组织,而且,即使当英国自觉或不自觉地模仿荷兰人的成功经验,欧洲经济舞台的中心转移到英国之后,荷兰仍然保持着繁荣。毫无疑问,有效率的经济组织是解决投资阻塞问题的有效措施之一,也是李约瑟之谜的最重要谜底。政府的形式权威和民间的形式权威的不同配置会形成第一个层次的投资阻塞问题,但即使解决了第一个层次的投资阻塞问题还会有第二个层次(比如地方政府层次或企业层次)的投资阻塞问题,依此类推,中国没有发生工业革命是因为中国在第一个层次就遭遇到了投资阻塞问题。李约瑟之谜不仅是中国历史上的问题,而且是中国现在的问题。即使在21世纪的今天,中国正在努力解决的经济、社会和政治问题也只是在破解李约瑟之谜,比如中央政府和地方政府的关系问题,就是中央的形式权威和地方的形式权威如何配置的问题,中央政府不能既想保持地方政府政治晋升博弈的控制权好处又想获得地方政府经济竞赛博弈的主动权好处,否则结果只能得到地方保护和市场分割的非经济合作状态和结果。

总而言之,笔者认为,对李约瑟之谜用投资阻塞说进行解释更具有一般意义和现实意义。"工业革命＝f(机会)"的作用机制可以用下图[①]来表示：

$$机会 \xrightarrow[商品交易]{制度交易} 工业革命$$

早期中国在机会把握上存在的问题是由于在制度交易层面发生了投资阻塞(比如中央政府失灵、地方政府失灵)，从而使中国被挡在了工业革命的大门外。工业革命一旦产生的话，它就会不断地产生通过商品交易产生新的机会，从而促进新的工业革命的产生。中国要想把握新工业革命的机遇，就必须降低机会把握的成本，特别是在制度交易层面上找到投资阻塞问题的解决方案。

五、结语

笔者的评论和论述肯定存在这方面或那方面的不足，因为笔者在文献阅读方面特别是对史料的把握方面可能存在很大的欠缺。但是笔者相信，史料不能代替逻辑推理，当然，笔者的逻辑推理肯定也有谬误的地方，这要归咎于笔者的有限理性。在这里，我还是要重复一下在评论张宇燕和高程(2005)时所说的那句话，我们研究李约瑟之谜不仅仅是为了研究以前的中国为什么落后，而是为了研究以后的中国如何腾飞——如何更好地把握住摆在中国面前的增长机会，如何更好地抓住新产业革命的机遇。李约瑟之谜只是研究中国复杂问题的一个视角而已，希望有志于研究中国经济的学者能够这个视角得到更多的对中国现实复杂问题的启示。另外，李约瑟之谜可能是多种因素相互作用的结果，就像韦森(2006)所认为的那样，晚清帝国经济发展的停滞是巨大人口压力下制度内卷，市场无力深化和扩展，科技发展缓慢，以及社会腐败诸因素相互作用的一个必然结果。

参考文献

[1] Acemoglu, D., and J. A., Robinson, Economic Backwardness in Political Perspective, *NBER Working Paper* 8831, 2002.

---

① 这个图的思想来源于布罗姆利(2006：第129页)，不过我们分析的问题很不一样，关于制度交易和商品交易的区别亦可参见本书。

[2] Aghion, P., and J., Tirole, Some Implications of Growth for Organizational Form and Ownership Structure, *European Economic Review*, 1995, 39: 440-455.

[3] Aghion, P., and J., Tirole, Formal and Real Authority in Organization, *Journal of Political Economy*, 1997, 105: 1-29.

[4] 艾德荣. 职权结构、产权和经济停滞: 中国的案例[J]. 经济学(季刊), 2005, 4(2): 541-562.

[5] Baker, G., R., Gibbons and K., Murphy, Informal Authority in Organizations, *Journal of Law, Economics, & Organization*, 1999, 15(1): 56-73.

[6] 布罗姆利. 经济利益与经济制度——公共政策的理论基础[M]. 上海: 上海三联书店和上海人民出版社, 2006.

[7] Che, Y.-K., and J., Sakovics, A Dynamic Theory of Holdup, *Econometrica*, 2004, 72(4): 1063-1103.

[8] Diamond, J., *Guns, Germs and Steel: The Fate of Human Societies*. NY and London: W. W. Norton & Company, 1999.

[9] Edwards, R. A., The Structure of Authority, Federalism, Commitment and Economic Growth, *Economic Theory*, 2005, 25: 625-648.

[10] Elvin, M., *The Pattern of Chinese Past*. Stanford: Stanford University Press, 1973.

[11] 高翔. 从全盛到衰微——18世纪清帝国的盛衰之变[EB/OL]. 国学网, http://economy.guoxue.com/article.php/1407, 2004.

[12] Hayek, F. A., *The Fatal Conceit: The Errors of Socialism*. Chicago: The University of Chicago Press, 1988.

[13] 华民. "马尔萨斯制约"与经济发展的路径选择——对世界经济发展的重新认识[J]. 复旦学报(社会科学版), 2005(5): 98-110.

[14] 黄仁宇. 资本主义与二十一世纪[M]. 北京: 三联书店, 1997.

[15] Leibenstein, H., Aspects of the X-Efficiency Theory of the Firm, *Bell Journal of Economics*, 1975, 6(2): 580-606.

[16] Lin, J. Y., The Needham Puzzle: Why the Industrial Revolution Did Not Originate in China?, *Economic Development and Cultural Change*, 1995, 41: 269-292.

[17] 米尔格罗姆,罗伯茨.经济学、组织与管理[M].北京:经济科学出版社,2004.

[18] North, D., *Structure and Change in Economic History*. NY: W. W. Norton & Company,1981.(中译本:诺思,《经济史上的结构与变迁》。上海:上海三联书店和上海人民出版社,1994年。)

[19] 皮建才.形式权威、投资阻塞与企业自生能力[J].财经科学,2006(7):64-71.

[20] 钱穆.现代中国学术论衡[M].北京:北京三联书店,2001.

[21] 钱穆.中国历代政治得失[M].北京:北京三联书店,2005.

[22] 丘澎生.黄仁宇大历史观下的明清市场与政府[EB/OL].国学网,http://economy.guoxue.com/article.php/438,2004.

[23] 韦森.斯密动力与布罗代尔钟罩——研究西方社会近代兴起和晚清帝国相对停滞之历史原因的一个可能的新视角[J].社会科学战线,2006(1):72-85.

[24] 文贯中.中国的疆域变化与走出农本社会的冲动:李约瑟之谜的经济地理学解析[J].经济学(季刊),2005,4(2):519-540.

[25] Williamson, O., The New Institutional Economics: Taking Stock, Looking Ahead, *Journal of Economic Literature*, 2000, 38(3): 595-613.

[26] 姚洋.高水平陷阱:李约瑟之谜再考察[J].经济研究,2003a(1):71-79.

[27] 姚洋.地域、制度与李约瑟之谜[J].读书,2003b(1):40-47.

[28] Young, A., Increasing Returns and Economic Progress, *Economic Journal*, 1928, 38(152): 527-542.

[29] 张宇燕,高程.美洲白银和西方世界的兴起[J].社会科学战线,2004(1):42-69.

[30] 张宇燕,高程.海外白银、初始制度条件与东方世界的停滞:关于晚明中国何以"错过"经济起飞历史机遇的猜想[J].经济学(季刊),2005,4(2):491-518.

(原文载于:皮建才,《李约瑟之谜的解释:我们到底站在哪里?》,《经济学》(季刊)2006年第6卷第1期。)

第二十八章　权威委托机制与李约瑟之谜

内容提要：本章属于基于文献的批判性思考，从权威委托机制的视角分析了李约瑟之谜的成因，在分析的过程中我们结合权威委托机制的视角批判了当前的两种流行性假说，回答了地理禀赋和地方有地精英为什么不是李约瑟之谜的主要约束。我们认为，权威委托机制是李约瑟之谜的重要谜底，而权威委托机制的不同又是由中央政府面临的约束条件的不同决定的。我们思考近代中国落后的原因，是为了让当代中国更好地崛起。

关键词：李约瑟之谜；权威委托机制；地理禀赋；官僚政治

我们必须记住，现在看起来很明显的东西通常绝不是事先就很明显的。（彭慕兰，2004：第49页）

只有相似与差异都得到承认，才可能为比较确立标准。（王国斌，2005：第1页）

一、引　言

在引言部分，我们主要说明李约瑟之谜的内容、对李约瑟之谜的各种解释的分类以及这些解释性的假说之间的互补性或竞争性关系，并在此基础上引出我们所要讨论的主题。

李约瑟之谜的内容有各种不同的版本，原因在于李约瑟本人对同一谜题在不同的场合有不同的表述（文贯中，2005：第520页）。通常的观点认为，李约瑟之谜是指14世纪中国为什么没有发生工业革命（Lin, 1995；林毅夫，2007b；姚洋，2003a；姚洋，2003b）。张宇燕和高程（2005）认为李约瑟之谜（"李约瑟问题"）实际上是相互关联而又彼此独立的两个问题，需要从两个方面给出解释：一是西欧国家的经济为何会突然加速增长?二是同时代的中国经济为什么没有突破增长瓶颈实现起飞?[①]文贯中(2005)认为李约瑟之谜可分解为四个子问题:一是为何中国在公元2世纪之前并未领先世界?二是为何在其后的14世纪期间中国仅在实用技术方面走到了世界的前列?三是为何从16世纪起,中国即使在实用技术方面也再度落后?四是为什么现代科学,也即实验性的哲学,只产生于欧洲文化之中?大多数学者形成的主流范式倾向于把李约瑟之谜与工业革命联系起来,但文贯中(2006)却极力主张把李约瑟之谜与科学革命联系起来,并认为主流范式偷换了概念——把科学革命改成了工业革命。文贯中(2005:第520页;2006:第326页)援引李约瑟在《传统中国的科学》一书中的引言,认为李约瑟之谜体现在两个方面:一是"为何现代科学,即伽利略时代的'新的,或者说实验性的'哲学只兴起于欧洲文化,却不见于中国或印度文化呢?"二是"为何在科学革命前的大约14世纪中,中国文明在发现自然,并将自然知识造福于人类方面比西方有成效得多?"文贯中认为这个版本是所有各种版本中最具权威的一版,其他版本有以讹传讹之嫌,但是笔者对他的这个观点持很大的怀疑态度。[②]

其实,早在1963年李约瑟在《中国与西方的科学与社会》一文中就对他提出的难题转换成了一个经济学方面的问题:"直截了当地说,无论谁要阐明中国社会未能发展近代科学,最好是从说明中国社会未能发展商业的工业资本主义的原因着手……如果没有资本主义、资本主义社会的兴起和封建社会的衰亡,那么近代科学、改革运动和文艺复兴都是不可想象的。"[③]实际上,李约瑟(1985:第148页)也有类似的表述。正如曾经跟李约瑟亲自交谈过这个问题的王亚南(2005:第124页)所论述的:"我们要解决中国社会何以发展迟滞的问题,非从确定究竟是什么事物阻碍生产方法进步,究竟是什么事物妨碍并破坏资本积累的相互关联处去研究不可。"曾经长期跟

[①] 历史事实是,在近代早期的欧洲和明清时期的中国的经济扩展中,斯密型动力都起了重要的作用,中西之间的分道扬镳直到工业革命发生后才出现(见王国斌,2005:第25页,第71页)。所以,张宇燕和高程(2005)给出的李约瑟之谜的问题分解是非常恰当的。张宇燕和高程(2004,2005)的分析是基于"货币-制度"二元法进行的。

[②] 我们认为,从科学革命的角度对李约瑟之谜进行分析可以转换为从工业革命的角度对李约瑟之谜进行分析,而且李约瑟本人也认为需要做这种转换。

[③] 转引自张兴国和张兴祥(2003:第120页)。

李约瑟博士一起研究"李约瑟问题"的黄仁宇(2005:第 127 页)也说过:"我们涉入这个问题的动机,是要解释何以现代的科技产生于西方,而不产生于中国。多年摸索之后,才知道这问题不能局部解答,要解答也应有两方社会的组织与运动间寻找线索。"解释李约瑟之谜的主流经济学范式把李约瑟之谜与工业革命联系起来,然后通过恰当的方法进行转换处理,是完全符合推理逻辑的,笔者相信即使李约瑟本人还活着他也不会反对这种处理方法。

姚洋(2003a)把对李约瑟之谜的解释分成了五类:第一类是中央集权说/地理禀赋说,第二类是产权制度说,第三类是"英雄理论",第四类是思维方式说,第五类是资源—经济约束说。皮建才(2006)基于姚洋(2003a)的分类对这五个假说进行了比较详细的讨论,分析了每个假说背后面临的问题和困境,并在分析的基础上提出了投资阻塞说。关于姚洋(2003a)的分类以及皮建才(2006)的讨论,更详细的内容可以参见他们的论文,这里就不再赘述。总体上来看,目前国内经济学界关于李约瑟之谜研究的最新的解释性假说主要是文贯中(2005,2006)的地理禀赋说、张宇燕和高程(2005,2006)的官僚制度说、艾德荣(2005,2006)的政治制度说、皮建才(2006)的投资阻塞说和林毅夫(2007)的科举制度说,这些假说有的相互竞争,有的相互补充。一般来讲,竞争性的假说很难同时对,而互补性的假说可以同时对。但不管是竞争性的假说还是互补性的假说,都可以通过现实中的观察来验证。现实中的观察可以有很多,一个假说的推论也可以有很多,当一个假说的推论跟现实中的观察不一致的时候,这个假说本身就有可能存在问题。正如杨联陞(2007:第 79 页)所说:"最好的答案是能够解释每一则证据的答案。"当然,我们在对一个假说进行评判时应该从两个角度进行,一是看其内部逻辑是否具有一致性,二是看其是否与经验事实相符。

在指出了主要背景的基础上,本章主要试图对皮建才(2006)的评论性论文进行扩展,进一步从逻辑上厘清权威委托机制与李约瑟之谜之间的关系,在当前中国经济发展和转型的关键时期从历史和现实的角度探求中国落后与崛起的政治经济学,目的是为了做到以史为鉴、古为今用。特别需要说明的是,我们这里所讲的权威委托机制是指中央政府和地方政府之间的权力配置。本章剩余部分的组织如下:第二部分回答了文贯中意义上的地理禀赋为什么不是李约瑟之谜的主要约束;第三部分回答了艾德荣意义上的地方有地精英为什么不是李约瑟之谜的主要约束;第四部分回答了权威委托机制为什么是李约瑟之谜的主要约束;第五部分也就是最后一部分给出了结语。

二、地理禀赋为什么不是李约瑟之谜的主要约束

在这一部分我们主要从权威委托机制的视角说明为什么地理禀赋不是李约瑟之谜的主要约束。我们将围绕外生发展机会的把握和工业革命的内在动力进行分析。

2.1 关于外生发展机会的把握

我们可以按照文贯中(2005)的逻辑,先假设地理禀赋是主要的约束条件。由于中国面临地理禀赋跟西欧国家不一样,所以中国不会率先产生工业革命,欧洲会率先产生工业革命。按照艾德荣(2005)的逻辑,工业革命有自我扩展的趋势,所以有一些国家会先后实现工业化,从英国开始的可持续的工业化过程扩展到其他西方国家并最终遍及世界上剩余的国家——比如19世纪的日本。[①] 我们首先要问的问题是,为什么同期的日本实现了工业化而同期的中国却未能实现工业化? 这是地理禀赋不同造成吗? 难道因为日本是岛国中国不是岛国? 但是那么多岛国中为什么没有其他岛国跟日本在相同时期内抓住外生机会实现工业化呢? 所以答案显然不是地理禀赋。我们认为,答案在于日本的权威委托机制可以很好地跟工业革命的外生机会进行对接。尽管已经有了外生的工业革命的机会,但当时的中国政府和中国人民却不能够把握。我们在这里主要强调的是政府权威委托机制的失灵,失灵并不是说中央政府和地方政府有多腐败,腐败的程度是由权威委托机制内生决定的,能否抓住经济发展的机会也是由权威委托机制内生决定的,但我们不能说政府科层的腐败是中国失去工业革命机会的原因,而应该说权威委托机制的失灵是中国失去工业革命机会的原因。如果给了一个国家发生工业革命的机会,它却长期把握不住,那么这个国家必定

[①] 萨克斯(2007:第38-39页)认为,"现代经济增长是通过三种方式扩散的。第一种,大多数工业革命成果是从英国传播到其殖民地——北美、澳大利亚以及新西兰。第二种扩张出现在欧洲内部,这是发生在19世纪的一个范围广阔的过程,传播的顺序是从西欧到东欧,再到北欧,进而传播到南欧。第三种传播方式是现代经济增长从欧洲到拉丁美洲、非洲和亚洲地区的传播。"

发生了某个层次的投资阻塞问题；如果这种投资阻塞是由中央集权的权威委托机制设计不良引起的，那么肯定是发生了初始意义上的投资阻塞问题。如果外生给一个国家发生工业革命的机会，这个国家都把握不住，那么这个国家的权威委托机制就更不能产生出和把握住内生的工业革命机会。① 我们在这里进行倒推的目的在于表明，即使地理禀赋能够内生决定一个国家不能率先产生工业革命，它也不能注定一个国家不能很快地利用外生的机会发生工业革命，既然这样的话，起决定性作用的不是地理禀赋而是权威委托机制。② 李约瑟意义上的"率先发生工业革命"并不是绝对意义上的"率先"，而是相对意义上的"率先"，只要大家在差不多相同的时间发生工业革命就可以了。法国没有"率先"，德国没有"率先"，美国没有"率先"，日本也没有"率先"，但它们不是照样很富强吗？中国真正需要反思的不是"工业革命为什么率先发生在英国"，而是"中国为什么不能在更早一些时候把握住工业革命的机遇"。我们必须承认，工业革命是由许多偶然的东西促成的，③众多的偶然才汇集成了工业革命在率先在英国发生的必然，但是分析这些偶然对我们来说意义并不是很大，因为偶然的

---

① 文贯中的地理禀赋说在解释工业革命的内生出现时具有一定的说服力，但这种说服力是建立在偶然性基础之上的。文贯中的解释把工业革命率先在英国发生等同于工业革命率先在欧洲发生，这种处理是大而化之的，同期的那么多可以产生科学革命的欧洲国家为什么偏偏是英国率先发生了工业革命呢？它为什么不在科学基础更好的法国抑或德国率先出现呢？要知道，正如莫基尔（Mokyr,1993：p.34）所指出的，在工业革命前夕英国既不是科学的领先者，也并不拥有值得称道的相当有效的教育体制。

② 张曙光（2008）认为进行这类分析时，使用倒推法特别有必要。

③ 在这些因素中煤炭是被重点强调的一个，因为煤炭的大量使用意味着传统的能量约束的破除。而煤炭的分布是具有很大的偶然性的，英国的煤炭分布碰巧可以使得煤炭的生产在运输成本极低的情况下跟生产性的工业需求和消费性的居民需求之间形成有效匹配。里格利（Wrigley）指出英国之所以能够逃脱斯密型增长的内在限制，靠的是世界上史无前例的矿物能源的大开发，以煤为新的热能来源而以蒸汽为新形式的机械动力，在此基础上提高了生产率（见王国斌，2005：第46页；李伯重，2001：第119页）。而中国当时则存在无法克服的运输问题（彭慕兰，2004：第59页）。

东西是谁都不能改变的,并不具有普遍意义上的分析价值。① 正如李约瑟(1985:第166页)本人所讲的,完全归于偶然性的东西会宣告历史作为启迪人类心灵的方式的破产。

王亚南(2005:第125页)在很早以前就认为:"自从中国社会发展停滞的问题被提到论坛以后,我们以前几乎全被蒙在中外流俗学者们放言高论的一些不着边际的曲解和疑难中,如缺乏自然科学,缺乏自然科学的研究精神,缺乏蒸汽机的发明,缺乏对外贸易的弯曲海岸线……经过这次讨论②后,至少,那些技术的自然的理由,已不再能蒙蔽任何一个稍有新历史学修养的读者了。"③中央集权的官僚政治导致权威委托机制出了毛病才是问题的关键。如若没有这个问题,我们至少可以日本一样快地进入工业革命了吧,④对外生机会的把握要比内生机会的把握更简单和更容易吧,更简单和更容易的都不能应付就不要说更复杂和更困难的了。

2.2 关于工业革命的内在动力

文贯中(2005)虽然在数据考证上下了很大的功夫,对宋、明、清三朝人地比例的

---

① 如果我们反思的是一种由偶然性造成的我们不能控制的东西,那么这种反思还有什么多少意义呢?我想这其中的道理跟阿塞莫格鲁等(Acemoglu et al.,2001)之所以被广泛批评是异曲同工的。阿塞莫格鲁等认为,欧洲殖民者在白人死亡率高的殖民地实施坏制度,不保护私有产权,榨取当地的资源,而在白人死亡率低的殖民地定居下来,实施好制度,保护私有产权,从而促进经济发展。这种差异导致了不同国家发展绩效的差异。但是他们的回答显然是不能令人满意的,因为这会导致一个重要问题:今天的人们如何通过行动来改变200年前的既定事实,从而促进经济发展呢?难道我们只能听从于天命,该富裕就富裕,该贫穷就贫穷? 林毅夫(2008)指出跟阿塞莫格鲁等的观点实际上是一种命定论。

② 王亚南所说的讨论是指国内新社会史学家们中由批判秋泽而展开的讨论,包括李达发表在《文化杂志》第二期的论文《中国社会发展停滞的原因》、蒙达坦发表在《文化杂志》第二卷第一号的论文《与李达先生论中国社会停滞的原因》、华岗发表在《群众》第七卷第十一、十二期的论文《中国社会发展阻滞的原因》,具体的争论内容可参见王亚南(2005:第123-125页)。

③ 我们不是说地理禀赋不起作用,而是说地理禀赋不起根本性的作用。正如萨克斯(2007:第54页)所说:"现在是到了放弃'地理环境决定论'这种假想的怪物的时候了,这种错误的观念认为——地理不利因素是唯一重要的因素,决定了一国经济的发展。而问题的关键仅仅是这些不利因素要求这些国家比那些地理上更为幸运的国家进行更多的投资。"

④ 日本能够很快地把握住工业革命的机遇是因为当时的日本社会跟西欧社会相同,日本处于封建体制(跟当时中国只建不封的建置体制有根本的不同),在封建体制之内最为有效的政府是地方政府,地方政府竭力扶持私人资本,所以日本很快进入资本主义体制(李约瑟,1985:第158页;黄仁宇,2006:第353页,第374页)。日本的情形再一次证明了权威委托机制的重要作用。

变化做出了很详细的论证,显示了一个真正的经济学者应该具有的学术修养和理论功底。但是,他忽略的一个事实是,中国地域辽阔,整体性的人地比并不能反应局部地区的人地比,一些地区有明显的人地比上升的趋势,局部地区人地比的上升可能被全国的整体性的人地比的下降给掩盖住了。鉴于中国很多地区比英国还要大,在探讨工业革命的发生时我们的分析单位不应该是整体的中国,而应该是中国最富庶的某个地区(比如江南地区)。实际上,历史学家在分析工业革命时,也是拿江南地区和英国做对比,而不是拿整个中国跟英国做对比。明清时期江南重工业发展的一个最主要的特点就是重工业畸轻而轻工业畸重,生活资料的生产占了绝大的比重,而以重工业为主的生产资料的生产所占比重甚微,并且这种情形是日益加剧的(李伯重,2001:第121页)。而这恰恰是由人口压力过大造成的经济的"过密化","斯密动力"和"斯密型增长"无法冲脱"马尔萨斯陷阱"(李伯重,2001:第122页)。这种观点至少在表面上看起来正好跟文贯中(2005)的观点相反,不是人地比例变小的问题而是人地比例变大的问题。赵冈和陈钟毅(2006:第359页)也指出,明清以来,由于人口快速增长,人均耕地面积减小,虽然每单位耕地面积的产量上升,但每农业人口的产量却逐渐下降,农业的剩余粮食不足以支撑城市的发展,所以导致大城市的发展停滞。这种观点至少也在表面上看起来跟文贯中(2005)的观点相反。[1] 即使在这一点上我们认为上述观点不存在根本性的分歧,我们也会在分析真正的问题时遇到如下的困难和麻烦,其实这种麻烦和困难在2.1部分已经论述了。

我们已经知道,英国工业革命的发生具有很大的偶然性,这种偶然决定了工业革命发生的内在动力很难为其他国家所模仿(或者说这种偶然性决定了工业革命的内生机会很难在其他国家产生),其他国家只能根据外生存在的机会进行合理和有效的反应。[2] 国内外的主流意见(黄仁宇,2006;李伯重,2001;王国斌,2005)都认为英国

---

[1] 文贯中(2005)的真实意思是:明晚期激增的人口压力为清军入关并大肆屠杀江南人口以及扩大中国的疆域所缓解,从而使得清中期之前没有探寻新的发展道路的压力;而当清后期人口压力升高时,世界的新格局已经俨然形成,中国和欧洲先进国家的差距已经显著拉大(文贯中,2006:第330页)。但这种观点并不能内生地看待明朝的覆灭。

[2] 就像我在前面的注释中所强调的那样,文贯中的地理禀赋说对工业革命的内生机会的产生有一定的解释力,但是当工业革命的外生机会产生以后,这种解释就显得苍白无力了。

发生工业革命是偶然的,不是必然的。① 英国的工业革命实际上是从"有机经济"转变为"以矿物为能源基础的经济",是从斯密型经济增长转变为以新能源为基础的经济扩张(李伯重,2001:第119页;王国斌,2005:第47页)。在中国不能内生产生工业革命的机会的前提下,我们沿着传统的斯密型动力的逻辑论述当时中国的经济发展和城市化是没有任何意义的,因为工业革命的产生和斯密型动力的关系不大(而实际上现存的绝大多数文献都在不知不觉中沿着斯密型动力的方向进行论述)。我们真正要回答的问题不是"工业革命为什么没有在中国率先发生",而是"中国为什么不能在更早一些时候把握住工业革命的机遇"。宋朝以降中国的权威委托机制是越来越"内重外轻"(中央集权越来越重地方分权越来越轻),在自身的经济绩效上只能依靠斯密型动力发挥作用,对自身经济发展机会的把握能力越来越差,这是中国落后的真正原因。② 文贯中(2006)想要表明的是,人口压力不够大导致了政府没有寻求新的发展模式的动力。我们想要表明的是,政府的权威委托机制的设计不良(由政府的权衡方向不同造成)导致了政府没有寻求新的发展模式的动力和能力。我们跟文贯中(2006)的一个根本性的不同在于,我们认为权威委托机制的设计不良所带来的危害效应要远比人口压力减少所带来的危害效应更大,并且人口压力的作用内生于权威委托机制。所以,新中国成立以后,特别是1978年以后中国经济的发展是在改变政府权威委托机制设计上的基础上进行的,不管是苏南模式还是温州模式都表明了这样的道理。

三、地方有地精英为什么不是李约瑟之谜的主要约束

在这一部分我们主要从权威委托机制的视角说明为什么地方有地精英不是李约瑟之谜的主要约束。我们的分析将分成地方有地精英发挥作用的内在机制和政府权

---

① 黄仁宇(2006)的比喻非常形象,中国是"一只走兽,除非脱胎换骨,否则不能兼任飞禽"。文贯中(2005,2006)认为中国不具备产生科学革命的内生性环境。实际上,国内外的主流研究表明,中国也不具备产生工业革命的内生性环境。这样一来,我们讨论重点就不应该放在分析"中国为什么没有内生出工业革命"上,而应该放在分析"中国为什么不能迅速抓住外生的工业革命的机遇"上。

② 具体的论述参见第三部分。

威委托的内在机制两部分。

3.1 关于地方精英发挥作用的内在机制

对于政府失灵,学界并没有统一的定义,一般认为政府失灵包含以下几个方面:政府制定无效的政策(政府决策的失误)、政府组织的低效率("官僚化"的政府行为)、寻租、政策执行的无效率。我们认为,对一个政府而言,最大的失灵在于权威委托机制的失灵,这种失灵使得发展机会不能被抓住,特别是不能被民间的经济行为主体抓住。[①] 艾德荣(2006)认为政府失灵局限在公共工程和基础设施投资方面的失灵以及政府官员过度税收或剥夺两个方面,并从这两个方面出发认定地方政府失灵的观点违反了自然法则或者做了一个不合理的合作假设。艾德荣(2005;2006)秉承了日本学派[②]的观点,认为地方有地精英是经济发展的主要阻碍力量。我们可以先假设艾德荣的观点是正确的,然后顺着他的观点往下推,直到得出矛盾为止。在进行此类分析时使用倒推法是非常有必要的,张曙光(2008)在评价李约瑟之谜的分析时也着重强调了这一点。[③] 一个经济发展机会出现了,假设能够把握这个机会的是地方有地精英,那么地方有地精英肯定不会阻碍自己选择有利的经济机会,地方有地精英阻碍经济发展的观点就不能成立。假设能够把握住这个机会的不是地方有地精英,而是其他的当地居民,那么地方有地精英有动机阻碍当地居民的经济发展,因为他害怕丧失自身的经济优势和政治优势,对于这种情形我们将分两种情况进行论述。艾德荣(2005)认为行政压力可以阻止地方有地精英行使这种功能,没有行政压力的话地方有地精英就可以阻碍经济的发展,明清中央政府没有给地方政府制造行政压力,所以明清的经济绩效相对宋朝而言逊色不少。很明显艾德荣的结论应该是:权威委托机制出现了问题导致地方政府缺乏行政压力,地方政府缺乏行政压力导致地方有地精

[①] 正如李约瑟(1985:第153页)所指出的,在中国社会进行资本积累实际上是办得到的,但是在把资本投入到永久性的工业生产企业中去存在阻碍。

[②] 日本学坛强调地方精英(特别是有功名的士绅)在创造与再造一种它居于其上的社会秩序方面所起的作用,地方精英操纵官员以遂其欲,如果地方精英认为官员太好强或太好管闲事就将其排挤出去(见王国斌,2005:第85页)。

[③] 张曙光(2008)指出了对于艾德荣的观点可以通过反设事实法来进行推断。

英阻碍经济发展。"果"是很清楚的(经济发展被阻碍),"因"也是很清楚的(权威委托机制出现了问题),但这个"因"显然不是地方有地精英出了问题,这样的话,地方有地精英阻碍经济发展的观点就不能成立。此其一。假设艾德荣不承认是权威委托机制出现了问题,而是认为政府有能力并且已经对发展的机会进行了最好的反应,已经在约束下进行了最好的选择。但我们很容易发现不管是明朝政府还是清朝政府都没有能够利用已经存在的机会,不管是在张宇燕和高程(2005)所举的明朝航海贸易的例子中,还是在皮建才(2006)援引高翔所举的康乾时期的中国皇帝和官僚们的例子中都表明了这样的情形,这样的话就产生了矛盾。也就是说,我们不能认为明清政府对存在的机会进行了最好的反应,而没有进行很好的反应的原因恰恰在于权威委托机制出了问题。此其二。艾德荣(2006)似乎想把政府假设成一成不变的政府,政府的权威委托机制也是一成不变的,但这是不现实的,也与艾德荣(2005)的观点前后不一致。① 艾德荣(2005)已经找到了破解李约瑟之谜的核心机制:权威委托问题。但是艾德荣(2006)却抛弃了他先前所支持的观点,结果导致了许多前后不一致甚至前后矛盾的地方。权威委托机制的不同导致了宋朝的经济绩效要比明清的经济绩效要好很多,说明中央集权的委托机制在提高经济绩效方面是可以"改进"的,但是明朝和清朝却往"改退"的方向发展。

3.2 关于政府权威委托的内在机制

在中国社会中央集权②的官僚政治下,政府的权衡对经济的发展起到了决定性的作用。如果按照林毅夫及其合作者提出的发展战略理论进行分析,中国封建社会之所以长期陷入"内卷"状态,首要的原因就是在于政府选择了农业优先发展的发展战略,"重农抑商"。王亚南(2005)认为,中国传统的中央集权的官僚政治不适合工业

---

① 艾德荣(2005)的观点本来是围绕权威委托机制进行论证的,但是艾德荣(2006)似乎抛弃了原先的框架和思路。在艾德荣(2005)的分析框架中,地方有地精英的作用是中央政府的权威委托机制决定的,中央政府采用不同的权威委托机制地方有地精英就会发挥不同的作用,地方有地精英的作用是可以被限制的。但是在艾德荣(2006)的分析框架中,他似乎认为地方政府依靠且只能依靠地方有地精英来治理社会是一成不变的,地方有地精英的作用是不能被限制的。

② 黄仁宇(2005:第40页)认为,"中国政体与西欧、美国、日本有一个基本不同之处,则是长期的中央集权。"

经济的发展,洋务运动的失败和甲午中日战争的耻辱就是对此的最好明证。中国传统的中央集权的官僚政治之所以跟工业经济的发展不兼容,在于它的功能跟现代意义上的政府不一致(基本的权衡点不一样),即使给了它外生的工业革命的机会它也很难把握住。王国斌(2005:第86页)认为欧洲的国家和中国在国家面临的挑战、国家具有的能力和国家承担的义务等三个方面是不同的,这种不同决定了它们的权衡有很大的差异。中国采用的是建制经济的方式,欧洲采用的是庄园经济的方式,组织方式的差异对能否内生发生工业革命或外生把握工业革命的机会产生了重要的影响(叶静怡和曹和平,2003;曹和平等,2004)。

中国的建制经济具有很强的内在不稳定性,这种内在不稳定性的一个突出表现就是王朝更替式的震荡均衡。这种震荡均衡其实只是王朝如何在"外重内轻"(中央集权偏弱、地方分权偏重)和"内重外轻"(中央集权偏重、地方分权偏弱)之间进行权衡的外在表现。"外重内轻"可能会导致诸侯割据的分裂局面,促使统一的王朝走向瓦解,这是汉和唐两代的教训;"内重外轻"虽然没有割据之忧,但却使地方失去了绥靖御侮的能力,在内忧外患交加的情况下,就有导致亡国的危险,这是宋和明两代的教训(周振鹤,2005:第250页)。问题的关键是,轻重相维是一种不稳定的平衡状态,一旦处置失当就会失去原有的平衡,不是滑向"外重内轻",就是滑向"内重外轻",因此历史总是循环不已,周而复始(周振鹤,2005:第250页)。但是到了宋朝时统治者已经认识到了只能走"内重外轻"的极端道路,①而元、明、清与宋代一脉相传,都是以中央官员分掌地方大权。"内重外轻"的好处是,只要没有强敌压境,即使国势渐弱,地方凋敝,总体上还是能够勉强维持专制政权的延续,所以统治者不是不明白"内重外轻"的弊端,但与"外重内轻"相比,统治者宁愿两害相权取其轻,于是一直到中国封建王朝终结,"内重外轻"之病不能去(周振鹤,2005:第253页)。宋代以降,中国封建

---

① 宋朝统治者在权威委托机制上已经向"内重外轻"的方向演进,但是由于存在内忧外患,所以使得地方势力发挥了很大的作用,地方上的分权是宋朝经济绩效比较好的一个重要原因(黄宽重,2005)。艾德荣(2005)从权威结构(或叫职权结构)的角度对宋朝经济绩效和明清经济绩效进行论述已经抓住了问题的核心,宋朝实际上是从"外重"到"内重"的过渡期,在这个过渡期内"强省"确实发挥了重要的作用。包伟民(2001:第322页)认为,宋朝呈现了中央集权与地方无序的双重特性,地方政府的法外行为实际上成为中央集权体制的必要补充。

皇权逐渐加强,实际上已经没有了真正意义上的地方分权,政治上的权衡压过了经济上的权衡。中央集权过重地方分权过弱导致的权威委托机制问题是两个层面的,一个层面是国家在有的地方不够强(比如在维持地方秩序方面),另一个层面是国家在有的地方太强(比如在控制自发秩序方面)。① 地方有地精英能不能发挥限制作用是内生于政府的权威委托机制的,所以最根本性的问题还是权威委托机制。

我们并不是要一味否定中国的权威委托机制,而是要探寻中国需要什么样的权威委托机制来跟工业革命相适应,用黄仁宇(2005:第152页)的话来说就是,我们"强调负因素,系用它们做分析的工具,不是单独的牵扯它们出来,恣意褒贬。"当时的中国政府只能在约束下做选择,只能对约束做出自己的权衡,它的决策中没有把把握经济发展机会放在更重要的位置是由当时的诸多形势决定的。但是由此形成的政府组织的确在权威委托机制方面存在问题,当新的形势要求政府必须对经济发展机会进行有效反应时,先前的政府组织形式就必须进行变革,但是由于组织惰性的存在,这种变革往往跟不上时代的步伐。

四、权威委托机制为什么是李约瑟之谜的主要约束

在这一部分我们将对第二部分和第三部分基于权威委托机制视角的分析进行总结,并回到中国经济发展的现实来看一看当代中国是如何破解李约瑟之谜的。

权威委托机制的不同实质上表现为政府组织方式的不同。完全的中央集权肯定会导致初始意义上的投资阻塞问题。近代中国之所以不可能产生工业革命的一个重要原因是当时中国的中央集权的官僚政治演进的方向是"内重外轻",这一方向决定了中国的经济绩效会变差,最先为这一机制举出例证的是颇具深邃洞见的艾德荣

---

① 艾德荣(2006)没有分清国家的干预抑或不干预是什么层次上的,宏观上的大一统是国家干预的本质,微观上的秩序必须以大一统为依归,这样一来,除非有合适的权威委托机制安排,地方的特性就很难发挥出来,即使地方层次上的干预看起来很少。对中国财政制度史(比如,黄仁宇,2001)和中国乡里制度史(比如,赵秀玲,1998)进行对比分析就可以很容易发现这一点。艾德荣(2006)像帕金斯(Perkins,1967)一样把运输成本高当成了工业革命的拦路虎,而实际上当外生的工业革命的机会产生以后,运输成本只是会增加投资而已,并不会改变均衡的结果。而权威委托机制的差异却会改变均衡的结果。

(2005)。中央政府变换权威委托方式可以导致经济绩效的差异。但是自宋以降,权威委托的方向是"内越来越重外越来越轻",这正好跟经济发展的方向背道而驰。中国经济学中有一个非常著名的观点是,短期来看政治决定经济,长期来看经济决定政治。① 但是当时的中国一直处于"政治决定经济"的短期震荡状态,没有进入到"经济决定政治"的长期稳定状态。② 在这种情况下,人口压力的作用是内生于权威委托机制的,当权威委托机制在安排上"内越来越重外越来越轻"时增加同样人口所带来的压力能够发挥的经济作用就会降低,人口压力的政治作用就表现在促进了王朝的覆灭上。只要权威委托机制是沿着"内越来越重外越来越轻"的方向前进,民间的首创精神就很难发挥,投资阻塞就在所难免。如果权威委托机制不是沿着"内越来越重外越来越轻"的方向前进,随着民间首创精神的发挥,中国跟外部世界的联系也会越来越紧密,在联系越来越紧密的情况下,能够顺利把握住外生的工业革命机会应该不在话下。也就是说,当时中国的封闭程度或开放程度也是内生于权威委托机制的。总之,权威委托机制在李约瑟之谜的产生上起到了最为重要的作用,而地理禀赋和地方有地精英等其他因素在李约瑟之谜的产生上只起到了比较次要的作用。

回到现实中来。中国在改革开放以后之所以能够把握工业革命的机遇,在二三十年的短短时间内迅速崛起,关键就在于中国在权威委托机制方面寻找到了一些比较恰当的解决方案。李稻葵(Li,1998)在一篇重要的文献中指出,邓小平时代中央政府适应形势的需要对旧的政府组织进行了新的革新。这种革新的作用往往为外界所低估,但在我们的分析框架下这种革新的作用是再怎么强调都不为过的。中央政府和地方政府之间的分权降低了权威委托的失灵程度,提高了权威委托的效率,结果在很大程度上促进了中国的经济增长。③ 正如张军(2005)在一篇颇有洞见的论文中指

---

① 这一观点来源于已故经济学家宋承先教授,见张军(2006)。
② 长期研究中国经济史并花了11年时间写成《中国经济史》的侯家驹(2008:第33页)就认为,中国自汉武帝始的经济停滞两千年或成长受到限制,就是因为政治制度决定经济制度,而不是经济制度影响政治制度。
③ 改革开放以来的中国相对于宋明清时代的中国而言少了一个最为重要的约束——造反约束,而造反约束是我们在分析问题必须考虑到的一个重要约束。造反约束的消除可使政府从容地从"政治上的权衡压过经济上的权衡"转变为"经济上的权衡压过政治上的权衡"。

出的,中央政府对地方政府进行的经济分权把巨大的经济体分解为众多独立决策的小型地方经济体,创造出了地方为经济增长而展开激烈竞争的"控制权市场";虽然没有彻底的私人产权制度和完善的金融体系,但却有了地方之间为经济增长而展开的充分竞争。这种竞争导致地方政府对基础设施进行投资并对政策环境进行改善,加快了金融深化的进程和融资市场化的步伐;虽然地方为增长而展开的竞争可能导致过度投资(比如"羊群行为"),但是地方间的竞争却从根本上减少了集中决策的失误,牵制了违背比较优势的发展战略的实施;同时,地方为增长而展开的竞争让中国经济在制造业和贸易战略上迅速迎合和融入了国际分工的链条与一体化的进程;外商直接投资的增长和中国经济的深度开放是地方为增长而竞争的结果。但是,中国新形势下的权威委托机制也带来了一些新的问题(王永钦等,2007;周黎安,2007),为了应对这些新的挑战需要我们在权威委托机制上进行一些新的安排。

历史和现实都表明,李约瑟之谜其实是一个权威委托机制问题,权威委托机制是李约瑟之谜的主要约束。只要政府适应形势的需要不断改进自身组织形式,把权威委托机制设计好,投资阻塞的程度就会不断降低,经济绩效也就会不断提高。

五、结语

在本章中,我们主要从权威委托机制的视角基于现有文献批判性地解析了李约瑟之谜。根据我们的分析框架,我们认为中国要想在和平崛起中克服自身内部的问题,就必须使政府权威得到恰当的配置。政府权威委托机制可能会受到多种因素的影响,[①]但中央集权是一个不能被忽视的重要因素,它会在初始意义上对权威配置产生重要影响。从历史上来看,在中央集权的约束下,中央政府往往只顾整齐划一的"大一统"局面,而忽视了技术上的细节问题,结果使得许多技术问题变成了道德问题(黄仁宇,2005)。中国在近代落后于西方,是由于政府的权衡产生了一种不能把握经济发展机会的权威委托机制,但这"并不是因为什么先天的、不可救药的原因",因此

---

① 比如,张宇燕和高程(2006)强调了商官之间的流动性和依附性的影响;再比如,韦森(2006)强调了巨大人口压力下制度内卷的影响。

"中国人也没有必要自卑"(林毅夫,1999:第272页)。只要我们能够基于中国的实际情况在权威委托机制上寻找到合适的制度安排,中国的再度崛起就不是一个梦想。

根据我们的分析,中国要想在经济发展的过程中更好地把握住产业革命的内生机会和外生机会,需要努力的方向是完善政府委托机制安排,深化政府体制改革。正如林毅夫及其合作者(Lin and Nugent,1995)所一直强调的,政府是最重要的制度安排,因为政府可以塑造其他的制度安排。在这种情况下,政府的权威委托机制要与时俱进地适应经济发展的要求,整个国家需要在中央政府与地方政府之间、在政府与市场之间找到恰当的权衡点。中国要想真正地韬光养晦和平崛起,除了需要在外部环境上创造有利于自身经济发展的条件以外,关键的就是要在内部找到有利于自身经济发展的合适的权威委托机制安排,既要把握住经济发展的外生机会,也要创造出经济发展的内生机会;既要利用好经济发展中存在的后发优势,也要利用好经济发展中存在的先动优势。

本章的主要贡献在于在已有文献的基础上通过权威委托机制这一独特视角梳理了中国大历史,分析了李约瑟之谜的成因。本章的不足之处在于,对英国等发生工业革命的欧美国家的论述比较少,这方面的内容在相关的文献(比如,王国斌,2005;黄仁宇,2006)中可以找到,这些国家当时的权威委托机制确实在地方分权方面做得比较好。

参考文献

[1] 艾德荣.职权结构、产权和经济停滞:中国的案例[J].经济学(季刊),2005,4(2).

[2] 艾德荣.回应政府质疑:一个自然的不可能性或一个不合理的合作假设[J].经济学(季刊),2006,6(1).

[3] 包伟民.宋代地方财政史研究[M].上海:上海古籍出版社,2001.

[4] 曹和平,张博,叶静怡.中国建置经济制度的历史传承与当代竞争[J].经济研究,2004(5).

[5] 黄宽重.从中央与地方关系互动看宋代基层社会演变[J].历史研究,2005(4).

[6] 黄仁宇.十六世纪明代中国之财政与税收[M].北京:北京三联书店,2001.

[7] 黄仁宇.放宽历史的视界[M].北京:北京三联书店,2005.

[8] 黄仁宇.资本主义与二十一世纪[M].北京:北京三联书店,2006.

[9] 侯家驹.中国经济史[M].北京:新星出版社,2008.

[10] 李伯重.英国模式、江南道路与资本主义萌芽[J].历史研究,2001(1).

[11] 李约瑟.东西方的科学与社会[M].载戈德史密斯、马凯主编《科学的科学》,北京:科学出版社,1985.

[12] 林毅夫.李约瑟之谜、韦伯疑问和中国的奇迹——自宋以来的长期经济发展[J].北京大学学报(哲学社会科学版),2007(4).

[13] 林毅夫.经济发展与转型:思潮、战略与自生能力[M].北京:北京大学出版社,2008.

[14] 彭慕兰.大分流:欧洲、中国及现代世界经济的发展[M].南京:江苏人民出版社,2004.

[15] 皮建才.李约瑟之谜的解释:我们到底站在哪里?——与文贯中、张宇燕和艾德荣等商榷[J].经济学(季刊),2006,6(1).

[16] 萨克斯.贫困的终结——我们时代的经济可能[M].上海:上海人民出版社,2007.

[17] 唐克军.不平衡的治理——明代政府运行研究[M].武汉:武汉出版社,2004.

[18] 王国斌.转变的中国——历史变迁与欧洲经验的局限[M].南京:江苏人民出版社,2005.

[19] 王亚南.中国官僚政治研究[M].北京:中国社会科学出版社,2005.

[20] 王永钦,张宴,章元,陈钊,陆铭.中国的大国发展道路——论分权式改革的得失[J].经济研究,2007(1).

[21] 韦森.斯密动力与布罗代尔钟罩——研究西方社会近代兴起和晚清帝国相对停滞之历史原因的一个可能的新视角[J].社会科学战线,2006(1).

[22] 文贯中.中国的疆域变化与走出农本社会的冲动:李约瑟之谜的经济地理学解析[J].经济学(季刊),2005,4(2).

[23] 文贯中.李约瑟之谜与经济地理学的启示:答皮文的评论[J].经济学(季刊),2006,6(1).

[24] 杨联陞.中国制度史研究[M].南京:江苏人民出版社,2007.

[25] 姚洋.高水平陷阱:李约瑟之谜再考察[J].经济研究,2003a(1).

[26] 姚洋.地域、制度与李约瑟之谜[J].读书,2003b(1).

[27] 叶静怡、曹和平. 三大经济制度的历史传承与当代竞争[J]. 经济学动态,2003(10).

[28] 张军. 中国经济发展:为增长而竞争[J]. 世界经济文汇,2005,4-5.

[29] 张军. 政治资产与经济治理的中国模式》[N]. 上海证券报,2006-10-26(A20).

[30] 张曙光. 中国经济学研究 30 年:反思与评论[J]. 中国社会科学内刊,2008(2).

[31] 张兴国,张兴祥. "李约瑟难题"与王亚南的中国官僚政治研究[J]. 广东社会科学,2003(2).

[32] 张宇燕、高程. 美洲白银和西方世界的兴起[J]. 社会科学战线,2004(1).

[33] 张宇燕、高程. 海外白银、初始制度条件与东方世界的停滞:关于晚明中国何以"错过"经济起飞历史机遇的猜想[J]. 经济学(季刊),2005,4(2).

[34] 张宇燕、高程. 阶级分析、产权保护与长期增长——对皮建才博士评论的回应[J]. 经济学(季刊),2006,6(1).

[35] 赵冈、陈钟毅. 中国经济制度史论[M]. 北京:新星出版社,2006.

[36] 赵秀玲. 中国乡里制度[M]. 北京:社会科学文献出版社,1998.

[37] 周黎安. 中国地方官员的晋升锦标赛模式研究[J]. 经济研究,2007(7).

[38] 周振鹤. 中国地方行政制度史[M]. 上海:上海人民出版社,2005.

[39] 林毅夫. 李约瑟之谜:工业革命为什么没有发源于中国[M]. 载林毅夫著《制度、技术与中国农业发展》,上海:上海三联书店和上海人民出版社,1999.

[40] Acemoglu, D., Johnson, S., Robinson, J. A., 2001, The Colonial Origins of Comparative Development: An Empirical Investigation, *American Economic Review*, 91: 1369-1401.

[41] Li, D., 1998, Changing the Incentives of the Chinese Bureaucracy, *American Economic Review*, Papers and Proceedings, 88(2): 393-397.

[42] Lin, J. Y., 1995, The Needham Puzzle: Why the Industrial Revolution Did Not Originate in China?, *Economic Development and Cultural Change*, 41: 269-292.

[43] Lin, J. Y., Nugent, J., 1995, Institutions and Economic Development, in Srinivasan, T. N., and Behrman, J. (eds), *Handbook of Development Economics*, Vol. 3, North Holland.

[44] Mokyr, J., 1993, The New Economic History and the Industrial Revolution, in

Mokyr, J. (ed.) *The British Industrial Revolution*, Boulder: Westview Press.

[45] Perkins, D. H., 1967, Government as an Obstacle to Industrialization: The Case of Nineteenth-Century China, *Journal of Economic History*, 27(4): 478-492.

（原文载于：皮建才，《权威委托机制与李约瑟之谜：基于文献的批判性思考》，《经济科学》2009 年第 6 期。）

图书在版编目(CIP)数据

组织与发展：皮建才自选集 / 皮建才著. —— 南京：南京大学出版社, 2020.11
（南京大学经济学院教授文选）
ISBN 978 - 7 - 305 - 23799 - 7

Ⅰ. ①组… Ⅱ. ①皮… Ⅲ. ①组织经济学－文集②发展经济学－文集 Ⅳ. ①C936－53②F061.3－53

中国版本图书馆 CIP 数据核字(2020)第 178148 号

出版发行	南京大学出版社		
社　　址	南京市汉口路 22 号	邮　编	210093
出 版 人	金鑫荣		

丛 书 名　南京大学经济学院教授文选
书　　名　组织与发展:皮建才自选集
著　　者　皮建才
责任编辑　徐　媛
照　　排　南京南琳图文制作有限公司
印　　刷　南京爱德印刷有限公司
开　　本　787×960　1/16　印张 31.25　字数 490 千
版　　次　2020 年 11 月第 1 版　2020 年 11 月第 1 次印刷
ISBN 978 - 7 - 305 - 23799 - 7
定　　价　128.00 元

网址：http://www.njupco.com
官方微博：http://weibo.com/njupco
官方微信号：njupress
销售咨询热线：(025) 83594756

* 版权所有,侵权必究
* 凡购买南大版图书,如有印装质量问题,请与所购
　图书销售部门联系调换